普通高等教育“十一五”国家级规划教材

新编21世纪法学系列教材

总主编　曾宪义　王利明

金融法

第三版

Financial Law

朱大旗　著

中国人民大学出版社
·北京·

编审委员会

内容简介

《金融法》第三版是在第二版的基础上经过大幅增删修订而成，但总体框架结构基本维持不变，仍然包括金融法总论、金融调控与监管法、金融机构组织法、金融业务管理法、涉外金融法等五篇共16章，内容涵盖金融法学的基本原理、金融监管调控体制机制、金融机构组织运作、金融业务交易活动等法律制度。全书本着理论联系实际的基本精神，广泛借鉴吸收国内外金融法学的创新性研究成果，以2008年国际金融危机爆发以来国际国内金融改革创新、金融监管法治变革的最新发展为修订主线，着力追踪国际国内金融创新、金融监管理论暨制度变革尤其是宏微观金融审慎监管、金融消费者权益保护方面的最新发展动态，较为全面、系统地介绍和阐释了国际金融监管制度演进和我国现行有效的、最新的金融法律制度。读者通过阅读本书，可以较为全面地了解金融法学的基本原理、金融法律基本制度及相关金融业务基础知识，较为准确地把握金融法治的变化发展趋势。

作者简介

朱大旗，法学博士，中国人民大学法学院教授、博士生导师、经济法教研室主任，《法学家》杂志副主编，中国人民大学金融法研究所副所长，日本一桥大学高级访问学者。兼任中国财税法学研究会副会长，中国法学期刊研究会副会长，中国经济法学研究会理事，中国银行法学研究会常务理事，中国保险法学研究会理事，北京市经济法学会副会长，北京市金融与财税法学研究会副会长，北京市金融服务法学研究会副会长，《北京社会科学年鉴（经济法学）》特聘撰稿人，北京市人大常委会立法咨询专家，北京市法制办法制工作顾问，北京市高级法学法律人才专家库专家，北京市发展和改革委员会法律咨询专家，北京市税收法制建设研究会专家顾问，国家开发银行咨询专家，中国法律咨询中心专家委员会专家等。研究方向为经济法、金融法、财税法。发表《析论中央银行独立性的法律确认与实现》、《我对巴塞尔新资本协议的几点看法》、《完善我国股指期货市场监管机制的法律思考》、《确保金融安全关键在于以法治促进金融体制与金融运行机制的改革与完善》、《关于完善个人所得税法若干重大问题的法律思考》、《从国家预算的特质论我国〈预算法〉的修订目的和原则》等论文百余篇，独著、主编、参编各类著作、教材三十余部。主持教育部“十一五”国家级规划教材项目《金融法》、国家社科基金重点项目“全口径预算决算管理改革及其法治化进程研究”、司法部国家法治与法学理论研究重点项目“《税收征管法》修订问题研究”、国家社科基金项目“预算法的修改与完善研究”等。1999年9月被授予“北京市优秀中青年法学家”称号。

总　序

曾憲義

在人类文明与文化的发展中，中华民族曾作出过伟大的贡献，不仅最早开启了世界东方文明的大门，而且对人类法治、法学及法学教育的生成与发展进行了积极的探索与光辉的实践。

在我们祖先生存繁衍的土地上，自从摆脱动物生活、开始用双手去进行创造性的劳动、用人类特有的灵性去思考以后，我们人类在不断改造客观世界、创造辉煌的物质文明的同时，也在不断地探索人类的主观世界，逐渐形成了哲学思想、伦理道德、宗教信仰、风俗习惯等一系列维系道德人心、维持一定社会秩序的精神规范，更创造了博大精深、义理精微的法律制度。应该说，在人类所创造的诸种精神文化成果中，法律制度是一种极为奇特的社会现象。因为作为一项人类的精神成果，法律制度往往集中而突出地反映了人类在认识自身、调节社会、谋求发展的各个重要进程中的思想和行动。法律是现实社会的调节器，是人民权利的保障书，是通过国家的强制力来确认人的不同社会地位的有力杠杆，它来源于现实生活，而且真实地反映现实的要求。因而透过一个国家、一个民族、一个时代的法律制度，我们可以清楚地观察到当时人们关于人、社会、人与人的关系、社会组织以及哲学、宗教等诸多方面的思想与观点。同时，法律是一种具有国家强制力、约束力的社会规范，它以一种最明确的方式，对当时社会成员的言论或行动作出规范与要求，因而也清楚地反映了人类在各个历史发展阶段中对于不同的人所作出的种种具体要求和限制。因此，从法律制度的发展变迁中，同样可以看到人类自身不断发展、不断完善的历史轨迹。人类社会几千年的国家文明发展历史已经无可争辩地证明，法律制度乃是维系社会、调整各种社会关系、保持社会稳定的重要的工具。同时，法律制度的不断完善，也是人类社会文明进步的显著体现。

由于发展路径的不同、文化背景的差异，东方社会与西方世界对于法律的意义、底蕴的理解、阐释存有很大的差异，但是，在各自的发展过程中，都曾比较注重法律的制定与完善。中国古代虽然被看成是“礼治”的社会、“人治”的世界，被认为是“只有刑，没有法”的时代，但从《法经》到《唐律疏议》、《大清律例》等数十部优秀成文法典的存在，充分说明了成文制定法在中国古代社会中的突出地位，唯这些成文法制所体现出的精神旨趣与现代法律文明有较大不同而已。时至20世纪初叶，随着西风东渐、东西文化交流加快，中国社会开始由古代的、传统的社会体制向近现代文明过渡，建立健全的、符合现代理性精神的法律文明体系方成为现代社会的共识。正因为如此，近代以来的数百年间，在西方、东方各主要国家里，伴随着社会变革的潮起潮落，法律改革运动也一直呈方兴未艾之势。

从历史上看，法律的文明、进步，取决于诸多的社会因素。东西方法律发展的历史均充分证明，推动法律文明进步的动力，是现实的社会生活，是政治、经济和社会文化的变迁；同时，法律内容、法律技术的发展，往往依赖于一大批法律专家以及更多的受过法律教育的社会成员的研究和推动。从这个角度看，法学教育、法学研究的发展，对于法律文明的发展进步，也有着异常重要的意义。正因为如此，法学教育和法学研究在现代国家的国民教育体系和科学研究体系中，开始占有越来越重要的位置。

中国近代意义上的法学教育和法学研究，肇始于19世纪末的晚清时代。清光绪二十一年（公元1895年）开办的天津中西学堂，首次开设法科并招收学生，虽然规模较小，但仍可以视为中国最早的近代法学教育机构（天津中西学堂后改名为北洋大学，又发展为天津大学）。三年后，中国近代著名的思想家、有"维新骄子"之称的梁启超先生即在湖南《湘报》上发表题为《论中国宜讲求法律之学》的文章，用他惯有的富有感染力的激情文字，呼唤国人重视法学，发明法学，讲求法学。梁先生是清代末年一位开风气之先的思想巨子，在他的辉煌的学术生涯中，法学并非其专攻，但他仍以敏锐的眼光，预见到了新世纪中国法学研究和法学教育的发展。数年以后，清廷在内外压力之下，被迫宣布实施"新政"，推动变法修律。以修订法律大臣沈家本为代表的一批有识之士，在近十年的变法修律过程中，在大量翻译西方法学著作，引进西方法律观念，有限度地改造中国传统的法律体制的同时，也开始推动中国早期的法学教育和法学研究。20世纪初，中国最早设立的三所大学——北洋大学、京师大学堂、山西大学堂均设有法科或法律学科目，以期"端正方向，培养通才"。1906年，应修订法律大臣沈家本、伍廷芳等人的奏请，清政府在京师正式设立中国第一所专门的法政教育机构——京师法律学堂。次年，另一所法政学堂——直属清政府学部的京师法政学堂也正式招生。这些大学法科及法律、法政学堂的设立，应该是中国历史上近代意义上的正规专门法学教育的滥觞。

自清末以来，中国的法学教育作为法律事业的一个重要组成部分，随着中国社会的曲折发展，经历了极不平坦的发展历程。在20世纪的大部分时间里，中国社会一直充斥着各种矛盾和斗争。在外敌入侵、民族危亡的沉重压力之下，中国人民为寻找适合中国国情的发展道路而花费了无穷的心力，付出过沉重的代价。从客观上看，长期的社会骚动和频繁的政治变迁曾给中国的法治与法学带来过极大的消极影响。直至70年代末期，以"文化大革命"宣告结束为标志，中国社会从政治阵痛中清醒过来，开始用理性的目光重新审视中国的过去，规划国家和社会的未来，中国由此进入长期稳定、和平发展的大好时期，以这种大的社会环境为背景，中国的法学教育也获得了前所未有的发展机遇。

从宏观上看，实行改革开放以来，经过二十多年的努力，中国的法学教育事业所取得的成就是辉煌的。首先，经过"解放思想，实事求是"思想解放运动的洗礼，在中国法学界迅速清除了极左思潮及苏联法学模式的一些消极影响，根据本国国情建设社会主义法治国家已经成为国家民族的共识，这为中国法学教育和法学研究的发展奠定了稳固的思想基础。其次，随着法学禁区的不断被打破、法学研究的逐步深入，一个较为完善的法学学科体系已经建立起来。理论法学、部门法学各学科基本形成了比较系统和成熟的理论体系和学术框架，一些随着法学研究逐渐深入而出现的法学子学科、法学边缘学科也渐次成型。1997年，国家教育主管部门和教育部高校法学学科教学指导委员会对原有专业目录进行了又一次大幅度调整，决定自1999年起法学类本科只设一个单一的法学专业，按照一个专业招生，从而使法学学科的布局更加科学和合理。同时，在充分论证的基础上，确定了法学专业本科教学的14门核心课程，加上其他必修、选修课程的配合，由此形成了一个传统与更新并重、能够适应国家和社会发展需要的教学体系。法学硕士和博士研究生及法律硕士专业学位研究生的专业设置、课程教学和培养体系也日臻完善。再次，法学教育的规模迅速扩大，层次日趋齐全，结构日臻合理。目前中国有六百余所普通高等院校设置了法律院系或法律本科专业，在校本科学生和研究生已达二十余万人。除本科生外，在一些全国知名的法律院校，法学硕士研究生、法律硕士专业学位研究生、法学博士研究生已经逐步成为培养的重点。

众所周知，法律的进步、法治的完善，是一项综合性的社会工程。一方面，现实社会关系的发展，国家政治、经济和社会生活的变化，为法律的进步、变迁提供动力，提供社会的土壤。另一方面，法学教育、法学研究的发展，直接推动法律进步的进程。同时，全民法律意识、法律素质的提高，则是实现法治国理想的关键的、决定性的因素。在社会发展、法学教育、法学研究等几个攸关法律进步的重要环节中，法学教育无疑处于核心的、基础的地位。中国法学教育过去二十多年所走过的历程令人激动，所取得的成就也足资我们自豪。随着国家的发展、社会的进步，在21世纪，我们面临着更严峻的挑战和更灿烂的前景。“建设世界一流法学教育”，任重道远。

首先，法律是建立在经济基础之上的上层建筑，以法治为研究对象的法学也就成为一门实践性很强的学科。社会生活的发展变化，势必要对法学教育、法学研究不断提出新的要求。经过二十多年的奋斗，中国改革开放的前期目标已顺利实现。但随着改革开放的逐步深入，国家和社会的一些深层次问题，比如说社会主义市场经济秩序的真正建立、国有企业制度的改革、政治体制的完善、全民道德价值的重建、环境保护和自然资源的合理利用等等，也已经开始浮现出来。这些复杂问题的解决，无疑最终都会归结到法律制度的完善上来。建立一套完善、合理的法律制度，构建理想的和谐社会，乃一项持久而庞大的社会工程，需要全民族的智慧和努力。其中的基础性工作，如理论的论证、框架的设计、具体规范的拟订、法律实施中的纠偏等等，则有赖于法学研究的不断深入，以及高素质人才特别是法律人才的养成，而培养法律人才的任务，则是法学教育的直接责任。

其次，21世纪是一个多元化的世纪。20世纪中叶发生的信息技术革命，正在极大地改变着我们的世界。现代科学技术，特别是计算机网络信息技术的发展，使传统的生活方式、思想观念发生了根本的改变，并由此引发许多人类从未面对过的问题。就法学教育而言，在21世纪所要面临的，不仅是教学内容、研究对象的多元化问题，而且还有培养对象、培养目标的多元化、教学方式的多元化等一系列问题，这些问题都需要法学界去思考、去探索。

中国人民大学法学院建立于1950年，是新中国诞生后创办的第一所正规高等法学教育机构。在半个多世纪的岁月中，中国人民大学法学院以其雄厚的学术力量、严谨求实的学风、高水平的教学质量以及丰硕的学术研究成果，在全国法学教育领域处于领先地位，并开始跻身于世界著名法学院之林。据初步统计，中国人民大学法学院已经为国家培养法学专业本科生、硕士生、博士生一万余人，培养各类成人法科学生三十余万人。经过多年的努力，中国人民大学法学院形成了较为明显的学术优势，在现职教师中，既有一批资深望重、在国内外享有盛誉的法学前辈，更有一大批在改革开放后成长起来的优秀中青年法学家。这些老中青法学专家多年来在勤奋研究法学理论的同时，也积极投身于国家的立法、司法实践，对国家法制建设贡献良多。

有鉴于此，中国人民大学法学院与中国人民大学出版社经过研究协商，决定结合中国人民大学法学院的学术优势和中国人民大学出版社的出版力量，出版一套“21世纪法学系列教材”。自1998年开始编写出版本科教材，包括按照国家教育部所确定的法学专业核心课程和其所颁布印发的《全国高等学校法学专业核心课程基本要求》而编写的14门核心课程教材，也包括法学各领域、各新兴学科教材及教学参考书和案例分析在内，到2000年12月3日在人民大会堂大礼堂召开举世瞩目的“21世纪世界百所著名大学法学院院长论坛暨中国人民大学法学院成立五十周年庆祝大会”之时，业已出版了50本作为50周年院庆献礼，到现在总共出版了80本。为了进一步适应高等法学教育发展的形势和教学改革的需要，最近中国人民大学法学院与中国人民大学出版社决定将这套教材扩大为四个系列，即：“本科生用书”、“法学研究生用书”、“法律硕士研究生用书”以及“司法考试用书”，总数将达二百多本。我们设想，本套教材的编写，将更加注意“高水准”与“适用性”的合理结合。首先，本套教材将由中国人民大学法学院具有全国影响的各学科的学术带头人领衔，约请全国高校优秀学者参加，形成学术实力强大的编写阵容。同时，在编写教材时，将注意吸收中国法学研究的最新的学术成果，注意国际学术发展的最新动向，力求使教材内容能够站在21世纪的学术前沿，反映各学科成熟的理论，体现中国法学的水平。其次，本套教材在编写时，将针对新时期学生特点，将思想性、学术性、新颖性、可读性有机结合起来，注意运用典型生动的案例、简明流畅的语言去阐释法律理论与法律制度。

我们期望并且相信，经过组织者、编写者、出版者的共同努力，这套法学教材将以其质量效应、规模效应，力求成为奉献给新世纪的精品教材，我们诚挚地祈望得到方家和广大读者的教正。

2006年7月1日

序　言

王利明

法学教育是高等教育的重要组成部分，是建设社会主义法治国家、构建社会主义和谐社会的重要基础，并居于先导性的战略地位。在我国社会转型的新世纪、新阶段，法学教育不仅要为建设高素质的法律职业共同体服务，而且要面向全社会培养大批治理国家、管理社会、发展经济的高层次法律人才。近年来，法学教育取得了长足的进步，法科数量增长很快，教育质量稳步提高，培养层次日渐完善，目前已经形成了涵盖本科生、第二学士学位生、法学硕士研究生、法律硕士研究生、法学博士研究生的完整的法学人才培养体系，接受法科教育已经成为莘莘学子的优先选择之一。随着中国法治事业的迅速发展，我们有理由相信，中国法学教育的事业大有可为，中国法学教育的前途充满光明。

教育的基本功能在于育人，在于塑造德才兼备的高素质人才。法学教育的宗旨并非培养只会机械适用法律的"工匠"，而承载着培养追求正义、知法懂法、忠于法律、廉洁自律的法律人的任务。要完成法学教育的使命，首先必须认真抓好教材建设。我始终认为，教材是实现教育功能的重要工具和媒介，法学教材不仅仅是法学知识传承的载体，而且是规范教学内容、提高教学质量的关键，对法学教育的发展有着不可估量的作用。

第一，法学教材是传授法学基本知识的工具。初学法律，既要有好的老师，又要有好的教材。正如冯友兰先生所言："学哲学的目的，是使人作为人能够成为人，而不是成为某种人。其他的学习（不是学哲学）是使人能够成为某种人，即有一定职业的人。"一套好的教材，能够高屋建瓴地展示法律的体系，能够准确简明地阐释法律的逻辑，能够深入浅出地叙述法律的精要，能够生动贴切地表达深奥的法理。所以，法学教材是学生学习法律的向导，是学生步入法律殿堂的阶梯。如果在入门之初教材就有偏颇之处，就可能误人子弟，学生日后还要花费大量时间与精力来修正已经形成的错误观念。

第二，法学教材是传播法律价值理念的载体。好的法学教材不仅要传授法学知识，更要传播法律的精神和法治的理念，例如对公平、正义的追求，尊重权利的观念。本科、研究生阶段的青年学子，正处在人生观、价值观形成的阶段，一套优秀的法学教材，对于他们价值观的塑造和健全人格的培养具有重要意义。

第三，法学教材是形成职业共同体的主要条件。建设社会主义法治国家，有赖于法律职业共同体的生成。一套好的法学教材，向法律研习者传授共同的知识，这对于培养一个接受共同的价值理念、共同的法律思维、共同的话语体系的法律共同体，具有重要的作用。

第四，法学教材是所有法律研习者的良师益友。没有好的教材，一个好的教师或可弥补教材的欠缺和不足，但对那些没有老师指导的自学者而言，教材就是老师，其重要作用是显而易见的。

长期以来，在我们的评价体系中，教材并没有获得应有的注重，对学术成果的形式优先考虑的往往是专著而非教材。在不少人的观念中，教材与创新、与学术精品甚至与学术无缘。其实，要真正写出一部好的教材，其难度之大、工作之艰辛、影响之深远，绝不低于一部优秀的专著，它甚至可以成为在几百年甚至更长的时间内发挥作用的传世之作。以查士丁尼的《法学阶梯》为例，所谓法学阶梯，即法学入门之义，就是一部教材。但它概括了罗马法的精髓，千百年来，一直是人们研习罗马法最基本的著述。日本著名学者我妻荣说过，大学教授有两大任务：一是写出自己熟悉的专业及学术领域的讲义乃至教科书；二是选择自己最有兴趣、最看重的题目，集中精力进行终生的研究。实际上，这两者是相辅相成的。写出一部好教材，必须要对相关领域形成一个完整的知识体系，还要能以深入浅出的语言将问题讲清楚、讲明白。没有编写教材的基本功，实际上也很难写出优秀的专著。当然，也只有对每一个专题都有一定研究，才能形成对这个学术领域的完整把握。

虽然近几年我国法学教育发展迅速，成绩显著，但是法学教育也面临许多挑战。各个学校的师资队伍和教学质量参差不齐，这就更需要推出更多的结构严谨、内容全面、角度各有侧重、能够适应不同需求的法学教材，为提高法学教学和人才培养质量、保障法学教育健康发展提供前提条件。

长期以来，中国人民大学法学院始终高度重视教材建设。作为新中国成立后建立的第一所正规的法学教育机构，中国人民大学法律系最早开设了社会主义法学教学课堂，编写了第一套社会主义法学讲义，培养了新中国第一批法学本科生和各学科的硕士生、博士生，产生了新中国最早的一批法学家和法律工作者。中国人民大学法律系因此被誉为“新中国法学教育的工作母机”。半个多世纪以来，中国人民大学法学院为社会主义法制建设培养了大批优秀的法律人才，并为法学事业的振兴和繁荣作出了卓越贡献，也因此成为引领中国法学教育的重镇、凝聚国内法律人才的平台和沟通中外法学交流的窗口，并在世界知名法学院行列中崭露头角。为了对中国法学教育事业作出更大的贡献，我们有义务也有责任出版一套体现我们最新研究成果的法学教材。

承蒙中国人民大学出版社的大力支持，我们组织编写了本套教材，其中包括本科生用书、法律硕士研究生用书、法学研究生用书和司法考试用书四大系列，分别面向不同层次法科教育需求。编写人员以中国人民大学法学院教师为主，反映了中国人民大学法学院整体的研究实力和学术视野。相信本套教材的出版，一定能够为新时期法学教育的繁荣发展发挥应有的作用。

是为序。

2006年7月10日

第三版编写说明

校对完最后一个字，时针不知不觉已指向凌晨两点，历时一年多的金融法第三版修订工作终告结束，而此时距金融法第二版出版已经几近八年。八年，是一段很不短的时间，一段可能发生很多事情也可以做很多很多事情的时间。对于瞬息万变、不断在广度和深度恒动地加速创新的金融而言，对于与之相伴的金融监管变革和金融法治建设而言，期间的变化、改革、发展，更可以说是千姿百态，气象万千，令人目不暇接。

由 2007 年美国次贷危机引爆的国际金融危机，重创了全球金融体系、经济活动，损害了金融消费者权益，影响了普通民众的日常生活，也在一定范围和程度上引发了国际经济、政治和社会动荡。于是，加强金融监管（尤其是改进和完善宏观审慎金融监管）、加强对金融消费者权益的保护就成为国际社会暨各国金融改革的重要课题与演进趋势。譬如，依据 2009 年 9 月欧盟委员会通过的“欧盟金融监管改革方案”，欧盟成立了“欧盟系统风险委员会”和“欧洲金融监管者系统”，以加强欧盟各成员国的宏观审慎金融监管和微观审慎金融监管。依据 2010 年 7 月奥巴马总统签署的《多德—弗兰克华尔街改革和消费者保护法案》，美国在金融监管和消费者金融保护方面进行了力度空前的改革：在财政部下设立由 15 名成员组成的金融稳定监督委员会，主要承担宏观审慎监管职能，负责识别和防范系统性金融风险，并在各监管机构之间确立一个统一的审慎监管标准；设立独立机构财政部金融研究办公室，负责收集金融市场参与者信息，开发金融系统风险的监测工具，监测金融系统风险；在财政部之下设立联邦保险事务办公室，负责对保险业进行监督，提供监管意见和建议等；在美联储之下创设独立机构消费者金融保护署，集中赋予其有关消费者金融保护、加强消费者金融教育方面的权力；全面加强美联储对非银行金融机构和银行控股公司、对储蓄控股公司及非储蓄机构的附属机构、对系统性金融风险等的监督管理职能；等等。依据 2013 年 4 月英国女王批准生效的《2012 年金融服务法》，英国政府对英国原有的金融监管体制进行了彻底的改革，诞生了新的“准双峰”金融监管的三个独立机构：一是内设于英格兰银行理事会之下的金融政策委员会，负责宏观审慎管理，确保整个金融体系的稳健运行；二是独立操作的英格兰银行附属机构审慎监管局，负责对银行、保险公司、大型投资机构实施审慎监管，以防止出现重大风险；三是直接对财政部和议会负责的独立机构金融行为监管局，负责对整个金融行业服务行为实施监管、对审慎监管局监管范围外的金融机构进行审慎监管，以保护金融消费者权益、维护公平竞争和资本市场诚信。而巴塞尔监管委员会 2010 年 10 月第二次修订发布的《加强公司治理原则》、2010 年 11 月发布的《巴塞尔资本协议Ⅲ》、2012 年 9 月第二次修订发布的《有效银行监管核心原则》，及其

2012年9月与国际证监会组织、国际保险监督官协会联合修订发布的《金融集团监管原则》等一系列金融监管方面的框架性文件，更在推进银行金融机构加强公司治理、完善金融微观审慎监管、着力建立宏观审慎监管体制机制、加强对金融体系及相关领域全面风险管理、强化对金融消费者权益的保护等诸多方面，在相当大的程度上指引和推动着各国金融立法和监管工作的开展。

在我国，随着改革开放的深入，随着我国经济、贸易国际地位的提升及入世承诺期的届至，尤其是在全面建成小康社会、全面深化改革和全面推进依法治国的战略决策的指引下，我国的金融创新、金融监管改革与金融法治建设也在全面展开：使市场在资源配置中起决定性作用，全面扩大金融业对内对外开放，设立民间中小型银行等金融机构，提升金融机构法人治理水平，发展民间金融、网络金融、普惠金融，建立健全主板、中小企业板、创业板、“新三板”等多层次资本市场体系，推进股票发行注册制改革，发展和规范债券市场，扩大资产证券化试点，推进利率市场化改革，完善人民币汇率市场化形成机制，引进国外战略投资者，推动资本市场双向开放与均衡管理，有序提高跨境资本和金融交易可兑换程度，着力推进人民币国际化进程等日渐加快；与此同时，更好地发挥政府作用，完善金融调控、监管体系，着力改进和健全“一行三会”金融监管协调机制，合理界分中央和地方金融监管职责和风险处置责任，研拟建构存款保险制度，完善金融机构市场化准入、退出和日常监管机制，加强金融监管尤其是系统性、全局性金融宏观审慎监管，加强金融法治等金融基础设施建设等等，也都在紧锣密鼓地进行。一个种类齐全、结构合理、服务高效、安全稳健的现代金融体系正在我国逐步形成。

本次金融法教材第三版的修订，即试图围绕前述国际、国内金融改革和金融法治变化的生动图景而展开，力图全面、系统、准确地反映金融创新、金融监管改革暨金融法治变革的全貌，从而在金融法各章中对所涉最新发展情况都有较为全面的修订。唯因著者能力有限，虽爬罗剔抉，修订经年，仍然难免挂一漏万。错讹之处，诚盼广大读者不吝赐正。

最后，书成付梓之际，仍要特别感谢广大读者多年来对本教材的热心关注和厚爱，对中国人民大学出版社对本教材的拖宕交稿给予的理解、宽容，对中国人民大学出版社法律分社方明等编辑为本教材出版付出的巨大辛劳，表达发自内心的最诚挚的歉意和感谢！

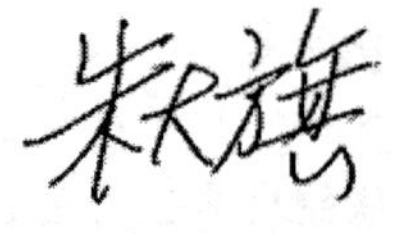

2015年2月10日于明德法学楼

第一版编写说明

中国人民大学法学院从1985年开始为经济法专业本科生设置金融法课程，1988年为经济法硕士研究生开设财政金融法原理课程。现在金融法课程不仅是法学院法学、经济法学本科学生的必修课，同时也是经济法专业研究生的学位考试课程。随着经济、金融体制改革的深入发展，金融在现代经济生活中核心地位的确立，金融法制建设异军突起，金融法体系日趋完善，并在我国法律体系中日益凸现其重要性和不可或缺性。金融法学课程也因此受到了法学院学生越来越广泛的关注和欢迎，金融法的教材建设日见迫切。

为满足教学需要，本人在多年来不断修改的教学讲义和业已出版的相关科研成果基础上，广泛借鉴、吸收国内外金融法学的研究成果，追踪最新的金融体制改革和金融立法动态，依据我国现行有效的金融法律、法规和规章，编写了这本《金融法》教材。

本教材本着理论联系实际的精神，融理论研究与实务说明为一体，力图全面、系统地阐述金融法学的基本原理、金融法的基本制度和相关业务基础知识，着力反映最新的金融法学理论研究成果，阐释最新的、现行有效的金融法律制度。全书体例结构新颖，法律内容翔实，论述问题较为深入。期望通过阅读本书，能使广大读者比较系统、全面地了解金融法学的基本原理和我国现行的金融法律制度。

作　者

1999年12月

目　录

第一篇　金融法总论

第二篇　金融调控与监管法

第三篇　金融机构组织法

第四篇　金融业务管理法

第五篇 涉外金融法

第一篇

金融法总论

第一章

金融法概述

本章概要

本章是《金融法》一书中最为重要的一章。通过本章的介绍和阐释，旨在使同学们和其他读者较为全面、系统地掌握金融法学的基本原理、把握金融法体系的总体框架，进而为以后各章的学习、为准确把握金融法的各具体法律制度奠定基本的金融法学理论基础。因此，本章的学习非常重要。在本章中，将着重介绍和阐释金融、金融关系的概念；金融法的概念及调整对象；金融法的本质、特点及功能；金融法的基本原则；金融法的渊源及体系；金融体制与金融立法的沿革与发展趋势；我国金融体制改革的总体目标与金融立法的重点等基本理论问题。

关键术语

金融　金融关系　金融法　金融法基本原则　金融法律关系　金融法体系　金融体制　金融立法

第一节　金融法的概念

一、金融和金融关系

（一）金融的概念及产生条件

关于什么是金融，古今中外，在经济界、金融界、法学界并无一个公认的界说。其原因，部分是因为金融自其产生之日起就一直在向广度和深度两个层面恒动地加速创新；部分是因为研究者的研究目的、研究视角和视域的宽窄不一所致。本书倾向于认为，金融是货币资金融通的简称，它是以银行等金融机构为中心的各种形式的信用活动以及在信用基础上组织起来的货币流通。具体包括货币的发行、回笼、流通及管理；存款的吸收和提取；贷款的发放与收回；

银行的支付结算；国内外的汇兑往来；票据的承兑与贴现；有价证券的发行、交易及管理；信托投资；融资租赁；各种保险；金融期货、期权、互换等金融衍生业务的开展及管理；资产证券化、互联网金融；外汇、外债等国际金融活动的开展及管理等。①

金融按不同标准可作多种分类，但最基本的分类可以分为直接金融和间接金融两种形式。直接金融是指投资者在金融市场通过购买股票、债券等各种证券，将资金直接转移给证券发行人（企业、公司或政府）的资金融通行为；间接金融则是指最终贷款人（存款人）通过银行、非银行金融机构等中介机构（贷款人），把资金贷给借款人的资金融通行为。在发达的市场经济国家，直接金融占有较大的比重、较具重要性，而在发展中国家和经济落后国家，由于金融市场的不完善，金融一般以间接金融为主。②

金融本身是一种经济活动（参见［延展阐述］），它是在商品经济条件下，参与社会再生产的社会组织和个人在生产、分配、交换、消费过程中，相互调节资金余缺的信用活动的总称。金融是在商品生产和商品交换的基础上产生和发展起来的，是商品经济高度发展与完善的产物，是现代经济的核心。③ 金融的出现有其产生的条件：

1. 货币从商品交换过程中自发地分离出来，起一般等价物的特殊商品作用。这是金融产生的前提，而这只有在商品经济已有相当发展时才能达到。

2. 信用日益发展，多种信用形式的出现。信用，也称信贷，是指货币资金借贷活动的总称。商品经济是信用存在和发展的客观经济基础，商品要出卖，而购买者有时又缺少货币，这就不可避免地发生赊欠和借贷。在赊欠和借贷的过程中，赊出方、贷出方往往要收取一定的利息（收益）。这种信用是商业信用的初级形式，以后才逐步发展出银行信用、国家信用、消费信用等多种信用。

3. 银行等专门金融机构的出现。随着商品经济的日益发展，商品交换越来越频繁，交换地域也越来越广大。于是，货币兑换商出现了，解决了不同地区、不同国家货币不一的难题。此后，兑换商的经营范围不断扩大，从最初办理兑换业务，到货币保管业务、代为异地支付，

---

① 关于“金融”的概念及形态的论述，可参见徐孟洲主编：《中国金融法教程》，1页，北京，中国人民大学出版社，1997；强力：《金融法》，4～9页，北京，法律出版社，2004；朱崇实主编：《金融法教程》，2版，1～2页，北京，法律出版社，2005；刘定华主编：《金融法教程》，2版，1页，北京，法律出版社，2005；刘少军主编：《金融法概论》，1～2页，北京，中国政法大学出版社，2005；黄达主编：《金融学》，99～108页，北京，中国人民大学出版社，2003。其中，黄达教授称：“就以上分析，金融或可界定为：凡是既涉及货币，又涉及信用，以及货币与信用结合为一体的形式生成、运作的所有交易行为的集合；换一个角度，也可以理解为：凡是涉及货币供给，银行与非银行信用，以证券交易为操作特征的投资，商业保险，以及以类似形式进行运作的所有交易行为的集合。”其间，“或可界定”与“换一个角度”的用语，实质上也就说明了对金融进行界定的难度与不确定性。

② 事实上，由于经济、法律、文化、历史等方面的差异，即使是在发达的市场经济国家，直接金融、间接金融的比重也有很大程度的差异，按照从美国到英国、日本、法国、德国的顺序排列，以金融市场为媒介的直接金融的重要性是依次降低的，而以银行等金融中介机构为媒介的间接金融的重要性则渐次增强。在中国，直接金融、间接金融比重的严重失衡（约为15%：85%）及其所带来的诸多问题，要求我们必须大力发展和完善资本市场，并对中国的金融体系和金融法律制度进行结构性的改革和调整。相关论述可参见朱大旗：《确保金融安全关键在于以法治促进金融体制与金融运行机制的改革与完善》，载《甘肃政法学院学报》，2007（1）。

③ 关于金融的沿革，刘少军教授作了符合规律的归纳。大致是：金融经历了家庭经济、企业经济与整体经济三阶段的发展，并随着前述阶段的演进而不断丰富其内容，金融在社会经济中的地位和作用也日益凸显。详见刘少军主编：《金融法概论》，2～4页，北京，中国政法大学出版社，2005；［美］富兰克林·爱伦、道格拉斯·盖尔著，王晋斌等译：《比较金融系统》，第二章“金融系统发展史”，北京，中国人民大学出版社，2002。

到发放贷款等。这样，一种专门从事货币经营、授受信用的机构——银行（或称银楼、钱庄）就出现了。它大大地改变了商业信用的局限性，使货币资金融通得以迅速进行，并反过来又大大地促进了商品经济的发展。

［延展阐述］

需要特别强调指出的是，金融本身在本质上是经济活动，但它和各国的政治、历史、文化是高度相关的。各国的金融史表明，决定金融发展的因素并不只是经济活动及其发达程度，各种政治事件、内外战争、经济金融危机及其处置乃至金融个案的裁决等都对各国的金融走向发生着极大的作用，进而催生出不同的金融体系和金融制度，推动着经济金融中心在世界各国间发生位移。金融，从某种意义而言，更是政治、法律和危机的塑造物，是在诸多不确定因素中曲折前行。近现代金融始终是在一定程度上受管制和调控的经济。因此，在有关金融和金融法制的变革时，除应遵守经济、金融运行规律外，还必须充分考虑其他多方面的因素。

（二）金融关系的概念及含义

金融关系是在金融活动中发生的社会关系，是指金融监管调控机构、银行和其他非银行金融机构在从事金融监管、调控活动和金融业务活动过程中，同其他金融主体之间发生的、与信用活动和货币流通相关联的各种经济关系。金融关系的概念具有三层含义：

1. 金融关系是一种经济关系，而不是其他关系（如纯粹的行政管理关系、一般民事关系等），是有货币经济内容的金融监管、调控关系和金融业务关系。

2. 金融关系是以银行等金融机构为中心的经济关系。这种经济关系发生在金融监管、调控活动和金融业务活动过程中，是与银行等金融机构的活动分不开的（即使在直接金融中，也离不开金融机构的参与和协助），是一种与银行信用和货币流通密切相关的经济关系。准此，财政收支关系、民间借贷关系，虽然也在融通资金，但不属于此处所称金融关系。

3. 金融关系的参与者，除了银行、非银行金融机构外，还有其他金融主体，包括国家、一般工商企业、中国公民、外国公民、无国籍人等。但金融机构是金融关系的当然主体，而工商企业、自然人个人等则是非必然主体，只有当他们参与到了金融活动中去，与金融机构之间发生资金融通关系时，才能成为金融关系的主体。

二、金融法的概念及调整对象

金融法，顾名思义是调整金融关系的法律规范的总称。详言之，金融法是由国家制定或认可的，用以确定金融机构的性质、地位和职责权限并调整在金融活动中形成的金融监管、调控关系和金融业务关系的法律规范的总称。

金融法的调整对象是在金融活动中产生的金融关系，包括金融监管、调控关系和金融业务关系两大类：

1. 金融监管、调控关系。是指国家金融监管部门（包括中国人民银行、国家外汇管理局、中国银行业监督管理委员会、中国证券监督管理委员会、中国保险监督管理委员会等）在组织和管理全国的金融事业和对金融市场的监管、调控过程中形成的经济监督管理关系。具体包括：

（1）中央银行因货币发行、回笼和货币流通而同各类金融机构和非金融机构之间所形成的货币发行关系、现金与转账结算等货币流通管理和调控关系。

（2）金融监管部门因各类银行、非银行金融机构的设立、变更、接管和终止而产生的主体资格监管关系。

（3）金融监管部门对各类金融机构的业务活动进行的监管关系，包括因存贷款管理、支付结算管理、信托管理、保险管理、融资租赁管理、证券发行、交易和服务管理、期货期权交易管理等而发生的监管关系。

（4）金融监管部门对金融机构、非金融机构和个人非法从事金融活动进行查处而产生的金融处罚关系。

2. 金融业务关系。或称“金融交易关系”，是指银行和其他非银行金融机构在法律、法规允许的范围内从事相应业务活动而与其他金融主体之间发生的平等主体间的经济关系。具体包括：

（1）因间接融资业务的开展而发生在银行等金融机构与存贷款主体之间的资金融通关系，如存款关系、贷款关系、拆借关系等。

（2）因直接融资业务的开展而发生在证券、信托等非银行金融机构和投资、融资主体之间的发行、交易、服务关系，如证券发行买卖关系、承销关系，证券交易买卖关系、行纪关系，证券发行服务与交易服务关系等。

（3）因金融中介服务业务的开展而发生在银行等金融机构和非金融机构的法人、非法人组织和自然人之间的金融中介服务关系，如结算、汇兑、咨询、信托、租赁、代理、金融理财等关系。

（4）因开展特殊融资业务而产生的特殊融资关系，如外汇买卖、期货期权交易等而产生的关系。

三、金融法的本质、特点及功能

（一）金融法的本质与特点

任何法律的本质都取决于制定这些法律的统治阶级所赖以生存的物质生活条件，是表明和记载一定的经济关系的。金融法也不例外。虽然从形式上看，金融立法属于技术性立法，许多国家的金融立法也有共同的规则，有一些无可争议的金融习惯，并且有越来越趋向同一的倾向。但是，从金融法调整金融关系的最终目的来看，是为一定阶级利益（统治阶级）服务的，是一国社会各阶层利益再分配、再调节的一种方式，是统治阶级实行经济政策、管理和调控经济的一种工具。

在自由资本主义时期，金融机构是经营货币资本的资本主义企业，为资本家经办货币收付、兑换、结算、保管等业务，通过存放款的利息差额，分享剩余价值，是资本积累的有力杠杆。到了帝国主义阶段，银行从普通的中介人，发展成为万能的垄断者，银行资本与工业资本日益融合，形成金融资本和金融寡头，银行成为控制了国民经济发展的万能的统治者。在这种情况下，资本主义金融法对资本主义金融关系进行调整，其结果是给银行家、资本家建立了天堂，给工人、农民等普通百姓造成了灾难。资本垄断集团和金融寡头通过金融法，调整资本家之间的金融关系，协调彼此的利益关系，操纵国家经济命脉，支配国家政权，镇压和剥削劳动人民。

在社会主义制度下，金融法是工人阶级和广大劳动人民意志的体现，是社会主义国家领导、组织和管理金融活动的一个重要的工具，是进行宏观调控和监管、促进社会主义金融活动顺利进行、维护广大人民群众利益的重要的法律武器。

金融法是调整金融关系的法律规范的总称。金融关系广泛而复杂，既有横向的平等主体间的金融业务关系，又有纵向的带有行政隶属性的金融监管、调控关系；既涉及微观的经济个体，又涉及整个国家的经济全局和人民大众的基本生活，具有广泛的公共性、全局性、社会性。因而，这种关系为传统民法、行政法，乃至传统商法所无法调整，而必须采行新的法律部门——经济法的调整方法，即运用综合的、多样的调整方法和调整手段进行规范。所以，在我国，一般认为金融法应属于经济法的范畴，是经济法的子法律部门。①

金融法作为经济法的一个子部门，具有以下特点：

1. 金融法具有实体法和程序法相统一的特点。一方面，它既规定了作为实体法调整对象的金融主体的职责、权利和义务；另一方面，又规定了实现这些权利、义务的程序、步骤、方法等，因而是实体法和程序法的统一。

2. 金融法具有融合公法和私法、以社会为本位的社会法的特点。金融法调整的对象，既有事关“金融个体”利益的金融业务关系，又有事关金融全局的金融监管、调控关系。而这两类关系在现代市场经济条件下是相互影响、相互渗透、相互交织，难以决然分开的。横向的金融业务要在适度的金融监管、调控下才能有序进行，纵向的金融监管、调控要在尊重“金融个体”权益、尊重金融市场运行规律的前提下才能有效实现。这就决定了金融法既不能如公法，一切以国家意志为本位，也不能如私法，完全以个人意思自治为中心，而必须以社会为本位，以社会整体金融利益的提高为目标，融合公法、私法的调整方法，而成为社会法。②

3. 金融法具有强行性、准则性特点，其法律规范多为义务性、禁止性规范。由于金融业的社会公共性与高风险性，决定了金融机构的组织及活动的开展对整个社会的一般商业活动和人民大众的生活具有重大影响，需要由国家法律强行规定并予以强制实施。因此，金融法主体的组成、职责、权利、义务往往由国家法律直接作出强行规定，不允许当事人随意改变；金融活动的开展也极为规范，有非常严格的程序性、准则性要求。

4. 金融法具有调整范围越来越广、法律内容日益增多的特点。金融是商品经济的产物，

---

① 当然，由于各国经济、政治、文化和历史背景的不同，各国法律体系的组成也不尽相同。在不承认经济法的国家中，在民商法分立的国家，金融法（包括银行法、票据法、保险法、信托法、证券法）属于商法范畴；而在民商法合一的国家，金融法则属于民法的范畴。

② 笔者认为，社会法是以社会为本位，为出发点，为归宿，规范国家干预（包括管理、调控、指导、服务、监督等）个体的法律，是连通公法、私法的桥梁。

并随商品经济的高度发展而不断创新，新的金融机构、新的融资手段、新的金融工具、新的金融品种不断涌现，金融已经渗透到了现代社会生产、生活的各个层面，成为现代经济的核心。由此也就决定了金融法具有调整范围越来越广、法律内容日益增多的特点。

（二）金融法的功能

金融法的功能，是指金融法通过确认金融机构的法律地位、规范金融主体的行为，从而对整个社会金融生活产生的调节机制作用。具体而言，主要包括以下三大功能：

1. 确认金融机构的法律地位，建立、健全金融机构组织体系。金融是以银行等金融机构为中心，在信用基础上组织起来的货币流通，金融活动能否正常、有序、高效进行，关键要看金融机构本身是否健全。而金融法的首要功能正是通过立法对各类金融机构的性质、职责权限、业务范围等加以界定，对各类金融机构的（法人）治理结构、运行机制、设立、变更及终止等加以明确规定，进而为金融活动的健康开展创造前提条件。

2. 培育和完善金融市场体系，规范和调控金融市场行为，协调、确保金融市场各参与者的合法权益，提高资金运营效益，实现资金融通的个体效益目标和社会整体效益目标的有机统一。金融市场是融通资金、买卖有价证券的场所。金融市场种类繁多（一般分为货币市场、资本市场、外汇市场、金银市场、期货期权市场等），且每一完善的金融市场必须具备交易主体、交易对象、交易工具、交易价格四大要素，只有通过立法对各类要素加以规范，克服市场规模狭小、不对称信息、道德风险等方面的难题，建立、健全各类、各层次的金融市场，并依法严格监管和适度调控，才能形成统一开放、有序竞争、充满生机的市场局面，才能加速资金的流动和有效配置，提高融资的可选择性和及时性，最终提高资金的运营效益，维护市场交易各主体的合法权益。

3. 确定金融宏观调控、监管目标，规范金融调控、管理、监督行为，完善金融宏观调控、监管体系。在现代社会里，金融是现代经济的核心，金融业是事关经济全局、事关千家万户的公共性行业，金融市场是瞬息万变、充满了不确定性（风险）的市场，任何一个金融机构的金融活动的开展，其影响已超过了交易个体自身的范围（外溢性），都在现实地或潜在地对其他市场主体产生影响，亦即对全社会发生作用。如何在尊重市场机能的前提下，趋利避害，就要求从社会整体利益需要出发，对金融业实行宏观调控和有效监管，而这正是金融法的另一重要功能。金融法通过其确认、引导、规范、调节、保障机能，可以明确一国的货币政策和金融监管的总体目标，确定金融监管、调控机构的地位及职权，规范金融监管和调控的方式、方法，规定金融违法行为的惩处、制裁措施等。

第二节 金融法的基本原则

一、金融法的基本原则的含义

金融法的基本原则，是金融立法的指导思想，是调整整个金融关系、从事金融调控、监管活动和金融业务活动必须遵循的行为准则。它是金融法本质和内容的最集中的表现，对金融法的各个法律制度具有普遍的意义和指导作用。

金融法的基本原则在不同性质的国家有所不同，在同一国家经济发展的不同时期也会有别。它往往与一国某一时期的经济发展水平、货币金融政策目标等密切相关，是一国特定的经济、金融环境在法律上的反映。

二、我国金融法的基本原则

为适应社会主义市场经济体制的建立和发展，我国的金融法应遵循以下几个原则：

（一）依法统一管理金融，实行管理和经营分离，规范和完善国家金融调控、监管行为的原则

依法统一管理金融是指要在全国范围内统一国家对金融业的法律、法令管理，由法定国家金融调控、监管部门统管金融全局，依法制定统一的金融规章和货币金融政策，对金融各业各机构的市场准入、市场退出、业务开展以及金融市场实行统一、无例外的监管，不受其他政府部门、地方政府、经济组织和个人的非法干涉。除金融实验外，不允许有游离于国家金融调控、监管体制之外的特权金融机构和金融市场的存在。

管理金融和经营金融业务分离的原则，是政企职责分开在金融领域内的具体化。其内容是指金融调控、监管部门不能一身兼有管理金融和从事一般商业性金融业务的双重职能，而应由其制定统一的货币金融政策和金融规章，执行金融调控、监管等法定金融公共事务职能；金融各业的商业性、政策性、专业性机构在法律、法规、规章和统一的金融政策允许范围内开展金融业务活动，依法享有经营自主权，但不得行使金融管理方面的职能。

规范和完善国家金融调控、监管行为的原则，要求明确国家金融调控、监管部门的法律性质，强化其独立地位，增强其权威性。同时，要适应金融自由化、全能化、电子化、全球化发展的趋势和要求，改善人民银行货币调控措施和手段，尽量少用或不用行政办法，而用间接的、经济的、法律的方法来调控金融，以实现宏观经济目的；在金融监管方面，要从制度、体制、机制多方面入手，完善有关金融监管独立性、问责制、透明度和操守诸要素的建设，使政府机构金融监管与金融企业治理、行业组织自律、社会中介和金融客户监督实现有机结合和良性互动，真正实现对金融机构和金融市场的动态化、功能化的审慎性金融监管。

（二）在稳定币值的基础上促进经济增长的原则

经济增长、币值稳定是市场经济协调发展的重要标志，是一国货币政策的主要目标。我国中央银行法也把“保持货币币值的稳定，并以此促进经济增长”明定为我国的货币政策目标，从而使其成为我国金融法的重要原则。

保持币值稳定，对内是指保持物价稳定，对外是指保持人民币汇率的稳定。要稳定币值，就必须贯彻货币制度独立、统一的方针，执行经济发行的原则。货币制度的独立是指货币政策的制定和实施要与其他政策相对独立，货币的发行必须与财政发行、政府信用分开，即财政部门不得向人民银行透支，人民银行不得直接认购、包销国债和其他政府债券，不得向地方政府、各级政府部门提供贷款。统一是指货币的发行与管理要统一由人民银行负责，其他银行非

依法律规定或经特别授权不得发行任何形式的银行券。稳定货币是与经济发行相联系的，是指货币的发行只能是满足生产和流通的正常需要，使货币的总供给与总需求保持平衡，从而保证货币币值的稳定，防止通货膨胀。此外，还应保持内外经济发展的均衡。

促进经济增长，要求货币的发行、金融机构金融活动的开展、金融监管与调控行为的进行要有利于为经济发展创造良好的货币金融环境，使经济活动保持较快的、平稳的、可持续的发展势头。

这个原则，归根到底是要保持货币币值的稳定（但非僵化），是在稳定币值的基础上促进经济增长，实现国民经济可持续发展的战略。

（三）以社会整体经济利益和金融秩序稳定为依归，依法规范和完善金融机构组织体系和金融市场体系，促进金融业公平、公开、有序竞争，提高金融资源配置效率，维护金融市场各利益主体合法权益的原则

整体经济利益是当代法律的重要价值标准之一，它是整体经济关系对法律的客观要求。整体经济利益的维护和实现有利于一国综合国力的提高和社会和谐的达成，而金融在现代整体经济中占据主导性地位，是现代经济的核心。金融活动的好坏、金融秩序的稳定与否，直接决定着国家整体经济的运行状况，也攸关着人民大众的生活福祉，并最终影响到所有社会主体的经济利益。因此，举凡金融法律制度的制定、金融机构的设置、金融市场的建构、金融业务活动的开展和金融监管调控行为的实施，都必须以增进社会整体经济利益、维护整体金融秩序稳定为依归，而不得对此加以损害。①

但社会整体经济利益归根到底是社会各主体个别利益的集合，需要由一个个具体的经济、金融行为加以实现。由此，我们在金融实践中，必须根据社会各主体对金融业的多向度、多层次、多样化的个性服务需求，合理设置具有不同功能的全能化、专业化的商业性金融机构和合作金融机构、特定目的政策性金融机构，建构不同类型的货币市场、多层次的资本市场和其他金融市场（如外汇市场、金银市场和金融衍生品市场等），并依法实施有效监管和适度调控，进而完善金融机构组织体系和金融市场体系，规范金融交易行为，公开信息披露，防止内幕交易、关联交易、金融欺诈等不法行为产生，防范系统性、全局性金融风险，促进金融业公平、公开和有序竞争，使货币的收付、汇兑、结算、信贷等活动迅速、及时、准确，加速资金的流动和循环，提高融资的可选择性、及时性、便利性，提高金融资源的配置效率，最终维护和实现金融市场各利益主体（尤其是金融消费者）的合法权益。

（四）防范和化解金融风险的原则

该原则或称“维护金融稳定的原则”。金融业是从事货币资金融通的具有高度社会公共性的特种行业，是时刻面临多种类型风险威胁的高风险行业。所谓“风险”是可能发生的危险。金融风险，即金融的不确定性危险，它随金融业的发展与创新而日益多样化。在巴塞尔银行监管委员会 1988 年的旧《资本协议》中金融风险主要是指信用风险，在 1997 年公布的《有效银行监管的核心原则》中则列举出信用风险、国家和转移风险、市场风险、利率风险、流动性风

---

① 参见刘少军主编：《金融法概论》，7 页，北京，中国政法大学出版社，2005。

险、操作风险、法律风险、声誉风险等 8 类风险，而在 2004 年公布的新《资本协议》中则依据最低资本要求的计量方法的不同分为信用风险（包括资产证券化风险）、操作风险（包括法律风险）和交易账户风险（包括市场风险）等三大类。特别是 2008 年国际金融危机爆发以后，国际社会对金融风险的关注和监管，不仅要求完善对单个金融机构的微观审慎监管，而且更加关注对整个金融体系的顺周期性、对系统重要性金融机构的宏观审慎监管，关注和完善对金融消费者权益的适度倾斜保护，以防范和避免发生系统性、全局性金融风险。总之，由于现代金融活动的高虚拟性、时空少限制性、传染效应快等特点，使得金融风险的存在，严重影响着金融业的安全、稳健运营，并有可能影响到整个社会的经济生活和国家安定，因此，必须加以防范和化解。

防范和化解金融风险的原则，必须贯穿于金融立法、执法、守法和对外交往过程的始终。从立法上而言，必须科学、合理地建立、健全各种金融法律、法规和规章制度，为防范和化解金融风险创造良好的法律制度环境；从执法上而言，必须强化金融调控、监管部门的地位和职权，增强其独立性和监管资源，改进金融调控和宏微观审慎监管的方式、方法，完善有关金融机构资本质量标准、资本充足率体系、贷款损失准备金、杠杆率、资产集中度、关联人贷款、流动性管理、风险管理、系统重要性金融机构监管、影子银行和信用评级机构监管、金融企业信息披露监管、存款准备金制度、再贷款制度、金融机构破产处置制度、存款保险制度等方面的规则和程序，切实加强非现场检查、现场检查和聘用外部审计、综合并表监管[①]等措施；从守法方面而言，各金融机构必须建立健全法人治理结构和内部控制机制，完善内部审计、关联交易控制、风险合规管理、高管薪酬管理以及其他各项具体业务制度，实行合法、合规和审慎经营。在金融对外开放方面，必须积极稳妥，立足于国家主权和安全，加强国际金融监管的合作与协调，切实做好涉外金融业务的经营和监管工作，防范国际金融风险的渗透和转移。

（五）在立足于中国国情的基础上，借鉴国外通行立法做法和国际惯例的原则

市场经济是开放型经济，市场经济体制要求与国际经济体制接轨。随着经济全球化、区域经济一体化、金融自由化进程的加快和我国对外开放政策的深入，我国的经济、金融活动将日益融合到国际经济、区域经济“大家庭”中去。特别是 2007 年我国的金融业依“入世”承诺全面对外开放，外资金融机构大量涌入，我国的金融业也越来越广泛地参与国际金融活动。为此，一方面，我国的金融立法要大胆地借鉴市场经济国家中金融立法的通行做法，采用国际金融立法的通例，培养和发育开放型的金融市场。另一方面，又要从我国的基本国情出发，从维护国家主权和促进本国经济的发展入手，对外债、外汇、人民币国际化进行必要的监督管理，对外资金融机构在华的市场准入、市场退出、业务经营等活动及我国境外中资金融机构及其活动进行立法管理和有效的金融监管，在有关涉外金融立法和监管问题上应奉行对等而非歧视、自主而不盲从、趋同但非同一、协作而非对抗的原则，有理、有节地利用 WTO“服务贸易总

---

① 并表监管，或称“并表管理”，是指金融机构对集团及其附属机构的公司治理、资本和财务等进行全面持续的管控，并有效识别、计量、监测和控制集团总体风险状况。金融机构并表管理的要素包括并表管理范围、业务协同、公司治理、全面风险管理、资本管理、集中度管理、内部交易管理和风险隔离等。

协定”赋予发展中国家开放金融市场的法律空间，进而促进我国国际金融活动稳健有序、安全高效地展开。

第三节　金融法的渊源及体系

一、金融法的渊源

金融法的渊源，是指金融法律规范的表现形式。我国金融法的渊源包括国内渊源和国际渊源两大类。

（一）国内渊源

金融法的国内渊源，是指国家有关机关制定并发布的有关金融组织及其活动的规范性法律文件。具体包括：

1. 宪法。宪法是国家根本大法，是国家的总章程，是我国金融法律规范的最高法源。如宪法中关于加强国家宏观经济调控、维护社会经济秩序的规定，可以说是我国金融法律规范的最高表现形式，是我国金融立法的基础。

2. 金融法律。是由全国人大及其常委会制定的有关金融组织及其活动的规范性法律文件。它包括专门的金融法律和其他法律中涉及金融活动的有关规定。前者如《中国人民银行法》、《商业银行法》、《保险法》、《票据法》、《证券法》等，后者如《担保法》中的保证、抵押、质押规定，《公司法》中关于公司组织的规定，《合同法》中关于借款合同、融资租赁合同的规定等。关涉金融组织基本权利（力）、义务、法律责任等基本制度的事项只能制定法律予以规定。

3. 金融行政法规。是指国务院制定的有关金融组织及其活动的规范性法律文件。如《外资银行管理条例》、《中国人民银行货币政策委员会条例》、《外汇管理条例》、《期货交易管理条例》、《储蓄管理条例》、《证券公司监督管理条例》等。金融行政法规不得与宪法、金融法律相抵触。

4. 金融行政规章。是指国家金融监管、调控部门（或机构）根据金融法律、法规的规定或授权制定的有关金融活动的规范性法律文件。如人民银行制定的《贷款通则》、《银行办理结售汇业务管理办法》，银监会制定的《商业银行资本管理办法（试行）》、《电子银行业务管理办法》、《金融租赁公司专业子公司管理暂行规定》，国家外汇管理局制定《海关特殊监管区域外汇管理办法》、《边境贸易外汇管理办法》等。金融行政规章规定的事项应当属于执行法律或者国务院的行政法规、决定、命令的事项，多应为技术性、操作性规范。在复杂、多变的金融环境条件下，当代金融监管标准应在立基于基本监管准则的基础上保持灵活性、前瞻性和动态调适，以便利于金融创新和实施全面风险管理。因之，制定程序相对简便的金融行政规章符合这方面的要求，从而成为金融法律十分必要和有益的补充。①

5. 金融地方性法规、规章。金融地方性法规指省、自治区、直辖市和较大的市的人民代表大会及其常委会制定的有关金融活动的规范性法律文件。这些地方性法规因地制宜，是对金融法律、法规的具体化，但它们不得同金融法律、法规相抵触。金融地方性规章是指省、自治区、直辖市和较大的市的人民政府制定的有关金融活动的规范性法律文件，但它们不得同金融法律、行政法规、地方性法规相抵触。从建立全国统一金融大市场目标出发，金融地方性法规、规章，除进行金融改革实验区域（如天津滨海新区、上海自由贸易区）外，应当予以严格的控制。

6. 金融司法解释。是国家最高司法机关（最高人民法院、最高人民检察院）经立法机关授权就金融司法实践过程中具体适用法律问题所作出的具有约束力的阐释和说明。通常以规范性文件的形式作出，在司法实践中被广泛适用，能起到弥补法律疏漏的作用。

7. 自律性规章。是由金融行业协会（公会）或交易所制定的有关行业成员和自身行为的准则和规范。这些规范往往要经过授权、批准或备案，对于行业成员和机构自身具有约束力。如《中国证券业协会章程》、《中国信托业行业宣言》、《深圳证券交易所股票上市规则》和中国银行业协会的《文明服务公约》、《自律公约》、《维权公约》、《反商业贿赂承诺》、《反不正当竞争公约》等。自律性规章是国家有权机关制定的规范性法律文件的有益补充，能发挥其独特的作用。

（二）国际渊源

我国金融法的国际渊源，是指我国缔结或参加的有关国际条约、协定以及一些具有广泛影响、为国际社会接受并认可的国际惯例。

1. 国际条约。是我国参加国际金融活动所签订和加入的双边或多边条约。这些条约，虽然不是我国有关机关制定，但一经参加或签字就表明得到了我国政府的承认，对我国具有约束力。而且在一般情况下，有优先适用的效力。

目前，我国缔结和参加的有关国际条约主要有：《国际货币基金组织协定》、《国际复兴开发银行协定》（1965 年 12 月 17 日）、《国际复兴开发银行协定附则》（1980 年 9 月 26 日）、《国际金融公司协定》（根据 1961 年 9 月 21 日和 1965 年 9 月 1 日生效的决议修订）、《国际金融公司协定附则》（1980 年 2 月 28 日）、《国际复兴开发银行贷款和国际开发协会信贷采购指南》（1985 年 5 月）、世贸组织 1994 年的《服务贸易总协定》及《金融服务附件》、《金融服务第二附件》和 1997 年《金融服务协议》等。

2. 国际惯例。是在国际经济交往中形成的为国际社会广泛接受并予承认的，一经有关国

① 值得我们认真思考的是，国务院于行政法规之外发布的关于金融改革和发展的系列重大“决定”、“指导意见”和国家金融监管、调控部门于规章之外发布的大量“监管指引”、“试行办法”、“通知”等，在我国金融实践生活中发挥着非常重大的作用。这些文件往往具有很强的政策宣示性、政策指引性、技术辅导性和实务推动性，但较少具体规范性、责任追究性，欠缺强制执行力，其实施更有赖于表彰性、鼓励性的制度安排和当事人的道德自觉。其在法律上的性质为何？是属于纯粹政策性文件？还是法律规范性文件？还是应属于现在学界热烈讨论的“原则上没有法律约束力但有实际效力的行为规则”的“软法”？这不仅是理论问题，更是迫切需要解决的实践问题。关于“软法”，可参见罗豪才、毕洪海：《通过软法的治理》，载《法学家》，2006 (1)。

家确认就具有法律约束力的习惯性规范。如1967年国际商会的《商业单据托收统一规则》、1983年的《商业跟单信用证统一惯例》、1985年世界银行的《贷款协定和担保协定通则》及《合同担保统一规则》、巴塞尔银行监管委员会①发布（或联合发布）的系列巴塞尔协议，如1988年7月通过的《巴塞尔资本协议Ⅰ》（全称为《关于统一国际银行的资本计算和资本标准》）、2004年6月修订发布的《巴塞尔资本协议Ⅱ》（全称为《统一资本计量和资本标准的国际协议：修订框架》）、2010年11月发布的《巴塞尔资本协议Ⅲ》（包括《关于构建更稳健银行体系的国际监管框架》和《关于流动性风险计量、标准及监测的国际框架》），1997年9月发布、2006年10月、2012年9月先后两度修订的《有效银行监管核心原则》，1999年9月发布、2006年2月、2010年10月两度修订的《加强公司治理原则》，及巴塞尔银行监管委员会与国际证监会组织、国际保险监督官协会组织的联合论坛于1999年2月和12月发布、2012年9月修订发布的《金融集团监管原则》等。

二、金融法律关系

（一）金融法律关系的概念及特征

金融法律关系是由金融法律规范调整的在金融监管、调控活动和金融业务活动过程中形成的具有权利义务内容的社会关系。

大家知道，当银行等金融机构、企事业单位、社会组织和个人在进行金融监管、调控活动和金融业务活动时，必然要形成各种各样的金融关系。而国家出于维护统治者利益和整个社会经济秩序的考虑，必然要制定各种各样的金融法律规范。当这些金融关系受到相应的金融法律规范的调整时，就会在金融主体之间产生现实的、受国家强制力保护的权利义务，亦即形成了金融法律关系。因此，金融法律关系的形成和存在有两个条件：一是要有反映国家意志的金融法律规范的存在；二是要有某种具体的金融监管、调控活动或金融业务活动的存在。

作为法律关系的一种，金融法律关系除了具有一般法律关系的特征外，还具有以下一些自己的特征：

1. 金融法律关系是在金融监管、调控活动和金融业务活动过程中形成的权利义务关系，而金融监管、调控或金融业务活动是以银行等金融机构为中心开展起来的。故在金融法律关系

---

① 原称“银行法规与监管事务委员会”，又称“库克委员会”，简称“巴塞尔委员会”，1975年2月由美国、英国、法国、德国、意大利、日本、荷兰、加拿大、比利时、瑞典10大工业国的中央银行共同成立，以各国中央银行官员和银行监管当局为代表，总部设在瑞士的巴塞尔。其导因是为应对1974联邦德国的赫斯塔斯特银行和美国的富兰克林国民银行的破产倒闭而引发的国际银行监管问题。巴塞尔银行监管委员会每年定期集会4次，并拥有近三十个技术机构，执行每年集会所订目标或计划。巴塞尔委员会本身不具有法定跨国监管的权力，所作结论或监管标准与指导原则在法律上也没有强制实施效力。但因该委员会成员主要来自于世界发达国家，影响大，一般仍预期各国将会采取立法规定或其他措施，并结合各国实际情况，逐步实施其所订监管标准与指导原则，或实务处理相关建议事项。巴塞尔委员会运作追求的目标，是在“国外银行业务无法避免监管”与“适当监管”原则下消弭世界各国监管范围之差异。巴塞尔委员会制订的系列协议、监管标准与指导原则，如三大《巴塞尔资本协议》、《有效银行监管核心原则》等，被统称为“巴塞尔协议”。2009年3月，中国人民银行和银监会代表我国正式加入巴塞尔委员会。几经扩围后，目前巴塞尔银行监管委员会由来自阿根廷、澳大利亚、比利时、巴西、加拿大、中国、法国、德国、香港特别行政区、印度、印度尼西亚、意大利、日本、韩国、卢森堡、墨西哥、荷兰、俄罗斯、沙特阿拉伯、新加坡、南非、西班牙、瑞典、瑞士、土耳其、英国和美国的监管当局和中央银行高级代表组成。

主体当中，应有一方当事人是金融机构，否则，难以形成金融法律关系。

2. 金融法律关系具有纵向金融管理和横向金融协作的双重性，是比较典型的经济法律关系。由于金融的特殊重要性和社会公共性，一方面，国家金融监管、调控部门要对金融机构的组织和金融活动的开展实施监管和宏观调控；另一方面，各金融主体之间又要按照价值规律、金融市场运行机制开展金融业务活动。因之金融法律规范所调整的金融关系既有纵向的金融监管、调控关系，又有横向的金融业务关系，由此产生的金融法律关系是纵向金融管理法律关系和横向金融协作法律关系的统一，属于经济法律关系的范畴。

3. 金融法律关系具有广泛性、多样性特征。金融活动源于商品货币关系，有商品货币关系存在的地方，就必然存在金融活动。在当代社会生活中，金融活动已经渗透到社会生活的各个方面和领域，成为现代社会生产、交换、分配和消费顺利进行的必要条件，成为现代经济的核心，并随金融竞争的加剧、金融创新的不断出现，而变得越来越复杂、多样，从而决定了金融法律关系的广泛性、多样性特征。

4. 金融法律关系的确立、变更和终止，多采用书面形式，而且其格式往往标准化，当事人不能随意地加以更改，有着较为严格的准则性、程序性要求。

（二）金融法律关系的构成要素

金融法律关系的构成要素是指构成金融法律关系不可缺少的组成部分。和其他法律关系的构成要素一样，金融法律关系的构成要素也是由主体、客体和内容三个要素构成。

1. 金融法律关系的主体。指参加金融法律关系，依法享有权利、承担义务的当事人。国家机关、企事业单位、社会组织和个人依法可以成为金融法律关系的主体，而金融机构则是金融法律关系的当然主体。

金融法律关系主体可作以下分类：

(1) 特殊主体。包括中国人民银行、国家外汇管理局、中国银行业监督管理委员会、中国证券监督管理委员会、中国保险监督管理委员会。它们作为法定的国家金融监管、调控部门，代表国家组织、管理金融机构及其活动，代表国家监管、调控金融市场，在金融法律关系主体中居于特殊、重要的地位。

(2) 各类银行和非银行金融机构。各类银行是指政策性银行、国有商业银行、股份制商业银行、城市商业银行、农村商业银行、农村合作银行、外资银行、外国银行分行、中外合资银行以及其他经营存款、放款、汇兑结算等业务的金融企业。非银行金融机构是指未冠以“银行”字样的经营信托、投资、租赁、债券、保险、货币经纪等金融业务的金融机构，也称其他金融机构。从广义上讲也是银行。

(3) 各经济组织、事业单位、社会团体。这些主体可以是法人组织，也可以是非法人的合伙组织、联营组织。

(4) 自然人。包括中国公民、外国公民、无国籍人。他们参与金融活动就成为金融法律关系的主体。自然人一般应具有权利能力和行为能力才能成为金融法律关系主体，但在特殊情况下，无行为能力人或限制行为能力人也能成为金融法律关系的主体。

(5) 国家。国家在特定的情况下，也能以主体身份参加金融活动，成为金融法律关系的主体。如发行货币、发行国家公债、缔结国际条约等就是国家的特权。

2. 金融法律关系的客体。是指参加金融法律关系的主体的权利义务所共同指向的对象。没有金融法律关系的客体，金融法律关系也就不可能产生，权利和义务就会落空。能够成为金融法律关系客体的有货币、金银、有价证券等金融资产和金融调控行为、监管行为、交易行为、服务行为等。

3. 金融法律关系的内容。是指金融法律关系的主体依法所享有的权利和承担的义务。权利是指主体有权依据金融法律、法规的规定为一定行为、不为一定行为和要求他人为一定行为的可能性。义务是指主体依据金融法律、法规的规定必须为一定行为或不得为一定行为的必要性。在不同的金融法律关系中，金融法主体享有不同的权利，承担不同的义务。

（三）金融法律关系的产生、变更和终止

1. 金融法律关系的产生。是指由于一定的法律事实的存在或变化，使金融法律关系主体之间形成一定的权利义务关系。

法律事实的存在或变化，是金融法律关系产生的前提。所谓法律事实，是指符合金融法律规范规定的能够引起金融法律关系产生、变更和终止的事实，包括事件和行为。前者是指不依人的主观意志为转移的客观现象，如不可抗力造成的自然灾害及战争等社会现象；后者是指由金融法律规范规定的能够引起金融法律关系产生、变更或终止的行为，包括合法行为和不合法行为。

2. 金融法律关系的变更。是指由于一定的法律事实的出现或变化，使业已存在的金融法律关系的某些要素发生了改变，从而引起金融法律关系的变更。包括主体的变更、客体的变更和内容的变更三种情况。

3. 金融法律关系的终止。是指由于一定的法律事实的出现，使金融法律关系主体间的权利义务关系归于消灭。

（四）金融法律关系的保护

1. 金融法律关系的保护机构。金融法律关系的保护，是指通过一定的保护机构，采取一定的保护方法，确保金融法律关系的参加者正确行使权利和切实履行义务，以维护当事人的合法权益和保障整个社会正常的金融秩序。金融法律关系的保护主要是通过以下四个方面的保护机构进行的。

（1）金融监管、调控机构。金融监管、调控机构是一国金融体制的中心，也是进行金融法律关系保护的最基本机构。金融监管、调控机构通过对金融机构的市场准入、市场退出和金融业务活动的全过程的日常监管，对金融违法行为进行行政查处，可以对金融法主体权利义务的实现起到最基本的保障作用。在我国，金融监管机构主要包括中国人民银行、国家外汇管理局、中国银行业监督管理委员会、中国证券监督管理委员会、中国保险监督管理委员会。

（2）仲裁机构。设在省级人民政府所在地的市（或其他设区的市）的仲裁委员会依法组成仲裁庭，以第三人的身份对金融法律关系主体之间发生的金融合同纠纷进行调解或仲裁，可以有效地解决主体之间的金融纠纷，实现对金融法律关系的保护。但进行仲裁的前提是当事人双方应自愿达成提交仲裁的协议。

（3）司法机构。一般是指人民检察院和人民法院。人民检察院对金融犯罪案件依法行使检察权，并以国家公诉人的身份出庭支持公诉，对人民法院的审判活动是否合法实行监督。人民

法院依法行使审判权，对当事人提起诉讼的金融纠纷案件和人民检察院提起公诉的金融犯罪案件，依法进行审判。

（4）独立的金融消费者保护机构。为加强金融消费者权益保护和金融消费者教育，国际社会许多国家成立了专门的金融消费者保护机构。如美国依据 2010 年 7 月发布的《多德—弗兰克华尔街改革和消费者保护法案》，在美联储之下创设了一个新的联邦机构——消费者金融保护署，将原本分散于联邦银行监管机构和联邦贸易委员会之间对消费者保护进行监管和执行的职权统一到消费者金融保护署，监管参保储蓄存款机构、金融公司、抵押贷款人以及一系列非传统的金融服务实体提供的金融商品或者服务。英国于 2013 年 4 月依据女王批准的《2012 年金融服务法案》的规定，设立独立机构金融行为监管局，对整个金融行业服务行为进行监管，对审慎监管局监管范围外的所有金融机构进行审慎监管，负责金融消费者保护、公平竞争和维护资本市场信心等事宜。①

2. 金融法律关系的保护方法。金融法律关系的保护方法，从广义而言是指国家通过金融立法、金融执法和金融司法活动，来保护金融法律关系当事人之间的权利义务的实现；从狭义来讲，就是对破坏正常金融法律关系的行为依法追究法律责任的方法。一般所讲的保护方法是指狭义的方法，即通过追究法律责任来实现对金融法律关系的保护。

对金融法律关系的保护方法主要有四种：

（1）行政保护方法。是指对违反金融法律、法规的行为人，由法律规定的金融监管、调控机构依照行政程序加以处理，以保护金融法律关系主体的权利义务的实现。主要体现为金融监管、调控机构对有金融违法行为的金融机构或其责任人员采取行政上的处理或纠正措施。如对单位采取批评、警告、停业整顿、吊销许可证、禁止市场准入等；对个人采取警告、记过、记大过、降级、开除、取消业务资格等。

（2）经济保护方法。是对违反金融法律、法规的行为人（包括单位和个人），依照法律规定给以的经济处罚或责令补偿损失的措施。具体包括赔偿损失、罚款、冻结资金、停止支付、提高或加收利息、没收财产等。

（3）司法保护方法。包括两个方面：一是人民法院依照诉讼程序以审判方式解决金融纠纷，并可对拒不履行法院判决、裁定或仲裁机构裁决的行为予以强制执行；二是对严重违反金融法律、法规，触犯刑律的犯罪分子，由人民法院依法作出判决，追究刑事责任。

（4）非诉讼纠纷解决方法。即替代性纠纷解决机制（ADR），是指司法诉讼以外的各种纠纷解决方法的总称。在我国，主要包括金融机构的内部处理机制、金融行业协会的投诉处理机制、“三会一行”金融消费者保护机构的投诉处理机制、金融仲裁机构仲裁机制、消费者协会的投诉处理机制。这些解决机制总体上具有方便快捷、成本低廉的特点。但我国目前缺乏国际社会较为广泛存在的独立第三方金融纠纷解决机制——金融督察服务制度②，在专业性、独立

---

① 我国“三会一行”于 2011 年、2012 年也先后成立了中国保监会保险消费者权益保护局、中国证监会投资者保护局、中国人民银行金融消费权益保护局、中国银监会银行业消费者权益保护局，着力加强对金融消费者权益的保护工作。但它们并非独立机构，而是金融监管、调控部门的内设机构。

② 金融督察服务制度，是指成立以金融机构为成员但独立于金融机构和金融消费者之外的第三方公益非营利性的民间组织，专门处理金融消费纠纷并进行调解或裁决的一种非诉讼解决机制。由于其具备专业性、独立性、中立性等优势，在很多国家和地区得到了广泛运用，如英国、澳大利亚以及中国香港、中国台湾地区等。

性、中立性等方面还存在严重不足。

三、金融法的体系及主要内容

（一）金融法体系的含义

金融法是调整金融关系的法律规范的总称。金融法律规范的表现形式按制定机关和法律效力不同，可分为金融法律、金融法规、金融规章、地方性金融法规、金融条约和自律性规章等。

金融法的体系是指在金融法的基本原则指导下，调整金融关系不同侧面的金融法律、法规、规章等金融法律规范，分类组合为不同的金融法律制度，共同实现金融法的任务，而形成的相互连结、和谐统一、层次分明的统一整体。它是一个多层次的结构体。

（二）金融法体系的主要内容

金融法体系内容相当庞杂，各国金融立法也因经济、金融发展阶段不同和管理重点各异，内容不尽相同，体系也各有特点。适应社会主义市场经济发展的要求，我国金融法大致可以划分为六个部分，即金融主体法（组织法）、金融调控与监管法、间接融资法、直接融资法、期货期权与外汇法（特殊融资法）、金融中介业务法。

1. 金融组织法。或称金融主体法、金融机构组织法，是用以确定银行和其他金融机构的性质、法律地位、职责权限、机构设置、业务范围及规则的法律规范的总称。按照业务性质不同，金融组织法又可进一步分为中国人民银行法（中央银行法）、普通银行法（商业银行法）、合作银行法、政策性银行法、非银行金融机构管理法、涉外金融机构管理法。

目前，我国金融组织法的法律规范主要有《中国人民银行法》、《银行业监督管理法》、《商业银行法》、《证券公司监督管理条例》、《外资银行管理条例》、《外资保险公司管理条例》、《信托公司管理办法》、《村镇银行管理暂行规定》等。

2. 金融调控与监管法。金融调控与监管法是指调整国家实施金融调控和金融监管活动中所发生的社会关系的法律规范的总称。其任务是要明确金融调控与监管的目标、原则，确定调控、监管机构的地位与职权，规范调控和监管的措施、方法，惩处破坏货币金融秩序的行为。

金融调控与监管法的法律规范主要有《中国人民银行法》、《银行业监督管理法》、《保险法》、《证券法》、《反洗钱法》、《刑法》及其修正案、《金融机构撤销条例》、《人民币管理条例》、《现金管理暂行条例》、《国家货币出入境管理办法》等。

3. 间接融资法。间接融资法是指调整间接融资关系的法律规范的总称。所谓间接融资是指借款方与贷款方通过金融中介机构来实现资金有偿使用的一种资金融通方式。间接融资法的任务就是规范货币借贷行为，保障借贷双方及与之有关的金融机构、非金融机构和个人的合法权益，促进资金的有序、健康、快速流转。在我国，由于间接融资比重很大，故间接融资法是金融法的最基本的内容之一。

间接融资法的法律规范主要有《商业银行法》、《合同法》、《储蓄管理条例》、《人民币单位存款管理办法》、《人民币利率管理规定》、《贷款通则》、《固定资产贷款管理暂行办法》、《流动资金贷款管理暂行办法》、《个人贷款管理暂行办法》等。

4. 直接融资法。是指调整直接融资关系的法律规范的总称。所谓直接融资是指筹资方不经过中介环节，而是直接经由金融市场从投资方吸收资金的一种资金融通方式。直接融资虽然不必经过中介环节，但它的健康运作还需要投资银行、证券公司等的参与和协助，需要金融主管机构的有效监督、调控和管理。因此，直接融资也与金融机构的活动密切相关。我国直接融资起步较晚，有关直接融资的立法仍然有待进一步加强。

直接融资法的法律规范目前主要有《公司法》、《证券法》、《证券投资基金法》、《企业债券管理条例》、《股票发行与交易管理暂行条例》、《证券交易所管理办法》等。

5. 期货、期权与外汇法（特殊融资法）。特殊融资是指发生在期货市场、期权市场和外汇市场的融资行为，该类行为具有不同于一般直接融资和间接融资的特点。调整期货、期权和外汇融资行为的法律规范即为特殊融资法。它包括期货法、期权法和外汇法，这些内容是我国金融法体系中新的内容。

目前，我国在期货、期权①与外汇管理方面还未制定出基本法律，由国务院或国家金融主管机关颁布的规范性文件有《期货交易管理条例》、《外汇管理条例》、《期货公司管理办法》、《期货交易所管理办法》、《期货公司风险监管指标管理办法》、《期货公司分类监管规定》等法规、规章。

6. 金融中介业务法。金融中介业务法是指调整金融机构与客户之间中介业务关系的法律规范的总称。金融中介业务是指金融机构以中间人身份，不运用其自有资金和借入资金，为客户提供服务并收取相应费用的金融经营活动。

目前，我国金融中介业务法律规范散见于《商业银行法》、《票据法》、《担保法》、《支付结算办法》、《国内信用证结算办法》等法律、法规、规章之中。

上述六大方面的基本内容，归根到底，可归结为金融主体（含调控主体、监管主体、营业主体）法、金融调控与监管法、金融业务管理法、涉外金融法四个大的方面。由于经济全球化、金融自由化、国际化的影响，各国金融立法，尤其是涉外金融立法深受国际金融条约、金融惯例的影响，而与国际金融法紧密相关，故本书的内容将整合为五篇：金融法总论、金融调控与监管法、金融机构组织法、金融业务管理法、涉外金融法加以介绍。

第四节　金融体制与金融立法

一、金融体制的概念

金融体制是指一国划分金融管理机构和金融业务机构的法律地位、职责权限、业务范围，协调彼此之间的活动及相互关系而形成的制度系统。一个成熟的现代国家的金融体制应包括金

① 期权是指在未来一定时期可以买卖的权利，是买方向卖方支付一定数量的金额（权利金）后拥有的在未来一段时间内（美式期权）或未来某一特定日期（欧式期权）以事先规定好的价格（履约价格）向卖方购买或出售一定数量的特定标的物的权利，但不负有必须买进或卖出的义务。期权交易实质上是这种权利的交易，买方有执行的权利也有不执行的权利。期权分场外期权和场内期权。场外期权交易一般由交易双方共同达成。

融机构组织体系、金融市场体系、金融监管调控体系和金融制度体系四方面的内容。

目前，在西方发达工业化国家中，经过长时期的发展演变，基本上都形成了在法制基础上以国家金融主管部门为监管、调控中心，以商业银行和证券机构为主体，与信托、保险等其他金融机构并存，以货币、资本、保险等金融市场为枢纽的金融体制。

二、西方主要工业化国家的金融体制与金融立法

(一) 西方主要国家的金融体制及其特征

1. 美国的金融体制及其特征。美国是世界第一的经济大国，其金融体制由联邦储备系统（中央银行体系）、联邦证券交易委员会、商业银行（包括国民银行和州立银行）、商业银行以外为私人服务的金融机构（主要指储蓄信贷机构，包括储蓄贷款协会、互助储蓄银行、信用联合社、人寿保险公司）、商业银行以外为企业服务的机构（主要包括金融公司、投资银行、财产和意外保险公司、商业票据所、经纪和交易商公司、证券交易所和信托机构等）、政府专业信贷机构（包括合作社银行、联邦中期信贷银行、联邦土地银行等农业信贷机构，联邦住宅信贷银行、联邦住宅抵押贷款公司、政府全国抵押协会等房屋住宅信贷协会，社区发展公司、进出口银行、环境保护金融管理局、小企业管理局、联邦融资银行等其他政府金融机构）、其他金融机构（主要包括养老基金、货币市场互助基金）和多层次发达完善的金融市场等组成。其中，美国的股票市场（主要包括纽约证券交易所、美国证券交易所等九家全国性、地区性股票交易所和纳斯达克场外交易市场——全国证券交易商协会自动报价系统 NASDAQ），一直是企业发行上市（IPO）融资的主要渠道；债券市场亦为联邦、州、地方政府及企业融资的重要渠道；创始于 19 世纪晚期的商品期货市场、创建于 20 世纪 70 年代早期的金融期权和期货市场等衍生品市场，及掉期和其他衍生产品的柜台交易市场都很发达。美国纽约金融市场是世界上最大的国际金融中心。

美国的金融体制是典型的市场主导型（直接融资为主），它是自然构造和人为构造相互交替、相互适应、共同作用的结果，是和美国双重分权制的联邦政体相联系的，其复杂构造是美国特定历史发展的产物。其特点是：

(1) 实行“双线多头”的金融管理体制。所谓“双线”，或称“双轨注册制”，是指美国联邦政府和州政府有权分别接受金融机构的注册登记，并对登记的金融机构实施监管。如美国的银行，既可按 1864 年《国民银行法》在联邦政府财政部的货币监理局注册领取执照，接受其管理，成为国民银行，也可依各州银行法在各州的金融管理机构注册领取执照，成为州立银行；就储蓄机构来看，既可在联邦住房贷款银行委员会（1989 年依据《金融机构改革，复兴与实施法案》改为财政部储蓄机构监管局）注册，也可在州管理机构注册。所谓“多头”是指美国对金融机构的监督和管理是通过多家机构进行的。据统计，在联邦一级的金融监管机构就有 12 个[①]，而各州也有相应的监管机构。如对银行的监管在联邦一级就有五个机构：依据

① 包括财政部金融稳定监督委员会、美联储、财政部货币监理局、财政部金融研究办公室、国家信用合作管理局、联邦住房金融管理局、联邦存款保险公司、财政部联邦保险事务办公室、联邦证券交易委员会、商品期货交易委员会、联邦金融机构检查委员会、美联储消费者金融保护署。

2010 年 7 月 21 日美国总统奥巴马签署的《多德—弗兰克华尔街改革和消费者保护法案》在财政部下设立的金融稳定监督委员会①，主要承担宏观审慎监管职能，负责识别和防范金融机构（包括银行）和金融市场早期的系统性风险，对金融体系进行并表监管，并在各监管机构之间确立一个统一的审慎监管标准；设立财政部金融研究办公室，作为独立机构负责：收集金融市场参与者（包括银行）的相关信息，开发金融系统风险的监测工具、监测金融系统风险，要求金融市场参与者向其和其他监管者提交报告；财政部货币监理局，负责国民银行的注册登记等事宜；联邦储备体系，对会员银行、银行控股公司及其子公司、外国银行进行监管；联邦存款保险公司，对参加存款保险的所有银行进行监管。而州立银行还要受到州银行监理官的管理。政府专业信贷机构则需要接受相关政府部门的管理。证券交易方面，投资银行、证券交易场所和商业银行均须接受证券交易委员会的领导和管理，美国金融业监管局作为美国最大的非政府的证券业自律监管机构，对证券业实行自律监管。而在保险监管方面，依据《2010 年联邦保险事务办公室法》在美国财政部之下设立联邦保险事务办公室负责履行对保险业进行监督、提供监管意见和建议、信息共享等职责；另外，各州保险监管机构（监理署）负责对本州范围内的保险公司的市场准入和业务监管，全国保险监理官协会对保险业实行行业自律管理。

需要指出的是，1999 年 11 月 4 日美国的《金融服务现代化法》（又称《格林母—列治—比列利法案》）（参见［延伸阅读］）虽然明确规定美联储为金融控股公司的伞形监管者，负责对控股公司进行综合监管；各金融监管机构按监管职责要求对子公司进行监管。但这并未改变美国“双线多头”监管体制的总体框架。

［延伸阅读］ 美国《金融服务现代化法》

美国 1999 年 11 月 4 日通过的《金融服务现代化法》共 7 章 219 条，分别为促进银行、证券公司、保险公司之间的联合，对保险客户的保护，加强监管，联邦住宅贷款银行体系现代化，对经纪商和自营商的分工监管，单一储蓄与贷款控股公司，自动取款机（ATM）收费改革等。这部法案体系庞大，对银行、证券和保险在内的金融活动从实体权利到程序运作等方面都进行了明确规定，从而对美国的金融体制作了历史性的重大变革：一是容许银行、证券、保险公司以控股公司的形式相互渗透，以法律的形式确定了金融控股公司的法律地位和金融混业经营的合法性。二是在监管体制上，将以往分业立法、分业监管的纵向监管体系改变为统一立法、功能性监管体系。规定美联储有权对金融控股公司及其子公司进行全面监管，使其成为能够同时监管银行、证券和保险业的唯一的一家联邦机构。这是美国监管体制的质的变化。但同时规定各领域监管机构在对相应子公司进行监管时，如

① 根据《多德—弗兰克华尔街改革和消费者保护法案》的规定，财政部金融稳定监督委员会由 15 名成员组成。其中，10 名成员拥有投票权，另外 5 名成员不享有投票权。在财政部长或金融稳定监督委员会大多数委员的提议下，金融稳定监督委员会必须召开会议，会议至少一个季度举行一次。除非特殊情形，金融稳定监督委员会的决议必须由大多数拥有投票权的委员同意才能通过。其主要职权包括：第一，收集信息，为成员机构和其他联邦以及州机构进行信息共享和协作提供便利；第二，监控金融服务市场的状况或潜在威胁，识别监管空白领域；第三，负责监测国内和国际金融监管改革立法的最新动向和发展。

果认为美联储的监管制度有不当时可优先执行各领域监管机构的制度，从而起到相互制约的作用。三是在监管内容上实现了从结构性控制向审慎性控制、组织性控制和保护性控制的转变，表现为监管重点已从过去注重监管对象各项业务合法性的检查转向资本充足率和内控机制控制的监管，对银行监管只集中对法人机构监管，对分行则主要通过对总行的内控机制健全性的考查得出结论，以此达到审慎性、组织性和保护性监管的要求。

(2) 联邦储备系统在组织上的不完整性。按照1913年《联邦储备法》的规定，所有国民银行必须成为联邦储备系统的会员银行，但州立银行是否参加或退出联邦储备系统，则任其选择。会员银行虽有某些“特权”，但由于对其管制较紧，结果1.3万多家州立银行中只有1/10的银行参加了联邦储备系统。1980年《存款机构放松管制和货币管制法》对所有存款机构和存款账户课以统一的储备率，以控制会员银行下降的趋势，但到1988年过渡期结束，会员银行仍然只占商业银行总数的41%。此说明并非所有州立银行都接受联邦储备银行的管理，而这使其货币政策的效力受到影响。

(3) 独家（或称单一）商业银行制。为防止金融垄断，历史上美国的商业银行在组织形式上多实行单一银行制度，即原则上商业银行不得设立分支机构，尤其不得跨州设立分支行。1864年的《国民银行法》把每家银行限制在单一行政区域内，1927年的《麦克弗登法》明文禁止设跨州银行，1956年《银行持股公司法》也禁止银行持股公司跨州并入新银行。各州银行法也禁止或限制州银行设立分支行，从而形成单一银行制度。这样，美国的银行具有数量多、规模一般比较小的特点。这种状况使美国的商业银行在内外竞争中处于不利地位，迫使美国立法逐渐放宽了这方面的限制，如1970年《银行持股公司法修正案》对地区设立分支机构未加限制，1982年的《加思—圣·日尔梅法》允许外州银行倒闭时由跨州的金融机构收购，1994年9月生效的《里格尔—尼尔银行跨州竞业和设立分行之效率法》为银行的合并和跨州设立分支机构扫清了障碍，美国银行跨州经营的地理限制完全废除，不断涌现的巨型合并将银行业合并推向高潮。

(4) 金融业务分离制。按《1933年银行法》（又称《格拉斯·斯蒂格尔法》）的规定，美国商业银行只能从事中短期贷款、存款和买卖政府债券等银行业务，不能从事发行、买卖股票、公司债券等投资银行业务，也不能从事长期贷款等储蓄信贷机构业务；而投资银行和储蓄贷款协会、互助储蓄银行、信用社、人寿保险公司等金融机构，也不能从事活期存款和工商信贷等商业银行业务。因此，许多商业银行只能设立信托部，从事证券业务，并实行独立核算。不过，20世纪80年代以来这种限制日益缓和。如1989年《金融机构改革、复兴与实施法案》的规定就在一定程度上打破了商业银行、投资银行和储蓄机构之间的界限；1997年1月，美联储决定，银行可设立子公司或与其他公司联手组成下属公司经营证券业务，银行控股公司收益中的证券业务比重可占到25%，这一决定使得1933年生效的《格拉斯·斯蒂格尔法》关于分离经营的部分条文名存实亡；而1999年通过的《金融服务现代化法案》则以金融控股公司的形式推动着银行、证券、保险公司的整合。2008年国际金融危机发生后，针对混业金融带来的巨大风险，美国在《多德—弗兰克华尔街改革和消费者保护法案》第六章“银行和储蓄协会控股公司和存款机构的监管改进法案”中通过“沃尔克规则”（The Volcker Rule），对银行及金融控股公司的自营交易和基金投资行为重新施加较为严苛的限制，将银行机构从事的交易活动与在美联储监管下的非银行金融公司进行的交易行为作了区别规定——即除某些例外和过渡期间之外，银行机构将被禁止从事自营交易行为，也不得进行对冲基金和私募股权基金投资等投机性交易。许可从事的自营交易中，银行投资对冲基金和私募股权的资金规模不得高于自身一级资本的3%。非银行金融公司进行上述交易或投资不必遵守对冲基金和私募股权基金的交易禁令，但却仍需按照美联储的附加资本金要求和其他行为限制规定开展经营。

(5) 非银行金融机构实力雄厚，直接融资比重非常大。美国的保险公司、储蓄贷款协会、互助储蓄银行、养老基金、投资基金、金融公司、投资银行等为数众多，其资产总额大大超过了商业银行。并且，美国的证券市场发达，直接融资比重很大，从而形成市场主导型的金融体系。

(6) 银行控股公司（或称“银行持股公司”）成为美国银行制度中一种占有相当优势的金融组织形式。所谓银行控股公司是指控制一家或两家以上银行（或银行控股公司）的公司，前者称为单一银行控股公司，后者称为多家银行控股公司。银行控股公司急剧发展的原因：一是为规避美国不许跨州开设分支行或有些州根本不许银行设立分支机构的法律限制；二是银行控股公司下的附属公司可以从事其他非银行业务，实现跨业经营。

(7) 依据《多德—弗兰克华尔街改革和消费者保护法案》在美联储之下创设了新的独立机构——消费者金融保护署，赋予其有关消费者金融保护方面的监督、检查和执行权，规则制定权，执法权，强化信息披露权等广泛职权，负责监管参保储蓄存款机构、金融公司、抵押贷款人以及一系列非传统的金融服务实体提供的金融商品或者服务，切实加强消费者金融保护和教育。

2. 日本的金融体制及其特征。日本现行金融体制由日本银行（日本中央银行）、金融厅、商业银行（包括城市银行和地方银行）、专业银行等民间金融机构（包括外汇专业银行、长期信用银行、信托银行、相互银行、信用金库、信用合作社、信用协同组合、各种人寿和财产保险公司、证券公司等）、政府金融机构（包括日本输出入银行、日本开发银行等）、其他机构（包括海外经济合作基金、养老基金、邮政储蓄体系、贷款特别会计等）和股票市场（东京股票交易所等8个交易所）、债券市场、活跃的金融期权和期货市场等组成，其中日本东京金融市场是世界第二大国际金融中心。

日本在明治维新后，引入西方类型的金融体制，迄第二次世界大战以前金融市场和银行中介都很重要。第二次世界大战早期（1937年～1941年），日本逐步建立了一个以日本银行为枢纽的由中央控制的金融资源系统，1944年1月军需用品公司指定金融系统的建立更标志其高潮的形成。[①] 第二次世界大战以后，因受美国的影响，日本实行的是“专业化分离”的金融体制，其突出特征是各金融机构在业务经营和服务对象上有严格的分工[②]；而且由于1952年《长期信贷银行法》的颁行与主银行系统[③]的存在，日本的间接金融在相当长时期内在整个金融中

① 有学者认为，这种银行与公司的关系随后发展为日本第二次世界大战以后的主银行系统。

② 日本的金融业务分离较美国有过之而无不及，主要表现为长期金融业务和短期金融业务相分离；银行一般业务与证券业务、信托业务、外汇业务等分离；工业金融与农业金融相分离；城市金融与地方金融相分离；大工商企业金融与中小企业金融相分离；政府金融机构与民间金融机构相分离。

③ 主银行系统的主要特点是：一家银行和其客户企业建立起长期关系；银行持有企业的债务和股份；当企业陷入困境时，银行会积极主动地介入处理。

占据主导地位；此外，日本有一个独立而且资力雄厚的邮政储蓄系统，政府（主要通过大藏省）对金融的控制、干预也很强。

20世纪80年代，日本的金融市场和不动产市场非常繁荣，但到1990年两市场双双崩塌。加上1986年英国第一次“金融大爆炸”改革（参见［知识链接］）、1991年美国财政部提出的《金融体制现代化：使银行更安全、更具竞争力的建议》银行改革方案、1989年发布并自1993年生效的欧共体《第二银行指令》（附件提出“万能银行”等）的影响，迫使日本自20世纪90年代初以来，开始推行自由化政策，以适应金融竞争和业务发展的需要。如1992年的《金融制度改革法》规定银行、证券、信托机构可通过子公司形式实现业务兼营，生命和财产保险公司也可通过子公司形式涉足对方领域。1996年又颁布了《金融机构经营健全性确保法》、《金融机构变更手续特例法》、《存款保险制度修订法》等金融三法。而1997年发生的亚洲金融危机更使得桥本内阁于1996年11月提出的金融体系大改革计划得以于1998年4月正式启动。①这场后来被称为日本版“金融大爆炸”改革的目标有三个：一是Free，即撤除参与不同金融业务的障碍并实现商品开发及价格的自由化，建立自由的金融市场；二是Fair，即公开信息、增加透明度，使客户放心，争取客户信赖；三是Global，即完善与全球化相适应的法律、会计、监督体制，建立符合全球惯例的金融运作方式。为达成这些目标，日本对三十多部涉及金融方面的法律、法令进行了立、改、废。其最主要者为：一是于1997年修订《禁止垄断法》（该法禁设金融控股公司），通过《控股公司解禁之整备法》和《银行控股公司创设之特例法》，于次年4月实施。据此，日本某一业态的金融机构母体，可通过50%以上的控股形式将银行、证券、保险公司子公司化而成为金融控股公司，以实现金融业务多元化、便利金融机构重组。二是修订《外汇管理法》，放宽外汇交易限制，外汇交易的场所并不局限于特许银行，甚至连超级市场也可以从事货币兑换。三是于1997年6月修订通过、自1998年4月实行的新《日本银行法》，从央行运营宗旨、货币政策机构人事制度、货币政策决策机制、预算与信息披露制度等方面强化了日本银行的独立性。四是应金融监管和危机处置的需要，借鉴英国单一监管体制，先后于1998年6月成立作为首相府外局的金融监督厅行使金融监督职能，于同年12月成立金融再生委员会处置金融不良债权与金融不安事件。2000年7月金融监督厅更名为金融厅，于2001年1月成为内阁府的外部局，撤销并吸纳金融再生委员会的职权，从而逐步接收了原属于大藏省的金融监督、检查、审批备案等全部金融监管职能。②

［知识链接］　英国第一次“金融大爆炸”改革

为防止伦敦失去世界金融中心的地位，大幅度提高英国金融市场的功能和效率，为政府“国企私有化”政纲提供服务（私有化的主渠道就是通过证券市场向私人企业和公众出售国有股），1986年10月，撒切尔发动了一场规模宏大的、后被称为第一次“金融大爆炸”

① 实际上自1997年开始，一些改革措施已陆续出台。

② 日本金融监管机构历经多次改革：从大藏省（1998年5月以前），到直属首相府的金融监督厅（从1998年6月至12月），到金融再生委员会辖下的金融监督厅（从1998年12月至2000年6月），到金融再生委员会辖下的金融厅（从2000年7月至2001年1月），再到内阁府直属的金融厅（从2001年1月至今）。

的金融改革。改革的核心内容是金融服务业自由化，包括：（1）取消经纪商和交易商职能不能互兼的规定，经纪人与出场代理人互相兼任，放开交易所会员资格的限制；（2）取消证券交易的最低固定佣金限制，实行代理手续费自由化；（3）取消非交易所成员持有交易所成员股票的限制，所有的金融机构都可以参加证券交易所的活动；（4）废除各项金融投资管制，银行开始提供包括证券业务在内的综合性金融服务等。而在金融监管方面，拟将英格兰银行监管银行业的职能移交给英国金融服务管理局。这场改革全面摧垮了英国本土及英联邦国家金融分业经营的传统体制，促进了商人银行业务与股票经纪业务相融合，以及商业银行与投资银行的相互结合。英国的商业银行纷纷收购和兼并证券经纪商，逐渐涌现出一批超级金融机构，业务领域涵盖了银行、证券、保险、信托等各个方面，成为与德国相类似的全能金融集团，很快便引发了全球金融自由化浪潮。

2005年10月，日本参议院通过的《邮政改革法案》，更以法律的形式对日本邮政体制民营化改革的内容和步骤作了长达12年的改革规划，其要点是：日本邮政公社于2007年10月解散；成立控股公司，将业务切割为窗口公司、邮政事业公司、邮政储蓄银行和邮政保险公司四个事业体；2017年9月底以前，全面废除政府对存款和保险事业的介入。

上述改革，使日本的金融体制出现金融经营综合化、自由化、民营化、全球化和金融监管统一化的特点和趋势。此后，针对1996年金融“大爆炸”以来金融消费者受害问题日益严重的现实，日本开始研究制定以“功能区别、横向整合”为特征的金融法律、法规，逐步建立起一套有效保护金融消费者的金融监管法律体系。诸如金融机构的说明义务、适合性原则、民事赔偿责任等规则不断被写进立法当中，消费者合同法、消费者信用法及金融服务法三类立法中的金融消费者保护规则得到不断整合和加强。具体体现为2001年《金融商品销售法》对金融消费合同缔约规则的统一，2006年《金融商品交易法》① 对金融市场消费者保护规则的统一，《分期付款销售法》、《贷金业法》等消费者信用立法的联动修订等。在新的法律框架下，日本不再有传统的银行、证券、保险、信托等金融行业的区别，所有具备投资服务资格的企业都可以作为投资服务的主体，为投资者提供服务并对投资者负责。只要可能涉及投资人保护问题的金融商品，都纳入《金融商品交易法》适用范围中，以保证行为规则的统一。总之，《金融商品交易法》改变了日本原有分业监管无法涵盖新型投资商品多样化需求的状况，通过强化投资者保护规则，全面扩大和完善众多金融商品投资者保护的横断性法律规制框架，完善了投资者保护法制。

3. 英国的金融体制及其特征。英国的金融体制主要由英格兰银行（英国中央银行）、金融服务管理局、清算银行（即巴克莱、国民威斯敏斯特、米兰及劳埃德等四大商业银行，也称零售业务银行）等商业银行、商人银行（或称承兑所）②、贴现所、其他金融机构（包括保险公

① 《金融商品交易法》颁布实施后，日本《金融期货交易法》、《投资顾问业法》、《抵押担保证券业法》、《外国证券业法》等被废止，包括《证券交易法》、《银行法》、《保险业法》、《信托业法》、《不动产特定共同事业法》、《商品交易所法》等89个金融相关法律配合进行了修订。

② 商人银行，即英国的投资银行，是指由经营承兑票据等商人银行业务起家的、属于票据承兑机构委员会的13家银行，源于18世纪末与国外有贸易往来的商人建立起来的家族银行。后来开始从事传统的投资银行业务，包括证券承销、投资管理、企业并购以及金融咨询等。其中，有的商人银行在国际上很有名气，是银行批发业务的专家。现在，逐渐发展为股份有限公司，规模和业务也不断扩大而走向混业经营。

司、信托投资银行、国民储蓄银行和信托储蓄银行、房屋互助协会、公共和个人养老基金）和发达的股票债券市场（如创始于1802年的伦敦证券交易所）、衍生产品市场、规模很大的外汇交易市场、贵金属（如金）交易所等构成。

英国的金融体制，在经历了漫长的自然演进后其自然构造的特点比较明显，但也深受1720年南海泡沫事件①、18世纪至19世纪早期的多场战争②、20世纪80、90年代的两次金融“大爆炸”式的改革事件的重大影响。英国目前实行的是混业经营、市场主导、“准双峰”监管模式的金融体制。其特点是：

(1) 有一套比较完整和行之有效的金融体制，成为西方国家建立金融体系和管理金融的一个模式。表现在：1）英格兰银行从一般商业银行演进为管理全国金融业的中央银行，并最终形成较为完善的中央银行管理体制，其在三大职能和业务管理方面的经验为西方国家所取法；2）经由自由竞争逐步走向集中垄断的英国，对银行的集中和垄断较少限制，其商业银行实行典型的“总分行制”，分支机构遍设国内外，少数几家清算银行（主要集中于伦敦）几乎主导了整个国家的金融业务；3）英国的商业银行从一开始就以办理短期金融业务为主，成为后来西方国家建立和发展商业银行的一种典型模式，而1986年英国撤除商业银行与投资银行、商人银行与股票经纪业务之藩篱的第一次金融“大爆炸”改革，使英国的四大清算银行全都发展为全能银行，对其后欧盟银行法、日本和美国的全能或混业经营改革都具有直接的影响；4）伦敦是世界上最早和重要的国际金融中心，各种金融机构的设置和对金融市场的管理，如对证券市场以自律管理为主的特点，曾对西方许多国家金融市场的发展和管理具有重要影响。

(2) 英国的金融业具有悠久的历史，因而在现行金融体制中仍存在一些传统金融机构的痕迹，如商人银行等。此外，贴现方面也很有特色，工商企业一般不直接到商业银行贴现，商业银行也不直接向英格兰银行贴现，而是到贴现所贴现，贴现所到英格兰银行再贴现。

(3) 外国银行是英国金融体系的重要组成部分。伦敦是世界上最早和最重要的金融中心之一（现为第三大国际金融中心），又是非常重要的外汇市场、黄金市场和欧洲货币市场，加上英国对外国银行的设置和业务活动采取宽松的鼓励政策，故各国银行纷纷在伦敦设立分支机构、附属机构、合资银行、国际银行团等，开展金融业务。这些外国银行与英国本土银行规模相当，成为英国银行体系的重要组成部分。

(4) 英国的金融监管过去以自律监管、分业监管为特色，但自20世纪90年代末以来，英国成立了世界上最强有力、最复杂的金融监管机构——金融服务管理局（FSA），对所有金融机构和金融市场实施统一监管，自此在全球范围内引发了一股建立统一金融监管机构的浪潮。而自2008年以降，由于国际金融危机特别是英国第五抵押贷款机构北岩银行倒闭等事件的影响，英国统一金融监管体制几经改革和设计被打破，逐渐形成了以英格兰银行及其所属或附属机构实施宏微观审慎监管、以独立机构金融行为监管局（FCA）实施金融行业服务行为监管、负责金融消费者保护的“准双峰”监管体制。

过去相当长时期以来，英国奉行“积极的不干预”的市场经济政策，对金融机构的监管没

① 该事件导致英格兰于1720年出台了直到1824年才废止的《泡沫法》。该法规定：联合（joint）股份公司的成立必须具备皇室特许证，而特许证必须通过一项国会法案的批准才能获得。从而阻碍了公司的成立及到资本市场融资，进而使得此一时期英国伦敦资本市场主要成为政府融资的重要渠道。

② 主要有英法七年战争、美国独立战争、美英战争。

有一整套正规的监管制度，在金融实践中采取以金融机构自律监管为主、辅之以“道德劝告”的监督方式。如在银行业，过去主要依靠英格兰银行实施道德劝告（如行长信函）和诸如承兑行委员会和伦敦贴现市场同业公会等有关组织的自治；对证券市场、其他金融业也多实施自律监管。迄1979年，为应对1972年至1973年的银行危机和满足1977年欧共体《第一银行指令》[①] 的要求，英国政府颁布《银行法》授予英格兰银行对银行业以监管职权，并于1987年修订《银行法》时予以加强。[②] 而1986年颁布的《金融服务法》，为提高对投资者的保护程度，开始改变证券业领域的自我监管机制，赋权给1985年新成立的证券和投资管理局（SIB），使其监督一些自我监管组织的认识和操作、监管英国证券业市场的特定方面。由此，英国的监管体制逐渐发生转变。特别是1997年5月，新上台的英国工党布莱尔政府，针对银行、证券、保险等金融业态日益模糊的趋势，及英格兰银行在处理诸如Johnson Mattery银行、国际商业信贷银行和巴林银行等危机事件方面的不足，宣布实施强化金融监管、简化金融体系架构的激进式改革。为此，1997年10月28日，证券和投资管理局更名为金融服务管理局，承担直接监管银行业和金融服务的权力。2000年6月，英国女王签署了英国历史上最重要的金融法律——《2000年金融服务和市场法》，赋予金融服务管理局对所有金融机构和金融市场以全面、统一的监管权力。2001年11月，新金融法细则出台，作为金融监管制约平衡机构的“金融服务和市场特别法庭”亦告成立，它和金融服务管理局一起，于同年12月1日起开始运作，从而使英国成为世界上第一个实行全面统一金融监管的国家（参见[延伸阅读]）。

[延伸阅读] 英国第二次“金融大爆炸”改革背景、内容及影响

为适应金融混业发展的需要，改革英国传统的复杂的金融监管体系，应对国际金融竞争，1997年布莱尔领导的工党政府上台后践履执政承诺：改革金融监管体制，制定通货膨胀目标以防范金融业日益增加的系统风险，确保金融业对经济的良性作用。改革的主要措施是：将确定基础利率和实现通胀目标的责任从政府转到英格兰银行，赋予其独立制定货币政策的权力；将英格兰银行监管银行业的权力移交给金融服务管理局（FSA），形成不按机构监管而按功能监管的格局。改革的目的：一是让金融监管机构更加独立，不受政府更迭的影响；二是让中央银行只负责货币政策、控制通货膨胀，金融监管只负责金融市场稳

---

① 即1977年12月12日欧共体理事会通过的《关于协调有关信用机构设立和经营业务的法律、规则和行政规章》的通称。该法的贡献在于明确了信用机构的定义、规定了信用机构强制许可和最低许可条件、确立了共同体银行监管合作机制，另外产生了“母国控制”原则的萌芽、统一了对共同体外第三国信用机构之分行的共同政策。而这些都要求各成员国应有法律明确授权的信用机构的主管监管机构存在。

② 英国1985年12月发表的《银行监督白皮书》建议对银行监管的法律架构进行改革，以确保金融运行的安全。从而导致《1987年银行法》的出台。该法的主要变化包括：(1) 用单一认可制度取代两级认可制度，所有的接受存款机构都被归入“授权机构”；(2) 授权英格兰银行对“授权机构”的控制者实施管理；(3) 授予英格兰银行更加广泛的信息获取权，包括向“授权机构”或其董事、控制者、经理、关联公司和主要股东等；(4) 法律准许英格兰银行向其他管理者（国内和国外的）披露监管信息；(5) 法律要求“授权机构”向英格兰银行报告它们已经或计划进行的具有很大风险的交易情况；(6) 法律授予英格兰银行一项新的权力，即调查可疑的非法接受存款行为并从该非法接受存款者处追还款项，从而大大强化了英格兰银行的监管职能。

定，互不干扰，责任明确；三是统一金融活动的监管标准，按风险分类，无论是银行、保险公司、住房基金，还是证券公司，同类活动服从同类的法律与监督。以1997年金融服务管理局成立为发端、以《2000年金融服务和市场法》出台为标志，英国的金融监管改革取得重大突破。体现在：（1）金融监管权力逐步集中于唯一监管机构——金融服务管理局。1998年6月前，英国实行的是“分业监管”，共有英格兰银行审慎监管司（SSBE）、证券与投资管理局（SIB）、私人投资监管局（PIA）、投资监管局（IMRO）、证券与期货管理局（SFA）、房屋协会委员会（BSC）、财政部保险业董事会（IDT）、互助会委员会（FSC）、友好协会注册局（RFS）等9家金融监管机构分别行使对银行业、保险业、证券投资业、房屋协会等机构的监管职能。而通过这次改革，英国对金融机构、金融市场和服务于该市场的机构和个人，对清算和支付系统以及有问题的金融机构进行审慎监管的全部权力，都由FSA来统一行使：依据1998年《英格兰银行法》的规定从英格兰银行手中承接银行业监管权；与财政部协议，将原由其行使的保险立法权移交给FSA；对上市公司的审核责任也从伦敦证券交易所转到FSA。FSA除接手原有各金融监管机构的职能外，还负责过去某些不受监管的领域，如金融机构与客户合同中的不公平条款、金融市场行业准则、为金融业提供服务的律师与会计师事务所等的规范与监管等，从而成为权力巨大、名副其实的唯一监管机构。（2）颁布《2000年金融服务和市场法》，明确新成立的金融监管机构和被监管者的权力和义务，统一了监管标准，并取代了此前制定的一系列用于金融业监管的法律、法规。如：《1979年信用协会法》、《1982年保险公司法》、《1986年金融服务法》、《1986年住房互助协会法》、《1987年银行法》、《1992年友好协会法》等。受英国金融监管体制改革的影响，许多经历了金融危机的新兴经济国家也纷纷改革它们的金融监管机构为单一监管机构，如韩国、新加坡、哥伦比亚、萨尔瓦多、马来西亚、毛里求斯、墨西哥、巴拉圭、秘鲁和委内瑞拉。其他考虑采取单一金融监管机构的国家还有保加利亚、哈萨克斯坦、波兰、斯洛伐克、斯洛文尼亚、南非、乌克兰和印度尼西亚。爱沙尼亚进行了一个相当独特的变革。[①] 发达国家日本、德国也采取了修订版的统一监管改革。由于此次英国金融改革的力度大、影响广，而被称为英国第二次“金融大爆炸”改革。

2008年国际金融危机爆发特别是北岩银行的倒闭，不仅令英国金融业遭受重创，也使其引以为自豪的统一金融监管体制遭到质疑和批评。2009年7月英国财政部发布了《改革金融市场》白皮书，提出了包括改革监管机构、培育竞争市场、控制系统风险、增强消费者保护以及加强国际和欧洲层面监管合作的金融监管改革方案。但由于白皮书将金融危机主要归因于银行不负责任的经营活动而非监管体制的失败，改革方案又重点放在建立财政部、英格兰银行、金融管理服务局三方监管的正式合作机制和扩大金融管理服务局职权上，故其改革内容虽然经过2010年4月英国议会紧急通过的《2010年金融服务法》得到了一定程度的立法承认，但却遭到保守党影子财政大臣奥斯本提出的影子白皮书《从危机到信心：稳健银行业的计划》的全

---

① 参见 Jose de Luna Martinez & Thomas A Rose：《一体化金融监管的国际研究》，世界银行政策研究工作报告3096号（2003年7月）。

面批评。奥斯本计划要求对英国金融监管体制进行更为彻底的改革，废除三方监管体制，赋予英格兰银行维护金融稳定和对所有银行及其他金融机构进行审慎监管的全面职责，强化宏观审慎监管；撤销金融管理服务局代之以全新的消费者保护局，负责金融消费者保护工作。为此，英国新一届政府于 2010 年 7 月、2011 年 2 月先后发布《金融监管新方法：判断、焦点与稳定》、《金融监管新方法：建立更强大的系统》的金融监管改革方案征求意见稿，并于 2011 年 6 月 16 日正式发布了包括《2012 年金融服务法草案》在内的题为《金融监管新方法：改革蓝图》的白皮书，于 2012 年 1 月提交英国议会。《2012 年金融服务法》于 2012 年 12 月 19 日获得英国女王批准，并于 2013 年 4 月 1 日正式生效。同月，依据女王批准生效的《2012 年金融服务法》，英国政府对英国金融监管体制进行了彻底改革，诞生了英国金融监管体系的三个独立机构：金融政策委员会（FPC）、由原来金融服务监管局（FSA）拆分的审慎监管局（PRA）和金融行为监管局（FCA）。其中，金融政策委员会作为英格兰银行理事会内设的下属委员会，负责宏观审慎管理，确保整个金融体系的稳健运行。其目标是监测风险，并对影响英国金融体系稳定的系统性风险采取对策。审慎监管局是独立操作的英格兰银行附属机构，负责对银行、保险公司、大型投资机构的审慎监管，以防止出现重大风险。金融行为监管局是一个独立的机构，对财政部和议会负责，其负责整个金融行业服务行为的监管。具体工作内容包括：对全部金融行业约 26 000 家机构的金融行为进行监管；对除受审慎监管局监管外的约 23 000 家金融机构进行审慎监管。金融行为监管局的核心目标是金融消费者保护，维护公平竞争和资本市场诚信。审慎监管局、金融行为监管局在与宏观审慎监管有关方面的工作都将接受金融政策委员会的指导。

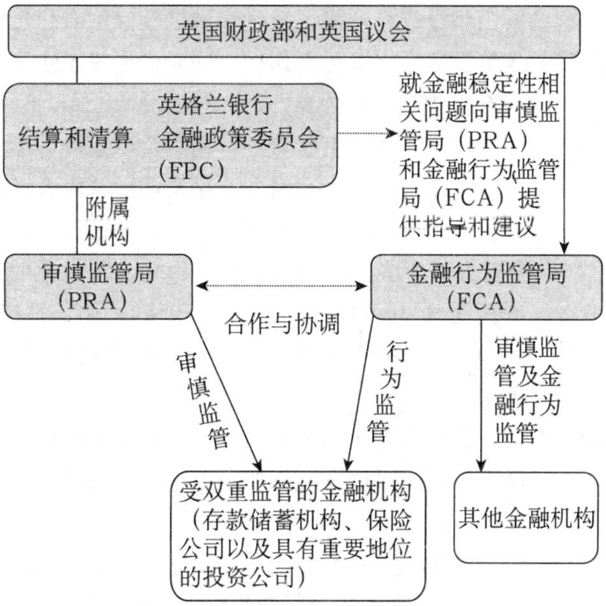

图 1—1 英国金融监管架构图

4. 法国的金融体制及其特征。法国的金融体制包括法兰西银行（法国中央银行）、金融市场管理局等诸多监管机构、商业银行（包括巴黎国民银行、里昂信贷银行、兴业银行等大银行，合同银行，地区银行，外国银行等，前三者多受政府直接或者间接控制）、会员制的互助与合作银行（包括农业信贷银行、国民信贷银行、互助银行、合作银行等）、专业信贷机构（多具有政策性金融性质，主要包括对外贸易银行、信托储蓄银行、储蓄银行、房地产信贷银行、国家市场金库等）、其他金融机构（主要包括消费信贷机构、证券公司、不动产抵押放款机构、金融公司、租赁公司、保险公司、养老基金等）和发达的股票债券市场（包括巴黎交易所及6家区域性交易所）、期货期权等金融衍生品市场等。法国金融体制的特征是：

（1）受18世纪早期密西西比（公司）泡沫事件和法国传媒普遍受贿现象的影响，法国的金融市场尤其是股票市场发展缓慢，故传统上法国属于以银行间接融资为主导的金融体制。但到20世纪80年代后，金融与财政的地位发生变化，1986年法国国际期货市场、1987年巴黎期权市场的先后创立，巴黎交易所等7家交易所市场交易的快速发展，特别是1991年创建的全国性股票交易市场和自动化交易系统（CAC），使得巴黎迅速发展成为欧洲最主要的股票期货期权市场之一和世界第五大国际金融中心。

（2）法国银行业国有化、私有化运动交替进行，但总体而言，商业银行国有化程度高、银行资本集中。早在19世纪上半叶，法国建立了法兰西银行、国家工商银行、里昂信贷银行等私人股份制银行，1945年的《银行法》将法兰西银行和四大主要商业银行国有化，如此直至20世纪60年代，国家掌握贷款发放的半数、承担近80%的投资业务。1982年社会党上台后发布的《国有化令》又将法国36家最重要的银行及两大私营金融集团（巴黎巴银行集团和东方汇理苏伊士银行集团）都实行了国有化。被国有化的两大集团与原有的3家国有银行集团（里昂信贷银行、兴业银行、巴黎国民银行）形成了金融领域的5家国有化集团，它们控制了许多工业企业，在法国的经济、政治生活中起着重要作用，同时也形成了法国银行业国有化银行占主导地位的特点。但5年后国有化政策又被放弃。

（3）银行与企业多属于同一集团，经过不断兼并，拓宽金融业务，形成金融寡头。法国的银行立法源自1941年，而1945年的《银行法》确立了存款银行、商人银行和中长期信贷银行"分离经营"的体制，1966年至1967年的"自由化改革"淡化了三类银行的界限，而1984年的新《银行法》（通称《信贷机构管理法》），适应金融自由化、现代化的需要，将除国库、法兰西银行、邮政金融业务、信托储蓄银行以外的绝大部分金融机构，都视为信贷机构，银行、证券等业务也放开。自此，法国很多银行重新组合，扩大业务，使原来各类金融机构之间的差别大大缩小，全能银行业务得以实行。

（4）专业信贷机构基本上是官方或者半官方性质的政策性金融机构。

（5）在金融监管、调控体制方面，强调发挥行业组织自律监管的作用，实行多头金融监管的体制。表现在：

1）行业自律监管。法国在20世纪80年代前，金融监管主要是政府监管，但1984年的《银行法》规定：所有信贷机构都必须加入一个行业组织或法国信贷机构协会（AFEC）属下的某个中心机构方可经营。这些行业协会或中心机构包括法国银行协会（AFB）、法国金融财务公司协会（AFSF）、农业信贷全国总会、合作信贷银行总会等。它们属于协调性质的机构，代表着各自成员的利益，其职责是保证所属信贷机构运行良好，尤其是要确保流动性和清偿能力，负责协调成员间关系，监督其执行规章制度，并为此采取一切必要措施。

2）从多头金融监管走向统一监管体制。由于过去实行非常严格的分业（分离）经营体制，相应地法国的金融监管也带有多头监管的特点。但对金融市场的监管已于2003年获得统一。随着混业金融的进一步发展，特别是2008年国际金融危机的爆发，法国的金融监管也日益走向统一。其金融监管体系概要如下：

a. 金融管理与立法咨询委员会（CCLRF）。前身为银行规章委员会（CRB），是根据1984年《银行法》的规定，从国家信贷委员会中分出来的制定信贷机构有关规章、条例的机构，其权限涉及确定经营银行业务的总体条件、信贷机构开展业务的性质、关于货币市场的构成、账目规定、管理标准等。其后，根据其他专项法律规定，该委员会的职能还扩大到：与"洗钱"现象作斗争、制定对个人或家庭超额负债的预防措施、允许欧盟其他成员国的信贷机构不需事先特别申请便可在法国建立分行或自由提供服务。该委员会的主席由经济财政部长或其代表出任，另有法兰西银行总裁、银行委员会主席和其他4位由部长任命的任期为3年的成员。银行规章委员会须向国家信贷委员会提交年度报告，并每年发表一册有关银行业务现行法规的汇编。此后经过立法调整，银行规章委员会更名为银行与金融规章委员会，并于2003年根据《金融安全法》的规定，与全国保险规章咨询委员会重组为金融管理与立法咨询委员会。

b. 信贷机构与投资企业委员会（CECEI）。前身为信贷机构委员会（CEC），是根据1984年《银行法》的规定，从国家信贷委员会中分出来的根据有关信贷机构的法律、规章行使营业许可或否定权力的执行机构。包括：审批信贷机构设立、吊销银行法管辖范围内信贷机构的执照、允许信贷机构在运营过程中变动业务范围或股权结构、批准法国信贷机构在欧盟其他国家开设分行或自由提供服务的方案、审批同业市场代理人许可等。该委员会的主席由法兰西银行总裁及银行委员会主席或其代表出任，此外还包括国库司司长或其代表，以及四名由经济财政部任命的、任期3年的成员或其候补者。

c. 银行委员会（CB）。是取代1941年成立的银行监督委员会发展而来，其职权是负责监督信贷机构遵守有关法规的情况和对违纪行为进行处罚；另外它还审查这些机构的经营条件，监督其财务状况及遵守职业行为规范的情况；负责对外汇经纪人和同业市场代理人的监督等。该委员会由6名成员组成，主席为法兰西银行总裁。委员会可运用其行政权或司法权要求下属机构遵纪守法，或对其进行处罚；对于被撤销经营许可的机构或不合法地经营信贷机构业务的企业，委员会可向其指派清算人。

d. 国家（全国）信贷委员会（CNC）。始建于1945年，现只有咨询职能，通过对国家信贷、货币及金融机构运作问题的讨论，给中央银行制定政策提供参考。委员会由经济财政部长任主席，法兰西银行总裁任副主席，另有51位由政府任命的成员，包括政府、议会、经社理事会、地区、企业界、工会、信贷机构的代表以及6位被任命的经济金融专家。正是从他们中间选出银行规章委员会和信贷机构委员会的成员。

e. 咨询委员会。根据《银行法》规定，咨询委员会负责研究有关信贷机构与其顾客的关系问题，并以通告或建议的形式提出相应措施。该委员会的主席由一位银行和金融方面的资深代表出任，包括20名成员，其中大多是信贷机构和其客户的代表。

f. 法兰西银行。创建于1800年，于1945年12月依法被国有化，1993年的改革使法兰西银行从此具有独立制定货币政策的权力。[①] 1998 年 6 月，欧洲中央银行体系建立，法兰西银行成为其一部分；1999 年 1 月，欧元体系启动，法兰西银行参与欧洲中央银行制定和实施欧元区单一货币政策，与其他成员国中央银行共同维护区内支付体系的安全和正常运转，并负责发行法国欧元硬币的工作。就法国国内而言，法兰西银行参与对银行金融活动的调节与监管，维护投资和存款安全，参与银行规章委员会、信贷机构委员会、银行委员会、金融市场管理局等法国金融机构的管理工作。

j. 保险监控委员会。成立于 1990 年，直属于法国经济财政部领导。该委员会成立的目的主要是为了加强对保险企业的监控，增加透明度和提高工作效率。委员会共有 5 名成员和 5 名补充成员，任期 5 年，直接由经济财政部部长任命。委员会依据《保险法》有关条款，对在法国保险市场经营的企业进行监督和控制。

h. 金融市场管理局（AMF）。是根据 2003 年 8 月通过的《金融安全法》设立的具有法人资格的独立公共职权机构，是类似于法兰西银行的非常独特的公法人。它整合了法国原有的三大金融监管机构——证券交易委员会（COB，于 1967 年依法成立的行政管理当局）、金融市场委员会（CMF，于 1996 年成立的一个具有私法法人资格的行业组织）及金融管理纪律委员会（CDGF）的职能，成为法国当前唯一的金融市场监管机构。AMF 设有一个包含 16 名成员的理事会和一个包含 12 名成员的惩罚委员会，前者行使有关金融市场管理方面的条例制定权、指令及建议发布权，单独裁决权，监督与调查权，发布令状、申请发布令状或采取紧急措施的权力；后者以大法庭（或分庭）合议裁决的形式行使惩罚制裁权（包括纪律惩戒权和行政处罚权），从而和理事会实行严格的“控审分离”制度。此外，AMF 设有一名主席，由法令直接任命；设有一名政府专员，行使请求 AMF 的相关机构进行第二次合议的权力；如有必要，AMF 还可设立专门委员会和咨询委员会，从而使法国的金融市场监管深具特色。[②]

针对国际金融危机的爆发，为加强对金融业和金融市场的监管，2008 年 8 月法国出台《经济现代化法》规定金融监管体制改革的最终目标是将分别监管银行业、保险业和证券业的机构合并组建成一个暂名为“审慎监管局”的机构，并将其置于法兰西银行的监督之下。2009 年 7 月 27 日，法国财政与经济工业部宣布将之前的法国银行业、保险业的分类监管机构与金融市场管理局完全合并。合并后的金融市场管理局在行政上隶属于法兰西银行，具有独立的法人资格和独立的财务权，其资金主要来源于由其监管的各个金融企业缴纳的分摊金。这样，法兰西银行及其所属的金融市场管理局将在金融监管方面承担更加全面统一的责任。

5. 德国的金融体制及其特征。德国的金融体制包括德意志联邦银行（中央银行）、德意志联邦金融监管局、商业银行（包括大银行、地方银行、外国银行和私人银行等共约 280 家）、

---

① 依据 1993 年 12 月法国总统颁布的《关于法兰西银行、保险、信贷和金融市场相关措施的法令》，法兰西银行于 1994 年成立了货币政策委员会，该委员会由三位法兰西银行的正副总裁、大学教授、记者、前任经济财政部长、法国保险总公司前任总裁、证券交易所理事会主席以及大企业老板 9 人组成，是法国货币政策的决策机构。而此前货币政策是由国家信贷委员会决策，交由法兰西银行执行的。

② 鉴于金融市场管理局是对金融市场享有行政、司法权限的“超级警察”，法国《金融安全法》在该机构的法律性质与地位，内部机构设置、人员构成及任命程序，各机构职权与运作程序等方面作了苦心孤诣的制度安排。特别是与英国等国不同，法国立法力图避免设置一个既覆盖金融市场、又覆盖银行和保险业务的监管机构，而是让现有的银行委员会、保险监控委员会继续独立存在，行使相应职权，同时强调加强相互间的合作，并特别注重有关独立审计工作的加强。

储蓄机构（由550多家基层储蓄银行、12家地区性储蓄银行及汇划中心、德意志汇划中心银行三层机构构成）、信用合作银行［约1 700家，由农业银行、大众银行（合作社银行）、药剂师合作银行、铁路合作银行等诸多地方信用合作银行、3家地区信用合作银行和1家中央信用合作银行三个层级构成］专业银行（主要有抵押银行、消费信贷银行、复兴信贷银行、保险公司）、公共和个人养老基金、相对不够发达的股票债券及衍生品市场等。德国实行的是以全能银行为主导、银企结合、混业经营、统一监管的金融体制，其主要特点有：

（1）德国实行全能银行制度（或称综合化银行制度）。与英、美、日等国过去实行专业化银行制度不同，德国银行的传统是可以全面从事各种金融业务，既可以从事长短期资金融通，也可以从事证券投资、信托等各种业务，还可以持有非金融企业的股份、投资房地产等。但德国对保险业务的监管较银行业务严格，故银行开展保险业务（代理保险除外）应通过附属公司进行。

（2）银企关系非常密切，金融资本与产业资本结合程度非常高，形成具有德国特色的“开户银行系统”。企业从开办到经营，银行都积极参与，帮助策划、募股、发行债券和提供贷款。另外，银行通过持有公司的股票，直接控制工商企业；银行与企业实行人事结合；代表企业股东进行代理投票等。

（3）三大商业银行与储蓄机构、信用合作银行两大系统在资金融通中占主导地位，从而使德国形成以间接金融为主的金融体制。三大银行（德意志银行、德累斯顿银行和德国商业银行）均为全能银行，为企业和个人提供全套金融服务；储蓄银行是由地方政府创建和担保的公共法人，不以利润最大化而以公益为经营目标；信用合作银行是存款者所有的互助组织，主要为存款者服务。这三大系统实力雄厚，又相互补充，支配着德国的金融业。

（4）证券市场相对落后，从来就没有独立的投资银行。德国虽然有法兰克福等7家地区性交易所，而且法兰克福金融市场是世界第四大国际金融中心，但与经济规模相比，德国的证券市场相对落后，上市公司不多，其证券市场股票市值与国民生产总值的比重，大大低于其他工业化国家；债券市场主要为各级政府和银行融资，对非金融企业意义不大；1990年才建立的金融期货、期权市场，交易额不大。造成这种现象的原因主要是：银行全能化和银企紧密结合，使得贷款较股票筹资简便易行；股息税和股东所得税的开征影响企业发行股票的积极性；德国企业通常不愿公开自己的内部情况，故不愿选择股份公司的形式进行生产经营。

（5）金融监管法制健全，监管体制由分业监管向统一监管发生了转变，并注意做到机构监管与社会监管、内部监管相结合。

制定完备的法律并严格依法监管是德国金融监管的特点。德国对金融业实施监管的思想最早源自1874年起草的《帝国银行法》，而1961年的《联邦银行法》和1962年修改的《信用制度法》建立了德国金融监管的法律基础。其中，《联邦银行法》规定了联邦银行在制定货币政策、维护金融稳定和金融监管方面的权力①，并规定银行的证券业务要受《证券交易法》管辖，同时接受证券存款审计。《信用制度法》则规定对商业银行的监督与调节主要由联邦信贷监管局和联邦银行共同进行，但以联邦信贷监管局主管。其后，又先后设置联邦保险监管局、

① 在1999年欧洲中央银行体系确立之后，德意志联邦银行失去了独立制定货币政策的功能，为此，德国于2002年4月新颁布了《联邦银行法》，在未改变联邦银行的基本职能的前提下，建立了新的德国联邦银行体系。

联邦证券监管局分别依照《保险监管法》、《证券交易法》的规定对保险业、证券业进行监管，从而形成“混业经营、分业监管”的局面。2002年4月，为确保整个金融业的正常功能，保证金融业的清偿能力，保护客户和投资者的利益，德国通过《统一金融服务监管法》、《联邦金融监管局法》，在合并信贷监督局、保险监督局、证券监督局的基础上，于同年5月1日正式成立德国联邦金融监管局（参见［知识链接］），作为联邦直属的、具有权利能力的、公法上的行政机关，履行对金融市场的国家监管职能，负责监管德国2 700家银行、800家金融服务机构和超过700家的保险企业，实现了向统一监管的转变。

此外，德国在长期的金融监管实践中，还注重改善金融机构的内部治理结构，注意充分发挥外部审计机构和金融行业组织自律的作用，做到政府机构监管、金融机构自我监管和社会监管的有机结合。

［知识链接］ **德国联邦金融监管局的组织架构与监管目标**

德国联邦金融监管局作为具有独立法人地位的公共机构，依法对金融市场履行统一监管职能，在其职责范围内代表国家参与相关国际事务，有较强的独立性，但要受联邦财政部的法律监督和业务监督。联邦金融监管局不受国家财政预算的制约，收支完全独立。其收入来源是各金融机构按资产规模一定比例上交的费用，支出仅接受联邦审计院的审计监督。目前该局拥有员工约1500名，分两地办公——监管银行与保险的部门设在波恩，监管证券及证券经纪服务公司的部门设在法兰克福。为节约监管资源，各州不设分支机构，其内部机构设置为：三个专业部门，分别监管银行、保险和证券业务；三个交叉业务部门，专门负责处理交叉领域的问题。由于机构设置与人手问题，日常的商业银行的报表仍由联邦银行的各地分行进行初审，有问题的银行才转报金融监管局作出最终处理；联邦银行有关金融机构的统计信息和关于资本金、流动性方面的报告也应向金融监管局提供。金融监管局在实施监管时并不过多干涉银行内部的经营业务，甚至连这方面的建议也不能作。它采取的监管方式主要是通过委托经济审计公司进行年度和非常规审计，或根据经济审计公司提交的审计报告，组织专业人员进行审计。此外，金融监管局还成立了包括金融机构、消费者保护协会和学术团体代表在内的咨询委员会，主要就如何提高监管水平提供建议。金融监管局的监管目标是：保障德国金融业整体功能的发挥；保障德国金融机构的偿付能力；保护客户和投资人的利益，进而维护金融体系的稳定。

2007年9月19日，德国政府批准德国联邦金融监管局管理层新架构的方案。根据该方案，由5人组成的理事会构成金融监管局日常监管的决策机构。通过理事会对金融监管问题进行讨论和决策，一方面使金融监管局的监管职权与责任相统一，减少监管部门之间的协调成本；同时，避免金融监管局内部决策权力过度集中于局长一人，从而减少寻租成本。此外，该局还设立最高权力机构管理理事会，由财政部、司法部、内政部、银行、保险公司及其他监管部门等的21名代表组成，由联邦财政部人员担任主席，负责监管金融监管局管理层，决定金融监管局的财政预算，并建议如何完成专项监管任务。

6. 西方工业化国家金融体制的比较。从前述对西方主要工业化国家的金融体制进行的介绍，不难发现，它们在很多方面具有共性，但由于各国在政治、经济、金融以及历史文化方面的差异，它们又各有自己的特色。

简单来说，西方工业化国家金融体制的共同之处表现在：

(1) 都十分注重金融法律制度的建设。举凡金融机构及其业务变革，金融市场的建立与运作，金融监管、调控机构的设置与权责界定，金融监管、调控目标、措施、方法与程序的确定，金融惩处规则与程序等，都制定有较为明细的法律、法令加以规范，以保障金融监管、调控行为和金融业务行为的规范、有序，确保整体金融的稳定、发展与繁荣。

(2) 都实行“二级银行制度”，即最高一级是中央银行，第二级是商业银行及专业银行、合作银行等其他金融机构，从而形成了以中央银行为领导，以商业银行为主体，与其他金融机构并存，在宏观上能进行有效调节和监管，在微观上能开展竞争，不断进行金融创新的一种金融体制。

(3) 都对金融机构和金融市场进行一定程度的监管和调控。这个调控、监管的机构过去是（或主要是）中央银行，但随着金融自由化，混业化，金融生活、金融环境的复杂化，20世纪90年代以来，各国越来越注意设置专门监管机构，甚至是大一统的监管机构来分离原由中央银行行使的金融监管职能，出现金融监管专门化、统一化，金融监管和调控职能分离，金融监管和调控职能“双强化”的趋势。但尽管如此，中央银行从法律上或至少从事实上不可能完全彻底地剥离监管职能，因为宏观调控必以微观、中观监管为基础，反之微观、中观监管必在宏观调控下进行，所以，逻辑的结果是中央银行和其他监管机构间只有相互配合、相互调适，才能共同完成金融监管、调控方面的任务。特别是在国际金融危机爆发以后，在国际社会越来越重视宏观审慎监管的背景之下，英国、美国、法国等国中央银行的监管职能又得到回归和加强，尤其是在宏观审慎监管方面，中央银行被赋予了更多的职责与权限。

(4) 商业银行因其吸收支票存款、发放短期贷款而在各国的金融机构体系中曾居于重要地位。但其地位因金融工具的创新和金融管制的逐步放宽，其他专业银行、非银行金融机构，特别是证券投资机构的迅速发展而有所下降，各金融机构通过采取全能银行、金融控股公司的形式进行金融混业、全能经营的趋势日益明显。

(5) 金融市场发展迅速，融资多元化、市场化、证券化倾向日益明显，金融脱媒现象凸显，直接融资比重显著增加，大有和间接融资平分秋色之势。

(6) 为弥补民间金融机构对一些特殊经济领域融资的不足，各国都由政府出面建立或担保设立了不少政策性融资机构。

(7) 注重完善和加强对金融消费者保护方面的立法，专门的消费者权益保护机构、方便快捷的非诉讼金融纠纷解决机制得以建立。

当然，西方工业化国家的金融体制也有许多不同之处。如美国的双轨注册、多头监管、市场主导、独家银行制；日本的主银行制、横向统合监管体制；德国的全能银行制、银企结合制、委托审计制；英国的总分行制、“准双峰”监管体制；法国的高国有化程度等。都各具特色，殊值深究背后的缘由。

(二) 西方主要工业化国家金融立法及趋势

1. 金融法的产生与发展

金融法作为调整金融关系的法律规范，是随金融活动的出现而产生并随金融活动范围的扩大而日益丰富其内容的。早期的金融法，萌芽于货币兑换、收支、借贷等活动中逐渐形成并普遍遵循的各种契约和习惯，这些习惯到了奴隶制国家被赋予了阶级统治的内容，成为奴隶主和大商人通过高利借贷关系剥削小生产者的习惯法。而在封建社会，金融法最具重要意义的发展是统一货币制度的建立（亦即使货币制度法律化），并使有关借贷关系的不成文习惯法成文化。

现代意义上的金融法是在资本主义商品经济和信用活动高度发展、银行等金融机构大量出现并成为一个产业（金融业）时，才产生和发展起来的。一般认为，1844 年英国国会通过的、由首相皮尔提出的《英格兰银行条例》（又称《皮尔条例》）是世界上第一部银行法，也是世界上第一部专门性的金融法律。而这部法律的诞生距该银行的成立（1694 年）已有 150 年的历史，距世界上第一家银行——1171 年成立的威尼斯银行[①]更有六百七十多年的历史。现代金融法的产生与金融机构出现的非同步性，说明早期的金融是被视为与一般商业无异的，是无须制定专门的法律予以规范的。只有当资本主义商品经济经二三百年发展达到了较高水平，当银行等金融机构大量出现，并且其所开展的金融业务对社会具有重大影响时，专门调整金融活动的法律——金融法才产生了。

继英国之后，法国、德国、瑞典、美国、日本等资本主义国家，也先后制定了普通银行法和中央银行法等金融法。以后，随着信托投资公司、证券公司、财务公司、租赁公司、保险公司等非银行金融机构的大量出现，存款、贷款、汇兑、信托、票据、证券、保险等金融业务蓬勃兴起，商业信用、银行信用、国家信用等同时并举，货币市场、资本市场、特殊融资市场的大力发展，大大加速了货币资金的融通。同时各种融资关系也变得越来越复杂，客观上要求制定统一、权威的行为规则来加以调整。因此，市场经济发达国家先后制定、颁布了票据法、信贷法、保险法、证券法、信托法等各种专门调整金融关系的金融法律、法规，形成了一个比较完整的金融立法体系。

2. 西方主要工业化国家金融立法概况

（1）银行立法。银行法是金融法的核心内容。世界各国的银行立法有两种模式：一种是合并立法，即对中央银行和普通银行（主要指商业银行）同立一法，统称为银行法；另一种是分别立法，即单独制定中央银行法和普通银行法。目前，世界上绝大多数国家采用后一种立法模式。

1）中央银行立法。中央银行是一国金融业的核心，具有发行的银行、银行的银行、政府的银行的职能，行使宏观调控和金融监管的重要职责。所以，各国都十分重视中央银行立法。世界上第一部中央银行法是 1844 年英国颁布的《英格兰银行条例》，该条例确定的有关中央银行的职能，对其他国家中央银行的建立和中央银行法的制定产生了重大影响。1914 年 8 月英国制定的《通货与钞票法案》、1946 年 2 月英国国会通过的《英格兰银行国有化法案》、1971 年 9 月颁布的《竞争与信用控制法》，特别是英国于 1979 年 4 月公布、1987 年修订的《英国银行法》使英国的中央银行被授予广泛的新权力。1998 年 6 月通过的《英格兰银行法》使英国的中央银行法律制度进一步完善。

---

① 我国诸多教材认为近代银行的产生，最早为 1580 年的威尼斯银行，这大概是认为银行的产生是 16 世纪西欧资本主义发展的结果所致。而我国台湾地区学者周大中先生称“早期成立的银行而具经营规模者，有 1171 年成立的威尼斯银行”，则为 1171 年。周大中：《现代金融学》，124 页，北京，北京大学出版社，1994。

目前，西方各国基本上都制定了中央银行法。主要有：1913 年颁布实施的《美国联邦储备法》；1934 年 6 月公布的《瑞典银行法》；1934 年公布的《瑞士联邦银行法》；1942 年 2 月公布的《日本银行法》；1957 年 7 月公布的《德意志联邦银行法》；1973 年 1 月颁布的《法兰西银行法》；1973 年 12 月公布的《澳大利亚联邦储备法》等。以上法律随着时代的发展多有修订。

2）普通银行立法。在商品经济社会里，普通银行是金融体系的主体，承担着一国社会经济发展中资金供给和调节的重要职责，故各国都十分重视普通银行的管理，对其组织及业务开展均予以立法规范。由于普通银行主要是指商业银行，所以，大多数国家将规范普通银行的立法称为商业银行法，或干脆称银行法。

西方各国普通银行立法主要有：美国 1863 年公布的《国民通货法》，1864 年的《国民银行法》，1919 年的《爱治公司法》，1933 年的《银行法》（《格拉斯・斯蒂格尔法》），1956 年的《银行持股公司法》，1960 年的《银行吞并法》，1980 年的《存款机构放松管制和货币管制法》，1989 年的《金融机构改革、复兴与实施法》，1990 年的《联邦信贷改革法》，1994 年 9 月生效的《里格尔—尼尔银行跨州竞业和设立分行之效率法》、1999 年的《金融服务现代化法》等；加拿大 1871 年颁布、1980 年修订的《加拿大银行法》；德国 1962 年修订的《德国银行法》（《信用制度法》）；英国 1979 年 4 月公布、1987 年修订的《英国银行法》；日本 1981 年公布、1998 年修改的《日本普通银行法》；法国 1941 年创制、1984 年 1 月修订公布的《法国银行法》（《信贷机构管理法》）、1996 年颁布的《金融活动现代化法令》等。

（2）证券立法。证券法是调整直接融资关系的主要立法。随金融资产证券化，直接融资的比重越来越高，证券立法也就越来越显得重要。

世界上最早的证券法是 1933 年 5 月美国国会通过的《证券法》，该法的制定主要是为了加强对证券市场的管理，稳定受经济危机重创的美国经济。1934 年美国又颁布了《证券交易法》。这两部法律奠定了美国证券法的基础，也为其他国家的证券立法提供了蓝本。此后，美国又相继制定了一系列证券法规，如 1935 年的《公用事业控股公司法》、1939 年的《信托契约法》、1940 年的《投资公司法》和《投资咨询法》、1956 年的《统一证券法》、1970 年的《证券投资者保护法》、1984 年的《内幕交易制裁法》、2002 年的《公众公司会计改革和投资者保护法案》（又称《2002 年萨班斯—奥克斯利法案》）等。

英国没有统一的证券法，英国调整证券关系的法律规范散见于 1939 年的《防止欺诈（投资）法》、1948 年的《公司法》、1973 年的《公平交易法》、1984 年的《公司证券法》（又称《内幕人士交易法》）、1986 年的《金融服务法》、1988 年的《财务服务法》等法律中。日本于 1948 年 4 月制定了《证券交易法》，于 1998 年 12 月对该法进行了大幅修订。

德国、法国等西欧国家过去没有制定专门的证券立法，其内容包含在各自的公司法和投资法中，但随着证券市场直接融资的发展，德国于 1994 年 7 月通过了《证券交易法》（2004 年 10 月最新修订），并于 1998 年 6 月修订了源自 1896 年的《交易所法》。法国有关证券方面的立法则有由总统颁布的法令：《关于成立证券交易委员会、证券持有人信息以及某些证券交易广告的法令》（1967 年 9 月颁布，1999 年 6 月最新修订）、《期货市场法》（1885 年 3 月颁布，1996 年 7 月最新修订）、《关于借贷款、证券上门推销的法令》（1966 年 12 月颁布，1998 年 9 月最新修订）、《关于证券投资者联合会求助法律行动的法令》（1988 年 1 月颁布，1994 年 8 月最新修订)、《关于集体证券投资机构以及创建证券投资公共基金的法令》(1988年12月颁布，1999年7月最新修订)、《关于金融市场安全及其透明度的法令》(1989年8月颁布，1996年7月修订)、《关于法兰西银行、保险、信贷和金融市场相关措施的法令》(1993年12月颁布)、《金融活动现代化的法令》(1996年7月颁布，1999年6月最新修订)等；由总理签发的法规：《关于证券交易委员会的行政管理和金融机构的规定》(1968年1月颁布，1999年3月最新修订)、《关于证券交易委员会调查机构资格条件的规定》(1988年2月颁布)、《关于实施1988年1月5日第88—14号有关证券投资者联合会求助法律行动法令第12条款的规定》(1990年3月颁布)、《关于证券交易委员会禁令和惩罚的管理程序以及反对该委员会有关决定法律求助的规定》(1990年3月颁布，1997年7月修订)、《关于可转让证券的规定》(1992年2月颁布，1998年12月最新修订)、《关于金融市场委员会组成和机构的规定》(1996年10月颁布，1998年7月修订)、《关于求助巴黎上诉法院反对金融市场委员会决定的规定》、《关于证券交易所委员会对第三方账户管理批准程序的规定》、《关于金融市场委员会会规的规定》、《关于进入提供投资服务活动的规定》(1996年10月颁布)、《关于研发创新投资公共基金的规定》(1997年3月颁布)、《关于金融市场委员会借助其他机构进行外部控制的规定》(1998年11月颁布)；以及法国经济财政部发布的有关决定等。从而使法国的证券立法有后来居上之势。

(3) 票据立法。票据立法最早源于1863年法国路易十四时期的《陆上商事条例》中有关票据的规定。1807年拿破仑主持制定的《法国商法典》第一编第八章中规定有汇票和本票。1865年法国又制定了《支票法》。1935年法国对商法典中有关票据的内容进行了修改。

德国在统一前，各邦都有自己的票据法。统一后，于1871年4月将《普鲁士票据条例》稍加修改，颁行全国。1908年制定了《票据法》(规定汇票和本票)和《支票法》，现行《票据法》和《支票法》是1933年制定颁布的。日本曾于1882年制定了《汇票本票条例》，现行票据法律是1932年公布的《票据法》和次年公布的《支票法》。英国于1882年制定颁布了《票据法》，规定了汇票、本票和支票。1959年又制定了《支票法》，对支票作了一些补充规定。美国于1896年制定了《统一流通证券法》，1952年又颁布了《统一商法典》(该法典于1962年作了修改)，其第三编规定了汇票、本票和支票，取代了《统一流通证券法》。

(4) 信托立法。西方各国都有关于信托方面的立法。但以英国和日本的立法最为系统、完备。

英国是世界上最早产生信托和信托投资公司的国家。其信托方面的立法主要包括1893年制定的《受托者条例》、1896年颁布的《私法受托人法》、1906年颁布的《公共受托人法》和1925年颁布的《受托人法》。日本的信托是于1899年从美国引进的，是现今世界上信托业务最活跃的国家。其信托方面的立法主要包括：1922年制定、1923年1月1日颁布的《信托法》和《信托业法》，1952年公布的《贷款信托法》，1957年公布的《证券投资信托法》，前述法律多有修正。

(5) 保险立法。保险是一种用集中起来的保险费建立保险基金，用于弥补特定危险事故或人身约定事件的出现所造成的损失的经济补偿制度。在市场经济条件下，在发达资本主义国家中，保险尤其是人寿保险发挥着非常重要的作用，故各国对保险业、保险合同等都有比较完备的立法。

日本最早于1901年颁布了《保险业法》，该法于1940年予以修订；美国于1974年公布了

《保险公司法》，另外美国各州都制定有保险法规，以1939年公布的《纽约州保险法》最为完备。此外，德国、法国、英国也都制定了保险方面的法律。

(6) 金融监管立法。世界各国的金融监管立法一般均包含在其中央银行法、银行法及其他金融法中，如美国的《联邦储备法》、《国民银行法》、《金融服务现代化法》、《多德—弗兰克华尔街改革和消费者保护法案》，日本的《日本银行法》、《日本普通银行法》、《金融商品销售法》、《金融商品交易法》、《分期付款销售法》、《贷金业法》，德国的《信用制度法》、《证券交易法》，英国的《英格兰银行法》、《2000年金融服务和市场法》，《2012年金融服务法》，法国的《法国银行法》、《金融活动现代化法令》等。但各国也有不少专门的金融监管立法，如美国1966年的《金融机构监管法》、1978年的《金融机构管理和利率控制法》、1989年的《金融机构改革、复兴和实施法》，日本1997年的《金融监察厅设置法》，德国2002年的《统一金融服务监管法》、《联邦金融监管局法》，法国2003年的《金融安全法》、2008年的《经济现代化法》等。

3. 西方主要工业化国家金融立法趋势

第二次世界大战后，西方各国在金融方面出现了各种不同的新情况。特别是自20世纪70、80年代以后，随着科技的进步（尤其是电子计算机的广泛应用），经济全球化、贸易自由化、区域经济一体化的发展，融资市场化、金融资产证券化、金融市场一体化的趋势日益明显，促使金融工具不断创新、金融管制逐步放宽，已经或正在引起金融制度和金融业务的变化，同时也对金融立法提出了更高的要求，由此带来了金融立法的四大趋势：

(1) 放宽金融管制，鼓励竞争，逐步加速自由化趋势。随着资本主义发展和科学技术的进步，产业资本的集中和企业的巨型化，带动了金融资本的集中和服务多元化需求，加之商业银行面临的内外生存（国内非银行机构、国际金融机构竞争）压力，银行间的兼并、竞争越来越激烈，银行业务不得不扩大，金融创新也日新月异。20世纪70年代"滞胀"的经济危机导致凯恩斯干预学说的破产，使得西方各国又纷纷高举自由主义的大旗，对金融实行放松管制的自由化政策。如美国1978年的《金融机构管理和利率控制法》，将储贷协会的资产种类扩大至教育贷款、政府证券、住宅建设贷款等；同年的《国际银行法》赋予外国银行在注册登记、业务经营方面以国民待遇；1980年《存款机构放松管制和货币控制法》规定，从1980年3月起，在6年内逐步取消对定期和储蓄存款利率上限的最高限制（即"Q项条例"[①] 的限制），并准许储贷机构和商业银行交叉经营对方的传统业务；1987年联邦储备银行又允许银行控股公司可以包销地方债券、商业票据和抵押证券，1989年又特批花旗银行、大通银行等五家银行的申请，允许其包销企业债券，并考虑放宽银行包销企业股票的限制，从而打破了银行不许经营证券业务的限制；1994年9月生效的《里格尔—尼尔银行跨州竞业和跨州设立分行之效率法》打破地区限制，允许国民银行跨州开设分支机构、拓展业务范围；1999年11月颁布的《金融服务现代化法》，允许金融控股公司和联邦银行的子公司从事包括证券、保险及商人银行业务在内的一切金融活动。

日本于1981年颁布了新的《银行法》，扩大了银行业务范围，明确规定银行可以经营哪些

---

① Q项条例是美国联邦储备委员会于20世纪30年代制定、由美国国会于1933年通过的《格拉斯·斯蒂格尔法》中的一个条例。因其在该法案中是第18条款，按字母表排列是Q，故称Q项条例。其主要内容是：禁止联邦储备委员会的会员银行对它们吸收的活期存款（30天以内）支付利息，并对上述银行所吸收的储蓄存款和定期存款规定了利率上限。

附属业务，特别允许银行经营证券业务；1992 年又通过《金融制度改革法》，规定银行、证券和信托三种业态的金融机构可以通过子公司的形式实现业务兼营，生命保险公司和财产保险公司也可以通过子公司形式涉足对方领域；1998 年正式实施的日本版“金融大爆炸”改革，修订三十多部金融法律法令，突破日本第二次世界大战以后《禁止垄断法》的规定，创设金融控股公司[①]实行混业经营，以追求自由、公正和全球化目标。英国于 1971 年公布的《竞争与信用控制法》，规定了利率放开、金融机构业务交叉等若干措施；1986 年第一次金融“大爆炸”改革颁布的《金融服务法》撤除了商业银行与投资银行、商人银行与股票经纪业务之藩篱，使英国的四大清算银行全都发展为全能银行。法国 1984 年的《银行法》（通称为《信贷机构管理法》）打破了原有的金融业务划分，对全国的金融机构进行重新建构，简化机构种类，从而在法律上不存在全面性银行、限制性银行、离岸银行、证券银行等之分，各家机构都可根据自身的业务特长和发展方向自我形成商业银行、商人银行、投资银行；1996 年的《金融活动现代化法令》更使得全能银行制度得到发展。德国亦自 20 世纪 80 年代以来取消了外国机构和个人购买德国公司证券的限制，取消了外国居民持有德国马克、国内证券须交利息收入预扣税的规定等。前述立法有关金融业务、营业地域、服务价格（利率）等静态僵硬的管制的逐步放宽，目的都是适应现代市场发展需要，拓展业务、鼓励创新、促进竞争，以提高金融效率，提供更多更好的金融服务。

（2）提高中央银行的地位和独立性，加强其金融调控职能，并赋予其在金融监管尤其是对金融体系亲周期问题和系统重要性金融机构的宏观审慎监管方面以重要职责。20 世纪 70 年代以来，受货币主义思潮的影响，货币金融政策在国民经济宏观调控中的地位和作用越来越受重视，故西方国家在逐步放宽金融管制的同时，纷纷修订立法提高和扩充中央银行的地位和权限，以加强金融的调节作用。如美国 1980 年《银行法》规定，联邦储备委员会对所有存款机构规定统一的准备金率，有权在 0～9%或 8%～14%之间浮动，并有权要求所有的存款机构（而不仅仅是会员银行）向其提交资产负债表，从而大大加强了联邦储备系统对货币信用的调控能力；1999 年的《金融服务现代化法》又规定美联储为金融控股公司伞形监管的牵头机构。英国 1971 年的《竞争和货币控制法》、1979 年的《银行法》规定，银行应向英格兰银行缴纳存款准备金，如其认为必要，还有权要求银行交存存款有息的“特别存款”；1980 年的《货币控制绿皮书》，建议用“货币基数控制法”等方法，以加强英格兰银行对货币供应量的控制；1997 年英国财政部、英格兰银行、金融服务局的协议，使得英格兰银行获得了独立制定利率政策的权力；1998 年的《英格兰银行法》，使英国成立了英格兰银行货币政策委员会，独立制定货币政策。1994 年法兰西银行改革，成立货币政策委员会，依法享有独立制定货币政策的权力。1997 年 6 月日本修订通过的《日本银行法》，从运营宗旨、货币政策委员会的组成、货币政策的决策原则、预算制度等方面加强了日本银行的独立性，强化了其制定和执行货币金融政策的独立地位和能力。尤其是 2008 年国际金融危机爆发以来，中央银行在金融监管尤其是在宏观审慎监管方面的职权逐步受到重视和强化。如法国于 2009 年 7 月将合并后承担全面金融

① 根据巴塞尔银行监管委员会、国际证监会组织、国际保险监督官协会于 1999 年 2 月联合发布的《多元化金融集团监管的最终文件》的定义，金融控股公司是指在同一控制权下，完全或主要在银行业、证券业、保险业中至少两个不同的金融行业提供服务的金融集团。

监管职能的金融市场管理局在行政上隶属于法兰西银行、2013 年 4 月英国诞生的新的金融监管体系中负责宏观审慎监管的金融政策委员会和负责金融监管的审慎监管局都下属或附属于英格兰银行。美国 2010 年 7 月发布的《多德—弗兰克华尔街改革和消费者保护法案》虽然规定宏观审慎监管机构——金融稳定监督委员会下设于财政部，但美联储依据该法在对非银行金融机构和银行控股公司、对储蓄控股公司及非储蓄机构的附属机构、对系统性金融风险等的监管职能方面，都得到了极大的加强。

（3）强化监管机构的地位和职权，建立健全动态调适的、以风险监管为本的金融监管体制，全面加强宏微观审慎金融监管，切实加强对金融消费者、投资者权益保护，防范和化解系统性金融风险，确保金融安全。金融是高风险的、具有社会公共性的行业，特别是随着金融业务的全能化、国际化、电子化，金融创新、金融衍生工具的不断出现，金融竞争的加剧，金融机构的破产层出不穷，地区性金融危机亦屡屡发生，这对金融监管提出了越来越高的要求。为此，西方各国在放宽静态僵硬的金融控制的同时，都特别注重对金融业进行动态的以风险监管为本的审慎监管，注重将对金融业的监管目标、监管原则、监管措施和方法、监管程序、监管责任等纳入法制化的轨道，纷纷通过立法，提高监管机构的独立地位，强化其职权，并因应金融控股公司混业经营、全能经营的发展趋势，实行越来越集中统一的跨行业的功能性金融监管（参见［知识拓展］）。如英国 1997 年至 2000 年的“金融大爆炸”改革，使新成立的金融服务管理局逐步统一了对银行、保险、证券和期货等金融机构和金融市场的全面的监管权力，成为世界上第一家权力最为广泛的独立的金融监管机构。[①] 受其影响，日本于 1998 年至 2001 年、德国于 2002 年、法国于 2003 年也先后组建了各具自身特点的综合性的统一金融监管机构，依法授权其对金融市场实行统一监管。其他发达国家、发展中国家也已经或拟成立类似的统一监管机构。即使是特别强调职权分散的美国也于 1999 年颁布《金融服务现代化法》，建立了功能性伞形金融监管体系，赋权美联储为金融控股公司的牵头监管者，同时在很大程度上依靠联邦证券交易委员会以及州的证券和保险监管者，进行金融集团整体评估和监管。特别是 2008 年国际金融危机发生以后，针对系统重要性金融机构破产倒闭风险扩散引发的全局性金融危机、针对金融体系亲周期性对实体经济带来的不利影响及金融消费者保护不力等问题，西方各国不仅进一步完善了金融微观审慎监管方面的措施，而且着力建立宏观审慎监管体制和制度，加强对金融体系及相关领域全面风险管理，切实加强对金融消费者权益的保护。如提升资本质量衡量标准、完善资本充足率体系、建立逆周期的资本留存制度、系统重要性金融机构的附加资本要求、限制过度投机的杠杆率规定、完善金融经济信息的统计监测，加强对影子银行、场外金融衍生品、信用评级机构等的监管，美国、英国还设立了专门的金融宏观审慎监管机构和消费者权益保护机构（前者如美国的金融稳定监督委员会、英国的金融政策委员会，后者如美国的消费者金融保护署、英国的金融行为监管局），西方各国金融监管当局的职权得到了进一步强化，且宏微观监管职责有集中统一归并到中央银行之趋势。此外，自 20 世纪 70 年代以来，巴塞尔银行监管委员会、国际证监会组织、国际保险监督官协会也单独或联合发布、修订了系列重要

---

① 2013 年 4 月，英国对金融业的审慎监管职能经调整集中统一到了其中央银行——英格兰银行及其下设或附属机构手中。

文件①，要求各国加强金融监管及相关立法。

［知识拓展］ **功能性金融监管**

功能性金融监管是由哈佛商学院罗伯特·默顿最先提出，是指依据金融体系基本功能而设计的监管。较之传统的行业金融监管，它能够实施跨产品、跨机构、跨市场的协调，且更具连续性和一致性。功能性金融监管的优点主要是：(1) 关注的是金融产品所实现的基本功能，并以此为依据确定相应的监管机构和监管规则，从而能有效地解决混业经营条件下金融创新产品的监管归属问题，避免监管“真空”和多重监管；(2) 针对混业经营下金融业务交叉现象层出不穷的趋势，强调要实施跨产品、跨机构、跨市场的监管，主张设立一个统一的监管机构来对金融业实施整体监管，这样可使监管机构的注意力不仅限于各行业内部的金融风险，而能关注整体风险；(3) 由于金融产品所实现的基本功能具有较强的稳定性，使得据此设计的监管体制和监管规则更具连续性和一致性，能够更好地适应金融业在今后发展中可能出现的各种新情况。美国 1999 年《金融服务现代化法》即是依据功能性监管的思想对其监管体制进行制度设计的。

(4) 随经济全球化、区域经济一体化、金融自由化进程的加快，国际间的金融监管合作与协调越来越重要，国际性、地区性的金融条约、金融惯例影响越来越广泛，各国的金融立法也相互借鉴、相互影响，有日益趋同、走向融合的趋势。如世贸组织制定的金融服务贸易规则（包括 1994 年《服务贸易总协定》和 1997 年《金融服务协议》等）在推动全球金融自由化及争端解决方面，欧盟银行法（参见［延伸介绍］）和北美自由贸易协议（NAFTA）的金融服务条款、“欧盟金融监管改革方案”（参见［拓展阅读］）的金融监管改革设计等在推动成员国立法协调与趋同方面具有强制性作用；而 20 国集团峰会关于国际经济金融改革方面的系列宣言、OECD 组织、金融稳定委员会②、巴塞尔银行监管委员会、国际证监会组织、国际保险监督官协会单独或联合发布的系列金融监管框架文件也在相当大的程度上指引和推动着各国的金融立

① 如巴塞尔银行监管委员会发布的系列文件：1975 年 9 月的《神圣条约》（全称为《对银行的国外机构的监督》）、1983 年的《新神圣条约》（全称为《对银行的国外机构的监督原则》）、1988 年 7 月通过的《巴塞尔资本协议》（全称为《统一资本计量与资本标准的国际协议》），2004 年 6 月修订发布的《巴塞尔资本协议Ⅱ》（全称为《统一资本计量和资本标准的国际协议：修订框架》）、2010 年 11 月发布的《巴塞尔资本协议Ⅲ》（包括《关于构建更稳健银行体系的国际监管框架》和《关于流动性风险计量、标准及监测的国际框架》），1997 年 9 月发布、2006 年 10 月、2012 年 9 月先后两度修订的《有效银行监管核心原则》，1999 年 9 月发布、2006 年 2 月、2010 年 10 月两度修订的《加强公司治理原则》，及巴塞尔银行监管委员会与国际证监会组织、国际保险监督官协会组织的联合论坛于 1999 年 2 月和 12 月发布、2012 年 9 月修订发布的《金融集团监管原则》等。

② “金融稳定委员会”（Financial Stability Board；FSB），其前身为“金融稳定论坛”（Financial Stability Forum；FSF），是西方七大工业国为促进金融体系稳定而于 1999 年 4 月成立的合作组织。成员包括阿根廷、美国等国家以及欧洲央行和国际货币基金组织等国际机构。2009 年 4 月在伦敦举行的 20 国集团峰会决定改组“金融稳定论坛”为“金融稳定理事会”，成员扩展至包括中国在内的所有 20 国集团成员国的央行、财政部和监管机构以及主要国际金融机构和专业委员会。中国财政部、中国人民银行、银监会以及中国香港金融管理局均为该委员会的成员机构。金融稳定委员会设立全体会议和指导委员会，同时成立脆弱性评估委员会、监管和管理合作委员会、标准执行委员会三个常设委员会。其主要职责包括关注金融市场风险，加强各成员国监管部门之间的合作和信息共享，促进全球金融稳定等。

法和监管工作。

［延伸介绍］　欧盟银行法

又称“欧共体银行法”，是欧共体制定的关于银行服务及其监管的法律制度的总称。它是以欧洲单一市场的建立为背景、以《罗马条约》和《单一欧洲法》的规定为基础、以一系列欧共体银行指令为主干并辅以相关共同体规则综合而成的一个“法群”。其最基本的法律概念是“设立和提供服务自由”，最核心的法律文件曾经是欧共体理事会于1989年12月颁布的《关于协调有关信用机构设立和经营业务的法律、规则和行政规章并修改77/780/EEC指令的第二理事会指令》（通称《第二银行指令》），现为欧洲议会和欧洲理事会于2000年3月颁布的、系统编撰与整合以往诸多银行指令的《欧共体第2000/12号指令》。欧盟银行法确立的一系列原则、制度和概念，如单一许可、相互承认、母国控制、第三国的互惠原则，全能银行制度，信用机构定义等，对推进欧盟一体化进程与欧盟各国立法的协调发生了直接重大作用，同时也对国际金融监管组织的监管规则的形成产生了很大影响。

［拓展阅读］　“欧盟金融监管改革方案”

“欧盟金融监管改革方案”（以下简称“方案”），由欧盟委员会于2009年9月23日通过。其目的是为完善欧盟金融监管体系，提高金融系统风险的识别和处理能力，加强金融监管合作，提高欧盟各成员国监管部门的应急能力和监管目标的一致性，维护欧盟金融稳定和安全。根据该方案，欧盟成立“欧盟系统风险委员会”（ESRB）和“欧洲金融监管者系统”（ESFS）①，以加强欧盟各成员国的宏观金融监管和微观金融监管。

（一）“欧盟系统风险委员会”（ESRB）的职责与组成

1．“欧盟系统风险委员会”主要职责。“欧盟系统风险委员会”作为宏观监管部门在欧盟层面上负责金融宏观审慎监管，识别、评估和监控在宏观经济以及整个金融体系运行中出现的各种威胁金融稳定的风险，并对这些风险进行排序，在出现重大风险时发出预警并向政策制定者提供建议。同时，该委员会还负责与国际货币基金组织（IMF）、金融稳定委员会（FSB）以及第三国金融监管部门的联络和交流。从而从整个欧盟层面上加强宏观监管功能，控制系统性风险。

2．“欧盟系统风险委员会”的组成。鉴于金融宏观审慎监管职责一般由各国中央银行履行，“欧盟系统风险委员会”的成员也主要由各成员国中央银行组成。具体包括：主席（由欧洲中央银行行长担任）、副主席（由“欧盟系统风险委员会”各成员选举产生）、欧盟27个成员国中央银行行长、欧洲中央银行副行长，欧盟银行业、保险业及证券业三大金融监管机构的主席、欧盟理事会成员等。另外，“欧盟系统风险委员会”还设若干观察员。

---

① 其有关组成与职责之简况，可见第45页图1—2“欧盟金融监管新框架示意图。”

此外，欧盟系统风险委员会中还成立指导委员会，建立与新的金融监管机构之间的信息交流与监管合作机制，加强欧盟监管机构之间的合作、监管方法的一致性以及对金融混业经营的有效监管。

（二）“欧洲金融监管者系统”（ESFS）

1. “欧洲金融监管者系统”的主要职责。“欧洲金融监管者系统”通过对特定金融机构的监管，履行金融微观审慎监管职责。根据方案规定，原欧盟层面的银行、证券和保险监管委员会（the Committee of European Banking Supervisors（CEBS）；Committee of European Insurance and Occupational Pensions Committee（CEIOPS）and the Committee of European Securities Regulators（CESR））升级为“欧盟金融监管当局”（European Supervisory Authorities，简称 ESA），即“欧盟银行业监管机构”（European Banking Authority，EBA）、“欧盟保险养老金监管机构”（European Insurance and Occupational Pensions Authority，EIOPA）和“欧盟证券与市场监管机构”（European Securities and Markets Authority，ESMA），各自享有独立法人地位。“欧盟金融监管当局”除了承继原监管委员会所有职责（咨询权）外还享有下列职责、权限：收集微观审慎监管信息；确保欧盟各成员国监管文化和监管操作的一致性；协助解决成员国之间的监管分歧；对违反欧盟法律的行为进行调查，必要时对有关成员国的监管部门提出监管整改意见和建议；对特定机构履行全方面监管权力，如有权对信用评级机构和欧盟中央清算中心等机构进行调查、现场检查；在发生危机时，协调各成员国立场和应对措施；等等。

2. “欧洲金融监管者系统”的组成。“欧洲金融监管者系统”由指导委员会、欧盟金融监管当局三大机构及各成员国监管机构组成。指导委员会由欧盟金融监管当局三大机构选派的代表组成；欧盟金融监管当局三大机构的监管委员会由各自机构的主席及相关成员国监管机构的主席组成，另设观察员若干；欧盟金融监管当局三大机构还设管理委员会，由相关成员国选派的代表组成。

总之，西方工业化国家金融体制和金融立法的沿革发展及其特点，以及巴塞尔银行监管委员会新旧三个“资本协议”从“一大铁律”到“三大支柱”再到包含宏微观审慎金融监管在内的银行业资本和流动性监管新标准的承续变化，深刻说明国际金融及其监管立法发展的四大趋势——更多的市场导向性（金融自由）、更独立的货币政策、更权威全面有效的金融监管、更紧密的国际监管合作与协调已是不可抗拒的金融历史潮流。而更多的市场导向性意味着更多的经营自主、更多的金融创新、更加充分的金融竞争、更有效的资源配置、更全面优质多样化的金融服务；更独立的货币政策意味着稳定安全的货币环境；更权威全面有效的宏微观金融监管，意味着监管的公平、监管的全面、市场的有序和金融消费者利益的保障；更紧密的国际金融监管合作与协调，则意味着国际间制度、体制、机制的借鉴与融合。这几方面的潮流，就实质而言，无非是市场化改革取向和监管调控体制机制的不断完善两大方面，其目的则在于因应日新月异的金融创新，从不同层面防范和化解金融风险尤其是系统性、全局性金融风险，缓解金融体系的亲周期效应，确保金融稳健，提高金融市场的活力，更好地提供金融服务，切实维护金融消费者、投资者权益。

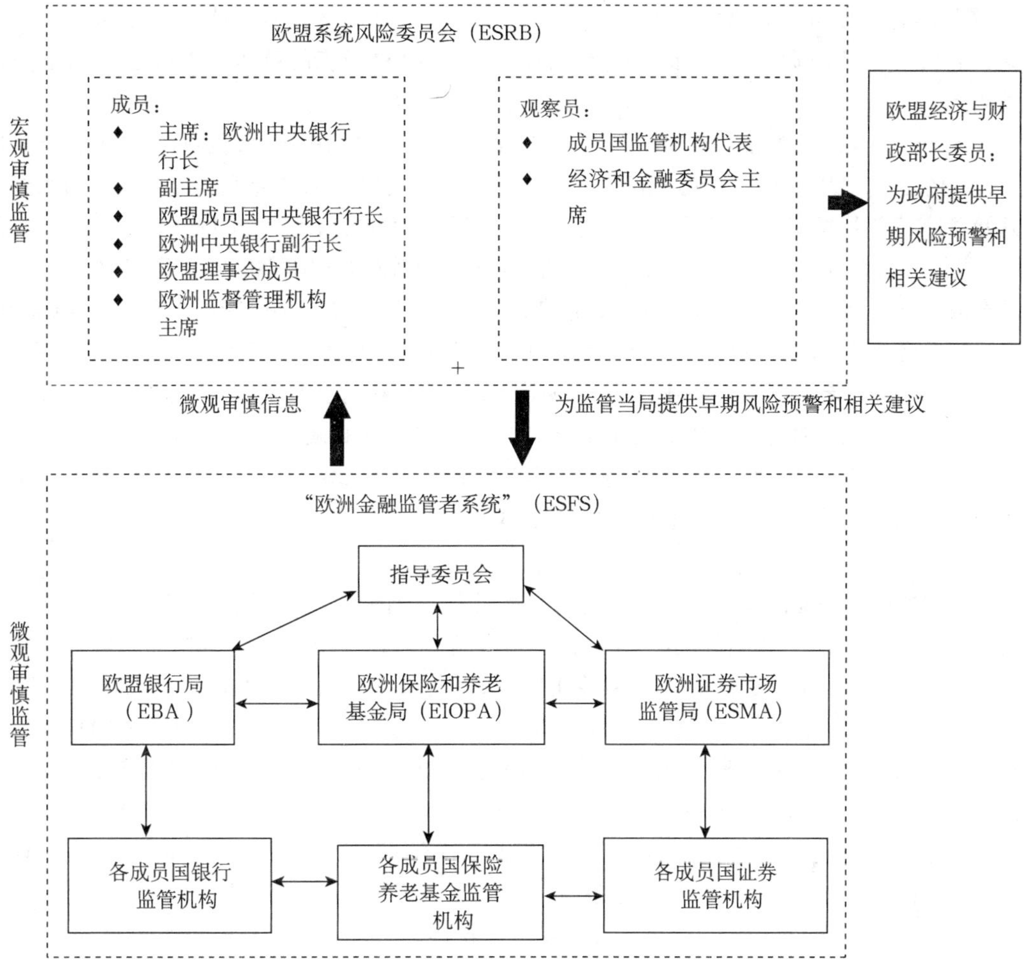

图 1—2　欧盟金融监管新框架示意图

三、旧中国金融业的发展与金融立法

中国金融业的发展具有悠久的历史。早在西周时期，就存在专门办理财政征税、商业贸易、铸币、稳定物价及贷款收息的政府机构——泉府。南北朝时期，已有一些大的寺院经营典当业务。隋唐时期，作为我国旧式银行的典当业已经比较普遍。到唐朝中期，长安商铺兼营货币兑换、存放款业务，并出现了专业金融机构“柜坊”，从事银钱保管及当时称为“飞钱”和“帖”的汇兑业务。北宋时期，已有专门经营货币的钱铺。元、明时期高利贷盛行，典当业相当发达。明朝中期以后，在中国封建社会内部产生了资本主义经济的萌芽，出现了经营钱币兑换的“钱庄”，兼做存款、放款、汇兑、贴现、发行庄票、买卖生金银的业务。清代还出现了办理汇兑业务的“票号”，也办理存放款业务。及至清朝乾隆、嘉庆年间，钱庄已多达 106 家，发展成为具有相当规模的独立经营金融业务的行业。

鸦片战争后，近代金融业在中国发展起来。1845 年至 1948 年间，英国人办的丽如银行先后在香港、广州、上海设立机构。接着，法、德、日、俄、美、荷、比等国也相继在中国设立银行。外国资本和银行的入侵，加速了中国封建经济的解体，也刺激了旧中国银行的兴起。

我国第一家民族资本银行是1897年5月27日在上海成立的中国通商银行，这家银行采取官商合办的形式，由清末督办铁路事务大臣盛宣怀提议并创办，标志着我国银行现代信用事业的开始。1905年根据清朝户部奏准的《试行银行章程》，正式成立了官办的户部银行（1908年2月该银行依《大清银行则例》改名为大清银行，1912年改组为中国银行）。1907年清政府邮传部奏请设立了交通银行。辛亥革命后，特别是第一次世界大战期间，帝国主义无暇东顾，中国的民族金融业得到较大发展，从1921年至1927年新成立的银行达到168家。1927年以后，国民党政府力图控制全国的金融业，于1928年11月1日成立了中央银行，同年10月改组中国银行，11月改组交通银行。以后又相继于1930年3月成立邮政储金汇业局，1933年6月成立农民银行，1935年10月成立中央信托局，1946年11月设立中央合作金库，从而形成了以官僚资本“四行二局一库”为核心的金融垄断体系。到1946年年底，全国银行总数已达754家，拥有分支行2 996所。

伴随着中国金融业的发展，金融立法也发展起来。中国第一部金融法是1908年清王朝颁布的《大清银行则例》，该则例规定大清银行享有代表国家发行纸币、代理国库和调剂金融的权利。同年又颁布《银行通行则例》，规定了银行的九项业务，即票据贴现、短期拆款、存款、放款、买卖生金银、兑换、代收票据、发行票据、发行银钱票。凡经营这九种业务的机构均称为银行，受该则例的拘束。北洋政府在1913颁布了《中国银行则例》，1914年颁布了《交通银行则例》，当时由于尚未设立中央银行，而中、交两行均为国家银行，故履行部分中央银行职能。1927年国民党政府制定《中央银行法》，据此于次年11月1日成立中央银行。1928年10月，国民党政府财政部修订《中国银行条例》，改组了中国银行，特许其为“国际汇兑银行”。11月又颁布《交通银行条例》，改组了交通银行，特许其成为“发展全国实业的银行”。1931年3月28日，国民党政府公布《银行法》50条。1935年5月9日，国民党立法院通过并公布了《中央银行法》，凡7章36条。1947年4月20日，国民党政府颁布《新银行法》，共10章119条，对商业银行、实业银行、储蓄银行、信托银行、钱庄、外国银行及银行的登记、业务许可、法律责任等均作了规定。

货币立法方面，1910年清政府颁布《铸币则例》，规定银元为本位币，并将铸币权收归中央，第一次在中国确立了银本位制，但仍是银元与银两并用。1933年4月6日，国民党政府颁布《银本位铸造条例》，实行废两改元，由中央造币厂统一铸造，从此在我国正式确立了银本位制。1935年11月4日，国民党政府颁布紧急法令，实行“法币改革”，即废止银本位制，实行纸币制；规定自即日起以中央、中国、交通三银行（1936年2月增加中国农民银行）发行的钞票为法定货币，所有完粮纳税及一切公私款项之收付，概以法币为限；禁止白银流通使用，并将白银收归国有，作为外汇准备金。这次改革使中国进入了不兑换纸币本位时期。

票据立法方面，清末变法时，清政府的宪政编纂馆于光绪三十三年（1907年）聘请日本法学家志田钾太郎起草票据法。1922年北洋政府的修订法律馆，起草了6稿票据法，但均未公布施行。1929年10月国民党政府公布施行《中华民国票据法》，共139条。次年7月又颁布

《票据法施行法》，凡 20 条。

证券立法方面，1914 年，北洋政府颁布了我国历史上第一部证券法——《证券交易所法》。1929 年 10 月，国民党政府颁布《中华民国交易所法》；次年 4 月又颁布了新的《中华民国交易所法》。

此外，中国近代在信托、保险方面也有些立法。

四、新中国金融体制的沿革与金融立法

（一）新中国金融体制的沿革与发展

新中国的金融体制，是在革命根据地和解放区金融体制基础上，根据建立社会主义国家的不同阶段的需要，逐步建立和发展起来的，经历了艰难曲折的发展过程。大体而言，可分为以下五个时期：

1. 1949 年至 1977 年是我国单一制的银行体制时期（或称一级银行体制、大一统银行体制时期），即由中国人民银行统一领导、垄断金融的时期。其特点是中国人民银行既是行使货币发行和金融管理职能的国家机关，又是从事信贷、储蓄、结算、外汇等业务经营活动的经济组织，其机构遍及全国城乡。另外，有少数几家专业银行的存在，但并不受中央银行的领导，而是直接受命于政府。这种体制适应了当时高度集权的计划经济体制的需要。

2. 1978 年至 1986 年是我国中央银行体制的确立时期。在这一时期，逐步地建立起适应我国有计划商品经济发展需要的二级银行体制，又称中央银行体制。在恢复、分设专业银行、中国人民保险公司的基础上，中国人民银行开始专门执行中央银行的职能，另设中国工商银行办理工商信贷和城镇储蓄业务。1986 年 1 月 7 日国务院发布实施了《银行管理暂行条例》，从行政法规的高度对这一体制加以确认。

3. 1987 年至 1993 年是我国试办商业银行和其他非银行金融机构，完善中央银行体制的时期。在这期间，重新组建了交通银行等全国性综合银行，设立了中信实业银行等全国性商业银行和招商银行等区域性商业银行。同时，还大力发展保险、信托等非银行金融机构，开办了中外合资银行或财务公司等。到 1993 年年底，我国除了中央银行外，还有 4 家全国性专业银行、9 家全国性和区域性的商业银行、12 家保险公司、387 家金融信托投资公司、87 家证券公司、29 家财务公司、11 家金融租赁公司、5.9 万家农村信用合作社、3 900 家城市信用合作社。此外，还有 225 家外国金融机构在中国设立的 302 个代表处和 98 家营业性分支机构。这样，在我国已初步形成了以中央银行为领导，以国有专业银行为主体，多种金融机构并存、分工协作的金融体制。

4. 1994 年起至 2002 年是初步建立适应社会主义市场经济体制需要的金融体制改革的时期。1992 年 10 月，中共十四大提出了建立社会主义市场经济体制的宏伟目标。据此，1993 年 12 月国务院发布了《关于金融体制改革的决定》和《关于进一步改革外汇管理体制的通知》，决定我国自 1994 年 1 月 1 日起开始进行金融体制的多方面改革，以建立适应社会主义市场经济发展需要的金融体制。改革的总体目标归结起来就是建立“三个体系”、实现“两个真正”。即：（1）建立在国务院领导下，独立执行货币政策的中央银行宏观调控体系；（2）建立政策性金融与商业性金融分离，以国有商业银行为主体、多种金融机构并存的金融组织体系；（3）建

立统一开放、有序竞争、严格管理的金融市场体系；(4) 实现两个真正是指把中国人民银行办成真正的中央银行，把国有专业银行办成真正的商业银行。并为此进行了外汇管理体制、银行体制等方面的改革，颁布了《中国人民银行法》、《商业银行法》等系列金融法律、法规和规章，金融体制改革取得初步成果。

5.2003年起至现在是进一步全面深化金融体制改革时期。以2003年3月十届全国人大一次会议通过决议决定设立中国银监会统一行使对银行业金融机构的监管职能为发端，以同年10月中共中央十六届三中全会通过的《关于完善社会主义市场经济体制若干问题的决定》为标志，我国进入了进一步全面深化金融体制改革的时期。改革的主要目标和任务：一是要深化商业银行、证券公司、保险公司等各类金融机构的现代化、股份制改革，深化政策性银行改革，完善金融资产管理公司运行机制，鼓励社会资金参与中小金融机构的重组改造，稳步发展各种所有制金融企业，完善农村金融服务体系，以健全和完善我国的金融机构组织体系及法人治理、运行机制；二是要积极推进资本市场的改革开放和稳定发展，扩大直接融资，建立、健全多层次的资本市场体系；三是要稳步推进利率市场化，完善人民币汇率形成机制，逐步实现资本项目可兑换，建立和完善统一、高效、安全的支付清算系统，改进中央银行的金融调控，以建立健全货币、资本、保险市场有机结合、协调发展的金融调控机制，维护金融运行和金融市场的整体稳定，防范系统性风险；四是要健全金融风险监控、预警和处置机制，强化金融监管手段，防范和打击金融犯罪，增强监管信息透明度并接受社会监督，以完善金融监管体制，建立健全各金融监管机构相互间以及同中央银行、财政部门的协调机制，提高金融监管水平，依法维护金融市场的公开公平有序竞争，防范和化解金融风险，保护存款人、投资者和被保险人的合法权益；五是要加快建设企业和个人信用服务体系，建立信用监督和失信惩戒制度，逐步开放信用服务市场，形成以道德为支撑、以产权为基础、以法律为保障的社会信用制度，以建立健全社会信用体系。2006年3月十届全国人大四次会议通过的《“十一五”规划纲要》又进一步丰富、细化了前述改革目标和内容，并强调这些改革要“主要通过健全法律法规、加大执法力度等法律手段，并辅之以经济手段加以落实”，同时应“注重及时把行之有效的改革措施用法律、规章和制度的形式确立下来”①。因此，我国金融改革的任务归根到底是要建立健全金融机构组织体系、金融市场体系、金融调控监管体系和金融法律制度体系。

围绕上述目标，我国相继进行了利率市场化、汇率形成机制、上市公司股权分置、引进国外战略投资者、国有商业银行改制上市、资产证券化、金融监管分工与协调机制、上市发行制度、中小企业板、创业板、“新三板”等方面的重大金融改革和制度建设，并取得了较大突破和进展。尤其是2012年9月17日经国务院审批、由“一行三会”及国家外汇管理局编制的专项规划——《金融业发展和改革“十二五”规划》，以九章的篇幅全面回顾了我国“十一五”时期金融业发展和改革取得的主要成就，在分析“十二五”时期面临的机遇与挑战的基础上，提出了“十二五”时期金融业发展和改革的指导思想、主要目标和政策措施。从完善金融调控、优化组织体系、建设金融市场、深化金融改革、扩大对外开放、维护金融稳定、加强基础

① 具体可参见2006年3月14日十届全国人大四次会议通过的《国民经济和社会发展第十一个五年规划纲要》之第四篇第十六章第三节“有序发展金融服务业”，第八篇第二十三章“加快金融体制改革”之第一节“深化金融企业改革”、第二节“加快发展直接融资”、第三节“健全金融调控机制”、第四节“完善金融监管体制”，第十四篇第四十六章“建立分类指导的实施机制”等章节的规定。

设施等七个方面，明确提出“十二五”时期我国金融业要全面推动金融改革、开放和发展，显著增强我国金融业综合实力、国际竞争力和抗风险能力，显著提高金融服务实体经济的水平，着力完善金融宏观调控和监管体制，形成种类齐全、结构合理、服务高效、安全稳健的现代金融体系，开创金融改革发展新局面。2013年11月召开的党的十八届三中全会通过的《中共中央关于全面深化改革若干重大问题的决定》，更从战略高度提出要“加快完善现代市场经济体系”、“加快转变政府职能”，要扩大金融业对内对外开放，完善人民币汇率、利率市场化形成机制，完善金融监管改革措施和协调机制，进一步完善金融市场体系，要让“市场在资源配置中起决定性作用和更好发挥政府作用”。2014年10月党的十八届四中全会通过的《中共中央关于全面推进依法治国若干重大问题的决定》，又进一步提出了全面推进依法治国，建设中国特色社会主义法治体系、建设社会主义法治国家，促进国家治理体系和治理能力现代化的战略任务。我国金融体制的深化改革和金融法治建设正紧锣密鼓地进行。

（二）新中国金融立法的沿革

新中国成立后的前30年，由于实行高度集权的计划经济体制，我国的金融事业发展缓慢，对金融活动的规范和管理以行政手段为主，因而也就无所谓金融立法。实行改革开放政策后，随着金融改革的深化及我国法制建设进程的加快，适应有计划的商品经济的需要，我国加快了金融立法的步伐，制定了大量的金融法规和规章，其中以1986年1月7日发布的《银行管理暂行条例》为代表。

1992年我国确立了建立社会主义市场经济体制的目标，金融体制的总体目标得以确立，金融改革进一步深化，金融立法也步入了一个崭新时期。尤其是1995年，可以说是我国的“金融立法年”，在这一年里，我国制定颁布了四部金融基本法律及一个决定［包括1995年3月18日八届全国人大第三次会议通过的《中国人民银行法》（2003年12月修订），1995年5月10日八届全国人大常委会第十三次会议通过的《商业银行法》（2003年12月修订）和《票据法》（2004年8月修订），1995年6月30日八届全国人大常委会第十四次会议通过的《保险法》（2014年8月第三次修订）及《全国人大常委会关于惩治破坏金融秩序犯罪的决定》］，从根本上改变了我国金融领域欠缺基本法律规范的局面，初步形成了我国金融法体系的基本框架。1997年3月14日修订、同年10月1日实施的《刑法》专订两节有关金融方面的犯罪。1998年12月29日第九届全国人大常委会第六次会议通过的《证券法》（2014年8月第三次修订），对证券市场的管理作了比较全面的规定；同时本次会议通过的《关于惩治骗购外汇、逃汇、非法买卖外汇犯罪的决定》，还就有关外汇方面的犯罪惩处作了专门规定。步入新世纪以来，2001年4月28日九届全国人大常委会第二十一次会议通过的《信托法》、2003年10月28日十届全国人大常委会第五次会议通过的《证券投资基金法》、2003年12月27日十届全国人大常委会第六次会议通过的《银行业监督管理法》（2006年10修订）、2005年10月25日十届全国人大常委会第十八次会议通过的《中华人民共和国外国中央银行财产司法强制措施豁免法》、2006年10月31日十届全国人大常委会第二十四次会议通过的《反洗钱法》、2010年10月28日十一届全国人大常委会第17次会议通过的《中华人民共和国社会保险法》、2012年4月27日十一届全国人大常委会26次会议通过的《中华人民共和国军人保险法》等系列金融专门法律，及1999年12月、2001年12月、2005年2月、2006年6月、2009年2月、2011年2

月先后通过的涉及金融领域犯罪的《刑法修正案》之（一）、（三）、（五）、（六）、（七）、（八），更使我国金融法体系进一步完善，使我国的金融事业真正走上了法制化轨道。

此外，改革开放以来，我国还先后发布了500多个金融法规和一系列的金融规章（金融法规、规章的具体发布实施、修订、废止情况等详见本书以下相关各章节），金融法律、法规体系正在逐步完善。

（三）中国金融立法趋势

改革开放以来，我国的金融立法工作取得了一定的成就。特别是1992年市场经济体制目标的确立、1999年3月"建设法治国家"的入宪和2001年的"入世"，更使得世纪之交的我国在内外压力下加速了金融体制改革和金融法制建设的步伐，金融法律、法规和规章制度的建设无论在数量上还是在质量方面均取得了很大进展。但总的来说还远远落后于我国经济、金融体制改革迅速发展的要求。突出表现在：

1. 立法层次整体上看仍然不高，法律效力低。金融立法虽有十多部由全国人大或人大常委会通过的法律，但为数更多的是国务院颁布的金融行政法规，特别是金融监管调控部门发布的金融行政规章，有的甚至是规范性、透明性、效力性更差的文件。目前，我国在许多重大金融领域，如政策性银行、存贷款领域、外汇管理、融资租赁、期货管理等方面缺乏高层次的基本立法。

2. 法律体系系统性差。新旧法律之间、不同层级的法律文件间、不同监管部门的规章之间矛盾、抵触之处甚多，大批过时的、与高层次法律相矛盾的法规、规章以及大量规范性很差的文件亟待进一步清理。

3. 现有的高层次的金融立法内容抽象、空白授权多、欠缺操作性，而又缺乏相关配套法规或操作规程，致使金融交易活动和金融监管调控活动难以依法规范进行，法定的权利（力）、义务、责任难以在金融现实生活中加以落实，金融法的权威难以确立，金融法治氛围尚未有效形成。

4. 缺乏反映国际金融及监管潮流同时更维系着我国未来金融业改革发展成败的前瞻性的金融法律、法规制度。如有关金融混业的金融控股公司（金融企业集团）法、金融服务法、金融监管协调法，有关金融创新方面的资产证券化法、网络金融法、金融衍生品管理法，有关金融企业法人治理、内部控制机制方面的立法，有关资本充足性、资产集中度、内部人关联交易、金融市场退出、存款保险等金融审慎监管方面的立法，有关金融市场纪律方面的企业信用信息法、金融企业信息披露法、金融企业会计法、金融消费者权益保护法，有关金融对外开放方面的外资金融机构管理法、境外中资金融机构监管法等都处于空白或者不完善状态。

国际上公认"'好的'金融体制应具备有效的法律体系、良好的会计标准、透明的金融制度、有效的资本市场和规范的公司治理"[①]。因此，必须进一步加强金融立法工作，提高立法层次，增加金融法律制度的透明度，以引导、规范和推动金融体制改革的顺利进行，保障金融业的健康发展。当前，我国金融立法工作中应重点解决下列问题：

---

① ［美］富兰克林·爱伦、道格拉斯·盖尔著，王晋斌等译：《比较金融系统》，7页，北京，中国人民大学出版社，2002。

1. 积极研究起草《政策性银行法》、《存贷款管理法》、《外汇管理法》、《融资租赁法》、《期货管理法》、《外资金融机构管理法》、《境外中资金融机构监管法》等，争取早日审议通过，以尽快建立和健全我国金融基本法的体系。

2. 应以国务院行政法规的形式，抓紧制定《中国人民银行法》、《银行业监督管理法》、《保险法》、《证券法》、《信托法》等基本法律的配套法规和相关操作规程，使其更具有操作性和现实权威性。主要应有《货币政策操作规程》、《银行业监管工作规程》、《保险业监管工作规程》、《证券业监管工作规程》、《信托业监管工作规程》等，使中国人民银行依法行政，银监会、证监会、保监会依法监管，进一步发挥金融主管部门制定和执行货币金融政策、加强金融监管的重要职能。

3. 以《政策性银行法》为基础，研究制定政策性银行管理的单行法规（条例），依法规范政策性银行的组织及业务开展，建立和完善财政投融资体系。

4. 研究制定《商业银行法》的配套法规，进一步强化国有商业银行的商业性、法人性、独立性，提高商业银行的法人治理、内控机制、资产负债管理和风险管理水平。目前，应抓紧制定《银行业许可证管理条例》、《商业银行法人治理条例》、《商业银行资本充足率管理条例》、《商业银行投资条例》、《商业银行中间业务管理条例》、《电子银行业务管理条例》、《存款保险条例》、《商业银行接管和破产条例》等法规，使商业银行市场准入、退出和业务经营行为更进一步规范化。

5. 进一步建立和完善金融市场立法，规范各类金融市场的发育和完善，建立统一开放、公平公正、有序竞争、严格监管的金融市场体系。主要应有《公债法》、《金融机构信息披露法》、《金融服务价格法》、《金融消费者权益保护法》、《金融会计法》、《金融审计法》（参见[拓展阐述]）、《短期融资券管理条例》、《证券回购管理条例》、《同业拆借管理条例》、《商业票据承兑、贴现条例》、《股票发行与交易管理条例》、《企业、公司债券管理条例》、《融资融券管理条例》、《上市公司监管条例》、《独立董事条例》、《证券投资者保护基金管理条例》、《外债管理条例》、《外汇储备管理、运营条例》等，以完善金融市场结构，规范金融市场行为，促进融资活动的开展，提高金融市场效率，维护金融消费者的合法权益。

[拓展阐述]

笔者认为，虽然在立足于我国具体国情和借鉴国际通用会计准则、审计准则的基础上，2006年2月15日我国财政部发布了《企业会计准则——基本准则》及《企业会计准则第1号——存货》等38项具体准则，决定自2007年1月1日起在上市公司范围内施行，同时鼓励其他企业执行，执行该38项具体准则的企业不再执行现行准则、《企业会计制度》和《金融企业会计制度》。同时批准发布了中国注册会计师协会拟订的《中国注册会计师鉴证业务基本准则》等22项准则、修订的《中国注册会计师审计准则第1142号——财务报表审计中对法律法规的考虑》等26项准则，自2007年1月1日实施。从而使我国的会计、注册会计师审计制度有大幅度的进步。但是，由于会计、审计对金融业的特殊重要性，如何从金融监管的角度建立健全金融业的非现场检查、现场检查时如何借助外部审计、金融企业的信息披露等方面的制度，仍然需要制定高层次的《金融会计法》、《金融审计法》予以规范和统率。

6. 适应金融混业、金融创新和金融监管综合化发展的需要，积极着手研拟并适时出台《金融控股公司法》、《金融服务法》、《资产证券化法》、《金融衍生产品管理法》、《金融监管（协调）法》等。

问题与思考

1. 金融本质上是一种经济活动，但它具有国家法律规制、政府监管和央行调控的痕迹。你是否同意这种观点？如果同意，试就金融活动与一般经济活动作进一步的区分？

2. 金融是一个见仁见智的概念，金融关系亦因此而复杂多样。试从金融法学的角度，考察作为金融法调整对象的金融关系究竟具有哪些基本含义？

3. 金融法具有哪些特征？其在现代金融生活中究竟具备哪些基本功能？

4. 什么是金融法的基本原则？我国金融法的基本原则有哪些？

5. 我国金融监管、调控部门发布有大量的"指导意见"、"监管指引"和"问题通知"，它们的法律性质为何？试深入思考之。

6. 金融法律关系的保护机构和保护方法有哪些？

7. 何谓金融法体系？我国金融法体系总体上应包括哪些内容？

8. 考察西方国家的金融体制，既有共同之处又有各自特点，由此对我国金融体制改革与金融法制建设的启示是什么？

9. 当代西方主要工业化国家金融变革及监管立法的发展潮流与趋势，对我国的金融体制改革与金融法制建设有何借鉴意义？

10. 我国现行金融立法状况如何？其不足有哪些表现？应如何加以改进？

第二篇

金融调控与监管法

第二章
中央银行法

本章概要

中央银行法是确立中央银行的性质、地位与职责权限，规范中央银行的组织及活动开展的法律规范的总称。中央银行是一国金融体制中居于核心地位、依法制定和执行货币金融政策、实施金融调控与监管的特殊金融机关，具有发行的银行、银行的银行、政府的银行、金融调控与监管的银行等职能。中国人民银行是我国的中央银行，1995 年 3 月通过、2003 年 12 月修订的《中华人民共和国中国人民银行法》是关于我国中央银行的专门立法，它就人民银行的性质、法律地位、组织机构、基本职能与职责、人民银行的货币政策目标及操作、人民银行的法定业务、金融监管、财务会计及法律责任等问题作了明确规定。

关键术语

中央银行　中央银行法　中央银行职能　中央银行货币政策　货币供应量　法定准备金制度　再贴现政策　公开市场业务

第一节　中央银行法概述

一、中央银行的概念

中央银行是一国金融体制中居于核心地位、依法制定和执行国家货币金融政策、实施金融调控与监管的特殊金融机关。在现代社会中，一般具有发行的银行、银行的银行、政府的银行、金融调控与监管的银行等重要职能。

关于中央银行的名称，除部分国家直接以“中央银行”命名外，有的国家称为“国家银行”，如苏联、瑞典、荷兰、比利时、罗马尼亚等；有的国家称为“储备银行”，如美国、澳大利亚、南非、新西兰、印度等；有的则冠以国名，如英国、日本、意大利、法国、加拿大、西班牙等；还有的国家称“人民银行”，如南斯拉夫、朝鲜和中国等。因此，识别一个国家的中央银行，不能单纯看其名称，而应深入了解它的地位和职能。

二、中央银行的产生与发展

目前，世界各国基本上都设有中央银行。中央银行的产生与中央银行制度在世界范围的普遍存在，有着深刻的社会、政治、经济原因。概括而言，中央银行是随商品经济和货币信用的高度发展，以及国家对经济生活干预的加强而产生的。①

一般认为，中央银行的萌芽可追溯到17世纪中后期的欧洲。1656年由私人创办的欧洲第一家发行银行券的银行——瑞典国家银行②，1694年在伦敦成立的股份制的英格兰银行③，被认为是历史上最早的中央银行的雏形。在以后的数百年间，西方国家的中央银行制度经历了初创、普及和完善的过程。其发展轨迹可概要如下：

1. 从中央银行的建立方式看，早期的中央银行是随资本主义货币信用经济的发展，从一般商业银行发展到大银行以至发行银行，最后形成中央银行。而后期的中央银行，则多半是在学习和借鉴别国经验，结合本国实际，通过立法而创设的。前者以英国为代表，后者以美国为样板。

2. 从中央银行的职能来看，中央银行的发展过程就是其职能不断完备的过程。（1）中央银行最初的职能是垄断货币发行和服务于政府财政，亦即具有发行的银行和政府的银行的职能。在资本主义银行发展之初，许多商业银行既从事一般银行业务，也从事银行券的发行。而银行券的分散发行，既受流通地域的限制，又有信誉欠佳、币值不稳的弊病，不利于商品经济的发展。为此，政府以法令形式特许一家或少数几家大银行垄断货币的发行，委托其代理政府财政收支，赋予其对政府财政提供资金支持的义务。（2）中央银行职能发展的第二步，是其发展为银行的银行，亦即票据清算人和最后贷款人。随着资本主义经济的发展，信用经济越来越发达，一方面，银行业务发展，收授票据数量越来越多，银行之间的债权债务日益复杂，它们

---

① 一般认为，中央银行的产生有四个方面的原因，即统一银行券发行的需要，管理存款准备金、充当最后贷款人的需要，统一进行票据清算的需要，加强金融管理和监督的需要。

② 瑞典国家银行，1656年由私人资本创立，原名里克斯银行。1661年发行银行券，但并未独占发行，1664年因为坏账而倒闭。1668年根据国会授权重组为瑞典国家银行（名为“国王财产银行”），对国会负责。1897年才独占货币发行权，成为真正的中央银行。

③ 英格兰银行，1694年成立于伦敦，是一家股份公司制的商业银行，以向政府放款所换来的债券为抵押，发行等值银行券。1833年由英国政府宣布其发行的银行券享有无限清偿权。1844年依据《英格兰银行条例》始成为国家的发行银行，开始垄断货币的发行，但直到1928年，英格兰银行才终于成为唯一的发行银行。1979年英国的《银行法》才从法律上赋予英格兰银行享有对银行业监督管理的权力。1997年英国财政部、英格兰银行、金融服务局的协议，将英格兰银行对银行业的监督管理权力转移给金融服务管理局，但同时也使其获得了独立制定利率政策的权力。1998年的《英格兰银行法》使英国成立了英格兰银行货币政策委员会，独立制定货币政策。国际金融危机发生后，2009年的《银行法》确定了英格兰银行作为中央银行在金融稳定中的法定职责和核心地位，并在其理事会下设立金融稳定委员会。2013年4月，依据女王批准的《2012年金融服务法案》的规定，诞生了英国金融监管体系的三个独立机构：一是英格兰银行理事会内设的下属委员会金融政策委员会（相应撤销金融稳定委员会），负责宏观审慎管理；二是由原金融服务局拆分的独立操作的英格兰银行附属机构审慎监管局，负责对银行、保险公司、大型投资机构进行微观审慎监管，以防出现重大风险；三是由原金融服务局拆分的独立机构金融行为监管局，对财政部和议会负责，对整个金融行业服务行为进行监管，对审慎监管局监管范围外的所有金融机构进行审慎监管，负责金融消费者保护、公平竞争和维护资本市场的信心。这样，英格兰银行就成为集货币政策制定、宏观审慎监管、微观审慎监管（特定范围）于一身的中央银行。

之间的票据清算，需要由一个权威、公正的银行来承担；另一方面，商业银行放款频繁，一旦发生放款不能及时收回、资金周转不灵，就会起连锁反应，成为资本主义经济危机的导火索，而严重的经济危机，反过来又会加剧银行资金失灵，乃至破产、倒闭。为此，客观上要求由一个具有国家权威、实力雄厚的大银行，来集中保管商业银行的准备金，当商业银行出现支付困难时，能以最后贷款人的身份向其提供贷款，以维护金融秩序的稳定。英格兰银行大约于19世纪中叶完成了这一职能。(3) 中央银行职能发展的第三步，是其调控和监管职能的产生与加强。当资本主义从自由资本主义发展到垄断资本主义以后，特别是信用纸币制度确立以后，资产阶级政府一改以往的自由放任政策，力图借助货币政策与财政政策对国民经济实行干预，从而使中央银行成为政府监管和调控金融的工具，由此使中央银行具备了金融监管与调控的职能。

3. 从中央银行的活动宗旨来看，中央银行的形成与发展的过程，是一个逐步放弃自身营利目的、与国家政权融合的过程。在这一过程中，中央银行的法律性质和地位发生了以下变化，即由最初的特权商业银行，发展到半国家机关，最终成为国家机关。

4. 从中央银行的资本来源看，在中央银行的发展过程中，存在着以资本所有权私有为主向以所有权国有为主演变的明显趋势。早期中央银行是在私人商业银行的基础上发展起来的，后来一些国家陆续对中央银行实行改组和国有化政策。后期设立的中央银行，则多由政府直接投资设立。所以，现今世界上绝大多数国家的中央银行的资本和资产全部或部分为国家所有。①

中央银行制度的发展阶段，约可分为四个时期：

1. 萌芽阶段（1656年～1844年）。从17世纪中叶到19世纪中叶《英格兰银行条例》的实施。这一阶段有1656年成立的瑞典国家银行、1694年成立的英格兰银行和美国第一银行（1791年～1811年）、美国第二银行（1817年～1836年）。其特征是享有银行券发行权（但还不是唯一的），和政府财政、国家资本有相对密切的联系。

2. 创建阶段（1844年～1920年）。从19世纪中叶到20世纪20年代布鲁塞尔国际金融会议的召开。这一阶段，瑞典国家银行于1897年独占了货币发行权，并不再与一般商业银行争业务；英格兰银行亦基本完成了独占发行权，并代理国库，取得了中央银行的地位。从而揭开了世界性创建中央银行的新阶段。如：1860年的俄罗斯银行、1875年的德国国家银行、1879年的保加利亚银行、1883年的罗马尼亚国家银行和塞尔维亚国家银行、1893年的意大利银行、1905年的瑞士国家银行、1896年的乌拉圭银行、1911年的玻利维亚银行、1913年的美国联邦储备体系、1898年的埃及国家银行、1882年的日本银行、1905年的大清户部银行、1909年的朝鲜银行等，都是在这一时期成立的。

3. 普及阶段（1920年～1945年）。从布鲁塞尔国际金融会议到第二次世界大战结束。1920年在比利时首都布鲁塞尔召开的国际金融会议，明确重申了现代金融经济实行中央银行制度的必要性，建议未设立中央银行的国家应尽快建立中央银行。这对中央银行的普及起到了重要的推动作用，在此期间，各国改组和新设的中央银行有四十多家。

---

① 如目前在主要发达资本主义国家中央银行的资本结构中，由政府独资的有英格兰银行、法兰西银行、德意志联邦银行、加拿大银行等，半官半民的有日本银行、比利时国民银行、奥地利国民银行等。此外，还有少数国家采取其他方式，如美国联邦储备银行由联邦储备系统成员行全额出资，新西兰储备银行则无资本。

4. 加强阶段（1945年至今）。随着金本位、虚金本位制的相继崩溃，特别是为了医治第二次世界大战造成的创伤，中央银行制度受到世界各国的普遍重视。表现为：一方面，各社会主义国家和新独立的国家纷纷建立了中央银行，从1945年起至1971年止，改组、重建、新建中央银行五十多家；另一方面，各国政府普遍加强了对中央银行的控制和利用，如法国和英国先后于1945年和1946年将中央银行收归国有，美国联邦储备系统的金融监管也进一步从分权到集中、从松散到强化，中央银行的法律地位和权威明显提高，监管职能得到强化。

三、中央银行法的概念、性质与地位

综观各国中央银行立法的内容，不外乎三个大的方面：一是确立中央银行的性质、地位与职责权限；二是规范中央银行的组织管理结构；三是规范中央银行的行为。因此，我们可以说中央银行法是确立中央银行的性质、地位与职责权限，规范中央银行的组织及活动开展的法律规范的总称。

中央银行法是金融调控法、金融监管法与金融服务法的统一体，融合了公法和私法的特点，具有社会法的性质，在整个法律体系中，属于经济法的二级子部门法。

中央银行法的这种性质，是由中央银行本身的性质、地位和职能所决定的。中央银行作为特殊金融机构，一方面，它不是一般的金融企业，不以营利为目的，而是一国的金融调控与监管机关，由此也就决定了中央银行不与商业银行争利润，而以调控信用、监管金融、稳定社会为己任，是一国金融体制的核心；另一方面，中央银行也要以银行身份从事金融业务（服务），是发行的银行、政府的银行和银行的银行，但它的服务对象不是具体的工商企业和个人，而是国家、政府部门、银行等金融机构，以及间接服务于整个社会公众。作为国家金融管理机关，中央银行行使金融调控和金融监管职能，但这些职能的行使，主要不是以行政命令的方式，而是以经济的、间接的方式，亦即通过提供金融服务的方式进行的，是将金融调控和金融监管寓于金融服务的方方面面与服务过程的始终。因此，中央银行的活动既有纵向的金融调控、金融监管，又有横向的金融服务、金融协作，是两者的统一与融合。从而决定了中央银行法的调整，既要从国家的角度出发，考虑金融全局的调控与监管，又要从“金融个体”的利益和需要出发，考虑具体金融业务（服务）的开展，进而追求稳定整个金融业、服务整个社会经济活动和人民大众生活的公共目标。因此，中央银行法是金融调控法、金融监管法与金融服务法的统一，是公法和私法的融合，是社会法。

四、中央银行法的立法模式与基本原则

（一）中央银行法的立法模式

中央银行法的立法模式有两种：一是合并立法，即将中央银行和普通银行（包括商业银行和专业银行）同立一法，统称为银行法；二是分别立法，即单独制定中央银行法和普通银行法，甚至中央银行法、商业银行法、专业银行法分别立法。鉴于金融业务的日趋复杂和金融调控、监管的日益重要，现在世界上绝大多数国家都采用后一种立法模式，我国目前也采取分别立法的模式。

(二) 中央银行法的基本原则

中央银行法的基本原则，是贯穿于中央银行法始终，体现中央银行法的本质和根本价值的法律原则，是中央银行法的灵魂。纵观中央银行法律制度的产生与发展，及现今各国中央银行法的立法内容，中央银行法普遍遵循两个基本原则，即稳定货币原则和独立自主原则。

1. 稳定货币原则

稳定货币包括稳定币值和维护货币秩序两层含义。前者主要通过货币发行、货币政策的操作等实现，后者则依靠货币流通的管理与金融监管来达成。稳定币值根本目的是要维持物价的基本稳定，防止通货膨胀（或通货紧缩）的产生，为整个社会的经济发展和人民的日常生活提供一个良性的货币环境，为经济的平衡协调发展和社会进步创造基本条件。

稳定货币原则之所以成为中央银行法的基本原则，是由中央银行肩负的职能、设立的宗旨和货币政策目标所决定的。中央银行只有通过稳定货币才能体现其存在的社会价值，也只有围绕稳定货币来开展各项调控、金融监管和服务活动，才符合各国制定中央银行法创设中央银行的初衷。

2. 独立自主原则

或称“独立性原则”，是指中央银行在制定和执行货币金融政策，执行金融监管、调控与服务的过程中应依法享有相对独立的地位和职权，并在人事、财务、组织管理体制诸方面作出相应的制度安排。亦即使中央银行与政府、与政府各部门、与商业银行等金融机构相对独立，尤其是要与政府相对独立。

中央银行独立性问题的提出，最早是要使其与一般商业银行相对脱离，不以营利为目的，而专注于中央银行业务。但随着国家对中央银行影响和干预的加强，中央银行日益沦为“政府的工具”，以至于其固有的职能难以实现。因此，目前各国中央银行的独立性主要是强调中央银行与政府之间的相对独立。

将独立性原则确立为中央银行法的基本原则，其理由主要有两点：（1）独立的中央银行是稳定货币的必要保障；（2）独立的中央银行是避免政党政治弊病、制衡政府过热经济决策倾向的重要力量。

第二节　中央银行法的基本内容

考察世界各国的中央银行法，其具体内容往往因各国国情不同而存在差异，但在基本框架方面，都包括以下几个方面的内容：

一、中央银行的法律性质与职能

(一) 中央银行的法律性质

关于中央银行的法律性质，各国的法律规定不一，在理论界也有不同的见解和主张。争议的焦点在于中央银行究竟是政府机关，还是金融企业，或者是两者兼而有之。综观世界上大多数国家的实际情况，中央银行在性质上应属于调节宏观经济、监督管理金融业的特殊国家金融调控与监管机关。对这一性质，应从以下两个角度加以理解：

1. 作为国家机关，中央银行与一般政府机关相比，有着显著的特殊性。亦即它带有银行的性质，执行着金融机构的业务。表现在：

（1）中央银行履行的调控、监管职能主要是通过其服务职能，亦即金融业务活动来实现的，其调控工具主要是货币政策等间接杠杆。这与主要依靠行政命令直接管理国家事务的一般政府机关有显著的区别。

（2）中央银行也办理金融业务，如存款、贷款、再贴现、支付清算等，实行资产负债管理，有资本、也有收益。这就具备了普通银行的基本属性，使其与完全靠国家财政拨付经费的政府机关有显著不同。

（3）中央银行因其职能的重要性、业务的特殊性，一般都具有相对独立、超然的法律地位。其在货币政策的制定和实施、人事任命、组织管理体制方面，都有比较特殊的规定，不像一般政府机关那样直接隶属于政府，并对其负责，而往往和立法机关直接建立监督制约关系。

2. 作为金融机构，中央银行虽然具有银行（金融企业）的一般性质，但它和普通银行相比，又更多地体现出国家机关的性质。表现在：

（1）中央银行不经营普通银行业务。各国银行法一般都规定，中央银行不对工商企业和个人办理业务，只对政府、普通银行和其他金融机构办理业务。

（2）中央银行的业务经营不以营利为目的，对政府财政存款和银行等金融机构的存款准备金不支付利息，代理财政收支不收费，其资产要保持较大的流动性。这和普通银行以营利为目的的经营原则是不同的。

（3）国家对中央银行的资本和利益分配有较强的控制，对中央银行的高级管理人员的任免、任职期限等，规定较为严格，往往与政府机关行政首长的任命程序相同。

综合上述，我们认为中央银行在性质上属于国家机关，是特殊的国家机关。

（二）中央银行的职能

中央银行的职能，是指中央银行作为特殊的国家金融调控、监管机关应有的作用，是中央银行的性质的具体反映，在各国的中央银行立法中具体体现为中央银行的职责。

中央银行的职能，可从以下两个方面进行分类：

1. 按照中央银行的性质来分，中央银行的职能可分为调控职能、监管职能和服务职能

（1）调控职能。中央银行作为调节宏观经济的特殊金融机构，其性质决定了它具有金融调控职能。亦即中央银行作为一国货币政策的制定和执行者，通过运用货币政策工具，对全国的货币、信用活动进行有目的的控制与调节，影响和干预国家宏观经济，实现其预期货币政策目标的职能。中央银行调控的主要对象是货币供应量，以此影响社会的总供给和总需求。中央银行履行调控职能的主要手段是各种货币政策工具，包括法定存款准备金、再贴现、公开市场业务和其他货币政策工具。

（2）监管职能。主要是指中央银行的金融行政管理职能。其监管对象一般有两个：一是对普通银行的全面监管；二是配合其他监管部门对金融市场和非银行金融机构进行监管。当代各国中央银行金融监管的内容包括：草拟金融法律、法规，制定金融政策和金融行政规章；审批

各类金融机构的设立、变更、接管和终止；审批金融机构的业务范围，并依法对其业务活动实施监管；管理货币市场、资本市场及黄金、外汇市场；组织管理反洗钱工作等。中央银行为履行监管职能，往往设立专门的职能部门，如监管委员会、审计部门等。20世纪末叶，中央银行对金融业的监督管理职能有逐渐剥离交由独立的金融监管机构行使之势，但随着2008年国际金融危机的爆发与蔓延，中央银行的监管职能尤其是宏观审慎监管、系统重要性监管的职能重新得到恢复甚至加强。

（3）服务职能。中央银行作为金融机构，它需要以银行身份提供金融服务。由于中央银行不直接办理工商企业的存贷款业务，所以，其服务对象主要是政府、普通银行等金融机构，以及整个社会。中央银行为政府服务表现在：经理国库、代理政府债券的发行和兑付；代理政府经营黄金、外汇储备；对政府融通短期资金；代表政府从事国际金融活动；充当政府经济、金融顾问等。为普通银行等金融机构服务的主要内容有：集中保管存款准备金；参与、组织支付清算体系，提供快捷、高效的支付清算服务①；提供再贷款和再贴现等融资服务。为社会公众服务表现为：依法发行货币并维护币值稳定；维护银行客户存款安全；搜集、整理和公布有关国民经济信息资料，为企事业单位和社会公众制定业务政策、计划、决策提供参考；通过存贷款政策鼓励、引导金融机构吸收存款、发放贷款，引导资金投向。

中央银行的调控、监管、服务职能之间是相互依存、相互补充、相互统一的，其中，服务职能是主线，它贯穿于管理与调控职能的过程始终。同时，这三者之间又是存在矛盾的。要克服其矛盾，必须将它们统一于一个共同的目标，亦即中央银行的货币政策目标。

2.按照中央银行在国民经济中的地位为标准，中央银行的职能可分为发行的银行、银行的银行、政府的银行三大职能

（1）作为发行的银行，中央银行垄断全国钞票的发行权，根据国民经济发展的要求，发行全国统一的本位货币，并负责控制信用，调节货币流通。

（2）作为银行的银行，是指中央银行只与普通银行等金融机构发生业务往来，不与一般工商企业产生直接的信用关系。其体现为：集中保管各金融机构的存款准备金（包括法定准备金存款和超额准备金存款），成为金融机构的现金准备中心；在各金融机构存款的基础上，办理它们相互间的转账结算，成为全国金融业的票据清算中心；以准备金存款和货币发行为资金来源，对金融机构放款，充当最后贷款人。

（3）作为政府的银行，是指中央银行履行政府管理职能，并把政府作为其直接的客户。其主要表现为：中央银行代表政府制定和实施货币金融政策，调节宏观经济运行；管理普通银行等金融机构，监管金融市场运行，行使金融监管职责；充当政府的经济金融政策顾问；代表政府从事国际金融活动；为政府开立存款账户，并在此基础上代理财政金库，代理政府办理出纳业务和政府债券的发行、兑付业务；在政府财政需要时，向政府提供贷款或以其他方式为政府筹集资金。

发行的银行、银行的银行、政府的银行的职能实际上都体现了中央银行的服务职能，所以，归纳上述两个方面的划分，我们可以说中央银行具有发行的银行、银行的银行、政府的银行、金融调控与监管的银行四大职能。

① 如中国人民银行就是我国支付体系的组织者、支付服务的管理者和资金活动的最终结算者。

二、中央银行的组织形式

由于各国在政治、经济体制，市场发育和金融传统等方面的差异，故其中央银行的组织形式也各不相同。大致可分为以下四种类型：

（一）总分行制

或称集中单一制。在这种体制下，全国只设独家中央银行，其总行之下设若干分支机构，组成一个中央银行的统一体。总行一般设在首都，分支行一般按经济区域设立。分支行作为总行的派出机构，不得独立地制定自己的货币政策，而是执行总行的货币政策。这种体制的特点是权力集中统一、职能齐全、业务多样、决策迅速及时，便于贯彻业务方针政策，因而为世界上绝大多数国家采用。英格兰银行、法兰西银行和日本银行都采用这种体制。

（二）复合二元制

又称多元制。是指在中央一级和相对独立的地方一级都设立中央银行机构，分别行使中央银行职能，以此构成一个中央银行体系。在这种体制下，地方的中央银行不是隶属于总行的分支机构，它们有自己的权力机构，除执行总行统一的货币政策外，在业务经营管理上具有较大的独立性。因其主要适用于联邦政体国家，故又称联邦式中央银行制。其特点是有利于适应地方的具体情况，但权力和职能相对分散。美国和德国是这一体制的代表。

（三）跨国制

跨国中央银行制是指某一货币联盟的成员国共同成立一家中央银行，由它在货币联盟范围内统一执行中央银行职能的制度。这种中央银行制过去主要是第二次世界大战后发展中国家争取独立、加强合作的结果，而今，区域经济一体化也催生着类似的结果。目前，跨国中央银行制主要有欧洲中央银行（参见［知识链接］）、西非货币联盟、中非货币联盟和东加勒比海货币管理局等。

［知识链接］　**欧洲中央银行**

欧洲中央银行是世界上第一个管理超国家货币的中央银行，它是根据1992年《马斯特里赫特条约》的规定于1998年6月1日正式成立的。其前身是设在法兰克福的欧洲货币局。欧洲央行的英文名为European Central Bank（缩写为ECB），总部设在德国金融中心法兰克福。欧洲央行的资本为500亿欧元，各成员国中央银行是唯一的认购和持有者。资本认购的数量依据各成员国的GDP和人口分别占欧盟的比例为基础来确定，各成员国缴纳资本的数量不得超过其份额。1998年5月3日，在布鲁塞尔举行的欧盟特别首脑会议上，原欧洲货币局局长维姆·德伊森贝赫被推举为首任欧洲中央银行行长，现任行长为意大利人马里奥·德拉基。

欧洲中央银行以德国联邦银行为模式建构，在组织结构和履行职责方面具有高度独立性。其职能是维护货币的稳定，管理指导利率、货币的储备和发行，及制定欧洲货币政策，并通过公开市场业务、流动资金经常便利和准备金制度来实现其货币政策目标。它不接受欧盟领导机构的指令，不受各国政府的监督，是唯一有资格在欧盟内部发行欧元的机构。1999年1月1日欧元正式启动后，11个欧元国政府失去了制定货币政策的权力（目前为18个国家），而必须实行欧洲中央银行制定的货币政策。根据2012年9月12日欧盟委员会批准的关于设立欧元区单一银行业监管体制的系列提议，自2013年1月1日起，欧洲中央银行开始享有对欧元区的所有银行机构监管的相关权力。

欧洲中央银行体系由欧洲中央银行和欧盟所有成员国（包括尚未加入欧元区的成员国）中央银行组成，各成员国中央银行在辖区内负责执行欧元区货币政策的日常工作。欧洲中央银行的主要决策机构是行长理事会和执行董事会，其中，行长理事会是欧洲中央银行的最高决策机构，负责制定欧元区的货币政策，并就涉及货币政策的中介目标、指导利率以及法定准备金等作出决策，同时确定其实施的行动指南。目前，行长理事会由执行董事会成员和欧元区18个成员国中央银行行长组成，每个成员拥有一份表决权，采用简单多数表决法决定要实施的货币政策，欧洲中央银行行长担任行长理事会主席，并且拥有在表决中出现赞成票和反对票相等时作出最后裁决的权力。行长理事会每两周召开一次会议，但隔一次才讨论利率。会后行长理事会主席立即召开新闻发布会解释管理委员会决策的缘由。执行董事会主要负责货币政策的实施等日常工作。执行董事会由欧洲中央银行行长、副行长和其他四位成员组成，任期8年，期满后不得继续连任。由于并非所有欧盟成员国都参加了欧元区，所以欧洲中央银行还设立了由行长理事会和尚未参加欧元区的成员国的中央银行行长组成的第三个决策机构——总务理事会，负责协调欧盟范围内欧元区和非欧元区的货币政策。

（四）准中央银行制

准中央银行制是指没有真正专业化的、具备完全职能的中央银行，而是由有关政府机构（或与商业银行）一起共同履行中央银行职能的制度形式。如新加坡由货币局发行货币，金融管理局负责银行发照、存款准备金收存、监理及融资等业务。我国香港地区由港府授权三大商业银行发行港币，香港金融管理局（参见［知识链接］）管理外汇基金、负责币制与汇率的重大决策，香港银行公会参与协调各银行的信贷和利率政策，汇丰银行和渣打银行承担港府财政出纳和最后贷款人的职责，汇丰银行承担票据交换责任，金融管理局和证券监理专员则分别具体负责银行和证券监管事务。

［知识链接］　**香港金融管理局（简称金管局）**

香港金融管理局于1993年4月1日成立，由外汇基金管理局与银行业监理处合并而成。金管局的主要职能由《外汇基金条例》和《银行业条例》规定，并向财政司司长负责。金管局是香港政府架构中负责维持货币及银行体系稳定的机构，其主要职能为：（1）维持港元汇价稳定；（2）透过稳健投资策略，管理外汇基金（即香港的官方储备）；（3）促进香港银行体系稳健；发展香港金融市场基础设施，使货币畅顺流通。金管局的政策目标为：（1）在联系汇率制度的架构内，透过外汇基金的稳健管理、货币政策操作和其他适当措施，维持货币稳定；（2）透过规管银行业务和接受存款业务，以及监管认可机构，促进银行体系的安全和稳定；（3）促进金融体系，尤其是支付和结算安排的效率、健全性与发展。

三、中央银行的法律形式与法律地位

（一）中央银行的法律形式

中央银行的法律形式是指法律规定的中央银行的主体资格形式。各国中央银行法一般都对中央银行的法律形式作出明确规定，但具体表述不一。有的国家规定其为官方组织，如《瑞典国家银行法》第1条规定："瑞典国家银行是直属国会的官方组织。"有的国家规定中央银行的法律形式是法人，如《日本银行法》第1条规定"日本银行为法人"；《德意志联邦银行法》第2条规定"德意志联邦银行是按公法设立的联邦直接法人"；《韩国银行法》第1条和第4条规定"韩国银行作为法人行使各种权力和承担各种义务"，"它为无资本的特殊法人"。有的国家规定其为公司，如《美国联邦储备法》第4条规定："联邦储备银行在其组织证书向货币总监备案后即成为一个公司实体。"虽然各国规定不一，但从实践运作看，中央银行一般都有自己的资本，实行独立运营和管理，能够独立承担民事责任，具有法人资格。

（二）中央银行的法律地位

中央银行的法律地位，是指各国通过立法规定中央银行在国家机构体系中的地位。中央银行的法律地位如何，决定了其权限大小及在国民经济调节体系中的地位。评判一国中央银行的法律地位，主要从它与国会、政府和财政的关系加以考察，特别是从其在制定和执行货币政策、开展业务时享有多大的权力或有多大独立性方面加以判明。

中央银行是否应具有独立性，或者说应该有多大的独立性，历来是一个颇具争议的问题。但自第二次世界大战后，尤其随着各国经济自由化改革浪潮的兴起，西方大多数经济学家和立法机关逐步认为应使中央银行具有较大的独立性，以避免政党政治的干扰，避免政府短期行为的干扰。但也有少数国家认为中央银行的独立性只能是相对的。正因为各国对中央银行独立性理解的不同，以及各国经济、金融和政治体制不同，决定了各国立法对中央银行地位的规定也不尽相同。概括起来主要有三种类型：

1. 直接向国会负责、独立性较强型

该类型的中央银行直接对国会负责，可以独立地制定和执行货币政策。政府不能对它直接发布命令，不得直接干预货币政策的制定和执行。当中央银行的货币政策与政府发生矛盾时，则通过协商来解决。这一类型的国家主要有德国、美国、瑞典、瑞士等。其中尤以德意志联邦银行和美国联邦储备体系最为典型。[1]

2. 名义上属于财政部，但实际上具有相对独立性型

该类型的中央银行，立法上虽规定隶属于政府财政部门，但在制度设计方面、在实际业务操作中却保持较大的独立性。英国、日本、加拿大、挪威、马来西亚等国的中央银行属于这种类型（参见［延展阐述］）。

［延展阐述］　　英国和日本央行的相对独立性

1946年英格兰银行国有化法案规定，财政部有权向英格兰银行发布命令。但实际上，由于英格兰银行一直与政府密切合作，关系融洽，财政部从未向英格兰银行发布过命令。英格兰银行实际享有很大的独立性。而1997年的英国金融大爆炸改革，更使得英格兰银行获得了独立制定利率政策的权力；1998年《英格兰银行法》规定设立相对独立的机构——英格兰银行货币政策委员会，由其根据英格兰银行各部门提供的信息作出决策，负责制定货币政策，再交由相关部门执行。这从法律制度上增强了英格兰银行的独立性。在日本，1942年以来的旧《日本银行法》规定：日本银行受政府财政监督，大藏大臣拥有对日本银行一般业务的命令权，对总裁、副总裁的监督权，对一般理事的任命权等。但日本银行在实际金融活动中仍具有较大的独立性，它的最高决策机构是日本银行政策委员会，而委员会中的政府代表（大藏省和经济企划厅的代表）却没有表决权。实际中，日本政府和大藏大臣也未行使过对日本银行的业务命令权或撤换过日本银行的官员。而1997年6月11日通过、自1998年4月1日起实施的新《日本银行法》，虽然仍然保留了旧法中关于财务省（即原大藏省）批准日本银行分行、代理行的设置，修改章程，铸币费、工资等方面的规定，但其更多的修改，包括日本银行的运营宗旨、货币政策委员会的人事调整、日本银行与政府的业务关系（包括信用额度限制、预算管理、信息披露）等，都是从制度上改进和提高日本银行的独立性。

3. 隶属于政府、不具有独立性型

该类中央银行，不论在组织管理的隶属关系上还是在货币政策的制定和执行上，都受政府严格控制。货币政策的制定和执行需经政府批准，政府有权暂停，甚至否决中央银行的决议。属于这一类型的国家有意大利、澳大利亚、比利时等。[2]

---

① 《德意志联邦银行法》明确规定：德意志联邦银行是联邦直接法人，独立制定和执行货币政策，独立于政府，政府不能对联邦银行直接发布命令和指示。而《美国联邦储备法》规定：联邦储备系统直接向国会负责，理事会每年向众议院议长呈交其业务的详细报告，由该议长将报告提供给国会；国会授权联邦储备理事会可以独立自主地选择合理的政策目标、政策工具和运作方式，无须经总统或联邦政府批准；如政府和联储政策相左，则通过由财政部国务秘书、经济顾问委员会主席和预算局长参加的会议进行磋商解决。

② 根据意大利银行法的规定，中央银行隶属于财政部，财政部派代表出席意大利银行理事会，如认为董事会的决议违反政府意志或与中央银行地位不相称时，有权暂停会议决议的执行。澳大利亚储备银行的主要官员由政府任命，制定货币政策时须先咨询财政部的意见。比利时政府虽然不直接参与中央银行的运作，但政府的代表有权搁置或否决中央银行的决定。

四、中央银行的组织机构

中央银行的组织机构，主要包括最高权力机构（包括决策和执行机构）、内部职能机构、外部分支机构。

（一）权力机构

中央银行的最高权力机构一般称董事会、理事会或者委员会。成员一般为5人～20人。任免程序和条件较为严格，理事一般由国会、总统或皇室任命，地位较高，任期较长，4年、5年、8年、14年不等。理事会由各方面人士参加，具有较广泛的代表性。有些国家的中央银行还设有监督机构和咨询机构。

英格兰银行的董事会是最高决策机构。包括正、副行长各1人，董事16人，均由政府推荐、皇室任命，至少每周开会一次。正、副行长任期5年，董事任期4年，轮流换届，每年2月更换其中4人。在行长、副行长下，设4人为执行董事，全日到行办公；其余12名董事来自工商界、银行界和工会，具有各方面代表性。董事必须是英国国民，65岁以下，但下院议员、政府工作人员不得担任。根据1998年《英格兰银行法》，英国又成立了英格兰银行货币政策委员会，负责独立地制定英国的货币政策。该委员会有9名成员，包括：英格兰银行的行长和两名副行长；英格兰银行行长在征求财政大臣意见后任命的两名委员（其中一名是行内货币政策分析方面的负责人，另一名是行内货币政策操作的负责人）；财政大臣任命四名委员，这四名委员必须要有与委员会职责相关的知识和经历。依据《2012年金融服务法案》于2013年设立独立机构金融政策委员会（FPC），作为英格兰银行理事会内设的下属委员会，负责宏观审慎管理，监测风险，确保整个金融体系的稳健运行，并对影响英国金融体系稳定的系统性风险采取对策。

日本银行的最高决策机构是1949年开始设立的银行政策委员会，按旧《日本银行法》规定有7位委员，由日本银行总裁，大藏省、经济企划厅委派的代表，城市银行、地方银行、工商业、农业方面代表各一人组成。均由参、众两院同意，内阁任命。任期4年，凡任期未满而退职的委员，两年内不能在政策委员会所监督的金融机构任职。决定问题由委员过半数的表决权通过，但大藏省和经济企划厅的代表无表决权。日本银行的最高执行机构是理事会，由总裁、副总裁和7名理事组成，另设有监事5人和参事8人。总裁、副总裁由内阁任命，任期5年，受大藏大臣监督；理事由日本银行总裁推荐，大藏大臣任命；监事及参事由大藏大臣任命。理事任期4年，监事任期3年，参事任期2年，均可连任。1997年的新《日本银行法》对政策委员会的人事制度进行了调整，目的在于进一步提高其地位与独立性：一是调整了货币政策委员会的构成，组成人员由7人增加到9人，分别由日本银行总裁、2名副总裁和6名“审议委员”组成，并取消了旧法中必须有政府（大藏省、经济企划厅）委派的政策委员的规定；二是调整日本银行总裁、副总裁的构成及任命程序，副总裁增至2人，总裁、副总裁均须由国会批准、内阁任命（第13条）；三是调整了政策委员会一般委员——“审议委员”的任职资格和任期，“审议委员”由具有经济、金融知识和经验或其他方面学识、经验的人员担任，任期为5年（第23条）；四是新法第23条、第25条明确规定，除非在特定的条件下，不经国会的认可，不能违背日本银行有关官员自己的意愿解除其职务。

日本银行政策委员会主席由委员会成员选举产生，历史上都是由日本银行行长担任。政策委员会每月召开1次会议，并且只有在2/3的成员出席的情况下才能开会和投票。财务大臣（或其代表）、财政经济担当大臣（或其代表）在必要的情况下可以参加日本银行政策委员会会议并就货币调控的有关问题提交意见，他们没有投票权，但是可以要求政策委员会推迟表决有关货币调控问题的决议。一旦该推迟表决意见提出，政策委员会可以就此意见进行投票决定是否采纳。日本银行政策委员会每次政策委员会会议后，主席要就委员会就货币调控作出的决策整理出会议内容副本，并根据委员会决定，在会议后适当的时候予以公布。

美国、德国是多元中央银行体制国家，联邦和地方两级的中央银行都有自己的权力机构。但地方中央银行无权独立制定货币政策，而要服从联邦中央银行权力机构的统一的货币政策。美国联邦储备系统的最高权力机构是联邦储备委员会，由7名委员组成。委员经参议院同意，由总统任命，任期14年，每两年改选1人。总统有权指派两名委员分别担任委员会的主席和副主席，任期4年。另外，联储还设有联邦公开市场委员会，该委员会由联储委员会成员7人和联邦储备银行总裁5人（其中一人固定为纽约联邦储备银行总裁）共12人组成，受权决定联储系统在公开市场和外汇市场上的买卖活动。美国各联邦储备银行的权力机构是理事会，由9人组成。其中，甲类理事3人，为所在区会员银行代表；乙类理事3人，为所在区工、农、商业代表；丙类理事3人，为社会知名人士。丙类理事由联邦储备委员会指定，并由其中一人任主席。理事会的职责是：督导本银行的业务活动，接受联邦储备委员会的全面监督；经批准理事会可拟定贴现率，并按此利率对存款机构发放抵押贷款。此外，美联储还设有由12人组成的联储顾问委员会，由30人组成的消费者顾问委员会，及节俭储蓄金融机构顾问委员会，分别就不同的事项向联邦储备委员会提供建议。

德意志联邦银行的最高权力机构是理事会和执行理事会。联邦银行理事会由联邦银行总裁、副总裁及其他理事（各州中央银行行长）组成。执行理事会由联邦银行总裁、副总裁和8名执行理事组成。各州银行的权力机构是该州银行管理委员会。在1999年欧洲中央银行体系确立之后，由于德国加入了欧元区，所以有关货币政策的决策权实际上是由欧洲中央银行来行使，德意志联邦银行失去了独立制定货币政策的功能，更多是在德国境内履行货币政策的执行权。

（二）内部职能机构

中央银行根据其职能和业务管理需要，设立若干职能部门作为其执行机构。如英国设有政策和市场部门、业务和服务部门、金融监督部门三大部门，日本银行也设有18个局、室。

（三）外部分支机构

中央银行分支机构（即其分、支行）的设立，一般是根据其经济、金融发展的需要按经济区域设立，并在数量上有严格控制。分支机构是中央银行总行的派出机构，它根据总行的授权，在各自辖区内执行中央银行的职能。应该说明的是，联邦制国家的地方中央银行，同样也可以设立分支机构。如美国联邦储备系统12个联邦储备银行就设有25家分行。

五、中央银行的货币政策及其操作

（一）货币政策的概念及内容

货币政策，或称金融政策，是指主权国家为实现其特定的经济目标而采用的各种调节货币供应量或管制信用规模的方针、政策和措施的总称，是一国主要的宏观经济政策。由于制定和实施货币政策是中央银行的核心职责，所以，人们一般称货币政策为中央银行的货币政策。

货币政策的内容，按其运行机制，分为货币政策最终目标、中介目标、操作目标、货币政策工具、传导机制、政策效应和监测等。按其实施的措施，可分为信贷政策、利率政策、外汇政策及金融监管政策等。按其在宏观经济中发挥的作用，可以分为紧缩性货币政策、扩张性货币政策、中性货币政策。按货币政策操作原则，可以分为单一规则货币政策、反周期货币政策、相机决策货币政策。

（二）货币政策目标

货币政策目标是中央银行实施货币政策所预定要对宏观经济产生的明确效果，包括最终目标、中介目标和操作目标。最终目标是指一国中央银行采取货币政策所要达成的总目标，是中央银行制定和执行货币政策的出发点和归宿点，一般表述为稳定物价、充分就业、经济增长、平衡国际收支四项。但具体到各国的中央银行立法中，则往往根据自身国情的需要，选取其中的一个或若干个目标为中央银行的政策目标，从而形成单一目标、双重目标、多重目标等模式。中介目标，也称中间指标，是货币政策的操作目标和最终目标之间的过渡性指标。作为中介目标，应具有可控性、可测性、相关性、抗干扰性、适应性，一般包括货币供应量和信用总量。操作目标是指受货币政策工具直接作用的金融变量指标，一般包括短期利率和基础货币[①]中的准备金。

在货币政策诸目标中，中介目标意义尤为重大。因为，它是联结最终目标和操作目标的中介变量，是货币政策调控的主要对象。目前，各国货币政策的中介目标主要是货币供应量。所谓货币供应量是指中央银行和金融机构以外的经济组织（包括企业和家庭部门等）持有的货币总量。货币供应量来自中央银行的现金发行和金融机构的负债项目，一般按流动性差别、货币购买力的强弱分层次统计。目前各国划分方法一般是：M_0＝通货；M_1＝M_0＋商业银行活期存款；M_2＝M_1＋商业银行定期存款；M_3＝M_2＋非银行金融机构存款；M_4＝M_3＋大额可转让定期存单（CDs）；M_5＝M_4＋政策短期债券与储蓄券；M_6＝M_5＋短期商业银行票据。中央银行根据不同层次货币供应量对经济影响的程度来决定监控对象。

（三）货币政策工具

货币政策工具是中央银行实现其政策目标的政策手段。中央银行实现其最终目标有一个传导机制，并有一个时间过程。一般是：中央银行运用货币政策工具→操作目标→中介目标→最

---

① 也叫货币基数、高能货币，是由中央银行创造的货币，是流通中的现金和商业银行的存款准备金的总和，与货币供应量呈倍数扩张关系。

终目标。也就是中央银行通过货币政策工具的运作，影响商业银行等金融机构的活动，进而影响货币供应量，最终影响国民经济宏观经济指标。

根据货币政策工具的调节职能和效果来划分，货币政策工具可分为以下三类：

1. 常规性货币政策工具

或称一般性货币政策工具，是指中央银行所采用的、对整个金融系统的货币信用的扩张与紧缩产生全面性或一般性影响的手段，是最主要的货币政策工具。包括法定存款准备金制度、再贴现政策和公开市场业务，俗称中央银行的“三大法宝”。主要是从总量上对货币供应量和信贷规模进行调节。

（1）存款准备金制度，是指立法授权中央银行规定和调整商业银行等交存中央银行的存款准备金率，以此控制商业银行的信用创造能力，间接控制货币供应量的制度。存款准备金率的变动同银行超额准备金、市场货币供应量的变动成反比例关系，同中央银行基准利率和市场上长短期利率的变动成正比例关系。中央银行通过调高或降低存款准备金率可以扩张或紧缩信用，调节货币供应量。

设立存款准备金①的原始目的，是保持银行资产的流动性，保证存款的支付和清算，提高银行的清偿能力，从而保证存款人、债权人的利益。后因中央银行有权随时调整存款准备金率，从而使其衍生为中央银行的货币政策工具。目前各国一般都实行法定存款准备金制度，并在立法中对存款准备金的实施对象、存款准备金率、准备金的计提基础、计提方法、准备金的构成与报酬、准备金的执行及罚则等作出规定。

（2）再贴现政策，是指中央银行通过规定再贴现条件和调整再贴现率来影响金融机构的融资成本，影响市场利率及货币市场的供求，从而调节货币供应量的一种金融政策。当中央银行提高再贴现率时，商业银行等金融机构向中央银行融资的成本就会提高，它也随之提高贷款利率，从而带动整个市场利率上涨，这样，借款人就会减少，起到紧缩信用的作用。反之，如果中央银行降低再贴现率，就会扩张信用。

央行贴现窗口的再贴现贷款一般分为短期性调剂贷款、季节性贷款和特别紧急贷款三种。不同种类的再贴现贷款的期限和贴现率往往不同，央行调整再贴现率具有货币政策的宣传效应。一般认为，再贴现对银行等金融机构而言是优惠而非其权利，所以，各国立法往往规定央行有审查金融机构贴现事由并决定是否予以贴现的权力。

（3）公开市场业务，或称公开市场政策、公开市场操作，是指中央银行在金融市场上公开买卖有价证券（主要是政府公债券、国库券、央行融资券、外汇等），影响金融机构的头寸，吞吐基础货币，从而控制货币供应量和市场利率的一种业务活动。公开市场业务操作，包括直接买卖有价证券、再回购合同交易②、边售边购交易等。直接买卖有价证券属于进取性的操作，其目的在于影响总的经济情况；而后两者属于防卫性操作，其目的在于稳定货币市场和利率。一般认为，公开市场业务是三大法宝中最重要、最常用的政策工具（参见［延伸阐述］）。但其运作需要具备一定的基本条件，如需有足量的有价证券，要有比较发达的、完善的金融市

① 存款准备金是指金融机构为保证客户提取存款和资金清算需要而准备的资金，金融机构按规定向中央银行缴纳的存款准备金占其存款总额的比例就是存款准备金率。

② 再回购是指金融机构向中央银行卖出证券时承诺在未来的某一天按固定价格重新买回这些证券。

场等。目前大多数发展中国家尚不具备这些条件。

［延伸阐述］　　三大法宝各有利弊

严格说来，作为常规性货币政策工具，三大工具各有利弊：（1）公开市场业务和变动存款准备金率可由央行控制，而再贴现率变动政策则效果有限，且是被动的，只有当金融机构向央行贴现借款时才能起作用；（2）公开市场业务比较具有弹性，特别是再回购合同交易等可以在短期内规律地改变货币基础，而准备金率和再贴现率因其“讯号反应”如经常调整则可能会扰乱金融市场；（3）公开市场业务没有宣传效应（或称“讯号反应”），而再贴现率和准备金率的变动具有宣传效应，可能带来经济生活的起伏动荡。因此，为使效果最佳，三大工具宜根据具体情况协同使用，互相配合。

2. 选择性货币政策工具

选择性货币政策工具，是指中央银行针对某些特殊的信贷或某些特殊的经济领域而采用的工具。侧重于对银行业务活动质的方面进行控制，是常规性货币政策工具的必要补充。常见的选择性货币政策工具主要包括：

（1）证券市场信用控制，指中央银行为限制使用贷款购买证券的比重，而规定凭信用购进有价证券的交易必须支付法定数额的保证金。以控制证券的信用交易，防止证券过度投机，稳定证券市场价格，从而限制资金过多地流入证券市场，增加其他资金市场的资金供给，促进信贷资金运用的合理化。

（2）不动产信用控制，指中央银行对商业银行等金融机构办理不动产抵押贷款的管理措施。主要是规定贷款的最高限额、贷款的最长期限及首期付款和分期付款的最低金额等。目的是抑制房地产投机，降低金融机构的资产风险。

（3）消费者信用控制，指中央银行对不动产以外的各种耐用消费品的销售融资予以控制。主要内容有：规定以分期付款方式购物时第一次付款的比重；规定以分期付款方式购物时的借款最长期限；规定以分期付款方式购物时的物品种类等。目的是控制消费信用和耐用消费品的销售量。

（4）优惠利率，指中央银行对国家拟重点发展的某些行业、部门、产品规定较低的利率，以鼓励其发展，从而促进国民经济产业结构、产品结构的调整和升级换代。

3. 补充性货币政策工具

除以上常规性、选择性货币政策工具外，中央银行有时还运用一些补充性货币政策工具，对信用进行直接控制和间接控制。补充性货币政策工具又包括信用直接控制工具和信用间接控制工具。

（1）信用直接控制工具。是指中央银行依法对商业银行创造信用的业务进行直接干预而采取的各种措施。主要有：

1）信用分配，即中央银行根据国家产业政策和金融市场状况，对商业银行的信用创造加以合理分配和限制的措施。如专项信贷基金的设立和运用等。

2）直接干预，即中央银行对商业银行的授信业务施加直接的干预。如直接规定商业银行的业务范围和放款政策等。

3）流动性比率，即规定商业银行流动性资产对存款的比率，以限制商业银行的信用创造能力。

4）利率限制，即中央银行依法直接对商业银行的存、贷款利率水平进行限制。

5）特种存款，即在货币供应过多、出现通货膨胀时，中央银行要求商业银行等须向中央银行交存特别存款。

（2）信用间接控制工具。是指中央银行凭借其在金融体制中的特殊地位，通过与金融机构之间的磋商、宣传等，指导其信用活动，以控制信用。其方式主要有：

1）窗口指导，指中央银行根据产业行情、物价趋势、金融市场动向等，通过与金融机构的日常业务往来，对金融机构的业务方针、方式、方法、资金融通计划和其他经营活动进行具体的指导，使金融机构的信贷规模被控制在中央银行认为适当的范围内。

2）道义劝告，指中央银行利用自己的特殊地位和威望，通过对金融机构实施劝告（包括发布通告、指示、指导意见等），以影响其放款的数量和投资的方向，从而达到控制信用的目的。

（四）货币政策的制定和实施

货币政策由谁制定和实施，是货币政策目标能否实现的关键。目前，世界各国中央银行法对此都有较为详细的制度设计。综合起来看，可分为两种模式：

1. 货币政策由中央银行制定并予执行，决策权与执行权相统一。如美国、德国等国家。美国联邦储备委员会是货币政策的制定机构和执行机构，“联邦公开市场委员会”是美国联储系统进行公开市场业务的决策机构，而该机构成员主要是联邦储备委员会的人员。

2. 设立专门机构制定货币政策，由中央银行负责执行，决策权与执行权相分离。日本、韩国、意大利、法国等采用这一模式。日本银行设有银行政策委员会，负责制定货币金融政策；日本银行理事会则是执行机构。韩国金融通货运营委员会为决策机构，负责制定货币政策；银行总裁为执行机构，负责组织实施。意大利的“信贷与储蓄部际委员会”是决策机构；意大利银行则为执行机构。

第三节　中国的中央银行法律制度

一、我国中央银行的沿革与中央银行法的制定

我国的中央银行萌芽于20世纪初。清政府为整理币制于光绪三十年（公元1904年）由户部奏准设立官办银行——大清户部银行，1905年8月在北京正式开业。1908年该银行依《大清银行则例》改名为大清银行，经理国库、发行纸币，初具中央银行职能。民国后，大清银行于1912年1月改名为中国银行，而后与交通银行一起受北洋政府的控制，部分地承担中央银

行的职能。在南方，孙中山在广州成立中央政府时，曾设中央银行。1926年北伐军攻克武汉，于12月在武汉成立中央银行。但因军事形势所限，这两家银行实际上未能履行中央银行的职能。1927年南京国民党政府制定《中央银行条例》，于1928年11月成立中央银行。但在实际上，该行和改组后的中国银行、交通银行及1933年成立的中国农民银行一起享有货币发行权。1937年为适应战时需要，成立了"四联总处"，行使中央银行职能。1942年货币发行权收归中央银行，同时集中黄金、外汇储备，统一管理全国的金融业。

新中国的中央银行是中国人民银行。但中国人民银行并非一开始就是专门的中央银行。人民银行是1948年12月1日以华北银行为基本，在合并北海银行和西北农民银行的基础上于石家庄成立的，同一天还发行了该行的货币——人民币。1949年年初，人民银行总行迁至北京。1949年10月新中国成立以后，人民银行又合并了东北银行、内蒙古人民银行等地区性银行，成为全国统一的国家银行。1950年以后，按当时的行政区域设置了总行、区行、分行、支行四级机构。当时的中国人民银行是各级政权的组成部分，既是货币发行和执行金融管理职能的国家机关，又是办理信贷、储蓄、结算、外汇等具体业务经营活动的经济组织。具有中央银行和一般银行、国家机关和经济组织的双重性质，是全国的现金出纳中心、信贷中心和转账结算中心。这种大一统的银行体制一直沿袭到1979年。

改革开放以来，随着经济体制改革的深入发展，金融体制也开始了改革。人民银行的管理职能与经营具体金融业务的职能逐渐分开。尤其是1983年9月国务院颁布了《关于中国人民银行专门行使中央银行职能的决定》，规定中国人民银行从1984年1月1日起，专司中央银行职能，不再对企业和个人办理金融业务。1984年2月6日，中国人民银行发布了《关于中国人民银行专门行使中央银行职能的若干具体问题的暂行规定》，具体落实国务院的决定。1986年1月7日国务院发布的《中华人民共和国银行管理暂行条例》更以行政法规的形式规定，"中国人民银行是国务院领导和管理全国金融事业的国家机关，是国家的中央银行"。1993年12月国务院发布的《关于金融体制改革的决定》，提出了我国金融体制改革的总体目标，明确指出要在我国"建立在国务院领导下，独立执行货币政策的中央银行宏观调控体系"，"把中国人民银行办成真正的中央银行"。1995年3月18日，第八届全国人大第三次会议表决通过的《中华人民共和国中国人民银行法》，以基本法律的形式明确规定了中国人民银行作为我国中央银行的地位，从而使我国人民银行的法制建设步入了一个新的时期。

1998年下半年，我国对人民银行管理体制进行了改革，撤销了省级分行，设立9家跨省区分行和2家人民银行营业管理部，并对干部体制实行垂直管理。2003年3月，按照十届人大一次会议批准的《国务院机构改革方案》，将人民银行对银行、金融资产管理公司、信托投资公司及其他存款类金融机构的监管职能分离出来，交由新成立的中国银行业监督管理委员会行使。同年9月，中央机构编制委员会正式批准人民银行的"三定"调整意见。据此，在有关金融监管职责调整后，人民银行新的职能正式表述为"制定和执行货币政策、维护金融稳定、提供金融服务"。同时，明确界定："中国人民银行为国务院组成部门，是中华人民共和国的中央银行，是在国务院领导下制定和执行货币政策、维护金融稳定、提供金融服务的宏观调控部门。"这种职能的变化集中表现为"一个强化、一个转换和两个增加"（参见[拓展阅读]）。2003年12月27日，十届全国人大会常委会第六次会议审议通过的《中华人民共和国中国人民银行法（修正案）》，从法律的高度对这些职能变化予以确认。2005年8月10日，人民银行上海总部挂牌成立，目的在于进一步完善中央银行决策和操作体系，发挥金融市场一线的优势，提高中央银行宏观调控的水平和效率。

［拓展阅读］　**中国人民银行的职能变化**

2003年中央机构编制委员会印发的《关于中国人民银行主要职责、内设机构和人员编制调整意见的通知》（简称“三定”方案），根据第十届全国人大一次会议批准的《国务院机构改革方案》和《国务院关于机构设置的通知》，明确规定了中国人民银行的主要职责、内设机构和人员编制方面的内容。“三定”方案明确：中国人民银行为国务院组成部门，是中华人民共和国的中央银行，是在国务院领导下制定和执行货币政策、维护金融稳定、提供金融服务的宏观调控部门；原由公安部承担的组织协调国家反洗钱工作的职责，转由中国人民银行承担；对银行业金融机构的监管职责，转由中国银行业监督管理委员会承担。调整后，中国人民银行的主要职责有14项，内设机构有18个职能司（局、厅）。按照新调整的“三定”确定的职责，人民银行不再承担对银行业金融机构的监管职能后，除要继续履行好货币发行、外汇管理、经理国库、支付清算、金融法制建设、调查统计等职责外，其职能最大的变化集中表现为“一个强化、一个转换、两个增加”。

所谓“一个强化”，即强化与制定和执行货币政策有关的职能。人民银行要进一步提高制定和执行货币政策的水平，灵活运用利率、汇率等各种货币政策工具实施宏观调控；加强对货币市场规则的研究和制定，加强对货币市场、外汇市场、黄金市场等金融市场的监督与监测，密切关注货币市场与房地产市场、证券市场、保险市场之间的关联渠道、有关政策和风险控制措施，疏通货币政策传导机制。

所谓“一个转换”，即转换实施对金融业宏观调控和防范与化解系统性金融风险的方式。由过去主要是通过对银行业金融机构的设立审批、业务审批、高级管理人员任职资格审查和监管指导等直接调控方式，转变为对金融业的整体风险、金融控股公司以及交叉性金融工具的风险进行监测和评估，防范和化解系统性金融风险，维护国家经济金融安全；转变为综合研究制定金融业的有关改革发展规划和对外开放战略，促进银行、证券、保险三大行业的协调发展和开放，提高金融业的国际竞争力，维护国家利益；转变为加强与外汇管理相配套的政策研究与制定工作，防范国际资本流动的冲击。

所谓“两个增加”，即增加反洗钱和管理信贷征信业两项职能。今后将由人民银行承担组织协调全国的反洗钱工作，承担反洗钱的资金监测职责，参与有关的国际反洗钱合作。[①] 承

① 在这方面，2006年10月31日第十届全国人大常委会第24次会议通过、自2007年1月1日起施行的《反洗钱法》，及中国人民银行于2006年11月14日发布的《金融机构反洗钱规定》、《金融机构大额交易和可疑交易报告管理办法》，中国人民银行、中国银监会、中国证监会、中国保监会于2007年6月21日联合发布的《金融机构客户身份识别和客户身份资料及交易记录保存管理办法》等，就有关反洗钱监管体制及具体制度等内容作了明确规定。

担信贷征信业的管理职责，推动社会信用体系建设。①

此外，中国人民银行与国家发改委、财政部和各金融监管机构之间要按照相互配合、相互促进的原则，建立信息实时共享机制。

这些新的变化，进一步强化了人民银行作为我国的中央银行在实施金融宏观调控、保持币值稳定、促进经济可持续增长和防范化解系统性金融风险中的重要作用。

2003年修订后的《中华人民共和国中国人民银行法》共8章53条，依次为总则、组织机构、人民币、业务、金融监督管理、财务会计、法律责任及附则。内容主要包括：人民银行的性质与法律地位、职能与职责、组织机构、货币政策、法定业务及操作、金融监督管理、财务会计、法律责任等。

二、中国人民银行的性质与法律地位

（一）人民银行的性质

《中国人民银行法》第2条规定："中国人民银行是中华人民共和国的中央银行。中国人民银行在国务院领导下，制定和执行货币政策，防范和化解金融风险，维护金融稳定。"该法第8条规定："中国人民银行的全部资本由国家出资，属于国家所有。"从这些规定可以看出，在性质上，人民银行是我国的中央银行，是国务院组成部门，是特殊的国家机关。作为中央银行，人民银行在国务院领导下，制定和实施货币政策，承担金融宏观调控职能；拥有资本，可依法开展业务，行使发行的银行、政府的银行和银行的银行的职能；同时，它还是国家金融稳定的重要力量，在国务院领导下防范和化解系统性、整体性金融风险，维护金融稳定。

（二）人民银行的法律地位

法律地位是指人民银行在国家机构体系中的地位。人民银行的性质，及我国现行的政治体制结构，决定了人民银行的法律地位只能是在国务院领导下具有相对独立性的国家金融调控与监管机关。这一地位，可以从《中国人民银行法》的一系列规定中得到说明。

1. 对中央政府的行政隶属性

《中国人民银行法》第2条规定："中国人民银行是中华人民共和国的中央银行。中国人民银行在国务院领导下，制定和执行货币政策，防范和化解金融风险，维护金融稳定。"这就明确表明了人民银行是国务院的直属机构，是在其领导下对金融业实施调控与监管的一个职能部门。该法第5条第1款规定：人民银行就年度货币供应量、利率、汇率和国务院规定的其他重要事项作出的决定，须报国务院批准后执行；第12条规定：人民银行设立货币政策委员会，

---

① 在这方面，国务院2013年1月21日发布、自同年3月15日实施的《征信业管理条例》就征信机构设立、变更、终止，征信业务规则，异议和投诉，金融信用信息基础数据库，监督管理，法律责任等内容作了规定。同年11月15日，中国人民银行依据《中国人民银行法》和《征信业管理条例》的规定，发布了《征信机构管理办法》，就有关征信机构的设立、变更与终止，高级任职人员管理，征信机构及其活动的监督管理，罚则等问题作了更细致的规定。该管理办法自2013年12月20日起施行。

其职责、组成和工作程序，由国务院规定，报全国人大常委会备案；第10条规定：人民银行的行长由国务院总理提名，副行长须由国务院总理任免等，都进一步说明了人民银行对国务院的行政隶属性。

2. 依法享有相对独立性

人民银行虽然隶属国务院，但它作为中央银行，负有制定货币政策、调控宏观经济、维护金融稳定的重大职能，因而决定了它和其他政府部门相比，应有较大的独立性。这些独立性突出表现在它与地方政府、各级政府部门、与财政部、与社会团体和个人的关系及间接向全国人大常委会负责的规定上。《中国人民银行法》规定：人民银行在国务院领导下依法独立执行货币政策，履行职责，开展业务，不受地方政府、各级政府部门、社会团体和个人的干涉（第7条）；人民银行不得对银行业金融机构的账户透支（第26条）；不得对政府财政透支，不得直接认购、包销国债和其他政府债券（第29条）；不得向地方政府、各级政府部门提供贷款，不得向非银行金融机构以及其他单位和个人提供贷款（但国务院决定人民银行可以向特定的非银行金融机构提供贷款的除外），不得向任何单位和个人提供担保（第30条）；人民银行根据履行职责的需要设立分支机构作为派出机构，并对分支机构实行统一领导和管理（第13条）；人民银行的行长、副行长及其他工作人员应当恪尽职守……不得在任何金融机构、企业、基金会兼职（第14条）；人民银行应当向全国人大常委会提出有关货币政策情况和金融业运行情况的工作报告等（第6条）。从而从法律上保证了人民银行相对于国务院其他部委和地方政府的明显的独立性。

实践证明，随着我国经济体制改革的深入，人民银行在国家宏观经济调控、经济管理中所起的作用将越来越重要。它通过制定和执行货币政策，调节货币供应量，创造良好的货币金融环境，促进国民经济稳定、健康发展。国家以法律的形式，明确人民银行的性质和地位，就可以保障人民银行制定和执行货币政策的科学性、权威性，保障金融体系稳健运行，以适应社会主义市场经济的需要。

二、中国人民银行的职能与职责

（一）人民银行的职能

按《中国人民银行法》第2条的规定，人民银行的基本职能是在国务院领导下，制定和执行货币政策，防范和化解金融风险，维护金融稳定。该法第4条又规定了人民银行的13项职责，而职责是职能的具体化。综合这两条规定来看，人民银行具有中央银行应当具备的一切职能，即具有发行的银行、银行的银行、政府的银行、金融调控和监管的银行等职能。

（二）人民银行的职责

人民银行的职责，依《中国人民银行法》第4条的规定有以下13项：

（1）发布与履行其职责有关的命令和规章；

（2）依法制定和执行货币政策；

（3）发行人民币，管理人民币流通；

（4）监督管理银行间同业拆借市场和银行间债券市场；

（5）实施外汇管理，监督管理银行间外汇市场；

（6）监督管理黄金市场；

（7）持有、管理、经营国家外汇储备、黄金储备；

（8）经理国库；

（9）维护支付、清算系统的正常运行；

（10）指导、部署金融业反洗钱工作，负责反洗钱的资金监测；

（11）负责金融业的统计、调查、分析和预测；

（12）作为国家的中央银行，从事有关的国际金融活动；

（13）国务院规定的其他职责。

人民银行为执行货币政策，可以依照该法第四章的有关规定从事金融业务活动。[①]

上述规定中，第（2）、（3）、（7）项职责是人民银行调控职能、发行的银行的具体体现；第（1）、（4）、（5）、（6）、（10）项职责是金融监管职能的体现；第（8）、（11）、（12）项职责是政府的银行的体现；而第（9）项职责及依该法第四章开展的金融业务则比较集中地反映了人民银行的银行的银行的职能。

四、中国人民银行的组织机构

组织机构是实现人民银行职能、职责的根本保障。《中国人民银行法》就人民银行的领导机构、外部分支机构和咨询机构的设置作了原则规定，对总行所在地、内部职能机构、驻外机构等则未作规定。

（一）领导机构

人民银行的领导机构是人民银行的决策机构和执行机构，包括行长一人，副行长若干人。行长根据国务院总理提名，由全国人大决定；人大闭会期间，由全国人大常委会决定，由国家主席任免。副行长由国务院总理任免。人民银行实行行长负责制，行长领导人民银行工作，副行长协助行长工作。

（二）总、分支机构

1. 总行。《中国人民银行法》对人民银行总行的设立地没有作明文规定，人民银行总行依

---

① 2003年9月中央编制委员会印发的《关于中国人民银行主要职责、内设机构和人员编制调整意见的通知》关于人民银行的职责规定与《中国人民银行法》的规定略有不同，主要有14项：（1）起草有关法律和行政法规；完善有关金融机构运行规则；发布与履行职责有关的命令和规章。（2）依法制定和执行货币政策。（3）监督管理银行间同业拆借市场和银行间债券市场、外汇市场、黄金市场。（4）防范和化解系统性金融风险，维护国家金融稳定。（5）确定人民币汇率政策；维护合理的人民币汇率水平；实施外汇管理；持有、管理和经营国家外汇储备和黄金储备。（6）发行人民币，管理人民币流通。（7）经理国库。（8）会同有关部门制定支付结算规则，维护支付、清算系统的正常运行。（9）制定和组织实施金融业综合统计制度，负责数据汇总和宏观经济分析预测。（10）组织协调国家反洗钱工作，指导、部署金融业反洗钱工作，承担反洗钱的资金监测职责。（11）管理信贷征信业，推动建立社会信用体系。（12）作为国家中央银行，从事有关国际金融活动。（13）按照有关规定从事金融业务活动。（14）承办国务院交办的其他事项。此外，人民银行根据国务院规定，管理国家外汇管理局。

历史沿革设在北京。为进一步完善中央银行决策和操作体系，发挥金融市场一线的优势，提高中央银行宏观调控的水平和效率，经中央有关部门批准，2005 年 8 月 10 日人民银行设立了上海总部。上海总部作为总行的有机组成部分，在总行的领导和授权下开展工作，主要承担部分中央银行业务的具体操作职责，同时履行一定的管理职能。具体来说，上海总部承担的职责主要有：（1）根据总行提出的操作目标，组织实施中央银行公开市场操作；（2）承办在沪商业银行及票据专营机构再贴现业务；（3）管理银行间市场，跟踪金融市场发展，研究并引导金融产品的创新；（4）负责对区域性金融稳定和涉外金融安全的评估；（5）负责有关金融市场数据的采集、汇总和分析；（6）围绕货币政策操作、金融市场发展、金融中心建设等开展专题研究；（7）负责有关区域金融交流与合作工作，承办有关国际金融业务；（8）承担国家部分外汇储备的经营和黄金储备经营管理工作；（9）承担上海地区人民银行有关业务的工作等。上海总部承担的管理职能包括对现有上海分行辖区内人民银行分支机构的管理，以及人民银行部分驻沪企事业单位的管理和协调。直接管理的单位包括中国外汇交易中心、中国反洗钱监测分析中心、人民银行数据处理中心、人民银行征信服务中心等；协调管理的单位是中国银联和上海黄金交易所。

2. 国内分支机构。人民银行根据履行职责的需要设置分支机构，作为人民银行的派出机构，人民银行对分支机构实行统一领导和管理。

按照国务院的决定，我国在 1998 年下半年对人民银行的管理体制进行了重大改革，新的分支机构自 1999 年 1 月 1 日起开始履行中央银行的职能，从而大大增强了中央银行制定和执行货币政策、进行金融监管的能力。其主要内容是：（1）撤销人民银行原来按行政区域设在各省、自治区、直辖市的省级分行，根据地域关联性、经济金融总量和金融监管的要求（亦即履行职责的需要）在全国 9 个中心城市设立了 9 个跨省、自治区、直辖市的分行，并在北京、重庆设立了人民银行营业管理部；（2）在不设人民银行分行的省、自治区人民政府所在地城市，设置 20 个金融监管办事处；（3）在不设人民银行分行的省会城市及深圳，设 21 个中心支行。中心支行与当地金融监管办事处都是分行的派出机构，相互间不是领导与被领导的关系。此后，由于形势发展需要特别是 2003 年人民银行金融监管职能的剥离，人民银行又对分支机构的设置进行了进一步的改革。

目前，人民银行根据履行职责的需要设有天津、沈阳、上海、南京、济南、武汉、广州、成都、西安 9 个分行和中国人民银行营业管理部、中国人民银行重庆营业管理部，20 个省会（首府）城市中心支行，5 个副省级城市中心支行，305 个地（市）中心支行，1 778 个县（市）支行。这些分支机构作为人民银行的派出机构，根据总行授权，依法维护本辖区的金融稳定，承办有关业务。

3. 驻外机构。为适应金融对外开放的需要，人民银行还设有以下驻外机构：中国人民银行驻北美洲代表处、中国人民银行驻欧洲（伦敦）代表处、中国人民银行驻法兰克福代表处、中国人民银行驻加勒比开发银行联络处、中国人民银行驻非洲代表处、中国人民银行驻东京代表处、中国人民银行驻南太平洋代表处。

（三）内设机构

根据 2003 年 9 月中央编制委员会印发的《关于中国人民银行主要职责、内设机构和人员编制调整意见的通知》，中国人民银行内设18个职能司（局、厅）。分别是：（1）办公厅；（2）条法司；（3）货币政策司；（4）金融市场司；（5）金融稳定局；（6）调查统计司；（7）会计财务司；（8）支付结算司；（9）科技司；（10）货币金银局（国务院反假货币联席工作会议办公室）；（11）国库局；（12）国际司；（13）内审司；（14）人事司（党委组织部）；（15）研究局；（16）征信管理局；（17）反洗钱局（保卫局）；（18）党委宣传部，机关党委。后又增设货币政策二司、金融消费权益保护局等。

（四）咨询机构

依据《中国人民银行法》第12条和1997年4月15日国务院发布的《中国人民银行货币政策委员会条例》的规定，人民银行还设有货币政策委员会，作为其制定货币政策的咨询议事机构。其基本职责是：在综合分析国家宏观经济形势的基础上，依据国家宏观经济调控目标，讨论货币政策事项，并提出建议。

按《中国人民银行货币政策委员会条例》的规定，货币政策委员会由下列单位的人员组成：人民银行行长、副行长2人、国家计委副主任1人、国家经贸委副主任1人、财政部副部长1人、国家外汇管理局局长、中国证监会主席、国有独资商业银行行长2人、金融专家1人，共11人。其中，人民银行行长、外汇管理局局长、中国证监会主席为货币政策委员会的当然委员，货币政策委员会其他委员人选，由人民银行提名或人民银行商有关部门提名，报请国务院任命。货币政策委员会组成单位的调整，由国务院决定。货币政策委员会主席由人民银行行长担任；副主席由主席指定。此后，由于国务院机构改革和金融监管机构新设，货币政策委员会的委员已增至15人，其组成也已调整为：人民银行行长、副行长2人、国务院副秘书长1人、国家发改委副主任1人、财政部副部长1人、国家统计局局长、国家外汇管理局局长、中国银监会主席、中国证监会主席、中国保监会主席、中国银行业协会会长、经济金融专家3人（参见［延伸阐述］）。

［延伸阐述］　我国货币政策委员会的立法有待完善

2003年《中国人民银行法》的修订，虽然在第12条中增加第2款强调：“中国人民银行货币政策委员会应当在国家宏观调控、货币政策制定和调整中，发挥重要作用。”但如何发挥重要作用，却缺乏进一步的制度安排和保障。因为，该条第1款仍然沿用了1995年《中国人民银行法》的规定：“货币政策委员会的职责、组成和工作程序，由国务院规定，报全国人民代表大会常务委员会备案。”而国务院自身的规定，在实践中又并未严格执行，而是弹性多多，且其人员构成几为清一色的政府官员，有关货币政策委员会的职责与运行程序的规定也存在不少问题。反观国外，鉴于货币政策委员会的极端重要性，其职责、组成和表决程序等往往要在高层次的法律（一般是在《中央银行法》）中加以明确确定，借以排除政府干预，确保货币政策的独立、稳健和权威，确保货币币值的稳定。在此方面，值得我们进一步深思和借鉴。

五、中国人民银行的货币政策

（一）货币政策目标

《中国人民银行法》第 3 条规定："货币政策目标是保持货币币值的稳定，并以此促进经济增长。"这是我国货币政策的最终目标，是有层次和主次之分的单一目标。与传统的单一目标、双重目标和多重目标相比，具有创造性。对此可从三方面理解：

1. 人民银行首要的和直接的货币政策目标是保持货币币值的稳定，这是人民银行制定和执行货币政策的出发点和归宿点。

2. 人民银行制定和执行货币政策，并不是为稳定币值而稳定币值，而是为了促进经济增长而稳定币值。

3. 稳定币值目标和经济增长目标在货币政策目标序列中并不是并列的，而是有层次和主次之分的。所谓"有层次"，是指稳定币值是货币政策的第一层次，而促进经济增长是货币政策目标的第二层次。换句话说，人民银行只有在实现第一层次的目标，也即稳定币值后，才能实现第二层次的目标，即经济增长。所谓有"主次之分"是指人民银行的货币政策以稳定币值为主，以此为经济增长创造前提条件，这突出了人民银行稳定币值的责任。

在货币政策中介目标方面，我国过去的货币政策惯于把信贷规模、现金发行作为中介目标。但世界各国的经验及我国体制改革发展的方向均要求改变这种做法，即应以货币供应量作为中介目标。1993 年 12 月，国务院发布的《关于金融体制改革的决定》指出："货币政策的中介目标和操作目标是货币供应量、信用总量、同业拆借利率和银行备付金率。"这里货币供应量和信用总量即为中介目标。其中，货币供应量尤为世界各国广为采用。

货币供应量，即货币存量，是指全社会在某一时点流通手段和支付手段的总和。调控货币供应量就是调控总需求，目的是使总需求与总供给平衡。我国从 1994 年第三季度起，人民银行正式推出货币供应量统计监测指标并按季向社会公布。根据国际通用惯例，我国以货币流动性差别为主要标准，将货币供应量划分为四个层次：M_0＝流通中的现金；M_1＝M_0＋企业活期存款＋机关团体部队存款＋农村存款＋个人持有的信用卡类存款；M_2＝M_1＋城乡居民储蓄存款＋企业存款中具有定期性质的存款＋外币存款＋信托类存款＋证券公司客户保证金；M_3＝M_2＋金融债券＋商业票据＋大额可转让定期存单等。其中，M_1 是通常所说的狭义货币供应量，M_2 是广义货币供应量，M_2 与 M_1 之差是准货币，M_3 是为金融创新的需要设立的。1995 年人民银行正式将 M_2 作为中介目标监测指标，1996 年正式向全社会公布 M_1 与 M_2 的控制目标，M_3 目前人民银行不予公布。

（二）货币政策工具

《中国人民银行法》第 23 条规定了人民银行为执行货币政策，可以运用的六种货币政策工具：

1. 存款准备金制度

我国的存款准备金制度是根据 1983 年 9 月《国务院关于中国人民银行专门行使中央银行职能的决定》重新恢复建立的，1984 年 5 月正式启动。1998 年 3 月 21 日，人民银行发布《关于改革存款准备金制度的通知》，对存款准备金制度进行了重大改革。2004 年 4 月 25 日起实行差别存款准备金率制度（参见［拓展阅读］）。目前，该制度的主要内容有：

（1）规定存款准备金制度的实施对象。我国所有吸收一般存款（相对财政性存款而言的存款）的银行业金融机构，都有按规定比例交存存款准备金的义务。

（2）规定和调整存款准备金率。存款准备金率由人民银行规定、调整、公布，并组织其分支机构具体实施。

（3）存款准备金的考核与计提。我国对各商业银行、中国农业发展银行、非银行金融机构的法定存款准备金按旬考核。当旬第 5 日至下旬第 4 日每日营业终了时，各金融机构按统一法人存入的准备金存款余额，与上旬末该机构一般存款余额之比，不得低于规定的准备金率。各金融机构应按旬于旬后 5 日内将汇总的全行（或全系统）旬末一般存款余额表，报送人民银行。

（4）存款准备金违规行为的处罚。对存款准备金率不足规定比率的金融机构，人民银行对其不足部分按每日万分之六的利率处以罚息；金融机构分支机构在人民银行准备金存款账户出现透支，人民银行按有关规定处罚；金融机构不按时报送一般存款余额表和按月报送月末日计表的，按《商业银行法》第 80 条规定处罚。以上处罚可以并处。

［拓展阅读］　为什么要实行差别存款准备金率制度

经国务院批准，自 2004 年 4 月 25 日起，人民银行将资本充足率低于一定水平的金融机构存款准备金率提高 0.5 个百分点、执行 7.5%的存款准备金率，其他金融机构仍执行 7%的准备金率。此即差别存款准备金率制度。该制度的主要内容包括：一是以金融机构的资本充足率、不良贷款比率、内控机制状况、发生重大违规及风险情况、支付能力状况及发生可能危害支付系统安全的风险情况等作为确定差别准备金率的主要依据。二是采取统一框架设计和分类标准，对存款类金融机构实施差别存款准备金率制度。三是根据资本充足率等指标对金融机构质量状况进行分类；根据宏观调控的需要，在一定区间内设若干档次，确定各类金融机构所适用的差别存款准备金率。四是调整存款准备金率的操作。人民银行定期根据中国银监会统计的金融机构法人上年季度平均资本充足率和不良贷款比率等指标，对金融机构存款准备金率进行调整；在个别金融机构出现重大违规、风险问题以及支付清算问题时，人民银行将会商中国银监会，及时调整其存款准备金率。

差别存款准备金率制度的实质是将金融机构适用的存款准备金率与其资本充足率、资产质量状况等指标挂钩。金融机构资本充足率越低、不良贷款比率越高，适用的存款准备金率就越高；反之，金融机构资本充足率越高、不良贷款比率越低，适用的存款准备金率就越低。资本充足性是巴塞尔新《资本协议》确立的“三大支柱”之一，目前，世界上绝大多数国家金融当局都规定存款类金融机构应严格遵守最低资本充足率 8%的要求。对资本充足率低于 8%的金融机构，金融当局及时校正，要求其补充资本金，或实行兼并，甚至强制清算。在这种激励机制下，资产负债状况良好的金融机构资产扩张较快，而资产负债状况较差的金融机构扩张将受到限制。而在我国，由于相当部分金融机构的历史包袱问题尚未解决，难以达到最低资本充足率要求，在此资本充足率监管尚未有效实施的情况下，采取差别存款准备金率制度，无疑具有重大意义：一方面有利于完善货币政策传导机制，抑制资本充足率不足且资产质量较差的金融机构盲目扩张贷款，防止金融宏观调控中出现"一刀切"；另一方面，通过对金融机构区别对待的正向激励机制，有利于调动金融机构主要依靠自身力量健全公司治理结构的积极性，督促金融机构逐步达到资本充足率要求，最终实现调控货币供应总量和降低金融系统风险的双重目标。因此，这是一项符合中国金融体制现状的专门制度设计。

2. 确定中央银行基准利率

基准利率是指一国利率体系中起主导作用的基础利率，它的水平和变动决定其他各种利率的水平和变化。西方发达国家一般以中央银行的再贴现率为基准利率，也有的国家还包括中央银行的再贷款利率、市场基金利率等。在我国，中央银行基准利率主要包括：（1）再贷款利率，指人民银行向金融机构发放再贷款所采用的利率；（2）再贴现利率，指金融机构将所持有的已贴现票据向人民银行办理再贴现所采用的利率；（3）存款准备金利率，指人民银行对金融机构交存的法定存款准备金支付的利率；（4）超额存款准备金利率，指人民银行对金融机构交存的准备金中超过法定存款准备金水平的部分支付的利率。随着利率市场化进程的加快，我国市场化的基准利率也雏形初现。①

3. 再贴现政策

再贴现政策，是指中央银行通过调整其对银行业金融机构办理票据再贴现的再贴现率，来扩大或缩小金融机构的信贷量，从而促使信用扩张或收缩的政策措施。各国关于再贴现业务的规定主要包括：规定再贴现票据的种类、规定再贴现业务的对象、规定再贴现率的制定与调整等。

4. 再贷款政策

再贷款是指中央银行对商业银行的贷款。中央银行再贷款主要以发行货币、财政性存款、存款准备金为资金来源。在我国，人民银行通过再贷款控制和调节商业银行的信贷活动，从而控制和调节货币供应量和信用总量。我国 2003 年 12 月 27 日修正后的《中国人民银行法》第 28 条规定："中国人民银行根据执行货币政策的需要，可以决定对商业银行贷款的数额、期限、利率和方式，但贷款的期限不得超过一年。"

5. 公开市场业务

在西方发达国家，公开市场业务是中央银行吞吐基础货币、调节市场流动性的主要货币政策工具，通过中央银行与指定交易商进行有价证券和外汇交易，实现货币政策调控目标。在我国，公开市场业务是指人民银行在公开市场上与一级交易商进行交易，买卖国债、其他政府债券和金融债券及外汇，以吞吐基础货币，控制和调节货币供应量、货币市场利率，进而实现货币政策目标的活动。它具有公开性、公平性、灵活性、主动性等优点，是值得我国进一步发展

---

① 2007 年 1 月 4 日，备受金融市场瞩目的"上海银行业间同业拆放利率"（Shibor）开始正式运行。这是中国人民银行打造中国式"联邦基金利率"（联邦基金市场的银行间隔夜拆借利率，是美国最重要的基准利率）、培育货币市场基准利率体系的重要举措，是利率市场化改革的重大突破。

和完善的一种政策工具。

按《中国人民银行法》的规定，公开市场业务由中国人民银行操作，操作的工具只能是国债、其他政府债券、金融债券和外汇。其他有价证券，如公司债券、股票等不能用来操作。此外，1997年3月29日人民银行发布的《公开市场业务暨一级交易商管理暂行规定》，规定了公开市场业务交易的工具（包括政策性金融债券、中央银行融资券、国债及人民银行指定的其他债券）、交易对象（即公开市场业务一级交易商，包括商业银行、证券公司、信托投资公司等）、交易种类（包括买卖、回购）、回购期限品种、交易（招标）方式等具体事项（参见［拓展阅读］）。

［拓展阅读］　**我国公开市场业务的诞生与发展**

我国的公开市场业务由人民银行公开市场业务操作室具体负责，包括人民币操作和外汇操作。其中，外汇公开市场业务于1994年3月启动，人民币公开市场业务从1996年4月9日起开始运作。当时的交易对象只有14家商业银行，交易工具限于财政部当年发行的短期国债，交易品种限于正回购，期限品种、交易方式也比较单一，因此，公开市场业务作用不大，债券交易一度停止。1998年5月26日恢复债券交易，并选择了一批能够承担大额债券交易的商业银行作为公开市场业务的交易对象，正式建立公开市场业务一级交易商制度。同年12月份一级交易商数量由恢复交易时的25家增至29家（其中，国有独资商业银行4家、股份制商业银行11家、城市商业银行14家），交易工具增加了中央银行融资券、政策性金融债券，交易品种、期限品种、交易方式等也逐渐丰富。自1999年以来，公开市场业务已成为人民银行货币政策日常操作的重要工具，对于调控货币供应量、调节金融机构流动性水平、引导货币市场利率走势发挥了积极的作用。

目前，我国公开市场业务一级交易商共有五十多家，包括商业银行、证券公司、保险公司、农村信用社、基金公司等金融机构。这些交易商可以运用国债、政策性金融债券、中央银行融资券、外汇等作为交易工具与人民银行开展公开市场业务。从交易品种看，人民银行公开市场业务交易主要包括现券交易、回购交易和发行央行票据。其中，现券交易包括现券买断和现券卖断，前者是央行直接从二级市场买入债券，一次性地投放基础货币；后者是央行直接卖出所持债券，一次性地回笼基础货币。回购交易分正回购和逆回购，前者是人民银行向一级交易商卖出有价证券，并约定在未来特定日期买回有价证券的交易行为，正回购系人行从市场收回流动性的操作，正回购到期则为人行向市场投放流动性的操作；后者为人民银行向一级交易商购买有价证券，并约定在未来特定日期将有价证券卖给一级交易商的交易行为，逆回购为人行向市场上投放流动性的操作，逆回购到期则为人行从市场收回流动性的操作。央行票据即人民银行发行的短期债券，人民银行通过发行央行票据可以回笼基础货币，央行票据到期则体现为向市场投放基础货币。人民银行开展公开市场业务一般采用招标方式进行，包括数量招标和利率招标（或价格招标），具体中标原则由操作室规定。人民银行公开市场操作的运行对于保障我国基础货币平稳增长，维持货币市场利率和外汇汇率的基本稳定，发挥了重要的作用。

6. 其他货币政策工具

《中国人民银行法》第 23 条第 1 款第 6 项规定："国务院确定的其他货币政策工具。"这一规定实为有关选择性、补充性货币政策工具的弹性条款。目前，我国经济结构失衡严重、金融市场化程度不高，故一些带有结构性、直接控制性的选择性、补充性货币政策工具还较具适用条件。这些政策工具主要有：特种存款、证券市场信用控制、消费信用控制、不动产信用控制及窗口指导、道义劝告等。

六、中国人民银行的业务

（一）人民银行业务活动的特点与原则

人民银行作为我国的中央银行和国家金融调控、监管机关，为履行其宏观调控和金融监管的基本职能，必然要开展业务活动。但由于它的特殊银行与特殊机关的特殊性质，决定其业务活动开展也必然具有特殊性，并要遵循特定的原则。

其业务活动特点是：(1) 业务活动开展不以营利为目的，而是通过提供业务服务来稳定货币、稳定金融，调节宏观经济的发展；(2) 业务对象特定，即主要是商业银行和其他金融机构，不直接对一般企业和个人开展业务；(3) 开展业务活动时，以国家的名义和身份进行。

其业务活动原则有二：(1) 要严格遵守法律、行政法规，贯彻国家的方针、政策；(2) 要遵循市场经济活动的规律、规则。

因此，人民银行的业务活动本质上是公共服务，是要按照市场经济规律的要求、通过法定业务提供公共产品和服务。

（二）人民银行的法定业务

综观《中国人民银行法》第三章、第四章的规定，人民银行的法定业务主要包括以下内容：

(1) 统一印制、发行人民币；

(2) 要求银行业金融机构按规定比例交存存款准备金；

(3) 确定中央银行基准利率；

(4) 为银行业金融机构办理再贴现；

(5) 向商业银行提供贷款；

(6) 开展公开市场业务操作；

(7) 依法律、行政法规规定经理国库；

(8) 代理财政部门向各金融机构组织发行、兑付国债和其他政府债券；

(9) 组织或者协助组织银行业金融机构相互间的清算系统，协调清算事项，提供清算服务；

（三）人民银行的禁止性业务

为确保人民银行宏观调控职能的实现，《中国人民银行法》规定了人民银行不得进行的业务。主要包括：

（1）不得向商业银行发放超过1年期的贷款；

（2）不得对政府财政透支，不得直接认购、包销国债和其他政府债券；

（3）不得向地方政府、各级政府部门提供贷款；

（4）不得向非银行金融机构以及其他单位和个人提供贷款，但国务院决定人民银行可以向特定的非银行机构提供贷款的除外；

（5）不得向任何单位和个人提供担保。

七、中国人民银行的金融监督管理权

金融监督管理，是法律赋予人民银行的重要职能和职责。金融监督管理与中央银行制度的发展密切相关。金融业作为经营货币这种特殊商品的特殊企业，其业务经营涉及千家万户，经营结果对社会经济发展和人民生活稳定有重大影响。因此，必须加强对金融业的监督管理，以保护存款人的利益，保障金融业的公平竞争，维护金融秩序，保障金融体系的安全、稳健运行。

人民银行作为中央银行，过去相当长时期是我国金融业的统一监管机关，1995年实施的《中国人民银行法》也对此予以了确认。但随着“分业经营、分业监管”的金融体制的确立，人民银行对证券业、保险业的监管职能逐步剥离给证监会、保监会，特别是2003年银监会成立后，对银行业金融机构的市场准入、市场退出、日常业务监管等监管职能也剥离出去，人民银行的职能被更集中地定位于宏观调控和维护金融稳定方面。不过，鉴于金融监管与货币政策、金融稳定的关系密不可分、相辅相成，故2003年12月修订通过的《中国人民银行法》、《商业银行法》和新颁布的《银行业监督管理法》仍然规定和赋予了人民银行以一定的金融监督管理权，尤其是集中规定在《中国人民银行法》第五章“金融监督管理”中。人民银行享有的金融监督管理权具体包括：

1. 对金融市场的监测、调控权。人民银行有权依法监测金融市场的运行情况，对金融市场实施宏观调控，以促进其协调发展（第31条）。

2. 直接检查监督权。《中国人民银行法》第32条规定：人民银行有权对金融机构以及其他单位和个人的下列行为进行检查监督：（1）执行有关存款准备金管理规定的行为；（2）与人民银行特种贷款（指国务院决定人民银行向金融机构发放的用于特定目的的贷款）有关的行为；（3）执行有关人民币管理规定的行为；（4）执行有关银行间同业拆借市场、银行间债券市场管理规定的行为；（5）执行有关外汇管理（包括批准商业银行等经营结汇、售汇业务）规定的行为；（6）执行有关黄金管理规定的行为；（7）代理人民银行经理国库的行为；（8）执行有关清算管理规定的行为（包括会同银监会制定支付结算规则）；（9）执行有关反洗钱规定的行为。

3. 建议检查监督权。《中国人民银行法》第33条规定：人民银行根据执行货币政策和维护金融稳定的需要，可以建议银监会对银行业金融机构进行检查监督；银监会应当自收到建议之日起30日内予以回复。此一规定旨在避免监管重复，减轻银行业金融机构负担，提高监管效率。

4. 特定情况下的全面检查监督权。《中国人民银行法》第34条规定：当银行业金融机构出现支付困难，可能引发金融风险时，为维护金融稳定，人民银行经国务院批准，有权对银行业金融机构进行检查监督。此项检查监督权不受《中国人民银行法》第 32 条规定范围的限制。

5. 获取有关报表、资料权及相关处罚权。《中国人民银行法》第 35 条规定：人民银行根据履行职责的需要，有权要求银行业金融机构报送必要的资产负债表、利润表以及其他财务会计、统计报表和资料。2003 年修订的《商业银行法》第 55 条、第 61 条对此有相应规定，并在其第 77 条、第 80 条中规定人民银行对银行业金融机构的虚假财务行为，不按规定报送资料、文件行为可以依法行使处罚权。

6. 编制和公布全国金融统计数据权。《中国人民银行法》第 36 条规定：人民银行负责统一编制全国金融统计数据、报表，并按照国家有关规定予以公布。

前述人民银行依法享有的金融监督管理权多与货币政策实施相关，与维护整个金融体系稳定相关，侧重于对金融市场尤其是货币市场的监测与调控，但对金融机构的部分业务仍然享有监管权。不过，人民银行的监管与其他金融监管机构侧重于行业监管不同，其突出特点是具有功能性监管的性质，即人民银行实施金融监管的对象并非单纯根据金融机构的名称而是依据其开展的业务活动确定。人民银行作为银监会、证监会、保监会三家监管机构以外的金融宏观调控部门，其监管的对象多是跨产品、跨机构、跨市场的，是对整个金融市场的监测，对囊括三类金融机构在内的反洗钱工作的管理，是对跨业金融创新与金融工具运用的监督管理。从一定程度而言人民银行的金融监管具有综合监管、中观监管的性质。

为保障人民银行能够切实履行金融监管职责，协调与其他监管机构的关系，避免监管真空和重复监管，《中国人民银行法》明确规定：人民银行应当建立、健全本系统的稽核、检查制度，加强内部的监督管理（第 37 条）；人民银行应当和银监会、国务院其他金融监管机构建立监督管理信息共享机制（第 35 条第 2 款）；国务院建立金融监督管理协调机制，具体办法由国务院规定（第 9 条）。

八、中国人民银行的财务会计

人民银行的财务会计制度，由财务预算管理、财务收支与会计事务、年度报表及年度报告三方面的内容构成。

（一）财务预算管理

《中国人民银行法》第 38 条、第 39 条规定：人民银行实行独立的财务预算管理制度，其预算经国务院财政部门审核后，纳入中央预算，接受国务院财政部门的预算执行监督。人民银行每一会计年度的收入减除该年度支出，并按照国务院财政部门核定的比例提取总准备金后的净利润，全部上缴中央财政，其亏损由中央财政拨款弥补。这一规定表明两点：

1. 人民银行的财务预算隶属于中央预算，也要实行收支预算制，接受国务院财政部门的预算执行监督。这反映了人民银行作为国家金融监管机关、国务院组成部门的要求。

2. 人民银行的财务预算是一种相对独立的预算。它不像一般国家机关一样要国家财政预算拨款；也不像一般商业银行和其他金融机构一样，要向国家缴纳税收。它有自己的资本和业务利润，其年度收入减除年度支出，并按规定比例提取总准备金后的净利润全部上缴中央财政，亏损亦由中央财政弥补。这是由人民银行是中央银行、特殊的银行的性质所决定的。

人民银行执行相对独立的财务预算管理制度，有利于中央银行宏观调控职能的实施，有利于保障其各方面职责的实现，也符合国际惯例。

（二）财务收支与会计事务

《中国人民银行法》第40条规定：人民银行的财务收支和会计事务，应当执行法律、行政法规和国家统一的财务会计制度，接受国务院审计机关和财政部门依法分别进行的审计和监督。因此，人民银行的财务收支和会计事务也必须执行《中华人民共和国会计法》、《中华人民共和国审计法》和《中华人民共和国预算法》等法律、法规的规定，加强财务会计工作的管理与监督。

（三）年度报表与年度报告

财务会计报告是反映人民银行业务状况和财务成果的总结性书面文件。《中国人民银行法》第41条规定：人民银行应当于每一会计年度（自公历1月1日起至12月31日止）结束后的3个月内，编制资产负债表、损益表和相关的财务会计报表，并编制年度报告，按国家规定予以公告。

九、违反《中国人民银行法》的法律责任

《中国人民银行法》针对各类主体的各种违法行为，以一章的篇幅专章规定了各种违法行为应当承担的法律责任（包括民事、行政和刑事责任），体现了违法必究的精神。具体包括以下规定：

（一）违反人民币发行及流通管理规定行为人的法律责任

1. 对伪造或变造人民币等违法行为人员的处罚

伪造、变造人民币，出售伪造、变造的人民币，或明知是伪造、变造的人民币而运输，构成犯罪的，依法追究刑事责任；尚不构成犯罪的，由公安机关处15日以下拘留、1万元以下罚款。购买伪造、变造的人民币或明知是伪造、变造的人民币而持有、使用，构成犯罪的，依法追究刑事责任；尚不构成犯罪的，由公安机关处15日以下拘留、1万元以下罚款。

2. 对非法使用人民币图样的人员的处罚

在宣传品、出版物或其他商品上非法使用人民币图样的，人民银行应当责令改正，并销毁非法使用的人民币图样，没收违法所得，并处5万元以下罚款。

3. 对印制、发售代币票券代替人民币的人员的处罚

印制、发售代币票券，以代替人民币在市场上流通的，人民银行应当责令停止违法行为，并处20万元以下的罚款。

（二）违反金融监督管理规定行为人的法律责任

《人民银行法》第32条所列行为违反有关规定，有关法律、行政法规有处罚规定的，依照其规定给予处罚；有关法律、行政法规未作处罚规定的，由人民银行区别不同情形给予警告，

没收违法所得，违法所得50万元以上的，并处违法所得1倍以上5倍以下罚款；没有违法所得或违法所得不足50万元的，处50万元以上200万元以下罚款；对负有直接责任的董事、高级管理人员和其他直接责任人员给予警告，处5万元以上50万元以下罚款；构成犯罪的，依法追究刑事责任。

当事人对行政处罚不服的，可以依照《行政诉讼法》的规定提起行政诉讼。

(三) 人民银行及其工作人员违法行为的法律责任

1. 人民银行有下列行为之一的，对负有直接责任的主管人员和其他直接责任人员，依法给予行政处分；构成犯罪的，依法追究刑事责任：(1) 违反《中国人民银行法》第30条第1款的规定提供贷款的；(2) 对单位和个人提供担保的；(3) 擅自动用发行基金的。

有前列行为之一，造成损失的，负有直接责任的主管人员和其他直接责任人员应当承担部分或全部赔偿责任。

2. 人民银行的工作人员泄露国家秘密或者所知悉的商业秘密，构成犯罪的，依法追究刑事责任；情节轻微的，依法给予行政处分。

3. 人民银行的工作人员贪污受贿、徇私舞弊、滥用职权、玩忽职守，构成犯罪的，依法追究刑事责任；情节轻微的，依法给予行政处分。

(四) 其他组织和个人违法行为的法律责任

地方政府、各级政府部门、社会团体和个人强令人民银行及其工作人员违反《中国人民银行法》第30条的规定提供贷款或者担保的，对负有直接责任的主管人员和其他直接责任人员，依法给予行政处分；构成犯罪的，依法追究刑事责任；造成损失的，应当承担部分或者全部赔偿责任。

此外，1998年7月国务院发布的《非法金融机构和非法金融业务活动取缔办法》，1999年1月国务院通过的《金融违法行为处罚办法》，1998年5月人民银行发布的《关于对金融机构违法、违规经营责任人的行政处分规定》、2001年2月1日人民银行发布的《中国人民银行行政处罚程序规定》和《中国人民银行行政复议办法》等，对有关法律责任及行政救济等问题作了进一步明确规定。

问题与思考

1. 简述中央银行的概念、性质及职能。
2. 为什么说中央银行法具有社会法性质？
3. 中央银行法的基本原则有哪些？这些基本原则确立的深层原因是什么？
4. 中央银行的组织形式有哪几种类型？
5. 试述中央银行的货币政策及其操作工具的内容。我国目前货币政策工具的特点是什么？
6. 试述中国人民银行的性质及法律地位。
7. 中国人民银行的组织机构有哪些？其分支机构是依据什么原则设立的？

8. 如何理解中国人民银行的货币政策目标？其操作工具有哪些？

9. 中国人民银行的基本职能是什么？有哪些具体职责？

10. 中国人民银行的法定业务有哪些？该法定业务的本质是什么？

11. 中国人民银行不得从事的业务有哪些？为什么要作这些禁止性规定？

12. 中国人民银行的金融监管内容有哪些？中国人民银行为什么要保留一定的金融监督管理权？

第三章 金融监督管理法

本章概要

金融监督管理是指金融监管主体为实现监管的目标而利用各种监管手段和措施对监管对象所采取的一种有意识的、主动的干预和控制活动。金融监管体制是指一国有关金融监管机关的设置，各自职责、权限的划分及其协作配合的一种制度安排。在法治国家，金融监管机关所享有的金融监管职能、权力和法律责任应由金融监管法作出明确规定。金融监管法是规定金融监管机关的法律地位、职责职权、监管措施和监管程序，调整金融监督管理关系的法律规范的总称。我国目前对金融业的监管总体上是由“三会一行”实行分业监管，其监管依据主要是《银行业监督管理法》、《证券法》、《保险法》、《中国人民银行法》等法律、法规，另外，各监管机关在监管实践中还颁布了大量的监管规章。从我国现实经济、金融国情及其发展趋势来看，我国无论在金融监管体制还是在金融监管法律制度建设方面，都有进一步深化改革和完善的必要。

关键术语

金融监管体制　金融监管法　金融监管目标　金融监管原则　金融监管协调部际联席会议制度　银行业金融机构　接管　证券市场　证券投资者保护基金　保证金独立存管制度　偿付能力充足率

第一节　金融监管法的基本原理

一、金融监管法概述

（一）金融监管的概念及必要性

1. 金融监管的概念。金融监管是金融监督管理①的简称，它是指金融监管主体为实现监管

① 严格说来，金融监督管理是金融监督与金融管理的复合称谓。从词义上讲，金融监督是指金融监管主体对金融机构实施全面性、经常性的检查（察看）和督促，并以此促使金融机构依法稳健经营、安全可靠健康的发展。而金

目标而利用各种监管手段和措施对监管对象所采取的一种有意识的、主动的干预和控制活动。有广、狭两义，广义的金融监管包括金融机构的自我监督管理、金融行业协（公）会的自律监管、社会中介组织监管和有关金融监管主体对金融机构进行的外部监督管理。狭义的金融监管是指外部监管，即国家有关监管主体对金融机构及其活动所进行的监督和管理。在这里，国家有关监管主体可能是国家机关，也可能是依法设定的特殊法人（事业单位或公司），总之是法定机构。如我国中央银行的监管，银监会、证监会、保监会的监管，审计机关的监管，财政机关的监管等。本章所讲的监管主要是指对金融机构及其活动的外部监管。

2. 金融监管的必要性。历史地看，金融监管与金融交易活动并非同步而生，它是金融业高度社会化、复杂化发展后的产物，并随着金融业发展的新趋势、新特点而不断调整和丰富其内容。西方市场经济国家长期的实践表明，市场机制“看不见的手”并非万能，在市场失灵的情况下应当发挥政府这一“看得见的手”的作用。金融市场作为整体经济的重要组成部分，不可避免地也存在着市场失灵问题，因而也需要进行监管。特别是在世界上经历了多次破坏严重的金融危机之后，世界各国对金融业及金融市场都先后采取了不同程度的政府金融监管，并由此而发展和丰富着有关金融监管的理论、政策和制度。那么，为什么要进行金融监管呢？

首先，进行金融监管是由金融在一国国民经济体系中的特殊重要地位所决定的。随着商品经济的发展，金融创新和金融渗透力的加强，金融越来越深入到社会经济生活的各个方面而成为现代经济的核心。作为全社会的货币供给者、货币运行及信用活动的中心，金融体系的良莠及运行状况的好坏对整个社会经济的运行和发展起着至关重要的作用，具有特殊的社会公共性和发展全局性。正是由于金融这一特殊重要地位，决定了国家应对其进行监管以确保一国社会整体经济的稳定良性发展。

其次，进行金融监管可以防范和化解金融风险，确保金融安全和债权人利益。金融业是一个高风险的特殊行业，又关涉到千家万户的日常生活和国民经济的方方面面，如果金融机构、金融体系出现问题，将会直接损害众多债权人的利益，对整个经济发展与社会生活产生很大影响，甚至诱发政局动荡，其后果是非常严重的。而金融监管可以帮助经营者将风险控制在一定范围之内，防止系统性、全局性风险的发生，确保金融体系的稳健运行，进而维护社会大众的利益及社会大众对金融业的信心，确保国民经济的健康发展和社会政治生活的稳定。

最后，进行金融监管是维护金融秩序、保护公平竞争、提高金融效率的要求。良好的金融秩序是保障金融安全的重要前提，公平竞争是保持金融秩序和金融效率的重要条件。要实现金融业的健康发展，就必然要求各金融机构应该按照国家有关法律、法规的规定规范化经营、公平竞争，而不能搞无序竞争。要做到这一点，监管主体的监管实不可缺。

（接上页）融管理是指金融监管主体依法对金融机构及其经营活动实行的领导、组织、协调和控制等系列活动。在达成金融稳健等目标方面，金融管理中监管主体的行为往往更为直接、更加主动，而金融监督中监管主体的行为要经由金融机构而发挥作用，并常常带有事后性质，因而两者之间是存在细微差别的。不过，现在一般是将它们放在一起复合使用而不再加以严格区分。但应予注意的是，金融监管与金融管制是不相同的，前者是监督与管理的合称，后者是管理与限制的合称，两者相比，前者更加尊重被监管者的行为自由，也更尊重市场运行规律，注重与被监管者行为的动态调适；而管制则含有人为地限制被管制者行为自由的意思，是比较静态、僵化的措施，有时甚至是背离金融市场运行规律的。正是在这种区分的基础上，我们才可以说20世纪70、80年代以来西方工业化国家金融发展的趋势一方面是金融管制的放宽，另一方面则是金融监管的不断加强。

（二）金融监管的理论基础①

金融监管的历史虽然不长，但有关金融监管的论战却绵延不断，有支持金融监管的赞同性理论，亦有反对或要求放松金融监管（或管制）的否定性理论，并因此而影响到金融监管的现实实践。

1. 赞同性理论。主要包括动机理论、社会利益论、金融风险论、保护债权论、法律不完备论等。

（1）动机理论。作为一种早期的金融监管（管制）理论，动机理论从金融体系与实体经济之间的关系出发，认为缺乏效率的金融市场对其他经济领域的有效率的运作是必需的。因为，人们总是寻求最大限度地实现本身利益，一旦一个发达的金融市场存在，最好的致富方法很可能是在金融市场投资，从而金融市场将过度发展，其他工业则可能被忽视。因此，应对金融市场施加严格监管和限制。

（2）社会利益论。或称市场失灵论、公共利益论，是20世纪30年代西方经济金融危机出现后提出来的影响广泛的金融监管理论，以凯恩斯为代表。这种理论认为，金融监管的基本出发点是要维护社会公众利益，而公众利益分散于千家万户、各行各业，因而维护这种利益的职权只能由国家法律授权的机构去行使。该理论为20世纪30年代大危机后各国实行广泛的金融管制提供了理论依据。

社会利益论的基点是市场不是万能的，它也存在自然垄断、社会福利损失、外部效应、信息不对称等弊端，特别是外部效应的存在，使得金融运行产生外部不经济或外在成本，使得金融个体运行所达到的个体利益目标与社会整体利益目标间存在偏差。这就需要代表社会公众利益的国家对其活动进行必要的干预，以引导和强制其活动尽量与社会公众利益保持一致，实现成本利益内在化，进而维护社会公众利益。

（3）金融风险论。该理论的主要观点是：金融业是一个特殊的高风险行业，这种特殊性决定了国家特别需要对该行业进行监管。因为，金融业特殊的高风险 方面表现在所经营对象的特殊性上——经营的不是普通商品，而是以信用为基础的货币资金（包括债券、股票、保险单等）等虚拟商品，由于信用本身包含着许多不确定性因素，这就决定了金融机构的经营具有内在的风险，一旦风险成为现实，就会动摇社会公众对金融机构的信任，从而引发金融危机；另一方面，表现为金融风险的连带性、传染性，一个金融机构陷入金融危机，往往可能在整个金融体系产生信任危机，造成风险的连锁反应，从而对一国金融乃至于国际金融带来动荡或危机。为控制金融机构的经营风险，避免发生国内外金融风险的连锁反应，需要国家对金融业实施严格的金融监管。

（4）保护债权论。该理论认为，为了有效保护债权人②的利益，需要进行金融监管。其理由是，在金融活动中由于存在信息不完全或信息不对称的情况，使得银行、证券公司、保险公司等金融机构比债权人拥有更加充分的信息，从而有可能利用这一优势条件，将金融风险或损

---

① 本部分的论述，较多地参考刘少军主编：《金融法》，270～272页，北京，中国政法大学出版社，2005；王广谦主编：《中央银行学》，258～260页，北京，高等教育出版社，1999。在此特致谢诚。

② 这里的债权人，主要是指存款人、证券持有人、投保人等。

失转嫁给债权人。因此，为防止债权人利益受损，就需要通过政府金融监管约束金融机构的行为，以保护债权人的利益。由于该理论建立在信息不对称的基础之上，所以又可称为“信息不对称论”。

(5) 法律不完备论。该理论是一种主要用于解释金融领域内需要监管的新理论，其基本观点是：现实中的任何法律都是不完备的，当法律不完备时，引入监管机构主动式执法可以改进法律效果，这比司法机构的被动执法去完善法律的效果更好，完善法律是监管者最基本的功能。不过，该理论还强调：并非在任何法律不完备时都需要引入监管者，只有当存在以下两种情况时才需要引入：一是法律特别不完备的情况；二是有害行为足够大，使得人们愿意支付监管者加给的监管成本的情况。而金融则正好符合这两方面的情况：由于金融创新使得金融法在很多情况下处于特别不完备状况；金融领域一旦出现有害行为就会拖垮整个经济。因此，对此进行监管并支付高成本是值得的。

此外，安全原则论、自律效应论等也对政府金融监管的依据作出了自己的解释。

2. 否定性理论。主要包括特殊利益论和社会选择论等。

(1) 特殊利益论。是以波斯纳、斯蒂格勒等芝加哥学派的经济学家为代表的关于政府监管的理论。该理论信奉市场机制和放任主义，认为监管政策反映的是参与政治过程中的各利益集团的要求，监管是为被监管的行业或行业的利益服务的，特别是保护主宰监管机构的一个或几个利益集团的利益，因此监管存在多方面的成本和危险，如道德风险、财富损失、屈从成本、动态成本等。该理论的提出冲击了社会利益论的理论基础，指出为保护利益而实施的监管实际上是保护了少数集团的特殊利益，且往往损害社会公共利益。因此，监管是无益的。这一理论为西方各国 20 世纪 70、80 年代放宽金融管制提供了理论依据。

(2) 社会选择论。该理论是在特殊利益论的基础上发展起来的，其代表人物是布坎南。社会选择论把经济学中“个人交换”（即“市场”）的概念移植到政治决策中，把监管看成是政治经济学体系的一部分，把政府看成是监管的供给者，把各种特殊利益看成是监管的需求者，认为政府未必就是公共利益的天然代表人，代表政府的监管人（“官僚”）本身也是具有自利性的理性“经济人”，因此，其在监管活动中很可能成为某些特殊利益集团的代表，监管往往是对不同利益集团之间的财富的再分配，是各利益集团相互讨价还价的结果。社会选择论的主要推论是“政府不一定能纠正问题，事实上反倒可能使问题恶化”。因而，需要形成规则体系、进行宪法改革以克服和纠正政府“失灵”。此种观点，对监管的法制化、宪法化产生了一定的积极作用，但从骨子里看，社会选择论是反对或至少是怀疑政府监管的。

3. 金融监管的理念——“有效监管”。或称金融监管的哲学，是指人们具有的有关金融监管的最一般、最基本的观念、思想倾向和价值追求。从金融发展史、从前述有关金融监管的理论来看，要不要进行金融监管？监管的目标是什么？监管到什么程度？以及如何进行金融监管？这些主要取决于人们对市场和政府的看法及认知程度。在自由资本主义时期，人们迷信市场，因而在理念上是反对监管，主张金融自由放任的；而在经历了 20 世纪 30 年代的大危机后，人们似乎走向了另外一极，对金融实行严格的管制。但管制造成的金融低效率及金融竞争全球化的需要，又迫使人们更深入地思考政府和市场的关系、公平与效率的关系、稳定安全与创新发展的关系，从而使金融监管发展出“有效监管”的理念。

有效金融监管理念无疑是赞成监管的，但它反对抑制金融创新、金融竞争和金融效率的过严监管，而是强调金融监管之“有效”，即金融监管一方面应该有实效，应能切实维护金融业和金融市场的安全稳健和有序竞争；另一方面金融监管应有“效率”，即金融监管的制度设计和实施，必须从成本收益的对比中找到合理性的支撑，应当以尽可能低的成本和负面影响实现金融监管的目标。[①] 缘此，本书认为有效金融监管应当：（1）因应一国经济社会发展的客观物质基础和条件，在政府监管和市场调节“两极”之间寻求某种动态平衡，即求得金融监管的范围宽窄适中、手续繁简适中、程度松紧适中，以鼓励公平、有序、创新性金融竞争；（2）根据金融业风险大、传染性强、社会影响面广的特点，应贯彻和实施以风险监管为本、审慎监管与合规监管并重，政府监管与完善法人治理、市场约束、行业自律相结合的新机制，实行多向度、全方位的金融约束与监管；（3）建立健全适当的金融监管法律框架，明确监管目标，确保金融监管机构的独立性、监管透明、监管资源的充足，完善金融监管机构的治理结构及监管机构间的信息交换和保密安排，赋权给监管机构并对其履行职责情况实施问责制；（4）在监管主体和监管对象之间动态调适、良性互动、激励相容，应根据监管对象的不同性状、规模大小、经营好坏、风险大小等实施方法有别、程度不等、量体裁衣式的金融监管；（5）针对金融行业知识密集、技术先进的特点，应加强金融监管人才培养和监管技术的开发，充分发挥专业技术人才在现代金融监管中的作用。

（三）金融监管的目标与原则

1. 目标。金融监管的目标是金融监管活动所要达到的境地和标准。有效的金融监管要求监管目标明确，并以此来检验一国金融监管实践的好坏。由于金融监管活动具有很强的实践性和历史性，其与经济发展的阶段、经济特征及金融环境是密切相关的，是具体的、有针对性的。因此，金融监管目标具有鲜明的时代特征而不能脱离特定的经济和金融发展阶段。大体而言，20 世纪以来西方发达国家的金融监管目标总体上经历了五个阶段：

一是 20 世纪 30 年代以前，金融监管主要集中在实施货币管理和防止银行“挤兑”层面上，对金融机构经营行为的管制和干预很少。

二是在 20 世纪 30 年代大危机中，大批银行等金融机构倒闭，这说明金融市场是极不完备、极不稳定的。危机过后的 30 年代～70 年代，金融监管主要以维护金融体系安全、弥补金融市场的不完备为出发点和主要内容。这时的金融监管更加倾向于政府的直接管制，放弃了自由银行制度，从法律、法规上对金融机构的具体经营范围和方式进行规制和干预。可以说，这一时期金融监管目标的核心价值是金融体系的安全优先。

三是 20 世纪 70 年代至 80 年代，金融自由化理论逐步形成，并且其影响不断扩大。“金融抑制”和“金融深化”理论是金融自由化理论的主要部分，其核心主张是放松对金融机构的过度严格管制，特别是解除对金融机构在利率水平、业务范围和经营地域选择等方面的种种限制，恢复金融业的竞争，以提高金融业的活力和效率。很显然，这一时期金融监管的核心是注重效率优先。

四是自 20 世纪 90 年代以降至 21 世纪初，墨西哥、巴西、亚洲金融危机的相继爆发，迫使人们又重新开始关注金融体系的安全性及系统性风险。因此，这时金融监管的重点逐步转向

---

① 参见朱崇实主编：《金融法教程》，2 版，37 页，北京，法律出版社，2005。

注重协调安全、稳定与效率的关系，管理金融活动与防范金融体系风险并重。①

五是2008年国际金融危机发生后，给全球经济带来了巨大的灾难。国际组织、各国政府都进一步认识到加强和改善金融监管的极端重要性。其核心内容，一是不仅注重针对单个金融机构的微观审慎监管的改进和完善，而且特别注重建立健全宏观审慎监管体制、机制，强调对系统重要性金融机构、对金融体系亲周期性的特别监管，以保障整个金融系统的稳定；二是特别强调对金融消费者权益的保护，着力加强金融消费者教育和金融消费纠纷的解决；三是扩大了金融监管的领域范围，将原来不受监管约束或仅受有限约束的影子银行（如对冲基金、私人资金池、按揭贷款公司、结构化投资实体、货币市场基金等）纳入金融监管框架，加强对外部评级机构监管、降低金融监管及金融机构对外部评级的依赖程度，改革和加强对场外衍生品市场的监管等。

为确保金融监管目标的权威性和稳定性，世界上绝大多数国家的金融法律、法规一般都会对其监管目标作出具体规定。但由于各国历史、经济、文化背景和发展的情况不同，因而体现在各国中央银行法或金融监管法中的监管目标也不尽相同。如《美国联邦储备法》开宗明义第1条就明确该法目的之一是“建立美国境内更有效的银行监管制度”，其具体目标有四：一是维持公众对一个安全、完善和稳定的银行系统的信心；二是为建立一个有效的和竞争的银行系统服务；三是保护消费者；四是允许银行体系适应经济的变化而变化。《德国信用业法（银行法）》第6条授权“联邦银行监督局监管所有的信贷机构，以保证银行资产的安全、银行业务的正常运营和国民经济运转的良好结果”。我国台湾地区“中央银行法”把“促进金融稳定”作为金融监管当局的首要目标。②

尽管由于国情和发展阶段的不同，各国（或地区）法律对金融监管目标的表述及实际做法有一定差异，但总的来看：保护金融机构的安全、稳健经营，维护金融市场秩序，限制金融领域的不正当竞争，维护金融业的公平、有序竞争，以保护存款人、投资者和社会公众利益，从整体上维护金融体系的安全和金融市场的秩序，促进金融、经济的稳定、健康发展，应该说是现在各国实施金融监管的共同目标。

在我国，对金融监管的目标作出明确规定的法律是2003年12月通过、2006年10月修订的《中华人民共和国银行业监督管理法》，该法第3条明确规定：“银行业监督管理的目标是促进银行业的合法、稳健运行，维护公众对银行业的信心。银行业监督管理应当保护银行业公平竞争，提高银行业竞争能力。”此外，该法和其他诸多法律、法规的第1条“立法宗旨”也都体现和表征了金融监管的目标。如《银行业监督管理法》第1条规定：“为了加强对银行业的监督管理，规范监督管理行为，防范和化解银行业风险，保护存款人和其他客户的合法权益，促进银行业健康发展，制定本法。”《中国人民银行法》第1条、第2条规定：“为了确立中国人民银行的地位，明确其职责，保证国家货币政策的正确制定和执行，建立和完善中央银行宏观调控体系，维护金融稳定，制定本法。”“中国人民银行在国务院领导下，制定和执行货币政策，防范和化解金融风险，维护金融稳定。”《商业银行法》第1条规定：“为了保护商业银行、存款人和其他客户的合法权益，规范商业银行的行为，提高信贷资产质量，加强监督管理，保

---

① 参见何德旭：《金融监管：世界趋势与中国的选择》，载《管理世界》，2003（9）。

② 参见张忠军：《金融监管法论——以银行为中心的研究》，27页，北京，法律出版社，1998。

障商业银行的稳健运行，维护金融秩序，促进社会主义市场经济的发展，制定本法。”《外资银行管理条例》第1条规定：“为了适应对外开放和经济发展的需要，加强和完善对外资银行的监督管理，促进银行业的稳健运行，制定本条例。”《证券法》第1条规定：“为了规范证券发行和交易行为，保护投资者的合法权益，维护社会经济秩序和社会公共利益，促进社会主义市场经济的发展，制定本法。”《保险法》第1条规定：“为了规范保险活动，保护保险活动当事人的合法权益，加强对保险业的监督管理，促进保险事业的健康发展，制定本法。”《外资保险公司管理条例》第1条规定：“为了适应对外开放和经济发展的需要，加强和完善对外资保险公司的监督管理，促进保险业的健康发展，制定本条例。”《反洗钱法》第1条规定：“为了预防洗钱活动，维护金融秩序，遏制洗钱犯罪及相关犯罪，制定本法。”从这些金融监管法律、法规的规定中，我们可以归纳出我国金融监管的目标主要包括：

（1）保护金融消费者（包括存款人、投资者和其他社会公众等）的合法权益，维护公众对金融业的信心。

（2）促进金融业的合法、稳健运行，防范和化解金融风险，维护金融体系安全和金融市场稳定。

（3）维护公平竞争秩序，促进金融业的健康、有序发展，提高金融业竞争能力。

2. 原则。金融监管的原则是金融监管主体在进行金融监管的过程中所应遵守的基本行为准则，是实现金融监管目标的基本要求和可靠保证。目前，在我国有关金融法律、法规中，除《银行业监督管理法》对银行业监管的原则有明确规定外①，其他法律如《中国人民银行法》、《保险法》、《证券法》等均只有语焉不详的零星规定。本书认为，为实现前述金融监管目标，我国金融监管应遵循以下六项原则：

（1）依法监管原则。依法行政是建设社会主义法治国家的应有之义，金融监管作为公共行政之一种，当然也应遵循依法监管这一原则。而且在事实上，我国《银行业监督管理法》第4条、第5条，《证券法》第7条，《保险法》第9条的规定，都在不同程度上确认了这一原则。

依法监管原则要求：1）监管主体地位和职权法定，以确保金融监管独立、权威而不受监管对象、其他单位和个人的干涉；2）金融监管措施、程序法定，以防止金融监管主体滥用职权，维护监管对象的合法权益；3）对金融监管应有平衡制约机制，对违法监管行为应可依法救济和问责。

（2）合理适度原则。是指金融监管行为应符合金融监管的理念和目标，应能在保障金融安全稳健的前提下，充分发挥金融市场规律和竞争淘汰机制的作用，鼓励金融创新，鼓励和维护公平竞争，增进金融效率，努力实现金融监管范围宽窄适中、监管手续和程序繁简适中、监管措施和力度松紧适中。

合理适度原则要求金融监管：1）应充分尊重金融市场运行规律，在金融常态下保持监管中立，谨慎使用法律赋予的自由裁量权，而不能以监管扭曲市场甚或替代市场，以鼓励金融创新和竞争；2）在金融市场失序、金融行为失范、发生金融异动（常）时，应能反应灵敏、应对及时、方法得当、措施有力，必要时应可采取特别措施，以维护金融稳健；3）应对监管对象实行分级分类“差别化”监管，建立健全动态调适、激励相容的金融监管运行体制机制，以

① 《银行业监督管理法》第4条规定：“银行业监督管理机构对银行业实施监督管理，应当遵循依法、公开、公正和效率的原则。”

实现监管者与被监管者行为之间的良性互动，提高金融监管的效率和效果；4）各金融监管机构之间、监管机构与金融行业组织之间、各国监管当局之间应逐步建立健全监管协调、合作机制，避免监管真空和重复监管，以适应金融全能化、全球化发展的要求。

（3）公开原则。或称金融监管的“透明度原则”，是指有关金融监管的目标、框架、决策及依据、数据和其他信息等需要全面、方便、及时地告知社会公众和有关当事人，以保障社会公众和有关当事人对监管过程和监管结果的知情权。

贯彻公开原则，提高监管透明度：1）有助于提高监管法律、法规质量和监管操作水平，减少监管行为的随意性，从而减少市场的不确定性，维护金融机构等当事人和社会公众的利益。2）可以提高监管机构的公信力，支持金融监管其他目标的实现。如通过披露干预时间、干预方式等，可以有效阻止来自政治层面和被监管机构的干预，保证监管机构的独立性；通过向政府和社会公开金融监管机构的行为可以直接支持问责制；通过透明度建设还可以限制监管人员的私利，防止监管人员寻租；监管的透明度将会促进金融机构管理层和所有人审慎经营和加强风险控制。

（4）公正原则。公正原则是指金融监管主体在实施金融监管活动的过程中必须站在公平正直的立场上，无偏无私，秉公办事，全面考虑金融市场各参与者的利益，保证交易各方在交易过程中的平等地位，保障正常的金融市场交易秩序，维护交易各方当事人的合法权益。

公正原则要求金融监管主体：1）应尊重市场规则，不得干预正常的金融市场行为；2）应客观公正地对待各方当事人，不得采取歧视性监管政策，不得徇私枉法；3）监管主体及其工作人员除有法律依据外，不得在其监管领域范围内从事金融交易活动，不得接受不正当利益，以保证其站在公正立场上处理监管事务。

（5）效率原则。效率原则是有效金融监管理念的必然要求，是确保金融业和金融市场生机活力的重要保证，同时也为防止金融监管过度所必需。金融监管的效率原则包括两方面的内容：一是金融监管应讲求经济效率，即金融监管不应导致金融机构效率的丧失，不应压制金融创新和金融机构间正当竞争的开展，而是要通过规范、引导和鼓励等来提高金融业的整体效率，以增进社会整体的福利；二是金融监管应讲求行政效率，即金融监管应以尽可能小的成本（包括执行成本和遵循成本）达到最大化的金融监管目标和效果。如果监管成本超过从安全保障体系和制度中所获取的收益，则此种监管行为就成为金融行业竞争发展的阻碍和负担，而应考虑放弃。

效率原则应贯穿于金融监管对象范围的选择、金融监管制度和程序的设计、监管措施和监管力度的采取等诸多方面。

（6）统一系统监管原则。统一系统监管原则，要求将金融监管职权集中统一，避免政出多门；将金融监管对象和内容、监管领域作为一个整体进行系统监管，避免监管真空和重复监管，防止监管套利，确保整体金融体系安全稳健。其具体含义主要应包括以下四个方面：一是指各金融监管机构之监管职能部门的监管职责应分工明确、协调统一；二是各金融监管机构对全国相关金融行业或市场实行集中统一监管[①]，这种监管的对象和内容不仅及于金融各领域的

① 对此，我国《证券法》第7条明确规定：“国务院证券监督管理机构依法对全国证券市场实行集中统一监督管理。”此外，《银行业监督管理法》第2条、《保险法》第9条也分别规定：“国务院银行业监督管理机构负责对全国银行业金融机构及其业务活动监督管理的工作。”“国务院保险监督管理机构依照本法负责对保险业实施监督管理。”

经营性金融机构及其业务，而且也包括对没有取得此类经营资格的机构、个人非法经营此类金融业务的查处，严格金融各市场的准入规则，维护金融市场秩序；三是金融监管机构在对某一金融机构进行监管时，也要贯彻统一系统监管原则，不仅要对该机构进行合规性监管，更要着眼于金融业整体风险防范和控制的目标，加强对该机构从市场准入、持继经营直至市场退出进行持续系统的风险监管，要将监管对象和内容作为一个有机整体，综合运用多种手段，建立科学的金融监管指标体系，对金融机构风险进行识别、计量、监测和控制；四是鉴于金融混业和金融创新的发展，金融业务的交叉和相互渗透，各金融市场的联系和互动的加强，各金融监管机构相互间应建立分工合作、信息共享、协调配合的监管协调体制和制度，形成对金融重大事件的快速反应机制，实现对金融业整体的统一性、系统性监管。

（四）金融监管法的概念与立法概况

金融监管法是指由国家制定或认可的，明确规定金融监管机关的法律地位、职责职权、监管措施和监管程序，调整金融监督管理关系的法律规范的总称。金融监管法作为金融法的重要组成部分，它的制定和实施有利于确保金融监管行为适时、适度、规范进行，防止监管过度和不足等“失灵”现象，保护金融市场秩序和金融运行效率，实现金融监管的理念和目标。

世界各国的金融监管立法一般均包含在其中央银行法、银行法及其他金融法中，如美国的《联邦储备法》、《国民银行法》、《存款保险公司法》、《金融服务现代化法》，日本的《日本银行法》、《普通银行法》、《证券交易法》，德国的《信用制度法》、《证券交易法》，英国的《英格兰银行法》、《金融服务和市场法》，法国的《法国银行法》、《金融活动现代化法令》等。但各国也有不少专门的金融监管立法，如美国1966年的《金融机构监管法》、1978年的《金融机构管理和利率控制法》、1989年的《金融机构改革、复兴和实施法》，日本1997年的《金融监察厅设置法》，德国2002年的《统一金融服务监管法》、《联邦金融监管局法》，法国2003年的《金融安全法》等。我国的情况也是如此，除有专门的金融监管立法《银行业监督管理法》外，我国有关金融监管方面的立法规定还散见于《中国人民银行法》、《证券法》、《保险法》、《商业银行法》、《反洗钱法》、《外资银行管理条例》、《外资保险公司管理条例》等法律、法规中。

二、金融监管体制

（一）金融监管体制的概念及类型

金融监管体制是指一国有关金融监管机构的设置，各自职责、权限的划分及其协作配合的一种制度安排。目前，世界各国的金融监管体制大致有四种类型。

1. 高度集中统一的金融监管体制，即由单一的监管机构负责金融监督管理。这种金融监管体制主要是因应金融混业、金融全能化发展而形成的。早在20世纪80年代后期，北欧的挪威、丹麦和瑞典即已开始将分散的监管机构合并，成立综合性的金融监管机构，实行统一监管。1996年以后，日本和韩国也转向这种模式。而1997年英国的统一金融监管体制改革最为著名，并最终成立了为《2000年金融服务和市场法》所确认的超级金融监管机关——英国金融服务管理局。[①] 目前世界上越来越多的国家采用这种体制，包括德国、日本、韩国、新加坡、比利时、瑞士、挪威、冰岛、瑞典、丹麦等国政府均设立专门机构或由中央银行统一负责金融监管。

2. 双层多头的金融监管体制，即在中央和地方两级设立多家管理机构共同负责金融监管工作。这种体制多存在于联邦制国家，以美国为代表。美国在联邦一级就有财政部下设的金融稳定监督委员会、金融研究办公室、联邦保险事务办公室、货币监理局，及美国联邦储备体系、联邦存款保险公司、消费者金融保护署、证券交易委员会、联邦住宅贷款银行局、全国信用社管理局等监管机构；在州一级，各州均设有银行管理委员会等金融监管机构，分工协作，共同管理。

3. 单层多头的金融监管体制，即只在中央一级设立几家管理机构分别进行金融监管。法国、波兰、中国等采取此种模式。如法国设有信贷机构委员会、银行委员会、银行规章委员会、法兰西银行、金融市场管理局等机构，共同负责监管工作；我国设有中国人民银行、银监会、证监会、保监会等机构来负责金融监督管理工作。

4. 混合金融监管体制。或称"不完全统一监管体制"，这种监管模式是适应金融混业经营发展的需要，对高度统一监管和多头分业监管体制的一种改造模式。又可分为牵头监管和"双峰式"监管模式。前者是指在多头监管主体之间建立及时磋商和协调机制，为防止混业中的监管真空和监管机构相互扯皮，特别确定某一监管机构为主或作为牵头监管机构负责不同监管主体之间的协调工作。巴西属于较典型的牵头监管模式。后者是指根据监管目标设置两类金融监管机构，一类监管机构负责对所有金融机构进行审慎监管，控制金融体系的系统风险，以确保金融安全；另一类机构则对不同金融业务行为的规范运作进行监管，以提高金融服务质量，保护消费者利益。澳大利亚、荷兰、奥地利是这种监管模式的代表（参见［延伸阅读］）。

［延伸阅读］　　不同金融监管体制模式之比较

典型的高度集中统一监管模式是指对不同的金融行业、金融机构和金融业务均由一个统一的监管机构负责监管。该监管主体可以是央行也可以是其他专设机构。统一监管模式的优势在于：(1) 成本优势。统一监管可节约技术和人力的投入，尤其可大大降低信息成本，改善信息质量，获得规模效益。(2) 改善监管环境。通过提供统一的监管制度，避免使被监管者面临不同的监管制度约束；避免被监管者因多重机构重复监管及不一致性而无所适从。(3) 适应性强。统一监管模式可适应金融创新日新月异的要求，避免监管真空，降低新的系统性风险；也可减少多重监管制度对金融创新的阻碍。统一监管模式的缺点是：缺乏监管竞争性，易导致官僚主义。

---

① 不过，2008年国际金融危机发生后，英国的金融监管体制依据女王批准的《2012年金融服务法案》的规定，于2013年4月转而实施"准双峰"监管模式——即由英格兰银行理事会下属委员会金融政策委员会负责宏观审慎管理、由原金融服务局拆分成立的独立操作的英格兰银行附属机构审慎监管局负责进行微观审慎监管，由原金融服务局拆分成立的独立机构金融行为监管局负责对整个金融行业服务行为进行监管、对审慎监管局监管范围外的所有金融机构进行微观审慎监管。

双层多头、单层多头监管模式总体上均属于分业监管模式。该监管模式是在银行、证券和保险三个业务领域内分别设立专门监管机构，负责各行业的审慎监管和业务监管。其优点在于：(1) 具有监管专业化优势，职责明确，分工细致，有利于达到监管目标，提高监管效率。(2) 具有竞争优势。尽管监管对象不同，但不同监管机构之间存在竞争压力。其缺点在于：(1) 多头监管机构之间难于协调，可能引起“监管套利行为”。(2) 若设立多重目标或不透明的目标，容易产生分歧，使被监管对象难于理解和服从。(3) 机构庞大，监管成本较高，规模不经济。

目前，国际上对统一监管和分业监管孰优孰劣争论很多。赞同统一监管者认为该模式：(1) 既可减少监管执行和遵循成本，也可更为有效集中地利用有限的监管技术，因而具有规模经济。(2) 更具有一致性和协调性，可更有效地利用监管资源（如统一的数据库和统一的标准程度）监管被监管者所有的经营业务，更好地发现其风险所在。(3) 可避免多头分业监管容易引发的不公平竞争、不一致性、重复或交叉监管、监管分歧等问题。(4) 统一监管机构职责明确固定，可防止不同机构之间互相推卸责任。而反对统一监管者则认为：(1) 在实践中，统一的全能监管机构并不一定比目标明确的专业监管机构更为有效。(2) 尽管金融机构日益多样化，传统的职能已经消失，但在现在及可预见的将来，银、证、保“三业”仍将保持重要的区别。统一的或全能的监管机构不可能有明确的目标和合理的监管，也不可能在不同类型的机构和业务之间制定必要的区别。(3) 更危险的是，统一监管机构权力巨大，极易出现极端的官僚主义，可能导致损失潜在的有价值的信息，对潜在问题反应迟缓。相反，多样化的分业监管机构和不同程度的监管竞争更具有优势。

不完全统一监管模式是在金融业综合经营体制下，对完全统一和完全分业监管的一种改进型模式。这种模式可按监管机构不完全统一和监管目标不完全统一划分。具体形式有牵头监管和“双峰式”监管模式。巴西作为牵头监管的典型，其国家货币委员会是牵头监管者，负责协调中央银行、证券和外汇管理委员会、私营保险监理署和补充养老金秘书局分别对商业银行、证券公司和保险公司进行监管。而在“双峰式”监管模式方面，澳大利亚历史上由中央银行负责银行业的审慎监管。自 1998 年 7 月开始实施不完全统一监管模式的改革，新成立了两个跨部门监管机构。其中，澳大利亚审慎监管局负责所有金融机构的审慎监管，证券投资委员会负责对证券业、银行业和保险业的业务经营监管。荷兰历史上实行分业监管体制，2002 年起，荷兰将对金融机构的审慎监管同对金融业务行为规范监管分开，由不同部门负责，该种改革最终于 2004 年定型。目前，荷兰中央银行负责对整个金融部门——银行、保险、证券等进行审慎监管，而金融市场管理局负责整个金融部门的金融业务行为规范监管。而英国从 2014 年 3 月开始，从总体上讲是由英格兰银行下属或者附属的金融政策委员会、金融审慎监管局进行宏微观审慎监管，由独立的金融行为监管局对整个金融行业服务行为进行规范监管。

不完全统一监管模式的优势是：(1) 与统一监管模式相比，在一定程度上保持了监管机构之间的竞争与制约作用；各监管主体在其监管领域内保持了监管规则的一致性，既可发挥各个机构的优势，还可将多重机构的不利最小化。(2) 与完全分业监管模式相比，该模式降低了多重监管机构之间互相协调的成本和难度；对审慎监管和业务监管分别进行，避免出现监管真空或交叉及重复监管。(3) 通过牵头监管机构的定期磋商和协调，相互交换信息和密切配合，降低监管成本，提高监管效率。这也是该模式的最大优势。

历史地看，金融监管是伴随近代银行的产生而开始的。在中央银行制度建立以前，金融监管主要体现在商业银行自己的内部管理上，而在中央银行制度建立以后，金融监管成为中央银行的重要职责之一。由于银行业在金融业中的特殊重要地位及与保险业、证券业相对独立的发展，故在相当长的时期内，对金融业的监管是由或主要是由中央银行进行的，从而形成中央银行统一监管或者以中央银行监管为主的分业监管体制。而且这种监管是以政府高度管制为特色的。自20世纪70、80年代特别是90年代以来，由于金融混业和全球化发展，金融创新加快和金融危机频发，世界各国在放宽金融管制的同时，都在不同程度上改革了金融监管体制，总的趋势是加强金融监管，建立一个外在于中央银行的权威、独立的监管机构，采用集中统一的金融监管体制。可以说英国、日本、韩国、德国等先后完成了这种监管体制的改革。但客观全面地看，目前世界各国中，多头分业监管仍然是主流，而真正综合统一监管的国家只有十多个，并且即使在设立综合监管机构统一监管的国家，中央银行都在法律上或者在事实上直接或间接地拥有一定的金融监管权力。尤其重要的是，2008年国际金融危机爆发以后，各国都注重加强对整个金融体系的宏观审慎监管体制机制的建设。在此背景之下，无论各国是否设置专门的宏观审慎监管机构，中央银行在金融监管方面尤其是宏观审慎监管方面的职能都有进一步回归和加强的趋势，如美国、英国的监管改革中美联储、英格兰银行的监管职能都得到了显著的提升。总之，由于各国经济特征的不同、金融系统的复杂多样性，各国金融监管的体制模式也有很大的差异，并不存在世界普适的最佳监管模式，关键在于应按有效金融监管的要求，根据自身国情选择适合于本国的监管体制。

无论采取何种监管模式，各国金融法赋予金融监管机构履行监管职能的权力，归结起来，一般包括机构审批权，业务管理权，人事、财务管理控制权和行政制裁权等四方面的权力。

（二）中国的金融监管体制

新中国的金融监管体制是伴随着金融业的改革和发展而逐步演变的。在1984年以前，由于我国实行的是“大一统”的金融体制，中国人民银行既是金融管理机关同时又是金融企业，故在金融实践中我国并不存在现代意义的金融监管。在1984年到1998年间，我国奉行的是以中国人民银行为核心的金融监管体制，人民银行既是国家中央银行，同时又是银行业、证券业、保险业的监管者，人民银行同时兼有金融调控者和金融监管者的职能。而自1998年始，鉴于亚洲金融危机的严重局面和我国的金融现实情势，党中央、国务院决定对金融体制进行重大改革，实施中国人民银行与证监会、保监会的分业监管。2003年又将对银行业金融机构的监管职能交由新成立的银监会行使，但人民银行依然保留了一定的金融监管职能，从而最终在我国确立了目前仍在实行的多头分业监管体制。

目前我国的金融监管机构包括银监会、证监会、保监会和人民银行四家。它们在金融监管方面的职能划分是：银监会负责对全国银行业金融机构及其业务活动进行监督管理[①]；证监会负责对证券类金融机构及其业务活动进行监督管理；保监会负责对保险类金融机构及其业务活动进行监督管理；人民银行则负责对货币流通、银行间外汇市场、银行间同业拆借市场、银行间债券市场及黄金市场等进行监督管理。同时，法律还规定：国务院应建立金融监督管理协调

---

① 银行业金融机构是指在中国境内设立的商业银行、城市信用合作社、农村信用社等吸收公众存款的金融机构以及政策性银行。在中国境内设立的金融资产管理公司、信托投资公司、财务公司、金融租赁公司以及经银监会批准设立的其他金融机构也由银监会依法监督管理。

机制；银监会应当和人民银行、保监会、证监会等建立监督管理信息共享机制。

客观地说，我国现行金融监管体制与金融发展混业化、集团化、全球化发展趋势是有一定差距的，与国际金融监管的潮流也有一定的背离，因而需要在未来进一步加以改革。从短期看，由于金融改革的复杂性和金融监管体制的历史路径依赖，我国金融监管体制目前不宜作大的改变，而应在增强各监管机构独立性的同时完善更大范围的金融监管协调机制，并注重加强金融机构的法人治理和内控机制建设，注重金融行业自律组织和社会审计机构作用的有效发挥。从长远看，我国应当建立统一集中的金融监管体制，以提高监管效率，防范金融系统风险，更好地保护金融消费者的利益。

三、金融监管的对象和内容

金融监管的对象，从横向看，应包括对金融机构、金融业务和金融市场的监管；从纵向看，应包括对金融机构和金融市场的设立、变更、终止和金融机构业务经营活动的“全程”监管。但在实践中，金融市场通常表现为一种无形市场，对这种无形市场的监管主要是通过对金融机构业务活动的监管实现的。即使是有形市场，如证券交易所、证券交易中心等，本质上仍是一种金融机构，对这种有形市场的监管，也是通过对机构的审批和对其业务活动的监管实现的。可见，对金融市场的监管，实际上包含于对金融机构及其金融业务活动的监管之中了。

金融监管的内容，从金融监管措施的性质和作用来看，包括三个方面：(1) 为保障金融机构能稳健经营管理而制定的预防性措施，如机构审批、业务管理、稽核检查等；(2) 当金融业发生信用危机时采取“紧急援救”措施，如以惩罚性利率提供资金，直至依法接管金融机构；(3) 在金融机构破产或倒闭时，为保护存款人等债权人的利益而采取的“善后”措施，如合并、重整、存款保险制度等。

换一个角度看，金融监管的内容还可以分为金融业市场准入监管和金融机构业务监管两方面。这两方面的监管均是持续监管的过程，且两者之间存在紧密联系，决然不可分割。由于金融机构业务监管的内容将在本章后三节中加以论述，此处主要介绍一下市场准入监管问题。

鉴于金融业的高风险性和社会公共性，从全球范围来看对金融业的市场准入管理无疑是所有行业中最严格者之一。对金融机构和金融市场的设立、变更、终止以及金融业从业人员资格的监管即属于金融市场准入监管。

市场准入包括两层含义：(1) 从国际层面而言，是指一国允许外国货物、服务及资本参与本国国内市场的程度，也即对外开放市场问题。市场准入是世贸组织《服务贸易总协定》的一项原则，我国作为世贸组织成员也要受该协定的约束，按照我国加入世贸组织议定书中所作出的承诺，向外资开放我们的金融市场，同时依法对外资在中国金融市场的进入实施严格的准入管理。(2) 从国内层面而言，市场准入是指对国内资本及人员进入金融市场从事金融活动的管理。过去，我国对金融业的市场准入一直实行非常严格的行政管制，金融业长期实行国家垄断经营，即使是其后出现的股份制金融机构也多属变相的国有专营或至少是国有资本绝对控股，民间资本（除个案外）进入限制极严，对金融业从业人员的资格管理类同一般干部管理，而不是真正的金融从业资质管理。由此带来了一系列弊病，需要我们在金融市场准入管理改革中加以改变和克服。

市场准入的监管应该是持续的监管，即不仅要监管金融机构的设立，也要监管金融机构的变更（包括股权变更）和通过各种方式实施的机构“实际控制人”变化，还要监管金融机构的市场退出、撤销、终止等。另外，对非法进入金融市场从事金融业经营活动的主体、行为，以及金融机构违法出租、出借金融许可证，或通过以各种合法形式掩盖非法目的的合同使不具有经营资格的主体实际上从事金融业经营活动等行为、现象的查处，发布准入禁令，吊销经营资质等，当然也属于市场准入监管的内容。而这种动态的市场准入监管无疑是和对金融机构的业务监管分不开的。

四、金融监管的基本方法

合理选择和正确运用金融监管方法是实施有效金融监管、达到金融监管目标的重要保障。综观各国立法关于金融监管方法的规定，主要有以下三种：

1. 现场检查。指金融监管机关派出检查人员，实地去各类金融机构进行检查。采用这种制度的前提是要有比较完整的检查机构和规范化的检查制度。主要依靠这种方法实施监管的国家有美国、法国、意大利等。美国的现场检查制度比较完备，原则上现场检查每年应进行一次，最长时间间隔不得超过18个月；检查机构须现场检查银行对法律、规章的遵守情况，评价银行的经营状况和管理质量，并指出需要纠正的不当行为；检查之后要在资本充足程度、资产质量、经营管理能力、收益和盈利能力、流动性水平等方面进行评级，并据此对银行的整体状况作出综合评级；检查报告的副本要送银行董事会征求意见。同时，作为对现场检查的补充，美国还通过计算机系统对银行进行非现场检查。

2. 非现场检查。即通过对金融机构财务报表的分析及其他有关书面报告的评判来执行监管职能。惯常采用这种方法的国家有英国、新西兰、澳大利亚等。英格兰银行主要是通过对被监管的金融机构报送的各种统计数据、报表和其他资料进行分析、监管。特定情况下，也可以派人对金融机构及其持股公司、附属企业和关联企业进行调查，即现场检查。

3. 聘用外部审计。指金融监管机构通过聘请外部独立审计师对金融机构进行监控。采用这种方法的国家主要有瑞士、德国、比利时等。

五、金融监管的协调机制

如前所述，我国现行金融监管总体上看是“四龙治水”的多头分业监管体制。这种体制存在成本高、监管重复、监管缺位、不能适应金融创新与金融混业发展需要等弊病，监管规则和监管实践中的条块切割、沟通不足，严重影响有效金融监管的实现。因此，这些机构之间应该加强金融监管的协调和合作，建立各机构间的信息共享机制和金融稳定的协调机制，加快理顺彼此间的监管合作关系。

事实上我国现行法律对这种协调机制定有明文。如《中国人民银行法》第9条规定：“国务院建立金融监督管理协调机制，具体办法由国务院规定。”第35条第2款规定：“中国人民银行应当和国务院银行业监督管理机构、国务院其他金融监督管理机构建立监督管理信息共享机制。”《银行业监督管理法》第6条规定：“国务院银行业监督管理机构应当和中国人民银行、国务院其他金融监督管理机构建立监督管理信息共享机制。”2006年1月1日开始实施的《证券法》第185条也规定："国务院证券监督管理机构应当与国务院其他金融监督管理机构建立监督管理信息共享机制。"此外，鉴于中国人民银行在承担一定金融监管职能时可能与中国银监会对银行业金融机构的监管发生交叉，2003年12月通过的《银行业监督管理法》和修订后的《中国人民银行法》、《商业银行法》三部法律也为解决此类问题作出了一定的制度安排。而在监管实践中，中国银监会、中国证监会、中国保监会曾经召开过两次金融监管联席会议，2003年9月18日召开的首次联席会议还讨论通过了《中国银行业监督管理委员会、中国证券监督管理委员会、中国保险监督管理委员会在金融监管方面分工合作的备忘录》，就金融监管协调合作机制的指导原则、职责分工、信息收集与交流和工作机制等进行了规定（参见[阅读链接]）。

[阅读链接]　**监管合作备忘录的主要内容**

按《中国银行业监督管理委员会、中国证券监督管理委员会、中国保险监督管理委员会在金融监管方面分工合作的备忘录》的规定，金融监管合作机制的主要内容有：(1) 按照分业监管、职责明确、合作有序、规则透明、讲求实效的原则，确立了对金融控股公司的主监管制度，即对金融控股公司内相关机构、业务的监管，按照业务性质实施分业监管，而对金融控股公司的集团公司可依据其主要业务的性质，归属相应的监管机构负责。(2) 明确三家监管机构对其监管对象的信息收集与交流制度。三家监管机构分别向其监管对象收集信息和数据，并负责统一汇总、编制各类金融机构的数据和报表，按照国家有关规定予以公布。(3) 明确就重大监管事项和跨行业、金融控股集团的监管、跨境监管中复杂问题及时进行磋商。(4) 建立每季度召开联席会议的工作机制和讨论、协商具体专业监管问题的经常联系机制。切实加强银监会、证监会、保监会之间的政策沟通与协调，对金融发展和创新中出现的问题，三方通过联席会议和经常联系机制互通信息、充分讨论、协商解决、鼓励金融创新、控制相关风险。①

不过，该监管合作备忘录存在立法层次不高、人民银行缺席等弊病，因而实际发生的效果并不十分明显。2013年8月15日，国务院针对《中国人民银行关于金融监管协调机制工作方案的请示》，批复同意在我国建立由中国人民银行牵头的金融监管协调部际联席会议制度，从而使《中国人民银行法》第9条规定的金融监管协调机制得到一定程度的制度化落实（参见[延伸阅读]）。考虑到我国金融业国有资本比重大及国家财政、发展规划等宏观经济政策与金融稳定的紧密关系，本书认为，国务院应履行《中国人民银行法》赋予的职责，制定更加规范的行政法规就包括国家发改委、财政部、"一行三会"在内的更大范围的金融监管协调机制作出制度性规定，以便使金融监管合作更富有成效。

---

① 参见《金融监管协调合作机制建立》，载中国证券报，http：//www.china.com.cn/finance/2003-09/19/content-5407114.htm。

[延伸阅读]　我国金融监管协调部际联席会议制度

金融监管协调部际联席会议制度，是我国为加强金融监管协调、保障金融业稳健运行而建立的由中国人民银行牵头组织，由银监会、证监会、保监会、国家外汇管理局等监管机构参与的金融监督管理协调机制。我国2003年12月第十届全国人民代表大会常务委员会第六次会议修订通过的《中国人民银行法》增订第9条规定："国务院建立金融监督管理协调机制，具体办法由国务院规定。"此外，《中国人民银行法》、《银行业监督管理法》、《证券法》、《保险法》等法律都规定人民银行、国务院其他金融监管机构之间应建立金融监督管理信息共享机制。

事实上，我国金融监管协调机制也即金融监管部门的分工合作机制早在2000年即已开始。其时中国人民银行、证监会和保监会以三方监管联席会议的方式，每季度碰头讨论有关证券公司融资、保险资金入市、信托投资公司从事证券业务等方面的监管合作事宜，以避免重复监管、交叉监管和监管真空的出现。2003年4月底银监会成立之后，三方监管联席会议中央行一方换成了银监会，三方于2003年6月签署了《中国银行业监督管理委员会、中国证券监督管理委员会、中国保险监督管理委员会在金融监管方面分工合作的备忘录》，明确了金融监管分工合作框架和协调机制。当年9月，第一次联席会议召开并明确例会每季度召开一次。不过第二次例会召开已是次年3月。此后，监管联席会议再没有召开过。停滞四年多之后，金融监管部际联席会议在2008年再一次重新启动。依据当年8月14日下发的《国务院办公厅关于印发中国人民银行主要职责、内设机构和人员编制规定的通知》，也即关于人民银行的"三定方案"，央行将会同银监会、证监会和保监会共同建立金融监管协调机制。但由于各部委意见不一，在2008年的金融监管部际联席会议二次启动中，央行并没有获得话语权，金融监管协调机制并未有效运作，中国金融业分业监管的格局所带来的弊端没能得到有效解决。

2008年国际金融危机爆发后，在国际金融监管更加注重宏观审慎监管、更加重视维护整个金融体系稳定的大背景下，人民银行在金融监管中的重要地位和作用日益受到重视，为此，国务院针对《中国人民银行关于金融监管协调机制工作方案的请示》，于2013年8月15日批复同意在我国建立由人民银行牵头的金融监管协调部际联席会议制度，从而使《中国人民银行法》第9条规定的金融监管协调机制得到一定程度的制度化落实。按国务院批复中所附附件——《金融监管协调部际联席会议制度》之规定，金融监管协调部际联席会议由人民银行牵头，成员单位包括银监会、证监会、保监会、外汇局，必要时可邀请发展改革委、财政部等有关部门参加。人民银行行长担任联席会议召集人，各成员单位主要负责同志为组成人员。联席会议联络员由成员单位有关司局负责同志担任。部际联席会议的主要职责和任务是：(1) 货币政策与金融监管政策之间的协调；(2) 金融监管政策、法律法规之间的协调；(3) 维护金融稳定和防范化解区域性系统性金融风险的协调；(4) 交叉性金融产品、跨市场金融创新的协调；(5) 金融信息共享和金融业综合统计体系的协调；(6) 国务院交办的其他事项。部际联席会议的工作规则是：联席会议重点围绕金融监管开展工作，不改变现行金融监管体制，不替代、不削弱有关部门现行职责分工，不替代国务院决策，重大事项按程序报国务院；联席会议通过季度例会或临时会议等方式开展工作，落实国务院交办事项，履行工作职责；联席会议建立简报制度，及时汇报、通报金融监管协调信息和工作进展情况。部际联席会议的工作要求是：人民银行要切实发挥好牵头作用，银监会、证监会、保监会、外汇局等成员单位要积极参加，相互支持，加强沟通配合，形成合力，确保联席会议制度有效运转。

第二节 银行业监督管理法

一、中国银监会的监管对象和主要职责

为加强对银行业的监督管理，防范和化解银行业风险，促进银行业健康发展，根据2003年3月十届全国人大一次会议批准的《关于国务院机构改革方案的决定》，国务院决定成立中国银行业监督管理委员会专司对银行业金融机构的监督管理。同年4月26日，十届全国人大常委会第二次会议正式通过了《全国人民代表大会常务委员会关于中国银行业监督管理委员会履行原由中国人民银行履行的监督管理职责的决定》，据此，中国银行业监督管理委员会（中国银监会）于同月28日正式成立并开始履行职责。同年12月十届全国人大常委会第六次会议通过、自2004年2月实施的《中华人民共和国银行业监督管理法》（以下简称《银行业监督管理法》）① 从规范银行业监管行为的角度，具体规定了银行业监管机构、监管对象、监管目标和原则、监管职责和措施、法律责任等内容，从而为银监会对银行业金融机构的监管提供了稳定长效的法律依据。

《银行业监督管理法》一方面明确规定了银监会的监管对象、监管职责，另一方面根据我国银行业的实际情况，特别是加入WTO后银行业面临的严峻挑战，在总结金融监管改革实践经验的基础上，借鉴吸收了1997年9月巴塞尔银行监管委员会制定的《有效银行监管核心原则》，将以往对银行业金融机构的单一合规监管，改变为合规监管和风险监管并重，重点规定了完善监管制度、强化监管手段方面的内容；并对建立银行业突发风险的发现、报告和处置制度等方面的内容也作了明确规定。

（一）中国银监会的监管对象

《银行业监督管理法》明文规定：银监会负责对全国银行业金融机构及其业务活动监督管

---

① 2006年10月31日，根据金融监管实践的需要，十届全国人大常委会第二十四次会议表决通过了《关于修改〈中华人民共和国银行业监督管理法〉的决定》。修订后的《中华人民共和国银行业监督管理法》赋予了银行业监管机构对银行业金融机构以外的相关单位和个人进行调查等权力，以获取有关资料和信息，打击洗钱违法、犯罪行为，有效防范银行业风险，促进银行业的合法、稳健运行。

理的工作。该法所称银行业金融机构，是指在中国境内设立的商业银行、城市信用合作社、农村信用合作社等吸收公众存款的金融机构以及政策性银行。对在中国境内设立的金融资产管理公司、信托投资公司、财务公司、金融租赁公司以及经银监会批准设立的其他金融机构的监督管理，也适用对银行业金融机构监督管理的规定。此外，银监会还应依法对经其批准在境外设立的金融机构以及境内银行业金融机构在境外的业务活动实施监督管理。

（二）中国银监会的主要职责

按《银行业监督管理法》、《反洗钱法》和银监会“三定方案”的规定，中国银监会的主要职责包括：

（1）依照法律、行政法规制定并发布对银行业金融机构及其业务活动监督管理的规章、规则；

（2）依照法律、行政法规规定的条件和程序，审查批准银行业金融机构的设立、变更、终止以及业务范围；

（3）对银行业金融机构的董事和高级管理人员实行任职资格管理；

（4）依照法律、行政法规制定银行业金融机构的审慎经营规则，包括风险管理、内部控制、资本充足率、资产质量、损失准备金、风险集中、关联交易、资产流动性等内容；

（5）对银行业金融机构的业务活动及其风险状况进行非现场监管，建立银行业金融机构监督管理信息系统，分析、评价银行业金融机构的风险状况；

（6）对银行业金融机构的业务活动及其风险状况进行现场检查，制定现场检查程序，规范现场检查行为；

（7）对银行业金融机构实行并表监督管理；

（8）会同有关部门建立银行业突发事件处置制度，制定银行业突发事件处置预案，明确处置机构和人员及其职责、处置措施和处置程序，及时、有效地处置银行业突发事件；

（9）负责统一编制全国银行业金融机构的统计数据、报表，并按照国家有关规定予以公布；对银行业自律组织的活动进行指导和监督；

（10）开展与银行业监督管理有关的国际交流、合作活动；

（11）对已经或者可能发生信用危机，严重影响存款人和其他客户合法权益的银行业金融机构实行接管或者促成机构重组；

（12）对有违法经营、经营管理不善等情形的银行业金融机构予以撤销；

（13）对涉嫌金融违法的银行业金融机构及其工作人员以及关联行为人的账户予以查询，对涉嫌转移或者隐匿违法资金的申请司法机关予以冻结；

（14）对擅自设立银行业金融机构或非法从事银行业金融机构业务活动予以取缔；

（15）负责国有重点银行业金融机构监事会的日常管理工作；

（16）承办国务院交办的其他事项。

二、监督管理的目标和措施

（一）监管目标

关于银行业监督管理的目标，我国《银行业监督管理法》第3条定有明文：一是促进银行业的合法、稳健运行，维护公众对银行业的信心；二是保护银行业公平竞争，提高银行业竞争能力。该法第1条“立法宗旨”还规定：要“防范和化解银行业风险，保护存款人和其他客户的合法权益，促进银行业健康发展”。因此，银行业监督管理的目标可以归纳为促进银行业稳健发展、维护公众信心、保护和促进公平竞争、维护存款人等金融消费者权益等。

为此，需要银行业监管部门遵循依法、公开、公正和效率的监管原则，通过审慎有效的监管，保护广大存款人和消费者的利益；通过审慎有效的监管，增进市场信心；通过宣传教育工作和相关信息披露，增进公众对现代金融的了解；努力减少金融犯罪。在金融监管实践中应贯彻良好的监管标准，即良好监管应促进金融稳定和金融创新的共同发展；要努力提升我国金融业在国际金融服务中的竞争力；对各类监管设限要科学、合理，减少一切不必要的限制；要鼓励公平竞争、反对无序竞争；对监管者和被监管者都要实施严格、明确的问责制；要高效、节约地使用一切监管资源。银行业的监督管理工作应该重视对法人机构总体风险的把握、防范和化解；坚持以风险为主的监管内容，提高金融监管的水平，改进监管的方法和手段；注意促进金融机构风险内控机制和内控效果的改善；提高监管的透明度。

（二）监管措施

按照《银行业监督管理法》第四章的规定，银行业监管的措施主要包括以下几种：

1. 要求银行业金融机构报送报表、资料。银行业监管机构根据履行职责的需要，有权要求银行业金融机构按照规定报送资产负债表、利润表和其他财务会计、统计报表、经营管理资料以及注册会计师出具的审计报告。（第33条）

2. 实施现场检查。银行业监管机构根据审慎监管的要求，可以采取下列措施进行现场检查：（1）进入银行业金融机构进行检查；（2）询问银行业金融机构的工作人员，要求其对有关检查事项作出说明；（3）查阅、复制银行业金融机构与检查事项有关的文件、资料，对可能被转移、隐匿或者毁损的文件、资料予以封存；（4）检查银行业金融机构运用电子计算机管理业务数据的系统。进行现场检查，应当经银行业监管机构负责人批准。现场检查时，检查人员不得少于2人，并应当出示合法证件和检查通知书；检查人员少于2人或者未出示合法证件和检查通知书的，银行业金融机构有权拒绝检查。（第34条）

3. 监管谈话制度。银行业监管机构根据履行职责的需要，可以与银行业金融机构董事、高级管理人员进行监管谈话，要求银行业金融机构董事、高级管理人员就银行业金融机构的业务活动和风险管理的重大事项作出说明。（第35条）

4. 责令依法披露信息。银行业监管机构应当责令银行业金融机构按照规定，如实向社会公众披露财务会计报告、风险管理状况、董事和高级管理人员变更以及其他重大事项等信息。（第36条）

5. 对违规行为的处理、处罚措施。银行业金融机构违反审慎经营规则的，银监会或其省一级派出机构应当责令限期改正；逾期未改正的，或其行为严重危及该银行业金融机构的稳健运行、损害存款人和其他客户合法权益的，经银监会或其省一级派出机构负责人批准，可区别情形采取下列措施：（1）责令暂停部分业务、停止批准开办新业务；（2）限制分配红利和其他收入；（3）限制资产转让；（4）责令控股股东转让股权或限制有关股东的权利；（5）责令调整董事、高级管理人员或限制其权利；（6）停止批准增设分支机构。银行业金融机构整改后，应当向银监会或者其省一级派出机构提交报告。银监会或其省一级派出机构经验收，符合有关审慎经营规则的，应当自验收完毕之日起 3 日内解除对其采取的上述有关措施。（第 37 条）

6. 对危机机构实行接管或重组。银行业金融机构已经或可能发生信用危机，严重影响存款人和其他客户合法权益的，银监会可以依法对该银行业金融机构实行接管或促成机构重组，接管和机构重组依照有关法律和国务院的规定执行。（第 38 条）

7. 对问题机构予以撤销。银行业金融机构有违法经营、经营管理不善等情形，不予撤销将严重危害金融秩序、损害公众利益的，银监会有权予以撤销。（第 39 条）

8. 查询、申请冻结有关账户。经银监会或其省一级派出机构负责人批准，银行业监管机构有权查询涉嫌金融违法的银行业金融机构及其工作人员以及关联行为人的账户；对涉嫌转移或者隐匿违法资金的，经银行业监管机构负责人批准，可以申请司法机关予以冻结。（第 41 条）

9. 对与涉嫌违法事项有关的单位和个人之执行权。银行业监管机构依法对银行业金融机构进行检查时，经设区的市一级以上银行业监管机构负责人批准，可以对与涉嫌违法事项有关的单位和个人采取下列措施：（1）询问有关单位或者个人，要求其对有关情况作出说明；（2）查阅、复制有关财务会计、财产权登记等文件、资料；（3）对可能被转移、隐匿、毁损或者伪造的文件、资料，予以先行登记保存。银行业监管机构采取前述规定措施，调查人员不得少于 2 人，并应当出示合法证件和调查通知书；调查人员少于 2 人或者未出示合法证件和调查通知书的，有关单位或者个人有权拒绝。对依法采取的措施，有关单位和个人应当配合，如实说明有关情况并提供有关文件、资料，不得拒绝、阻碍和隐瞒。（2006 年增订之第 42 条）

此外，银行业金融机构被接管、重组或者被撤销的，银监会有权要求该银行业金融机构的董事、高级管理人员和其他工作人员，按照要求履行职责。在接管、机构重组或者撤销清算期间，经中国银监会负责人批准，对直接负责的董事、高级管理人员和其他直接责任人员，可以采取下列措施：（1）直接负责的董事、高级管理人员和其他直接责任人员出境将对国家利益造成重大损失的，通知出境管理机关依法阻止其出境；（2）申请司法机关禁止其转移、转让财产或者对其财产设定其他权利。（第 40 条）对违规经营的银行业金融机构及其负有责任的工作人员，银行业监管机构除了可以追究其行政责任之外，对于情节严重可能构成犯罪的，应当移送司法机关依法追究有关机构、人员的刑事责任。

三、银行业市场准入监管

（一）市场准入监管概述

银行业是具有社会公共性和高风险性的行业，其市场准入是非常严格的。在世界上大多数国家，进入银行业从事金融活动通常需要“特别许可”，在我国则需要先由银行业监管机构审批颁发金融许可证，然后经工商登记后始可营业。对银行业市场准入的监管是法律赋予银监会的重要职责，主要体现为银行业监管机构依法对申请人实施市场准入行政许可。[1]

我国有关银行业市场准入的一般法律规定主要见之于《银行业监督管理法》第三章中，另外，《商业银行法》、《外资银行管理条例》等法律、法规中也有一定的规定，而更多的市场准入规定是银监会制定的部门规章，如《汽车金融公司管理办法》、《金融机构衍生产品交易业务管理暂行办法》、《电子银行业务管理办法》、《境外金融机构投资入股中资金融机构管理办法》等。特别是2006年2月1日起施行的《中国银行业监督管理委员会行政许可实施程序规定》和《中国银行业监督管理委员会中资商业银行行政许可事项实施办法》、《中国银行业监督管理委员会外资金融机构行政许可事项实施办法》、《中国银行业监督管理委员会合作金融机构行政许可事项实施办法》等规章，根据《中华人民共和国银行业监督管理法》、《中华人民共和国商业银行法》和《中华人民共和国行政许可法》等法律、行政法规及国务院有关决定，就银行业金融机构及银监会监督管理的其他金融机构行政许可的事项、条件、具体操作流程、审查决定期限等作出了非常详细的规定，这对于规范银监会及其派出机构实施行政许可行为，明确行政许可程序，提高行政许可效率，保护申请人的合法权益意义十分重大。

（二）市场准入监管的主要规定

1.《银行业监督管理法》的规定

按《银行业监督管理法》的规定，中国银监会依照法定的条件和程序，审批银行业金融机构的设立、变更、终止以及业务范围；对银行业金融机构持股达到规定比例以上的股东的资金来源、财务状况、资本补充能力和诚信状况进行审查；对银行业金融机构的董事和高级管理人员实行任职资格管理，审查银行业金融机构高级管理人员任职资格；银行业金融机构业务范围内的业务品种，应当按照规定经银监会审查批准或者备案。[2]

中国银监会应在规定的期限，对下列申请事项作出批准或者不批准的书面决定；决定不批准的，应当说明理由：（1）银行业金融机构的设立，自收到申请文件之日起6个月内；（2）银行业金融机构的变更、终止，以及业务范围和增加业务范围内的业务品种，自收到申请文件之日起3个月内；（3）审查董事和高级管理人员的任职资格，自收到申请文件之日起30日内。

未经中国银监会批准，任何单位或者个人不得设立银行业金融机构或者从事银行业金融机构的业务活动。擅自设立银行业金融机构或者非法从事银行业金融机构的业务活动的，由中国银监会予以取缔；构成犯罪的，依法追究刑事责任；尚不构成犯罪的，由中国银监会没收违法所得，违法所得50万元以上的，并处违法所得1倍以上5倍以下罚款；没有违法所得或者违法所得不足50万元的，处50万元以上200万元以下罚款。

此外，对于存在严重违法经营、经营管理不善等问题的银行业金融机构，按照《银行业监督管理法》、《金融机构撤销条例》等法律法规予以撤销，使其退出银行业经营；对于严重违法

---

① 十届全国人大常委会第四次会议于2003年8月27日通过、自2004年7月1日起施行的《行政许可法》第2条规定："本法所称行政许可，是指行政机关根据公民、法人或者其他组织的申请，经依法审查，准予其从事特定活动的行为。"在我国，银行业市场准入当属该法第12条之第三项规定的事项，即提供公众服务并且直接关系公共利益的职业、行业，需要确定具备特殊信誉、特殊条件或者特殊技能等资格、资质的事项。

② 银行业监管机构根据有关法律、法规的规定，依法审批或核准银行业金融机构的业务范围、业务范围的调整和增加业务范围内的业务品种等监管活动，也属于银行业市场准入管理的重要内容。

违规的银行业从业人员实行市场禁入，也是银行业市场准入管理的重要内容。

2.《商业银行法》的有关规定

按照我国《商业银行法》第11条的规定，设立商业银行，应当经银监会审批。未经中国银监会批准，任何单位和个人不得从事吸收公众存款等商业银行业务，任何单位不得在名称中使用“银行”字样。此外，该法第二章还对商业银行及其分支机构的设立条件、程序、变更和高管人员资格管理等问题作了规定。

3. 对外资准入的管理规定

在银行业对外开放方面，国务院曾于1994年2月25日发布、2001年12月20日修订发布了《中华人民共和国外资金融机构管理条例》，就外资进入中国兴办外资银行、外国银行分行、中外合资银行、外资财务公司、中外合资财务公司等的市场准入监管进行了较为详细的规定。为加强对外资金融机构驻华代表机构的管理，根据《外资金融机构管理条例》的有关规定，2002年6月中国人民银行制定了《外资金融机构驻华代表机构管理办法》，对外资金融机构在中国设立非经营性活动的代表处、总代表处的申请与设立的条件、程序等进行了规定。为履行入世承诺，我国逐步扩大了对外开放的地域、业务和外资入股的范围，提高市场准入效率。如中国银监会于2003年5月26日通过、自2003年7月1日起施行的《关于调整银行市场准入管理方式和程序的决定》，对银行市场准入管理的方式和程序进行调整，具体包括调整新设分支机构审批权限、新业务审批方式、高级管理人员任职资格核准方式等。经国务院同意，中国银监会于2003年12月8日发布的《境外金融机构投资入股中资金融机构管理办法》提高了外资金融机构投资入股中资金融机构的比例。为履行我国加入世贸组织承诺、规范汽车消费信贷业务，银监会于2003年相继颁布实施了《汽车金融公司管理办法》及其实施细则，规范包括外资在内的合格投资主体参与设立汽车金融公司的行为。外资投资入股汽车金融公司，依照《汽车金融公司管理办法》的相关规定执行。总之，到2006年12月11日，我国如期甚至在某些方面提前履行了金融对外开放的入世承诺。

为适应新的金融全面对外开放形势的需要，国务院于2006年11月11日发布了《中华人民共和国外资银行管理条例》[①]（中国银监会也于同年11月24日发布了该条例的实施细则），就外资进入中国设立外商独资银行、中外合资银行、外国银行分行、外国银行代表处的条件、程序及业务监管等作出了规定，相应废止了《中华人民共和国外资金融机构管理条例》。

4. 中国银监会关于市场准入监管的规定

为贯彻《行政许可法》的精神，实现依法行政和规范市场准入行政许可行为，中国银监会于2006年1月12日发布了《中国银行业监督管理委员会行政许可实施程序规定》和《中国银行业监督管理委员会中资商业银行行政许可事项实施办法》、《中国银行业监督管理委员会外资金融机构行政许可事项实施办法》、《中国银行业监督管理委员会合作金融机构行政许可事项实施办法》，自2006年2月1日起实施。据此，我国对银行业的市场准入监管步入了一个较为规范、透明的新的历史时期。

《中国银行业监督管理委员会中资商业银行行政许可事项实施办法》、《中国银行业监督管理委员会外资金融机构行政许可事项实施办法》、《中国银行业监督管理委员会合作金融机构行

① 该《管理条例》根据2014年7月29日《国务院关于修改部分行政法规的决定》第一次修订；根据2014年11月27日中华人民共和国国务院令第657号《国务院关于修改〈中华人民共和国外资银行管理条例〉的决定》第二次修订。

政许可事项实施办法》，分别就中资商业银行（包括国有商业银行、股份制商业银行、城市商业银行和城市信用社股份有限公司等）、外资金融机构（包括外商独资银行、合资银行、独资财务公司、合资财务公司、外国银行分行和外资金融机构驻华代表机构）和合作金融机构［包括农村信用合作社、县（市、区）农村信用合作社联合社、县（市、区）农村信用合作联社、地（市）农村信用合作社联合社、省（自治区、直辖市）农村信用社联合社（以下简称省（区、市）农村信用社联合社）、农村合作银行和农村商业银行］的总、分支机构设立，机构变更，机构终止，调整业务范围和增加业务品种，理事（董事）和高级管理人员任职资格等事项的许可条件、具体操作流程、审查决定期限作出了明确规定。而《行政许可实施程序规定》则就市场准入行政许可的原则和程序作了规定。主要内容是：

（1）银监会实施行政许可应当遵循公开、公平、公正、效率及便民的原则。银监会及其派出机构的工作人员在实施行政许可过程中，应当依法办事，公正廉洁，不得谋取不正当利益。

（2）行政许可实施程序分为申请与受理、审查、决定与送达三个环节。银监会及其派出机构按照以下操作流程实施行政许可：1）由银监会、银监局或银监分局其中一个机关受理、审查并决定；2）由银监局受理并初步审查，报送银监会审查并决定；3）由银监分局受理并初步审查，报送银监局审查并决定；4）由银监会受理，与其他行政机关共同审查并决定。

（3）银监会及其派出机构应将行政许可的事项、依据、条件、程序、期限以及需要申请人提交的申请材料目录和格式要求等进行公示，方便申请人查阅。除涉及国家秘密、商业秘密、个人隐私外，银监会及其派出机构作出的行政许可决定应当通过银监会互联网站或者公告等方式公布。

此外，《行政许可法》第 7 条、第 8 条规定：公民、法人或其他组织对行政机关（当然也包括银监会）实施的行政许可，享有陈述权、申辩权；有权依法申请行政复议或者提起行政诉讼；其合法权益因行政机关违法实施行政许可受到损害的，有权依法要求赔偿。公民、法人或其他组织依法取得的行政许可受法律保护，行政机关除有法律规定的特别情形外不得擅自改变已经生效的行政许可。

四、银行业金融机构的业务合规监管与风险监管

（一）业务合规监管

业务合规监管是指监管银行业金融机构开展业务活动是否符合法律、行政法规以及有关规章的规定。其内容主要包括：银行业金融机构及其分支机构的设立、变更及业务范围的变更是否按照法定程序向国务院银行业监督管理机构提出申请并得到批准；是否依法办理了法定的变更登记手续；应当经国务院银行业监督管理机构审查批准或者备案的业务范围内的业务品种，是否按照规定经过了批准或者备案；银行业金融机构的信息披露是否符合法定要求，是否存在提供虚假的或者隐瞒重要事实的报表、报告等文件、资料的情形；是否存在未经任职资格审查任命董事、高级管理人员的情形；在具体业务活动中是否存在违反规定提高或者降低存款利率、贷款利率以及其他违反法律、行政法规、规章的情形；是否存在欺诈客户、损害客户利益的行为；是否存在严重违反审慎经营规则的行为等。监管机构进行合规监管，主要是通过对银行业金融机构的业务文件、资料、计算机管理业务数据系统等现场检查来了解情况、发现问题；也可以通过客户的投诉、知情人的检举揭发、审计机构和司法机关提供的线索等途径了解问题，依法进行调查处理、处罚。

（二）风险监管

现代金融监管要求以风险监管为本，我国有关法律、行政法规和中国银监会制定的监管规章，都对银行业金融机构的审慎经营提出了要求并确定了具体的规则。审慎经营规则，包括风险管理、内部控制、资本充足率、杠杆率资产质量、损失准备金、风险集中、关联交易、资产流动性等内容。银行业金融机构应当严格遵守审慎经营规则，监管机构应该依法对银行业金融机构遵守审慎经营规则的情况进行监管。

1. 在风险管理方面，我国颁布了大量的部门规章和规范性文件。如 2004 年 2 月 5 日中国银监会公布《股份制商业银行风险评级体系（暂行）》，据此对国内股份制商业银行进行风险评级。此种评级作为银行监管框架的重要组成部分，是监管机构对股份制商业银行的风险表现形态和内在风险控制能力进行的科学、审慎的评估与判断，它既不同于股份制商业银行自身的评价，也不同于社会中介机构对股份制商业银行的评级。它是以防范风险为目的，通过对股份制商业银行风险及经营状况的综合评级，系统地分析、识别股份制商业银行存在的风险，以实现对股份制商业银行持续监管和分类监管，促进股份制商业银行稳健发展。股份制商业银行风险评级主要是对银行经营要素的综合评价，包括资本充足状况评价、资产安全状况评价、管理状况评价、盈利状况评价、流动性状况评价和市场风险敏感性状况评价以及在此基础上加权汇总后的总体评价。其中银行综合评级分为良好、一般、关注、欠佳和差五个等级，预综合评级分为良好、一般、关注、欠佳和差五个等级。评级体系先是对资本充足状况、资产安全状况、管理状况、盈利状况、流动性状况、市场风险状况这六大要素分别按照百分进行计算，然后对各要素评价分值乘以相应权重后进行相加，其总和为综合评分。评级结果将作为监管的基本依据，并作为股份制商业银行市场准入和高级管理人员任职资格管理的重要参考。中国银监会将根据评级结果确定对股份制商业银行现场检查的频率、范围和依法采取的其他监管措施。此外，中国银监会还先后颁布了《商业银行房地产贷款风险管理指引》（2004 年 8 月 30 日）、《商业银行市场风险管理指引》（2004 年 12 月 29 日）、《商业银行个人理财业务风险管理指引》（2005 年 9 月 24 日）、《商业银行风险监管核心指标（试行）》（2005 年 12 月 31 日）、《银行业金融机构信息系统风险管理指引》（2006 年 9 月 7 日）、《商业银行合规风险管理指引》（2006 年 10 月 25 日）、《商业银行流动性风险管理办法（试行）》（2014 年 1 月 17 日）等，就有关风险监管作了较为详细的规定。

2. 在内部控制方面。中国银监会于 2004 年 12 月 25 日发布、自 2005 年 2 月 1 日起施行了《商业银行内部控制评价试行办法》。该试行办法的实施旨在通过规范和加强对商业银行内部控制的评价，督促其进一步建立内部控制体系，健全内部控制机制，为全面风险管理体系的建立奠定基础，保证商业银行安全稳健运行。2007 年 7 月 3 日，中国银监会又发布了《商业银行内部控制指引》，就商业银行内部控制的定义、目标和原则，内部控制的基本要求，授信的内部控制，资金业务的内部控制，存款和柜台业务的内部控制，中间业务的内部控制，会计的内部控制，计算机信息系统的内部控制，内部控制的监督与纠正等问题作了进一步规定。此外，2006 年 4 月 18 日 中国银监会还发布实施了《国有商业银行公司治理及相关监管指引》，这不仅为国有商业银行治理改革提供了方向，同时也为银行内控制度的完善奠定了内部控制体制基础。目前，该指引已经为中国银监会 2013 年 7 月 19 日发布的《商业银行公司治理指引》取代。总之，中国银监会自成立以来，一直致力于推动包括国有银行、城乡信用社等在内的银行业金融机构的法人治理改革和内控体制建设，取得了可喜的成绩。

3. 在资本充足率监管方面。资本充足率监管是审慎经营监管的核心内容，经国务院批准，2004年2月23日中国银监会发布了《商业银行资本充足率管理办法》，自2004年3月1日起施行。该管理办法在立足于我国国情的基础上，主要借鉴了1988年的旧《巴塞尔资本协议》的规定，同时也采取了新《巴塞尔资本协议》的若干做法，以5章55条和5个附件的庞大篇幅，就资本充足率的计算、监督检查、信息披露等问题作出了明确规定。2007年7月3日，为落实新的《巴塞尔资本协议Ⅱ》的精神，中国银监会又发布实施了修订后的《商业银行资本充足率管理办法》，以便使我国的监管规则与《巴塞尔资本协议Ⅱ》（2004年6月26日巴塞尔委员会发布，全称是《统一资本计量和资本标准的国际协议：修订框架》）的规定相一致。国际金融危机发生后，巴塞尔委员会针对金融危机中呈现出的问题发布了大量新协议修改和更新的征求意见稿，内容涉及银行稳健性、流动性风险管理、市场风险管理、交易账户新增风险等多个领域，并最终在《增强银行体系稳健性》及《流动性风险计量标准和监测的国际框架》两份征求意见稿的基础上，经不断修订、协商形成《巴塞尔资本协议Ⅲ》，于2010年11月在韩国首尔举行的二十国集团领导人峰会上获得批准并发布。我国作为巴塞尔委员会正式成员，实施银行业新监管标准既是履行国际义务的需要，也是推进中国银行业健康发展、更好地服务经济社会发展的重要举措。为此，中国银监会2012年6月7日发布、自2013年1月1日起施行《商业银行资本管理办法（试行）》，相应废止了《商业银行资本充足率管理办法》及其系列指引。《商业银行资本管理办法（试行）》包括总则、资本充足率计算和监管要求、资本定义、信用风险加权资产计量、市场风险加权资产计量、操作风险加权资产计量、商业银行内部资本充足评估程序、监督检查、信息披露、附则等10章共180条。具体请见第四章商业银行法第二节之四“商业银行的业务管理规定”的相关内容。

4. 在资产质量方面。2004年3月25日，为加强对商业银行持续、审慎、有效监管，促进商业银行完善内控制度，提高资产质量，防范风险，中国银监会公布实施了《商业银行不良资产监测和考核暂行办法》，对商业银行及其分支机构的不良贷款、非信贷资产和表外业务风险等不良资产进行全面监测和考核。不良贷款严格按照贷款五级分类标准执行，非信贷不良资产暂时也参照贷款五级分类标准掌握。

5. 在关联交易监管方面。鉴于不公允的关联交易给商业银行带来了巨大的信用风险，造成大量信贷资产损失，更是少数商业银行、信用社倒闭的主要原因之一。为完善商业银行审慎监督管理规则，规范商业银行关联交易行为，控制关联交易风险，维护商业银行的安全、稳健运行，中国银监会于2004年4月2日公布《商业银行与内部人和股东关联交易管理办法》，自2004年5月1日起施行。该管理办法适用于在中国境内依法设立的商业银行（包括中资商业银行、外资独资银行、中外合资银行），外国银行分行、农村合作银行、城市信用合作社也比照该办法执行。该管理办法规定商业银行的关联交易应当符合诚实信用及公允原则，应当按照商业原则，以不优于对非关联方同类交易的条件进行；规定商业银行应当制定关联交易管理制度，并就关联交易的审批程序作出了规定；对商业银行的部分关联交易行为作出了禁止性或限制性规定，并对商业银行与关联方的授信余额占其资本净额的比例作出了规定。

6. 在对外资银行的风险监管方面。国务院于2006年11月11日发布、2014年11月27日第二次修订发布的《外资银行管理条例》第四章明确规定：

（1）外资银行营业性机构（指外商独资银行、中外合资银行、外国银行分行）：应当按照有关规定，制定本行的业务规则，建立、健全风险管理和内部控制制度，并遵照执行；应当遵守国家统一的会计制度和中国银监会有关信息披露的规定；举借外债，应当按照国家有关规定执行；应当按照有关规定确定存款、贷款利率及各种手续费率；经营存款业务，应当按照中国人民银行的规定交存存款准备金；应当按照规定计提呆账准备金；应当按照中国银监会的有关规定，向其所在地的银行业监督管理机构报告跨境大额资金流动和资产转移情况；应当聘请在中华人民共和国境内依法设立的会计师事务所对其财务会计报告进行审计，并应当向其所在地的银行业监督管理机构报告。

（2）外商独资银行、中外合资银行：应当遵守《中华人民共和国商业银行法》关于资产负债比例管理的规定，中国银监会可以要求风险较高、风险管理能力较弱的外商独资银行、中外合资银行提高资本充足率；应当遵守国务院银行业监督管理机构有关公司治理的规定；应当遵守中国银监会有关关联交易的规定。

（3）外国银行分行：营运资金的30%应当以国务院银行业监督管理机构指定的生息资产形式存在；营运资金加准备金等项之和中的人民币份额与其人民币风险资产的比例不得低于8%，中国银监会可以要求风险较高、风险管理能力较弱的外国银行分行提高前述规定的比例；应当确保其资产的流动性，流动性资产余额与流动性负债余额的比例不得低于25%；境内本外币资产余额不得低于境内本外币负债余额。

（4）外商独资银行、中外合资银行应当设置独立的内部控制系统、风险管理系统、财务会计系统、计算机信息管理系统。

（5）外国银行在中国境内设立的外商独资银行的董事长、高级管理人员和从事外汇批发业务的外国银行分行的高级管理人员不得相互兼职；外国银行在中国境内设立的外商独资银行与从事外汇批发业务的外国银行分行之间进行的交易必须符合商业原则，交易条件不得优于与非关联方进行交易的条件；外国银行对其在中国境内设立的外商独资银行与从事外汇批发业务的外国银行分行之间的资金交易应当提供全额担保。

此外，我国有关法律、法规和部门规章还就损失准备金的计提、风险集中度的控制、资产流动性管理、杠杆率等风险监管方面的内容作了规定。

五、其他监管主体对银行业金融机构的监督管理

（一）央行的检查监督权

中国人民银行作为我国的中央银行，其主要职能是进行宏观调控、维护金融体系的稳定。但按《中国人民银行法》第32条的规定它仍然可以对银行业金融机构的特定行为行使直接的检查监督权；按该法第33条的规定行使检查监督建议权；按该法第34条的规定在特定情况下行使全面检查监督权；按该法第35条的规定行使获取有关报表、资料权及相关处罚权。

人民银行的检查权与银监会的监管权是有区别的。首先，央行拥有的检查权，是出于对宏观经济、对金融市场整体走势的把握的需要，而不对个案负责；但银监会则不一样，如果监管不到位或监管不力，应负监管失职的责任。其次，二者的检查方式和检查重点也都不同。最后，两者行使权力的法源不同，人民银行的检查权来自于中央银行法，来自于与其有交易行为的金融机构之间的商业合同；而银监会的监管权来自于政府授权，来自于监管法。

(二) 国家审计机关的监督管理

《商业银行法》第63条规定："商业银行应当依法接受审计机关的审计监督。"按照1994年8月31日通过、2006年2月28日修订发布的《审计法》第2条、第18条的规定，审计机关依法对国有金融机构的财务收支、资产、负债、损益进行审计监督。审计机关对国有资产占控股地位或者主导地位的企业的审计监督，由国务院规定。审计机关对其他法律、行政法规规定应当由审计机关进行审计的事项，依照该法和有关法律、行政法规的规定进行审计监督。审计监督有利于严肃财经法纪、保障银行业金融机构的安全运行。

审计机关在对商业银行进行审计监督过程中，享有以下权限：

(1) 要求被审计银行按照规定报送预算或者财务收支计划、预算执行情况、决算、财务报告，社会审计机构出具的审计报告，以及其他与财政收支或者财务收支有关的资料，被审计银行不得拒绝、拖延、谎报。

(2) 检查被审计银行的会计凭证、会计账簿、会计报表以及其他与财政收支或者财务收支有关的资料和资产，被审计银行不得拒绝。

(3) 就审计事项的有关问题向有关单位和个人进行调查，并取得有关证明材料。有关单位和个人应当支持、协助审计机关工作，如实向审计机关反映情况，提供有关证明材料。

(4) 责令被审计银行不得转移、隐匿、篡改、毁弃会计凭证、会计账簿、会计报表以及其他与财政收支或者财务收支有关的资料，不得转移、隐匿所持有的违反国家规定取得的资产。

(5) 向政府有关部门通报或者向社会公布审计结果。

(三) 银行业自律组织的自律监管

中国银行业协会于2000年5月10日成立。为加强银行业协会建设，充分发挥其作为自律组织的自我管理与服务、自我约束与协调的职能作用，完善外部监管、内部控制、行业自律和社会监督相结合的银行业监管体系，2005年2月中国银监会发布了《银行业协会工作指引》，就银行业协会的性质、组织体系、组织结构、职责任务等作了明确规定。按照该指引的规定，银行业协会是指由银行业金融机构自愿组成、为实现会员共同意愿、按照其章程开展活动的银行业自律组织，是经银行业监督管理机构批准并在规定的社会团体登记管理机关登记注册的非营利性社会团体法人。银行业协会应接受中国银监会及其派出机构的指导和监督，履行下列行业自律职责：

(1) 组织会员签订自律公约及其实施细则，建立自律公约执行情况检查和披露制度，受理会员单位和社会公众的投诉，采取自律惩戒措施，督促会员依法合规经营，共同维护公平竞争的市场环境；

(2) 依据章程或行规行约，组织制定行业标准和业务规范，推动实施并监督会员执行，提高行业服务水平；

(3) 建立健全银行业诚信制度以及银行机构和从业人员信用信息体系，加强诚信监督，协助推进银行业信用体系建设；

(4) 制定从业人员道德和行为准则，对银行从业人员进行自律管理，组织银行从业人员资格考试和相关培训，提高从业人员素质；

(5) 对于违反银行业协会章程、自律公约、管理制度等致使行业利益受损的会员，可按有关规定实施自律性处罚，并及时告知银行业监督管理机构；

（6）对涉嫌银行业金融机构和从业人员违法违规的投诉案件和发现的业内涉嫌违法违规的行为，要及时报告银行业监督管理机构，并做好银行业监督管理机构批转投诉件的调查处理工作。

2005 年 5 月 14 日中国信托业协会在北京举行了成立大会，该协会围绕“协调、自律、服务、维权”的宗旨开展有关工作。

六、银行业监管的国际合作与协调

随着金融自由化、全能化、国际化的发展，金融竞争跨越国境、地区性金融危机频发，国与国之间的金融影响日益加深，由此各国政府也越来越意识到加强国与国之间金融监管合作与协调的重要性。这种监管合作与协调主要表现在两个方面：一是国际性金融监管组织及其制定的监管框架文件对各国的监管立法影响越来越全面和深远，如巴塞尔银行监管委员会制定的系列协议，特别是 1988 年 7 月通过的《巴塞尔资本协议》，2004 年 6 月修订发布的《巴塞尔资本协议Ⅱ》，2010 年 11 月发布的《巴塞尔资本协议Ⅲ》，1997 年 9 月发布、2006 年 10 月、2012 年 9 月先后两度修订的《有效银行监管核心原则》，1999 年 9 月发布、2006 年 2 月、2010 年 10 月两度修订的《加强公司治理原则》及其与国际证监会组织、国际保险监督官协会组织的联合论坛于 1999 年 2 月和 12 月发布、2012 年 9 月修订发布的《金融集团监管原则》等对各国银行业监管产生了深远影响；二是各国金融监管当局之间建立监管合作机制越来越必需、越来越普遍。

中国加入世贸组织后，银行业的国际化趋势也日益显现——一方面外资银行在华设立的营业性机构、代表机构大量增加，另一方面中资银行在境外设立的营业性银行机构、代表机构也在逐步增多。中国银监会为贯彻《银行业监督管理法》、《外资金融机构管理条例》等法律法规，规范对在中国境内的外资金融机构的并表监管工作，有效实施风险监管，2004 年 3 月公布了《外资银行并表监管管理办法》，该办法自 2004 年 4 月 1 日起执行。为加强对我国商业银行境外机构的监管，促进商业银行境外机构审慎经营、健康发展，依据有关法律和《境外金融机构管理办法》，2001 年 9 月中国人民银行曾制定了《商业银行境外机构监管指引》。2008 年 2 月 4 日、2014 年 12 月 30 日，中国银监会又先后发布实施了《银行并表监管指引（试行）》、《商业银行并表管理与监管指引》，对在我国境内依法设立的商业银行（包括境内外资银行）及其境内外附属机构的并表监管问题（包括并表管理范围、业务协同、公司治理、全面风险管理、资本管理、集中度管理、内部交易管理和风险隔离等）作出了规定，内容涵盖了会计并表、资本并表和风险并表等方面的内容。总之，我国已经参照巴塞尔银行监管委员会发布的有关跨境监管的基本原则及各国通行做法，监管商业银行的境外机构。

对跨境银行业金融机构的监管，需要加强国际交流与合作。监管机构间充分交流和共享信息，是实施跨境银行业有效监管的基础。正如《有效银行监管核心原则》之“原则 25”所指出的“跨境业务的并表监管需要母国银行监管当局与其他有关监管当局，特别是与东道国监管当局之间进行合作及交换信息”。我国《银行业监督管理法》第 7 条规定：中国银监会可以和其他国家或者地区的银行业监管机构建立监管合作机制，实施跨境监督管理；第 32 条规定：中国银监会可以开展与银行业监管有关的国际交流、合作活动；第 11 条第 2 款规定：中国银监会同其他国家或者地区的银行业监管机构交流监管信息，应当就信息保密作出安排。据此，2003 年 12 月 9 日中国银监会与美国货币监理署签署《监管信息交换协议》，就交换共享银行业监管信息及对双方所提供的监管信息保密等事项达成一致意见，而且两机构将就签署正式的“双边监管谅解备忘录”作进一步磋商。2003 年 12 月 10 日中国银监会又与英国金融服务局签署了“双边监管谅解备忘录”。截至 2014 年 4 月底，中国银监会已先后与澳门、香港、英国、韩国、新加坡、美国、加拿大、德国、吉尔吉斯斯坦、巴基斯坦、波兰、法国、澳大利亚、意大利、菲律宾、俄罗斯、匈牙利、哈萨克斯坦、西班牙、泽西岛、土耳其和泰国等 55 个国家和地区的金融监管当局签署了监管合作谅解备忘录或双边监管合作协议。这种全方位的金融监管国际合作无疑有助于银监会加强对跨境银行业的监管，有助于银监会学习和借鉴发达国家和地区的经验，加速推进中国银行业监管向国际最佳做法靠拢，从整体上提高中国银行业监管的有效性。

第三节　证券业监督管理法

一、证券业监督管理的监管主体、基本职能和主要职责

（一）证券业监督管理的监管主体

按《证券法》、《证券投资基金法》、《期货交易管理条例》等法律、法规的规定，我国依法对证券业（含证券、期货市场）实行监督管理的机构（即监管主体）是国务院证券监督管理机构，目前是中国证券监督管理委员会（简称中国证监会）。

中国证监会成立于 1992 年 10 月，当时是作为证券市场主管机构国务院证券委的监管执行机构而存在的。1995 年 3 月被确定为国务院直属事业单位，仍然作为国务院证券委的监管执行机构，依照法律、法规对证券、期货市场进行监管。1997 年 8 月、11 月先后获得对上海和深圳证券交易所、原由中国人民银行监管的证券经营机构的监督管理权，并对地方证券监管部门实行垂直领导。1998 年 4 月，根据国务院机构改革方案，将国务院证券委和中国证监会合并，仍为国务院直属事业单位。至此，中国证监会的职能明显加强，集中统一的全国证券监管体制基本形成。1998 年 12 月 29 日九届全国人大常委会第六次会议通过的《证券法》对此体制加以了确认。

（二）中国证监会的基本职能和主要职责

按照 2014 年 8 月 31 日第十二届全国人民代表大会常务委员会第十次会议第四次修订的《证券法》、2012 年 12 月 28 日第十一届全国人民代表大会常务委员会第三十次会议修订的《证券投资基金法》和国务院 2007 年 3 月 6 日发布、2013 年 7 月 18 日第二次修订的《期货交易管理条例》等法律、法规的规定，中国证监会之基本职能和主要职责包括：

1. 基本职能。包括：

（1）建立统一的证券期货监管体系，按规定对证券期货监管机构实行垂直管理。

（2）加强对证券期货业的监管，强化对证券期货交易所、上市公司、证券期货经营机构、证券投资基金管理公司、证券期货投资咨询机构和从事证券期货中介业务的其他机构的监管，提高信息披露质量。

（3）加强对证券期货市场金融风险的防范和化解工作。

（4）负责组织拟定有关证券市场的法律、法规草案，研究制定有关证券市场的方针、政策和规章；制定证券市场发展规划和年度计划；指导、协调、监督和检查各地区、各有关部门与证券市场有关的事项；对期货市场试点工作进行指导、规划和协调。

（5）统一监管证券业。

2. 主要职责。包括：

（1）研究和拟定证券期货市场的方针政策、发展规划；起草证券期货市场的有关法律、法规；制定证券期货市场的有关规章。

（2）统一管理证券期货市场，按规定对证券期货监督机构实行垂直领导。

（3）监督股票、可转换债券、证券投资基金的发行、交易、托管和清算；批准企业债券的上市；监管上市国债和企业债券的交易活动。

（4）监管境内期货合约上市、交易和清算；按规定监督境内机构从事境外期货业务。

（5）监管上市公司及其有信息披露义务股东的证券市场行为。

（6）管理证券期货交易所；按规定管理证券期货交易所的高级管理人员；归口管理证券业协会。

（7）监管证券期货经营机构、证券投资基金管理公司、证券登记清算公司、期货清算机构、证券期货投资咨询机构；与中国人民银行共同审批基金托管机构的资格并监管其基金托管业务；制定上述机构高级管理人员任职资格的管理办法并组织实施；负责证券期货从业人员的资格管理。

（8）监管境内企业直接或间接到境外发行股票、上市；监管境内机构到境外设立证券机构；监督境外机构到境内设立证券机构、从事证券业务。

（9）监管证券期货信息传播活动，负责证券期货市场的统计与信息资源管理。

（10）会同有关部门审批律师事务所、会计师事务所、资产评估机构及其成员从事证券期货中介业务的资格并监管其相关的业务活动。

（11）依法对证券期货违法行为进行调查、处罚。

（12）归口管理证券期货行业的对外交往和国际合作事务。

（13）国务院交办的其他事项。

二、证券业监督管理的目标和监管措施

（一）监管目标

证券业监督管理的目标是证券监管活动所要达到的目的和标准。它服从于整个证券市场的发展目标。国际证监会组织（IOSCO）在1998年提出的《证券监管目的和原则》文件中指出，证券监管的目的在于：保护投资者；保持市场公正、有效和透明，减少系统性风险。

我国《证券法》没有明确规定证券监管的目标，但其第1条立法宗旨规定："为了规范证

券发行和交易行为，保护投资者的合法权益，维护社会经济秩序和社会公共利益，促进社会主义市场经济的发展，制定本法。”第 3 条规定：“证券的发行、交易活动，必须实行公开、公平、公正的原则。”第 5 条规定：“证券的发行、交易活动，必须遵守法律、行政法规；禁止欺诈、内幕交易和操纵证券市场的行为。”第 178 条规定：“国务院证券监督管理机构依法对证券市场实行监督管理，维护证券市场秩序，保障其合法运行。”从这些规定中，我国证券监管的目标可以归纳为：保护投资者的合法权益；依法维护证券市场的公开、公平、公正；保证证券市场规范、有序运行。

（二）监管措施

按照《证券法》第 180 条的规定，中国证监会依法履行职责，有权采取下列措施：（1）对证券发行人、上市公司、证券公司、证券投资基金管理公司、证券服务机构、证券交易所、证券登记结算机构进行现场检查；（2）进入涉嫌违法行为发生场所调查取证；（3）询问当事人和与被调查事件有关的单位和个人，要求其对与被调查事件有关的事项作出说明；（4）查阅、复制与被调查事件有关的财产权登记、通讯记录等资料；（5）查阅、复制当事人和与被调查事件有关的单位和个人的证券交易记录、登记过户记录、财务会计资料及其他相关文件和资料；对可能被转移、隐匿或者毁损的文件和资料，可以予以封存；（6）查询当事人和与被调查事件有关的单位和个人的资金账户、证券账户和银行账户；对有证据证明已经或者可能转移或者隐匿违法资金、证券等涉案财产或者隐匿、伪造、毁损重要证据的，经中国证监会主要负责人批准，可以冻结或者查封；（7）在调查操纵证券市场、内幕交易等重大证券违法行为时，经中国证监会主要负责人批准，可以限制被调查事件当事人的证券买卖，但限制的期限不得超过 15 个交易日；案情复杂的，可以延长 15 个交易日。

按照《证券投资基金法》第 114 条的规定，中国证监会依法履行职责，有权采取下列措施：（1）对基金管理人、基金托管人、基金服务机构进行现场检查，并要求其报送有关的业务资料；（2）进入涉嫌违法行为发生场所调查取证；（3）询问当事人和与被调查事件有关的单位和个人，要求其对与被调查事件有关的事项作出说明；（4）查阅、复制与被调查事件有关的财产权登记、通讯记录等资料；（5）查阅、复制当事人和与被调查事件有关的单位和个人的证券交易记录、登记过户记录、财务会计资料及其他相关文件和资料；对可能被转移、隐匿或者毁损的文件和资料，可以予以封存；（6）查询当事人和与被调查事件有关的单位和个人的资金账户、证券账户和银行账户；对有证据证明已经或者可能转移或者隐匿违法资金、证券等涉案财产或者隐匿、伪造、毁损重要证据的，经证监会主要负责人批准，可以冻结或者查封；（7）在调查操纵证券市场、内幕交易等重大证券违法行为时，经证监会主要负责人批准，可以限制被调查事件当事人的证券买卖，但限制的期限不得超过 15 个交易日；案情复杂的，可以延长 15 个交易日。

按照《期货交易管理条例》第 48 条的规定，中国证监会依法履行职责，可以采取下列措施：（1）对期货交易所、期货公司及其他期货经营机构、非期货公司结算会员、期货保证金安全存管监控机构和交割仓库进行现场检查；（2）进入涉嫌违法行为发生场所调查取证；（3）询问当事人和与被调查事件有关的单位和个人，要求其对与被调查事件有关的事项作出说明；（4）查阅、复制与被调查事件有关的财产权登记等资料；（5）查阅、复制当事人和与被调查事件有关的单位和个人的期货交易记录、财务会计资料以及其他相关文件和资料；对可能被转移、隐匿或者毁损的文件和资料，可以予以封存；（6）查询与被调查事件有关的单位的保证金账户和银行账户；（7）在调查操纵期货交易价格、内幕交易等重大期货违法行为时，经证监会主要负责人批准，可以限制被调查事件当事人的期货交易，但限制的时间不得超过15个交易日；案情复杂的，可以延长至30个交易日；（8）法律、行政法规规定的其他措施。

三、证券业监督管理的主要内容

（一）中国证监会监督管理的对象主体

中国证监会监管的对象主体主要包括：（1）证券发行人；（2）上市公司；（3）证券交易所；（4）证券公司；（5）证券登记结算机构；（6）证券服务机构；（7）证券业协会；（8）证券投资基金管理公司；（9）期货交易所及其他期货交易机构和服务机构；（10）证券期货高级管理人员及从业人员；（11）其他参与或影响证券期货活动的单位和个人。

（二）中国证监会证券监督管理的重点内容的介绍

中国证监会监督管理的内容包括：（1）市场准入监管。如机构设立、变更、资本市场准入等众多内容。但其中最重要的监管是对证券、期货一级市场（发行市场）进行严格的准入监管，亦即监管上市公司和债券上市企业，依法核准或者批准其股票、债券、可转换债券、证券投资基金的公开发行以及期货合约的上市等。（2）业务运营监管。即对证券期货交易的全过程，包括发行、交易、登记、托管、结算等进行严格监管。在业务运营监管方面，证券业监管与银行业金融机构监管不同，其虽然也需要监管风险（如监督证券交易所设立风险基金，对证券公司实施“净资本”等风险控制指标管理，监管其提取交易风险准备金，监管证券登记结算机构设立证券结算风险基金，设立证券投资者保护基金等），但主要是进行合规性监管。（3）市场退出监管。（4）依法查处或者协助查处证券期货违法行为和犯罪行为。鉴于许多内容将在证券法一章中加以介绍，此处仅就一些证券监管重点问题加以阐释。

1. 对证券发行人的监督管理

证监会对证券发行人的监管主要体现在以下三个方面：

（1）对证券发行人的资格、发行条件以及所发行证券的上市交易实施监管，从源头上把好关，尽一切可能保证进入证券市场的股票、债券等证券本身的质量。为此，证监会必须严格执行有关法律、法规规定的证券发行条件、程序，从严审查证券发行人的资质、条件以及发行申请材料的真实性、准确性、完整性，不断改进证券发行的方式及定价方式，并对为证券发行人发行证券提供服务的保荐人等中介机构实行严格的责任制和问责制；对证券发行人发行新股等再融资行为进行有效监管，杜绝目的不良、没有真实可信的投资项目的圈钱式再融资行为。

（2）严格监管证券发行人的信息披露，确保信息披露真实、准确、及时。对不及时披露信息以及在信息披露中存在虚假记载、误导性陈述或者重大遗漏的证券发行人以及发行人有责任的董事、监事和经理依法给予严厉的处罚。

（3）对于有严重违法违规行为的证券发行人或不再具备上市条件的证券，暂停或终止其证券的上市交易。

2. 对证券公司的监管

鉴于证券公司在资本市场中的特殊重要作用，我国除了《证券法》对证券公司的设立条件和审批程序、业务范围、高管人员的任职资格、法律责任等方面作出规定外，中国证监会还颁布了一系列监管办法，如《证券公司管理办法》（2001 年 12 月）、《证券公司治理准则》（2003 年 12 月）、《证券公司内部控制指引》（2003 年 12 月）、《证券市场禁入规定》（2006 年 6 月）等，但证券公司违法、违规经营现象仍然严重。证券公司发起人虚假出资、挪用客户资产、违法进行委托理财业务、操纵市场、内幕交易、虚假陈述的行为极为普遍。这说明目前我国对证券公司及其股东、高管人员的法律约束还太过宽松，监管漏洞甚多，迫切需要加强监管和强化市场约束。为此，国务院 2008 年 4 月 23 日发布的《证券公司监督管理条例》、《证券公司风险处置条例》作为《证券法》、《公司法》的配套法规，采取了切实有效措施，从严监管证券市场，防范与化解证券公司风险。

《证券公司监督管理条例》主要从以下七个方面完善有关对证券公司的监管措施：（1）对证券公司实施分类监管。该条例要求中国证监会应当按照证券公司的经营规范程度、资本充足状况和内部控制水平等指标，将其划分为不同类别，按照审慎监管的原则，对其实施分类监管。（2）对证券公司设立与变更的审批条件和程序作了补充规定，对股东出资的方式和比例规定了较一般公司为高的要求。（3）对证券公司的组织机构和治理机制作了细化规定。（4）针对由证券公司保管客户保证金制度存在的诸多严重问题，为保护客户的合法利益，该条例推动建立独立的第三方存管制度，以建立公司风险与社会风险相隔离的机制。（5）围绕证券公司融资融券业务，对证券公司经营融资融券业务应具备的条件、信用账户的开立、融资融券比例、担保品的收取、客户可买入卖出的证券种类、逐日盯市制度①等的经营与监管作了原则性规定，并授权证券监管机构和证券交易所对有关事项作出具体规定。（6）对证券公司股东的资格条件、高管人员的任职资格、对股东和高管人员的监管措施等作了清晰规定，并规定证券公司应建立信息公开披露制度。（7）按照循序渐进原则的要求，对外商投资证券公司的业务范围、外资比例、资格条件等作了特别规定。

《证券公司风险处置条例》立基于处置和化解证券公司风险、保护客户合法权益和社会公共利益、保障证券业健康发展的目的，根据《证券法》、《企业破产法》等法律，赋权中国证监会依法对证券公司风险处置活动行使组织、协调和监督之职，并要求中国证监会会同中国人民银行、国务院财政部门、国务院公安部门、国务院其他金融监督管理机构以及省级人民政府建立处置证券公司风险的协调配合与快速反应机制，特别就对证券公司采取责令停业整顿、托管、接管、行政重组、撤销等措施，对证券公司实施破产清算和重整等的条件和程序，对证券公司风险处置各机构之间的监督协调等方面的问题作了比较明确的规定。该条例的出台连同《证券法》、《企业破产法》的实施，对确立中国证监会行使关闭证券公司的绝对主导权，将严重违法违规经营的证券公司坚决清除出证券市场，从而在我国建立有效的证券公司多元化退出机制，有效处置和化解证券公司风险，保护客户合法权益和社会公共利益产生积极作用。

除了对证券公司的违法违规行为依法进行严格监管执法之外，中国证监会也应积极推动证

---

① 该制度是指结算部门在每日闭市后计算、检查保证金账户余额，通过适时发出追加保证金通知，使保证金余额维持在一定水平之上，防止负债现象发生的结算制度。

券公司进行规范的业务创新，包括允许经过核准具有资格的创新类证券公司：从事集合资产管理业务；承销融资方式创新；设立经纪、投行及资产管理子公司；绝对控股基金管理公司；设立境外分支机构；从事遵守有关规定下的股权投资业务；建立适应金融企业需要的薪酬制度与激励约束制度；拓宽证券公司融资渠道等。在这方面，美国的《投资公司法》（The Investment Company Act of 1940）规定的豁免制度和无异议函制度，可资我国借鉴。①

3. 对证券交易的监管及对投资者的保护

对证券交易的监管主要是指对交易中可能出现的虚假陈述、内幕交易及操纵市场等证券欺诈行为进行监管，及时发现、调查并打击违法交易行为。在这些方面，我国《证券法》的规定较为详细。

另外，对于证券市场违规的代客操盘、委托理财经营活动，无论其实施者是经批准设立的证券公司（或证券咨询公司）还是未取得证券业务资格的机构和个人，都应予以坚决打击。因为这些行为不仅在形式上违背《证券法》第143条的规定，更本质的是其具有巨大的投机性、欺骗性、隐蔽性和社会危害性。如果不坚决加以制止和打击，不仅投资者的合法权益遭到损害，而且对整个证券期货市场的健康发展和正常秩序也构成严重威胁，可能引发系统性风险，甚至给社会带来金融灾难。对此，不仅证券市场监管机构应负起监管之责，法院、媒体、投资者都应给予充分的关注。因为，证券市场的净化、秩序，不仅仅是证券监管机构的职责，同时也是全社会共同的责任。对于证券领域的违法经营导致的代客理财、代客操盘等纠纷，法院除了按照法律规定公平确定当事人应该承担的民事责任之外，鉴于证券领域违法违规经营行为有很强的隐蔽性，如果不是争议提交法院解决，监管机构很难掌握有关的具体情况，因此，法官还有责任向证券监管机构提出司法建议，形成信息交流机制，以利于监管机构发现问题并及时作出处理、处罚，追究违法经营者的行政责任。果能如此，证券市场秩序才能更好，投资者利益的保护才会真正落到实处。

对于有合法受托投资管理经营资格的证券公司签订的资产管理业务合同，证券公司对客户证券买卖的收益或赔偿证券买卖的损失作出承诺的，不仅该条款应该认定为无效条款，连整个合同都应认定为无效。因为这种条款是该类合同的基础性条款，往往是投资者签约的前提。所以不能适用《合同法》第56条“合同部分无效，不影响其他部分效力的，其他部分仍然有效”的规定，否则将是放纵了违法、违规经营的券商，帮助券商成功欺诈投资者而不负责任。

在保护证券市场投资者利益方面，各国主要从健全法律和成立保护组织两个层面来进行。在法律层面上，各国通过立法来禁止内幕交易、强化信息披露、禁止操纵市场，以期创造一个公平和透明的交易环境；在组织层面上，各国一般都设立投资者赔偿基金，当发生券商破产清算或挪用客户资金无法归还等问题时，该基金可对投资者进行一定的赔偿。各国证券法治实践表明，对于证券交易中出现的虚假陈述、内幕交易、操纵市场等证券欺诈行为，除要由证券监管部门、司法部门依法予以坚决制止、严肃查处外，还应建立良好的民事责任赔偿制度，以有效制裁违法交易者和切实保护投资者利益。此外，设立证券投资者保护基金及相关机构也非常

---

① 按该法案规定，豁免制度指美国证管会考虑到某一事项的具体情事若认为有必要豁免其适用于某项或某些法律、命令时，证管会可以以行政命令豁免特定的人或特定的交易适用相关法令。无异议函制度（no-action letter）是便利投资公司在采取一定行为之前，有机会了解监管机构承办人员对拟议中的行为有何想法。这两种制度均有利于促进金融创新，提高金融业者的竞争力。

重要。在这方面，我们高兴地看到，我国《证券法》已借鉴这些良好做法，就证券欺诈行为的民事赔偿责任、证券投资者保护基金制度的设立等作了初步规定，《证券投资者保护基金管理办法》也早已于2005年6月30日颁布，其管理机构中国证券投资者保护基金有限责任公司也已于同年9月28日挂牌成立，具有较高立法层次的《证券投资者保护条例》正在研拟中，由此我国证券投资者保护制度可能得到较好的落实（参见［延伸阅读］）。

［延伸阅读］　**中外证券投资者保护基金制度概要**

在国外，证券投资者保护（补偿）基金已被看作是十分常见并规范的投资者赔偿机制。目前，美国、加拿大、日本等国以及欧盟和我国香港、台湾地区均已设立，其资金主要来源于会员的年费或摊派。当发生券商破产清算或挪用客户资金无法归还等问题时，该基金可对投资者进行一定的赔偿。如在美国，美国国会在1970年通过了《证券投资者保护法案》，并据此成立了证券投资者保护公司（SIPC）。该公司不以营利为目的，其会员资格是强制性的，凡是依法注册的证券经纪商或自营商，以及全国性交易所的会员，都必须参加证券投资者保护公司。SIPC确保所有会员的每一客户，在任一会员发生破产清算时，可领回最高额度达50万美元的现金及证券赔偿（其中现金赔偿部分最高可达10万美元）。此外，在会员发生财务危机时，SIPC可要求联邦法院指派一个受托人进行公司清算及保护此会员的客户。SIPC通过向会员收取年费及利息收入来筹措资金，目前自有资金规模达10亿美元，另有银团提供的10亿美元额度可供使用，同时，SIPC还可通过SEC向美国财政部动用10亿美元的借款额度。而在赔偿基金管理运作模式方面则可分为：(1) 独立模式，即成立独立的投资者赔偿或保护公司，由其负责投资者赔偿基金的日常运作，美国、英国、爱尔兰、德国等国采用了这种模式；(2) 附属模式，即由证券交易所或证券商协会等自律性组织发起成立赔偿基金，并负责基金的日常运作，加拿大、澳大利亚及我国香港和台湾地区等市场采用了此种模式。

在我国，为建立防范和处置证券公司风险的长效机制，维护社会经济秩序和社会公共利益，保护证券投资者的合法权益，促进证券市场有序、健康发展，经国务院批准，中国证监会、财政部、人民银行于2005年6月30日联合发布了《证券投资者保护基金管理办法》，自7月1日起实施。同年9月28日又成立了国有独资的中国证券投资者保护基金有限责任公司，负责基金的筹集、管理和使用。该保护基金的初始规模为663亿元，包括财政部专户储存历年冻结资金利差余额63亿元（已作为基金公司的注册资本金）、人民银行专项再贷款垫付金600亿（今后需由基金公司偿还）。今后保护基金将按照"取之于市场、用之于市场"的原则筹集资金，其来源渠道主要有：(1) 上海、深圳证券交易所在风险基金分别达到规定的上限后，交易经手费的20%纳入基金；(2) 境内注册证券公司，按其营业收入的0.5%～5%缴纳基金；(3) 发行股票、可转债等证券时，申购冻结资金的利息收入；(4) 依法向有关责任方追偿所得和从证券公司破产清算中的受偿收入；(5) 国内外机构、组织及个人的捐赠；(6) 其他合法收入。因此，保护基金的筹集不会增加证券投资者的负担。作为在防范和处置证券公司风险中用于保护证券投资者利益的资金，保护基金的主要用途是当证券公司被撤销、关闭和破产或被证监会实施行政接管、托管经营等强制性监管措施时，按照国家有关政策规定收购个人债权和客户证券交易结算资金及国务院批准的其他用途；但投资者在证券投资活动中因证券市场波动或投资产品价值本身发生变化所导致的损失，不列入保护基金“保护”的范畴之内，而应由投资者自行负担。基金公司使用基金偿付证券公司债权人后，取得相应的受偿权，依法参与证券公司的清算。证券投资者保护基金的使用程序是：为处置证券公司风险需要动用基金的，由中国证监会根据证券公司的风险状况制定风险处置方案，由基金公司制定基金使用方案，报经国务院批准后，由基金公司具体办理发放基金事宜。作为负责保护基金筹集、管理和使用的实体，证券投资者保护基金有限责任公司实行董事会负责制。董事会由 9 名董事组成，其中 1 名为独立董事，其他 8 名董事则分别来自证监会、财政部和央行等单位。基金公司应依法合规运作，按照安全、稳健的原则履行对基金的管理职责，保证基金的安全。基金的资金运用限于银行存款，购买国债、中央银行债券（包括央行票据）和中央级金融机构发行的金融债券，及国务院批准的其他资金运用形式。

四、其他主体对证券业的监管

在我国，对证券业的监管除了中国证监会的集中统一监管外，尚有以下监管形式：

1. 证券业协会的自律监管。《证券法》第 8 条规定：“在国家对证券发行、交易活动实行集中统一监督管理的前提下，依法设立证券业协会，实行自律性管理。”我国于 1991 年 8 月 28 日成立了中国证券业协会，它是依法在国家民政部注册的社会团体法人。证券业协会作为证券业的自律性组织履行下列职责：（1）教育和组织会员遵守证券法律、行政法规；（2）依法维护会员的合法权益，向证券监督管理机构反映会员的建议和要求；（3）收集整理证券信息，为会员提供服务；（4）制定会员应遵守的规则，组织会员单位的从业人员的业务培训，开展会员间的业务交流；（5）对会员之间、会员与客户之间发生的证券业务纠纷进行调解；（6）组织会员就证券业的发展、运作及有关内容进行研究；（7）监督、检查会员行为，对违反法律、行政法规或者协会章程的，按照规定给予纪律处分；（8）证券业协会章程规定的其他职责。

2. 国家审计机关的审计监督。《证券法》第 9 条规定：“国家审计机关依法对证券交易所、证券公司、证券登记结算机构、证券监督管理机构进行审计监督。”

第四节　保险业监督管理法

一、中国的保险业监督管理机构及其职权

所谓“保险业的监督管理”，是指国家保险业监督管理部门按照国务院规定的职权，依照

保险法的规定对保险企业的设立、经营活动以及保险市场等进行监督管理的活动。监管的目的在于规范保险活动，保护保险活动当事人（包括投保人、被保险人和受益人）的合法权益，维护社会经济秩序和社会公共利益，促进保险事业的健康发展。

在过去相当长时间内我国保险业的监督管理部门是中国人民银行。1998 年 11 月 18 日依据“分业管理”原则成立了中国保险监督管理委员会（简称“中国保监会”），作为国务院直属事业单位，根据国务院授权履行行政管理职能，依照法律、法规规定统一监管全国保险市场，维护保险业的合法、稳健运行。2003 年，国务院决定，将中国保监会由国务院直属副部级事业单位改为国务院直属正部级事业单位，并相应增加职能部门、派出机构和人员编制。目前，中国保监会内设 16 个职能机构和 3 个事业单位，并在全国各省、自治区、直辖市、计划单列市设有 36 个保监局，在苏州、烟台、汕头、温州、唐山市设有 5 个保监分局，依法履行相应职责。

按照 1995 年 6 月 30 日第八届全国人民代表大会常务委员会第十四次会议通过、2014 年 8 月 31 日第十二届全国人民代表大会常务委员会第十次会议第三次修订的《中华人民共和国保险法》和国务院 2001 年 12 月 12 日发布、2013 年 5 月 30 日修订的《外资保险公司管理条例》等法律、法规的有关规定，中国保监会依法对保险业进行监督管理，具体行使以下监督管理职权：

1. 拟定保险业发展的方针政策，制定行业发展战略和规划；起草保险业监管的法律、法规；制定业内规章。

2. 审批保险公司及其分支机构、保险集团公司、保险控股公司的设立；会同有关部门审批保险资产管理公司的设立；审批境外保险机构代表处的设立；审批保险代理公司、保险经纪公司、保险公估公司等保险中介机构及其分支机构的设立；审批境内保险机构和非保险机构在境外设立保险机构；审批保险机构的合并、分立、变更、解散，决定接管和指定接受；参与、组织保险公司的破产、清算。

3. 审查、认定各类保险机构高级管理人员的任职资格；制定保险从业人员的基本资格标准。

4. 审批关系社会公众利益的保险险种、依法实行强制保险的险种和新开发的人寿保险险种等的保险条款和保险费率，对其他保险险种的保险条款和保险费率实施备案管理。

5. 依法监管保险公司的偿付能力和市场行为；负责保险保障基金的管理，监管保险保证金；根据法律和国家对保险资金的运用政策，制定有关规章制度，依法对保险公司的资金运用进行监管。

6. 对政策性保险和强制保险进行业务监管；对专属自保、相互保险等组织形式和业务活动进行监管。归口管理保险行业协会、保险学会等行业社团组织。

7. 依法对保险机构和保险从业人员的不正当竞争等违法、违规行为以及对非保险机构经营或变相经营保险业务进行调查、处罚。

8. 依法对境内保险及非保险机构在境外设立的保险机构进行监管。

9. 制定保险行业信息化标准，建立保险风险评价、预警和监控体系，跟踪分析、监测、预测保险市场运行状况，负责统一编制全国保险业的数据、报表，并按照国家有关规定予以发布。

10. 承办国务院交办的其他事项。

二、中国保监会的监管范围与监管措施

（一）中国保监会的监管范围

1. 保监会监督管理的对象主体。主要包括：（1）中资、外资保险公司及其分支机构；（2）保险集团公司、保险控股公司；（3）保险资产管理公司；（4）境外保险机构代表处；（5）保险代理公司、保险经纪公司、保险公估公司等保险中介机构及其分支机构；（6）境内保险机构和非保险机构在境外设立的保险机构；（7）各类保险机构高级管理人员和保险从业人员；（8）保险行业协会、保险学会等保险行业社团组织；（9）其他以合法形式参与或影响保险活动的人员；（10）非法设立保险机构和非法从事保险业务的单位和个人。

2. 保监会监督管理的内容。主要包括四个方面：

（1）保险市场准入监管。包括机构设置、人员资质和重要险种（保险产品）的审批许可，具体包括依法审批中资、外资保险公司及其分支机构、保险集团公司、保险控股公司的设立；会同有关部门审批保险资产管理公司的设立；审批境外保险机构代表处的设立；审批保险代理公司、保险经纪公司、保险公估公司等保险中介机构及其分支机构的设立；审批境内保险机构和非保险机构在境外设立保险机构；审批保险机构的合并、分立、变更；审查、认定各类保险机构高级管理人员的任职资格，制定保险从业人员的基本资格标准；审批关系社会公众利益的保险险种、依法实行强制保险的险种和新开发的人寿保险险种等的保险条款和保险费率，对其他保险险种的保险条款和保险费率实施备案管理。

（2）业务运营监管。通过多种方式及时掌握保险公司的业务、财务及资金运用情况，以保险公司偿付能力为核心加强风险监管（包括监管保险公司保证金、各项准备金、保险保障基金的提取和核算，保险公司的资金运用情况，保险公司偿付能力的充足情况等），一旦发现违法行为和风险情况及时采取合法、果断措施（如整顿或接管等），予以纠正和救助。

（3）市场退出监管。我国《保险法》和《外资保险公司管理条例》及中国保监会发布的《保险公司管理规定》（2000 年 1 月 13 日发布，2009 年 9 月 25 日第三次修订）、《保险资产管理公司管理暂行规定》（2004 年 4 月 21 日发布，2011 年 4 月 7 日调整）等规定了保险公司和保险资产管理公司依法退出市场的三种形式（解散、依法撤销、破产）及清算、移交和注销等内容，保监会应根据这些法律法规的规定，将那些应该清除出市场的保险机构和从业人员坚决清除出保险市场。

（4）查处或者协助查处保险违法行为和犯罪行为，依法取缔非法保险机构和非法保险业务，净化保险市场，维护保险秩序，促进保险业的健康发展。

（二）中国保监会的监管措施

按照《保险法》等法律、法规规定，中国保监会在进行保险监督管理时可依法采取以下监管措施：

1. 中国保监会遵循保护社会公众利益和防止不正当竞争的原则，对关系社会公众利益的保险险种、依法实行强制保险的险种和新开发的人寿保险险种等的保险条款和保险费率进行审批；对其他保险险种的保险条款和保险费率实施备案制度。保险公司使用的保险条款和保险费

率违反法律、行政法规或者中国保监会的有关规定的，由保险监督管理机构责令停止使用，限期修改；情节严重的，可以在一定期限内禁止申报新的保险条款和保险费率。

在这方面，中国保监会发布了《财产保险公司保险条款和保险费率管理办法》（2005 年 11 月 10 日发布，2010 年 2 月 5 日修订）、《健康保险管理办法》（2006 年 8 月 7 日发布）、《保险公司养老保险业务管理办法》（2007 年 11 月 2 日发布）、《人身保险新型产品信息披露管理办法》（2009 年 9 月 25 日发布）、《人身保险业务基本服务规定》（2010 年 2 月 11 日发布）、《人身保险公司保险条款和保险费率管理办法》（2011 年 12 月 30 日发布）、《关于〈人身保险公司保险条款和保险费率管理办法〉若干问题的通知》（2012 年 1 月 4 日发布）等规章。

2. 中国保监会应当建立健全保险公司偿付能力监管指标体系，对保险公司的最低偿付能力实施监控。对偿付能力不足的保险公司应当将其列为重点监管对象，并可以根据具体情况采取相应措施。

2003 年 3 月 24 日中国保监会曾发布实施了《保险公司偿付能力额度及监管指标管理规定》，就保险公司应具备的最低偿付能力额度、财产保险公司监管指标，人寿保险公司监管指标、偿付能力额度和监管指标的管理等问题作了规定。2008 年 7 月 10 日中国保监会发布《保险公司偿付能力管理规定》就在我国依法设立的保险公司（包括经营商业保险业务的保险公司和外国保险公司分公司）的偿付能力（指偿还债务的能力）指标、偿付能力评估、偿付能力报告、偿付能力管理、偿付能力监督等方面的问题作了进一步完善规定，自同年 9 月 1 日起实施，相应废止了《保险公司偿付能力额度及监管指标管理规定》。

按《保险公司偿付能力管理规定》之规定：保险公司应当具有与其风险和业务规模相适应的资本，确保偿付能力充足率（即资本充足率，是指保险公司的实际资本与最低资本的比率）不低于 100％。其中，保险公司的最低资本是指保险公司为应对资产风险、承保风险等风险对偿付能力的不利影响，依据中国保监会的规定而应当具有的资本数额。保险公司的实际资本是指认可资产与认可负债的差额。该认可资产、认可负债分别为保险公司在评估偿付能力时依据中国保监会的规定所确认的资产、确认的负债。中国保监会建立以风险为基础的动态偿付能力监管标准和监管机制，对保险公司偿付能力进行综合评价和监督检查，并可依法采取以下监管措施：

（1）中国保监会对保险公司偿付能力的监督检查，采取现场监管与非现场监管相结合的方式。其中，在现场监管方面，中国保监会可定期或者不定期对保险公司偿付能力管理的下列内容实施现场检查：偿付能力管理的合规性和有效性；偿付能力评估的合规性和真实性；对中国保监会监管措施的执行情况；中国保监会认为需要检查的其他方面。在非现场监管方面，中国保监会对保险公司报送的偿付能力报告进行审查，并可根据需要委托中介机构对保险公司报送的偿付能力报告及相关信息实施审查；在每季度结束后，根据保险公司报送的偿付能力报告和其他资料对保险公司偿付能力进行分析。

（2）中国保监会根据保险公司偿付能力状况将保险公司分为下列三类，实施分类监管：1）不足类公司，指偿付能力充足率低于 100％的保险公司；2）充足Ⅰ类公司，指偿付能力充足率在 100％到 150％之间的保险公司；3）充足Ⅱ类公司，指偿付能力充足率高于 150％的保险公司。其中，对于不足类公司，中国保监会应当区分不同情形，采取下列一项或者多项监管措施：1）责令增加资本金或者限制向股东分红；2）限制董事、高级管理人员的薪酬水平和在职消费水平；3）限制商业性广告；4）限制增设分支机构、限制业务范围、责令停止开展新业务、责令转让保险业务或者责令办理分出业务；5）责令拍卖资产或者限制固定资产购置；6）限制资金运用渠道；7）调整负责人及有关管理人员；8）接管；9）中国保监会认为必要的其他监管措施。对充足Ⅰ类公司，中国保监会可以要求其提交和实施预防偿付能力不足的计划。对于存在重大偿付能力风险的充足Ⅰ类公司和充足Ⅱ类公司，中国保监会可以要求其进行整改或者采取必要的监管措施。

（3）中国保监会对于未按《保险公司偿付能力管理规定》建立和执行偿付能力管理制度的保险公司，中国保监会可以要求其进行整改，情节严重的，可以采取相应的监管措施，并依法给予行政处罚。

（4）中国保监会对外国保险公司在境内分支机构的偿付能力实施合并评估，偿付能力监管措施适用境内所有分支机构。

（5）中国保监会派出机构根据保监会授权，在偿付能力监管中履行以下职责：1）对保险公司分支机构的内部风险管理的合规性和有效性实施监督检查；2）对保险公司分支机构财务信息等偿付能力监管的基础数据的完整性和真实性实施监督检查；3）防范和化解保险公司分支机构的市场行为风险，防止重大的市场行为风险转化为偿付能力风险；4）执行中国保监会对保险公司采取的监管措施，确保监管措施在分支机构层面得到严格执行；5）识别、监测、防范和化解辖区内的重大偿付能力风险；6）中国保监会授予的其他偿付能力监管职责。

3. 中国保监会有权检查保险公司的业务状况、财务状况及资金运用状况，有权要求保险公司在规定的期限内提供有关的书面报告和资料；有权查询保险公司在金融机构的存款。

4. 保险公司未按《保险法》规定提取或结转各项准备金，或者未按照《保险法》规定办理再保险，或者严重违反《保险法》关于资金运用的规定的，由保险监督管理机构责令该保险公司采取下列措施限期改正：（1）依法提取或者结转各项准备金；（2）依法办理再保险；（3）纠正违法运用资金的行为；（4）调整负责人及有关管理人员。

5. 对保险公司进行整顿。保险监督管理机构作出限期改正的决定后，保险公司在限期内未予改正的，由保险监督管理机构决定选派保险专业人员和指定该保险公司的有关人员，组成整顿组织，对该保险公司进行整顿。整顿决定应当载明被整顿保险公司的名称、整顿理由、整顿组织和整顿期限，并予以公告。

整顿组织在整顿过程中，有权监督该保险公司的日常业务。该保险公司的负责人及有关管理人员，应当在整顿组织的监督下行使自己的职权。在整顿过程中，保险公司的原有业务继续进行，但是保险监督管理机构有权停止开展新的业务或者停止部分业务，调整资金运用。被整顿的保险公司经整顿已纠正其违反保险法规定的行为，恢复正常经营状况的，由整顿组织提出报告，经保险监督管理机构批准，整顿结束。

6. 对保险公司实行接管。保险公司违反《保险法》规定，损害社会公共利益，可能严重危及或者已经危及保险公司的偿付能力的，保险监督管理机构可以对该保险公司实行接管。接管的目的是对被接管的保险公司采取必要措施，以保护被保险人的利益，恢复保险公司的正常经营。被接管的保险公司的债权债务关系不因接管而变化。接管组织的组成和接管的实施办法，由保险监督管理机构决定，并予公告。

接管期限届满，保险监督管理机构可以决定延期，但接管期限最长不得超过2年。接管期限届满，被接管的保险公司已恢复正常经营能力的，保险监督管理机构可以决定接管终止。接管组织认为被接管的保险公司的财产已不足以清偿所负债务的，经保险监督管理机构批准，依法向人民法院申请宣告该保险公司破产。

7. 中国保监会有权要求保险公司股东、实际控制人在指定的期限内提供有关信息和资料。

8. 保险公司的股东利用关联交易严重损害公司利益，危及公司偿付能力的，由中国保监会责令改正。在按照要求改正前，中国保监会可以限制其股东权利；拒不改正的，可以责令其转让所持的保险公司股权。

9. 保险监督管理机构根据履行监督管理职责的需要，可以与保险公司董事、监事和高级管理人员进行监督管理谈话，要求其就公司的业务活动和风险管理的重大事项作出说明。

10. 保险公司在整顿、接管、撤销清算期间，或者出现重大风险时，中国保监会可以对该公司直接负责的董事、监事、高级管理人员和其他直接责任人员采取以下措施：1）通知出境管理机关依法阻止其出境；2）申请司法机关禁止其转移、转让或者以其他方式处分财产，或者在财产上设定其他权利。

三、中国保险行业协会的自律监管

除中国保监会对保险行业的监管之外，对保险行业的监管还有保险行业协会的自律监管。

早在 1997 年 9 月，全国 13 家中资保险公司在北京签署了我国第一个全国性的保险行业公约。2001 年 2 月 23 日中国保险行业协会正式成立，该协会是经中国保监会审查同意并在国家民政部登记注册的中国保险业的全国性自律组织，是自愿结成的非营利性社会团体法人。根据《保险法》第 182 条规定："保险公司应当加入保险行业协会。保险代理人、保险经纪人、保险公估机构可以加入保险行业协会。"截至 2014 年 12 月 31 日，中国保险行业协会共有会员 302 家，其中保险公司 163 家、保险中介机构 90 家、保险相关机构 7 家、地方保险行业协会 42 家。

（一）中国保险行业协会的组织架构

中国保险行业协会的最高权力机构是会员大会。理事会是会员大会的执行机构。中国保险行业协会实行专职会长负责制，由专职会长负责协会日常工作，根据工作需要聘任秘书长和副秘书长等工作人员。中国保险行业协会通过每年度召开理事会的形式共同商讨协会的工作，下设财产保险专业委员会、人身保险专业委员会、保险经纪专业委员会、保险公估专业委员会、保险营销专业委员会、公司治理专业委员会、法律专业委员会、行业文化与形象建设专业委员会、教育培训专业委员会、信息技术专业委员会、统计专业委员会、合规专业委员会、互联网保险专业委员会、地方协会专业委员会、反欺诈专业委员会 15 个分支机构，各分支机构的日常工作由相应工作部承担。中国保险行业协会还通过定期召开全国协会系统会议，交流情况、协调工作。

目前，中国保险行业协会有 11 个常设办事机构：办公室（党委办公室、人事部）、统计与研究工作部（资金运用服务工作部）、会员服务及地方工作部、财产险工作部、人身险工作部、中介工作部、法律合规工作部、培训认证工作部、标准化建设工作部（公司治理部）、对外联络合作部、文化与传播工作部（编辑部）。

（二）中国保险行业协会的宗旨和基本职责

1. 中国保险行业协会的宗旨

中国保险行业协会的宗旨是：遵守国家宪法、法律、法规和经济金融方针政策，遵守社会道德风尚，深入贯彻科学发展观，依据《中华人民共和国保险法》，配合保险监管部门督促会员自律，维护行业利益，促进行业发展，为会员提供服务，促进市场公开、公平、公正，全面提高保险业服务社会主义和谐社会的能力。

2. 中国保险行业协会的基本职责

中国保险行业协会的基本职责包括自律、维权等五个方面：

（1）自律——督促会员依法合规经营。主要包括：组织会员签订自律公约，制定自律规则，约束不正当竞争行为，维护公平有序的市场环境；组织制定行业标准。受政府有关部门委托，依据有关法律、法规和保险业发展情况，组织制定行业的质量标准、技术规范、服务标准和行规行约；积极推进保险业信用体系建设。建立健全保险业诚信制度、保险机构及从业人员信用信息体系，探索建立行业信用评价体系；开展会员自律管理。对于违反协会章程、自律公约、自律规则和管理制度、损害投保人和被保险人合法权益、参与不正当竞争等致使行业利益和行业形象受损的会员，可按章程、自律公约和自律规则的有关规定，实施自律性惩罚，涉嫌违法的可提请监管部门或其他执法部门予以处理；其他与行业自律有关的事项。

（2）维权——参与决策论证。主要包括：代表行业参与同行业改革发展、行业利益相关的决策论证，提出相关建议；维护行业合法权益。加强与监管部门、政府有关部门及其他行业的联络沟通，争取有利于行业发展的外部环境；维护会员合法权益。当会员合法权益受损时，代表会员与有关方面协调沟通；指导建立行业保险纠纷调解机制，加强保险消费者权益协调沟通机制的构建与维护；接受和办理监管部门、政府有关部门委托办理的事项；其他与行业维权有关的事项。

（3）服务。主要包括：主动开展调查研究，及时向监管部门和政府有关部门反映保险市场存在的风险与问题，并提出意见和建议；协调会员之间、会员与从业人员之间的关系，调处矛盾，营造健康和谐的行业氛围；协调会员与保险消费者、社会公众之间的关系，维护保险活动当事人的合法权益；构建行业教育培训体系，开展从业人员资格认证管理和培训工作；组织会员间的业务、数据、技术和经验交流，促进资源共享、共同发展；其他与行业服务有关的事项。

（4）交流——建立会员间信息通联工作机制，促进业内交流。主要包括：经批准，依照相关规定创办信息刊物、开办网站。根据授权，汇总保险市场信息，提供行业数据服务，实现信息共享；加强与其他相关行业协会的沟通与协调，促进行业对外交流；搭建国际交流平台，积极参加国际保险组织，引导行业拓宽国际视野，拓展对外合作领域和空间；组织参加国际会议和有关活动，服务行业走出去，学习、借鉴国外先进技术和经验；其他与行业交流有关的事项。

（5）宣传。主要包括：整合宣传资源，制定宣传规划，组织开展行业性的宣传和咨询活动；组织落实“守信用、担风险、重服务、合规范”的保险行业核心价值理念，推动行业文化建设，关注保险业热点、焦点问题，正面引导舆论宣传；普及保险知识，利用多种载体开展保险公众宣传；经政府有关部门批准，表彰先进典型，树立行业正气，营造良好形象。

问题与思考

1. 有关金融监管的理论有哪些主要学说？你倾向于何种理论观点？为什么？

2. 我国金融监管的目标和原则应有哪些内容？为什么？

3. 我国金融监管机构之间的监管活动为什么需要加强协调？在加强监管协调机制方面你有何对策建议？我国目前适不适合实施统一综合的金融监管体制？

4. 银行业市场准入监管主要要解决什么问题？

5. 为什么要强调银行业金融机构的风险监管？风险监管的主要措施有哪些？

6. 中国证监会的主要职能和基本职责有哪些？为什么我国《证券法》要规定："在国家对证券发行、交易活动实行集中统一监督管理的前提下，依法设立证券业协会，实行自律性管理"？

7. 证券市场监管的目的是什么？证券市场违法违规交易行为的主要危害是什么？

8. 中国保监会对保险行业的监管范围与监管措施有哪些？为什么中国保监会要对保险公司的偿付能力实施分类监管？如何实施有效的分类监管？

9. 中国保险行业协会的性质、宗旨、基本职责包含哪些内容？如何加强保险行业协会的自律功能？

第三篇

金融机构组织法

第四章

商业银行法

本章概要

在市场经济国家的金融体制中，商业银行是金融机构组织体系的主体。所谓商业银行，是以金融资产和负债为经营对象，以利润最大化或股东收益最大化为主要目标，提供多样化服务的综合信用中介机构。它以吸收存款、发放贷款、办理汇兑结算为主要业务，并以安全性、流动性和效益性为主要经营原则。在整个金融体系中，它是唯一能够接受活期存款的银行，通过发放贷款，创造存款货币，从而具有信用创造的功能。现代商业银行的业务经营活动，范围极广，最能全面反映银行的基本特征。过去，我国的四大专业银行身兼政策性银行和商业性银行的双重职能，结果是：一身两任，职能不清，业务界限不清，风险责任不明，使国有专业银行难以实现自主经营、自担风险、自我约束、自我发展，难以办成真正的商业银行。1994 年开始的金融体制改革，一个重要的内容就是创建三家政策性银行，专司政策性银行业务，从而促使专业银行的政策性业务和商业性业务分离，向现代商业银行转化；并为改善中央银行对货币、信贷总量的调控创造条件。1995 年 5 月 10 日八届全国人大常委会第十三次会议通过、自同年 7 月 1 日起施行的《中华人民共和国商业银行法》对我国商业银行的组织及活动开展的诸多问题进行了规定。2003 年 12 月 27 日十届全国人大常委会第六次会议依据金融监管体制改革和金融发展的要求对该法进行了修订。此后，我国商业银行特别是国有商业银行在混业经营、法人治理、内控体制机制、风险管理、股份制改革与上市等方面进行了积极的探索，取得了突破性进展。国务院及中国人民银行、银监会在对商业银行的调控与监管过程中也颁布了大量的金融法规和规章。

关键术语

商业银行　商业银行法　资产负债比例管理　资本充足率　三性原则　资产业务　负债业务　中间业务

第一节　商业银行法概述

一、商业银行的概念、性质及职能

（一）商业银行的概念

商业银行是以金融资产和负债为经营对象，以利润最大化或股东收益最大化为主要目标，提供多样化服务的综合信用中介机构，是金融企业的一种。“商业银行”是英文 Commercial Bank 的意译，是相沿成习的惯称。因为这类银行开展业务，最初所吸收的资金主要是活期存款，而这种资金主要用于发放短期的具有商业性质的自偿性贷款，故被称为“商业银行”。这里的“商业”既指明这类银行的业务范围，又表明银行的性质是商业性的，是追求盈利的。

商业银行是商品经济的产物，并随商品经济的发展和信用的出现而日趋完善。大体而言，现代商业银行是在前资本主义时期的货币经营业的基础上产生、发展而成的。货币经营业的最初形式是铸币兑换商。随商品经济的进一步发展，铸币兑换商也就从单纯替商人兑换铸币发展到为商人保管货币资财、登记账目、平衡货币差额等，并为减少铸币携带的麻烦，开始办理货币支付和兑换业务。不过这时的货币经营业还不是银行，仅仅是商人之间的支付中介。随着货币保管和支付业务的进一步发展，在货币兑换商手中积聚了大量的货币资财，当货币兑换商将这些货币出借给他人，从事放款业务，并使其成为经常性业务时，信用出现了，货币经营业也就发展为银行。

最早成立而具一定规模的银行是 1171 年成立的威尼斯银行（Bank of Venice），这是一家公立银行，设立的目的是为便利应付战争筹款及公债发行。其次为 1609 年在荷兰成立的阿姆斯特丹银行（Bank of Amsterdam），它是为统一币制，便利荷兰东印度公司的对外掠夺及商人银钱交易、货币成色的鉴别，由市政府设立的。自 16 世纪 80 年代以后，在欧洲其他国家也相继成立了银行。这些银行的建立为商业银行的产生开了先河。但是，这种前资本主义银行业的贷款对象主要是政府和极少数有利可图的事业，并且利息很高，不利于资本主义的发展。因而在资本主义发展较早的英国，在政府支持下，于 1694 年成立了世界上第一家股份制银行——英格兰银行。其利率大大低于旧银行的放款利率，从而有力地促进了英国资本主义的发展。一般认为，英格兰银行的建立，标志着西方资本主义商业银行的产生。继其之后，从 18 世纪开始，欧洲各国先后建立了众多的资本主义银行。

早期的商业银行是专门融通短期性商业资金的银行，以后随经济和金融业的发展，其业务范围不断拓展，商业银行逐步发展成为一种综合性、多功能的全能银行。德国是首次实施这种综合性的银行体制的，其后，这种体制渐次为世界上其他国家和地区认可和采取。随着科学技术的进步和金融竞争的加剧，现代社会各国的商业银行也不得不采取综合性、多功能银行的模式，以各种形式的金融创新为手段，多方面、全方位地经营各种银行和非银行金融业务（参见[拓展阐述]）。显然，现代商业银行的内涵和外延已远远超出它过去的特定范围，不再局限于短期性的资金融通，而以多种金融资产和金融负债为经营对象，提供比过去广泛得多的金融服务。

[拓展阐述] **商业银行混业经营模式各异**

自20世纪70、80年代以来，金融机构组织大型化、集团化，金融业务经营混业化、综合化、全能化日益成为一种趋势，以应对工商企业巨型化、跨国经营等对金融服务需求多元化、金融资本跨国流动和金融竞争国际化的需求，金融各业机构、金融产品之间的界限日渐模糊。由于历史传统、法律制度文化等方面的不同，世界各国金融机构的混业模式存在各种各样的差异，但总体上可以区分为两大模式：(1) 法人综合经营模式。在该种模式下，同一法人可以同时经营银行、证券、保险方面的业务而较少受到限制。德国、瑞士等国家采用此种模式。这种模式要求金融机构具有较强的法律观念、良好的信用文化传统和自律意识。(2) 以资本为纽带的集团综合经营模式。这种模式从组织结构上设置了“防火墙”，一定程度地隔离了母子公司间的经营风险。具体又可分为两种形式：一是纯粹控股公司模式，在这种模式下，控股公司自身并不直接经营金融业务，但可同时控制、管理商业银行、证券公司或保险公司等。美国的绝大多数金融控股公司和我国的中信控股公司等属于此种类型。二是事业型控股公司，即以某一业态的金融机构（或其他经济实体）作为投资母体，投资设立其他业态的金融机构，投资母体本身可以直接从事某类金融（或经济）业务，但其他业态的金融业务要由子孙公司办理。英国、日本等国的金融控股公司和我国商业银行设立基金管理公司属于此种类型。在此，还要特别提醒注意的是，金融控股公司与金融集团是两个不同的概念和范畴，不应混淆。

由于历史发展时期和国度的不同，商业银行的称谓和业务范围有较大的差异。如在英美法系国家，习惯上把经营一年期以下的短期信用的银行，称为商业银行。而把经营一年期以上的中长期信用的机构，称为公司。而在大陆法系国家，凡经营金融业务的机构，不论是短期信用或长期信用，都可称为银行。例如，经营信托业务的金融机构，依英美法体系，称为“信托公司”；而依欧洲大陆法系，则称“信托银行”。至于商业银行的具体称谓，在美国，依据其是否参加联邦准备制度，称为“会员银行”或“非会员银行”；依其是由联邦政府还是州政府核批，称为“国法银行”（又译“国民银行”）或“州法银行”。在英国，商业银行被称为“股东银行”，列入统计的商业银行包括：清算银行、承兑行、外国银行、其他商人银行（包括英国海外银行、小规模的储蓄银行、非承兑行会员的商人银行等）。而欧洲大陆的商业银行，习惯称为“信贷银行”。在我国，按照《中华人民共和国商业银行法》第2条的规定，商业银行是指依照《中华人民共和国商业银行法》（以下简称《商业银行法》）和《中华人民共和国公司法》（以下简称《公司法》）设立的吸收公众存款、发放贷款、办理结算等业务的企业法人。

（二）商业银行的性质

从前述关于商业银行的概念中，我们可归纳出商业银行具有以下三方面的性质：

1. 商业银行是企业。商业银行与一般工商企业一样，是以营利为目的的企业。商业银行必须依法设立、依法经营、照章纳税、自担风险、自负盈亏。西方学者萨缪尔森称："商业银行是一种和其他企业非常相似的企业。"我国《商业银行法》也明确规定商业银行是企业法人，表明商业银行的企业性质。

2. 商业银行是金融企业。商业银行是不同于一般工商企业的特殊企业，其特殊性表现为商业银行的经营对象不同于一般企业。它经营的是特殊商品——货币和货币资本，是以各种金融资产和金融负债为经营对象的。所以，商业银行是一种特殊的企业——金融企业。它的成立不仅要符合一般的现代企业的行为规范——《公司法》的规定，还要符合特殊的行为规范——《商业银行法》的规定，有着更为严格的法定要求。

3. 商业银行是一种特殊的金融企业。现代金融中介机构包括多种形式，如信托银行、投资银行、储蓄银行、保险公司、财务公司、融资租赁公司、证券公司等等。这些金融中介机构也是属于现代金融企业的范畴的。但与它们相比，商业银行又具有自己的特点。其业务更综合，功能更齐全，经营一切"零售"业务（门市业务）和"批发业务"（大额信贷）业务，为顾客提供几乎所有的金融服务。而专业银行只集中经营指定范围内的业务，其他各种非银行金融机构的业务范围更为狭窄，业务方式更为单一。不过，随近年来西方各国金融管制的放松，各种金融中介机构之间的业务日益交叉，金融竞争也日趋加剧，相互间的差别日益缩小。但商业银行凭借其雄厚的实力，仍然在各国的金融体系中保持特殊重要的地位。

（三）商业银行的职能

商业银行作为金融组织体系的基本主体，其对现代经济生活的重要性集中反映在它的四个基本职能上面：

1. 信用中介职能。信用中介职能是商业银行最本质、最基本的职能。这一职能的实质，是通过银行的负债业务（主要是吸收存款）把社会上闲散的各种货币资本集中到银行里来，再通过银行的资产业务（放款和投资等），把它投向经济各部门。在此过程中，商业银行作为货币资本的贷入者和贷出者的中介人，来实现资本的融通，并从吸收资金的成本和发放贷款的利息收入、投资收益的差额中，获取收入，形成银行利润。商业银行遂成为买卖"资本商品"的大商人。

需要指出的是，商业银行通过信用中介职能实现资本盈余和短缺之间的融通，并不改变货币资本的所有权，而只是改变货币资本的使用权，并在这种改变中实现了对经济过程的多层次的调节：（1）将社会闲置资本转变为职能资本；（2）将不能当做资本使用的小额货币转变为巨额资本；（3）将短期货币资本转变为长期货币资本；（4）引导货币资本由低效益的部门流向高效益的部门。

2. 支付中介职能。商业银行通过客户在银行开立的存款账户，代理客户办理货币兑换、货币结算、货币收付等业务，成为工商企业、团体和个人的货币保管者、出纳者和收付代理人。这样，以商业银行为中心，形成了经济过程中无始无终的支付链条和债权债务关系。商业银行支付中介职能的发挥，使现金的使用大为减少，节约了社会流通费用，加速了资金结算和货币资本的周转。

商业银行支付中介职能的发挥，是以活期存款账户为基础的。长期以来，商业银行是唯一能够吸收活期存款、开设活期支票账户的金融机构，以至于有学者称商业银行是"使用支票存款的银行”。近些年来，随西方各国金融管制的放松，专业银行和其他金融机构也可开设类似于支票账户的其他账户，如可转让支付命令账户等，但与商业银行相比，仍有很大差别。工商企业之间的大额支付及多数与个人有关的货币支付，仍需由商业银行办理。

3. 信用创造职能。商业银行在信用中介职能和支付中介职能的基础上，产生了信用创造职能。商业银行是能够吸收各种存款的银行，它利用吸收的存款发放贷款，在支票流通和转账结算的基础上，贷款又转化为存款，在这种存款不提现或不完全提现的情况下，就增加了商业银行的资金来源，最后在整个银行体系，形成数倍于原始存款的派生存款。

具有信用创造职能，亦即商业银行通过自己的信贷活动，创造和收缩活期存款，把自己的负债（吸收的存款）作为货币来流通（转账结算），是其显著区别于专业银行和其他金融机构的职能。不过，商业银行创造信用，并不是无限制的，它受到以下因素的制约：

（1）商业银行的信用创造，要以存款为基础。就单个商业银行而言，要根据存款发放贷款和投资；就整个商业银行体系而言，也是在原始存款的基础上创造信用，并且创造信用的限度取决于原始存款的规模。

（2）商业银行的信用创造，要受到中央银行的存款准备金率、自身的现金准备率、贷款付现率的制约，其信用创造能力与这些比率成反比。

（3）商业银行信用创造，还受制于贷款需求。如果没有足够的贷款需求，存款贷不出去，就谈不上创造。因为，只有贷款才派生存款，贷款的程度与派生的程度相一致。

所以，商业银行最有意义的业务是存款，只有吸收的存款越多，才越有可能扩大贷款规模，实现经营目标。商业银行创造信用的实质，从整个社会再生产来看，是流通工具的创造。在这种创造中，加速资本周转，节约流通费用，满足经济过程对流通和支付手段的需要。

4. 金融服务职能。随着经济的发展，居民的生活环境、工商企业的经营环境日益复杂化，银行间的业务竞争也日益剧烈化。这样，迫使商业银行不得不拓展其业务、提高其服务品质以招徕顾客。现代商业银行利用其先进的设施、联系面广、信息灵通和丰富的专业知识等优势，为客户提供投资理财、信息、咨询服务以及代交公共费用、代发工资、代理融资和保管物品等项服务。在现代经济生活中，金融服务已成为商业银行的重要职能。

二、商业银行的业务范围及经营原则

（一）商业银行的业务范围

商业银行发展至今，其业务范围发生了很大的变化。业务集中于短期性自偿性贷款的以英国为代表的原始意义的商业银行逐渐地为以德国为代表的综合式商业银行所取代。这类综合式的全能商业银行，不仅发放短期商业贷款，提供周转资金，而且也融通长期性的固定资金，并直接投资于新兴企业、包销企业证券、参与企业决策和提供咨询服务等，从而被称为“金融百货公司”。但具体到各个国家，由于其经济、金融形势不一，因此，在法律上对其业务范围的界定也就有别，或采列举式，或采定义加限制方式对商业银行的业务作出规定。

按我国《商业银行法》第3条的规定，商业银行可以经营下列部分或全部业务：（1）吸收公众存款；（2）发放短期、中期和长期贷款；（3）办理国内外结算；（4）办理票据承兑与贴现；(5) 发行金融债券；(6) 代理发行、代理兑付、承销政府债券；(7) 买卖政府债券、金融债券；(8) 从事同业拆借；(9) 买卖、代理买卖外汇；(10) 从事银行卡业务；(11) 提供信用证服务及担保；(12) 代理收付款项及代理保险业务；(13) 提供保管箱服务；(14) 经中国银监会批准的其他业务。

商业银行的经营范围由其章程规定，报中国银监会批准。商业银行经营结汇、售汇业务的，应经人民银行批准。另外，我国《银行业监督管理法》第 18 条还规定：银行业金融机构业务范围内的业务品种，应当按照规定经中国银监会审查批准或者备案。需要审查批准或者备案的业务品种，由中国银监会依照法律、行政法规作出规定并公布。①

上述商业银行业务，按资金来源和用途，可归纳为三大类：

一是负债业务。负债业务是商业银行通过一定的形式，组织资金来源的业务。其主要方式是吸收存款、发行金融（资本）债券、借款（含同业拆借、向央行借款、向国外货币市场借款）、应付款等。其中，最主要的负债业务是吸收存款，包括活期存款、定期存款、储蓄存款、大额可转让定期存单、委托存款、保证金存款、通知存款、协定存款、协定透支存款等。在负债业务中，商业银行是债务人，各类存款人是债权人。

二是资产业务。资产业务是商业银行运用其积聚的货币资金从事各种信用活动的业务，是商业银行取得收益的主要途径。包括发放贷款、进行投资（证券投资、现金资产投资、固定资产投资）、租赁业务、买卖外汇、票据贴现等，其中，最主要的资产业务是贷款业务（含短期、中期、长期贷款和高档消费品贷款）和投资业务。在资产业务中，商业银行是债权人，而借款人是债务人。我国《商业银行法》第 42 条、第 43 条对商业银行的投资业务作了一定的限制。

三是中间业务，或称表外业务。指商业银行并不运用自己的资金，而代理客户承办支付和其他委托事项并从中收取服务费的业务。中间业务主要包括办理国内外结算，代理发行、代理兑付、承销政府债券，代理买卖外汇，提供信用证服务及担保，代理收付款以及代理保险业务等。此外，信托等投资理财业务也属中间业务，但在我国依分业管理、分业经营的原则，此类业务在《商业银行法》中，未作为法定业务加以规定。在经营中间业务时，商业银行并不运用自有资金或借入的资金，也即此类业务的开展不会引起商业银行资产与负债比例的变化，商业银行既非债权人，亦非债务人，而是代理人或金融中介人。

以上三类业务，负债业务和资产业务构成商业银行业务的基本内容，而中间业务的开展，通过提供优质、高效的服务，可为银行争取到更多的客户，更为有利地促进资产负债业务的开展。因此，在利率市场化程度高的国家，现代银行间的竞争日益集中地表现为中间业务的竞争。而在我国，大力开拓中间业务，应是今后商业银行提高盈利水平、改善客户结构、增强核心竞争力的重要手段。

---

① 如中国银监会 2006 年 1 月 12 日发布的《中国银行业监督管理委员会中资商业银行行政许可事项实施办法》第五章就对商业银行“调整业务范围和增加业务品种”的种类、许可条件和程序作了规定。而中国银监会 2006 年 12 月 6 日发布、自同月 11 日起正式施行的《商业银行金融创新指引》，总的精神是中国银监会将简化审批程序、转变监管方式，在确保金融稳健的前提下，鼓励符合规定条件的商业银行加速金融创新，以提高银行的竞争力，给消费者提供更好的金融服务。2013 年 1 月 15 日中国银监会修订发布的《中资商业银行行政许可实施办法》第五章就开办外汇业务和增加外汇业务品种，募集发行债务、资本补充工具，开办衍生产品交易业务，开办信用卡业务，开办离岸银行业务，申请开办其他业务的条件和程序，作了进一步细化规定。

（二）商业银行的经营原则

商业银行的经营原则是商业银行开展金融业务活动所必须遵循的基本指导思想，是保障商业银行规范、稳健运作的基本行为准则。我国《商业银行法》借鉴国外商业银行法的立法经验，结合我国经济、金融体制的实际情况和改革发展的需要，对我国商业银行的经营原则作出了明确的规定。概括起来，有以下8个原则：

1. “三性原则”。所谓“三性原则”是指安全性原则、流动性原则和效益性原则，这是各国商业银行开展业务活动普遍遵循的经营原则，更是我国《商业银行法》规定的首要的、基本的经营原则。我国修订后的《商业银行法》第4条明确规定：商业银行以安全性、流动性、效益性为经营原则。“三性原则”的含义是：

（1）安全性原则。是“三性原则”中的首要原则，是国际银行业普遍认可的最为重要的经营原则，反映了人们对银行业经营风险的重大关切。在我国，安全性原则在“三性原则”中首要地位的法律确认是由2003年《商业银行法》的修订加以实现的，它表明在经历了亚洲金融危机的冲击后，市场化程度日高的中国银行业越来越需要关注自身的经营安全。

所谓安全性原则是指商业银行在进行业务活动时，应充分考虑按期收回资金本息的可靠程度，确保银行资产的安全。安全性原则主要是针对商业银行的资产业务而言的。由于商业银行资产中自有资本所占比重很小，其发放贷款、进行投资的资金主要来源于吸收的存款或其他负债，而吸收存款必须保证客户随时提取，其他负债到期也要归还本息。因此，商业银行必须保证资金的安全，保证贷款和其他投资的本息能按时、足额收回。

商业银行的安全性原则主要是通过对各种风险的防范和控制来实现的。所谓“风险”是关于银行预期收入不确定性的程度，是影响资产安全的不利因素。大体而言，对银行资产安全形成威胁的风险主要有四：1）信用风险，或称爽约风险。信用风险是债务到期，借款者因生产经营状况发生变化，或信用状况恶化，不能完全归还贷款，放款者只能收回部分贷款金额而承受的风险损失。因此，商业银行在决定贷款时，必须对申请者作信用调查，信用是以申请者过去偿还贷款的记录为基础的，银行据此判断是否给以贷款。在美国，如果借款者有较高的违约风险，银行就要求给付较高的利率，以满足违约的预期损失。同时，银行为保证贷款的安全，可要求借款者以资产设抵，一旦借款者违约，银行对这些资产享有优先受偿权。此外，银行要实现资产组合的多样化，尽量避免把贷款集中于某一产业。2）利率、汇率变动风险。指市场利率和外汇汇率发生变化时，可能给商业银行的证券资产带来的损失，即使得银行持有的证券资产跌价。3）流动性风险。指商业银行因缺乏变现能力，不能及时地、充分地满足存款者提取存款和发放正常贷款的需求，引致银行信誉受损、出现挤兑，甚至破产倒闭的风险。[①] 克服流动性风险要求银行预测客户对资金的需要，以及决定如何提供足够的流动性资金。4）社会、政治风险。指因社会、政治、经济形势的重大变化而给商业银行可能带来的预期收益的损失。如战争、动乱、自然灾害、经济衰退、通货膨胀等等。

---

① 2014年1月17日中国银监会发布、自同年3月1日实施的《商业银行流动性风险管理办法（试行）》第3条规定：“本办法所称流动性风险，是指商业银行无法以合理成本及时获得充足资金，用于偿付到期债务、履行其他支付义务和满足正常业务开展的其他资金需求的风险。”

（2）流动性原则。是指商业银行的资金运用可以随时变为现款，以便及时地、充分地满足存款者提取存款和发放正常贷款的需要。包括资产的流动性和负债的流动性两个方面：1）资产的流动性。指商业银行的资产在不发生损失的前提下迅速变现的能力，以满足存款者取款和贷款者贷款的需求。这就要求商业银行手头总是持有一定比例的现金资产及变现能力强的其他资产，如短期票据和短期债券等。2）负债的流动性。是指商业银行能以较低的成本随时获得所需的资金。这就要求银行发展主动型负债，向中央银行、同业或国际金融市场借款，发行金融债券、大额可转让定期存单等，以保持负债的流动性。

流动性原则主要是指资产的流动性。资产的流动性要通过资产结构和负债结构的适当安排来实现，使放款的各种不同到期日与存款和借入资金的到期日以及数额相适应。

（3）效益性原则。指商业银行在从事资产负债等业务的过程中，必须以盈利为目标，并努力使盈利最大化，追求最佳的经济效益。这一原则是由商业银行的企业性质所决定的。商业银行作为一种特殊的企业，和任何其他企业一样，其基本经营目标就是最大限度地创造利润，实现盈利的最大化，否则，就难以在市场经济中求得生存，获得发展。

商业银行经营管理的“三性原则”是既互相对立，又互相统一的。因此，在业务经营中要寻求三者之间的动态平衡与协调。而要做到这一点，就要求商业银行的资产与负债保持适当的比例，要实行资产负债比例管理和全面风险管理。

2.“四自方针”——商业银行“企业化经营”的原则。我国《商业银行法》第2条规定商业银行是企业法人，第4条规定：商业银行实行自主经营、自担风险、自负盈亏、自我约束。商业银行依法开展业务，不受任何单位和个人的干涉。商业银行以其全部法人财产独立承担民事责任。即要求商业银行应以企业法人的身份，独立自主地开展经营业务活动，实现企业化经营。我国《商业银行法》所以规定这一原则，主要是针对我国的专业银行政企不分，职责权限不明，不能独立自主、自负盈亏地开展经营活动而进行的，为的是要把专业银行办成真正的商业银行。从一定意义上讲，这一原则的规定体现了中国的特殊国情。

所谓“自主经营”，是指商业银行在符合国家法律、法规、产业政策和发展政策的前提下，有权根据市场的需要，自主地对经营计划、投资安排、公积金公益金的支配、金融产品的开拓、利率和劳务定价以及银行内部的劳动、人事、工资奖金分配等方面作出决策并组织实施，不受地方政府和部门的干预。这是商业银行作为企业法人、独立的金融业务经营者所应具备的基本条件。

所谓“自担风险”，是指商业银行要独自承担经营风险。商业银行的经营风险主要有：信用风险、利率风险、汇率风险、流动性风险和国家风险等，但最主要的风险是信用风险。自担风险的原则要求商业银行正确识别和认定金融资产的经营风险，建立和强化风险的防范、控制、清收、补偿机制，降低资产风险，减少资产损失，提高资产质量。自担风险是与自主经营相联系的，只有允许银行自主经营，银行才对其自主经营的风险承担责任。

所谓“自负盈亏”，是指商业银行对其经营金融业务所产生的后果享有相应的权利、承担相应的责任。这是商业银行作为独立法人的标志，也是防止其滥用自主权的关键所在。

所谓“自我约束”，是指商业银行必须遵守国家的法律、法规和金融监管机关的有关规定，建立自我约束机制。一方面高度重视其资产质量，实行资产风险管理，保证资产的安全性和流动性；另一方面严格本行的业务规章，建立、健全本行的业务管理和内部稽核制度。从而正确处理好银行与国家、银行与股东、银行与员工的关系，兼顾全局利益和局部利益、目前利益与长远利益，自觉地规范自身的经营管理行为。

所谓“商业银行依法开展业务，不受任何单位和个人的干涉”，是政企分开、银行成为独立自主的企业法人的要求。银行开展业务，除受法律法规的限制和规范外，不受任何单位和个人的干涉，从而避免政企不分、行政干预、以权谋私等现象的发生。所以，商业银行有权拒绝任何单位和个人强令发放贷款或提供担保的要求；有权依法收回到期贷款本息，不受阻挠；任何单位和个人无权豁免银行贷款的本金、利息等。

所谓“商业银行以其全部法人财产独立承担民事责任”，其含义是指：(1) 商业银行承担有限责任；(2) 商业银行以其全部法人财产承担有限责任；(3) 商业银行独自承担有限责任，商业银行的股东（包括国家）只以其出资承担有限责任，不承担无限连带责任。这既是商业银行成为企业法人的先决条件，又是商业银行企业化经营的必然要求。因为只有使商业银行拥有自己独立的法人财产，使其与商业银行投资者的财产区分开来，并以此独立承担民事责任，才有可能政企分开，使商业银行开展业务不受其他单位和个人的干涉，才有可能使国家不再对商业银行的行为承担无限责任，才有可能真正实现商业银行的自主经营、自担风险、自负盈亏、自我约束的经营机制。

3. 业务往来遵循平等、自愿、公平和诚实信用的原则。其含义是指银行与客户的法律主体地位平等、业务开展自主而非强迫、业务往来公平合理对价、重信誉守合同不搞欺诈。我国《商业银行法》第 5 条规定：“商业银行与客户的业务往来，应当遵循平等、自愿、公平和诚实信用的原则。”这反映了在市场经济体制下商业银行作为企业法人的客观要求，要使商业银行和客户（其他工商企业、合伙组织和个人）以平等主体的身份参与到金融活动中去，遵循平等民事主体行为的基本准则。而不再像计划经济体制时期那样，专业银行作为国家银行执行国家金融管理方面的职能，一方面附属于政府、听命于政府，另一方面又对客户、对企业行使监督管理职能。

4. 保障存款人的合法权益不受侵犯的原则。我国宪法规定保护公民个人合法储蓄存款的所有权不受侵犯，有关法律、法规也规定银行应维护法人存款的正当权益。《商业银行法》第 6 条明确规定：“商业银行应当保障存款人的合法权益不受任何单位和个人的侵犯。”这一原则的具体要求是：商业银行办理个人储蓄存款业务，应当遵循存款自愿、取款自由、存款有息、为存款人保密的原则；对个人储蓄存款，除法律另有规定者外，有权拒绝任何单位或者个人查询、冻结、扣划；对单位存款，除法律、行政法规另有规定者外有权拒绝任何单位或者个人查询，除法律另有规定者外有权拒绝任何单位或者个人冻结、扣划；按照人民银行的规定，交存存款准备金，留足备付金；按照人民银行规定的存款利率的上下限，确定存款利率，并予以公告；保证存款本金和利息的支付，不得拖延、拒绝支付存款本金和利息；商业银行破产清算时，在支付清算费用、所欠职工工资和劳动保险费用后，应当优先支付个人储蓄存款的本金和利息。

5. 严格贷款的资信担保、依法按期收回贷款本息的原则。贷款是我国商业银行资产运用的最主要的形式，贷款本息能不能按期足额收回是商业银行能否盈利、能否实现企业化经营的关键。所以，我国《商业银行法》第 7 条规定：“商业银行开展信贷业务，应当严格审查借款人的资信，实行担保，保障按期收回贷款。商业银行依法向借款人收回到期贷款的本金和利息，受法律保护。”这一原则要求银行在发放贷款时，应当对借款人的借款用途、偿还能力、还款方式等资信情况进行严格的审查，除经审查、评估，确认借款人资信良好确能偿还贷款，可不提供担保者外，一般都要求借款人提供担保，即要以保证、抵押、质押等形式对贷款设定担保。也即以担保贷款为原则，以信用贷款为例外。对发放的到期贷款的本金和利息，商业银行有依法收回的权利，借款人到期不归还担保贷款的，商业银行依法享有要求保证人归还贷款本息或者就该担保物优先受偿的权利；借款人到期不归还信用贷款的，应当按照合同约定承担责任。

6. 依法营业，不得损害社会公益的原则。商业银行作为金融企业，是一种有别于工商企业的特殊企业。它的业务经营活动的开展、债权债务关系能否实现，不仅仅关系到银行本身能否盈利、能否存续发展，更关系到它的客户——广大的工商企业和人民大众的生产、生活能否顺利进行，关系到整个社会、整个国家的社会秩序、经济秩序能否稳定。因此，《商业银行法》第 8 条规定：“商业银行开展业务，应当遵守法律、行政法规的有关规定，不得损害国家利益、社会公共利益。”并在该法和《银行业监督管理法》、《反洗钱法》、《外资银行管理条例》等法律、行政法规中，对商业银行的业务开展都作了许多具体的强行性规定。对于这些硬性规定，商业银行应当遵循，不得违反。否则，就要承担相应的法律责任。

7. 公平竞争原则。我国《商业银行法》第 9 条规定：“商业银行开展业务，应当遵守公平竞争的原则，不得从事不正当竞争。”竞争是商品经济的基本特征之一，只有竞争才会出效益，才会使资源达到最佳配置。对于金融业来说也不例外。但金融业的竞争，必须是有序竞争、正当竞争，而不能搞不正当竞争。商业银行开展业务遵循公平竞争的原则，主要表现为商业银行应当在国家法律、行政法规和金融主管机关监管规定许可的范围内开展业务，不得违反规定提高或者降低利率以及采取其他不正当手段，吸收存款、发放贷款，损害其他银行的正当合法权益。

8. 依法接受中国银监会等监管机构监督管理的原则。按照《银行业监督管理法》的规定，中国银监会是我国银行业金融机构的主监管机关，依法发布有关金融监督管理和业务的命令和规章，按照规定审批、监管银行业金融机构，促进银行业健康发展。中国人民银行作为中央银行和维护金融稳定的重要力量，依照《中国人民银行法》的规定，也行使一定的对银行业金融机构的监管职能。商业银行作为最主要的银行业金融机构，必须按照《商业银行法》第 10 条的规定，依法接受中国银监会、人民银行和其他监管部门（或机构）的监督管理。

三、商业银行法的制定及施行范围

（一）商业银行法的概念、性质和立法模式

1. 概念。商业银行法是调整商业银行的组织及业务经营的法律规范的总称。有广义和狭义之分。广义的商业银行法是指一切关于商业银行的组织及业务经营的法律、法规、行政规章的总称，除《商业银行法》外，尚包括其他法律、法规、规章中涉及商业银行的组织及业务经营的规定，如《银行业监督管理法》、《中国人民银行法》、《反洗钱法》、《外资银行管理条例》、《储蓄管理条例》、《外汇管理条例》、《非法金融机构和非法金融业务活动取缔办法》、《农村商业银行管理暂行规定》、《村镇银行管理暂行规定》、《商业银行资本管理办法（试行）》、《电子

银行业务管理办法》、《贷款通则》、《汽车贷款管理办法》、《单位定期存单质押贷款管理规定》、《个人定期存单质押贷款办法》、《固定资产贷款管理暂行办法》、《个人贷款管理暂行办法》、《流动资金贷款管理暂行办法》、《商业银行贷款损失准备管理办法》、《商业银行杠杆率管理办法》、《商业银行理财产品销售管理办法》、《商业银行信用卡业务监督管理办法》、《金融机构衍生产品交易业务管理暂行办法》、《银行业金融机构董事理事和高级管理人员任职资格管理办法》、《中资商业银行行政许可事项实施办法》、《商业银行保理业务管理暂行办法》、《商业银行服务价格管理办法》、《商业银行流动性风险管理办法（试行）》等。狭义的商业银行法仅指冠以“商业银行法”名称的专门性法律，在我国指 1995 年 5 月 10 日八届全国人大常委会第十三次会议通过、2003 年 12 月 27 日十届全国人大常委会第六次会议修订发布的《中华人民共和国商业银行法》。

修订后的《商业银行法》共计 9 章 95 条，作为调整商业银行的组织及业务经营的基本法律，其内容涵盖立法目的，商业银行的法律地位、业务范围、经营原则，银行的设立、变更、接管与终止、清算和解散的条件、程序，银行业务规则、财务会计、监督管理及法律责任等。

2. 性质。商业银行法在性质上属于企业法。它所规范的对象是特殊的金融企业——商业银行。商业银行是以盈利为目的的，其从事货币金融业的行为是一种特殊的商事行为，故调整商业银行的组织及业务经营的商业银行法是商事法。但由于商业银行的业务范围很广，涉及社会经济生活的各个层面，对一国社会安定和发展影响极大，所以，各国立法对其设立和经营活动的开展，又规定了许多不同于一般工商企业的特殊监管措施，从而使商业银行法具备了许多特质：

（1）商业银行法为商事公法：所谓商事公法是指公法上有关商事的规定。例如商业银行法中有关银行的设立、变更、终止及各项罚则，与有关银行业务的各项规定，均已形成公法化，有极强的国家权力的参与。

（2）商业银行法为特别法：所谓特别法是指优于普通法适用而言。民法是规定一般私法上的行为的法律，属于普通法，公司法亦属于广义民法——民商法的范畴。而商业银行法是规范商业银行这种特殊企业的特殊商事行为的，应属特别法而优于公司法和民法适用。只有当商业银行法未作规定时，才可适用公司法和民法的有关规定。

（3）商业银行法为国内法：商业银行法是由国内立法机关所制定，其适用以本国领土为施行范围，因此，外商独资银行、中外合资银行、外国银行分行、外国银行代表处等都要受东道国法的约束，而本国驻外银行机构一般不受本国商业银行法的制约。

（4）商业银行法为强行法：商业银行与一般工商企业的经营不同，它的自有资本比重很小，主要靠负债经营。商业银行的基本财产状况及组织、运转，与整个社会的一般交易安全有关，对社会大众的利益影响也极大，因此，在各国立法中多以法律作出强行规定，其法律内容多为义务性规范和禁止性规范。

3. 立法模式。关于商业银行法的立法模式，各国不尽相同。有的国家将商业银行和中央银行放在一起立法，如英国、法国、加拿大、瑞典、匈牙利等国；有的国家和地区将商业银行和中央银行分别立法，如德国有《德意志联邦共和国信用业法》（银行法）和《德意志联邦银行法》（中央银行法），日本有《银行法》和《日本银行法》（中央银行法），韩国有《银行法》和《韩国银行法》，新加坡有《新加坡银行法》，是审批银行执照和规定银行业务的银行法（商业银行法)，还有《新加坡金融管理局法》，我国台湾地区亦有“银行法”和“中央银行法”。但即使在中央银行法和商业银行法分别立法的国家和地区，有关商业银行的立法也不完全一致，如日本、韩国、新加坡的银行法调整范围较窄，可谓是关于商业银行的专门立法，其他专业银行、金融公库、非银行金融机构另行立法。而在德国银行法、我国台湾地区的“银行法”中，所包括的范围则比较广泛，除商业银行外，尚包括专业银行、信托投资公司等金融机构。

将中央银行法和商业银行法分别立法，适应了中央银行和商业银行不同性质的要求，因为，中央银行是发行的银行、政府的银行、银行的银行，属于国家机关的性质，而商业银行是经营货币资金的信用机构，是企业性质。至于是将商业银行和专业银行、非银行金融机构分别立法，还是合并立法，取决于一国的经济、金融形势、金融政策取向和对银行含义的理解。

在我国，1986 年 1 月 7 日国务院发布的《中华人民共和国银行管理暂行条例》，就是采用合并立法的形式，将中央银行、专业银行、信托投资公司、城乡信用合作社以及其他非银行金融机构规定在一起的。这种立法体制，内容规定甚简，很难根据各类金融机构的不同性质、业务范围和经营管理方式作出行之有效的规定。如果说在计划经济体制或有计划的商品经济体制时期，因货币资金融通不太活跃，这种立法体制尚能维系，那么，在实行市场经济体制，商品经济大量发展的情况下，这种体制就难以继续存在了。所以，在 1994 年开始的金融体制的全面改革中，为贯彻银行业、保险业、证券业、信托业分业经营的原则，把中国人民银行办成真正的中央银行，把专业银行办成真正的商业银行，我们在立法模式上，不仅实行银行业和保险业、证券业、信托业的分别立法，而且中央银行、政策性银行和商业银行也分别立法。从而在 1995 年颁布了专门的《商业银行法》，规范商业银行的组织及活动开展，而对政策性银行（本质上属于专业银行)、非银行金融机构等另行立法。

（二）商业银行法的制定与修订

银行的产生及业务范围的不断拓展，使其在社会经济生活中的地位日益重要，而在商品经济活跃、盈利动机的驱使下，又使银行越来越多，银行间的竞争日趋激烈。为保护银行客户的利益、规范银行的行为、维护正常的金融秩序，产生了制定银行法的必要性。而银行法的制定和实施，反过来又对银行业的发展产生了深刻的影响。

一般认为，世界上最早的银行法是 1844 年公布的《英格兰银行法》，这时距英格兰银行成立（1694 年）已有 150 年的历史。此后，其他国家也相继制定和公布了银行法。旧中国的银行立法始于清末光绪三十年（公元 1904 年）户部奏准的《试行银行章程》。国民党政府时期，于 1931 年 3 月制定了《银行法》，但未施行。嗣后于 1947 年 9 月修正公布后，正式施行。

新中国成立后，由于长时期实行计划经济体制，我国金融业也实行单一的国家银行体制，规范银行组织及业务开展的都是行政命令，相当长时期没有关于银行的立法。1978 年党的第十一届三中全会以来，为适应改革开放政策的需要，国家专业银行相继恢复、建立，其他金融机构，如信托投资公司、城乡信用合作社也出现。为此，国务院于 1986 年 1 月 7 日发布了《银行管理暂行条例》，对中央银行、专业银行和其他金融机构予以规范。自 1987 年交通银行、蛇口招商银行等商业银行组建和成立，银行在国民经济中的地位和作用日益增强，在我国逐步形成了以中央银行为领导、以专业银行为主体、多种金融机构并存、分工协作的金融体系。

遵照党的十四届三中全会《关于建立社会主义市场经济体制若干问题的决定》和国务院

《关于金融体制改革的决定》中“对金融机构实施严格的监管，保障金融体系的稳健运行”的精神，中国人民银行对我国银行业的现状及存在的问题进行了广泛的调查研究，听取了国务院有关部门、人民银行系统、各专业银行和其他金融机构及部分专家的意见，研究、借鉴国外有关立法经验，起草了《商业银行法（送审稿）》。报送国务院后，由国务院法制局进一步征求有关部门、专业银行和一些地方政府的意见。在此基础上，对送审稿作了修改，形成了《中华人民共和国商业银行法（草案）》，经 1995 年国务院第 23 次常务会议审议通过。最后在 1995 年 5 月 10 日由第八届全国人民代表大会常务委员会第十三次会议通过，自同年 7 月 1 日起实施。2003 年 12 月又根据金融监管体制改革和银行改革发展的需要，进行了一定范围的修订。

（三）我国《商业银行法》的调整对象范围

《商业银行法》的调整对象是商业银行。即各类以吸收公众存款、发放贷款、办理结算业务为主，以安全性、流动性、效益性为基本经营原则的信用机构。包括全国性商业银行、区域性商业银行、城市商业银行、农村商业银行、外资商业银行、中外合资商业银行、外国商业银行分行等（参见《商业银行法》第 2 条、第 4 条、第 13 条、第 92 条的规定）。至于信托投资公司、融资租赁公司、财务公司等非银行金融机构，虽然也从事某些融资业务，但其性质、组织形式等与银行有很大区别，对其资格要求也不同于银行。按照“保险业、证券业、信托业和银行业实行分业经营、分业管理”的原则精神，对这些非银行金融机构以另行制定法律、法规予以规范为宜，如制定《保险法》、《证券法》、《信托法》等。对政策性银行，考虑到它们的开发性、专业性和非营利性等特定政策目标的要求，将以单行条例的形式予以规范，不在《商业银行法》的调整范围之列。

同时，考虑到国务院发布的《外资金融机构管理条例》，已就外资银行、中外合资银行、外国银行分行作了专门规定，需要明确《商业银行法》与该条例及其他有关外商投资企业的法律之间的关系，因此，《商业银行法》第 92 条规定：“外资商业银行、中外合资商业银行、外国商业银行分行适用本法规定，法律、行政法规另有规定的，依照其规定。”即在有关外资银行等的适用上，《外资金融机构管理条例》是《商业银行法》的特别法，应优先适用。①

城市信用合作社、农村信用合作社虽然不是完全意义上的银行，但其从事的业务大都是银行业务，从对其监管的需要出发，应当有条件地适用《商业银行法》。所以，《商业银行法》第 93 条规定：“城市信用合作社、农村信用合作社办理存款、贷款和结算等业务，适用本法有关规定。”此外，邮政企业办理的邮政储蓄、汇款等业务，也属于银行业务性质，所以，《商业银行法》第 94 条规定：“邮政企业办理商业银行的有关业务，适用本法有关规定。”随着国家邮政管理体制改革的深入，2006 年 12 月 31 日，经国务院同意，中国银监会正式批准中国邮政储蓄银行开业。至此，我国邮政储蓄机构最终改组为中国邮政集团公司全资组建的中国邮政储蓄银行有限责任公司，将完全按《商业银行法》的规定开展商业银行业务。

---

① 在此需要特别指出的是，随着我国金融业全面对外开放时代的到来，为了适应对外开放和经济发展的需要，加强和完善对外资银行的监督管理，促进银行业的稳健运行，国务院于 2006 年 11 月 11 日发布了《外资银行管理条例》，自同年 12 月 11 日起施行，从而相应废止了国务院于 1994 年 2 月制定、2001 年 12 月 20 日修订发布的《外资金融机构管理条例》，外资商业银行、中外合资商业银行、外国商业银行分行等外资银行的称谓，也相应为外商独资银行、中外合资银行、外国银行分行的名称所取代。

另外，在我国金融改革和深化发展过程中，考虑到农村金融规模小、“三农融资”的特殊性及适当调整放宽农村地区银行业金融机构准入政策等，中国银监会依据《商业银行法》、《公司法》等法律的规定，于 2003 年 9 月 12 日、2007 年 1 月 22 日先后发布《农村商业银行管理暂行规定》、《村镇银行管理暂行规定》，就农村商业银行、村镇银行的性质定位①，机构设立、变更与终止，股权设置、股东资格，组织机构，经营管理，罚则等问题作了不同于一般商业银行的特殊规定。所以，农村商业银行、村镇银行在法律适用上，除适用前列相应暂行规定及中国银监会 2014 年 3 月 13 日发布实施的《农村中小金融机构行政许可事项实施办法》等特别规定外，其他未尽事宜则应执行《商业银行法》等关于一般商业银行规范的法律、法规和规章的规定。

第二节　商业银行法的主要内容

商业银行法作为规范商业银行的组织及业务经营的法律规范，在各国立法中大都包括立法目的、银行的地位、业务范围、银行开业注册管理、银行存款管理、银行贷款管理、银行监督与检查、银行歇业与破产清算、银行的法律责任等。我国的《商业银行法》根据我国银行业的基本情形和改制方向，借鉴国外商业银行法的立法经验和巴塞尔银行监管委员会发布的系列协议、原则的精神，也囊括了上述内容。该法共 95 条，分为 9 章，依次是：总则、商业银行的设立和组织机构、对存款人的保护、贷款和其他业务的基本规则、财务会计、监督管理、接管和终止、法律责任、附则。

一、商业银行法的立法目的

商业银行法的立法目的，或称立法宗旨，是关于制定商业银行法所要达成的基本目标，或者说是商业银行法所要实现的基本任务。由于立法目的体现着银行法的立法精神，对银行法的适用也深具指导意义，所以，除了一些在习惯上不规定立法目的的国家或地区外（如德国、法国、美国和我国香港特别行政区），在其他国家往往规定于一国银行法的第 1 条，以后各条款的规定都是以该条为基础并围绕该条款而展开的。

日本《银行法》第 1 条规定：“1. 本法的目的是，从银行业务的公共性出发，在维护信用、切实保护存款人的同时，谋求金融活动的顺利发展，使银行业务健全而妥当地开展，从而有助于国民经济的健康发展。2. 适用本法时，应考虑到对银行业务经营自主性的努力给予尊重。”

英国 1979 年 4 月的《银行法》在首部亦规定：“本法令用以管理在经营业务时接收存款；

---

① 按照《农村商业银行管理暂行规定》、《村镇银行管理暂行规定》的规定：我国农村商业银行是由辖内农民、农村工商户、企业法人和其他经济组织共同发起成立的股份制地方性金融机构，是独立的企业法人。农村商业银行主要以农村信用社和农村信用社县（市）联社为基础组建，其主要任务是为当地农民、农业和农村经济发展提供金融服务，促进城乡经济协调发展。我国村镇银行是由境内外金融机构、境内非金融机构企业法人、境内自然人出资，在农村地区设立的主要为当地农民、农业和农村经济发展提供金融服务的银行业金融机构，是独立的企业法人。

授权英格兰银行行使职权对接收存款的机构予以管制；对这些机构的存款人进一步予以保护；对接收存款的广告进行限制；限制使用银行的名称及与银行和银行业务有关的描述；禁止使用欺骗性的引诱手段接收存款；修改1974年公布的《消费信贷法》以及1957年公布的《支票法》第4条适用的有关票据的法律，撤销某些涉及银行和银行业务的条例以及其他有关的问题。”

以上国家银行法的立法目的，大都包括三方面的内容：一是加强对银行和其他金融机构的监督管理。这是由银行业务的公共性和风险性决定的。二是保障金融（银行）业的稳健运营并以此促进经济的发展。这是由银行职能及银行在经济发展中的重要地位决定的。三是保护存款人的利益并维护银行信用。因为存款人的存款是银行资本的重要来源，是银行信用得以维系的基础。

我国《商业银行法》第1条明确规定：“为了保护商业银行、存款人和其他客户的合法权益，规范商业银行的行为，提高信贷资产质量，加强监督管理，保障商业银行的稳健运行，维护金融秩序，促进社会主义市场经济的发展，制定本法。”这表明我国商业银行法的立法目的有四：一是保护商业银行、存款人和其他客户的合法权益；二是规范商业银行的行为，提高信贷资产质量；三是加强监督管理，保障商业银行的稳健运行，维护金融秩序；四是促进社会主义市场经济的发展。此说明，我国商业银行立法不仅借鉴国外立法做法，涵盖了上述国外银行立法三大目标的内容，而且根据我国现实的金融状况，增加了保护商业银行、其他客户的合法权益，提高信贷资产质量等内容。而这些内容，正是针对我国银行缺乏经营自主权、银行任意占用客户款项、任意压单压票、违规退票以及信贷资产质量不高的弊端制定的。这有利于促使我国的专业银行向商业银行转变，有利于加强金融监管，维护银行、存款人和其他客户的合法权益。

二、商业银行的法律地位

商业银行的法律地位，是指商业银行在从事金融活动、参与金融法律关系时是否具有独立的法律主体资格。如果有独立主体资格，它是以法人、合伙还是自然人的身份出现？如果是法人，它是企业法人、事业法人还是社会团体法人？商业银行和其他法律主体的关系如何？

过去，我国在关于专业银行的法律地位问题上，缺乏明确的法律规定。虽然在《银行管理暂行条例》第13条中规定：各专业银行都是独立核算的经济实体，依法独立行使职权，进行业务活动。但在实际管理和组织体制上，各专业银行都是国务院直属局级的经济实体。“经济实体”前套上“直属局”，是典型的性质不明、政企不分，由此带来了专业银行经营管理方面的一系列弊病。

我国的《商业银行法》从规范商业银行行为、促进专业银行商业化的需要出发，以较多的条款就商业银行的法律地位进行了明确的界定。《商业银行法》第2条规定：我国商业银行是指依照《商业银行法》和《公司法》设立的吸收公众存款、发放贷款、办理结算等业务的企业法人。第4条、第5条进一步规定：商业银行以效益性、安全性、流动性为经营原则，实行自主经营、自担风险、自负盈亏、自我约束。商业银行依法开展业务，不受任何单位和个人的干涉。商业银行以其全部法人财产独立承担民事责任。商业银行与客户的业务往来，应遵循平等、自愿、公平和诚实信用的原则。凡此则表明：在法律地位上，我国商业银行是独立的民事主体，是具有权利能力和行为能力，依法自主经营、自负盈亏，对外独立承担民事责任的企业法人。

为确保商业银行独立的民事主体地位，《商业银行法》和其他相关法律、法规还就以下问题作了规定：一是明确规定商业银行总行与分支机构之间的关系。各商业银行是独立的法人，但其依法报经审批设立的分支机构则不是法人，实行全行一级法人制（参见《商业银行法》第22条）。二是明确商业银行与中国银监会、中央银行的关系。商业银行依法接受中国银监会、中国人民银行等机构的监督管理。其设立、变更和终止，需经中国银监会批准。其办理存款业务，需遵循人民银行规定的利率幅度确定存款利率，按规定向人民银行交存存款准备金。其办理贷款业务，应按人民银行规定的贷款利率的上下限确定贷款利率，并应遵守《商业银行法》及中国银监会有关资产负债比例管理的规定。商业银行应当按照规定向中国银监会、中国人民银行报送资产负债表、利润表以及其他财务会计、统计报表和资料。三是明确商业银行和政策性银行的关系。商业银行和政策性银行都是我国银行体系的重要组成部分，但两者的性质、业务范围和经营目标不同。商业银行从事商业性金融，是企业性质，以追求盈利为目标，其业务范围十分广泛；而政策性银行经营政策性金融业务，是特殊金融机构，以自担风险、保本经营、不与商业性金融机构竞争为原则，以政策效益、社会效益为依归，其业务范围非常专业、特定。它们是各自独立的法律主体，政策性银行是通过商业银行代理具体的金融业务，它们之间是委托人和代理人的关系，是平等主体之间的关系。四是明确商业银行和地方政府、政府各部门的关系。商业银行的发展离不开政府各部门和地方政府的支持，并且要服务于政府产业政策的需要，但必须做到政企分开，保障商业银行的独立性。所以，《商业银行法》第19条规定：商业银行的分支机构要按业务需要而非行政区划设置；第41条规定任何单位和个人不得强令商业银行发放贷款或者提供担保。商业银行有权拒绝任何单位和个人强令要求其发放贷款或者提供担保。商业银行除依法接受审计机关的审计监督（第63条）、监事会（包括政府有关部门）监督（第18条），以及发行金融债券或者到境外借款应当依照法律、行政法规的规定报经批准（第45条）外，不受任何其他行政干预。

三、商业银行的组织机构、设立及变更

（一）商业银行的组织机构

广义的商业银行的组织机构包括组织形式和狭义的组织机构两个方面。狭义的组织机构又可分为内部组织机构和外部组织机构。

1. 组织形式。各国商业银行的组织形式并不完全一致，有的国家的法律要求商业银行必须是法人，有的国家则采用合伙或个体经营银行的形式亦可。但在现代经济生活中，绝大多数国家和地区的银行法要求银行以股份有限公司和有限责任公司的形式存在。如日本银行法、我国台湾地区的“银行法”明确规定，商业银行除法律另有规定，或专案核批外，应采股份有限公司的形式设立。国外的一些中小型银行也多以有限责任公司的形式组建。合伙形式的银行在法国、德国和我国香港特别行政区都可看到，但数量已较少。在德国，甚至还允许个体商人经营银行，或采两合公司的形式经营银行。

从维护商业银行、存款人和客户的合法权益及保障正常的金融、经济秩序的需要考虑，采用股份有限公司和有限责任公司的形式是比较可取的。因为，组织形式为有限责任公司的商业银行，股东以其出资额为限对银行的债务负有限责任，该银行以其全部资产对银行的债务承担责任；组织形式为股份有限公司的商业银行，其全部资本划为等额股份，股东以其所持股份为限对银行承担责任，银行以其全部资产对银行的债务承担责任。这两种形式较好地维护了银行股东和银行债权人双方的利益。

我国《商业银行法》第 2 条明确规定：商业银行是依《商业银行法》和《公司法》成立的企业法人；第 17 条规定：商业银行的组织形式适用《公司法》的规定。因而也即规定了商业银行必须采取股份有限公司或有限责任公司（包括国有独资公司）的形式成立。[①] 在我国的现有商业银行中，绝大多数是股份制商业银行，但亦有少数银行采取有限责任公司的形式存在，如中国农业银行、中国邮政储蓄银行等。

2. 内部组织机构。由于商业银行多采取公司的形式存在，所以，商业银行的内部组织机构和公司的内部组织机构相似，在各国立法中也往往适用公司法的规定。其内部机构主要由决策机构、执行机构和监督机构三部分构成。

我国《商业银行法》没有对商业银行的内部组织机构作出全面规定，但依该法第 17 条的规定，商业银行的组织机构适用《公司法》的规定。所以，《公司法》中关于股份有限公司和有限责任公司内部机构的规定对商业银行也同样适用。

就采取有限责任公司形式的银行而言，其内部组织机构包括权力机构（决策机构）——股东会，执行机构——董事会、行长等高级管理层和其领导下的各职能部门，及监督机构——监事会。

就采取国有独资公司形式的国有独资商业银行而言，不设股东会，由国有资产监督管理机构行使股东会职权，并可由其授权银行董事会行使股东会的部分职权，决定银行的重大事项。同时，依《商业银行法》第 18 条的规定，国有独资商业银行设立监事会，监事会的产生办法由国务院规定。监事会对国有独资商业银行的信贷资产质量、资产负债比例、国有资产保值增值等情况以及高级管理人员违反法律、行政法规或者章程的行为和损害银行利益的行为进行监督。[②]

就采取股份有限公司形式的商业银行而言，其内部组织机构由决策机构——股东大会，执行机构——董事会、行长等高级管理层及职能部门，监督机构——监事会组成。

前列各种组织形式的商业银行的股东（大）会、董事会、监事会和行长等高级管理层之间的职责权限及其行使等，依据《公司法》的有关规定。

各商业银行的内部组织机构设置不完全相同，但除前述决策、执行、监督机构外，各行往往还要根据需要设置直属于行长的内部职能部门和专门管理委员会，以贯彻落实日常的经营事

---

① 本书认为，我国 2003 年 12 月修订的《商业银行法》在确定银行组织形式时所依据的《公司法》是 1999 年第一次修订时的规定，2005 年 10 月《公司法》第四次修订增加的“一人有限公司”（即只有一个自然人股东或者法人股东的有限责任公司）的组织形式不能适用于我国商业银行。

② 1997 年 10 月 20 日经国务院批准、同年 11 月 12 日由中国人民银行发布的《国有独资商业银行监事会暂行规定》，曾对此作了明确规定。现该暂行规定为国务院于 2000 年 3 月 15 日发布的《国有重点金融机构监事会暂行条例》所废止。

务管理工作。这些内部职能部门一般包括办公室、人力资源部、科技开发部、金融同业部、公司业务部、零售银行部、资产管理部、授信评审部、资产监控部、计划财务部、会计结算部、信用卡部（中心）、客户服务中心、新产品研发中心、保卫部、培训中心、总行信息管理中心等，专门管理委员会主要有资产负债管理委员会、财务管理委员会、风险管理委员会、新产品开发委员会、技术类行员委员会、信息科技风险管理委员会等。另外，为保障银行董事会能够充分掌握信息，对银行重大事务作出独立的判断，有效发挥银行董事会的经营管理决策和对高级管理层的监督功能，各行往往还应设立由地位相对独立（如独立董事、非执行董事）且具有专业技能的人士组成的专门委员会，如战略规划委员会、薪酬与提名委员会、审计（稽核）委员会、风险管理委员会和关联交易控制委员会等，经董事会明确授权向董事会提供专业意见，或根据董事会授权就专业事项进行决策。此外，由于现代银行全面风险管理和财务信息管理、披露的需要，独立的直属于董事会（或其专门委员会）的风险管理部门、合规部门和审计（稽核）部门的设置也越来越重要。

3. 外部组织机构。商业银行的外部组织机构一般有四种不同形式：

（1）单一银行制。或称“独家银行制”，即法律规定银行业务由完全各自独立的商业银行经营，禁止或严格限制商业银行设立分支机构。过去相当长时间里，美国是实行这种体制的唯一国家。究其原因，美国是联邦制国家，各州的权力比较大，其银行注册又是“双轨制”。这种银行制度的好处是：1）银行在各自区域内独立经营，符合企业自由竞争的原则，且单一银行为数众多，可以维持适当的竞争局面，可防止垄断的情形发生。2）单一银行可根据需要遍设各地，又是当地人经营，易于吸收本地资金，有利于地方经济的发展。3）规模小，组织严密，管理亦相对较易。但其缺点是：1）单一银行制的银行业务集中于某一地区或某一行业，易受该地或该行业的经济情况变动的影响，风险集中而不能分散，没有调剂的机会。2）银行规模小，经营成本高，盈利率低，难于取得规模经济效益。3）银行业务局限一地，难于筹措大量资金。一旦资金不足，不能由其他方面补救，遇上挤兑时，难免孤立无援而致破产。而当资本过剩时，又缺乏适当的出路，难以提高资本的使用效益。4）单一银行制没有设于各地的分支机构，这与经济的外向发展和商品交换范围的扩大存在矛盾。况且，在计算机普及的情况下，其业务发展和金融创新都受到了限制。所以，自 20 世纪 80 年代以来美国各州多有放宽对开设分支行限制的趋势。

（2）总分行制。或称“分支行制”，即法律上允许商业银行总行在国内外设立分支机构，所有分支机构由总行领导和管理。这种体制渊源于英国的股份银行，以英国、加拿大为代表，也是世界各国普遍采取的一种银行体制。其优点是：1）由于遍设分支机构于各地，可使其业务分散，易于吸收存款，调剂和转移资本，达到有效运用资本的目的。2）放款分散，有利于避免放款风险，提高银行资产的安全性。3）由于总分行之间和各分行之间超额现金准备的调度非常容易，故其资金的流动性较大，现金准备率可以维持相当低的水平。4）分支机构多，可便利客户办理存贷款及汇款，各种管理手续，尤其是经营汇兑的成本较低。5）内部可实行高度的分工，易于培养出专门优秀人才，提高工作效率。6）经营规模大，可采取现代化的设备，提供方便、快捷的服务，取得规模经济效益。但其缺点有：1）在总分行制下，设立在地方的分支行，其兴衰存亡不取决于地方经济的发展状况，而是取决于总行所在地的大城市。因之，总分行制的银行对地方经济的发展，往往不如单一银行那样关心。而且，地方分支机构吸收资本往往不在当地使用，而是调往总行，贷给大企业，因而牺牲了地方利益。2）从内部管理来看，要求总行对分支机构具有较强的控制能力。要求有完善的信息系统和有效的成本控制，否则，会造成银行效益下降。3）分支机构过度发展，易形成金融垄断，一旦经营不善，发生破产，则对于工商企业的损害，远较小银行严重。4）总分行制对各地分支机构及其银行职员限制很多，不利于发挥银行职员的灵活性和主动性，不利于根据各地的不同的经营条件，因地制宜地开展业务工作。总之，银行规模越大，分支机构设置越多，给管理工作带来的困难也就越多。所以，即使是采取总分行制的国家，对总行设置分支机构，也要进行比较严格的审批。

（3）集团银行制。又称“持股公司制”，是由一个集团成立股权公司，再由该股权公司控制或收购两家以上的银行。在法律形式上，这些集团公司属下的银行仍然保持各自独立的地位，有自己的董事会，但其业务经营则由股权公司所控制。集团银行制有两种类型：银行性持股公司和非银行性持股公司。前者是由一个大银行组成一个持股公司，其他银行从属于这一银行；后者是由主要业务不在银行方面的大企业，拥有某一银行的主要股份成立股权公司，再控制或收购两家以上银行而成立。

集团银行制的优点在于：能够扩大资本总量，增强实力，提高抵御风险和竞争的能力，弥补单一银行制的不足。第二次世界大战以后，这种体制在美国获得较快的发展，就是为了弥补单一银行制的不足。

（4）连锁银行制。或称“联合制”，是指由某一个人或某一集团购买若干银行的多数股票，从而达到控制这些银行的程度。这些银行的法律地位仍然是独立的，但实际上其业务和经营政策因控股而被某一个人或某一集团所控制。

连锁银行制一般是围绕一个州或一个地区的大银行组织起来的，几个银行的董事会由一批人组成，以这种组织中的大银行为中心，形成集团内部的各种联合。其与集团银行制的区别在于：连锁银行制没有股权公司的存在形式，无须成立控股公司。

连锁银行制的作用和集团银行制一样，都是为了在连锁的范围内发挥分行的作用，弥补单一银行制的不足，规避法律对设置分支机构的限制。这种体制盛行于美国的中西部地区，但没有集团银行制普遍。

我国和世界上绝大多数国家一样是实行总分行制。按我国《商业银行法》的有关规定，商业银行根据业务需要可以在我国境内外设立分支机构。在中国境内设立分支机构时，不按行政区划设立，而是要考虑拟设区域内的经济发展情形和银行业竞争的状况。设立分支机构必须经中国银监会审查批准。商业银行在境内设立分支机构，应当按照规定拨付与其经营规模相适应的营运资金额。但拨付各分支机构营运资金额的总和，不得超过总行资本金总额的60%。商业银行对其分支机构实行全行统一核算、统一调度资金、分级管理的财务制度。

商业银行分支机构不具有法人资格，在总行授权范围内依法开展业务，其民事责任由总行承担。亦即实行商业银行一级法人制。《商业银行法》第22条作出这样的规定，原因是：1）从国际金融惯例来看，实行分支行制的国家，其法律允许商业银行在总行之下，于国内外遍设分支机构，但各分支机构统一由总行进行领导和管理。2）按《公司法》的规定，公司的分支机构应称分公司，而分公司是不具有法人资格的。3）依据我国《民法通则》和有关经济法规的规定，只有商业银行总行才完全符合法人的要件，其分支机构则不具备法人成立的全部条件，如没有符合法定要求的注册资本金，没有独立的名称和银行章程，不能独立承担民事责任等。4）规定分支机构按业务需要而非按行政区划设立，同时各分支机构又不具备法人资格，可加强商业银行内部的经营管理，便于中央银行对商业银行实施宏观调控。

为降低管理成本，提高经营效率，各国银行越来越多实行机构扁平化和营运集中管理，减少分支机构管理层次，调整机构布局，优化组织结构，完善银行公司治理，实行集约化经营（参见［拓展阅读］）。

［拓展阅读］　**商业银行的组织结构与银行公司治理的完善**

商业银行公司治理是指股东大会、董事会、监事会、高级管理层、股东及其他利益相关者之间的相互关系，包括组织架构、职责边界、履职要求等治理制衡机制，以及决策、执行、监督、激励约束等治理运行机制。其中，商业银行的组织机构是银行公司治理的核心要素，是完善商业银行内部控制机制的重要组织保障。在传统上商业银行作为公司，其组织机构的建构和管理属于企业自身内部管理问题，是企业自治的“私事”，国家法律较少干预。但自20世纪80、90年代以来，随着银行规模的巨型化、业务的全能化、竞争的国际化，商业银行业务经营的巨大风险及其影响日益广泛、深入和社会化，从而使得各国政府和国际金融组织越来越关注银行公司的治理问题，并越来越多地通过制定法律或监管指引来强制或引导银行公司的治理。1999年9月，巴塞尔银行监管委员会在借鉴经济合作与发展组织（OECD）发布的《公司治理原则》（1999年6月发布、2004年4月修订，旨在帮助各国政府评估、改进本国的公司治理框架，并为金融市场的监管者和参与者提供指导。该原则现已构成金融稳定论坛评估一国金融体系稳健与否的12项关键性准则中的一项。此外，OECD组织于2005年10月还发布了《OECD国有企业公司治理指引》）的基础上，结合商业银行自身特点的需要，发布了《加强银行公司治理》的指引性文件，就稳健银行公司的治理提出了8大原则，并就银行监管机构在促使稳健银行公司治理中的作用及其他外部支持环境等提出了广泛的建议，以帮助银行健全其公司治理框架，帮助监管机构评估银行公司治理框架的质量。在我国，2002年5月23日，中国人民银行发布实施了《股份制商业银行公司治理指引》、《股份制商业银行独立董事和外部监事制度指引》。中国银监会成立后，为推动我国国有银行的改革和股份制银行法人治理结构的完善，建立现代化的商业银行，在立足于我国国情、借鉴《加强银行公司治理》文件精神的基础上，先后发布了《中国银行、中国建设银行公司治理与监管指引》（2004年3月11日）、《外资银行法人机构公司治理指引》（2005年4月20日）、《股份制商业银行董事会尽职指引（试行）》（2005年9月12日）、《国有商业银行公司治理及相关监管指引》（2006年4月18日）、《中国银监会办公厅关于进一步完善中小商业银行公司治理的指导意见》（2009年1月5日）等，就我国各类银行公司治理的诸多问题作出了规定。

2006年巴塞尔委员会修订后的《加强银行公司治理》指引性文件公布后，一些银行公司治理严重失效的案例纷纷曝光，特别是2008国际金融危机期间的许多案例尤其受到国际社会的关注，诸如董事会对高管人员监管不足、风险管理不充分、银行过于复杂或不透明的组织结构等。鉴于此，巴塞尔委员会启动了对2006版指引的修订工作，经过近两年的反复磋商和讨论，形成并于2010年10月4日正式发布了旨在促进国际银行业健全公司治理实践的《加强公司治理原则（2010年版）》的最终版本。

《加强公司治理原则（2010年版）》内容包括董事行为、高级管理层、风险管理与内部控制、薪酬、公司结构、披露与透明度等六大方面，概括总结了14条银行公司治理原则，旨在针对此次全球金融危机中暴露出的银行公司治理的突出问题予以纠偏，并作出治理机制上的现实调整和前瞻安排，以防范危机再度发生。其基本逻辑是，由董事会总体负责包括风险策略在内的银行战略目标、薪酬制度和企业风险管理文化价值等，高管层执行董事会决策，并建立具体风险管理与内控体系，而非失控于董事会之外。《加强公司治理原则（2010年版）》重点修改和值得关注的内容如下：一是董事会要能够对银行承担总体责任，包括银行业务及风险战略、组织机构、财务稳定性和管理情况等，并有效监督高级管理层；二是高级管理层应确保银行经营行为符合董事会的商业战略设想和风险偏好；三是银行通过设立积极的风险管理体系，持续识别与监控风险，并保证风险信息不受阻拦地传递于最高决策层和各业务条线之间；四是银行应确保员工薪酬安排与可预期的风险暴露有效衔接，银行机构应全面执行金融稳定理事会（FSB）《稳健薪酬实践的原则》及《稳健薪酬原则的执行标准》，或以该原则为基础选择适用符合本国银行业实际的薪酬标准；五是董事会与高管层必须了解本身不断发展变化的复杂结构、产品及其风险，披露应当披露的信息，接受来自市场、利益相关方及监管者的监督；六是银行的公司治理机制及相关关键信息需对利益相关方和市场参与者保持足够充分的透明度。

在我国，国际金融危机发生后，为进一步完善商业银行公司治理，促进商业银行稳健经营和健康发展，保护存款人和其他利益相关者的合法权益，中国银监会在借鉴巴塞尔委员会《加强公司治理原则（2010年版）》的基础上，根据我国《公司法》、《银行业监督管理法》、《商业银行法》和其他相关法律、法规的规定，结合我国的具体实际，于2013年7月19日发布实施了《商业银行公司治理指引》，相应废止或者停止适用前述《国有商业银行公司治理及相关监管指引》、《外资银行法人机构公司治理指引》、《中国银监会办公厅关于进一步完善中小商业银行公司治理的指导意见》、《股份制商业银行公司治理指引》等的规定，就我国各类别商业银行的公司治理组织架构，董事（含非执行董事、独立董事）、监事（分为股东监事和外部监事）、高级管理人员，发展战略、价值准则和社会责任，风险管理与内部控制，激励约束机制，信息披露，监督管理等作出了全面、细致的规定，从而在我国建立起统一的商业银行公司治理制度。

（二）商业银行的设立

1. 商业银行的设立条件

商业银行是依据《商业银行法》和《公司法》成立的经营货币金融业的特殊企业法人，它除了应具备一般公司法人应当具备的条件外，各国在立法上还有一些特别的要求。在我国，按《商业银行法》第 12 条的规定，设立商业银行，应当具备下列五个条件：

（1）有符合《商业银行法》和《公司法》规定的章程。商业银行的章程是商业银行必备的规定商业银行组织及其活动开展的基本规则的书面性文件，是以书面形式固定下来的银行股东共同一致的意思表示。它就商业银行的名称、组织机构、资本状况、业务范围、财务分配、设立、变更及终止等事项作出规定，一经主管审批机关核准，即具有法定效力，是商业银行进行活动的基本行为准则。由于我国商业银行的组织形式有股份有限公司、有限责任公司和国有独资公司三种，所以，相应的银行章程也有三种，其内容亦有所不同。

（2）有符合《商业银行法》规定的注册资本最低限额。《商业银行法》第 13 条规定：设立全国性商业银行的注册资本最低限额为 10 亿元人民币。设立城市商业银行的注册资本最低限额为 1 亿元人民币，设立农村商业银行的注册资本最低限额为 5 000 万元人民币。注册资本应当是实缴资本。中国银监会根据审慎监管的要求可以调整注册资本最低限额，但不得少于前款规定的限额。

商业银行的注册资本是商业银行的全体股东实际缴纳的出资额，即投资总额。其作用有三：一是提供了银行开展金融业务的部分营运资金；二是划分股东权益的标准；三是银行用以承担风险损失的资本担保，表示银行以自有财产承担债务的最低限额。

（3）有具备任职专业知识和业务工作经验的董事、高级管理人员；商业银行的董事、高级管理人员的人选及活动直接影响到商业银行、商业银行的股东及客户的利益，乃至于整个社会的经济、金融秩序，所以，各国银行法规定，担任银行董事、高级管理人员职务必须具备一定的业务资格（积极条件），并禁止某些人担任高级管理人员之职（消极条件）。

在我国，关于商业银行董事、高级管理人员的范围、任职的业务资格（积极条件），包括学历（专业知识）和资历（银行业务工作经验）等条件，在《商业银行法》中没有作出明确规定。该法第 27 条仅就不得担任商业银行的董事、高级管理人员的禁止性条件（或称消极条件）订有明文，即："有下列情形之一的，不得担任商业银行的董事、高级管理人员：（一）因犯有贪污、贿赂、侵占财产、挪用财产罪或者破坏社会经济秩序罪，被判处刑罚，或者因犯罪被剥夺政治权利的；（二）担任因经营不善破产清算的公司、企业的董事或者厂长、经理，并对该公司、企业的破产负有个人责任的；（三）担任因违法被吊销营业执照的公司、企业的法定代表人，并负有个人责任的；（四）个人所负数额较大的债务到期未清偿的。"

不过，中国银监会发布的《银行业金融机构董事（理事）和高级管理人员任职资格管理办法》（2013 年 11 月 18 日发布）、《中国银行业监督管理委员会外资金融机构行政许可事项实施办法》（2006 年 1 月 12 日发布）、《中国银行业监督管理委员会中资商业银行行政许可事项实施办法》（2006 年 1 月 12 日发布、2013 年 10 月 15 日修订发布）、《中国银行业监督管理委员会农村中小金融机构行政许可事项实施办法》（2014 年 3 月 13 日发布），分别就中外资各类银行实施任职资格管理的董事、高级管理人员的范围、积极条件、禁止条件、许可程序等内容作了非常详细、具体的规定。

（4）有健全的组织机构和管理制度。商业银行的组织机构，是指实施银行决策、经营管理和监督稽核的银行内部组织系统。按照银行决策权、执行权和监督权三权分立的原则，商业银行的内部组织机构一般由权力机构、执行机构和监督机构三部分组成（请参见前述"商业银行的内部组织机构”的内容)。

商业银行的管理制度，是指保证商业银行正常开展经营业务活动的制度，包括经营和管理两个方面。经营和管理既相联系又有区别。管理是商业银行为达到预定的目标对银行内部人、财、物等要素进行规划、组织、协调和监督等一系列活动。而经营则是商业银行为使自己的利润最大化进行的具体的金融业务活动，是商业银行的外部经营行为。对商业银行来说，经营方向的正确与否，决定银行的成败；而管理的有效与否，则关系到银行的工作效率和工作质量。建立健全商业银行的管理制度，目的是为了实现银行业的稳健经营，提供优质、高效的服务，实现最佳的经济效益。

(5) 有符合要求的营业场所、安全防范措施和与业务有关的其他设施。商业银行的营业场所，是指商业银行从事业务活动的固定地点。商业银行可根据业务需要和其他情况设置若干营业场所，但应当在工商行政管理部门登记。在商业银行的营业场所中，具有重要法律意义的是其住所，因为它是商业银行据以确定登记机关、诉讼管辖、开展业务、缴纳税收等活动的依据。安全防范措施和与业务有关的其他设施是指中国银监会规定的完备的防盗、报警、通信、消防和电子计算机等设施。

此外，设立商业银行，还应当符合其他审慎性条件。这些审慎性条件往往由银行业的监管机构具体规定。如按中国银监会发布的《中国银行业监督管理委员会中资商业银行行政许可事项实施办法》第7条的规定：设立股份制商业银行法人机构，至少还应符合以下审慎性条件：具有良好的公司治理结构；具有健全的风险管理体系，能有效控制关联交易风险；地方政府不向银行投资入股，不干预银行的日常经营；发起人股东中应当包括合格的境外战略投资者；具有科学有效的人力资源管理制度，拥有高素质的专业人才；具备有效的资本约束与资本补充机制；有助于化解现有金融机构风险，促进金融稳定。

2. 商业银行的设立程序

设立商业银行，应当经中国银监会审查批准。未经批准，任何单位和个人不得从事吸收公众存款等商业银行业务，任何单位不得在名称中使用“银行”字样。根据《商业银行法》和中国银监会发布的《中国银行业监督管理委员会行政许可实施程序规定》、《中国银行业监督管理委员会中资商业银行行政许可事项实施办法》、《中国银行业监督管理委员会外资金融机构行政许可事项实施办法》等的规定，商业银行的设立程序可分为筹建申请、开业申请、申领证照三个程序：

(1) 筹建申请。设立商业银行，申请人应当向中国银监会提交下列文件、资料：1) 申请书，申请书应当载明拟设立的商业银行的名称、所在地、注册资本、业务范围等；2) 可行性研究报告；3) 中国银监会规定提交的其他文件、资料。

国有商业银行法人机构、股份制商业银行法人机构的筹建申请，应当由发起人各方共同向银监会提交，银监会受理、审查并决定。银监会自受理之日起4个月内作出批准或不批准的书面决定。城市商业银行法人机构的筹建申请，应当由发起人各方共同向拟设地银监局提交，拟设地银监局受理并初步审查，银监会审查并决定。银监会自收到完整申请材料之日起4个月内作出批准或不批准的书面决定。

中资商业银行法人机构的筹建期为批准决定之日起6个月。国有商业银行、股份制商业银行法人机构未能按期筹建的，该机构筹建组应当在筹建期限届满前1个月向银监会提交筹建延期报告。筹建延期不得超过一次，筹建延期的最长期限为3个月。该机构筹建组应在规定的期限届满前提交开业申请，逾期未提交的，筹建批准文件失效，由决定机关办理筹建许可注销手续。

（2）开业申请。商业银行筹建就绪，其筹建申请经审查符合商业银行成立的法定要求后，申请人应当提出开业申请，填写正式申请表，并提交下列文件、资料：1）章程草案；2）拟任职的董事、高级管理人员的资格证明；3）法定验资机构出具的验资证明；4）股东名册及其出资额、股份；5）持有注册资本5%以上的股东的资信证明和有关资料；6）经营方针和计划；7）营业场所、安全防范措施和与业务有关的其他设施的资料；8）中国银监会规定的其他文件、资料。国有商业银行、股份制商业银行法人机构的开业申请应当向银监会提交，由银监会受理、审查并决定。银监会自受理之日起2个月内作出核准或不予核准的书面决定。城市商业银行法人机构的开业申请应当向所在地银监局提交，由所在地银监局受理并决定。银监局自受理之日起2个月内作出核准或不予核准的书面决定，抄报银监会。

（3）申领证照。中资商业银行法人机构应在收到开业核准文件并按规定领取金融许可证后，根据工商行政管理部门的规定办理登记手续，领取营业执照。

中资商业银行法人机构应自领取营业执照之日起6个月内开业。国有商业银行、股份制商业银行未能按期开业的，应在开业期限届满前1个月向银监会提交开业延期报告。开业延期不得超过一次，开业延期的最长期限为3个月。中资商业银行法人机构未在规定期限内开业的，开业核准文件失效，由决定机关办理开业许可注销手续，收回其金融许可证，并予以公告。

3. 商业银行的分支机构的设立

商业银行的分支机构的设立，对于经济、金融及行业竞争的影响很大。所以，我国《商业银行法》规定，设立商业银行的分支机构必须经过中国银监会的审批。在设立时，申请人应当向银监会提交下列文件、资料：

（1）设立分支机构的申请书，载明拟设立的分支机构的名称、营运资金额、业务范围、总行及分支机构所在地等；

（2）申请人最近2年的财务会计报告；

（3）分支机构拟任职的高级管理人员的资格证明；

（4）分支机构的经营方针和计划；

（5）分支机构的营业场所、安全防范措施和与业务有关的其他设施的资料；

（6）银监会规定的其他文件、资料。

经批准设立的商业银行分支机构，由中国银监会颁发经营许可证，并凭该许可证向工商行政管理部门办理注册登记，领取营业执照。

中国银监会发布的《中国银行业监督管理委员会中资商业银行行政许可事项实施办法》等规范性文件对商业银行设立分行，分行级专营机构（包括信用卡中心、小企业信贷中心、私人银行部、票据中心、资金营运中心、贵金属业务部等）、支行、分行级专营机构的分支机构等境内分支机构，投资设立、参股、收购境内法人金融机构，以及投资设立、参股、收购境外机构（指中资商业银行境外一级分行、全资附属或控股金融机构、代表机构，以及境外一级分行、全资子公司跨国设立的机构）的具体条件、筹建和开业的申请、审批程序等，分别作了具体规定。

（三）商业银行的变更

商业银行的变更是指商业银行组织的变更和重大事项的改变，包括商业银行的分立、合并和重大事项的改变。

1. 商业银行的分立、合并，适用《公司法》的规定。商业银行的分立、合并，应当经中国银监会审查批准。

2. 商业银行有下列变更事项之一的，应当经中国银监会批准：（1）变更名称；（2）变更注册资本；（3）变更总行或者分支行所在地；（4）调整业务范围；（5）变更持有资本总额或者股份总额5%以上的股东；（6）修改章程；（7）国务院银行业监督管理机构规定的其他变更事项；（8）商业银行更换董事、高级管理人员时，应当报经中国银监会审查其任职资格。

中国银监会发布的《中国银行业监督管理委员会中资商业银行行政许可事项实施办法》等对商业银行法人机构变更、境内分支机构变更、境外机构变更等的条件、程序作了详细规定。

四、商业银行的业务管理规定

（一）对商业银行负债业务的管理规定

商业银行的负债业务是商业银行形成资金来源的业务，是商业银行资产业务和中间业务的基础。主要由自有资本、存款和借款构成。其中，自有资本仅占商业银行负债的很少部分；借款包括同业拆借、向中央银行借款、向国内外金融市场借款等，也只占银行的小部分。银行负债的70%～80%是吸收存款。可见，银行存款业务是商业银行最重要的负债业务，也是负债管理的重点。在负债业务中，商业银行是债务人，而存款人或借款人是债权人。

我国《商业银行法》对商业银行的负债业务的管理，强调了对债权人利益的维护。除了在总则中确定“商业银行应当保障存款人的合法权益不受任何单位和个人的侵犯”的基本原则外，更集中规定了“对存款人的保护”一章（第三章）。其内容主要有：

1. 商业银行办理个人储蓄存款业务，应当遵循存款自愿、取款自由、存款有息、为存款人保密的原则（《商业银行法》第29条第1款）。

所谓“存款自愿”是指参加储蓄必须出于存款者的自愿，不得强制。个人是否参加储蓄，选择哪一家储蓄机构，选择何种储蓄方式，存储数额、期限等都要由储户个人来选择决定。所谓“取款自由”是指储户什么时候取款，提取多少存款，作何用途等，都由储户自己决定，银行不得加以干预和查问。即使是未到期的定期存款，储户因特殊情况，也可按规定手续提前提取，银行不得借故刁难或予以限制。所谓“存款有息”是指存款人对于其存入银行的储蓄存款，有按照规定利率和实际存期获得利息的权利。这反映了商业银行和储户之间的关系是一种经济关系，是平等、互利的关系。所谓“为存款人保密”是指商业银行对存款人的姓名、住址、存款金额、储种、存款次数、支取情况、印鉴式样、委托银行托收的款项以及各种有关的财务情况等，都要严格地保守秘密，不得披露。

但是，商业银行对于个人存款的保密义务也并不是绝对的，《商业银行法》第29条第2款规定：“对个人储蓄存款，商业银行有权拒绝任何单位或者个人查询、冻结、扣划，但法律另有规定的除外。”即在法律明文规定的情况下，商业银行有协助国家有关机关如法院、工商部门、税务部门进行查询、冻结、扣划的义务。

2. 对单位存款，商业银行有权拒绝任何单位或者个人查询，但法律、行政法规另有规定的除外；有权拒绝任何单位或者个人冻结、扣划，但法律另有规定的除外（《商业银行法》第30条）。

3. 商业银行应当按照人民银行规定的存款利率的上下限，确定存款利率，并予以公告（《商业银行法》第31条）。

《商业银行法》作出这种规定的目的有二：一是为了防止银行从事过度风险性的经营，因为银行通过高利率来吸收存款，为抵补利息成本必然会从事高盈利、高风险的资产业务，银行经营的安全性很难保证。二是为了有效防止银行擅自降低或变相降低存款利率，损害存款人的利益。《商业银行法》第47条进一步规定：商业银行不得违反规定提高或者降低利率以及采取其他不正当手段，吸取存款。不过，随着我国商业银行定价技术的提高和利率市场化改革进程的加快，这种直接利率管制将逐步转变为央行基准利率调控。

4. 商业银行应当按照人民银行的规定，交存存款准备金，留足备付金（《商业银行法》第32条）。

存款准备金是商业银行依据法律和中央银行的规定，按吸收存款的一定比例缴存于中央银行的存款。这种存款一般不计付利息。存款准备金是中央银行实施货币政策的重要工具之一，是中央银行对商业银行的业务实施监管的重要手段，也是对存款人利益保护的重要措施之一。我国自1984年起借鉴国际上商业银行的通行做法，开始实行存款准备金制度，现在对各商业银行吸收的一般存款（即非财政性存款，包括企业存款、储蓄存款和非财政性的其他存款）要求缴存9.5%存款准备金，并对一些资本充足率不够、资产质量不高的商业银行提高准备金比率，执行差别准备金。

备付金，或称“支付准备金”，是指商业银行和其他金融机构为保证存款支付和资金清算而保留的清偿资金。包括商业银行的库存现金、在中央银行的存款以及购买国债及政策性银行债券，其中，最主要的是在中央银行的存款和商业银行的库存现金。备付金制度的核心是备付金率，即备付金占商业银行全部存款的比例，过去规定不得低于5%～7%或7%～9%，具体比例由人民银行根据各行情况核定。但强制性交存央行的备付金已于1998年3月取消。

5. 商业银行应当保证存款本金和利息的支付，不得拖延、拒绝支付存款本金和利息（《商业银行法》第33条）。

此外，《商业银行法》就商业银行的其他负债业务，在第45条、第46条还作出了以下规定：

1. 商业银行发行金融债券或者到境外借款，应当依照法律、行政法规的规定报经批准（《商业银行法》第45条）。

按国务院《关于进一步加强证券市场宏观管理的通知》的规定，金融机构发行金融债券由人民银行负责审批。2003年修订后的《中国人民银行法》第4条第4项亦规定，人民银行负有对银行间债券市场的监管职责，承担功能监管职能。2004年6月29日发布的《国务院对确需保留的行政审批项目设定行政许可的决定》规定，银行间债券市场发行金融债券的审批为人民银行行政许可项目。据此，金融债券[①]发行的主管机关为中国人民银行。2005 年 4 月 27 日人民银行发布的《全国银行间债券市场金融债券发行管理办法》将金融债券发行由批准制改革为核准制，其第 3 条规定：人民银行依法对金融债券的发行进行监督管理，未经其核准，任何金融机构不得擅自发行金融债券。并就发行金融债券的申请与核准，发行方式和程序，登记、托管与兑付，信息披露，法律责任等问题作了规定。另外，2004 年中国人民银行还与银监会共同颁布了《商业银行次级债券发行管理办法》。

商业银行境外借款的管理机构是国家发改委、国家外汇管理局等。国家发改委确定每年境外借款的总规模并将其分配给各商业银行。人民银行是国际商业贷款的审批机关，人民银行依法授权国家外汇管理局及其分局负责对国际商业贷款的审批、管理和监督。

商业银行对外筹措中长期国际商业贷款，必须纳入国家利用外资计划。以商业银行总行名义对外签约借用中长期国际商业贷款的，由总行直接向国家外汇管理局提出申请，办理审批手续。凡以地方分行名义对外签约的，需经其总行授权，在报批时，除特殊情况外，应由地方分行向地方分局提出申请，由分局转报总局审批。商业银行不得突破控制成本对外筹资，也不得以任何方式变相提高筹资成本。

2. 商业银行进行同业拆借，应当遵守中国人民银行的规定。禁止利用拆入资金发放固定资产贷款或者用于投资。拆出资金限于交足存款准备金、留足备付金和归还中国人民银行到期贷款之后的闲置资金。拆入资金用于弥补票据结算、联行汇差头寸的不足和解决临时性周转资金的需要（《商业银行法》第 46 条）。

同业拆借是指商业银行等金融机构相互之间为弥补临时性资金不足而进行的短期资金融通行为，主要用于资金周转。在这方面，中国人民银行曾于 1990 年 3 月 8 日发布实施了《同业拆借管理试行办法》，就金融同业（包括商业银行）之间的拆借问题进行了规定。1994 年 2 月 15 日中国人民银行发布的《信贷资金管理暂行办法》第七章“货币市场资金的管理”也就金融机构之间的同业拆借、证券回购等问题作出进一步规定，允许金融机构之间开展为期 7 天（含 7 天）以内的同业头寸拆借和 7 天以上、4 个月（含 4 个月）以内的同业短期拆借。2007 年 7 月 3 日，中国人民银行发布《同业拆借管理办法》，相应废除和取代前述办法，自同年 8 月 6 日起施行。按照《同业拆借管理办法》的规定：同业拆借，是指经人民银行批准进入全国银行间同业拆借市场的金融机构之间，通过全国统一的同业拆借网络进行的无担保资金融通行为。同业拆借交易必须在全国统一的同业拆借网络中进行，该全国统一拆借网络包括：全国银行间同业拆借中心的电子交易系统、人民银行分支机构的拆借备案系统、人民银行认可的其他交易系统。各金融机构进入同业拆借市场必须符合规定条件并经人民银行批准，从事同业拆借交易应接受人民银行的监督和检查。同业拆借交易以询价方式进行，自主谈判、逐笔成交，其拆借利率由交易双方自行商定。同业拆借期限在符合以下规定的前提下，由交易双方自行商定：（1）政策性银行、中资商业银行、中资商业银行授权的一级分支机构、外商独资银行、中外合资银行、外国银行分行、城市信用合作社、农村信用合作社县级联合社拆入资金的最长期限为 1 年；（2）金融资产管理公司、金融租赁公司、汽车金融公司、保险公司拆入资金的最长

---

① 金融债券是指依法在中国境内设立的金融机构法人（包括政策性银行、商业银行、企业集团财务公司及其他金融机构）在全国银行间债券市场发行的、按约定还本付息的有价证券。包括商业银行次级债券和资产支持证券等。

期限为3个月；（3）企业集团财务公司、信托公司、证券公司、保险资产管理公司拆入资金的最长期限为7天；（4）金融机构拆出资金的最长期限不得超过对手方由人民银行规定的拆入资金最长期限。人民银行可根据市场发展和管理的需要调整金融机构的拆借资金最长期限。同业拆借到期后不得展期。

为防控拆借资金风险，《同业拆借管理办法》规定：对金融机构同业拆借实行限额管理，拆借限额由人民银行及其分支机构按照以下原则核定：（1）政策性银行的最高拆入限额和最高拆出限额均不超过该机构上年末待偿还金融债券余额的8%；（2）中资商业银行、城市信用合作社、农村信用合作社县级联合社的最高拆入限额和最高拆出限额均不超过该机构各项存款余额的8%；（3）外商独资银行、中外合资银行的最高拆入限额和最高拆出限额均不超过该机构实收资本的2倍；（4）外国银行分行的最高拆入限额和最高拆出限额均不超过该机构人民币营运资金的2倍；（5）企业集团财务公司、金融资产管理公司、金融租赁公司、汽车金融公司、保险公司的最高拆入限额和最高拆出限额均不超过该机构实收资本的100%；（6）信托公司、保险资产管理公司的最高拆入限额和最高拆出限额均不超过该机构净资产的20%；（7）证券公司的最高拆入限额和最高拆出限额均不超过该机构净资本的80%；（8）中资商业银行（不包括城市商业银行、农村商业银行和农村合作银行）授权的一级分支机构的最高拆入限额和最高拆出限额由该机构的总行授权确定，纳入总行法人统一考核。人民银行可以根据市场发展和管理的需要调整金融机构的同业拆借资金限额。金融机构申请调整拆借资金限额，应比照申请进入同业拆借市场的程序向人民银行或其分支机构提交申请材料。人民银行可根据金融机构的申请临时调整拆借资金限额，人民银行分支机构可在总行授权的范围内临时调整辖内金融机构的拆借资金限额。

此外，进入同业拆借市场的金融机构应承担向同业拆借市场披露信息的义务，金融机构的董事或法定代表人应当保证所披露的信息真实、准确、完整、及时。

（二）对商业银行资产业务管理的规定

商业银行的资产业务是指商业银行运用其积聚的货币资金从事各种信用活动的业务，是商业银行取得收益的主要途径。包括发放贷款、进行投资（证券投资、现金资产投资、固定资产投资）、租赁业务、买卖外汇、票据贴现等，其中，最主要的资产业务是贷款业务（含短期、中期、长期贷款和高档消费品贷款）和投资业务。

我国《商业银行法》对商业银行开展贷款业务的基本规则作了规定，贷款业务的开展还需遵循《民法通则》、《合同法》、《贷款通则》、《担保法》、《个人贷款管理暂行办法》、《流动资金贷款管理暂行办法》、《固定资产贷款管理暂行办法》、《汽车贷款管理办法》、《商业银行集团客户授信业务风险管理指引》、《商业银行资本管理办法（试行）》、《商业银行与内部人和股东关联交易管理办法》、《商业银行贷款损失准备管理办法》、《银行贷款损失准备计提指引》等法律、法规、规章的规定办理；对商业银行的投资业务，则依据“分业管理、分业经营”的原则，作了限制性规定。

1. 商业银行贷款业务的基本规则

商业银行的贷款业务的质量好坏，不仅关系到银行自身能否盈利，而且关系到银行存款人存款的安全和其他客户的经济利益，关系到整个社会的正常生产、生活秩序。所以，我国《商业银行法》第四章以 9 条的篇幅规定了商业银行的贷款业务基本规则。其内容有：

(1) 商业银行根据国民经济和社会发展的需要，在国家产业政策指导下开展贷款业务(《商业银行法》第 34 条)。

《商业银行法》规定这一贷款基本规则，原因有二：1) 商业银行是办理货币和信用业务的金融企业。由于市场环境复杂，瞬息万变，使商业银行贷款的投向和规模的确定更加复杂，风险很大。这就要求商业银行在把握市场变化、了解微观经济状况的基础上，必须把握宏观经济的发展，在国家产业政策指导下开展贷款业务。这样，才能准确预测贷款项目的发展前景，保证信贷资金的安全和自身经济效益的实现。2) 我国商业银行的信贷具有调节社会经济的职能。表现在：第一，宏观调节作用，商业银行通过贷款在各行业各部门之间的分配，确保短线产品的发展，促进产业结构和国民经济结构的调整；第二，微观调节作用，商业银行通过贷款在不同企业之间的分配，实行区别对待，择优扶持，促进生产发展，提高企业的劳动生产力，指导企业按照市场需求的变化组织生产经营活动。正因为商业银行的贷款业务具有宏观和微观调节作用，所以，贷款必须以是否符合国民经济和社会发展的需要为依据，而国家产业政策是国民经济和社会发展需要在各个时期的具体体现。因此，商业银行的贷款业务，必须在国家产业政策指导下进行。

(2) 商业银行贷款，应当对借款人的借款用途、偿还能力、还款方式等情况进行严格审查。商业银行贷款，应当实行审贷分离、分级审批制度(《商业银行法》第 35 条)。

这一基本规则是对我国商业银行长期以来贷款管理经验的总结，目的是确保贷款的安全可靠。我国商业银行在长期的贷款实践中，建立了“三查”、“两分”制度，即贷前调查、贷中审查、贷后检查和审贷分离、分级审批。其具体操作如下：

1) 通过调查企业的资产负债表、损益表及产、供、销、库存情况，基本掌握企业贷款的真实用途，防止贷款被挤占挪用，做到专款专用。

2) 通过检查企业的全部资金使用情况，分析资金变化原因，来评价企业的偿债能力。

3) 分析企业不同时期的逾期贷款率和不合理资金占有率，来检查分析贷款的运用质量和企业的信誉情况。

4) 贷款的审批要严格执行“审贷分离、分级审批”，明确责任，确保贷款的安全。详言之，要实行三级审批与集体评审相结合的办法。对于信用程度较好以及贷款金额相对不大的企业贷款，一般采用三级审批，即由信贷员、信贷处(科)长和主管行长(主任)审批；对于信用程度较差的或贷款金额较大的企业的贷款，要采取集体评审制度。

审批内容包括：贷款材料是否真实、有效、合法和齐备；贷款是否符合国家产业政策和银行贷款投向；贷款的直接用途及企业的经营、财务状况；企业的信用程度和偿债能力；担保及抵押情况等。

(3) 商业银行贷款，借款人应当提供担保。商业银行应当对保证人的偿还能力，抵押物、质物的权属和价值以及实现抵押权、质权的可行性进行严格审查。经商业银行审查、评估，确认借款人资信良好，确能偿还贷款的，可以不提供担保(《商业银行法》第 36 条)。

本条是关于贷款担保的规定，它确立了我国商业银行发放贷款时以担保贷款为原则，以信用贷款为例外的基本规则。按该条规定，商业银行在提供贷款时应要求借款人提供包括保证、抵押、质押在内的一种或多种担保。依《担保法》规定，保证担保是指保证人和债权人约定，当债务人不履行债务时，保证人按照约定履行债务或者承担责任的行为。分为一般保证和连带责任保证两种，国家机关不得成为保证人。抵押担保是指债务人或第三人不转移对抵押财产的占有，以该抵押财产作为保证债务人清偿债务的担保。当债务人不履行债务时，债权人银行有权以该财产折价或以拍卖、变卖该财产所得的价款优先受偿。质押担保包括动产质押和权利质押，是指债务人或第三人将担保物移交债权人占有，以该财产作为保证债务人清偿债务的担保。当债务人不履行偿债义务时，债权人有权以自己占有的质物折价、拍卖或变卖，并以所得价款优先受偿。

有关借款人设定担保的程序和担保债权的实现悉依《担保法》的规定。商业银行在发放贷款时应当对保证人的偿还能力，抵押物、质物的权属和价值以及实现抵押权、质权的可行性进行严格审查。对于与商业银行有长期业务往来，资信状况良好，商业银行经审查评估确有还款能力的借款人，经商业银行同意可不提供担保，即可发放信用贷款。

（4）商业银行贷款，应当与借款人订立书面合同，合同应当约定贷款种类、借款用途、金额、利率、还款期限、还款方式、违约责任和双方认为需要约定的其他事项（《商业银行法》第 37 条）。

这一条确立了商业银行发放贷款需订立书面合同的基本规则，以便在发生纠纷时有据可查。借款合同是借贷双方确定的法律文件，其内容：

1）明确贷款的种类。贷款种类依不同标准可作多种分类：如依贷款资金的用途，可分为固定资产贷款（基本建设贷款或技术改造贷款）和流动资金贷款；依贷款期限，可分为短期贷款（1 年内）、中期贷款（1 年至 5 年）和长期贷款（5 年以上）；依有无担保可分为信用贷款、担保贷款（含保证贷款、抵押贷款、质押贷款）和票据贴现；依风险是否由贷款人自己承担，分为自营贷款和委托贷款等。在贷款合同中应予以明确。

2）明确贷款用途。这是专款专用原则的要求，以防借款人挤占挪用贷款。

3）明确价款金额（包括币种）、利率以及计息方式，即一年以多少天为基数，多长时间计一次息。

4）对借款人的还款期限和还款方式要有明确规定。

5）违约责任和借贷双方认为需要明确的其他事项。通过明确违约责任及其处理措施以及其他事项，以确保双方的权益。

（5）商业银行应当按照中国人民银行规定的贷款利率的上下限，确定贷款利率（《商业银行法》第 38 条）。

本条是关于商业银行确定贷款利率的基本规则的规定。在我国过去很长一段时期，中央银行根据国民经济运行情况和银根松紧、物价涨落、货币回笼情况以及国家产业政策的需要，规定商业银行的法定贷款利率和部分法定贷款利率允许浮动的上下限，商业银行应据此确定各类贷款的利率，而不是实行自由利率。目的是杜绝商业银行间的“利率大战”，保证正常的经济、金融秩序，保证商业银行之间开展公平合理的竞争，同时也是为了避免银行内部人员利用利率以权谋私。《商业银行法》第 47 条进一步作出了禁止性规定：“商业银行不得违反规定提高或者降低利率以及采用其他不正当手段……发放贷款。”但随着改革的深入和利率市场化［拓展阅读］进程的加快，我国逐步放宽贷款利率管制政策，并从 2013 年 7 月 20 日起全面放开金融机构贷款利率管制，取消金融机构贷款利率 0.7 倍的下限，由金融机构根据商业原则自主确定贷款利率水平。因此，本条规定亟待废止。

[拓展阅读] **利率市场化与贷款基础利率**

利率市场化，是指金融机构在货币市场经营融资的利率水平由市场供求决定，包括利率决定、利率传导、利率结构和利率管理的市场化。利率市场化的实质是将利率的决策权交给金融机构，由金融机构自己根据资金状况和对金融市场动向的判断来自主调节利率水平，最终形成以中央银行基准利率为基准，以货币市场利率为中介，由市场供求决定金融机构存贷款利率的市场利率体系和利率形成机制。我国发端于20世纪90年代初的利率市场化，遵循“先外币，后本币；先贷款，后存款；先长期、大额，后短期、小额”渐进式的改革思路，经国务院批准、人民银行决定，在2013年7月全面放开了金融机构贷款利率管制，迈出了利率市场化的关键一步。而对于存款利率上限的放开，也即存款利率市场化，按照央行行长周小川给出的时间表，也在“两年内应该可以实现”。

在贷款利率放开后，商业银行等金融机构将按照贷款基础利率和以此为基础形成的贷款利率发放贷款。所谓“贷款基础利率”（Loan Prime Rate，简称LPR），是基于报价行自主报出的最优贷款利率计算并发布的贷款市场参考利率。它是商业银行对其最优质客户执行的贷款利率，其他贷款利率可在此基础上加减点生成。在我国，为推进利率市场化，完善金融市场基准利率体系，指导信贷市场产品定价，2013年10月25日，贷款基础利率集中报价和发布机制正式运行。该机制的运作原理是：在各报价行自主报出本行贷款基础利率的基础上，指定发布人对报价进行加权平均计算，形成报价行的贷款基础利率报价平均利率并对外予以公布。具体而言，以全国银行间同业拆借中心为贷款基础利率的指定发布人，以首批9家商业银行（包括工商银行、农业银行、中国银行、建设银行、交通银行、中信银行、浦发银行、兴业银行和招商银行）为报价行。指定发布人每个工作日在各报价行报出本行贷款基础利率的基础上，剔除最高、最低各1家报价后，将剩余报价作为有效报价，以各有效报价行上季度末人民币各项贷款余额占所有有效报价行上季度末人民币各项贷款总余额的比重为权重，进行加权平均计算，得出贷款基础利率报价平均利率，于每个工作日通过上海银行间同业拆放利率网对外公布。

贷款基础利率集中报价和发布机制作为市场利率定价自律机制的重要组成部分，是上海银行间同业拆放利率（Shibor）机制在信贷市场的进一步拓宽和发展。其规范、健康运作将有利于强化金融市场基准利率体系建设，促进定价基准由中央银行确定向市场决定的平稳过渡；有利于提高金融机构信贷产品定价效率和透明度，增强自主定价能力；有利于减少非理性定价行为，维护信贷市场公平有序的定价秩序；有利于完善中央银行利率调控机制，为进一步推进利率市场化改革奠定制度基础。

（6）商业银行贷款，应当遵守下列资产负债比例管理的规定：

1）资本充足率不得低于8%；

2）贷款余额与存款余额的比例不得超过75%；

3）流动性资产余额与流动性负债余额的比例不得低于25%；

4）对同一借款人的贷款余额与商业银行资本余额的比例不得超过10%；

5）国务院银行业监督管理机构对资产负债比例管理的其他规定。

《商业银行法》施行前设立的商业银行，在该法施行后，其资产负债比例不符合前述规定的，应当在一定的期限内符合前述规定。具体办法由国务院规定（《商业银行法》第39条）。

本条关于贷款业务的基本规则的规定，引入了巴塞尔协议的精神，对商业银行实行资产负债比例管理，以控制、分散信贷风险，保障商业银行的清偿能力，消除银行间的不平等竞争，实现商业银行安全性、流动性、效益性的基本要求，从法律上保证商业银行的安全、稳健运行。

所谓资产负债比例管理，是指以金融机构（主要是商业银行）的资本及负债制约其资产总量及结构，从而防范金融风险。资产负债比例管理是以一系列的指标来监测的，这些指标包括资本充足率、资产流动性比例、单个贷款比例等系列指标。

在资本充足率指标方面，除我国《商业银行法》中进行了简单规定外，中国银监会作为银行业金融机构的监管机构，在借鉴巴塞尔资本协议精神的基础上，于2004年2月23日经国务院批准发布了《商业银行资本充足率管理办法》，以5章55条及5个附件的形式就资本充足率的定义、计算、监督检查、信息披露等有关资本充足率的具体问题作了详细规定。2007年7月3日，为落实新的《巴塞尔资本协议Ⅱ》的精神，中国银监会又发布实施了修订后的《商业银行资本充足率管理办法》，以便使我国的监管规则与《巴塞尔资本协议Ⅱ》（2004年6月26日巴塞尔委员会发布，全称是《统一资本计量和资本标准的国际协议：修订框架》）的规定相一致。国际金融危机发生后，金融稳定理事会、巴塞尔委员会等国际金融监管当局开始对金融体制进行深度改革，在此背景下，巴塞尔委员会针对金融危机中呈现出的问题发布了大量新协议修改和更新的征求意见稿，内容涉及银行稳健性、流动性风险管理、市场风险管理、交易账户新增风险等多个领域，并最终在《增强银行体系稳健性》及《流动性风险计量标准和监测的国际框架》两份征求意见稿的基础上，经不断修订、协商形成《巴塞尔资本协议Ⅲ》，于2010年11月在韩国首尔举行的二十国集团领导人峰会上批准并发布最终定稿，确立了银行业资本和流动性监管的新标准，要求各成员国从2013年开始实施、2019年前全面达标。我国作为二十国集团、金融稳定理事会和巴塞尔委员会正式成员，实施银行业新监管标准既是履行国际义务的需要，也是推进中国银行业健康发展、更好地服务经济社会发展的重要举措。为此，中国银监会2012年6月7日发布、自2013年1月1日起施行《商业银行资本管理办法（试行）》，相应废止了《商业银行资本充足率管理办法》及其系列指引。

《商业银行资本管理办法（试行）》包括总则、资本充足率计算和监管要求、资本定义、信用风险加权资产计量、市场风险加权资产计量、操作风险加权资产计量、商业银行内部资本充足评估程序、监督检查、信息披露、附则等10章共180条。《商业银行资本管理办法（试行）》坚持国际标准与中国国情相结合、《巴塞尔资本协议Ⅱ》和《巴塞尔资本协议Ⅲ》统筹推进、宏观审慎监管和微观审慎监管有机统一的总体思路，不仅涵盖了《巴塞尔资本协议Ⅱ》提出的最低资本要求、监督检查和信息披露的资本监管体系，而且规定了与《巴塞尔资本协议Ⅲ》一致的资本定义及合格标准，明确了覆盖信用风险、市场风险、操作风险的全面风险治理架构和审慎资本监管要求，在资本要求、资本定义、风险加权资产计量和全面风险治理等各方面都保持了与国际新资本监管标准的基本一致，从制度上重点规定了五个方面的内容：一是建立统一配套的资本充足率监管体系；二是严格明确了资本定义；三是扩大了资本覆盖风险范围；四是强调科学分类，差异监管；五是合理安排资本充足率达标过渡期。《商业银行资本管理办法（试行）》设定了6年的资本充足率达标过渡期，即我国商业银行应于2018年底前全面达到相关资本监管要求，并鼓励有条件的银行提前达标。同时，将商业银行资本充足率监管要求分为四个层次：第一层次为最低资本要求，即资本充足率、一级资本充足率和核心一级资本充足率分别为8%、6%和5%；第二层次为储备资本要求和逆周期资本要求，分别为2.5%和0～2.5%；第三层次为系统重要性银行附加资本要求，为1%；第四层次为银监会根据单家银行风险状况提出的第二支柱资本要求。[①]《商业银行资本管理办法（试行）》实施后，我国系统重要性银行（大型银行）和其他银行（中小银行）的资本充足率监管要求分别为11.5%和10.5%，符合巴塞尔最低监管标准，并与国内现行监管要求保持一致，确保资本充分覆盖国内银行面临的系统性风险和个体风险。

在流动性风险监管方面，中国银监会于2014年1月17日发布、自同年3月1日实施了《商业银行流动性风险管理办法（试行）》。该《管理办法》以4章66条的篇幅就流动性风险管理治理结构，流动性风险管理策略、政策和程序，流动性风险识别、计量、监测和控制，管理信息系统，流动性风险监管指标，流动性风险监测，流动性风险监管方法和手段等问题作了全面规定。其设定的流动性风险监管指标包括流动性覆盖率、存贷比和流动性比例三种。

流动性覆盖率，是指合格优质流动性资产与未来30天现金净流出量的比率。除特殊情形外，商业银行的流动性覆盖率应当不低于100%。其中，合格优质流动性资产是指满足《商业银行流动性风险管理办法（试行）》附件2相关条件的现金类资产，以及能够在无损失或极小损失的情况下在金融市场快速变现的各类资产。未来30天现金净流出量是指在《商业银行流动性风险管理办法（试行）》附件2相关压力情景下，未来30天的预期现金流出总量与预期现金流入总量的差额。规定流动性覆盖率旨在确保商业银行具有充足的合格优质流动性资产，能够在银监会规定的流动性压力情景下，通过变现这些资产满足未来至少30天的流动性需求。

存贷比，是指贷款余额与存款余额的比率。商业银行的存贷比应当不高于75%。与《商

---

① 在我国，商业银行资本充足率监管要求分为最低资本要求、储备资本和逆周期资本要求、系统重要性银行附加资本要求及第二支柱资本要求等四个层次。商业银行应当按照《商业银行资本管理办法（试行）》的规定计算并表和未并表的资本充足率。该管理办法规定的第一层次资本要求，即最低资本要求包括三个：（1）资本充足率，是指商业银行持有的符合本办法规定的资本与风险加权资产之间的比率，该比率不得低于8%；（2）一级资本充足率，是指商业银行持有的符合本办法规定的一级资本与风险加权资产之间的比率，该比率不得低于6%；（3）核心一级资本充足率，是指商业银行持有的符合本办法规定的核心一级资本与风险加权资产之间的比率，该比率不得低于5%。第二层次资本要求包括储备资本要求和逆周期资本要求，即：商业银行应当在最低资本要求的基础上计提储备资本，储备资本要求为风险加权资产的2.5%，由核心一级资本来满足；特定情况下，商业银行应当在最低资本要求和储备资本要求之上计提逆周期资本，逆周期资本要求为风险加权资产的0～2.5%，由核心一级资本来满足。第三层次资本要求为系统重要性银行附加资本要求，即除前述最低资本要求、储备资本和逆周期资本要求外，系统重要性银行还应当计提附加资本。其中，国内系统重要性银行附加资本要求为风险加权资产的1%，由核心一级资本满足，国内系统重要性银行的认定标准另行规定。若国内银行被认定为全球系统重要性银行，所适用的附加资本要求不得低于巴塞尔委员会的统一规定。第四层次资本要求是第二支柱资本要求，即除前述三层次的资本要求以外，银监会有权在第二支柱框架下提出更审慎的资本要求，确保资本充分覆盖风险。包括：1）根据风险判断，针对部分资产组合提出的特定资本要求；2）根据监督检查结果，针对单家银行提出的特定资本要求。

业银行法》的规定一致。

流动性比例，是指流动性资产余额与流动性负债余额的比例。商业银行的流动性比例应当不低于25%。也与《商业银行法》的规定一致。

此外，《商业银行流动性风险管理办法（试行）》还规定：商业银行应当在法人和集团层面，分别计算未并表和并表的流动性风险监管指标，并表范围按照银监会关于商业银行资本监管的相关规定执行。在计算并表流动性覆盖率时，若集团内部存在跨境或跨机构的流动性转移限制，相关附属机构满足自身流动性覆盖率最低监管标准之外的合格优质流动性资产，不能计入集团的合格优质流动性资产。

在单个贷款比例管理方面，除《商业银行法》规定单个贷款指标外，在集团客户授信业务风险管理层面，中国银监会2003年10月23日发布、2010年6月4日第二次修订发布的《商业银行集团客户授信业务风险管理指引》还就集团客户的界定、授信的内涵、授信原则、授信业务风险管理、授信信息管理和风险预警等作出了规定，以防范由于商业银行对集团客户多头授信、过度授信和不适当分配授信额度，或集团客户经营不善以及集团客户通过关联交易、资产重组等手段在内部关联方之间不按公允价格原则转移资产或利润等情况，导致商业银行不能按时收回由于授信产生的贷款本金及利息，或给商业银行带来其他损失的可能性。该《管理指引》规定：集团客户是指具有以下特征的商业银行的企事业法人（包括除商业银行外的其他金融机构）授信对象：1）在股权上或者经营决策上直接或间接控制其他企事业法人或被其他企事业法人控制的；2）共同被第三方企事业法人所控制的；3）主要投资者个人、关键管理人员或与其近亲属（包括三代以内直系亲属关系和二代以内旁系亲属关系）共同直接控制或间接控制的；4）存在其他关联关系，可能不按公允价格原则转移资产和利润，商业银行认为应当视同集团客户进行授信管理的。授信则是指商业银行向客户直接提供资金支持，或者对客户在有关经济活动中可能产生的赔偿、支付责任作出保证。包括但不限于：贷款、贸易融资、票据承兑和贴现、透支、保理、担保、贷款承诺、开立信用证等表内外业务。此外，商业银行持有的集团客户成员企业发行的公司债券、企业债券、短期融资券、中期票据等债券资产以及通过衍生产品等交易行为所产生的信用风险暴露也应纳入集团客户授信业务进行风险管理。《管理指引》明确规定：一家商业银行对单一集团客户授信余额不得超过该商业银行资本净额的15%，否则将视为超过其风险承受能力。

在杠杆率管理方面，为有效控制商业银行的杠杆化程度，维护商业银行的安全、稳健运行，中国银监会于2011年6月1日发布、自2012年1月1日起施行的《商业银行杠杆率管理办法》就杠杆率的定义、计算及相应监督管理作出了明确规定。依该《管理办法》的规定，杠杆率是指商业银行持有的、符合有关规定的一级资本与商业银行调整后的表内外资产余额的比率。商业银行并表和未并表的杠杆率均不得低于4%。

（7）商业银行不得向关系人发放信用贷款；向关系人发放担保贷款的条件不得优于其他借款人同类贷款的条件。前述所称关系人是指：1）商业银行的董事、监事、管理人员、信贷业务人员及其近亲属；2）前项所列人员投资或担任高级管理职务的公司、企业和其他经济组织（《商业银行法》第40条）。

本条规定是对关系人“内部贷款”的限制性规定，目的是为了防止发放人情贷款，以确保贷款质量，避免商业银行信贷资产的流失，保证商业银行稳健经营，防止破产倒闭。在本条中，借鉴各国银行立法对内部贷款实行限制的通例，一方面规定商业银行对关系人只能发放风险较小的担保贷款，而不得发放风险较大的信用贷款，并规定向关系人发放贷款和向非关系人发放贷款应一视同仁，不得搞特殊化。另一方面还对关系人的内涵进行了明确的界定。从而以立法的形式要求商业银行在公平、合法、合规的前提条件下，审批所有借款人的借款。另外，中国银监会2004年4月2日发布、自同年5月1日起实施的《商业银行与内部人和股东关联交易管理办法》就商业银行与内部人和股东的关联交易（当然也包括贷款在内）作出了更为具体的规定。依据该《管理办法》：商业银行的关联方包括关联自然人、法人或其他组织，其具体范围远比《商业银行法》规定的关系人更加详尽（详见《商业银行与内部人和股东关联交易管理办法》第6条至第11条）。商业银行关联交易是指商业银行与关联方之间发生的转移资源或义务的下列事项：1）授信（指商业银行向客户直接提供资金支持，或对客户在有关经济活动中可能产生的赔偿、支付责任作出保证，包括贷款、贷款承诺、承兑、贴现、证券回购、贸易融资、保理、信用证、保函、透支、拆借、担保等表内外业务）；2）资产转移（指商业银行的自用动产与不动产的买卖、信贷资产的买卖以及抵债资产的接收和处置等）；3）提供服务（指向商业银行提供信用评估、资产评估、审计、法律等服务）；4）中国银监会规定的其他关联交易。商业银行应当制定关联交易管理制度，包括董事会或经营决策机构对关联交易的监督管理，关联交易控制委员会的职责和人员组成，关联方的信息收集与管理，关联方的报告与承诺、识别与确认制度，关联交易的种类和定价政策、审批程序和标准，回避制度，内部审计监督，信息披露，处罚办法等内容。商业银行对一个关联方的授信余额不得超过商业银行资本净额的10%；对一个关联法人或其他组织所在集团客户的授信余额总数不得超过商业银行资本净额的15%；对全部关联方的授信余额不得超过商业银行资本净额的50%。

（8）任何单位和个人不得强令商业银行发放贷款或者提供担保。商业银行有权拒绝任何单位和个人强令要求其发放贷款或者提供担保（《商业银行法》第41条）。

本条规定了商业银行的“贷款自主权”，明确了商业银行与客户之间的关系是平等、自愿、公平、诚实信用的民事法律关系，从而为商业银行摆脱不正当的行政干预、自主地按效益和安全原则运作提供了法律保障，也有利于促使银企关系从计划经济体制下的资金供给向市场经济体制下的互惠互利转变。所以，商业银行对强令发放贷款或提供担保的单位和个人，有权依据本条规定予以拒绝。

（9）借款人应当按期归还贷款的本金和利息。借款人到期不归还担保贷款的，商业银行依法享有要求保证人归还贷款本金和利息或者就该担保物优先受偿的权利。商业银行因行使抵押权、质权而取得的不动产或者股票，应当自取得之日起2年内处分。借款人到期不归还信用贷款的，应当按照合同约定承担责任（《商业银行法》第42条）。

我国《商业银行法》在总则第7条中确立了商业银行依法收回贷款本息的权利义务和实行担保贷款的原则。本条规定是对这一原则的深化。所谓按期归还，是指借款人要在借款合同规定的还款日期或在贷款人批准展期的还款日期归还借款，未经商业银行同意，不得擅自拖延，否则，就构成借款人的违约行为，要依《商业银行法》第42条第2款、第3款的规定来处理，以保障商业银行的合法权益。至于“商业银行因行使抵押权、质权而取得的不动产或者股权，应当自取得之日起二年内予以处分”，原因是我国商业银行法禁止商业银行从事信托投资和股票业务，禁止投资于非自用不动产。

2. 对商业银行投资业务的限制性规定

2003年修订后的我国《商业银行法》第43条规定："商业银行在中华人民共和国境内不得从事信托投资和证券经营业务，不得向非自用不动产投资或者向非银行金融机构和企业投资，但国家另有规定的除外。"这表明与其他西方国家允许商业银行多元化经营不同，我国现阶段仍然是实行较为严格的金融分业管理，即商业银行和投资银行（主要指信托公司、证券公司、房地产公司）业务不能交叉。

作出这种规定理由主要有二：一是股票和房地产投资都属于高风险业务，风险高，收益率也高。但商业银行的资金来源大部分是社会公众的存款，而绝大多数存款人首先希望的是存款安全。所以，限制商业银行从事这类高风险业务，既有利于商业银行经营的安全稳健，又有利于维护广大存款人的利益。二是我国金融业虽然有了较大的发展，但是，法规制度的建设、管理操作手段、市场条件、从业人员素质等与国外同业相比，还有很大的差距，因而对各种风险的预测、监督、防范能力相对较弱，业务交叉则会产生许多不利的弊病。另外，考虑到国际金融业混业发展潮流和我国银行经营多元化的必然趋势，修订后的《商业银行法》与原法相比，增加了"国家另有规定的除外"的但书规定，从而为商业银行的多元发展与创新留下了法律空间。如近些年来银行设立基金管理公司、实行资产证券化等。

（三）关于商业银行其他业务的基本规则

1. 关于银行结算业务的规定

《商业银行法》第44条规定："商业银行办理票据承兑、汇兑、委托收款等结算业务，应当按照规定的期限兑现，收付入账，不得压单、压票或者违反规定退票。有关兑现、收付入账期限的规定应当公布。"

《商业银行法》作出这一条规定，理由是：结算业务是商业银行的中间业务，是连接资金和经济活动的桥梁，是实现经济正常运行的必要手段。迅速、准确地办理好银行结算，对加快资金周转，提高经济效益，促进商品流通和经济发展具有重要作用。

人民银行就办理银行结算的时间标准作了规定，商业银行必须严格执行这些规定，以解决结算速度慢、资金在途时间长的问题，保证客户资金及时入账。此外，人民银行还针对我国银行结算中存在的问题（如结算纪律松弛，擅自压单、压票和违反规定退票，挪用、截留客户资金），提出了结算工作"三不准"的要求，其中，第1条就是"不准以任何理由压票、任意退票和受理无理拒付"。随意压票、退票、受理无理拒付，截留客户和他人资金，是严重影响商业银行信誉的行为，并会造成整个结算秩序，乃至整个社会经济秩序的混乱，必须严加杜绝，严肃处理。

2. 关于商业银行存贷款利率的禁止性规定

《商业银行法》第47条规定："商业银行不得违反规定提高或者降低利率以及采用其他不正当手段，吸收存款，发放贷款。"这一规定是和《商业银行法》第9、31、38条规定的精神一致的，旨在强化商业银行的法制观念，稳定利率，防止资金过度流动，为经济建设创造良好的金融环境；同时，避免商业银行同业的存贷款业务出现恶性竞争，依法开展公平竞争，维持商业银行业务的健康发展。

按我国的有关法律、法规的规定，人民银行是我国利率管理的主管机关，代表国家统一行使利率管理权。人民银行规定的各种利率为法定利率，法定利率具有法律效力，其他任何单位和个人均无权变动。法定利率的公布、实施由人民银行总行负责。不过，随着金融改革的深化和利率市场化进程的加快，我国存贷款利率管制制度终将完成其历史使命而废除，目前贷款利率已经于2013年7月全面放开，存款利率管制在近两年内也可望最终取消。

3. 关于银行账户管理和禁止“公款私存”的规定

《商业银行法》第48条规定：“企业事业单位可以自主选择一家商业银行的营业场所开立一个办理日常转账结算和现金收付的基本账户，不得开立两个以上基本账户。任何单位和个人不得将单位的资金以个人名义开立账户存储。”

加强账户管理是维护正常的结算秩序的基础，是加强信贷、结算监督和现金管理的重要措施之一。按我国2003年4月10日人民银行发布的《人民币银行结算账户管理办法》的规定，企事业单位银行结算账户按用途分为基本存款账户、一般存款账户、专用存款账户、临时存款账户。这些账户各有其特定的功能。规定一个企事业单位只能选择一家商业银行的一个营业机构开立一个基本存款账户，用于办理日常结算和现金支取（包括企事业单位的工资、奖金发放）。同时，企事业单位还可以向多家银行借款，可在其他银行的一家营业机构开立一般存款账户，用于办理转账结算和现金缴存，但不能办理现金支取。这样做有利于贷款银行向借款企业收取贷款，防止个别企事业单位不按现金管理规定办理，套取现金。

企事业单位可以自主选择商业银行开户，但不得为逃避还贷、还债和套取现金而多头开立基本账户；商业银行不得放松结算监督和现金管理诱使单位开户，更不得利用结算手段强迫企事业单位开户。企事业单位开立基本账户，必须凭人民银行核发的开户许可证才能办理；变更基本账户的开户行，也必须经人民银行审批同意。

禁止“公款私存”，禁止企事业单位资金以个人名义存储，才有利于银行实行现金管理，有利于银行实行信贷监督和结算监督。

此外，中国人民银行于2010年9月29日发布、同年10月1日实施的《境外机构人民币银行结算账户管理办法》，就境外机构人民币银行结算账户的开立和使用作出了规定。

4. 关于营业时间的规定

《商业银行法》第49条规定：“商业银行的营业时间应当方便客户，并予以公告。商业银行应当在公告的营业时间内营业，不得擅自停止营业或者缩短营业时间。”

为客户提供优质、方便的服务，是《商业银行法》赋予银行的义务，也是商业银行经营发展的基本保证。为便利客户来行办理业务，保证商业银行优质、高效地开展工作，商业银行应当确定对外营业时间，并予以公布。银行的对外营业机构要严格遵守作业时间，不得擅自停止营业或者缩短营业时间，以免客户徒劳往返，损害银行的信誉。

5. 关于业务手续费的规定

《商业银行法》第50条规定：“商业银行办理业务，提供服务，按照规定收取手续费。收费项目和标准由国务院银行业监督管理机构、中国人民银行根据职责分工，分别会同国务院价格主管部门制定。”这一规定，要求商业银行在办理结算、提供服务的同时，应按规定标准收取各种手续费，既不能擅自提高收费标准，也不能随意增加收费品种，扩大收费范围，以防止乱收费现象的发生。同时，也明确规定中国银监会、人民银行应根据职责分工范围，分别会同国务院价格主管部门制定有关手续费项目和标准，进而切实维护金融消费者的利益。

据此规定，中国银监会、国家发改委于2003年6月26日联合发布、自同年10月1日起施行了《商业银行服务价格管理暂行办法》。2014年2月14日，中国银监会、国家发改委又联合发布《商业银行服务价格管理办法》，就商业银行向客户提供的各类服务收费的价格管理体系（包括政府指导价、政府定价、市场调节价的制定和调整）①、服务价格信息披露、服务价格管理制度和内部控制机制、服务价格监督管理等内容，作出了新的细化规定，相应废止此前发布的暂行办法，自同年8月1日起施行。

6. 关于业务资料保存的规定

《商业银行法》第51条规定："商业银行应当按照国家有关规定保存财务会计报表、业务合同以及其他资料。"

商业银行的财务会计报表、业务合同和其他资料是银行经营活动的重要记录和档案，对内对外都有重要的备查作用。就对内而言，是商业银行进行定期内部稽核和经营对比分析的依据；就对外而言，是银行定期或不定期接受外部监督检查的必要内容，如接受央行、税务、审计、公安、司法部门以及客户个人的查询等。此外，妥善保存这些资料，还有利于商业银行以确凿的证据维护自己的合法权益。因此，商业银行应按我国《档案法》和其他规定的要求，对央行的各种业务资料定期收集、分类整理、装订成册、妥善保管。

7. 关于商业银行工作人员行为规范的法律规定

我国《商业银行法》第52、53条就商业银行工作人员的行为规范，尤其是"不得进行的行为"作了禁止性规定，以确保国家、银行及银行客户的权益。

《商业银行法》第52条规定：商业银行的工作人员应当遵守法律、行政法规和其他各项业务管理的规定，不得有下列行为：（1）利用职务上的便利，索取、收受贿赂或者违反国家规定收受各种名义的回扣、手续费；（2）利用职务上的便利，贪污、挪用、侵占本行或者客户的资金；（3）违反规定徇私向亲属、朋友发放贷款或者提供担保；（4）在其他经济组织兼职；（5）违反法律、行政法规和业务管理规定的其他行为。这条规定，目的在于制止和杜绝银行工作人员利用职务之便，从事违法乱纪行为的腐败现象，保证商业银行的依法经营。

《商业银行法》第53条规定："商业银行的工作人员不得泄露其在任职期间知悉的国家秘密、商业秘密。"亦即规定商业银行工作人员负有保密的义务。本条规定负有保密义务的主体

---

① 按《商业银行服务价格管理办法》的规定，对客户普遍使用、与国民经济发展和人民生活关系重大的银行基础服务，实行政府指导价或政府定价。国务院价格主管部门会同中国银监会，根据商业银行服务成本、服务价格对个人或企事业单位的影响程度、市场竞争状况，制定和调整商业银行政府指导价、政府定价项目及标准。制定和调整政府指导价、政府定价按以下程序执行：（1）组织商业银行等相关机构进行成本调查；（2）征求相关客户、商业银行和有关方面的意见；（3）作出制定或调整相关服务价格的决定，向社会公布。除实行政府指导价、政府定价的服务价格以外，商业银行服务价格实行市场调节价。实行市场调节价的商业银行服务价格应由商业银行总行制定和调整，分支机构不得自行制定和调整服务价格。商业银行制定和调整市场调节价按以下程序执行：（1）制定相关服务价格的定价策略和定价原则；（2）综合测算相关服务项目的成本和收入情况；（3）进行价格决策；（4）形成统一的业务说明和宣传材料；（5）在各类相关营业场所的醒目位置公示；（6）设有商业银行网站的，应在网站主页醒目位置公示。商业银行按照市场化原则接受相关单位的委托，办理代收水、电、燃气、通讯、有线电视、交通违章罚款等费用以及代付工资、社会保险金、住房公积金等代收代付业务，应按照"谁委托、谁付费"的原则收取委托业务相关手续费，不得向委托方以外的其他单位和个人收取费用。

是商业银行的工作人员，即凡是银行雇佣、聘用的有权或有机会掌握或知悉国家秘密、商业秘密的人员。保密的客体是国家秘密和商业秘密。国家秘密依 1988 年 9 月制定、2010 年 4 月修订，自同年 10 月 1 日实施的《保守国家秘密法》的规定，是指关系国家的安全和利益，依照法定程序确定，在一定时间内只限一定范围内的人员知悉的事项；商业秘密依 1993 年 12 月 1 日实施的《反不正当竞争法》的规定，是指不为公众所知悉，能为权利人带来经济利益，具有实用性并经权利人采取保密措施的技术信息和经营信息。《商业银行法》第 87 条对违反保密义务行为的工作人员还规定了处罚措施。

五、商业银行的财务会计管理

（一）商业银行的财务会计制度的建立

商业银行的财务会计活动贯穿于业务经营的全过程，渗透到银行业务的各个方面。商业银行从资金的筹措到贷款的投放，始终离不开财会决策，财务会计管理的好坏对于商业银行的业务状况和经营成果将产生重要影响。所以，我国《商业银行法》第 54 条规定：“商业银行应当依照法律和国家统一的会计制度以及国务院银行业监督管理机构的有关规定，建立、健全本行的财务、会计制度。”准此，我国商业银行应当以《会计法》、《企业会计准则——基本准则》（2006 年 2 月 15 日发布）及《企业会计准则第 22 号——金融工具确认和计量》、《企业会计准则第 23 号——金融资产转移》、《企业会计准则第 24 号——套期保值》、《企业会计准则第 37 号——金融工具列报》等具体会计准则①、《企业财务通则》（2006 年 12 月 4 日发布）、《金融企业财务规则》（2006 年 12 月 7 日发布）等法律、法规、规章的规定，以及中国银监会、人民银行对全国结算、联行等业务确定的统一制度和办法为依据，建立、健全各行的会计制度、财务制度及实施细则，从而保证商业银行财务会计活动的正确组织，保证商业银行财务会计资料的完整统一。

另外，针对各商业银行的分支行制，我国《商业银行法》第 22 条还规定：商业银行对其分支机构实行全行统一核算、统一调度资金、分级管理的财务制度。“全行统一核算、统一调度资金”这一规定明确了总行唯一的法人地位，即商业银行分支机构不具有法人资格，只是在总行授权范围内开展业务，其民事责任由总行承担；同时，总行对分支机构实行分级管理的办法，各级分支机构在上级行的授权下拥有业务经营的自主权，以此调动各级分支机构拓展经营业务的积极性。

（二）商业银行的会计报表的种类、编报及保存

商业银行的会计报表是银行各项业务活动和财务收支情况的综合反映，是考核商业银行贯彻金融方针、政策，检查银行业务工作和财务成果的重要依据。通过分析、运用会计报表，可为金融监管与宏观调控提供基本数据；可让投资者了解、监督银行业务和财务活动情况；可供

① 财政部于 2006 年 2 月 25 日发布了与《企业会计准则——基本准则》配套的 38 项具体会计准则。2014 年 1 月至 6 月，财政部又陆续发布了新增或修订的八项具体会计准则，以便与相关国际财务报告准则一致、保持持续趋同。其中，《企业会计准则第 37 号——金融工具列报》于 2014 年 6 月 20 日修订发布。

银行管理者据以指导业务、加强内部经营管理、预测业务发展动态和走势。鉴于会计报表的重要性，我国《商业银行法》就商业银行编报会计报表的种类、编报的要求及会计资料的保存作了规定。

1. 会计报表的种类

按《商业银行法》第61条的规定：商业银行应当定期向中国银监会、人民银行报送资产负债表、损益表以及其他财务会计报表和资料。具体有：

（1）资产负债表。是反映商业银行某一特定日期财务状况的报表。通过该表，可以分析商业银行各项资产、负债和所有者权益的增减变动及相互之间的对应关系，检查银行的资金来源和资金占用的结构（即资产、负债和所有者权益的构成）是否合理，考核各项资金计划的执行后果，有无足够的偿债能力。

（2）损益表。是反映商业银行在一定期间经营成果及其分配情况的报表。通过该表可以了解、评价和考核银行的经营管理水平和经济效益，可以了解银行依法纳税的情况，可以对银行未来的经营情况及获利能力进行科学预测。

（3）财务状况变动表（现金流量表）。是反映银行在一定期间内的资金来源和运用情况，以及各项流动资金的增减情况的财务动态报表。它是根据资产负债表、损益表以及其他财会资料编制而成的，通过它可以了解银行的业务经营方针和银行内部资金周转的情况，借以判断银行今后经营的走势。

（4）其他为特定目的的需要而编制的报表及财务分析资料。如利润分配表、利润分配明细表、固定资产明细表、财务状况说明书、资本充足率等各类风险并表等。

2. 编制、报送会计报表的要求

为准确、真实反映商业银行的财务状况和经营活动成果，保证会计报表所提供的信息能够满足有关部门的需要，会计报表必须按一定的程序、方法和统一的要求进行。《商业银行法》第55条规定，商业银行应当按照国家有关规定，真实记录并全面反映其业务活动和财务状况，编制年度财务会计报告，及时向中国银监会、中国人民银行和财政部门报送。商业银行不得在法定的会计账册外另立会计报表。基本要求是：

（1）真实可靠。在编制报表前，应对各种账簿、表册、财产进行认真审核和清查，以保证账证、账册、账实、账款、账表及内外账务相符，保证会计报表提供的信息真实准确。

（2）全面完整。会计报表要求按照规定的项目和内容进行编报，要求能充分揭示经营活动的全面情况，在编报过程中应按规定格式填报，不得少编漏报，随意取舍。

（3）及时准确。会计报表必须及时编制和报送，并且数字准确，这样，才有利于报表的使用，达到编报的目的。

3. 会计报表的保存

会计报表是会计档案的主要组成部分，是银行各项业务、财务活动的重要证据和史料，在一定时间内起备查作用。因此，《商业银行法》第51条规定：商业银行应当按照国家有关规定保存财务会计报表、业务合同以及其他资料。会计报表作为档案，其管理分为定期保管和永久保管。定期保管分为3年、5年、10年、15年、25年5类；而永久保管是在各级行保管规定年限后，按规定装订成册，编造清册，移交当地档案馆保管。各级行必须建立健全会计报表等有关资料的档案保管、调阅和销毁制度，注意保密，做好保管工作。

（三）呆账准备金的提取与核销

1. 呆账准备金制度的沿革。呆账准备金，简称“准备金”又称“拨备”，顾名思义是指为弥补和冲销呆账损失而建立的专门补偿基金。我国《商业银行法》第 57 条规定：商业银行应当按照国家有关规定，提取呆账准备金，冲销呆账。作出这一规定，目的是要求商业银行适应市场经济的要求，增强风险防范意识，提高抵御风险的能力，努力提高信贷资产质量。

我国的呆账准备金制度建立于 1988 年，于 1992 年作了较大修改。当时是按商业银行年初贷款余额的一定比例建立的单一补偿基金，并不能全面反映银行资产的实际风险。1997 年，因亚洲金融危机的发生，计提准备比例从 0.5%快速提高到 1%。1998 年中国人民银行在金融企业试行贷款资产五级分类取代原来的“一逾两呆”，从而要求对呆账准备金制度进行改革。此后，财政部 2001 年 5 月 18 日发布的《金融企业呆账准备提取及呆账核销管理办法》、2001 年 11 月 27 日发布的《金融企业会计制度》（其中有关章节涉及贷款损失准备制度）、国家税务总局 2002 年 9 月 9 日发布的《金融企业呆账损失税前扣除管理办法》等都有关于呆账准备金问题的规定，特别是 2002 年 4 月 2 日人民银行制定的《银行贷款损失准备计提指引》根据国际惯例，按照贷款五级分类和谨慎会计原则要求，建立了包括一般准备、专项准备和特种准备在内的多种贷款损失准备，以准确反映银行资产的实际风险。但总体说来，前述四个文件对贷款损失准备金的种类、计提范围、提取方法、比例、税务处理和标准等方面规定不尽一致，不利于商业银行充足计提贷款损失准备金，对资本充足率的提高形成负面影响，需要加以完善。2003 年银监会成立后，对商业银行的监管确立了“贷款分类准确—充足拨备—做实利润—资本充足率达标”的监管思路，先后颁布了《商业银行资本充足率管理办法》和《商业银行不良资产监测和考核暂行办法》，并要求各银行严格按照贷款的五级分类提取拨备。但是，由于拨备制度涉及拨备的提取和不良贷款的核销，相应地将影响到银行的利润水平和纳税状况。为此，2005 年 5 月 17 日财政部发布了《金融企业呆账准备提取管理办法》，自 2005 年 7 月 1 日起施行，同时要求以前有关规定与该办法有抵触的，以该办法为准。

2008 年国际金融危机肆虐后，为进一步增强金融企业风险抵御能力，提高金融企业准备金计提的前瞻性和动态性，发挥金融企业准备金缓冲财务风险的逆周期调节作用，完善金融企业准备金计提办法，财政部于 2012 年 3 月 30 日发布了《金融企业准备金计提管理办法》，相应废止《金融企业呆账准备提取管理办法》，自 2012 年 7 月 1 日起施行。

2. 准备金的概念及种类。按《金融企业准备金计提管理办法》的规定，准备金，又称“拨备”，是指金融企业（包括商业银行）对承担风险和损失的金融资产计提的准备金。其具体种类包括资产减值准备和一般准备。

（1）资产减值准备，是指金融企业对债权、股权等金融资产（不包括以公允价值计量并且其变动计入当期损益的金融资产）进行合理估计和判断，对其预计未来现金流量现值低于账面价值部分计提的、计入金融企业成本的、用于弥补资产损失的准备金。

金融企业应在资产负债表日对各项资产进行检查，分析判断资产是否发生减值，并根据谨慎性原则，计提资产减值准备。对发放贷款和垫款，至少应当按季进行分析，采取单项或组合的方式进行减值测试，计提贷款损失准备。

（2）一般准备，是指金融企业运用动态拨备原理，采用内部模型法或标准法计算风险资产的潜在风险估计值后，扣减已计提的资产减值准备，从净利润中计提的、用于部分弥补尚未识别的可能性损失的准备金。此处所称“动态拨备”是金融企业根据宏观经济形势变化，采取的逆周期计提拨备的方法，即在宏观经济上行周期、风险资产违约率相对较低时多计提拨备，增强财务缓冲能力；在宏观经济下行周期、风险资产违约率相对较高时少计提拨备，并动用积累的拨备吸收资产损失的做法。所称“内部模型法”，是指具备条件的金融企业使用内部开发的模型对风险资产计算确定潜在风险估计值的方法。所称“标准法”，是指金融企业根据金融监管部门确定的标准对风险资产进行风险分类后，按财政部制定的标准风险系数计算确定潜在风险估计值的方法。

金融企业应于每年年度终了对承担风险和损失的资产计提一般准备。一般准备由金融企业总行（总公司）统一计提和管理。金融企业应根据自身实际情况，选择内部模型法或标准法对风险资产所面临的风险状况定量分析，确定潜在风险估计值。对于潜在风险估计值高于资产减值准备的差额，计提一般准备。当潜在风险估计值低于资产减值准备时，可不计提一般准备。一般准备余额原则上不得低于风险资产期末余额的1.5%。但金融企业一般准备余额占风险资产期末余额的比例，难以一次性达到1.5%的，可以分年到位，原则上不得超过5年（即不得超过2017年）。此外，金融企业对非信贷资产未实施风险分类的，可按非信贷资产余额的1%～1.5%计提一般准备。

3. 准备金的计提。

（1）应计提准备金的资产。金融企业承担风险和损失的资产应计提准备金，具体包括发放贷款和垫款、可供出售类金融资产、持有至到期投资、长期股权投资、存放同业、拆出资金、抵债资产、其他应收款项等。对由金融企业转贷并承担对外还款责任的国外贷款，包括国际金融组织贷款、外国买方信贷、外国政府贷款、日本国际协力银行不附条件贷款和外国政府混合贷款等资产，也应计提准备金。但金融企业不承担风险的委托贷款、购买的国债等资产，不计提准备金。

（2）潜在风险估计值的确定方法。分为两种：1）具备条件的金融企业可采用内部模型法确定潜在风险估计值。运用内部模型法时应当使用至少包括一个完整经济周期的历史数据，综合考虑风险资产存量及其变化、风险资产长期平均损失率、潜在损失平均覆盖率、较长时期平均资产减值准备等因素，建立内部模型，并通过对银行自身风险资产损失历史数据的回归分析或其他合理方法确定潜在风险估计值。金融企业采用内部模型法的，已改制金融企业履行董事会审批程序后实施，未改制金融企业由行长（总经理、总裁）办公会审批后实施。金融企业采用内部模型法的，应将内部模型及详细说明报同级财政部门备案。2）金融企业不采用内部模型法的，应当根据标准法计算潜在风险估计值，按潜在风险估计值与资产减值准备的差额，对风险资产计提一般准备。其中，信贷资产根据金融监管部门的有关规定进行风险分类，标准风险系数暂定为：正常类1.5%，关注类3%，次级类30%，可疑类60%，损失类100%；对于其他风险资产可参照信贷资产进行风险分类，采用的标准风险系数不得低于上述信贷资产标准风险系数。标准法潜在风险估计值计算公式为：潜在风险估计值＝正常类风险资产1.5%＋关注类风险资产3%＋次级类风险资产30%＋可疑类风险资产60%＋损失类风险资产100%。

（3）准备金计提的监督管理。包括以下内容：

1）财政部将根据宏观经济形势变化，参考金融企业不良贷款额、不良贷款率、不良贷款拨备覆盖率、贷款拨备率、贷款总拨备率等情况[①]，适时调整计提一般准备的风险资产范围、标准风险系数、一般准备占风险资产的比例要求。

2）金融企业应当根据资产的风险程度及时、足额计提准备金。准备金计提不足的，原则上不得进行税后利润分配。

3）金融企业应当于每季度终了后60天内向同级财政部门提供其准备金计提情况（包括计提准备金的资产分项、分类情况、资产风险评估方法），并按类别提供相关准备金余额变动情况（期初、本期计提、本期转回、本期核销、期末数），以及不良资产和不良贷款拨备覆盖率情况。其中，中央金融企业将准备金计提情况报送财政部，中央金融企业在各地分支机构报送财政部驻当地财政监察专员办事处，地方金融企业报送同级财政部门。准备金由总行（总公司）统一计提和管理的金融企业，由总行（总公司）向同级财政部门统一提供准备金计提情况。财政部驻各地财政监察专员办事处负责对当地中央管理的金融企业分支机构准备金计提的监督管理，对未按规定足额计提准备金的，应当及时进行制止和纠正。

4. 计提准备金的财务处理。

（1）一般准备的财务处理。内容包括：1）金融企业按规定计提的一般准备作为利润分配处理，一般准备是所有者权益的组成部分。金融企业在年度终了后，按照《金融企业准备金计提管理办法》提出当年一般准备计提方案，履行公司治理程序后执行。2）金融企业履行公司治理程序，并报经同级财政部门备案后，可用一般准备弥补亏损，但不得用于分红。因特殊原因，经履行公司治理程序，并报经同级财政部门备案后，金融企业可将一般准备转为未分配利润。

（2）资产减值准备的财务处理。内容包括：1）金融企业计提的相关资产减值准备计入当期损益。已计提资产减值准备的资产质量提高时，应在已计提的资产减值准备范围内转回，增加当期损益。2）对符合条件的资产损失经批准核销后，冲减已计提的相关资产减值准备。对经批准核销的表内应收利息，已纳入损益核算的，无论其本金或利息是否已逾期，均作冲减利息收入处理。3）已核销的资产损失，以后又收回的，其核销的相关资产减值准备予以转回。已核销的资产收回金额超过本金的部分，计入利息收入等。转回的资产减值准备作增加当期损益处理。4）资产减值准备以原币计提，按即期汇率折算为记账本位币后确认。

（四）商业银行的会计年度与经营业绩审计

按《商业银行法》第56、58条的规定，“商业银行应当于每一会计年度终了三个月内，按照国务院银行业监督管理机构的规定，公布其上一年度的经营业绩和审计报告”，“商业银行的

---

① 按《金融企业准备金计提管理办法》的规定，所谓“不良贷款拨备覆盖率”，是指金融企业计提的贷款损失准备与不良贷款余额之比；所谓“贷款拨备率”，是指金融企业计提的与贷款损失相关的资产减值准备与各项贷款余额之比，也称拨贷比；所谓“贷款总拨备率”，是指金融企业计提的与贷款损失相关的各项准备（包括资产减值准备和一般准备）与各项贷款余额之比。中国银监会2011年7月27日发布、自2012年1月1日起施行的《商业银行贷款损失准备管理办法》设置了贷款拨备率和（不良贷款）拨备覆盖率两项指标考核商业银行贷款损失准备的充足性。其中，贷款拨备率基本标准为2.5%，不良贷款拨备覆盖率基本标准为150%。该两项标准中的较高者为商业银行贷款损失准备的监管标准。

会计年度自公历 1 月 1 日起至 12 月 31 日止”。

会计年度是会计假设中会计分期的一种形式，我国的商业银行和其他企业一样，都是以日历年度为一个会计期间，即会计年度，和国家预算年度也相一致。会计年度的划分及经营业绩和审计报告提交时限的规定，有利于督促商业银行结算账目，编制会计报表，及时提供银行经营的财务情况，便于有关部门进行审计，从而满足银行加强经营管理、银行股东及其他有关部门进行决策和监督的需要。

六、商业银行的监督管理

商业银行的监督管理包括商业银行内部的监督管理和商业银行的外部监督管理两方面。

1. 商业银行的内部监督管理

（1）商业银行应当按照有关规定，制定本行的业务规则，建立、健全本行的风险管理和内部控制制度。

（2）商业银行应当建立、健全本行对存款、贷款、结算、呆账等各项情况的稽核、检查制度；对分支机构应当进行经常性的稽核和检查监督。

商业银行的内部监督管理主要是通过完善银行公司治理和内部控制制度，设立独立的审计部门、合规部门、风险管理部门来实施。中国银监会 2013 年 7 月 19 日发布实施的《商业银行公司治理指引》、2007 年 7 月 3 日发布实施的《商业银行内部控制指引》就相关问题作了详细的规定。

2. 商业银行的外部监督管理

商业银行的外部监督管理包括三个方面：

（1）来自银行业监管机构的监督管理。中国银监会有权依照《商业银行法》第三章、第四章、第五章的规定，随时对商业银行的存款、贷款、结算、呆账等情况进行检查监督。检查监督时，检查监督人员应当出示合法的证件。商业银行应当按照银监会的要求，提供财务会计资料、业务合同和有关经营管理方面的其他信息。

（2）来自中央银行的检查监督。人民银行有权依照《中国人民银行法》第 32 条、第 34 条的规定对商业银行进行检查监督。

商业银行应当按照规定向前述两机构报送资产负债表、利润表以及其他财务会计、统计报表和资料。

（3）来自国家审计机关的监督管理。商业银行应当依法接受审计机关的审计监督。

七、商业银行的接管和终止

（一）商业银行的接管

商业银行的接管，是指金融管理机关通过一定的接管组织，按照法定条件和法定程序，全面控制和管理商业银行的业务活动的行政管理行为，是金融管理机关依法保障商业银行经营安全性、合法性的重要的预防性措施。目的是对被接管的商业银行采取必要措施，以保护存款人的利益，恢复商业银行的正常经营能力。

我国《商业银行法》第 64 条至第 68 条就商业银行的接管作了明确规定：

1. 接管的条件、目的及法律后果

（1）接管的条件。《商业银行法》规定："商业银行已经或者可能发生信用危机，严重影响存款人的利益时，国务院银行业监督管理机构可以对该银行实行接管。"据此，银监会对商业银行接管的情形有两种：

1）该商业银行经营有问题，已经发生信用危机。信用危机主要是指商业银行对所欠的债务不能清偿，没有现金来支付存款人的债权，肯定影响到银行存款人的利益；

2）商业银行在其经营活动中已经暴露出问题，这些问题可能导致信用危机的发生，从而严重影响到银行存款人的利益。

只要有其中一种情况发生，银监会就可以决定对其接管。

（2）接管的目的。对商业银行进行接管，目的是为了保护存款人的利益，恢复银行正常的经营能力。通过采取整顿和改组等措施，对被接管人的经营管理、组织结构进行必要的调整，使被接管人在接管期内，改善财务状况，渡过经营危机，力争避免破产，以维护存款人的利益。

（3）接管的法律后果。银监会依法通过接管组织对商业银行实施的接管是一种行政措施，接管行为是一种行政行为。其实质是终止被接管人商业银行的所有者和经营者对银行行使的经营管理权力，至于被接管人的法律主体资格并不因接管而丧失，因之，"被接管的商业银行的债权债务关系不因接管而变化"。即被接管的商业银行在接管前的债权债务关系，仍由接管的商业银行负责；被接管期间的债权债务关系，也仍由被接管的商业银行负责。而不是由接管组织或宣布接管的金融管理机构银监会负责。

2. 接管的程序及实质

由于接管是一种行政管理措施，所以，我国《商业银行法》规定："接管由国务院银行业监督管理机构决定，并组织实施。"其程序是：

（1）作出接管决定。当商业银行已经或可能发生信用危机，严重影响到存款人的利益时，银监会可以作出接管决定，这种接管决定不是简单的口头宣布，必须以书面形式通知被接管的商业银行，并予以公告。接管决定应载明以下内容：

1）被接管人，亦即被接管的商业银行的名称。

2）接管的理由。通常有：该商业银行已经陷入信用危机，已经无力履行其义务，或已停止付款；该商业银行可能出现信用危机，无力履行其义务或已经停止付款；经银监会稽核检查，认为该行有严重违法行为或出现大宗经济案件，本身无力清查，商业银行如继续经营势必出现信用危机，损害存款人和债权人的利益。

3）接管组织。接管决定虽然是由银监会作出，但具体的接管工作并非由其自身来进行，而是由其负责组织成立的专门的接管组织来完成。在接管决定中应当具体写明：由几个人、由一些什么人来组成这个接管组织。从一般理论上来看，接管组织的成员应不局限于银监会自身，其他商业银行或金融机构的管理人员及有专门资格的会计师、经济师、审计师、律师等，经银监会考核认可，可成为该接管组织的组成人员。

4）接管期限，即接管的起止日期。

（2）接管的实施及实质。接管的实施是指银监会组织的接管组织正式对被接管人的业务经营实行全面管理和控制，接管是自接管决定实施之日起开始，而非自接管决定作出之日起开始。这个“实施之日”在接管决定中是指接管期限的起始日期。只有从这一天开始，接管组织才行使接管权力，接管原来由被接管人的股东、董事会、高级经营管理人员行使的经营管理权力。所以，接管的实质是被接管的商业银行的经营管理权力的移转，是对银行内部经营管理工作的改组和再造，而不是商业银行对外债权债务关系的移转。

（3）接管的终止。按《商业银行法》第 68 条的规定，接管可因下列三种情形而终止：

1）接管决定规定的期限届满或者银监会决定的接管延期届满。接管的期限，通常是根据被接管人的实际情况和接管方案，由银监会决定，并在接管决定中宣布。一般为 1 年，可根据实际情况延长或缩短，但经银监会延长期限后，整个接管期限最长不得超过 2 年。

2）接管期限届满前，该商业银行已恢复正常经营能力。这表明接管工作达到了预期目的，使商业银行的财务状况好转，经营管理得到改善，接管的原因已不存在。但这种恢复正常经营能力的判断要由银监会作出，任何别的单位或个人无权决定。

3）接管期限届满前，该商业银行被合并或者被宣告破产。在接管期限终止日之前，被接管人发生了合并或者被法院宣告破产的情况，按法律规定，就要进入合并清算和破产清算的过程中，被接管人的权利能力和行为能力均处于停止状态，其经营管理权力停止，相应地，接管行为也就失去了存在的前提基础。

（二）商业银行的终止

商业银行的终止，是指商业银行法人资格的丧失，即民事权利能力和民事行为能力的丧失。相应地，商业银行的经营活动也就停止。因此，商业银行的终止，实质上是商业银行退出市场。

由于商业银行业务的特殊性，我国对商业银行的市场准入从总体上是控制很严的。但对于已经获准进入市场的商业银行，也不能不论其经营好坏，都允许其一直存在下去。对问题严重的银行，不可救治的银行，就要依法迫使其退出市场，以保护存款人利益，保障整个银行业的稳健经营。《商业银行法》有关银行终止的规定，就体现了这种精神。

1. 商业银行的终止事由。按《商业银行法》第 72 条的规定有三种情形，即商业银行因解散、被撤销和被宣告破产而终止。

2. 商业银行终止的程序及债权债务清算。按不同的终止事由有不同的程序：

（1）商业银行因分立、合并或者出现公司章程规定的解散事由需要解散的，应当向银监会提出申请，并附解散的理由和支付存款的本金和利息等债务清偿计划，经批准后方可解散。

商业银行解散的，应当依法成立清算组，进行清算，按照清偿计划及时偿还存款本金和利息等债务，其清算过程受银监会的监督。

（2）商业银行因吊销经营许可证被撤销的，银监会应当依法及时组织成立清算组，进行清算，按照清偿计划及时偿还存款本金和利息等债务。[①]

---

① 按国务院 2001 年 11 月 23 日发布、自 2001 年 12 月 15 日起施行的《金融机构撤销条例》的规定，金融机构有违法违规经营、经营管理不善等情形，不予撤销将严重危害金融秩序、损害社会公众利益的，应当依法撤销。撤销是指人民银行（现为银监会）对经其批准设立的具有法人资格的金融机构依法采取行政强制措施，终止其经营活动，并予以解散。该条例对撤销决定、撤销清算、债务清偿、注销登记、法律责任等内容作出了明确规定。

（3）商业银行不能支付到期债务，经银监会同意，由人民法院宣告其破产的，由人民法院组织银监会等有关部门和有关人员成立清算组，进行清算。商业银行破产清算时，在支付清算费用、所欠职工工资和劳动保险费用后，应当优先支付个人储蓄存款的本金和利息。

八、违反《商业银行法》的法律责任

法律责任是行为人违反法律规定时依法应承担的法律后果。《商业银行法》所规定的法律责任，是指商业银行、商业银行的董事、高管人员及工作人员和其他有关组织和个人违反该法所应承担的法律后果。其中，最主要的法律责任主体是商业银行和商业银行的工作人员；其他组织和个人，包括政府机关及其工作人员、其他法人或非法人组织以及个人等，只有在特定情形下才是该法的责任主体。至于《商业银行法》规定的法律责任形式则有民事责任、经济责任、行政责任和刑事责任等多种类型。

关于法律责任，我国《商业银行法》在立法体例上并没有将其与权利、义务一并规定在各个条款中，而是对法律责任作了专门性的集中规定。即在该法的前七章中规定商业银行、商业银行的工作人员、政府机关、其他组织和个人的权利和义务，而在第八章中则集中规定了违反各项义务性规定时，应该承担的法律责任。从而更易引起行为人的注意。

按《商业银行法》和《刑法》的有关规定，有关违反《商业银行法》的法律责任主要有以下几类：

1. 商业银行的法律责任

（1）商业银行有下列情形之一，对存款人或者其他客户造成财产损害的，应当承担支付迟延履行的利息以及其他民事责任：1）无故拖延、拒绝支付存款本金和利息的；2）违反票据承兑等结算业务规定，不予兑现，不予收付入账，压单、压票或者违反规定退票的；3）非法查询、冻结、扣划个人储蓄存款或者单位存款的；4）违反《商业银行法》规定对存款人或者其他客户造成损害的其他行为。

有前列规定情形的，由银监会责令改正，有违法所得的，没收违法所得，违法所得5万元以上的，并处违法所得1倍以上5倍以下罚款；没有违法所得或者违法所得不足5万元的，处5万元以上50万元以下罚款。

（2）商业银行有下列情形之一，由银监会责令改正，有违法所得的，没收违法所得，违法所得50万元以上的，并处违法所得1倍以上5倍以下罚款；没有违法所得或者违法所得不足50万元的，处50万元以上200万元以下罚款；情节特别严重或者逾期不改正的，可以责令停业整顿或者吊销其经营许可证；构成犯罪的，依法追究刑事责任：1）未经批准设立分支机构的；2）未经批准分立、合并或者违反规定对变更事项不报批的；3）违反规定提高或者降低利率以及采用其他不正当手段，吸收存款，发放贷款的；4）出租、出借经营许可证的；5）未经批准买卖、代理买卖外汇的；6）未经批准买卖政府债券或者发行、买卖金融债券的；7）违反国家规定从事信托投资和证券经营业务，向非自用不动产投资或者向非银行金融机构和企业投资的；8）向关系人发放信用贷款或者发放担保贷款的条件优于其他借款人同类贷款的条件的。

（3）商业银行有下列情形之一，由银监会责令改正，并处20万元以上50万元以下罚款；情节特别严重或者逾期不改正的，可以责令停业整顿或者吊销其经营许可证；构成犯罪的，依法追究刑事责任：1）拒绝或者阻碍银监会检查监督的；2）提供虚假的或者隐瞒重要事实的财务会计报告、报表和统计报表的；3）未遵守资本充足率、存贷比例、资产流动性比例、同一借款人贷款比例和银监会有关资产负债比例管理的其他规定的。

（4）商业银行有下列情形之一，由人民银行责令改正，有违法所得的，没收违法所得，违法所得50万元以上的，并处违法所得1倍以上5倍以下罚款；没有违法所得或者违法所得不足50万元的，处50万元以上200万元以下罚款；情节特别严重或者逾期不改正的，人民银行可以建议银监会责令停业整顿或者吊销其经营许可证；构成犯罪的，依法追究刑事责任：1）未经批准办理结汇、售汇的；2）未经批准在银行间债券市场发行、买卖金融债券或者到境外借款的；3）违反规定同业拆借的。

（5）商业银行有下列情形之一，由人民银行责令改正，并处20万元以上50万元以下罚款；情节特别严重或者逾期不改正的，人民银行可以建议银监会责令停业整顿或者吊销其经营许可证；构成犯罪的，依法追究刑事责任：1）拒绝或者阻碍人民银行检查监督的；2）提供虚假的或者隐瞒重要事实的财务会计报告、报表和统计报表的；3）未按照人民银行规定的比例交存存款准备金的。

（6）商业银行不按照规定向银监会、人民银行报送有关文件、资料的，由银监会、人民银行责令改正，逾期不改正的，处10万元以上30万元以下罚款。

2. 商业银行的董事、高管人员及工作人员的法律责任

（1）商业银行有《商业银行法》第73条至第77条规定情形的，对直接负责的董事、高级管理人员和其他直接责任人员，应当给予纪律处分；构成犯罪的，依法追究刑事责任。

（2）商业银行工作人员利用职务上的便利，索取、收受贿赂或者违反国家规定收受各种名义的回扣、手续费，构成犯罪的，依法追究刑事责任；尚不构成犯罪的，应当给予纪律处分。有前述行为，发放贷款或者提供担保造成损失的，应当承担全部或者部分赔偿责任。

（3）商业银行工作人员利用职务上的便利，贪污、挪用、侵占本行或者客户资金，构成犯罪的，依法追究刑事责任；尚不构成犯罪的，应当给予纪律处分。

（4）商业银行工作人员违反《商业银行法》规定玩忽职守造成损失的，应当给予纪律处分；构成犯罪的，依法追究刑事责任。违反规定徇私向亲属、朋友发放贷款或者提供担保造成损失的，应当承担全部或者部分赔偿责任。

（5）商业银行工作人员泄露在任职期间知悉的国家秘密、商业秘密的，应当给予纪律处分；构成犯罪的，依法追究刑事责任。

（6）商业银行的工作人员对单位或者个人强令其发放贷款或者提供担保未予拒绝的，应当给予纪律处分；造成损失的，应当承担相应的赔偿责任。

（7）商业银行违反《商业银行法》规定的，银监会可以区别不同情形，取消其直接负责的董事、高级管理人员一定期限直至终身的任职资格，禁止直接负责的董事、高级管理人员和其他直接责任人员一定期限直至终身从事银行业工作。商业银行的行为尚不构成犯罪的，对直接负责的董事、高级管理人员和其他直接责任人员，给予警告，处5万元以上50万元以下罚款。

3. 其他单位和个人的法律责任

（1）有下列情形之一，由银监会责令改正，有违法所得的，没收违法所得，违法所得5万元以上的，并处违法所得1倍以上5倍以下罚款；没有违法所得或者违法所得不足5万元的，

处5万元以上50万元以下罚款：1）未经批准在名称中使用“银行”字样的；2）未经批准购买商业银行股份总额5%以上的；3）将单位的资金以个人名义开立账户存储的。

（2）未经银监会批准，擅自设立商业银行，或者非法吸收公众存款、变相吸收公众存款，构成犯罪的，依法追究刑事责任；并由银监会予以取缔。伪造、变造、转让商业银行经营许可证，构成犯罪的，依法追究刑事责任。

（3）借款人采取欺诈手段骗取贷款，构成犯罪的，依法追究刑事责任。

（4）有前述（2）、（3）项规定的行为，尚不构成犯罪的，由银监会没收违法所得，违法所得50万元以上的，并处违法所得1倍以上5倍以下罚款；没有违法所得或者违法所得不足50万元的，处50万元以上200万元以下罚款。

（5）单位或者个人强令商业银行发放贷款或者提供担保的，应当对直接负责的主管人员和其他直接责任人员或者个人给予纪律处分；造成损失的，应当承担全部或者部分赔偿责任。

此外，《商业银行法》规定，商业银行及其工作人员对银监会、人民银行的处罚决定不服的，可以依照《行政诉讼法》的规定向人民法院提起诉讼。

问题与思考

1. 何谓商业银行？其性质和职能包括哪些内容？

2. 我国商业银行的业务范围有哪些？金融监管机构在商业银行业务监管方面应如何适应金融创新的需要？

3. 2003年我国《商业银行法》的修订在关于“三性原则”的规定方面将安全性原则取代效益性原则而规定为首要原则，这种立法变化说明了什么问题？

4. 为什么说银行公司治理是我国国有银行改革和发展的关键所在？

5. 《商业银行法》的施行范围有哪些？《商业银行法》与其他法律、法规在衔接配合方面存在哪些问题？应如何修改完善？

6. 我国商业银行设立的条件和程序是什么？审慎性条件对商业银行的设立意义如何？

7. 商业银行中间业务的开展对商业银行的竞争有何重要意义？我国《商业银行法》应如何完善这方面的立法？

8. 商业银行资产负债比例管理的内容有哪些？为什么要实行资产负债比例管理？

9. 何谓资本充足率？我国商业银行资本充足率监管要求包括哪些内容？

10. 我国商业银行的准备金制度的内容有哪些？

11. 商业银行接管的目的及实质是什么？

12. 商业银行的法律责任有哪些内容？

第五章
政策性银行法

本章概要

在市场经济国家的金融体制中，政策性银行是商业性金融机构必要的和有益的补充，其存在旨在弥补商业性金融出现的失灵、贯彻国家的特定政策。政策性银行法是关于政策性银行的设立宗旨、组织架构、运营监管的法律规范的总称。在国外，往往以单独立法的形式，就某一家政策性银行的设立及运营监管等作出专门性规定，以保障其业务的规范运作。政策性银行，顾名思义，是承担政策性银行业务的银行。按照国务院于1993年12月发布的《关于金融体制改革的决定》，我国于1994年相继组建了国家开发银行、中国农业发展银行和中国进出口银行等三家政策性银行，开展相应的政策性银行业务。目前，我国政策性银行已经运行了二十年，但有关政策性银行的专门立法仍未完成，政策性银行的性质、宗旨、经营原则、业务范围等方面都欠缺明确的法律规范，各政策性银行的组织及业务运营还主要是依据各自的银行章程和有关法律、法规、规章的零散规定进行的，各行其是现象突出，违法违规现象也不少见，这对政策性银行的规范运作和国家设立政策性银行的目的的实现十分不利。因此，必须大力加快这方面的立法工作。本章就有关政策性银行的概念、特点、主要职能等一般原理作较为详细的说明，并对三大政策性银行的现状与发展略加介绍。

关键术语

政策性银行　政策性银行法　国家开发银行　中国进出口银行　中国农业发展银行

第一节　政策性银行概述

一、政策性银行的概念及特征

政策性银行是指由政府创立、参股或保证的，不以营利为目的，专门为贯彻、配合政府经济政策、社会政策，在特定的业务领域内，直接或者间接地从事政策性融资活动，充当政府发展经济、促进社会进步、进行宏观经济管理的专门金融机构。在市场经济国家中，政策性银行既不同于“政府的银行”——中央银行，也不同于一般的私人或民间所有的商业银行。简而言之，政策性银行是承担政策性银行业务的银行，它具有以下五个方面的特征：

（一）政策性银行的创立

政策性银行多由政府创立、参股或保证，以政府为后盾，与政府保持着密切的关系。政策性银行大多数是由政府直接出全资创立。如我国的三大政策性银行，日本的“二行九库”（即日本开发银行、日本输出入银行、国民金融公库、中小企业金融公库、中小企业信用保险公库、环境卫生金融公库、农林渔业金融公库、住宅金融公库、公营企业金融公库、北海道东北开发金融公库、冲绳振兴开发金融公库），以及美国的进出口银行、韩国的开发银行等都由政府出全资创立。也有一些国家的政策性银行由政府参与部分股本，联合商业银行和其他金融机构共同设立。如法国的对外贸易银行，即由法国的中央银行——法兰西银行（持股24.5%）、信托储蓄银行（持股24.5%）以及几家大商业银行和其他金融机构投资组成。总之，政策性银行在注册资本、资信保证方面与政府之间的关系十分密切。

（二）政策性银行的性质

政策性银行不以营利为目的，而以追求社会整体利益、社会效益为依归。政策性银行的经营活动不以营利为目的，而是贯彻、配合政府的社会政策、经济政策或意图。这是由创立政策性银行的宗旨和政策性银行业务本身的性质决定的。这种金融业务的开展，考虑的不是银行本身的营利与否，而是看它是否能够带来巨大的社会效益，因而，政策性银行具有与一般商业银行显著不同的性质，是一种追求社会公益的特殊的金融机构。

（三）政策性银行的业务范围

政策性银行具有确定的业务领域和服务对象，一般都是专业性或开发性的金融机构。这些银行的业务领域主要是地区开发、农业、住房业、进出口贸易、中小企业、经济技术开发等基础部门或领域。这些部门或领域有的对国民经济发展具有较大现实意义，需要给予特殊措施予以鼓励；有的是国民经济的薄弱环节，如无特殊支持与保护，将会停滞不前甚至萎缩；有的是对社会稳定、经济均衡协调发展有重要作用，需要政府给予特殊政策，重点扶持。其共同特点是不易得到商业性金融机构的资金融通，需要由政府设置专门的金融机构予以特殊的资金支持，以形成最佳的资源配置。这些机构往往以专业银行或开发银行的身份出现，其业务活动立足于弥补一般商业银行的不足，业务范围相对狭小、单一，尽量避免与商业银行在业务对象和内容上交叉、重叠，避免相互之间发生竞争，而是与后者形成“互补”关系。否则，将会妨碍商业性金融资源的有效配置。

（四）政策性银行的融资原则

政策性银行有其特殊的融资原则。政策性银行是为特殊目的建立起来的专门金融机构，与商业银行讲求盈利性、安全性、流动性等经营原则不同，它有一些特殊的融资原则：（1）融资条件特定（法定）——在融资条件或资格上，要求其融资对象必须是从其他金融机构不易得到所需的融通资金的条件下，才有从政策性银行获得资金的资格。（2）不以营利为目的——它主要或全部提供中长期信贷资金，贷款利率明显低于商业银行同期同类贷款利率，有的甚至低于筹资成本，但要求按期还本付息。如因偿还困难出现亏损时，则由国家财政予以补贴。这样，可以避免政策性银行受利润诱惑，而专注于政策性业务。(3) 政策引导性——政策性银行对其他金融机构自愿从事的符合国家政策目标、意图的放款活动给予偿付保证、利息补贴或者再融资，从而支持、鼓励和推动更多的金融机构开展政策性融资活动。

（五）政策性银行的立法

政策性银行一般要实行单独立法。绝大多数国家的政策性银行不受普通银行法（商业银行法）的制约，而是以单独的法律、条例规定每一政策性银行的宗旨、经营目标、业务领域与方式、组织体制等，以确保政策性银行设立的特殊目标的实现。如《日本输出入银行法》即为日本输出入银行的专门立法，日本普通银行法的规定对其不予适用。为保证政策性银行的规范运作，我国也应该以法律或至少应以单行条例的形式就三大政策性银行的组织及业务开展分别予以明确规定，不宜再听任其“自由发展”。

二、政策性银行的分类

政策性银行是专业性的银行，但并非所有的专业性银行均是政策性银行，专业性银行较政策性银行的范围更为广大。识别政策性银行的标准是：第一，政府所有或控制或参与资本；第二，是专业性或开发性银行，且具有很强的政策性融资职能。只有同时具备以上两点，才可称之为政策性银行。

政策性银行依照不同的标准，可以作多种分类：

1. 按照活动范围可以划分为全国性的政策性银行和地方性的政策性银行

全国性的政策性银行业务范围涵盖全国，在世界各国政策性银行中占绝大多数；地方性的政策性银行多为开发银行，主要适用于一国经济发展过程中对某一落后地区的区域开发，如巴西东北部开发银行。

2. 按照组织结构可以划分为单一型和“金字塔”型政策性银行

单一型是指只有一家机构、无分支（成员）机构的政策性银行；“金字塔”型是指由一个总机构领导的、不同层次的会员或分支机构组成的呈金字塔形的政策性银行。如法国的农业信贷银行由三个层次组成，最上层为全国农业信贷中央金库，中间是 94 个区域金库（每省一个），最底层是 3 010 个地方金库。中国进出口银行总体上是单一型政策性银行，而中国农业发展银行是典型的“金字塔”型政策性银行。

3. 按照业务领域（服务对象）可以划分为农业、中小企业、进出口、住房、经济开发、基础产业、主导产业，以及环境、国民福利等政策性银行

设置何种政策性银行完全取决于一个国家的社会、经济政策或产业政策，是由政府的决策行为所决定的。从世界范围来看，农业、中小企业、住房业、进出口的政策性银行相当普遍，而在经济落后与发展中国家还广泛存在地区开发、基础产业开发方面的政策性银行。就我国的情况来看，为实现统筹发展、构建和谐社会，也有设置地区开发银行、中小企业发展银行和低廉住房开发银行的必要。

政策性银行还可以进行其他分类，在此不一一列举。

三、政策性银行的法律地位

政策性银行是一国银行体系中与商业银行并存、互补，而又与之相对应的一种特殊类型的金融机构。它们是基于政府的特定政策目标或意图而设立的，所以，它们的经营行为要深受政府部门的宏观决策与管理行为的左右，从而与政府之间保持某种依存关系。因此，也就决定了政策性银行的法律地位，它们不能如商业银行那样成为自主经营、自负盈亏、自担风险、自求发展的企业法人，而只能是为政府特定产业政策、社会政策、区域发展政策服务的特殊金融机构，是旨在承担较多社会责任的银行，是带有公益性质的特殊法人（公法人）。

世界各国不同的政策性银行的法律地位究竟如何？对于这一问题，只有从它们与政府部门、与中央银行、与商业银行及其服务对象的关系等方面来探求，方能得到较为全面的结论。

（一）政策性银行与政府的关系

政策性银行作为承担政策性银行业务的银行，无疑与政府之间有着密切的联系，具体表现在：

1. 政府是政策性银行的坚强后盾，并依法对其进行监督管理和行政领导。

2. 政策性银行为政府经济政策、产业政策、社会政策服务，是政府发展经济、进行宏观管理、干预经济活动的有力工具。政策性银行因其服务的产业领域、经济领域的不同，而要受到政府相应的经济主管部门的管理。如农业政策性银行要受农业部的管理，开发银行要受发展计划部门的管理。但政策性银行与政府的关系集中表现在它与财政部门的关系上，因为政策性金融实际上是财政与金融相互渗透、互为利用的一种形式，政策性银行提供的金融服务具有较高程度的公共物品的性质，政策性银行的业务活动实质上就是一种财政投融资活动。

政策性银行与政府的关系在各国不尽相同，大约可以分为三种类型：

1. 依附型。这一类政策性银行的资本金由政府全额提供，营运资金也在一定程度上依赖于政府，盈余需缴存国库，银行官员全由政府任免，银行自主权极小，政策性色彩相当浓厚。经济落后和发展中国家的政策性银行往往如此，我国的政策性银行也属于此类。

2. 相对独立型。在这一类政策性银行中，政府仅提供部分或全部资本金，而营运资金由政策性银行自筹，银行官员由选举或推举产生，盈利不缴存国库，业务经营具有相对独立的自主权。

3. 中间型。这类政策性银行介于依附型与相对独立型之间。政府的控制主要表现在：由政府或议会任命董事长，参加由各方面代表组成的董事会。由董事会决定银行的经营方针与政策，经营活动也有较大的自主权。发达国家的政策性银行多属此类。

（二）政策性银行与中央银行的关系

与商业银行相比，政策性银行与中央银行的关系相对松散。中央银行一般不直接管理政策性银行，而侧重于对商业银行的管理。如日本的“二行九库”直接由大藏省领导，不受日本银行（中央银行）直接管理。美国联邦土地银行、联邦中期信贷银行和合作银行由联邦农业信贷管理局和联邦农业信贷委员会管理，而后者均隶属于农业部。但是，政策性银行毕竟是银行，所以，中央银行仍给予其必要的资金支持与业务指导，政策性银行的金融业务开展也要尽量同中央银行的政策目标保持一致。

政策性银行与中央银行的关系可以体现为以下几点：

1. 从资金方面而言，中央银行向政策银行提供再贴现、再贷款或专项基金，构成政策性银行的资金来源之一。如泰国的农业和农业合作银行就属此类。

2. 从人事管理来看，中央银行和政策性银行实行人事结合。政策性银行的董事会或其他决策机构、监事机构中有中央银行的代表，中央银行的决策机构中也有政策性银行的代表，这样便于两者的协调与配合。

3. 从法定存款准备金的缴纳来看，一些国家的政策性银行仍需向中央银行缴纳存款准备金。如比利时的国家工业信贷银行、国民职业信贷银行等政策性银行都应在比利时国家银行存款，保持一定比例的存款准备金。

（三）政策性银行与商业银行的关系

政策性银行与商业银行的关系可以归纳为三种关系：

1. 平等关系。政策性银行与商业银行在法律地位上是平等的。前者依法享有某些政策性优惠待遇，但并无凌驾于商业银行之上的权利，否则就会构成对商业银行利益的侵犯。因此，在构建金融体系时我们不能以政策性银行管辖商业银行。

2. 互补关系。商业银行以营利为目的，是一国金融体系的主体，承办绝大部分的金融业务，而政策性银行则不以营利为目的，一般应承办商业银行不愿办理或不能办理的金融业务，在商业性金融业务活动薄弱或遗漏的领域开展活动。两者之间形成主辅、互补而非替代、竞争的关系。

3. 配合关系。许多政策性银行因受分支机构缺乏的限制，其政策性业务的开展是间接的，即通过商业银行转贷给最后贷款人。并且，政策性银行对商业银行从事的符合政府政策要求的业务活动给予再贷款、利息补贴、偿还担保等鼓励与支持，在业务上进行一定的监督。故两者之间又有一定程度的配合。

（四）政策性银行与服务对象之间的关系

政策性银行的服务（业务）对象仅局限于某些领域或方面，有的有长期的、稳定的业务对象，如农业发展银行；有的则要不断地调整其服务对象，如开发性的政策性银行。政策性银行与服务对象之间的关系主要体现为信贷关系和投资关系：

1. 信贷关系。各国政策性银行一般都以直接或间接的方式向其业务对象提供贷款，并且贷款占整个业务量的比重不断上升，从而与业务对象之间形成信贷关系。如我国国家开发银行以注册资本金发放软贷款，以借入资金发放硬贷款。

2. 投资关系。政策性银行认购投资对象的公司债券或参与股本，与投资对象直接形成投资关系。政策性银行通过投资关系体现出政策性银行的倡导性，表明政府的政策意图和产业取向。如韩国开发银行依《韩国开发银行拥有股份管理法》，既可以认购为实现主要工业计划而发行的一个以上的公司债券，又可以购买公司股票，参与公司资本。

第二节　政策性银行的主要职能

政策性银行既有商业银行的一般职能，也有商业银行所不具有的职能，即特殊职能。一般职能使政策性银行具备了银行的性质，而特殊职能则使政策性银行具备了贯彻、配合政府政策或意图的前提条件。

一、政策性银行的一般职能

在一般职能方面，政策性银行与商业银行一样，也具有金融中介职能。政策性银行通过其负债业务，吸收资金，再通过资产业务将资金投入到所需单位或项目，从而担负起金融中介的职能，实现资金从贷出者到借入者之间的融通。

不过，政策性银行一般不吸收社会公众的活期存款，资金来源多为国家财政资金或在金融市场上筹集。资金运用多为中长期放款或长期投资，极少发放短期信用。因此，在一般职能方面，政策性银行与商业银行相比，一般不具备信用创造职能。我们知道，商业银行在信用中介职能和支付中介职能的基础上产生了信用创造职能，它利用吸收的存款发放贷款，在转账结算和支票流通的基础上，贷款又转化为存款。在这种存款不提现或不完全提现的条件下，就增加了商业银行的资金来源，最终在整个商业银行系统形成了数倍于原始存款的派生存款。商业银行正是通过这种信贷活动，创造或收缩活期存款，传递货币政策，调节货币流通量。而政策性银行因不吸收社会上的活期存款，其所吸收的特定存款也非供转账结算使用，贷出款项一般是按政策要求专款使用，从而不具备派生存款或创造信用职能。也正因为如此，政策性银行被视为“特殊银行”，一般不在中央银行的货币政策管制制约之列，不必由中央银行进行直接的管制。

二、政策性银行的特殊职能

在特殊职能方面，政策性银行主动、积极地贯彻实施着政府的宏观经济政策，尤其是产业政策。其特殊职能可以概括为倡导性职能、选择性职能、补充性职能和服务性职能。

（一）倡导性职能

倡导性职能指政策性银行以直接的资金投放或间接地吸引民间或私人金融机构从事符合政府政策意图的放款，以发挥其首倡、引导功能，引导资金的流向。因为，政策性银行一旦决定对某些产业提供贷款，则反映了经济发展的长远目标，表明政府对这些部门的扶持意愿，从而增强了其他金融机构的投资信心，降低了这些部门的投资风险。其他金融机构就会放宽对这些部门的投资审查，纷纷协同投资。而一旦某一产业的商业性投资热情高涨，政策性银行就应减少甚至退出对该行业的投资，转而扶持其他行业的发展，从而体现了它的政策意图的倡导性，形成了对民间资金运用方向的诱导机制，促使政府政策目标的实现。

（二）补充性职能

又称弥补性职能，指政策性银行的金融活动补充和完善以商业银行为主体的金融体系的职能，弥补商业银行金融活动的不足。主要表现在：对技术、市场风险较高的领域进行倡导性投资；对投资回收期限过长、投资回报率低的项目进行融资补充；对于成长中的扶持性产业给予优惠利率放宽投资。此外，以间接的融资活动或提供担保来引导商业银行的资金流向，并针对商业银行以提供短期资金融通为主而长期资金不足的缺点，主要以提供长期资金为主，有时甚至发放超长期的贷款。如美国联邦土地银行的贷款期限最长达 40 年，法国农业信贷银行贷款期限最长达到 50 年，远远超过了一般商业银行的放款期限。

（三）选择性职能

选择性职能是指政策性银行对其融资领域或部门是有选择的，不是不加分别地任意融资。从表象上看，其服务对象、服务领域是由政府选定的，但从实质而言却是市场机制选择的结果，而不是任意地选择。如对某些重要的基础产业，市场机制能够选择它，那么依靠市场机制的作用它会得到相应的资源配置，任何形式的政府干预都是多余的、不必要的。只有在市场机制不予选择，由市场机制配置它得不到应有的发展时，才由政府以行政机制予以选择。所以，尊重市场机制的选择是前提，对市场机制不予选择的领域（也即商业银行不愿融资的领域）由政府选择是结果。世界各国政策性银行的活动领域，如中小企业、住房、农业、落后地区的开发等，正是商业银行不予选择或不愿意选择的领域。政策性银行对这些“被遗忘了的角落”予以选择，正体现了其政策性银行的特殊性质。也正由于政策性银行的选择是建立在商业银行选择的基础上，所以，随着时间的推移，客观情况发生了变化（如融资领域的资金已供过于求，落后地区经开发已发达起来），商业银行的选择也在不断变化，这决定了政策性银行活动的领域也必须作相应的调整，亦即要不断地进行新的选择，否则，就有可能与商业银行争利润。

（四）服务性职能

政策性银行一般是专业性银行，在其服务的领域内积累了丰富的实践经验和专业技能，聚集了一大批精通业务的专业技术人才，可以为企业提供各方面的金融和非金融服务，也可以充当政府经济政策或产业政策的参谋，从而显示其服务性职能。如中小企业银行为企业分析财务结构，诊断经营情况，提供经济信息，沟通外部联系；农业发展银行收购农副产品，并为农业提供技术服务；进出口银行为进出口信用提供偿付保证，提供国际商情，分析汇率风险；开发银行充当国有企业投资计划的金融经纪人，并为各种重大投资项目提供经济及社会效益评估等。同时，政策性银行因长期在某一领域从事活动，成为政府在该领域事务的助手或顾问，它参与政府有关计划的制定，甚至代表政府组织实施该方面的政策计划或产业计划。

第三节 中国的政策性银行

一、为什么要组建政策性银行

我国自1994年开始实行金融体制的全面改革，其中一项极为重要的举措就是要组建三家政策性银行，即国家开发银行、中国农业发展银行和中国进出口银行。为什么要组建政策性银行呢？

1. 成立政策性银行可以确保国家调整经济结构政策的落实。在社会主义市场经济体制中，市场在国家宏观经济政策指导下对资源配置起基础性作用。市场配置资源是通过利润平均化的途径来实现的，是一个比较缓慢而又带有一定盲目性的过程，政府主动进行一些国民经济重大比例的调整能减少自发经济的盲目性，但这需要在短时期内注入大量资金，而这绝非单个企业或个人所能做到的，需要用国家的力量来投入。而国家投资有两种可供选择的方法：一是直接投资，因受国家财政能力的限制，这种投入也是有限的；另一种是政策性金融投入，这种投入资金来源于全社会（而非仅来源于国家财政），财政仅解决一个利差补贴问题，因此，能起到“四两拨千斤”的杠杆作用。

在一个国家的经济发展过程中，政策性金融是必不可少的。但有政策性金融并不一定非有政策性银行，由商业银行办理也是可以的。不过，在中国以公有制为主体、国家独资、控股办大银行的情况下，单独成立政策性银行，更有利于形成不同的利益主体，能更好地形成制约机制。

2. 成立政策性银行可以解决国有专业银行（即原工、农、中、建四大银行，下同）身兼二任的问题，将其承担的政策性业务分离出来，使其成为真正的国有商业银行。同时，可以割断政策性贷款与基础货币之间的直接联系，确保中国人民银行调控基础货币的主动权。

过去，我国没有专门的政策性银行，国家的政策性贷款业务都由人民银行和国有专业银行承担，国有专业银行既办理商业性信贷，又办理大量按国家政策给予优惠的信贷业务。其所带来的不良后果：一是会形成资金上对中央银行的倒逼机制，专业银行有利润冲动，有了钱往往更愿意发放商业性贷款，留下政策性贷款的资金硬缺口向中央银行要钱；二是无法准确考核专业银行的经营成果，一些经营性亏损往往被政策性亏损所掩盖。其结果是专业银行身兼二任，职责不清，业务界限不清，风险责任不明，使国有专业银行难以实现自主经营、自负盈亏、资金自求平衡、自担风险及自我发展，难以办成真正的商业银行。而成立政策性银行，将政策性银行业务从专业银行分离出来，有利于解决上述问题。

总之，政策性银行的组建，有利于国有专业银行向现代商业银行的转变，有利于中央银行对货币总量、信用总量的调控，也有利于国家对固定资产投资规模的控制和国家产业结构的调整。

二、我国政策性银行的运行与发展

根据国务院《关于金融体制改革的决定》，我国的三家政策性银行已于1994年完成组建并开始运作，但二十年来专门的政策性银行立法尚未完成。其组织管理与业务开展的依据除《中国人民银行法》、《中国银行业监督管理法》等相关法律、法规和规章的规定外，更多的是政策性银行各自的银行章程和内部规定，实务中对这些法律、法规、规章的规定多有突破。因而，在大胆创新的同时也存在着较多的非规范性做法，潜伏着很大的经营风险，对商业性金融机构的业务经营也多有冲击。对此，有人提出我国应适应国外政策性银行发展的趋势和潮流，取消政策性银行或将其转变为商业银行；有人则建议应将现有政策性银行办成一种介于商业金融机构和政策性金融机构之间的综合性开发金融机构，或采德国、法国母子公司分离运行模式，或采泰国农业与农村合作银行（BAAC）和韩国产业银行（KDB）的“分账管理”模式，既实现政策性银行业务和商业银行业务的兼营，又对两者实行制度性隔离。本书认为，尽管发达国家政策性银行的取消或转为商业银行渐成潮流，但对于经济转轨、市场发育不全、统筹发展任务繁巨的中国来说，采取这种做法的时期尚未到来，在可预见的较长时期内我国政策性银行还大有存在的必要。同时，无论是采取母子公司隔离制还是分账管理制度，在我国政策性银行完全国有、考核目标不明晰、法人治理空白、会计人才匮乏、金融监管欠佳、相关立法滞后的情况下，其实施结果只能是重走过去四大国有专业银行“政商不清”的老路，既妨碍有效金融市场机制的形成和国家宏观调控政策的实施，又有可能膨胀机构和岗位设置，形成巨大的金融风险，最终加重国家（也即纳税人）的财政负担。应然的方法应当是迅速制定和公布专门的政策性银行法，就政策性银行的性质、运营宗旨和目的、法人治理与内控机制、运营监管和考核评价体系、责任追究等进行明确的立法界定，并在该法中授权国务院制定单行条例，根据我国经济、社会发展的目标和要求，适时地依据国家总体经济政策、社会政策调整和确定各政策性银行的活动领域、业务范围，以保障我国的政策性银行能够既运行规范又灵活及时地贯彻国家的特定政策，把政策性银行办成真正的政策性银行。

三、中国政策性银行简介

（一）国家开发银行

1. 国家开发银行的设立宗旨与发展概况

国家开发银行成立于1994年3月17日，是一家以国家重点建设为主要融资对象的政策性投资开发银行，主要办理国家重点建设（包括基本建设和技术改造）的政策性贷款及贴息业务。其设立宗旨是为了更有效地集中资金保证国家重点建设，缓解经济发展的“瓶颈”制约，增强国家对固定资产投资的宏观调控能力，进一步深化投融资体制的改革。

自成立以来，国家开发银行在国家经济建设的各个领域中发挥了重要的作用，重点支持了电力、铁路、公路、石油石化、电信和城建等行业，先后开发了三峡工程、哈大电气化铁路项目、杭州湾跨海大桥项目、天津市区至滨海新区快速轨道交通工程项目、四川高速公路建设开发总公司项目和兖矿集团有限公司项目等大型优质贷款项目。国家开发银行通过其金融活动，力求平衡中西部地区和沿海地区的经济发展水平，引导和调节国家固定资产投资的总量和结构，促进国家重大项目的开发和建设。

经过十多年的努力，国家开发银行初步建立了符合国际惯例的管理体制和运行机制，也收获了良好的市场业绩，主要经营指标进入国际先进水平。截至2013年年末，国家开发银行资产总额达8万亿元人民币，贷款余额为7.15万亿元人民币，不良贷款率为0.48%，实现净利润799亿元人民币，资本充足率保持较高水平，达11.28%。

2. 国家开发银行的地位和任务

国家开发银行是直属国务院领导的政策性金融机构，是我国唯一具有正部级级别的政策性金融机构，直属国务院领导，在业务上接受中国人民银行和银监会的指导和监管，财务决算由财政部审批。

国家开发银行的主要任务是：根据国民经济发展的战略目标和发展方向，以国家信用为基础，依靠市场发债，筹集和引导境内外资金，遵循金融规则，利用各种现代金融工具，为国家基础设施、基础产业、支柱产业和高新技术产业重点建设项目提供金融服务，促进国民经济持续、快速、健康发展。

3. 国家开发银行的资金来源和业务开展

（1）资金来源。包括：

1）财政部拨付的资本金和重点建设基金。国家开发银行的注册资本为500亿元人民币，全部由财政部拨付，经增资扩股后现注册资本3 067.11亿元，股东为财政部（50.18%）、汇金公司（47.63%）、社保基金理事会（2.19%）；

2）国家开发银行对社会发行的国家担保债券和对国内金融机构发行的人民币金融债券，其发行额度由国家发展和改革委员会、人民银行确定；

3）吸收与贷款项目有关的存款；

4）境外筹资，包括出口信贷、境外发债、商业贷款、政府贷款和国际金融组织贷款；

5）在开发银行出现头寸短缺时，向中国人民银行申请再贷款等。

其中，最主要的资金来源是向金融机构发行的金融债券。

（2）业务开展。按照有关规定，目前国家开发银行经营和办理下列业务：

1）管理和运用国家预算内经营建设基金和贴息资金业务；

2）在国内发行金融债券及财政担保建设债券业务；

3）经批准在国外发行债券，根据国家计划筹借国际商业借款业务；

4）办理有关外国政府和国际金融组织贷款的转贷业务，具体被授权负责世界银行和亚洲开发银行给中国政府贷款的转贷工作；

5）办理人民币同业拆借业务；

6）向国家基础设施、基础产业、支柱产业的大中型基本建设和技术改造等政策性项目及其配套工程发放政策性贷款业务；

7）建设项目贷款的评审、咨询和担保业务，为重点建设项目物色国内外合资伙伴，提供投资机会和投资信息；

8）外汇贷款业务；

9）与贷款项目有关的本外币企业存款和结算业务；

10）贷款项下的外汇汇款业务；

11）贷款项目进口设备项下的国际结算；

12）贷款项目进口设备项下代客资金保值的代客外汇买卖业务；

13）外汇担保；

14）自营外汇买卖；

15）发行股票以外的外币有价证券；

16）买卖股票以外的外币有价证券；

17）同业外汇拆借业务；

18）承销有信贷关系的企业债券；

19）资信调查、咨询、见证业务；

20）经人民银行批准的其他业务。

国家开发银行在办理上述政策性金融业务时，要实行独立核算，自主、保本经营，责权利统一，建立投资约束和风险责任机制。实践中，国家开发银行非常重视本行的资产质量状况，确定了选择贷款项目的标准，从贷款的受理、评审、发放到本息回收的信贷管理全过程都建立了一套较为严格的风险防范措施，有效地提高了资产质量。国家开发银行选择贷款项目的标准主要有：1）项目符合国家宏观经济政策、产业政策和区域发展政策；2）借款人达到国家开发银行客户信用评级 BBB 级（含 BBB 级）以上；3）项目建设资本金比例符合国家要求；4）项目有较好的市场前景、具有还本付息能力；5）具有完善的信用结构。

4. 国家开发银行的组织机构与监督管理

（1）组织机构。国家开发银行注册地为北京，在北京设立总部，根据精干、高效的原则设置若干职能部门（现总行内设 26 个部门），在董事会领导下进行工作。国家开发银行原拟不设分支机构，其业务优先委托中国建设银行办理。但随着业务的发展，特别是 1998 年 11 月中国投资银行并入国家开发银行后，原投资银行的省市分行更名为开发银行的分行，开发行由此拥有了 27 个分行、1 个营业部、1 个香港代表处。开发行的经营管理体制被转为总分行两级，信贷管理工作也由委托商业银行代理转变为各分行直接管理。目前，国家开发银行除总行外，在全国共设立了 37 家分行（含香港分行）和 3 个代表处。另外，还控股国开金融、国开证券、国银金融租赁、中非发展基金有限公司及 13 家村镇银行。

国家开发银行除股东大会外，设有由 13 名董事组成的董事会，包括执行董事 2 名（董事长、副董事长），非执行董事 8 名，独立董事 3 名。董事长为法定代表人。董事会根据法律、行政法规、规章和本行公司章程规定，以及股东大会决议及授权行使职权。董事会下设战略发展与投资管理委员会、审计委员会、风险管理委员会、关联交易控制委员会、人事与薪酬委员会，各专门委员会对董事会负责，经董事会授权，向董事会提供专业意见或就专业事项进行决策。设有由股东代表监事和职工代表监事共 5 名监事组成的监事会，监事会根据法律、行政法规、规章和本行公司章程规定，以及股东大会决议及授权行使职权。监事会下设履职尽职监督委员会和财务与内部控制监督委员会，各委员会根据监事会授权开展工作，对监事会负责。

国家开发银行高级管理层由行长及其他高级管理人员组成，对董事会负责。行长依据法律、行政法规、规章和本行公司章程规定以及股东大会、董事会决定由行长行使的职权行使职权。

此外，国家开发银行为拓宽国际视野，加快向国际一流银行迈进，于1999年成立了国际顾问委员会，由国际政界、商界和学术界知名人士组成。每年召开一次会议，主要就共同关心的国际、国内经济金融形势和热点问题进行探讨，并对国家开发银行重大经营和发展问题进行沟通和交流，为本行发展战略及经营管理提供咨询和建议。

(2) 监督管理。国家开发银行的监督管理可从其与国务院、财政部、人民银行、银监会等的关系加以判断：

1) 与国务院的关系：国家开发银行的经营活动直属于国务院领导。根据国务院［1994］22号文，国家开发银行的章程由国务院制定，任何修改均需经国务院同意。国家开发银行的行长、副行长及监事会成员由国务院直接任命。

2) 与财政部的关系：国家开发银行由政府全资拥有，其注册资本500亿元全部由财政部负责拨付。根据财政部和国家税务总局的规定，国家开发银行的所得税和营业税享有一定的先征后返政策，返还的税收将作为国家对国家开发银行的资本金注入。此外，财政部还通过对国家开发银行的部分贷款项目提供财政贴息来间接地支持国家开发银行。由于国家开发银行在中国经济中的重要地位，财政部承诺将继续根据国家开发银行的资产增长情况适时补充资本金。

3) 与人民银行、与银监会的关系：根据有关法律的规定，国家开发银行在金融业务上接受人民银行的指导和银监会的监督，其高级管理人员要按照《金融机构高级管理人员任职资格管理办法》的规定接受银监会的监管，实行相应的核准制和备案制。同时，根据国务院［1994］22号文的规定，在遇有流动性短缺时，中国人民银行有义务向国家开发银行提供短期贷款。这种短期贷款没有期限和金额上的限制。根据国家开发银行的信贷计划，中国人民银行将保证国家开发银行获得充足的长期资金来源。

4) 与国家计委（现发改委，下同）、国家经贸委（现商务部，下同）的关系：1997年以前，国家开发银行主要从国家计委和国家经贸委推荐的项目中挑选贷款项目。1998年以后，国家开发银行逐步面向市场，建立了贷款项目的市场开发机制，同时，对国家计委、国家经贸委的推荐项目，也进行严格评审，自主决策。

5) 与地方政府的关系：国家开发银行和全国27个省区市政府签署了金融合作协议，构筑信用结构。各省区市政府在项目推荐、本息回收等方面均对国家开发银行提供必要的支持。

(二) 中国农业发展银行

1. 中国农业发展银行的设立宗旨与发展概况

中国农业发展银行是根据国务院1994年4月19日发出的《关于组建中国农业发展银行的通知》(国发［1994］25号)，于同年11月18日正式成立的国有农业政策性银行，是一家以承担国家粮棉油储备、农副产品收购等方面的政策性贷款为主要业务的政策性银行。其成立的宗旨是为了完善农村金融服务体系，更好地贯彻落实国家的产业政策和区域发展政策，促进农业和农村经济的健康发展。

中国农业发展银行是我国建立社会主义市场经济体制、深化金融体制改革的产物。党的十一届三中全会以后，我国农业和农村经济得到了迅速发展，1979年恢复建立的中国农业银行及其管理的农村信用社为支持农业和农村经济发展作出了重要贡献。但是，随着城乡经济的迅速发展和社会主义市场经济体制的确立，农业银行同时承担政策性和商业性两种金融业务的弊端日益显现出来。主要表现为难以保证政策性信贷资金的专款专用，农业品收购资金“打白条”现象严重，不利于支持农业和农村经济发展，同时又影响农业银行集中精力向国有商业银行转变。为解决这一问题，党的十四届三中全会通过的《关于建立社会主义市场经济体制若干问题的决定》，要求加快金融体制改革步伐，建立政策性银行，实行政策性业务与商业性业务分离。1993 年 12 月，国务院《关于金融体制改革的决定》提出组建中国农业发展银行，把中国农业银行尽快转变为国有商业银行的要求。1994 年 4 月 19 日，国务院发出《关于组建中国农业发展银行的通知》，批准了中国农业发展银行章程和组建方案。决定由农业发展银行承办农业政策性金融业务，以保护农民利益，支持国家农村产业政策和区域发展政策的实施，促进农业和农村经济持续、稳定、健康发展。

1994 年 6 月 30 日，由中国农业银行代尚未完成组建的中国农业发展银行正式接受中国农业银行、中国工商银行划转的农业政策性信贷业务，共接受各项贷款 2 592 亿元。同年 8 月，农业发展银行总行的组建工作基本完成，11 月 18 日正式挂牌成立。到 1995 年 3 月，农业发展银行基本完成了省级分行的组建任务。省级分行建立后，根据国务院指示和中国人民银行决定，农业发展银行暂时未建立省以下分支机构，其业务仍由农业银行全面代理。但是，实践表明，代理制很难达到国家组建农业发展银行的预期效果。为此，国务院在广泛听取各方面意见的基础上，决定增设农业发展银行分支机构。1996 年 8 月 22 日，国务院发出了《关于农村金融体制改革的决定》（国发［1996］33 号），要求“增设中国农业发展银行的分支机构，加强农产品收购资金管理”；“按照精简、高效原则适当增设中国农业发展银行的分支机构，基本实现业务自营”。并明确指出：“中国农业发展银行要坚持商品库存值和贷款挂钩的原则，切实改进和加强粮棉油政策性贷款管理……保证收购资金的封闭运行，防止收购资金被挤占挪用。”到 1997 年 3 月末，农业发展银行基本完成了总行营业部、省级分行营业部和计划单列市分行、各地（市）二级分行及农业政策性金融业务量大的县（市、区）支行的增设工作。从此，农业发展银行形成了以自营为主、比较完善的业务经营体系。1998 年 3 月，为使农业发展银行集中精力做好粮棉油收购资金供应和管理工作，适应以“三项政策、一项改革”为主要内容的粮食流通体制改革的需要，国务院作出了调整农业发展银行业务范围的决定，将农业开发、扶贫等专项贷款以及粮棉企业加工和附营业务贷款划转到有关商业银行。至此，农业发展银行开始专司粮棉油收购、调销、储备贷款业务，集中精力加强粮棉油收购资金的封闭管理。

中国农业发展银行自 1994 年组建以来，特别是 1998 年国务院决定深化粮食流通体制改革以后，认真贯彻国务院关于粮食、棉花流通体制改革的一系列政策措施和国务院关于加强收购资金管理的指示精神，坚持以收购资金封闭管理为中心，紧紧抓住贷款投放、库存监管和收贷收息等关键环节，初步建立了一套符合收购资金封闭管理要求的规章制度和管理办法，切实加强了粮棉油收购资金的供应与管理工作，保证了政策性收购资金的及时足额供应，有力地支持了粮棉油收购工作，基本实现了当期收购资金的封闭运行。

2. 中国农业发展银行的地位和任务

中国农业发展银行是直属国务院领导的农业政策性金融机构，是独立的法人组织，实行独立核算，自主、保本经营，企业化管理。其主要任务是：按照国家的法律、法规和方针、政策，以国家信用为基础，筹集农业政策性信贷资金，承担国家规定的农业政策性金融业务，代理财政性支农资金的拨付，为农业和农村经济服务。

3. 中国农业发展银行的注册资本、运营资金来源和业务范围

（1）注册资本。按照国务院《关于金融体制改革的决定》和《中国农业发展银行章程》的规定，中国农业发展银行的注册资本为200亿元人民币。其资本金从当时的中国农业银行资本金中拨出一部分解决，中国农业发展银行接管原中国农业银行和原中国工商银行的农业政策性贷款（债权），并接受相应的人民银行的贷款（债务）。

（2）运营资金来源。中国农业发展银行的运营资金来源除注册资本外，包括：

1）发行金融债券；

2）财政支农资金；

3）业务范围内开户企事业单位的存款；

4）向中国人民银行申请再贷款；

5）境外筹资。

（3）业务范围。中国农业发展银行的具体业务范围，由国务院根据一个时期国民经济发展和宏观调控的需要，并考虑到农业发展银行的承办能力来界定。中国农业发展银行成立以来，国务院对其业务范围进行过多次调整。目前中国农业发展银行的主要业务是：

1）办理粮食、棉花、油料收购、储备、调销贷款。

2）办理肉类、食糖、烟叶、羊毛、化肥等专项储备贷款。

3）办理农、林、牧、副、渔业产业化龙头企业和粮棉油加工企业贷款。

4）办理粮食、棉花、油料种子贷款。

5）办理粮食仓储设施及棉花企业技术设备改造贷款。

6）办理农业小企业贷款和农业科技贷款。

7）办理农村基础设施建设贷款。支持范围包括农村路网、电网、水网（含饮水工程）、信息网（邮政、电信）建设，农村能源和环境设施建设。

8）办理农业综合开发贷款。支持范围包括农田水利基本建设和改造、农业生产基地开发与建设、农业生态环境建设、农业技术服务体系和农村流通体系建设。

9）办理县域城镇建设贷款。贷款使用范围为县域（包括县级市、城市郊区郊县）内的城镇化建设。贷款用途为城镇基础设施、文化教育卫生和环境设施、便民商业设施和农民集中住房（包括农村集中居住区、棚户区、泥草房等）改造工程建设。

10）办理农业生产资料贷款。支持范围包括农业生产资料的流通和销售环节。

11）在已批准业务范围内开展外汇贷款业务；为已批准业务范围内客户办理资本、贸易和非贸易项下的国际结算业务，以及与国际结算业务相配套的外汇存款、外汇汇款、同业外汇拆借、代客外汇买卖等业务。

12）在设有分支机构的县域（包括县级市、城市郊区郊县）地区办理除居民储蓄存款之外的公众存款业务；办理业务范围内企事业单位的存款及协议存款等业务。

13）发行金融债券。

14）代理财政支农资金的拨付。

15）办理开户企事业单位结算。

16）办理代理保险、代理资金结算、代收代付等中间业务。

17）办理同业拆借、票据转贴现、债券回购和现券交易、同业存款存出等业务。

18）办理经国务院或中国银监会批准的其他业务。

4. 中国农业发展银行的组织体制和监督管理

（1）组织体制。按照国务院《关于金融体制改革的决定》、《关于农村金融体制改革的决定》和《中国农业发展银行章程》等的规定，中国农业发展银行在机构设置上实行总行、一级分行、二级分行、支行制；在管理上实行总行一级法人制，总行行长为法定代表人；系统内实行垂直领导的管理体制，各分支机构在总行授权范围内依法依规开展业务经营活动。

中国农业发展银行的总行设在北京，其分支机构根据开展农业政策性金融业务的需要按“精简、高效”原则设置，基本实现业务自营。目前，中国农业发展银行在各省、自治区、直辖市和计划单列市设立一级分行 31 个；在各地级市（地区）设立二级分行 303 个，在各县（县级市、区）设立支行 1 669 个（含办事处 2 个）；在总行设营业部一个，一级分行设营业部 30 个、二级分行设营业部 138 个。目前暂未在西藏自治区设立分支机构。中国农业发展银行分支机构的设置，须经银监会批准。

中国农业发展银行设行长一人，副行长若干人，均由国务院任命。中国农业发展银行实行行长负责制，行长为法定代表人，负责全行工作，副行长协助行长工作。中国农业发展银行分行的正、副行长由总行任命，支行正、副行长由所在省、自治区、直辖市分行任命。

中国农业发展银行行长主持行长会议，研究决定以下重大事项：1）本行的业务方针、计划和重要规章制度；2）行长的工作报告；3）国家重点农业政策性贷款项目；4）本行年度决算报告；5）有关本行的其他重大事项。

（2）监督管理。中国农业发展银行在业务上接受中国人民银行和中国银行业监督管理委员会的指导和监督，并应按规定向人民银行交存存款准备金。

中国农业发展银行设监事会，现有成员 10 人，其中：正式成员 6 人，包括监事会主席 1 人，专职监事 2 人，工作人员 3 人；财政部、银监会、农业发展银行总行派出的兼职监事 3 人；聘请的专业会计公司的兼职专家监事 1 人。监事会成员报国务院批准，监事会设主席一人，由国务院任命。

监事会的主要任务是：代表国家对农业发展银行的资产质量及国有资产保值增值状况实施监督；以财务监督为核心，根据国家有关法律、行政法规和财政部的有关规定，对农业发展银行的财务活动及主要负责人的经营管理行为进行监督，确保国有资产及其权益不受侵犯；通过《年度检查报告》和《专项检查报告》，向国务院报告对农业发展银行监督检查的情况，提出有关建议。监事会的主要职责：1）检查农业发展银行贯彻执行国家有关金融、经济的法律、行政法规和规章制度的情况；2）检查农业发展银行的财务，查阅财务会计资料及与经营管理活动有关的其他资料，验证财务报告、资金营运报告的真实性、合法性；3）检查农业发展银行的经营效益、利润分配、国有资产保值增值、资金营运等情况；4）检查农业发展银行总行主要负责人的经营行为，并对其经营业绩进行评价，提出奖惩、任免建议；5）指导农业发展银行稽核、监察等部门的工作。

监事会监督检查的主要方式：一是听取被检查单位主要负责人有关财务、资金状况和经营管理情况的汇报，召开有关监督检查事项的会议；二是查阅被检查单位会计凭证、会计账簿、财务报告等财务会计资料以及与经营管理活动有关的其他资料，并可根据需要委托社会中介机构进行专项审计；三是分析、核查被检查单位的财务、资金状况，向职工了解情况，听取意见，必要时要求被检查单位主要负责人作出说明；四是监事会主席列席或者委派监事会成员列席农业发展银行党委会、行长办公会和其他有关会议；五是在重点对总行进行检查的同时对分支机构进行抽查，并就有关问题到基层单位进行调查；六是在检查过程中与被检查单位有关人员交换意见，询问情况，进一步核对有关数据、核实有关事项；七是向财政、人民银行、银监会、审计等部门了解有关政策变化及监管情况；八是商农业发展银行总行内部监督部门安排人员配合监事会开展现场检查工作，包括受监事会委托完成专项检查任务等。

中国农业发展银行监事会每年举行两次会议，由监事会主席召集并主持，必要时可召开临时会议。监事会会议应有全部成员的2/3以上出席（包括委托代表出席）方可召开，决议事项须经全体监事会成员半数以上通过。

监事会与农业发展银行的关系是监督与被监督的关系，中国农业发展银行监事会代表国家行使资产所有者的监督职能，对农业发展银行的资产质量及国有资产保值增值状况实施监督，不参与、不干预农业发展银行的日常经营决策和经营管理活动。监事会必要时可针对某些重要情况，依据法规制度对农业发展银行主要负责人进行提醒。

5. 中国农业发展银行的经营管理

中国农业发展银行实行独立核算，自主、保本经营，企业化管理。在资金管理上实行“统一计划、指标管理、统筹统还、专款专用”的资金计划管理办法，其财务会计制度按照《会计法》、《企业会计准则》、《企业财务通则》和财政部有关金融、保险企业财务、会计制度执行。中国农业发展银行以公历自然年度为会计年度，每年向财政部报送年度财务决算。中国农业发展银行基本财务报表为资产负债表和损益表，每年定期公布，并由中国的注册会计师和审计事务所出具审计报告。中国农业发展银行负责农业政策性贷款的审批、发放、管理、监督和检查。中国农业发展银行对接受其他部门委托发放的低息贷款，按委托协议办理。中国农业发展银行职员实行行员制。

（三）中国进出口银行

1. 中国进出口银行的法律地位和职责

中国进出口银行是经国务院批准于1994年4月26日成立、同年7月1日开业的国有全资政策性金融机构，直属国务院领导。中国进出口银行依法具有法人资格，实行自主、保本经营，企业化管理。在业务上接受财政部、商务部、人民银行、银监会的指导和监督。其主要职责是：贯彻执行国家产业政策、外经贸政策、金融政策和外交政策，为扩大我国机电产品和高新技术产品出口，推动有比较优势的企业开展对外承包工程和境外投资，促进对外经济技术合作与交流，提供政策性金融支持。

中国进出口银行是我国外经贸支持体系的重要力量和金融体系的重要组成部分，经过十多年的发展，已成为我国机电产品、高新技术产品出口和对外承包工程及各类境外投资的政策性融资主渠道、外国政府贷款的主要转贷行和中国政府对外优惠贷款的承贷行，为促进我国开放型经济的发展发挥着越来越重要的作用。

2. 中国进出口银行的资金来源与业务范围

（1）资金来源。中国进出口银行的注册资本为33.8亿元人民币（后增至50亿元人民币），资本金全部由财政部拨付。根据《中国进出口银行章程》等的规定，中国进出口银行主要通过在境内发行金融债券和在境外发行有价证券（不含股票）筹集运营资金。在资金出现临时性不足时，通过银行间市场拆入资金和向中国人民银行申请短期再贷款加以解决。中国进出口银行的财务决算由财政部审批，经营中出现的政策性亏损，由财政部给予弥补。

(2) 业务范围。中国进出口银行的主要业务范围如下：

1) 办理与机电产品和成套设备等资本性货物出口有关的卖方信贷、买方信贷。其中，出口卖方信贷是指中国进出口银行为出口商制造或采购出口机电产品、成套设备和高新技术产品提供的信贷，主要解决出口商制造或采购出口产品或提供相关劳务的资金需求；出口买方信贷，是中国进出口银行向国外借款人发放的中长期贷款，用于进口商即期支付中国出口商货款，促进中国资本性货物和技术服务的出口。

2) 办理中国政府对外优惠贷款。即中国进出口银行接受中国政府指定向发展中国家政府提供的具有援助性质的中长期低息贷款。优惠贷款主要用于在受援国建设有经济效益或社会效益的生产性项目、基础设施项目及社会福利项目，或采购中国的机电产品、成套设备、技术服务以及其他物资。具体用途根据两国政府间优惠贷款框架协议的规定确定。

3) 提供对外担保。即中国进出口银行以保函形式向境外债权人或受益人（含境内外资金融机构）承诺，当债务人（被担保人）未按有关合同偿付债务或履行义务时，由进出口银行履行保函所规定的义务。

4) 转贷外国政府和金融机构提供的贷款。即中国进出口银行受财政部委托，转贷外国政府向我国政府提供的优惠贷款和混合贷款。这里的“混合贷款”是由外国政府提供的优惠贷款与外国银行提供的商业贷款混合组成的贷款。

5) 办理本行贷款项下的国际国内结算业务和企业存款业务。即中国进出口银行开办的本行贷款项下的国际结算业务和贷款项下结汇、售汇业务。中国进出口银行作为政策性银行，不为个人开立银行结算账户。

6) 在境内外资本市场、货币市场筹集资金（不含发行股票）。即中国进出口银行在境内外市场发行金融债券，其中又以在境内发行人民币金融债券为主体。

7) 办理对外承包工程和境外投资类贷款。

8) 办理国际银行间的贷款，组织或参加国际、国内银团贷款。

9) 从事人民币同业拆借和债券回购。

10) 从事自营外汇资金交易和经批准的代客外汇资金交易。

11) 办理与本行业务相关的资信调查、咨询、评估和见证业务。

12) 经批准和受委托的其他业务。

3. 中国进出口银行的组织体制

中国进出口银行总行设在北京，不普遍设立分支机构。目前，进出口银行设有总行营业部、上海分行、深圳分行、南京分行、大连分行、青岛分行、浙江省分行、成都分行等 22 家国内营业性分支机构。在境外设有巴黎分行、东南非代表处和圣彼得堡代表处，代表处负责调查统计、监督代理业务等事宜。此外，与 1 000 多家银行的总分支机构建立了代理行关系。

中国进出口银行设董事会，实行董事会领导下的行长负责制。行长为法定代表人。董事会由董事长一人、副董事长二人、董事若干人组成；正、副董事长由国务院任命，董事由有关部门提名，报国务院批准。

董事会作为中国进出口银行的最高决策机构，对国务院负责。其主要职责是：(1) 根据国家产业政策和外贸政策，审定本行的中长期发展规划、经营方针和年度计划；(2) 听取和审定行长的工作报告，监督本行的财务会计和国有资产的保值增值工作；(3) 审查通过本行的财务预算、决算方案以及税后利润分配方案；(4) 讨论决定提供出口信贷的国别政策及担保、信贷风险等重大决策；(5) 审定银行内部机构的设立、撤销和职能的变动；(6) 审定重要的财务管理等规章制度；(7) 审议重要的人事管理规章制度及其他重大事项。中国进出口银行董事会应定期召开会议，如遇重大事件时，可临时召开会议。董事会由董事长召集并主持，董事长因故不能出席时，可委托副董事长召集和主持。董事会会议应由全部董事的 2/3 以上出席方可举行；董事会作出决议必须经全体董事的过半数通过。

中国进出口银行设行长一人，副行长若干人。行长、副行长由国务院任命，其他人事任免，按有关规定和程序办理。进出口银行行长负责主持银行全面经营管理工作，副行长按照分工协助行长工作。行长的主要职责是：(1) 负责本行全面经营管理工作；(2) 组织实施董事会决议；(3) 定期向董事会报告工作；(4) 组织制定本行的发展规划、经营方针和年度经营计划；(5) 组织制定本行的财务预算、决算方案以及税后利润分配方案；(6) 组织拟定本行的人事管理、财务管理等规章制度；(7) 组织拟定本行的机构设立、撤销和职能方案；(8) 董事会授予的其他职责。

目前，中国进出口银行董事长、行长由同一人兼任。另设有战略委员会、财务审核委员会、审计与监督委员会、信贷审批委员会、风险与内控委员会、资产负债管理委员会、业务发展与创新委员会、信息技术委员会对董事长、行长负责。

4. 中国进出口银行的经营管理、财务会计及监督管理

(1) 经营管理。中国进出口银行实行独立核算、企业化管理，依法纳税；按国家有关规定自主决定人员聘用和辞退；根据国家有关法规和政策，按国务院发布的行员工资制度决定职工的报酬。

(2) 财务会计。中国进出口银行按照《会计法》、《企业会计准则》、《企业财务通则》和财政部有关金融、保险企业财务、会计制度等规定，制定本行财务管理、会计核算的实施细则。

(3) 监督管理。中国进出口银行设监事会，由国务院根据《国有重点金融机构监事会暂行条例》委任派出，对国务院负责，并依据该《条例》的规定对中国进出口银行的财务状况和经营管理情况实施监督。监事会设主席一名，专职监事和工作人员若干名。

问题与思考

1. 何谓政策性银行？政策性银行与商业银行相比具有哪些特征？

2. 政策性银行可作哪些分类？各国设立政策性银行的原因是什么？

3. 政策性银行与政府、与中央银行、与商业银行的关系如何？政策性银行能否与商业银行形成竞争关系？其危害有哪些？

4. 政策性银行的特殊职能有哪些？了解这些特殊职能对我国把政策性银行办成真正的政策性银行有何意义？

5. 我国为什么要创建政策性银行？对我国政策性银行的未来发展你有何种建议？

6. 我国的政策性银行有哪些？其经营绩效如何？

7. 我国应如何完善政策性银行立法？

8. 原中国农业发展银行副行长“胡楚寿受贿案”、“于大路受贿、挪用公款、行贿案”经北京市一中院分别于 2006 年 1 月 18 日、2 月 10 日审理后，两犯均获判“无期徒刑、剥夺政治权利终身，并处没收个人全部财产”。案中牵涉的问题暴露出我国政策性银行在运营过程中存在极大的制度漏洞和操作风险。这起案件给我们的警示和启示是什么？

第六章

非银行金融机构管理法

本章概要

非银行金融机构管理法是规范非银行金融机构的性质、设置、组织形式、业务范围和金融活动开展的法律规范的总称。所谓“非银行金融机构”是指那些未冠以“银行”名称的各种经营金融业务的金融机构，包括城乡信用合作社及联合社、保险公司、保险经纪人公司、保险代理人公司、财务公司、信托投资公司、金融租赁公司、证券公司、证券交易中心、投资基金管理公司、证券登记公司、货币经纪公司、期货经纪公司、邮政储蓄机构、金融资产管理公司、汽车金融公司、消费金融公司、贷款公司①等。它们是我国社会主义金融体系的重要组成部分，它们与银行相配合，对我国的经济体制改革与国民经济的发展作出了突出的贡献，并在市场经济体制的建立过程中获得了空前的发展。这些非银行金融机构虽然和银行一样也从事某些融资业务，但其各自的性质、组织形式、业务范围等方面与银行有很大差别，因而在我国对非银行金融机构的管理也就不同于银行，在《中华人民共和国商业银行法》的立法中也未把它们纳入调整范围，而是要根据不同情况，加强管理，抓紧制定各类非银行金融机构的管理法律、法规和规章，在资本金、机构设置、管理人员任职资格要求、业务范围、监督管理等方面都要规范化，以促进非银行金融机构的健康发展。鉴于一些非银行金融机构，如证券公司、金融租赁公司、保险公司等的内容将在以后的有关章节中专门介绍，本章仅对城乡信用社及联合社、企业集团财务公司、金融资产管理公司、汽车金融公司、消费金融公司、农村资金互助社、货币经纪公司进行介绍。

关键术语

非银行金融机构　非银行金融机构管理法　城市信用社　农村信用社　货币经纪公司　企业集团财务公司　金融资产管理公司　汽车金融公司　消费金融公司　农村资金互助社　货币经纪公司

① 贷款公司是指经中国银监会依据有关法律、法规批准，由境内商业银行或农村合作银行在农村地区设立的专门为县域农民、农业和农村经济发展提供贷款服务的非银行业金融机构，是由境内商业银行或农村合作银行全额出资的有限责任公司。2007 年 1 月 22 日中国银监会曾发布《贷款公司管理暂行规定》，就贷款公司的机构设立、组织机构和经营管理、监督管理、机构变更与终止等问题作出了规定。但本暂行规定已于 2011 年 1 月 5 日被中国银监会《关于发布银行业规章和规范性文件清理结果的公告》宣布失效。

第一节　非银行金融机构管理法概述

一、非银行金融机构的概念

非银行金融机构，也称“其他金融机构”，是指未冠以“银行”名称，经营信托投资、融资租赁、证券承销与经纪、各类保险等金融业务的金融机构。非银行金融机构本质上仍然是金融机构，但由于各类非银行金融机构的经营业务范围不同，经营侧重点各异，所以对它们成立的资格条件要求也就有别，难以通过统一的立法加以规范，而往往是采取单独立法的形式，实行分业管理。非银行金融机构管理法即是规范非银行金融机构的性质、设置、组织形式、业务范围和金融活动开展的法律规范的总称。

在学理上对于非银行金融机构究竟包括哪些机构，认识不尽一致。有的学者认为应包括保险机构、金融信托投资机构、融资租赁机构、城乡信用合作社、风险投资机构、金融公司、企业集团财务公司、邮政储蓄机构；而有的学者认为仅包括信托投资机构、金融租赁公司、企业集团财务公司。本书认为，在新的金融工具不断创新、新的金融组织大量涌现的情况下，我们很难以列举的方式来概括非银行金融机构。判断的标准只有两条：一看该机构是不是经法定程序设立的经营金融业务的金融机构；二看该机构有没有冠以“银行”名称。即除银行以外的经营金融业务的金融机构都可归属于非银行金融机构。如我国的邮政储蓄机构，原来为非银行金融机构，但2007年统一组建为中国邮政储蓄银行，就属于银行而不再属于非银行金融机构。

二、非银行金融机构的基本分类

按照不同的标准，对非银行金融机构可以作多种分类。如按所有制性质来划分，可以分为国有制非银行金融机构、集体所有制非银行金融机构、混合所有制非银行金融机构；按组织体制和活动区域来划分，可以分为全国性非银行金融机构和区域（地方）性非银行金融机构；按业务范围来划分，可以分为综合性非银行金融机构和专业性非银行金融机构；按业务性质来划分，则可以划分为合作性金融机构、信托投资机构、证券期货经营机构、财务公司、保险公司、金融租赁公司、金融资产管理公司、汽车金融公司、消费金融公司、贷款公司、农村资金互助社、货币经纪公司等。本章主要是按业务性质来对非银行金融机构进行分类和介绍的。

三、非银行金融机构的管理

非银行金融机构是未冠以“银行”名称的金融机构，是依法定程序设立、经营金融业务的特许机构，本质上仍然是金融机构。过去，在我国金融业发展的初级阶段，金融机构种类简单，数量也极少，中国人民银行曾于1994年8月5日发布《金融机构管理规定》对银行、非银行金融机构一体适用，并据此规定对我国境内各类金融机构（当然也包括非银行金融机构）

进行统一监督、管理。但随着我国金融体制改革的深化与金融监管体制的变化，这一管理规定的内容已经不能适应新形势的发展需要，特别是《证券法》、《保险法》、《银行业监督管理法》的颁布与《中国人民银行法》的修改，使原由中国人民银行履行的全面行使的金融监管职能逐步分离出来，交由先后设立的中国证券监督管理委员会、中国保险监督管理委员会、中国银行业监督管理委员会行使，从而形成对证券业、保险业、银行业实行“分业经营、分业监管”的新体制——有关证券、期货机构的设立、变更、终止及其业务监管由中国证券监督管理委员会负责；保险机构的设立、变更、终止及其业务监管由中国保险监督管理委员会负责；而对银行业金融机构（含商业银行、城市信用合作社、农村信用合作社等吸收公众存款的金融机构以及政策性银行）以及金融资产管理公司、信托投资公司、财务公司、金融租赁公司、汽车金融公司、消费金融公司、贷款公司、农村资金互助社、货币经纪公司等金融机构的设立、变更、终止及其业务的监管则由中国银行业监督管理委员会负责。目前，国务院 2001 年 11 月 23 日发布的《金融机构撤销条例》、银监会 2003 年 12 月 8 日发布的《境外金融机构投资入股中资金融机构管理办法》、2007 年 8 月 3 日发布的《非银行金融机构行政许可事项实施办法》、2013 年 11 月 18 日发布的《银行业金融机构董事（理事）和高级管理人员任职资格管理办法》、2014 年 3 月 13 日发布的《农村中小金融机构行政许可事项实施办法》等法规、规章，对非银行金融机构的组织及其活动开展的监督管理作了相应的规定。

第二节　城乡信用合作社及联合社

一、城乡信用合作社及联合社概述

城乡信用合作社是农村信用合作社和城市信用合作社的统称。它们是群众性的合作制金融组织，是对我国银行体系的必要补充和完善，对我国城乡集体企业、个体工商户和居民个人之间的资金融通起了较好的作用。

城乡信用合作社是合作制金融组织。合作制是与股份制不同的产权组织形式，其不同之处表现在：

1. 入股方式不同。股份公司一般自上而下控股，下级为上级所拥有；合作制则自下而上参股，上一级机构由下一级机构入股组成，并被下一级机构所拥有，基层社员是最终所有者。

2. 经营目标不同。股份制企业以利润最大化为目标；而合作组织的主要目标是为社员服务。

3. 管理方式不同。股份制实行“一股一票”，大股东控权；合作制实行“一人一票”，社员不论入股多少，具有同等权利。

4. 分配方式不同。股份制企业的利润主要用于股东分红，积累要量化到某一股份；而合作组织盈利主要用于积累，积累归社员集体所有。

1995 年，国际合作联盟确定了合作制的七项原则：（1）自愿和开放的社员原则，即对所有能够利用合作社服务和愿意承担社员义务的人开放；（2）社员民主管理的原则，各级合作社的方针和重大事项由社员参与决定，实行“一人一票”；（3）社员入股，盈利主要用于积累的原则；（4）自主和自立的原则，合作社实行自主经营、自担风险；（5）教育、培训的原则，合作社要为社员提供教育和培训，要向公众宣传有关合作社的性质和益处；（6）合作社间的合作原则，合作社通过与地方的、全国的、区域的和国际的合作社间的合作，为社员提供最有效的服务；（7）关心社区原则，合作社在满足社员需求的同时，要推动所在社区的持续发展。

我国现行的城乡信用社也基本上符合以上要求。其本质特征是：由社员入股组成，实行民主管理，主要为社员提供信用服务。

二、农村信用合作社及联合社

（一）农村信用合作社及联合社的概念和历史演变

农村信用社有广义与狭义之分。广义的农村信用社泛指农村信用合作社及各级联合社（联社），而狭义农村信用社则仅指农村信用合作社。

农村信用合作社，简称“农村信用社”，是指经批准设立、由社员（包括入股的农户、信用社职工和农村各类具有法人资格的经济组织）入股组成、实行社员民主管理、主要为社员提供金融服务的农村合作金融机构。

农村信用社县级联合社，简称“县联社”，是指经批准设立、由所在县（市、区）农村信用社入股组成、实行民主管理、主要为农村信用社服务的联合经济组织，是企业法人。同时，联合社对辖内农村信用社实行管理、监督与协调，依法行使业务管理职能。

农村信用社市（地）联合社，简称“市（地）联社”，是指经批准设立、由所在市（地）农村信用合作社县级联合社自愿出资入股组成、实行民主管理、履行行业管理和服务职能，具有独立法人地位的合作金融组织。是农村信用社改革试点的产物，在省联社设立以后，“市（地）联社”已不再新设，以减少管理层级。

农村信用社省（自治区、直辖市）联合社，简称“省联社”，是由所在省（自治区、直辖市）内的农村信用合作社市（地）联合社、县（市、区）联合社、县（市、区）农村信用合作联社、农村合作银行自愿入股组成，实行民主管理，主要履行行业自律管理和服务职能，具有独立企业法人资格的地方性金融机构。

1923年，“中国华洋义赈救灾总会”在河北香河组织了我国第一家农村信用社。在革命根据地，农村信用合作这一形式被积极运用，以解决农村的高利贷和农业生产资金问题。新中国成立之初，广大农村地区成立了信用互助组。1951年，人民银行颁发了《农村信用合作社章程准则草案》，重点试办农村信用合作社。在1956年农业合作化高潮中，部分地区将信用合作社改为农业生产合作社的信用部。1957年根据人民银行颁发的《农村信用合作社示范章程草案》的规定，各地恢复了农村信用合作社。1958年人民公社化以后，农村信用合作社几经撤销、恢复和合并，直到1977年11月国务院发布《关于整顿和加强银行工作的几项规定》才给其定位为“信用社是集体金融组织，又是国家银行在农村的基层机构”。1990年10月12日，人民银行发布的《农村信用合作社管理暂行规定》第2条进一步明确了农村信用社的性质和法律地位，即它是集体性质的合作金融组织，是我国金融体系的重要组成部分，是实行自主经营、独立核算、自负盈亏、自担风险的企业法人。

1996年9月至1996年年底，按照国务院《关于农村金融体制改革的决定》，我国五万多家农村信用社和二千四百多家县联社与中国农业银行顺利脱钩，农村信用社的业务管理和金融监管分别由县联社和人民银行承担。为改变农村信用社官办、商业化倾向较重、背离为入股社员和农业服务的弊病，进一步理顺农村信用社与社员、与县联社、与人民银行、与地方政府的关系，把信用社办成真正的合作金融组织，1997年9月15日和11月24日，人民银行先后发布了《农村信用合作社管理规定》和《农村信用合作社县级联合社管理规定》，1998年4月20日又发布了《农村信用合作社机构管理暂行办法》，就农村信用社及县级联合社的组织及活动开展作了明确规定。1999年6月28日，为促进农村信用合作事业健康发展，中国人民银行发布《关于组建农村信用合作社市（地）联合社的试点工作方案》、《农村信用合作社市（地）联合社管理规定（暂行）》和《农村信用合作社市（地）联合社示范章程》，要求各分行在每个省、自治区选择3个～5个市（地），报经总行同意后进行组建农村信用社市（地）联合社试点，以后渐次在全国范围内分期分批组建。新组建的市（地）联社主要从事行业管理，向县联社提供资金清算和调剂服务，不对居民和企业办理存贷款业务，不设立分支机构。进入2000年以来，江苏省农信社又率先进行了以县为单位的统一法人的试点工作，取得了较好成效。截至2003年6月末，全国农村信用社共有法人机构34 909个，其中农村信用社32 397个，县级联社2 441个，市（地）联社65个，省级联社6个。

2003年6月27日，为进一步深化农村信用社改革，改善农村金融服务，促进农业发展、农民增收、农村全面建设小康社会，国务院印发了《深化农村信用社改革试点方案》（国发［2003］15号）（参见［延展阅读］），并确定浙江、山东、江西、贵州、吉林、重庆、陕西和江苏等8省市进行深化农村信用社改革的试点工作。到2005年年底，由于不少农村信用社精简或改组为农村商业银行、农村合作银行，农村信用社减少为27 101家，但省联社增至18家，另有12家农村商业银行和58家农村合作银行。从改革的总趋势看，农村信用社将建成“以县（市）为单位建立统一法人，而以省级联合社依法管理，银监会依法监管”的新的发展模式，县、地联社将逐步退出历史舞台。

［延展阅读］ 国务院《深化农村信用社改革试点方案》的内容

《深化农村信用社改革试点方案》明确规定：深化农村信用社改革应遵循以下原则：一是按照市场经济规则，明晰产权关系，促进信用社法人治理结构的完善和经营机制转换，使信用社真正成为自主经营、自我约束、自我发展、自担风险的市场主体；二是按照为“三农”服务的经营方向，改进服务方式，完善服务功能，提高服务水平；三是按照因地制宜、分类指导原则，积极探索和分类实施股份制、股份合作制、合作制等各种产权制度，建立与各地经济发展、管理水平相适应的组织形式和运行机制；四是按照权责利相结合原则，充分发挥各方面积极性，明确信用社监督管理体制，落实对信用社的风险防范和处置责任。该试点方案明确此次信用社改革，要重点解决好两个问题：一是以法人为单位，改革信用社产权制度，明晰产权关系，完善法人治理结构，区别各类情况，确定不同的产权形式。具体做法是：有条件的地区可以进行股份制改造（即组建农村商业银行）；暂不具备条件的地区，可以比照股份制的原则和做法，实行股份合作制（即组建农村合作银行）；股份制改造有困难而又适合搞合作制的，也可以进一步完善合作制（即完善信用合作社）。在产权制度改革的同时，因地制宜确定信用社改革后的组织形式：（1）在经济比较发达、城乡一体化程度较高、信用社资产规模较大且已商业化经营的少数地区，可以组建股份制银行机构（包括农村商业银行、农村合作银行）①；（2）在人口相对稠密或粮棉商品基地县（市），可以县（市）为单位将信用社和县（市）联社各为法人改为统一法人；（3）其他地区，可在完善合作制的基础上，继续实行乡镇信用社、县（市）联社各为法人的体制；（4）采取有效措施，通过降格、合并等手段，加大对高风险信用社兼并和重组的步伐。对少数严重资不抵债、机构设置在城区或城郊、支农服务需求较少的信用社，可考虑按照2001年国务院发布的《金融机构撤销条例》予以撤销。二是按照“国家宏观调控、加强监管，省级政府依法管理、落实责任，信用社自我约束、自担风险”思路，改革信用社的管理体制，将信用社的管理职责交由省级人民政府负责，银监会则作为国家银行业监管机构承担对信用社的金融监管职能。各试点地区应本着精简、高效的原则，简化管理层次，结合当地实际情况，成立省级联社或其他形式的省级管理机构，在省级人民政府领导下，具体承担对辖内信用社的管理、指导、协调和服务职能。省级人民政府应坚持政企分开的原则，对信用社依法管理，不干预信用社的具体业务和经营活动，不把对信用社的管理权下放给地（市）和县、乡政府。地（市）级不再设立联社或其他形式的独立管理机构。2003年9月15日，银监会根据该试点方案的精神，发布《关于农村信用社以县（市）为单位统一法人工作的指导意见》，决定在具备条件的人口相对稠密或粮棉商品基地县（市），以县（市）为单位将信用社和县（市）联社各为法人改为统一法人。以县（市）为单位统一法人后，原“××县（市）农村信用合作社联合社”更名为“××县（市）农村信用合作联社”，具有法人资格；原“××县（市）××农村信用合作社”则更名为“××县（市）农村信用合作联社××信用社”，为法人的分支机构。2003年9月18日，银监会还发布了《农村信用社省（自治区、直辖市）联合社管理暂行规定》，就农村信用社省级联合社的设立、变更、终止、股权设置、组织结构、基本职能等进行了规定。

（二）农村信用合作社的管理规定

1. 农村信用社的机构设立和变更

（1）设立。农村信用社营业机构按照方便社员、经济核算、便于管理、保证安全的原则设置，并可根据业务需要下设分社、储蓄所，由农村信用社统一核算。分社、储蓄所不具备法人资格，在信用社授权范围内依法、合规开展业务，其民事责任由农村信用社承担。

设立农村信用社应当具备下列条件：1）有符合规定的章程；2）社员不少于500个；3）注册资本一般不少于100万元人民币；4）法定代表人和其他主要负责人符合人民银行规定的任职

① 银监会为此于2003年9月12日发布实施了《农村商业银行管理暂行规定》和《农村合作银行管理暂行规定》。

资格条件；5）从业人员中必须有60%的人员从事过一年以上的金融工作或具有金融及相关专业大中专学历，从业人员一般不少于5人；6）有健全的组织机构和规章制度；7）有符合要求的营业场所和完备的防盗、报警、通讯、消防等设施；8）其他条件。

设立农村信用社，应经筹建和开业两个阶段。申请筹建信用社，应当向人民银行当地县（市）支行提交筹建申请书、可行性分析报告、筹建方案等，经批准后方可筹建。筹建就绪后应向人民银行提出开业申请，并提交开业申请报告、验资证明等相关资料，经人民银行批准后颁发“金融机构法人许可证”，并据以向工商行政管理部门登记，领取营业执照。

农村信用社的分社、储蓄所的设立、撤并，由农村信用社提出申请，报人民银行县（市）支行审批，由人民银行地（市）支行批准，并颁发“金融机构营业许可证”。

（2）变更。农村信用社变更名称，变更注册资本，变更营业场所，调整业务范围，变更理事长、副理事长和主任、副主任，实行分立、合并等事项时，须经人民银行批准。

2. 农村信用社的股权设置

农村信用社的注册资本是社员缴纳的股本金和农村信用社公积金转增形成的资本总额。所有社员必须用货币资金入股，单个社员最高持股比例不得超过信用社股本金总额的2%。农村信用社不得印制股票，只发记名式股金证书。社员持有的股本金可以转让和退股，但应办理相关手续。

3. 农村信用社的组织机构

农村信用社的组织机构包括社员代表大会、理事会、监事会，分别作为其权力机构、常设执行机构、监督机构，履行相应职权。农村信用社实行理事会领导下的主任负责制，主任为法定代表人，全面负责农村信用社的经营管理。

4. 农村信用社的业务范围及管理

（1）业务范围。农村信用社经批准可经营以下人民币业务：1）办理存款、贷款、票据贴现、国内结算业务；2）个人储蓄业务；3）代理其他银行的金融业务；4）代理收付款项及受托代办保险业务；5）买卖政府债券；6）代理发行、代理兑付、承销政府债券；7）提供保险箱业务；8）由县联社统一办理资金融通调剂业务；9）经批准的其他业务。

（2）业务管理。农村信用社的业务管理内容包括：1）按规定缴纳存款准备金。2）对本社社员的贷款不得低于贷款总额的50%，其贷款应优先满足种养业和农户生产资金需要。3）坚持多存多贷、自求平衡的原则，实行资产负债比例管理和资产风险管理。具体规定为：资本充足率不得低于8%；年末贷款余额与存款余额的比例不得低于80%；流动性资产余额与流动性负债余额的比例不得低于25%；对同一借款人的贷款余额不得超过本信用社资本总额的30%。其他管理指标规定详见《农村信用合作社资产负债比例管理暂行办法》。

5. 农村信用社的财务会计管理

农村信用社执行国家统一制定的农村信用社财务会计制度，按照规定及时向当地监管部门编报会计报表；按有关规定提取呆账准备金和坏账准备金；按照规定办理本地和异地结算业务；以县联社为单位，统一聘请监管部门认可的会计师事务所对其财务报表及财务状况进行审查；定期向本社理事会、监事会报告其财务状况。

6. 农村信用社的接管与终止

农村信用社已经或可能出现信用危机、严重影响存款人利益时，监管部门可对其实行接管，并予整顿。接管期限不得超过 12 个月。接管期限届满，监管部门可视情况决定延期，但最长不得超过 2 年。

农村信用社因分立、合并或出现章程规定的解散事由需解散的，经报监管部门批准后解散，并依法组成清算组进行清算；因吊销许可证被解散的，由监管部门组织成立清算组进行清算；资不抵债、不能支付到期债务，经监管部门同意，由人民法院宣告其破产。农村信用社因解散、被撤销或被宣告破产而终止。

7. 罚则规定

《农村信用合作社管理规定》就农村信用社的各种违法、违规行为的处罚作出了规定。

（三）农村信用社县级联合社的管理规定

1. 县联社的机构设立和变更

（1）设立。农村信用社县联社根据所在县（市）名称命名。申请设立县联社必须具备下列条件：1）有符合规定的章程；2）辖区内农村信用社达到 8 家以上；3）注册资本一般不少于 100 万元人民币；4）法定代表人和其他主要负责人符合规定的任职资格条件；5）从业人员中必须有 80%的人员从事过一年以上的金融工作或具有金融及相关专业大中专学历；6）有健全的组织机构和规章制度；7）有符合要求的营业场所和完备的防盗、报警、通讯、消防等设施；8）其他条件。

设立县联社，申请人应当向当地人民银行县（市）支行提交申请书、可行性分析报告、拟定的筹备人员简历等资料；其申请经审查符合规定的，申请人应填写正式申请表，并向分行提交章程草案、验资证明等文件、资料。县联社的设立，由人民银行县（市）支行报地（市）中心支行审核，当地分行批准并报总行备案，由人民银行颁发《金融机构法人许可证》，凭以向工商管理部门领取营业执照。

县联社根据需要亦可设分社、储蓄所。

（2）变更。县联社的下列变更事项，应事先报经监管部门批准：变更注册资本；调整业务范围；更换理事长、副理事长和主任、副主任；更换机构名称和营业场所。

2. 县联社的股权设置

县联社的社员是指向县联社入股的辖内农村信用社；县联社职工可以集中资金入股，其他法人和自然人不得入股。县联社吸纳所在地农村信用社的入股资金，必须符合监管部门关于向金融机构投资入股的有关规定。其资本总额由社员入股资金和自身公共积累转增资本金构成，每个社员入股金额不得低于 5 万元，但不得高于联社股金总额的 20%。所有社员必须用货币资金入股，其权利证书是记名式股金证书，不发行股票。

3. 县联社的组织机构

县联社的组织机构包括社员大会、理事会、监事会，分别作为联社的权力机构、执行机构和监督机构，履行相应职责。县联社实行理事会领导下的主任负责制，县联社主任为法定代表人，全面负责县联社的管理经营。

4. 县联社的基本职责

县联社的主要职责是对本县（市）的农村信用社进行管理和服务。表现在：

（1）管理。县联社按有关规定对辖内农村信用社行使以下管理职能：1）根据全国农村信用社统一的规章制度，制定辖内农村信用社人事、劳资、信贷、财务、会计、稽核、保卫等方面的具体制度并组织实施；2）管理农村信用社人事、劳资，统筹解决信用社职工退职退休经费；3）制定并检查、考核农村信用社信贷、财务收支计划执行情况，稽核、辅导农村信用社业务和财务；4）监察、处理农村信用社案件，组织指导农村信用社的安全保卫工作；5）协调有关方面的关系，维护信用社的合法权益；6）综合汇总农村信用社的会计、统计报表，按规定及时上报；7）其他管理职能。

（2）服务。县联社为辖内农村信用社提供以下服务：1）组织农村信用社之间的资金调剂；2）经批准，参加资金市场，为农村信用社融通资金；3）办理或代理农村信用社的资金清算和结算业务；4）组织管理农村信用社的社团贷款；5）组织做好农村信用社的现金供应和回笼；6）筹集、管理农村信用社风险防范基金；7）组织农村信用社职工培训教育；8）组织经验交流，为农村信用社提供各种信息服务；9）其他服务职能。

此外，县联社在做好对辖内农村信用社管理和服务的前提下，自身也可以办理存款、贷款等业务，支持农村经济的发展。县联社办理存款、贷款、结算等业务，执行《农村信用合作社管理规定》的有关规定，其业务经营坚持不与农村信用社竞争的原则。县联社依法接受银监会的监督管理。

5. 其他规定

《农村信用合作社县级联合社管理规定》还就县联社的接管与终止、罚则等问题作了规定。

（四）农村信用社市（地）联合社

1. 市（地）联社的性质

市（地）联社是由农村信用社县（市）联社（以下简称县联社）出资入股组成，实行民主管理，履行行业管理和服务职能，具有独立法人地位的合作金融组织。其名称为“××市（地、盟）农村信用合作社联合社”，简称“市（地）联社”。市（地）联社主要从事行业管理，向县联社提供资金清算和调剂服务，不对居民和企业办理存贷款业务，不设立分支机构。

2. 市（地）联社的股权设置

凡承认市（地）联社章程，按规定交纳股金的辖内县联社均可申请加入市（地）联社，为社员社。市（地）联社只吸纳市（地）范围内县联社的入股资金，不吸收市（地）联社职工、其他法人和自然人入股。

每个社员社入股金额不得低于10万元，出资比例不得高于市（地）联社股金总额的30%。社员社入股金额不得超过其实有资本金的50%。社员社必须用货币资金入股，不得以债权、实物资产、有价证券等折价入股。市（地）联社不得印制股票，只发记名式股金证作为社员社入股所有权凭证和分红依据。股金证书应载明认缴数额及出资比例。

3. 市（地）联社的组织机构

市（地）联社设社员大会，作为权力机构，行使联社重大事项的表决权。社员大会由每个社员社的社员大会选举5名至11名代表参加，每个社员社的代表数量相同。其中农村信用社的社员代表不少于60%。社员大会由理事会负责召集，表决时每个社员代表一票。市（地）联社章程的修改，分立、合并、解散及清算方案，要经社员大会以全体社员代表的2/3以上多数通过；其他议案必须经社员大会以全体社员代表的1/2以上多数通过。

市（地）联社设理事会。理事会是市（地）联社社员大会的执行机构，由5名至11名理事（奇数）组成。市（地）联社职工代表担任理事的人数不超过理事会人数的20%。市（地）联社理事会中的职工代表由职工代表大会推选并向社员大会提名。理事会会议由理事长召集和主持。每半年召开一次，必要时可随时召开。理事会设理事长一人，主持理事会工作。理事长为市（地）联社的法定代表人。

监事会是市（地）联社的监督机构，由市（地）联社社员代表和职工代表组成，人数为3名至9名（奇数）。职工代表由职工代表大会推选并向社员大会提名。理事、主任、副主任和财务负责人不得兼任监事。监事会会议由监事长召集和主持，每半年召开一次，必要时可随时召开。

市（地）联社实行理事会领导下的主任负责制。市（地）联社设主任一人，副主任一人至二人。主任、副主任由理事会聘任。主任不得由理事长兼任。主任全面负责市（地）联社的日常管理工作，组织实施理事会决议等。

4. 市（地）联社的基本职责

根据有关规定，市（地）联社对社员社行使以下行业管理职能：（1）根据全国农村信用社统一的管理制度，指导社员社和农村信用社制定内部管理制度办法；（2）对社员社和农村信用社的业务经营、财务活动、劳动用工和社会保障及内部管理进行辅导和稽核；（3）对主要负责人的提名和对不称职的主要负责人的罢免可提出建议，提交社员社社员大会审议；（4）监察处理案件，组织指导安全保卫工作；（5）组织职工的培训教育；（6）协调有关方面的关系，维护社员社的合法权益；（7）综合汇总会计、统计报表并按要求上报；（8）负责电子化建设的协调和管理；（9）其他行业管理职能。

市（地）联社为社员社提供以下服务：（1）组织社员社之间的资金调剂；（2）经批准，参加资金市场，为社员社融通资金；（3）办理或代理社员社的资金清算和结算业务；（4）组织做好现金供应和回笼；（5）组织经验交流和对外交往，提供各种信息咨询服务；（6）其他服务职能。

（五）农村信用社省级联合社

1. 省联社的性质

省联社是由所在省（自治区、直辖市）内的农村信用合作社市（地）联合社、县（市、区）联合社、县（市、区）农村信用合作联社、农村合作银行自愿入股组成[①]，实行民主管理，主要履行行业自律管理和服务职能，具有独立企业法人资格的地方性金融机构。省联社以所在省（自治区、直辖市）名称命名为“××省（自治区、市）农村信用社联合社”。省联社依法接受中国银行业监督管理委员会及其他有关部门的监督管理。

省联社经省（自治区、直辖市）政府授权，承担对辖内农村信用社（含农村合作银行，下同）的管理、指导、协调和服务职能。省联社贯彻执行国家的金融方针政策，依法自主经营、自负盈亏、自担风险、自我约束，其业务活动以为社员社提供服务、促进社员社的发展为宗旨。省联社不对公众办理存贷款金融业务。

---

① 农村商业银行在自愿的前提下也可向省联社入股，并取得有关服务。

2. 省联社的设立、变更和终止。

（1）设立条件、方式与程序。

设立省联社，应当具备下列条件：1）有符合本规定的章程；2）注册资本金不低于500万元人民币；3）有符合任职资格条件的高级管理人员和符合要求的从业人员；4）具有健全的组织机构和管理制度；5）银监会规定的其他条件。

省联社以发起方式设立，发起人应认购省联社发行的全部股份。设立省联社，申请人应当向银监会省（自治区、直辖市）监管局提出申请，经审核同意后报银监会批准。

省联社的设立包括筹建和开业申请两程序。筹建省联社，应当提交下列文件、资料：1）申请书，载明拟设立省联社的名称、注册资本金、业务范围、发起人、出资额和出资比例等；2）筹建方案；3）筹建领导小组成员名单及简历；4）发起人协议书；5）省（自治区、直辖市）政府同意组建省联社的意见；6）发起人权力机构同意出资入股的决议；7）银监会规定提交的其他文件、资料。

省联社筹建工作结束后提出开业申请，并提交下列文件、资料：1）开业申请书；2）筹建工作报告；3）章程草案；4）拟任职高级管理人员的资格证明；5）法定验资机构出具的验资证明及进账单复印件，发起人名单及出资额、出资比例；6）理事会成员简历和资格证明；7）从业人员和内设机构基本情况；8）创立大会和理事会通过的相关决议；9）基本管理制度；10）银监会规定提交的其他文件、资料。

经批准开业的省联社，由银监会省（自治区、直辖市）监管局颁发金融许可证，并凭金融许可证向工商行政管理部门办理登记，领取法人营业执照。经银监会省（自治区、直辖市）监管局审批，省联社可在辖内设立办事处。办事处是省联社的派出机构，不具有法人资格，不颁发金融许可证，在省联社授权范围内依法履行有关职责，其民事责任由省联社承担。

（2）变更与终止。

省联社有下列变更事项之一的，应经银监会批准：1）变更名称；2）修改章程；3）变更注册资本金；4）变更高级管理人员；5）调整业务范围；6）银监会规定的其他变更事项。

省联社解散、被接管、被撤销和被宣告破产，适用《公司法》、《商业银行法》和《金融机构撤销条例》及有关法律法规的规定。

3. 省联社的资本构成与股权设置

省联社享有由社员社投资入股形成的法人财产权，依法享有民事权利，承担民事责任。其合法财产及依法开展业务受国家法律保护，任何单位及个人不得侵犯和非法干涉。社员社以其所持股份为限对省联社承担责任；省联社以其全部资产对其债务承担责任。

农村信用合作社市（地）联合社、县（市、区）联合社、县（市、区）农村信用合作联社、农村合作银行和农村商业银行可向省联社入股，省联社不吸收其他法人和自然人入股。省联社每股股金10万元人民币。单个社员社出资比例不得超过省联社股本总额的10%，社员社入股金额不得超过其实收资本的30%。社员社必须以货币资金入股，股金必须一次募足。省联社印发记名股权证书，以人民币标明面值，作为社员社所有权凭证和分红依据。省联社股权证书依法可以承继和转让。

4. 省联社的组织结构

省联社依法设立社员大会、董事会和高级管理层。其中社员大会是省联社权力机构，由社员社代表组成。社员大会行使有关省联社重大事项的审批权等职权；社员大会每年召开一次，必要时可召开临时社员大会。

省联社设理事会。理事会是社员大会的执行和监督机构，对社员大会负责。理事会由9名～15名理事（奇数）组成。理事候选人名单应以提案方式提请社员大会决议，选举理事采取无记名差额投票方式进行，每个社员社担任理事的人数不得超过1人，省联社职工中担任理事的人数不得超过理事人数的20%。

理事会设理事长1名，副理事长1名。理事长为省联社法定代表人。理事长、副理事长由全体理事2/3以上选举产生。理事会会议应由1/2以上的理事出席方可举行。理事会实行一人一票的表决制度。理事会作出决议，必须经全体理事的过半数通过；重大事项须经全体理事2/3以上通过。

省联社高级管理层由主任和副主任组成。省联社设主任1名，副主任2名～4名。主任、副主任的聘任由全体理事2/3以上通过。主任、副主任任期3年，期满后可以连任。主任不得由理事长兼任。主任对理事会负责，并行使日常管理职权。

省联社的理事长、副理事长、主任和副主任的任职资格管理适用金融机构高级管理人员任职资格管理的有关规定。省联社的高级管理人员拟任人选未经银监会核准任职资格，不得到任履行职责。省联社高级管理人员不得在党政机关任职，不得从事除本职工作以外的任何以营利为目的的经营活动。

5. 省联社的基本职能

省联社履行下列职能：(1) 督促农村信用社贯彻执行国家金融方针政策，落实支农工作；(2) 制定行业自律管理制度并督促执行；(3) 指导农村信用社健全法人治理结构，完善内控制度；(4) 对农村信用社业务经营、财务活动、劳动用工和社会保障及内部管理等工作进行辅导和审计；(5) 督促农村信用社依法选举理事和监事，选举、聘用高级管理人员；(6) 指导防范和处置农村信用社的金融风险；(7) 指导、协调电子化建设；(8) 指导员工培训教育；(9) 协调有关方面关系，维护农村信用社的合法权益；(10) 组织农村信用社之间的资金调剂；(11) 参加资金市场，为农村信用社融通资金；(12) 办理或代理农村信用社的资金清算和结算业务；(13) 提供信息咨询服务；(14) 省联社章程规定的其他职能。

省联社应建立行业审计制度，配备专职审计人员，定期对农村信用社进行审计，审计结果应报送银行业监督机构。省联社按照法律、法规和规章的规定及时向银监会报送省联社及社员社汇总会计报表、统计报表及其他资料，省联社对所报报表、资料的真实性、准确性、完整性负责。

6. 法律责任

省联社违反国家法律、法规和规章，将按照《商业银行法》和《金融违法行为处罚办法》等有关规定处罚。省联社对银监会的行政处罚决定不服的，可以依法提请行政复议或向人民法院提起行政诉讼。

三、城市信用合作社及联社

(一) 城市信用社及联社的概述

城市信用合作社，简称“城市信用社”，是指在城市市区内由城市居民、个体工商户和中小企业法人出资设立的，主要为社员提供服务，具有独立企业法人资格的合作金融组织。

城市信用合作社联合社，简称“联社”，是指由市区内城市信用社出资设立的，经人民银行授权，对市区内城市信用社及联社所在地级城市辖区内其他城市信用社实行行业归口监督、管理、协调，具有企业法人资格的管理经营型的城市信用社联合组织。

1979 年，河南漯河市（当时为县级市）成立了我国第一家城市信用社，它虽然与严格意义的合作信用组织还有一定的距离，但也揭开了我国城市信用合作社发展的新篇章。以后经过 1986 年～1988 年和 1992 年～1994 年两次大发展，1995 年年末全国共有城市信用社 5 279 家，存贷款余额分别为 3 357 亿元和1 929 亿元，分别占全国金融机构的 7.0％和 4.0％。为规范城市信用社及联社的组织及活动开展，1988 年、1996 年人民银行曾先后发布《城市信用合作社管理规定》、《城市信用合作社联合社管理规定》。1996 年年后，由于组建城市商业银行，城市信用社数量趋于减少，到 1996 年年底，我国城市信用社（包括联社）有四千六百多家，并有一百多个城市在城市信用社及联社的基础上组建了城市商业银行。为更好地规范那些不设城市商业银行的城市的信用社的行为，切实纠正私人控股、家庭控股和向股东大额贷款等问题，把城市信用社办成真正的合作金融组织，人民银行于 1997 年 9 月 4 日、1998 年 1 月 1 日先后发布了《城市信用合作社管理办法》、《城市信用合作社联合社管理办法》。1998 年冬，为化解城市信用社中的金融风险，开始“大整顿”，城市信用社的数量急剧下降，1998 年年末为 3 290 家，2000 年年底减少为 1 689 家，2002 年进一步减少至 449 家。减少的 2 841 家的去向是：240 家组建为城市商业银行，285 家合并重组为 52 家单一法人的规模较大的城市信用社，1 612 家改制、更名纳入农村信用联社，213 家被商业银行收购，543 家被撤销关闭。总体看来，城市信用社作为一类金融机构，经过 1998 年～2002 年的整顿，绝大多数城市信用社以不同方式“退出”或改制为城市商业银行。从长远看，作为小金融机构的城市信用社最终将不复存在。

（二）城市信用社的管理规定

1. 原则规定

有关城市信用社管理的原则规定主要有：（1）城市信用社实行社员民主管理、一人一票的原则，社员具有平等的表决权、选举权和被选举权；（2）城市信用社应当遵循自主经营、自负盈亏、互利互助、自我约束、自我积累的原则开展各项业务活动；（3）城市信用合作社依法接受人民银行的监督管理（2003 年以后改由银监会监管，下同）和联社的行业归口管理。

2. 城市信用社的设立与变更规定

（1）设立。设立城市信用合作社应经人民银行审查批准，并具备下列条件：1）有 50 个以上的社员，其中企业法人不少于 10 个；2）有不低于 100 万元人民币的注册资本金；3）有符合规定的章程；4）有具备任职专业知识和业务工作经验的理事长、主任及其他高级管理人员；5）有健全的组织机构和管理制度；6）有符合要求的营业场所、安全防范措施和与业务有关的其他设施。

设立城市信用社必须经过筹建（含筹建申请、募股、召开创立大会等）和开业（含开业申请、申领证照等）两个阶段。其发起人不得少于 20 人，其中企业法人不得少于 5 人，发起人认购的股金不得低于城市信用社股金总额的 40％，其余的股金应当由城市居民、个体工商户和企业法人认购。城市信用社不得设立分社、储蓄所、代办所等分支机构。

（2）变更。城市信用社变更名称、注册资本、营业场所，调整业务范围，变更社员及其所持股金，变更理事长、副理事长、主任、副主任，修改章程等，应经人民银行分行批准。

3. 城市信用社的组织机构与管理

城市信用社设社员大会、理事会和监事会，分别作为其权力机构、执行机构和监督机构，行使相应的职权。城市信用社实行理事会领导下的主任负责制，理事长是法定代表人，主任主持信用社的日常工作。城市信用社的主任或副主任不得由理事长兼任。

4. 城市信用社的业务范围及管理

（1）业务范围。经人民银行批准，城市信用社在其所在地可经营下列人民币业务：1）吸收社员存款；2）吸收人民银行规定限额以下的非社员的公众存款；3）发放贷款；4）办理结算业务；5）办理票据贴现；6）代收代付款项及受托代办保险业务；7）经批准的其他业务。

（2）业务管理规定。主要有：1）吸收的非社员存款不得超过存款余额的40%；吸收单个非社员储户的储蓄存款不得超过15万元。2）发放贷款，在同等条件下应优先满足社员需要；对同一贷款人发放贷款余额不得超过50万元；对非社员的贷款余额不得超过信用社贷款余额的40%。3）必须按规定缴纳存款准备金。4）实行资产负债比例管理和资产风险管理制度。包括：资本充足率不得低于8%；对单个社员贷款余额不得超过该信用社资本金总额的20%，最高限额为50万元；一律实行担保贷款制度，必须建立、健全贷款的受理、评估和审批制度；流动性资产与流动性负债的比例不得低于25%。5）执行人民银行制定的利率管理规章制度、现金管理规章制度和统一的结算制度。6）按规定向人民银行报送有关报表、资料，并对其真实性、准确性负责。

5. 城市信用社的财务管理

城市信用社执行国家颁布的财务、会计制度，其公共积累归社员所有。城市信用社缴纳所得税后的利润按以下顺序分配：（1）被没收的财物损失，支付各项税收的滞纳金和罚款及人民银行的罚款、罚息等；（2）弥补以前年度的亏损；（3）按税后利润（减弥补亏损）提取10%的法定盈余公积金和不低于5%的公益金。城市信用社缴纳所得税后的利润在提取公积金、公益金后，不允许全部用作股金分红，应留出一定比例作为待分配利润，留待以后年度分配。城市信用社发生的亏损可以用下一年度的利润在税前弥补，下一年度不足弥补的，可以在5年内延续弥补，5年内不足弥补的，用税后利润弥补。城市信用社要按规定提取各项风险准备金，及时核销呆账、坏账。城市信用社应定期向全体社员和监督管理部门公开其财务状况。

6. 其他规定

《城市信用合作社管理办法》还就社员资格条件、接管与终止、罚则等作了明确规定。

（三）城市信用社联社的管理规定

1. 联社的机构设立与变更

（1）机构设立。联社在符合条件的地级城市设立，其名称中应包含所在城市名称。联社只设一个营业部，不得设分社、储蓄所、代办所等分支（或代理）机构。设立联社应经人民银行逐级审核后报总行审批。其设立条件是：1）市区城市信用社机构数量4家以上；2）注册资本金达到80万元人民币以上；3）有符合规定的章程；4）有具备任职资格的主任、副主任及其他管理人员；5）有健全的组织机构和管理制度；6）有符合人民银行和公安部门要求的办公场所、营业场所和与业务有关的其他设施；7）必须与原行政挂靠单位实行人、财、物完全脱钩。其设立程序也包括筹建和开业两个阶段。

（2）变更。联社变更名称、变更注册资本及社员持股金额、调整业务范围、修改章程、变更法人住所等，应经人民银行批准；联社更换法定代表人及其他主要负责人，应当报人民银行审查其任职资格。

2. 联社的组织机构

联社实行民主管理、一人一票原则，其权力机构是由全体社员组成的社员大会，讨论决定联社的重大问题。联社设监事会，由社员代表和职工代表组成，作为其内部监督机构。联社实行主任负责制，由社员大会聘任，主任为联社的法定代表人，主持联社的日常工作。

3. 联社的基本职责

经人民银行授权，联社可以行使以下行业归口管理职能：1）拟定行业自律制度，并监督执行；2）协调社员之间的关系；3）向人民银行反映城市信用社的要求；4）负责行业性职工技术培训、年度评比工作；5）统一组织城市信用社职工的教育；6）组织有关城市信用社信息和经验交流；7）统一负责印制城市信用社账表、凭证；8）对城市信用社的变更事项进行初审；9）综合、汇总城市信用社的会计、统计报表和财务报表，定期上报人民银行；10）督促城市信用社健全安全保卫工作；11）对城市信用社大额贷款、重大财务支出进行管理；12）监督城市信用社依法经营，对违法、违规行为提出处罚意见报人民银行批准后执行；13）制定城市信用社内部审计制度，并定期对其进行审计；14）督促城市信用社建立健全社员大会、理事会、监事会制度，并监督其发挥作用；15）对城市信用社发生的重大事项及时报告人民银行；16）人民银行授权的其他管理工作。

4. 联社的业务范围及管理

（1）业务范围。联社可在所在地经营下列业务：1）组织城市信用社之间的资金调剂；2）办理城市信用社的结算业务；3）吸收企、事业单位存款；4）购买国债及金融债券；5）办理结算业务；6）办理经人民银行批准的其他业务。

（2）业务管理规定。包括：1）联社不得办理储蓄业务、不得从事购买国债及金融债券以外的投资业务；2）实行资产风险管理制度，资本充足率不得低于8%；3）在人民银行当地分行开户，并按规定交存存款准备金；4）执行人民银行制定的利率政策，其组织城市信用社资金的利率应报人民银行分行批准；5）按规定报送有关报表、资料，并对其完整性、真实性、准确性负责；6）按照规定制定业务规则，建立健全业务管理、现金管理、安全防范制度，建立健全会计制度；7）按照规定编制年度财务会计报告等。

5. 其他规定

《城市信用合作社联合社管理办法》还就联社的财务管理、接管与终止、罚则等方面的内容作了明确规定。

第三节　其他非银行金融机构

一、财务公司

（一）财务公司概述

财务公司或称“财务有限公司”，又称“注册接受存款公司”，是指经营部分金融业务的准银行。主要承办有存款期限规定的大额存款、发放贷款、经销证券、买卖外汇、代理保险、财务咨询等金融业务。其服务对象主要是大企业、大公司和公司集团，不开立私人账户，不办理小宗存款、贷款和储蓄，以此与银行相区别。其最大的特点是注册资本额较少、人员精干、机构小、业务活、服务优良。故其可以弥补一般商业银行业务的不足。

财务公司诞生于18世纪的法国，其后美、英等国相继效仿开办。在西方国家，财务公司一般是独立的金融机构，主要经营批发性金融业务。虽然从组织体制上讲，这种财务公司可能是某些大集团控股的公司，但其业务却可以不受企业集团业务范围的限制。在我国香港地区，财务公司主要有两类：一类是持牌接受存款公司（现称限制牌照银行），如标准渣打亚洲有限公司、野村国际（香港）有限公司、万国宝通国际有限公司、获多利财务公司等；另一类是注册接受存款公司，如美银财务（香港）有限公司、联亚财务有限公司、美国运通财务有限公司等。按1981年香港政府实行的“金融三级制”的体制，持牌接受存款公司和注册接受存款公司分属第二级和第三级金融机构。前者实收资本为1亿港元，较第一级金融机构——持牌银行为低（注册实收资本为1.5亿港元），它主要经营“商人银行”或称“批发银行”的业务，以及接受大额存款（每笔在50万港元或以上的存款），而不能经营零售银行业务；后者实收注册资本为2 500万港元，主要为中小企业和市民服务，也只能接受大额存款（每笔不少于10万港元），且存款期限不得少于3个月。上述两类财务公司的存款利率不受任何限制，而持牌银行的存款利率要受银行公会的限制。

我国第一家财务公司成立于1987年。目前我国的财务公司主要可以分为两大类：一类是企业集团财务公司（主要是中资企业集团财务公司），是为企业集团成员单位提供金融服务的非银行金融机构；另一类是一般性的财务公司，主要包括外资财务公司、中外合资财务公司，是由中外金融机构或外国金融机构按中国法律规定，经批准在中国境内投资设立、面向社会提供较为广泛金融业务的非银行金融机构。1992年11月12日，中国人民银行、国家计委、国家体改委、国务院经贸办曾联合发布《关于国家试点企业集团建立财务公司的实施办法》，对企业集团财务公司的设立及活动开展予以规范。1996年9月27日，在整顿金融秩序的大背景下，人民银行发布实施了《企业集团财务公司管理暂行办法》。2000年6月30日，中国人民银行对该暂行办法进行修订，发布实施了《企业集团财务公司管理办法》，统一适用于中、外企业集团财务公司。随着金融监管体制的变化，对企业集团财务公司的监管职责已于2003年转由银监会行使。银监会于2004年7月27日发布、自同年9月1日起实施了新的《企业集团财务公司管理办法》，2006 年 12 月 28 日，中国银监会根据需要又对该管理办法作了小幅修订。①

(二)《企业集团财务公司管理办法》的主要内容

《企业集团财务公司管理办法》共 6 章 64 条，依次为总则，机构设立及变更，业务范围，监督管理与风险控制，整顿、接管及终止，附则。其主要内容包括：

1. 企业集团财务公司的性质与法律地位

按《企业集团财务公司管理办法》的规定：企业集团财务公司（以下简称财务公司）是指以加强企业集团资金集中管理和提高企业集团资金使用效率为目的，为企业集团成员单位（以下简称成员单位）提供财务管理服务的非银行金融机构。外资投资性公司为其在中国境内的投资企业提供财务管理服务而设立的财务公司也适用该办法的相关规定，其中，外资投资性公司适用该办法中对母公司的相关规定，其在中国境内的投资企业适用该办法中对成员单位的相关规定。

这里所称“企业集团”是指在中国境内依法登记，以资本为联结纽带、以母子公司为主体、以集团章程为共同行为规范，由母公司、子公司、参股公司及其他成员企业或机构共同组成的企业法人联合体。所称“成员单位”包括：母公司及其控股 51%以上的子公司（以下简称子公司）；母公司、子公司单独或共同持股 20%以上的公司，或持股不足 20%但处于最大股东地位的公司；母公司、子公司下属的事业单位法人或社会团体法人。所称“外资投资性公司”是指外国投资者在中国境内独资设立的从事直接投资的公司。所称“投资企业”包括该外资投资性公司以及在中国境内注册的、该外资投资性公司单独或与其投资者共同持股超过 25%，且该外资投资性公司持股比例超过 10%的企业。

财务公司应依法合规经营，不得损害国家和社会公共利益，并依法接受银监会的监督管理。

2. 财务公司的设立条件、程序及变更

设立财务公司，应报银监会审批。其名称应经工商登记机关核准，并标明“财务有限公司”或“财务有限责任公司”字样，且名称中应包含其所属企业集团的全称或简称。

（1）申请设立财务公司的企业集团应当具备下列条件：1）符合国家的产业政策；2）申请前一年，母公司的注册资本金不低于 8 亿元人民币；3）申请前一年，按规定并表核算的成员单位资产总额不低于 50 亿元人民币，净资产率不低于 30%；4）申请前连续两年，按规定并表核算的成员单位营业收入总额每年不低于 40 亿元人民币，税前利润总额每年不低于 2 亿元人民币；5）现金流量稳定并具有较大规模；6）母公司成立 2 年以上并且具有企业集团内部财务管理和资金管理经验；7）母公司具有健全的公司法人治理结构，未发生违法违规行为，近 3 年无不良诚信纪录；8）母公司拥有核心主业；9）母公司无不当关联交易。

外资投资性公司除适用前述第 1）、2）、5）、6）、7）、8）、9）项的规定外，申请前一年其净资产应不低于 20 亿元人民币，申请前连续两年每年税前利润总额不低于 2 亿元人民币。

① 2006 年 12 月 28 日中国银监会对《企业集团财务公司管理办法》作小幅修改，即将该办法第 11 条第 2 款“本条所称的合格的机构投资者是指原则上在 5 年内不转让所持财务公司股份的、具有丰富行业管理经验的外部战略投资者”，修改为“本条所称的合格的机构投资者是指原则上在 3 年内不转让所持财务公司股份的、具有丰富行业管理经验的战略投资者”。

(2) 设立财务公司，应当具备下列七个条件：

1) 确属集中管理企业集团资金的需要，经合理预测能够达到一定的业务规模。

2) 有符合中国《公司法》和本办法规定的章程。

3) 有符合规定的最低限额注册资本金，该注册资本金最低限额要求为1亿元人民币，并应当是实缴的人民币或等值的可自由兑换货币；经营外汇业务的财务公司，其注册资本金中应当包括不低于500万美元或等值的可自由兑换货币。

财务公司的股东资格应当符合银监会的有关规定，其注册资本金应当主要从成员单位中募集，并可以吸收成员单位以外的合格的机构投资者（指原则上在3年内不转让所持财务公司股份的、具有丰富行业管理经验的战略投资者）的股份；外资投资性公司设立财务公司时，其注册资本金可以由该外资投资性公司单独或与其投资者共同出资。

4) 有符合银监会规定的任职资格的董事、高级管理人员和规定比例的从业人员，在风险管理、资金集约管理等关键岗位上有合格的专门人才。

财务公司从业人员中从事金融或财务工作3年以上的人员应当不低于总人数的2/3，其中从事金融或财务工作5年以上的人员应当不低于总人数的1/3。曾任国际知名会计师事务所查账员、电脑公司程序设计师或系统分析员，或在国际知名资产管理公司、基金公司、投资银行、证券公司相关业务和管理岗位上工作过的专业人员，如果具有2年以上工作经验，并经国内相关业务及政策培训，则视同从事金融或财务工作3年以上。

5) 在法人治理、内部控制、业务操作、风险防范等方面具有完善的制度。

6) 有符合要求的营业场所、安全防范措施和其他设施。

7) 银监会规定的其他条件。

(3) 设立财务公司的程序。设立财务公司应经过筹建和开业两个阶段。

在筹建阶段，应当由母公司向银监会提出申请，并提交下列文件、资料：1) 申请书，其内容应包括拟设财务公司名称、所在地、注册资本、股东、股权结构、业务范围等。2) 可行性研究报告，其内容包括：其一，母公司及其他成员单位整体的生产经营状况、现金流量分析、在同行业中所处的地位以及中长期发展规划；其二，设立财务公司的宗旨、作用及财务公司业务量预测；其三，经有资质的会计师事务所审计的最近2年的合并资产负债表、损益表及现金流量表。3) 成员单位名册及有权部门出具的相关证明资料。4)《企业集团登记证》、申请人和其他出资人的营业执照复印件及出资保证。5) 设立外资财务公司的，需提供外资投资性公司及其投资企业的外商投资企业批准证书。6) 母公司法定代表人签署的确认上述资料真实性的证明文件。7) 银监会要求提交的其他文件、资料。

筹建申请经审批同意的，申请人应当自收到批准筹建文件起3个月内完成筹建工作，并向银监会提出开业申请，同时提交下列文件：1) 财务公司章程草案；2) 财务公司经营方针和计划；3) 财务公司股东名册及其出资额、出资比例；4) 法定验资机构出具的对财务公司股东出资的验资证明；5) 拟任职的董事、高级管理人员的名单、详细履历及任职资格证明材料；6) 从业人员中拟从事风险管理、资金集中管理的人员的名单、详细履历；7) 从业人员中从事金融、财务工作5年及5年以上有关人员的证明材料；8) 财务公司业务规章及风险防范制度；9) 财务公司营业场所及其他与业务有关设施的资料；10) 银监会要求提交的其他文件、资料。

开业申请经银监会核准后，由其颁发“金融许可证”并予以公告。财务公司凭许可证办理工商登记，领取“企业法人营业执照”后方可开业。此外，财务公司根据业务需要，经银监会批准，可以在成员单位集中且业务量较大的地区设立分公司。分公司的营运资金不得少于5 000万元人民币，但财务公司拨付各分公司的营运资金总计不得超过其注册资本金的50%。财务公司的分公司不具有法人资格，其经财务公司授权开展业务活动产生的民事责任由财务公司承担。财务公司根据业务管理需要，可以在成员单位比较集中的地区设立代表处，并应报银监会备案。代表处不得经营业务，只限于从事业务推介、客户服务、债权催收以及信息的收集、反馈等相关工作。

经批准设立的财务公司及其分公司自领取营业执照之日起，无正当理由6个月不开业或开业后无正当理由连续停业6个月以上的，由银监会吊销其“金融许可证”，并予以公告。

（4）财务公司的变更。财务公司有下列变更事项之一的，应报银监会批准：1）变更名称；2）调整业务范围；3）变更注册资本金；4）变更股东或调整股权结构；5）修改章程；6）更换董事、高级管理人员；7）变更营业场所；8）银监会规定的其他事项。财务公司分公司变更名称、营运资金、营业场所或更换高级管理人员的，应当由财务公司报银监会批准。

3. 财务公司的业务范围

财务公司的业务范围，经银监会批准后，应在财务公司章程中载明。其分公司的业务范围，由财务公司在其业务范围内进行授权，并报银监会备案。具体规定如下：

（1）财务公司经批准可经营下列部分或全部业务：1）对成员单位办理财务和融资顾问、信用鉴证及相关的咨询、代理业务；2）协助成员单位实现交易款项的收付；3）经批准的保险代理业务；4）对成员单位提供担保；5）办理成员单位之间的委托贷款及委托投资；6）对成员单位办理票据承兑与贴现；7）办理成员单位之间的内部转账结算及相应的结算、清算方案设计；8）吸收成员单位的存款；9）对成员单位办理贷款及融资租赁；10）从事同业拆借；11）银监会批准的其他业务。

财务公司分公司经授权可办理除担保、同业拆借以外的前列各项业务。

（2）符合《企业集团财务公司管理办法》第30条规定条件的财务公司，还可以申请从事下列业务：1）经批准发行财务公司债券；2）承销成员单位的企业债券；3）对金融机构的股权投资；4）有价证券投资；5）成员单位产品的消费信贷、买方信贷及融资租赁。

（3）禁止财务公司从事的业务有：1）不得从事离岸业务；2）除协助成员单位实现交易款项的收付外，不得从事任何形式的资金跨境业务；3）不得办理实业投资、贸易等非金融业务。

4. 监督管理与风险控制

《企业集团财务公司管理办法》就财务公司的监管与风险控制作出了非常详细的规定。主要内容有：

（1）财务公司经营业务，应当遵守以下资产负债比例的要求：1）资本充足率不得低于10%；2）拆入资金余额不得高于资本总额；3）担保余额不得高于资本总额；4）短期证券投资与资本总额的比例不得高于40%；5）长期投资与资本总额的比例不得高于30%；6）自有固定资产与资本总额的比例不得高于20%。

（2）财务公司应当按照审慎经营的原则，建立、健全本公司的内部控制制度。

（3）财务公司应当建立风险控制和业务稽核制度，每年定期向董事会报告工作，并向银监会报告。

（4）财务公司董事会应当每年委托具有资格的中介机构对上一年度的经营活动进行审计，并按期将年度审计报告报送银监会。

（5）财务公司应按规定，建立、健全本公司的财务、会计制度；按规定向银监会报送有关报表和资料；应当按时向银监会报送其所属企业集团的成员单位名录，提供集团业务经营状况及有关数据；对新成员单位开展业务前，应当向银监会及时备案，并提供该成员单位的有关资料等。

（6）财务公司发生挤提存款，到期债务不能支付，大额贷款逾期或担保垫款，电脑系统严重故障，被抢劫或诈骗，董事或高级管理人员涉及严重违纪、刑事案件等重大事项时，应当立即采取应急措施并及时向银监会报告；企业集团发生可能影响财务公司正常经营的重大机构变动、股权交易或经营风险等事项时，财务公司应当及时向银监会报告。

（7）财务公司应当按人民银行的规定缴存存款准备金，并按有关规定提取损失准备，核销损失；应当遵守人民银行有关利率管理的规定；经营外汇业务的，应当遵守国家外汇管理的有关规定。

（8）银监会根据审慎监管的要求，有权依照有关程序和规定采取措施对财务公司进行现场检查。

（9）财务公司对单一股东发放贷款余额超过其注册资本金50%或该股东对财务公司出资额的，应当及时向银监会报告。

（10）财务公司的股东对财务公司的负债逾期1年以上未偿还的，银监会可以责成财务公司股东会转让该股东出资及其他权益，用于偿还其对财务公司的负债。

（11）银监会根据履行职责的需要和日常监管中发现的问题，可以与财务公司的董事、高级管理人员进行监督管理谈话，要求其就财务公司的业务活动和风险管理等重大事项作出说明。

（12）财务公司的董事、高级管理人员离任，应当由母公司依照有关规定进行离任审计，并将离任审计报告报银监会。

（13）财务公司违反审慎经营原则的，银监会应当依照程序责令其限期改正；逾期未改正的，或其行为严重危及该财务公司的稳健运行、损害存款人和其他客户合法权益的，银监会可以依照有关程序，采取下列措施：1）责令暂停部分业务，停止批准开办新业务；2）限制分配红利和其他收入；3）限制资产转让；4）责令控股股东转让股权或限制有关股东的权利；5）责令调整董事、高级管理人员或限制其权利；6）停止批准增设分公司。

（14）财务公司可成立行业性自律组织。银监会对财务公司行业性自律组织进行业务指导。

5. 财务公司的整顿、接管及终止

（1）整顿。财务公司出现下列情形之一的，银监会可以责令其进行整顿：1）出现严重支付危机；2）当年亏损超过注册资本金的30%，或连续3年亏损超过注册资本金的10%；3）严重违反国家法律、行政法规或有关规章。

财务公司整顿时间最长不超过1年。整顿期间，应当暂停经营部分或全部业务。财务公司经过整顿，符合下列条件的，可恢复正常营业：1）已恢复支付能力；2）亏损得到弥补；3）违法违规行为得到纠正。

（2）接管。财务公司已经或可能发生支付危机，严重影响债权人利益和金融秩序的稳定时，银监会可以依法对其实行接管或促成其机构重组。接管或机构重组由银监会决定并组织实施。

（3）终止。财务公司的终止包括解散、撤销和破产等形式。

1）解散。财务公司出现下列情况时，经银监会核准后，予以解散：其一，组建财务公司的企业集团解散，财务公司不能实现合并或改组；其二，章程中规定的解散事由出现；其三，股东会议决定解散；其四，财务公司因分立或合并不需要继续存在的。

2）撤销。财务公司有违法经营、经营管理不善等情形，不予撤销将严重危害金融秩序、损害公众利益的，银监会有权予以撤销。

财务公司解散或被撤销，母公司应当依法成立清算组，按照法定程序进行清算，并由银监会公告。银监会可以直接委派清算组成员并监督清算过程。

3）依法破产。清算组在清算中发现财务公司的资产不足以清偿其债务时，应当立即停止清算，并向银监会报告，经银监会核准后，依法向人民法院申请该财务公司破产。

二、金融资产管理公司

（一）金融资产管理公司概述

1999 年 3 月至 10 月，我国先后建立了四家金融资产管理公司——华融、长城、东方、信达，分别收购、管理和处置从中国工商银行、中国农业银行、中国银行、中国建设银行剥离出来的不良资产。组建金融资产管理公司的目的主要有三个方面：一是改善四大国有独资商业银行的资产负债状况，化解潜在的金融风险，提高其国内外资信度；二是运用金融资产管理公司特殊的法律地位和专业优势，通过建立资产回收责任制和专业化经营，实现不良贷款价值回收的最大化，最大限度地保全资产、减少损失；三是通过金融资产管理，对符合条件的企业实行“债转股”，支持国有大中型亏损企业摆脱困境，并按照现代企业制度的要求转换经营机制，建立规范的法人治理结构。

1999 年四家金融资产管理公司成立之初，即剥离接收了四大国有商业银行的近 1.4 万亿元的不良贷款。2004 年开始，又以商业化方式接收了国有商业银行近 8 000 亿元不良资产；并接收了委托处置的近 5 000 亿元不良资产。2004 年 12 月银监会对信达公司增扩业务的批复，标志着我国金融资产管理公司有向市场化发展的趋势。经过几年努力，四大金融资产管理公司已将其中的一部分不良资产盘活变现。据银监会的统计，截至 2005 年 6 月末，四家金融资产管理公司累计处置不良资产 7 174.2 亿元，累计回收现金 1 484.6 亿元，占处置不良资产的 20.69%。不良资产的管理和处置取得了一定的成绩，但还存在以下突出问题：一是剥离过程中的违法、违规现象严重；二是资产处置过程中的违法、违规现象严重；三是处置资产过程不透明，内部交易和关联交易多，评估随意性大，存在假招标和假拍卖等问题；四是不良资产处置外部环境方面，存在法律法规不完善、部分地方政府及有关部门行政干预、企业逃废债问题突出等。这些问题，迫切需要我们从法律制度、管理体制、运行机制诸方面加以解决和完善。①

---

① 目前，我国关于金融资产管理公司的组织及业务开展方面的专门立法非常少，除国务院发布的《金融资产管理公司条例》外，仅有少数几部部门规章，如财政部发布的《金融资产管理公司资产处置管理办法（修订）》（2000 年 11 月发布，2004 年 4 月修订）、《金融资产管理公司不良资产处置考核办法（试行）》（2001 年 11 月经国务院批准发布）、《金融资产管理公司托管业务有关财务管理问题的规定》（2004 年 10 月发布），不良资产处置的法律依据严重不足。银监会接手人民银行监管职能之后，正在抓紧制定有关金融资产管理公司的监管规章，如《金融资产管理公司不良资产处置尽职工作指引》、《金融资产管理公司信息披露办法》、《金融资产管理公司违法违规行为处罚办法》等。

(二)《金融资产管理公司条例》的主要内容

为了规范金融资产管理公司的活动，依法处理国有银行不良贷款，促进国有银行和国有企业的改革和发展，国务院于 2000 年 11 月 10 日发布实施了《金融资产管理公司条例》。该条例共 7 章 34 条，主要内容包括：

1. 金融资产管理公司的性质与地位

金融资产管理公司，是指经国务院决定设立的收购国有银行不良贷款，管理和处置因收购国有银行不良贷款形成的资产的国有独资非银行金融机构，是由国家全资投资的特定政策性金融机构。

作为特定的政策性金融机构，金融资产管理公司依法取得法人资格，其主要经营目标是要最大限度保全资产、减少损失，并要依法独立承担民事责任。这里“依法独立承担民事责任”，除了指金融资产管理公司在日常业务中要依民事法律、法规对外独立承担责任外，尚有特别的含义，即该条例规定的“金融资产管理公司处置不良贷款形成的最终损失，由财政部提出解决方案，报国务院批准执行”，“金融资产管理公司终止时，由财政部组织清算组，进行清算”，也即处置不良资产的最终风险要由国家财政承担。

四大金融资产管理公司设立后，对其监督管理是由不同的部门进行的，即由中国人民银行（2003 年后改由银监会行使，下同）、财政部和中国证券监督管理委员会等依据各自的法定职责分别进行。

2. 金融资产管理公司的设立和业务范围

（1）设立与组织机构。金融资产管理公司的注册资本为人民币 100 亿元，由财政部核拨。金融资产管理公司由人民银行颁发“金融机构法人许可证”，并向工商行政管理部门依法办理登记。如设立分支机构，须经财政部同意，并报人民银行批准，由人民银行颁发“金融机构营业许可证”，并向工商行政管理部门依法办理登记。

金融资产管理公司设总裁 1 人、副总裁若干人。总裁、副总裁由国务院任命。总裁对外代表金融资产管理公司行使职权，负责金融资产管理公司的经营管理。金融资产管理公司的高级管理人员须经人民银行审查任职资格。金融资产管理公司监事会的组成、职责和工作程序，依照国务院颁布的《国有重点金融机构监事会暂行条例》的规定执行。

（2）业务范围。金融资产管理公司在其收购的国有银行不良贷款范围内，管理和处置因收购国有银行不良贷款形成的资产时，可以从事下列业务活动：1）追偿债务；2）对所收购的不良贷款形成的资产进行租赁或以其他形式转让、重组；3）债权转股权，并对企业阶段性持股；4）资产管理范围内公司的上市推荐及债券、股票承销；5）发行金融债券，向金融机构借款；6）财务及法律咨询，资产及项目评估；7）中国人民银行、中国证券监督管理委员会批准的其他业务活动。此外，金融资产管理公司还可以向人民银行申请再贷款。

3. 金融资产管理公司收购不良贷款的范围、额度及资金来源

金融资产管理公司按照国务院确定的范围和额度收购国有银行不良贷款；超出确定的范围或额度收购的，须经国务院专项审批。在国务院确定的额度内，金融资产管理公司按照账面价值收购有关贷款本金和相对应的计入损益的应收未收利息；对未计入损益的应收未收利息，实行无偿划转。金融资产管理公司收购不良贷款后，即取得原债权人（即相应的国有独资商业银

行）对债务人的各项权利。原借款合同的债务人、担保人及有关当事人应当继续履行合同规定的义务。

金融资产管理公司收购不良贷款的资金来源除财政部拨付的100亿元的注册资本外，还包括：（1）划转人民银行发放给国有独资商业银行的部分再贷款。这些贷款实行固定利率，年利率为2.25%。（2）发行金融债券。发行金融债券时，由人民银行会同财政部审批。

4. 对不良资产的处置规定

（1）处置方式。对不良资产的处置主要通过债权转股权的方式（简称债转股）进行。《金融资产管理公司条例》第16条规定：金融资产管理公司可以将收购国有银行不良贷款取得的债权转为对借款企业的股权，而且金融资产管理公司持有的股权，不受该公司净资产额或注册资本的比例限制。

（2）债转股的原则与程序。实施债权转股权，应当贯彻国家产业政策，有利于优化经济结构，促进有关企业的技术进步和产品升级。其程序是：1）实施债权转股权的企业，由国家经济贸易委员会向金融资产管理公司推荐；2）金融资产管理公司对被推荐的企业进行独立评审，制定企业债权转股权的方案并与企业签订债权转股权协议；3）债权转股权的方案和协议由国家经济贸易委员会会同财政部、中国人民银行审核，报国务院批准后实施；4）企业实施债权转股权后，应当按照国家有关规定办理企业产权变更等有关登记。

（3）债转股的基本内容。实施债权转股权的企业，应当按照现代企业制度的要求，转换经营机制，建立规范的公司法人治理结构，加强企业管理。有关地方人民政府应当帮助企业减员增效、下岗分流，分离企业办社会的职能。金融资产管理公司的债权转股权后，作为企业的股东，可以派员参加企业董事会、监事会，依法行使股东权利。金融资产管理公司持有的企业股权，可以按照国家有关规定向境内外投资者转让，也可以由债权转股权企业依法回购。

5. 金融资产管理公司的经营和管理

金融资产管理公司实行经营目标责任制。金融资产管理公司应当根据不良贷款的特点，制定经营方针和有关措施，完善内部治理结构，建立内部约束机制和激励机制。财政部根据不良贷款质量的情况，确定金融资产管理公司处置不良贷款的经营目标，并进行考核和监督。

金融资产管理公司管理、处置因收购国有银行不良贷款形成的资产，应当按照公开、竞争、择优的原则运作；转让资产时，主要采取招标、拍卖等方式。金融资产管理公司的债权因债务人破产等原因得不到清偿的，按照国务院的规定处理；其资产处置管理办法由财政部制定。金融资产管理公司根据业务需要，可以聘请具有会计、资产评估和法律服务等资格的中介机构协助开展业务。

金融资产管理公司免交在收购国有银行不良贷款和承接、处置因收购国有银行不良贷款形成的资产的业务活动中的税收，具体办法由财政部会同国家税务总局制定。金融资产管理公司免交工商登记注册费等行政性收费。

金融资产管理公司应当按照银监会、财政部和中国证券监督管理委员会等有关部门的要求，报送财务、统计报表和其他有关材料；并应依法接受审计机关的审计监督。金融资产管理公司应当聘请财政部认可的注册会计师对其财务状况进行年度审计，并将审计报告及时报送各有关监督管理部门。

6. 法律责任

金融资产管理公司违反金融法律、行政法规的，由银监会依照有关法律和《金融违法行为处罚办法》给予处罚；违反其他有关法律、行政法规的，由有关部门依法给予处罚；构成犯罪的，依法追究刑事责任。

三、汽车金融公司

（一）汽车金融公司的概念、设置意义及作用

汽车金融公司，是指经中国银行业监督管理委员会（以下简称银监会）批准设立的，为中国境内的汽车购买者及销售者提供金融服务的非银行金融机构。

2003 年银监会成立后，根据国内汽车消费市场现状和入世承诺，决定增设汽车金融公司这一非银行金融机构。设置汽车金融公司的意义主要有三：一是机构创新，进一步完善了我国金融体系。汽车金融公司是中国银监会成立以来进入我国金融组织体系的一类新的金融机构，是非银行金融机构发展史上的一个创新。这类专业金融机构的设立，对完善我国金融体系、促进国内金融市场的专业化发展具有积极的意义。二是引进了国外成熟的汽车消费信贷融资的管理技术，同时促进了我国金融监管与国际的接轨。经过近百年的经营，国外汽车金融公司已积累了成熟、先进的业务经营和风险管理经验，允许国外汽车厂商设立汽车金融公司，将有利于引进国外汽车融资业务的先进经验，使我国消费者接受金融服务时有更多的选择。汽车金融公司的引入，借鉴了国外同类机构发展过程中的经验教训，有关法规制度的设计是国外经验与中国国情的现实结合，保证了在机构规范、健康发展前提下与国际市场的顺利融合，也促进了我国在汽车融资业监管方面进一步与国际接轨。三是开创了金融监管市场化的先河。按照我国加入世贸组织的承诺，对汽车金融公司的市场准入将实行没有限制的管理。这就是说，凡是希望设立汽车金融公司的投资人，只要符合《汽车金融公司管理办法》及其细则规定的条件，都有市场准入资格。公司经营期间，监管部门将对汽车金融公司依法实施监管，发现问题，就要求其改进。对风险严重的公司将依法予以市场退出。所有汽车金融公司都依法经营，公平竞争，没有任何特殊保护。

汽车金融公司作为从事汽车消费信贷业务并提供相关汽车金融服务的专业机构，其主要业务是为中国境内的汽车购买者及销售者提供贷款。汽车金融公司的诞生，一方面将改变我国汽车消费信贷市场业务主体单一的现状，促进市场竞争主体多元化。另一方面，它的成立也将对我国汽车工业的发展产生积极而深远的影响。因为汽车金融公司通常隶属于较大的汽车工业集团，其首要市场定位是促进汽车及相关产品的销售。专业化的汽车金融公司，可以凭借其先天的汽车行业背景，向消费者提供完整的专业服务，推动汽车业的健康发展。消费者因此可以享受到比以前更简捷、更专业的金融服务。

自 2003 年 12 月以来，银监会先后批准了上汽通用、大众、丰田、福特、戴—克等 5 家外资汽车金融公司的筹设申请，其中上汽通用、大众、丰田三家汽车金融公司已于 2004 年 10 月起先后正式成立，并逐步开展业务。到 2005 年年底，5 家汽车金融公司均已正式运营。

(二) 汽车金融公司的相关管理规定

为适应汽车金融服务业发展的需要，规范经营汽车金融业务的非银行金融机构的行为，2003年10月3日、11月12日，银监会先后发布实施了《汽车金融公司管理办法》(以下简称《办法》) 和《汽车金融公司管理办法实施细则》(以下简称《细则》)，就汽车金融服务的市场准入和金融监管作了较为具体的规定。2008年1月24日，为适应汽车金融公司发展需要、拓宽公司融资渠道和增加业务品种、促进整体行业持续健康发展，同时为与新颁或修订的有关法律、法规如《银行业监督管理法》、《公司法》、《行政许可法》、《非银行金融机构行政许可事项实施办法》等协调一致，并使对汽车金融公司风险监管指标设置更为科学、非现场监管更有针对性，银监会公布实施了新的《汽车金融公司管理办法》，相应废止了原《办法》及《细则》。新《管理办法》共分5章40条，主要包括立法目的及依据、汽车金融公司定义、监督管理机关、机构设立、变更与终止、业务范围、风险控制与监督管理等规定及有关附则。

1. 汽车金融公司的设立、变更与终止

我国对汽车金融公司实行特许设立制度。设立汽车金融公司应经银监会批准，未经批准任何单位和个人不得从事汽车金融业务，不得在机构名称中使用“汽车金融”、“汽车信贷”等字样。

(1) 汽车金融公司的设立条件。

设立汽车金融公司应具备下列条件：

1) 具有符合规定的出资人。出资人可以为中国境内外依法设立的企业法人，但其中主要出资人 (指出资数额最多并且出资额不低于拟设汽车金融公司全部股本30%的出资人) 须为生产或销售汽车整车的企业或非银行金融机构。同时，出资人中至少应有1名出资人具备5年以上丰富的汽车金融业务管理和风险控制经验，否则，至少应为汽车金融公司引进合格的专业管理团队。

出资人如为非金融机构，应当具备以下条件：其一，最近1年的总资产不低于80亿元人民币或等值的可自由兑换货币，年营业收入不低于50亿元人民币或等值的可自由兑换货币 (合并会计报表口径)；其二，最近1年年末净资产不低于资产总额的30% (合并会计报表口径)；其三，经营业绩良好，且最近2个会计年度连续盈利；其四，入股资金来源真实合法，不得以借贷资金入股，不得以他人委托资金入股；其五，遵守注册所在地法律，近2年无重大违法违规行为；其六，承诺3年内不转让所持有的汽车金融公司股权 (中国银监会依法责令转让的除外)，并在拟设公司章程中载明；其七，银监会规定的其他审慎性条件。

出资人如为非银行金融机构，除应具备上段第三项至第六项的规定外，还应当具备注册资本不低于3亿元人民币或等值的可自由兑换货币的条件。

2) 具有符合规定的最低限额注册资本。该注册资本的最低限额为5亿元人民币或等值的可自由兑换货币。注册资本为一次性实缴货币资本。银监会根据汽车金融业务发展情况及审慎监管的需要，可以调高注册资本的最低限额。

3) 具有符合《公司法》和银监会规定的公司章程。

4) 具有符合任职资格条件的董事、高级管理人员和熟悉汽车金融业务的合格从业人员。

5) 具有健全的公司治理、内部控制、业务操作、风险管理等制度。

6）具有与业务经营相适应的营业场所、安全防范措施和其他设施。

7）银监会规定的其他审慎性条件。

（2）汽车金融公司的设立程序。

汽车金融公司的设立须经过筹建和开业两个阶段。在设立中，公司拟设地银监局是公司设立申请的初审机关，银监会是公司设立申请的审批机关。

在筹设阶段，申请筹建汽车金融公司，应由主要出资人作为申请人向拟设地银监局提交下列资料：1）筹建申请书。其内容应包括拟设汽车金融公司名称、公司注册所在地、注册资本金，出资人及各自的出资额、业务范围等。2）设立汽车金融公司的可行性研究报告。其内容包括对拟设公司的市场前景分析、未来业务发展规划、组织管理架构和风险控制能力分析、公司开业后3年的资产负债规模和盈利预测等内容。3）拟设立汽车金融公司的章程（草案）。4）出资人基本情况，包括出资人名称、法定代表人、注册地址、营业执照复印件、经营情况等。5）出资人最近3年经法定机构审计的资产负债表、损益表和现金流量表。6）筹建负责人名单及简历。7）银监会要求提交的其他文件。申请人为外国非银行金融机构的，申请筹建时应提供其注册地金融监管当局出具的书面意见；申请人为非金融机构的，申请筹建时应提供评级机构对申请人最近1年的信用评级报告。

银监局在签收筹建申请资料后的5个工作日内完成资料的完整性审查。如申请资料不齐全或不符合《办法》规定的形式，银监局将一次书面告知申请人需要补充的全部内容，并由申请人补充申请资料；对申请资料齐全并符合规定形式的，银监局应当受理并书面通知申请人。银监局在5个工作日内未提出异议的，视为自动受理。银监局负责对筹建申请资料进行审核，提出同意或不同意的审核意见，并上报银监会。银监局应在受理申请资料后20个工作日内完成审核工作。银监会负责对筹建申请进行审批，银监会自收到完整申请材料之日起应在4个月内作出批准或不批准的书面决定。

申请人自收到批准筹建文件之日起6个月内完成筹建工作。未能按期筹建的，可申请延期一次，延长期限不得超过3个月。申请人应在筹建期限届满1个月前向银监会提交筹建延期申请。银监会自接到书面申请之日起20日内作出是否批准延期的决定，并抄送有关银监局。

在开业申请阶段，申请人应当在筹建期限届满前或延长期限届满前，向拟设地银监局提出开业申请，并提交下列文件、资料：1）筹建工作完成情况报告和申请开业报告。2）中国法定验资机构出具的验资证明、工商行政管理机关出具的对拟设机构名称的预核准登记书。3）汽车金融公司章程。4）拟任高级管理人员的名单、详细履历。5）股东名称及其出资额。6）拟办业务的规章制度及内部风险控制制度。7）有权部门出具的营业场所及其他与业务有关设施安全验收合格文件。8）银监会要求的其他文件。银监局负责受理和审核开业申请资料，有关受理和审核程序与筹设阶段相同。

银监会自收到完整申请材料之日起2个月内作出核准或不予核准的书面决定。申请人应在收到开业核准文件并领取金融许可证后，办理工商登记，领取营业执照。

汽车金融公司应当自领取营业执照之日起6个月内开业。不能按期开业的，可申请延期一次，延长期限不得超过3个月。申请人应在开业期限届满1个月前向银监会提交开业延期申请。银监会自接到书面申请之日起20日内作出是否批准延期的决定，并抄送有关银监局。未在规定期限内开业的，开业核准文件失效，由决定机关注销开业许可，收回金融许可证，并予以公告。

未经中国银监会批准，汽车金融公司不得设立分支机构。

（3）汽车金融公司的变更与终止。

汽车金融公司有下列变更事项之一的，应报经银监会批准：1）变更公司名称。2）变更注册资本。3）变更住所或营业场所。4）调整业务范围。5）改变组织形式。6）变更股权或调整股权结构。7）修改章程。8）变更董事及高级管理人员。9）合并或分立。10）银监会规定的其他变更事项。

汽车金融公司有以下情况之一的，经银监会批准后可以解散：1）公司章程规定的营业期限届满或公司章程规定的其他解散事由出现；2）公司章程规定的权力机构决议解散；3）因公司合并或分立需要解散；4）其他法定事由。

汽车金融公司有以下情形之一的，经银监会批准可向法院申请破产：1）不能清偿到期债务，并且资产不足以清偿全部债务或明显缺乏清偿能力，自愿或应其债权人要求申请破产；2）因解散或被撤销而清算，清算组发现汽车金融公司财产不足以清偿债务，应当申请破产。

汽车金融公司因解散、依法被撤销或被宣告破产而终止的，其清算事宜，按照国家有关法律、法规办理。

2. 汽车金融公司的业务范围和监督管理

（1）业务范围。

汽车金融公司经批准可从事下列部分或全部人民币业务：1）接受境外股东及其所在集团在华全资子公司和境内股东3个月（含）以上定期存款；2）接受汽车经销商采购车辆贷款保证金和承租人汽车租赁保证金；3）经批准，发行金融债券；4）从事同业拆借；5）向金融机构借款；6）提供购车贷款业务；7）提供汽车经销商采购车辆贷款和营运设备贷款，包括展示厅建设贷款和零配件贷款以及维修设备贷款等；8）提供汽车融资租赁业务（售后回租业务除外）；9）向金融机构出售或回购汽车贷款应收款和汽车融资租赁应收款业务；10）办理租赁汽车残值变卖及处理业务；11）从事与购车融资活动相关的咨询、代理业务；12）经批准，从事与汽车金融业务相关的金融机构股权投资业务；13）经银监会批准的其他业务。

（2）业务监管规定

在汽车金融公司业务开展、风险控制与监督管理方面，主要监管规定包括：

1）发放汽车贷款应遵守《汽车贷款管理办法》等有关规定。

2）经营业务中涉及外汇管理事项的，应遵守国家外汇管理有关规定。

3）应按照银监会有关银行业金融机构内控指引和风险管理指引的要求，建立健全公司治理和内部控制制度，建立全面有效的风险管理体系。

4）应遵守以下监管要求：其一，资本充足率不低于8%，核心资本充足率不低于4%；其二，对单一借款人的授信余额不得超过资本净额的15%；其三，对单一集团客户的授信余额不得超过资本净额的50%；其四，对单一股东及其关联方的授信余额不得超过该股东在汽车金融公司的出资额；其五，自用固定资产比例不得超过资本净额的40%。银监会可根据监管需要对前述指标作出适当调整。

5）应按照有关规定实行信用风险资产五级分类制度，并应建立审慎的资产减值损失准备制度，及时足额计提资产减值损失准备。未提足准备的，不得进行利润分配。

6）应按规定编制并向银监会报送资产负债表、损益表及银监会要求的其他报表。

7）应建立定期外部审计制度，并在每个会计年度结束后的 4 个月内，将经法定代表人签名确认的年度审计报告报送公司注册地的银监会派出机构。

8）银监会及其派出机构必要时可指定会计师事务所对汽车金融公司的经营状况、财务状况、风险状况、内部控制制度及执行情况等进行审计；可要求汽车金融公司更换专业技能和独立性达不到监管要求的会计师事务所。

9）汽车金融公司如有业务外包需要，应制定与业务外包相关的政策和管理制度，包括业务外包的决策程序、对外包方的评价和管理、控制业务信息保密性和安全性的措施和应急计划等。汽车金融公司签署业务外包协议前应向注册地银监会派出机构报告业务外包协议的主要风险及相应的风险规避措施等。

（3）高级管理人员任职资格的监管。

银监会对汽车金融公司董事和高级管理人员实行任职资格核准制度。有关董事和高级管理人员的任职资格管理按照中国银监会 2013 年 11 月 18 日发布、自 12 月 18 日实施的《金融机构董事（理事）和高级管理人员任职资格管理办法》的规定执行。

（4）接管或撤销。

汽车金融公司已经或可能发生信用危机、严重影响客户合法权益的，中国银监会将依法对其实行接管或促成机构重组。汽车金融公司有违法经营、经营管理不善等情形，不撤销将严重危害金融秩序、损害公众利益的，中国银监会将予以撤销。

3. 汽车金融公司的监督管理体制

汽车金融公司依法接受银监会的监督管理。同时，汽车金融公司可成立行业性自律组织，实行自律管理；自律组织开展活动，应当接受银监会的指导和监督。

4. 罚则规定

汽车金融公司违反规定的，银监会将责令限期整改；逾期未整改的，或其行为严重危及公司稳健运行、损害客户合法权益的，银监会可区别情形，依照《银行业监督管理法》等法律、法规的规定，采取暂停业务、限制股东权利等监管措施。

四、消费金融公司

（一）消费金融公司的概念及其管理规范

消费金融公司，是指经银监会批准，在中国境内设立的，不吸收公众存款，以小额、分散为原则，为中国境内居民个人提供以消费（不包括购买房屋和汽车）为目的的贷款的非银行金融机构。

2009 年 7 月 22 日，中国银监会发布《消费金融公司试点管理办法》，于 2010 年在北京、天津、上海和成都四城市首批试点设置消费金融公司，以促进国内消费需求增长、支持经济可持续发展，同时，丰富我国金融机构类型、促进金融产品创新，以满足不同群体消费者不同层次的需求。2013 年 9 月，银监会再次发布公告，宣布新增 12 个消费金融公司试点城市，将全部试点扩充至涵盖东、中、西部地区不同层次的 16 个城市。同年 11 月 14 日中国银监会发布修订后的《消费金融公司试点管理办法》，就消费金融公司的设立、变更与终止，业务范围及经营规则，监督管理等内容作出了明确规定，自2014年1月1日起施行。修订办法与原办法相比，最大的改变是允许境内符合条件的各种所有制非金融企业也可以作为主要出资人，发起设立消费金融公司。这也是中国银监会落实2013年7月5日发布的《国务院办公厅关于金融支持经济结构调整和转型升级的指导意见》中“尝试由民间资本发起设立自担风险的消费金融公司”的要求的重要举措。

（二）消费金融公司的设立、变更与终止

1. 消费金融公司的设立条件

申请设立消费金融公司应具备下列条件：

（1）有符合《公司法》和银监会规定的公司章程。消费金融公司主要出资人可以在消费金融公司章程中约定，在消费金融公司出现支付困难时，给予流动性支持；当经营失败导致损失侵蚀资本时，及时补足资本金。

（2）有符合规定条件的出资人。出资人应当为中国境内外依法设立的企业法人，并分为主要出资人和一般出资人。主要出资人是指出资数额最多并且出资额不低于拟设消费金融公司全部股本30％的出资人，主要出资人须为境内外金融机构或主营业务为提供适合消费贷款业务产品的境内非金融企业；一般出资人是指除主要出资人以外的其他出资人。

金融机构作为主要出资人，应当具备下列条件：1）具有5年以上消费金融领域的从业经验；2）最近1年年末总资产不低于600亿元人民币或等值的可自由兑换货币（合并会计报表口径）；3）财务状况良好，最近2个会计年度连续盈利（合并会计报表口径）；4）信誉良好，最近2年内无重大违法违规经营记录；5）入股资金来源真实合法，不得以借贷资金入股，不得以他人委托资金入股；6）承诺5年内不转让所持有的消费金融公司股权（银行业监督管理机构依法责令转让的除外），并在拟设公司章程中载明；7）具有良好的公司治理结构、内部控制机制和健全的风险管理制度；8）满足住所地国家（地区）监管当局的审慎监管指标要求；9）境外金融机构应当在中国境内设立代表处2年以上，或已设有分支机构，对中国市场有充分的分析和研究，所在国家或地区金融监管当局已经与银监会建立良好的监督管理合作机制；10）银监会规定的其他审慎性条件。

金融机构作为一般出资人，除应当具备前述第3）至9）项规定的条件外，还应当具备注册资本不低于3亿元人民币或等值的可自由兑换货币的条件。

非金融企业作为主要出资人，应当具备下列条件：1）最近1年营业收入不低于300亿元人民币或等值的可自由兑换货币（合并会计报表口径）；2）最近1年年末净资产不低于资产总额的30％（合并会计报表口径）；3）财务状况良好，最近2个会计年度连续盈利（合并会计报表口径）；4）信誉良好，最近2年内无重大违法违规经营记录；5）入股资金来源真实合法，不得以借贷资金入股，不得以他人委托资金入股；6）承诺5年内不转让所持有的消费金融公司股权（银行业监督管理机构依法责令转让的除外），并在拟设公司章程中载明；7）银监会规定的其他审慎性条件。

非金融企业作为消费金融公司一般出资人，应当具备第2）至6）项规定的条件。

消费金融公司至少应当有1名具备5年以上消费金融业务管理和风险控制经验，并且出资比例不低于拟设消费金融公司全部股本15％的出资人。

（3）有符合本办法规定的最低限额的注册资本。该注册资本应当为一次性实缴货币资本，最低限额为3亿元人民币或等值的可自由兑换货币。银监会根据消费金融业务的发展情况及审慎监管需要，可以调整注册资本的最低限额。

（4）有符合任职资格条件的董事、高级管理人员和熟悉消费金融业务的合格从业人员。其中，消费金融公司董事和高级管理人员实行任职资格核准制度。2013年11月中国银监会发布的《银行业金融机构董事（理事）和高级管理人员任职资格管理办法》对此作有规定。

（5）建立了有效的公司治理、内部控制和风险管理制度，具备与业务经营相适应的管理信息系统。

（6）有与业务经营相适应的营业场所、安全防范措施和其他设施。

（7）银监会规定的其他审慎性条件。

消费金融公司根据业务发展的需要，经银监会批准，可以设立分支机构。设立分支机构的具体条件由银监会另行制定。

2. 消费金融公司的变更与终止

消费金融公司有下列变更事项之一的，应当报经银行业监督管理机构批准：（1）变更公司名称；（2）变更注册资本；（3）变更股权或调整股权结构；（4）变更公司住所或营业场所；（5）修改公司章程；（6）变更董事和高级管理人员；（7）调整业务范围；（8）改变组织形式；（9）合并或分立；（10）银监会规定的其他变更事项。

消费金融公司有下列情况之一的，经银监会批准后可以解散：（1）公司章程规定的营业期限届满或者公司章程规定的其他解散事由出现；（2）公司章程规定的权力机构决议解散；（3）因公司合并或者分立需要解散；（4）其他法定事由。

消费金融公司因解散、依法被撤销或被宣告破产而终止的，其清算事宜按照国家有关法律、法规办理。

（三）消费金融公司的业务范围及经营规则

经银监会批准，消费金融公司可以经营下列部分或者全部人民币业务：

（1）发放个人消费贷款；

（2）接受股东境内子公司及境内股东的存款；

（3）向境内金融机构借款；

（4）经批准发行金融债券；

（5）境内同业拆借；

（6）与消费金融相关的咨询、代理业务；

（7）代理销售与消费贷款相关的保险产品；

（8）固定收益类证券投资业务；

（9）经银监会批准的其他业务。

消费金融公司向个人发放消费贷款不应超过客户风险承受能力，且借款人贷款余额最高不得超过人民币20万元。

（四）消费金融公司的监督管理

对消费金融公司的监督管理包括以下内容：

（1）消费金融公司应按照银监会有关规定，建立健全公司治理架构和内部控制制度，制定业务经营规则，建立全面有效的风险管理体系。

（2）消费金融公司应遵守下列监管指标要求：1）资本充足率不低于银监会有关监管要求；2）同业拆入资金余额不高于资本净额的100%；3）资产损失准备充足率不低于100%；4）投资余额不高于资本净额的20%。

（3）消费金融公司应按照有关规定建立审慎的资产损失准备制度，及时足额计提资产损失准备。未提足准备的，不得进行利润分配。

（4）消费金融公司应当建立消费贷款利率的风险定价机制，根据资金成本、风险成本、资本回报要求及市场价格等因素，在法律、法规允许的范围内，制定消费贷款的利率水平，确保定价能够全面覆盖风险。

（5）消费金融公司应当建立有效的风险管理体系和可靠的业务操作流程，充分识别虚假的申请信息，防止欺诈行为。

（6）消费金融公司如有业务外包需要，应当制定与业务外包相关的政策和管理制度，包括业务外包的决策程序、对外包方的评价和管理、控制业务信息保密性和安全性的措施和应急计划等；消费金融公司签署业务外包协议前应当向银行业监督管理机构报告业务外包的主要风险及相应的风险规避措施等；消费金融公司不得将与贷款决策和风险控制核心技术密切相关的业务外包。

（7）消费金融公司应当按规定编制并报送会计报表及银行业监督管理机构要求的其他报表。

（8）消费金融公司应当建立定期外部审计制度，并在每个会计年度结束后的4个月内，将经法定代表人签名确认的年度审计报告报送银行业监督管理机构。

（9）消费金融公司应当接受依法进行的监督检查，不得拒绝、阻碍。银行业监督管理机构在必要时可以委托会计师事务所对消费金融公司的经营状况、财务状况、风险状况、内部控制制度及执行情况等进行审计。

（10）消费金融公司对借款人所提供的个人信息负有保密义务，不得随意对外泄露。

（11）借款人未按合同约定归还贷款本息的，消费金融公司应当采取合法的方式进行催收，不得采用威胁、恐吓、骚扰等不正当手段。

（12）消费金融公司应当按照法律、法规和银监会有关监管要求做好金融消费者权益保护工作，业务办理应当遵循公开透明原则，充分履行告知义务，使借款人明确了解贷款金额、期限、价格、还款方式等内容，并在合同中载明。

（13）消费金融公司违反本办法规定的，银行业监督管理机构可以责令限期整改；逾期未整改的，或者其行为严重危及消费金融公司的稳健运行、损害客户合法权益的，银行业监督管理机构可以区别情形，依照《银行业监督管理法》等法律、法规，采取暂停业务、限制股东权利等监管措施。

（14）消费金融公司已经或者可能发生信用危机、严重影响客户合法权益的，银监会可以依法对其实行接管或者促成机构重组。消费金融公司有违法经营、经营管理不善等情形，不予撤销将严重危害金融秩序、损害公众利益的，银监会有权予以撤销。

五、农村资金互助社

（一）农村资金互助社的概念、定位及设置意义

农村资金互助社是指经银行业监督管理机构批准，由乡（镇）、行政村农民和农村小企业自愿入股组成，为社员提供存款、贷款、结算等业务的社区互助性银行业金融机构。是我国在新形势下发展的新型农村合作互助型金融机构。2007 年 3 月 9 日，由吉林省梨树县榆树台百信农民合作社改组成立的梨树县闫家村百信农村资金互助社是我国首家全部由农民自愿入股的村级农村合作互助型金融机构。农村资金互助社的设立，体现了国家放宽农村地区银行业金融机构准入政策、促进“三农”发展的要求。

农村资金互助社是独立的企业法人，对由社员股金、积累及合法取得的其他资产所形成的法人财产，享有占有、使用、收益和处分的权利，并以上述财产对债务承担责任。农村资金互助社实行社员民主管理，以服务社员为宗旨，谋求社员共同利益。互助社社员以其社员股金和在本社的社员积累为限对该社承担责任。农村资金互助社的合法权益和依法开展的经营活动受法律保护，任何单位和个人不得侵犯。作为一种新型的农村合作互助型金融机构，农村资金互助社的发展要避免走过去农村信用社经营商业化、脱离资金互助合作之路，要避免走过去农村合作基金会高息揽储、高息放贷之路，要防止成为基层政府附属机构、承担地方政策性金融业务，而应致力于弥补农村金融供给不足，促进农村商业银行资金回流农村，优化银行体系结构、降低系统性金融风险，遏制民间非法金融的蔓延和发展，更好地为“三农”提供金融服务。

为加强农村资金互助社的监督管理，规范其组织和行为，保障农村资金互助社依法、稳健经营，改善农村金融服务，中国银监会于 2007 年 1 月 22 日发布了《农村资金互助社管理暂行规定》，就农村资金互助社的定位、设立、社员和股权管理、组织机构、经营管理、监督管理等问题进行了规定。另外，2013 年 11 月 18 日、2014 年 3 月 13 日中国银监会先后发布的《银行业金融机构董事（理事）和高级管理人员任职资格管理办法》、《农村中小金融机构行政许可事项实施办法》就农村资金互助社高管人员的任职资格和行政许可事宜作了较为详细的规定。

（二）农村资金互助社的设立、变更与终止

1. 农村资金互助社的设立

（1）设立方式与条件。

农村资金互助社应在农村地区[1]的乡（镇）和行政村以发起方式设立。其名称由所在地行政区划、字号、行业和组织形式依次组成。设立农村资金互助社应符合以下条件：

1）有符合本规定要求的章程。章程应载明以下事项：名称和住所；业务范围和经营宗旨；注册资本及股权设置；社员资格及入社、退社和除名；社员的权利和义务；组织机构及其产生

---

① 需要特别注意的是，这里所称“农村地区”，按照《农村资金互助社管理暂行规定》第 66 条的规定，是指中西部、东北和海南省的县（市）及县（市）以下地区，以及其他省（自治区、直辖市）的国定贫困县和省定贫困县及县以下地区。

办法、职权和议事规则；财务管理和盈余分配、亏损处理；解散事由和清算办法；需要规定的其他事项。

2）有10名以上符合本规定社员条件要求的发起人。

3）有符合本规定要求的注册资本。在乡（镇）设立的，注册资本不低于30万元人民币，在行政村设立的，注册资本不低于10万元人民币，注册资本应为实缴资本。

4）有符合任职资格的理事、经理和具备从业条件的工作人员。

5）有符合要求的营业场所，安全防范设施和与业务有关的其他设施。

6）有符合规定的组织机构和管理制度。

7）银行业监督管理机构规定的其他条件。

（2）设立程序。

设立农村资金互助社，应当经过筹建与开业两个阶段。

在筹建阶段，农村资金互助社申请筹建，应向银行业监督管理机构提交以下文件、资料：1）筹建申请书；2）筹建方案；3）发起人协议书；4）银行业监督管理机构要求的其他文件、资料。

在开业阶段，农村资金互助社申请开业，应向银行业监督管理机构提交以下文件、资料：1）开业申请；2）验资报告；3）章程（草案）；4）主要管理制度；5）拟任理事、经理的任职资格申请材料及资格证明；6）营业场所、安全防范设施等相关资料；7）银行业监督管理机构规定的其他文件、资料。

农村资金互助社的筹建申请由银监分局受理并初步审查，银监局审查并决定；开业申请由银监分局受理、审查并决定。银监局所在城市的乡（镇）、行政村农村资金互助社的筹建、开业申请，由银监局受理、审查并决定。

经批准设立的农村资金互助社，由银行业监督管理机构颁发金融许可证，并按工商行政管理部门规定办理注册登记，领取营业执照。

农村资金互助社不得设立分支机构。

2. 农村资金互助社的变更

农村资金互助社的变更的包括合并和分立。

农村资金互助社合并，应自合并决议作出之日起10日内通知债权人。合并各方的债权、债务应当由合并后存续或者新设的机构承继。

农村资金互助社分立，其财产作相应的分割，并应自分立决议作出之日起10日内通知债权人。分立前的债务由分立后的机构承担连带责任，但在分立前与债权人就债务清偿达成书面协议另有约定的除外。

3. 农村资金互助社的终止与清算

农村资金互助社的终止，包括解散和被撤销。具体包括：（1）章程规定的解散事由出现；（2）社员大会决议解散；（3）因合并或者分立需要解散；（4）依法被吊销营业执照或者被撤销。

因前列第（1）项、第（2）项、第（4）项原因解散的，应在解散事由出现之日起15日内由社员大会推举成员组成清算组，开始解散清算。逾期不能组成清算组的，社员、债权人可以向人民法院申请指定社员组成清算组进行清算。

清算组自成立之日起接管农村资金互助社，负责处理与清算有关未了结业务，清理财产和债权、债务，分配清偿债务后的剩余财产，代表农村资金互助社参与诉讼、仲裁或者其他法律事宜。

清算组负责制定包括清偿农村资金互助社员工的工资及社会保险费用，清偿所欠税款和其他各项债务，以及分配剩余财产在内的清算方案，经社员大会通过后实施。清算组成员应当忠于职守，依法履行清算义务，因故意或者重大过失给农村资金互助社社员及债权人造成损失的，应当承担赔偿责任。

农村资金互助社因章程规定的解散事由出现的原因解散时，不能办理社员退股。

农村资金互助社因解散、被撤销而终止的，应当向发证机关缴回金融许可证，及时办理工商注销登记，并予以公告。

（三）农村资金互助社的社员和股权管理

1. 农村资金互助社社员条件及其入股限制

农村资金互助社社员是指符合入股条件，承认并遵守章程，向农村资金互助社入股的农民及农村小企业。农村资金互助社章程可限定其社员为某一农村经济组织的成员。

农民向农村资金互助社入股应符合以下条件：（1）具有完全民事行为能力；（2）户口所在地或经常居住地（本地有固定住所且居住满 3 年）在入股农村资金互助社所在乡（镇）或行政村内；（3）入股资金为自有资金且来源合法，达到章程规定的入股金额起点；（4）诚实守信，声誉良好；（5）银行业监督管理机构规定的其他条件。

农村小企业向农村资金互助社入股应符合以下条件：（1）注册地或主要营业场所在入股农村资金互助社所在乡（镇）或行政村内；（2）具有良好的信用记录；（3）上一年度盈利；（4）年终分配后净资产达到全部资产的 10%以上（合并会计报表口径）；（5）入股资金为自有资金且来源合法，达到章程规定的入股金额起点；（6）银行业监督管理机构规定的其他条件。

单个农民或单个农村小企业向农村资金互助社入股，其持股比例不得超过农村资金互助社股金总额的 10%，超过 5%的应经银行业监督管理机构批准。同时，社员入股必须以货币出资，不得以实物、贷款或其他方式入股。

2. 农村资金互助社社员的权利和义务

（1）农村资金互助社社员的权利及其行使规则

农村资金互助社的社员享有以下权利：1）参加社员大会，并享有表决权、选举权和被选举权，按照章程规定参加该社的民主管理；2）享受该社提供的各项服务；3）按照章程规定或者社员大会（社员代表大会）决议分享盈余；4）查阅该社的章程和社员大会（社员代表大会）、理事会、监事会的决议、财务会计报表及报告；5）向有关监督管理机构投诉和举报；（6）章程规定的其他权利。

农村资金互助社社员参加社员大会，享有一票基本表决权；出资额较大的社员按照章程规定，可享有附加表决权。该社的附加表决权总票数，不得超过该社社员基本表决权总票数的 20%。享有附加表决权的社员及其享有的附加表决权数，应在每次社员大会召开时告知出席会议的社员。章程可以限制附加表决权行使的范围。

社员代表参加社员代表大会，享有一票表决权。不能出席会议的社员（社员代表）可授权其他社员（社员代表）代为行使其表决权。授权应采取书面形式，并明确授权内容。

（2）农村资金互助社社员的义务。

农村资金互助社社员应承担下列义务：1）执行社员大会（社员代表大会）的决议；2）向该社入股；3）按期足额偿还贷款本息；4）按照章程规定承担亏损；5）积极向本社反映情况，提供信息；6）章程规定的其他义务。

此外，农村资金互助社社员不得以所持本社股金为自己或他人担保。

3. 农村资金互助社社员股权及社员资格的管理

农村资金互助社应向入股社员颁发记名股金证，作为社员的入股凭证。社员的股金和积累可以转让、继承和赠与，但理事、监事和经理持有的股金和积累在任职期限内不得转让。

同时满足以下四个条件，社员可以办理退股：（1）社员提出全额退股申请；（2）农村资金互助社当年盈利；（3）退股后农村资金互助社资本充足率不低于8%；（4）在本社没有逾期未偿还的贷款本息。

要求退股的，农民社员应提前3个月，农村小企业社员应提前6个月向理事会或经理提出，经批准后办理退股手续。退股社员的社员资格在完成退股手续后终止。

社员在其资格终止前与农村资金互助社已订立的合同应当继续履行，章程另有规定或与该社另有约定的除外。社员资格终止的，农村资金互助社应当按照章程规定的方式、期限和程序，及时退还该社员的股金和积累份额。社员资格终止的当年不享受盈余分配。

（四）农村资金互助社的组织机构

农村资金互助社的组织机构包括社员大会（或者社员代表大会）、经理和监事会，分别行使决策、执行和监督职能，原则上不设理事会。

1. 社员大会（社员代表大会）的组成、职权及议事规则

（1）社员大会（社员代表大会）的组成和职权。

社员大会由全体社员组成，是互助社的权力机构。社员超过100人的，可由全体社员选举产生不少于31名的社员代表组成社员代表大会，社员代表大会按照章程规定行使社员大会职权。

社员大会（社员代表大会）行使以下职权：1）制定或修改章程；2）选举、更换理事、监事以及不设理事会的经理；3）审议通过基本管理制度；4）审议批准年度工作报告；5）审议决定固定资产购置以及其他重要经营活动；6）审议批准年度财务预、决算方案和利润分配方案、弥补亏损方案；7）审议决定管理和工作人员薪酬；8）对合并、分立、解散和清算等作出决议；9）章程规定的其他职权。

（2）社员大会（社员代表大会）的议事规则。

农村资金互助社召开社员大会（社员代表大会），出席人数应当达到社员（社员代表）总数2/3以上。社员大会（社员代表大会）选举或者作出决议，应当由该社社员（社员代表）表决权总数过半数通过；作出修改章程或者合并、分立、解散和清算的决议应当由该社社员表决权总数的2/3以上通过。互助社章程对表决权数有较高规定的，从其规定。

社员大会（社员代表大会）每年至少召开一次，有以下情形之一的，应当在20日内召开临时社员大会（社员代表大会）：1）1/3以上的社员提议；2）理事会、监事会、经理提议；

3）互助社章程规定的其他情形。

社员大会（社员代表大会）由理事会召集，不设理事会的由经理召集，应于会议召开 15 日前将会议时间、地点及审议事项通知全体社员（社员代表）。互助社章程另有规定的除外。

农村资金互助社召开社员大会（社员代表大会）、理事会应提前 5 个工作日通知属地银行业监督管理机构，银行业监督管理机构有权参加。社员大会（社员代表大会）、理事会决议应在会后 10 日内报送属地银行业监督管理机构备案。

2. 理事会、经理的职责及其管理

农村资金互助社原则上不设理事会，设立理事会的，理事不少于 3 人，设理事长 1 人，理事长为法定代表人。理事会的职责及议事规则由章程规定。

农村资金互助社设经理 1 名（可由理事长兼任），未设理事会的，经理为法定代表人。经理按照章程规定和社员大会（社员代表大会）的授权，负责该社的经营管理。经理事会、监事会同意，经理可以聘任（解聘）财务、信贷等工作人员。

农村资金互助社理事、经理任职资格需经属地银行业监督管理机构核准。农村资金互助社理事长、经理应具备高中或中专及以上学历，上岗前应通过相应的从业资格考试。执行与农村资金互助社业务有关公务的人员不得担任农村资金互助社的理事长、经理和工作人员。

3. 监事会的组成及职责

农村资金互助社应设立由社员、捐赠人以及向其提供融资的金融机构等利益相关者组成的监事会，其成员一般不少于 3 人，设监事长 1 人。该互助社经理和工作人员不得兼任监事。

监事会按照章程规定和社员大会（社员代表大会）授权，对农村资金互助社的经营活动进行监督。监事会的职责及议事规则由章程规定。

（五）农村资金互助社的经营管理

农村资金互助社的经营管理包括以下内容：

1. 业务范围管理

（1）农村资金互助社以吸收社员存款、接受社会捐赠资金和向其他银行业金融机构融入资金作为资金来源。农村资金互助社接受社会捐赠资金，应由属地银行业监督管理机构对捐赠人身份和资金来源合法性进行审核；向其他银行业金融机构融入资金应符合本规定要求的审慎条件。

（2）农村资金互助社的资金应主要用于发放社员贷款，满足社员贷款需求后确有富余的可存放其他银行业金融机构，也可购买国债和金融债券。农村资金互助社发放大额贷款、购买国债或金融债券，向其他银行业金融机构融入资金，应事先征求理事会、监事会意见。

（3）农村资金互助社可以办理结算业务，并按有关规定开办各类代理业务。

（4）村资金互助社开办其他业务应经属地银行业监督管理机构及其他有关部门批准。

（5）农村资金互助社不得向非社员吸收存款、发放贷款及办理其他金融业务，不得以该社资产为其他单位或个人提供担保。

2. 经营风险管理

（1）农村资金互助社应根据其业务经营需要，考虑安全因素，按存款和股金总额一定比例合理核定库存现金限额。

(2) 农村资金互助社应审慎经营，严格进行风险管理：1) 资本充足率不得低于 8%；2) 对单一社员的贷款总额不得超过资本净额的 15%；3) 对单一农村小企业社员及其关联企业社员、单一农民社员及在同一户口簿上的其他社员贷款总额不得超过资本净额的 20%；4) 对前十大户贷款总额不得超过资本净额的 50%；5) 资产损失准备充足率不得低于 100%；6) 银行业监督管理机构规定的其他审慎要求。

3. 财会、审计管理

(1) 农村资金互助社应执行国家有关金融企业的财务制度和会计准则，设置会计科目和法定会计账册，进行会计核算。

(2) 农村资金互助社应按照财务会计制度规定提取呆账准备金，进行利润分配，在分配中应体现多积累和可持续的原则；当年如有未分配利润（亏损）应全额计入社员积累，按照股金份额量化至每个社员。

(3) 农村资金互助社监事会负责对本社进行内部审计，并对理事长、经理进行专项审计、离任审计，审计结果应当向社员大会（社员代表大会）报告。社员大会（社员代表大会）也可以聘请中介机构对本社进行审计。

4. 经营信息披露与报告

(1) 农村资金互助社应按规定向社员披露社员股金和积累情况、财务会计报告、贷款及经营风险情况、投融资情况、盈利及其分配情况、案件和其他重大事项。

(2) 农村资金互助社应按规定向属地银行业监督管理机构报送业务和财务报表、报告及相关资料，并对所报报表、报告和相关资料的真实性、准确性、完整性负责。

(六) 农村资金互助社的监督管理

对农村资金互助社，银行业监管机构实施以下监督管理：

(1) 按照审慎监管要求对农村资金互助社进行持续、动态监管。

(2) 根据农村资金互助社的资本充足和资产风险状况，采取以下差别监管措施：1) 资本充足率大于 8%、不良资产率在 5%以下的，可向其他银行业金融机构融入资金，属地银行业监督管理部门有权依据其运营状况和信用程度提出相应的限制性措施。银行业监督管理机构可适当降低对其现场检查频率。2) 资本充足率低于 8%大于 2%的，银行业监督管理机构应禁止其向其他银行业金融机构融入资金，限制其发放贷款，并加大非现场监管及现场检查的力度。3) 资本充足率低于 2%的，银行业监督管理机构应责令其限期增扩股金、清收不良贷款、降低资产规模，限期内未达到规定的，要求其自行解散或予以撤销。

(3) 农村资金互助社违反《农村资金互助社管理暂行规定》其他审慎性要求的，银行业监督管理机构应责令其限期整改，并采取相应监管措施。

(4) 农村资金互助社违反有关法律、法规，存在超业务范围经营、账外经营、设立分支机构、擅自变更法定变更事项等行为的，银行业监督管理机构应责令其改正，并按《银行业监督管理法》和《金融违法行为处罚办法》等法律、法规进行处罚；对理事、经理、工作人员的违法违规行为，可责令农村资金互助社给予处分，并视不同情形，对理事、经理给予取消一定期限直至终身任职资格的处分；构成犯罪的，移交司法机关，依法追究刑事责任。

六、货币经纪公司

（一）货币经纪公司概述

货币经纪公司又称“同业经纪公司”，最早起源于英国外汇市场，是金融市场的交易中介。目前，国际上货币经纪公司的业务涵盖外汇和金融、信用、股票、能源和大宗商品等市场。全球最大五家货币经纪公司英国毅联汇业、美国GFI集团公司、英国德利集团公司、瑞士传统集团、美国BGC公司提供了几乎所有金融产品的经纪服务，占据了国际大部分市场份额，另有为数众多的规模较小的经纪公司则提供个别产品的专项经纪服务。国际货币经纪巨头们通过全球庞大的交易网络全天24小时提供货币经纪服务。

在我国，货币经纪公司是指经银监会批准在中国境内设立的，通过电子技术或其他手段，专门从事促进金融机构间资金融通和外汇交易等经纪服务，并从中收取佣金的非银行金融机构。其服务对象限于境内外金融机构。为引进和设立货币经纪公司、促进货币市场的健康发展和高效运行，银监会于2005年2月8日发布、自同年9月1日起施行了《货币经纪公司试点管理办法》，就货币经纪公司的功能定位、设立及运营监管等作了规定。同年11月7日银监会又发布《货币经纪公司试点管理办法实施细则》，就货币经纪公司的机构设立、董事和高级管理人员任职资格管理、风险控制和监督管理等作了更进一步的细化规定。2005年12月20日，由上海国际信托有限公司和德利万邦（欧洲）有限公司共同发起的我国首家货币经纪公司——上海国利货币经纪有限公司在上海浦东陆家嘴金融中心挂牌成立，此后，2007年9月上海国际货币经纪有限责任公司、2009年2月平安利顺国际货币经纪有限责任公司、2010年3月中诚宝捷思货币经纪有限公司、2012年1月天津信唐货币经纪有限责任公司等也相继成立。这些货币经纪公司致力于为境内外外汇市场、货币市场、债券市场及衍生品市场提供专业的声讯经纪及信息服务，在完善境内银行间市场结构、提高市场流动性与透明度、帮助市场参与者提高成交效率、节省交易成本、实现最优交易组合和投资回报等方面，发挥着专业高效的媒介作用。

（二）货币经纪公司的设立、变更和终止

按照《货币经纪公司试点管理办法》及其实施细则和银监会2007年8月、2013年11月先后发布的《非银行金融机构行政许可事项实施办法》、《银行业金融机构董事（理事）和高级管理人员任职资格管理办法》等的规定，货币经纪公司的设立、变更和终止应遵循以下规定。

1. 货币经纪公司的设立条件及程序

在我国，设立货币经纪公司需经中国银监会批准，未经审核批准，任何单位和自然人不得擅自设立货币经纪公司或变相从事货币经纪业务，不得在机构名称中使用或变相使用“货币经纪”等字样。

（1）货币经纪公司设立的条件。

按规定，申请设立货币经纪公司法人机构应具备以下条件：1）有符合《公司法》和银监会规定的公司章程；2）有符合规定条件的出资人；3）注册资本为一次性实缴货币资本，最低限额为2 000万元人民币或等值的可自由兑换货币；4）有符合任职资格条件的董事和高级管

理人员，中国银监会对董事长、副董事长、总经理、副总经理、董事、财务总监、分公司总经理等高级管理人员实行任职资格管理，具体依照 2013 年 11 月发布的《银行业金融机构董事（理事）和高级管理人员任职资格管理办法》的规定执行；5）从业人员中应有 60%以上从事过金融工作或相关经济工作；6）有健全的组织机构、管理制度和风险控制制度；7）有与业务经营相适应的营业场所、安全防范措施和其他设施；8）银监会规定的其他审慎性条件。

申请在境内独资或者与境内出资人合资设立货币经纪公司的境外出资人应当具备以下条件：1）为所在国家（地区）依法设立的货币经纪公司；2）所在国家（地区）有完善的金融监督管理制度，并且申请人受到所在国家（地区）有关主管当局的有效监管，其监管当局与银监会签署了监管备忘录；3）从事货币经纪业务 20 年以上，经营稳健，并有完善的内部控制制度；4）有良好的社会声誉、诚信记录和纳税记录，最近 2 年内无重大违法违规经营记录；5）经营业绩良好，且最近 2 个会计年度连续盈利，每年税后净收益不低于 500 万美元；6）有从事货币经纪服务所必需的全球机构网络和资讯通信网络；7）在中国境内设立代表机构 2 年以上；8）承诺 3 年内不转让所持有的货币经纪公司股权（银监会依法责令转让的除外），并在公司章程中载明；9）银监会规定的其他审慎性条件。

申请设立货币经纪公司或者与境外出资人合资设立货币经纪公司的境内出资人应当具备以下条件：1）为依法设立的非银行金融机构；2）从事货币市场、外汇市场等代理业务 5 年以上；3）经营稳健，有完善的内部控制制度；4）有良好的社会声誉、诚信记录和纳税记录，最近 2 年内无重大违法违规经营记录；5）经营业绩良好，且最近 2 个会计年度连续盈利；6）承诺 3 年内不转让所持有的货币经纪公司股权（银监会依法责令转让的除外），并在公司章程中载明；7）银监会规定的其他审慎性条件。

（2）货币经纪公司的设立程序。

货币经纪公司设立须经筹建和开业两个阶段。

1）筹建。筹建货币经纪公司，应由投资比例最大的出资人作为申请人向拟设地银监局提交申请，由银监局受理并初步审查、银监会审查并决定。银监会自收到完整申请材料之日起 4 个月内作出批准或不批准的书面决定。

申请人自收到批准筹建文件之日起 6 个月内完成筹建工作。未能按期筹建的，可申请延期一次，延长期限不得超过 3 个月。申请人应在筹建期限届满 1 个月前向银监会提交筹建延期申请。银监会自接到书面申请之日起 20 日内作出是否批准延期的决定，并抄送有关银监局。

申请人应在前述规定的期限届满前提交开业申请，逾期未提交的，筹建批准文件失效，由决定机关注销筹建许可。

2）开业。货币经纪公司开业应向拟设地银监局提交申请，由银监局受理并初步审查、银监会审查并决定。银监会自收到完整申请材料之日起 2 个月内作出核准或不予核准的书面决定。

申请人应在收到开业核准文件并领取金融许可证后，办理工商登记，领取营业执照。货币经纪公司应当自领取营业执照之日起 6 个月内开业。不能按期开业的，可申请延期一次，延长期限不得超过 3 个月。申请人应在开业期限届满 1 个月前向银监会提交开业延期申请。银监会自接到书面申请之日起 20 日内作出是否批准延期的决定。未在规定期限内开业的，开业核准文件失效，由决定机关注销开业许可，收回金融许可证，并予以公告。

2. 货币经纪公司分公司的设立条件及程序

货币经纪公司根据业务需要，经中国银监会审查批准，可以在业务量较大的地区设立分公司。分公司不具有法人资格，其民事责任由货币经纪公司承担。

（1）货币经纪公司分公司的设立条件。

设立货币经纪公司分公司应当具备以下条件：1）有最低限额为 1 000 万元人民币或等值的可自由兑换货币的营运资金；2）有符合任职资格条件的高级管理人员；3）有健全的业务操作、内部控制、风险管理及问责制度；4）有与业务经营相适应的营业场所、安全防范措施和其他设施；5）银监会规定的其他审慎性条件。

申请设立分公司的货币经纪公司应当具备以下条件：1）确属业务发展需要；2）设立 2 年以上，且注册资本不低于 5 000 万元人民币或等值的可自由兑换货币；3）经营状况良好，最近 2 个会计年度连续盈利；4）最近 2 年无重大违法违规经营记录；5）拨付各分公司（含拟设分公司）的营运资金总额不超过其注册资本的 50%；6）银监会规定的其他审慎性条件。

（2）货币经纪公司分公司的设立程序。

货币经纪公司设立分公司也须经筹建和开业两个阶段。

1）筹建。货币经纪公司筹建分公司，应由其作为申请人向拟设地银监局提交申请，同时抄报货币经纪公司所在地银监局，由拟设地银监局受理并初步审查、银监会审查并决定。银监会自收到完整申请材料之日起 4 个月内作出批准或不批准的书面决定。拟设地银监局在将初审意见上报银监会之前应征求货币经纪公司所在地银监局的意见。

申请人自收到批准筹建文件之日起 6 个月内完成筹建工作。未能按期筹建的，可申请延期一次，延长期限不得超过 3 个月。申请人应在筹建期限届满 1 个月前向银监会提交筹建延期申请。银监会自接到书面申请之日起 20 日内作出是否批准延期的决定，并抄送有关银监局。

申请人应在前款规定的期限届满前提交开业申请，逾期未提交的，筹建批准文件失效，由决定机关注销筹建许可。

2）开业。货币经纪公司分公司开业，应由货币经纪公司作为申请人向拟设地银监局提交申请，同时抄报货币经纪公司所在地银监局，由拟设地银监局受理并初步审查、银监会审查并决定。银监会自收到完整申请材料之日起 2 个月内作出核准或不予核准的书面决定。

申请人应在收到开业核准文件并领取金融许可证后，办理工商登记，领取营业执照。货币经纪公司分公司自领取营业执照之日起 6 个月内开业。不能按期开业的，可申请延期一次，延长期限不得超过 3 个月。申请人应在开业期限届满 1 个月前向银监会提交开业延期申请。银监会自接到书面申请之日起 20 日内作出是否批准延期的决定。

3. 货币经纪公司代表处的设立

货币经纪公司根据业务管理需要，可以在业务比较集中的地区设立代表处。代表处不得经营业务，只限于从事业务推介、客户服务、债权催收以及信息的收集、反馈等相关工作。货币经纪公司高级管理人员不得兼任中国境内代表机构的职务。

设立代表处，由货币经纪公司作为申请人向拟设地银监局提交申请，同时抄报货币经纪公司所在地银监局，由拟设地银监局受理并初步审查、银监会审查并决定。银监会自收到完整申请材料之日起 2 个月内作出批准或不批准的书面决定。

4. 货币经纪公司的变更

货币经纪公司有下列情况发生时须经中国银监会批准，并依法向工商行政管理机关办理变更登记：（1）公司分立、合并、解散。（2）变更名称。（3）修改公司章程。（4）调整注册资本。（5）调整股权结构。（6）调整业务范围。（7）变更营业场所。（8）更换高级管理人员。

货币经纪公司的分公司变更名称、营运资金、营业场所、业务范围或更换高级管理人员，应报中国银监会批准，并依法向工商行政管理机关办理变更登记。

5. 货币经纪公司的终止

货币经纪公司及其分支机构的终止，按照银监会 2007 年 8 月发布的《非银行金融机构行政许可事项实施办法》第四章的有关规定执行。

（三）货币经纪公司的业务范围

我国关于货币经纪公司及其分公司的业务范围规定，主要包括三大方面的内容：

（1）仅限于向境内外金融机构提供经纪服务，不得从事任何金融产品的自营业务。

（2）按照中国银监会批准经营的业务范围，可经营下列全部或部分经纪业务：1）境内外外汇市场交易；2）境内外货币市场交易；3）境内外债券市场交易；4）境内外衍生产品交易；5）经中国银监会批准的其他业务。

（3）从事证券交易所相关业务的经纪服务，需报经中国证监会审批。

（四）对货币经纪公司的监督与管理

1. 对货币经纪公司的监督内容规定

由于货币经纪公司的业务范围实际上横跨货币、外汇、资本等市场，系统性风险很大，所以对其监督较为严格。主要监督内容包括：

（1）必须遵循公正、公平、诚信、为客户保密的原则依法运作。

（2）以现金资产或等值国债形式存在的资本金必须至少能够维持 3 个月的运营支出。

（3）不得将资本金投资于非自用的固定资产。

（4）应按照审慎经营的原则，制定本公司的各项业务规则，建立全面有效的风险管理程序和内部控制制度。

（5）应分别设立对董事会负责的风险管理、业务稽核部门，制订对各项业务的风险控制和业务稽核制度，每年定期向董事会报告工作，并向中国银监会报告。

（6）必须设立独立的合规部门，配备专门人员进行合规风险管理。

（7）在吸收新客户时，必须严格审查客户的注册文件和财务状况，经确认为金融批发市场的合格参与者后才能与其进行经纪业务。

（8）必须对从业人员进行资格审查，并要求从业人员严格遵守货币经纪行业从业人员职业操守，所有前台和后台的从业人员上岗前必须经过相应的专业培训。

（9）必须将风险监控贯穿交易的全过程，前台交易、后台确认要严格分开，前、后台负责人不得兼任，必须建立并严格执行独立的交叉复核制度来控制操作风险。必须建立有效的紧急处理机制管理交易过程中可能出现的各类操作风险。

（10）应在每年的利润中提取一定比例的风险基金，以弥补经营中可能发生的损失。

（11）非经客户许可，货币经纪公司在交易过程中不得向第三方泄露有关客户资料，法律法规另有规定的除外。

（12）应确保交易设施的完整与正常运行，以保证交易的顺利进行以及信息资料的完整和安全。

（13）必须在交易系统中安装录音设备并配备网络和传真设施，以便记录经纪人的交易过程、后台交易的确认和佣金的支付等业务活动。

（14）应执行相关的金融企业财务会计制度。应按规定编制并向中国银监会报送资产负债表、损益表、现金流量表等完整的会计报表，非现场监管报表及要求报送的其他报表。

（15）应建立定期外部审计制度，聘请有相应资质的会计师事务所进行审计，并在每个会计年度结束后的3个月内，将年度审计报告报送中国银监会。

（16）应定期向所在地中国银监会派出机构上报货币经纪业务量统计数据。

（17）在下列重大事项发生时应当在3个工作日内向所在地中国银监会派出机构报告：1）财务状况和经营活动出现重大问题。2）控股股东公司章程、注册资本或注册地址变更。3）控股股东机构重组、股权变更或主要负责人变更。4）控股股东经营发生重大变化。5）其他对货币经纪公司的经营可能产生影响、需向中国银监会报告的重大事项。

（18）应及时将各类新开办的经纪业务品种上报中国银监会及其当地派出机构。

2. 对货币经纪公司的管理措施

中国银监会对货币经纪公司可以采取的管理措施主要包括：

（1）现场检查。中国银监会根据审慎监管的要求，有权依有关程序和规定采取下列措施对货币经纪公司进行或委托有关专业机构进行现场检查：1）进入货币经纪公司进行检查。2）询问货币经纪公司的工作人员，要求其对有关检查事项作出说明。3）查阅、复制货币经纪公司与检查事项有关的文件、资料，对可能被转移、藏匿或者毁损的文件、资料予以封存。4）检查货币经纪公司运用电子计算机管理业务数据的系统。

（2）整顿等措施。货币经纪公司出现下列情况之一的，中国银监会可视情况责令其进行整顿：1）当年亏损超过注册资本的50%或连续3年累计亏损超过注册资本的30%。2）出现支付困难。3）有其他重大经营风险，中国银监会认为应当整顿的情况。4）中国银监会认为应当整顿的情况。

中国银监会责令货币经纪公司整顿后，可对货币经纪公司采取下列措施：1）责令调整董事、高级管理人员或者限制其权利。2）暂停其部分业务或暂停全部业务。3）要求在规定期限内增加资本金。4）责令控股股东转让股权或者限制有关股东的权利。5）限制分配红利和其他收入。6）限制资产转让。7）吊销货币经纪公司的金融许可证。8）中国银监会认为必要的其他措施。

货币经纪公司经整顿，符合下列条件的，报经中国银监会批准后方可结束整顿，1）支付能力得到恢复。2）亏损得到弥补。3）重大经营风险得到化解。4）中国银监会认为应采取的措施已经得到实施。

整顿时间最长不超过1年，逾期未实现整顿目标的，依法予以市场退出。

问题与思考

1. 何谓非银行金融机构？我国主要有哪些非银行金融机构？

2. 我国现行非银行金融机构的监督管理权限是怎样划分的？

3. 我国农村信用合作社的业务管理有哪些主要内容？农村信用社应如何改革以适应农村金融体制和农村经济发展的需要？

4. 我国农村信用社省联社作为具有独立企业法人资格的地方性金融机构，经省（自治区、直辖市）政府授权，承担对辖内农村信用社（含农村合作银行）的管理、指导、协调和服务职能，对此功能定位你有何看法？

5. 我国企业集团财务公司在运营和监管方面存在哪些突出的问题？应如何加以改进？

6. 为什么要设立金融资产管理公司？金融资产管理公司是什么性质的金融机构？

7. 汽车金融公司是何种性质的金融机构？其设置意义怎样？汽车金融公司的业务范围及监管规定有哪些？

8. 何谓消费金融公司？其业务范围和经营规则有哪些规定？

9. 为什么要设立农村资金互助社？对其进一步运营发展你有何良策？

10. 何谓货币经纪公司？其业务范围及监督管理规定有哪些内容？

第四篇

金融业务管理法

第七章

货币发行与现金管理法

本章概要

人民币是我国的法定货币。发行人民币、管理人民币流通，是我国法律赋予人民银行的重要职责和业务，是人民银行“发行的银行”的重要标志。货币发行是否科学、基础货币投放是否合理、货币供应量是否适度，与一国货币发行原则、发行程序和发行制度密切相关。而现金管理，则作为货币流通管理的一个重要方面，对中央银行货币政策的操作、对一国金融市场的稳定、对一国经济增长的实效都具有非常直接的作用。在我们这样一个习惯于使用现金的国家，现金管理尤其具有特别的意义。本章依据《中国人民银行法》、《反洗钱法》、《国务院关于废止和修改部分行政法规的决定》、《人民币管理条例》、《现金管理暂行条例》等法律、法规及人民银行发布的一系列规章的规定，就我国货币发行制度和现金管理制度的内容作了概要的介绍。

关键术语

人民币发行　发行库　业务库　现金管理　坐支

第一节　货币的发行与保护

在我国，关于货币发行与保护方面的法律规范主要见之于 1995 年 3 月通过、2003 年 12 月修订的《中国人民银行法》第三章及国务院发布的《国家货币出入境管理办法》（1993 年 1 月 20 日）、《人民币管理条例》（2000 年 2 月 5 日发布），另外中国人民银行作为我国货币发行的主管部门，也先后发布了《全国银行出纳基本制度（试行）》（1988 年 3 月 30 日）、《残损人民币销毁管理办法》（2000 年 5 月 26 日）、《人民币发行库管理办法》（2000 年 6 月 24 日）、《货币发行业务会计核算规定（试行）》（2001 年 9 月 7 日）、《假币收缴、鉴定管理办法》（2003 年 4 月 9 日）、《残缺污损人民币兑换办法》（2003 年 12 月 24 日）、《人民币发行库检查办法》（2004 年 6 月 2 日）、《中国人民银行反假货币奖励办法》（2005 年 9 月 26 日）等系列规章。这些法律、法规和规章共同构成了我国的货币发行与保护制度。

一、人民币的法律地位

《中国人民银行法》第16条规定："中华人民共和国的法定货币是人民币。以人民币支付中华人民共和国境内的一切公共的和私人的债务，任何单位和个人不得拒收。"这一规定，明确地表明了人民币的法律地位，即人民币是中华人民共和国的法定货币。

人民币作为我国的法定货币，一方面具有无限清偿能力，以人民币支付中国境内的一切公共的和私人的债务，任何单位和个人不得拒收；另一方面，又是我国唯一的合法货币，"任何单位和个人不得印制、发售代币票券，以代替人民币在市场上流通"（《中国人民银行法》第20条）。

二、人民币发行的含义与发行机关

（一）人民币发行的含义

人民币发行有广义和狭义之分。广义的发行是指人民银行代表国家发行、投放、回笼、调拨、销毁、保管以及调节各地人民币流通等业务活动的总称。狭义的发行是指人民银行向流通领域中投放人民币现金的行为。具体而言，即指人民银行通过发行库把发行基金投入业务库，使一部分货币进入流通领域的行为。

由于人民币的发行实际上是增加了基础货币的投放，而基础货币是高能货币，它具有倍数扩张的效应，直接关系到人民币币值的稳定和国家货币政策目标的实现，因此，必须依法加强对人民币发行的管理。《中国人民银行法》、国务院发布的《人民币管理条例》及人民银行发布的《全国银行出纳基本制度（试行）》等法律、法规、规章，就人民币的发行制度作了规定。

（二）人民币的发行机关

依据《中国人民银行法》的规定，人民银行是我国唯一的货币发行机关。该法第18条明确规定："人民币由中国人民银行统一印制、发行。中国人民银行发行新版人民币，应当将发行时间、面额、图案、式样、规格予以公告。"从而从法律上确定了人民银行作为我国唯一货币发行机关的法律地位。

三、人民币发行的原则及程序

（一）人民币发行的原则

为保证人民币币值稳定，促进国民经济协调、稳定、健康的发展，我国人民币的发行历来坚持以下三大发行原则。其内容是：

1. 集中统一发行原则。集中是指人民币的发行权集中于代表国家的中央政府——国务院。统一是指国家授权人民银行统一垄断货币发行。除人民银行外，任何地区、任何单位和个人都无权发行货币或发行变相货币。

2. 计划发行原则。是指货币发行要根据国民经济发展的要求，有计划地发行。具体由人民银行总行提出年度货币发行计划，报国务院批准后组织实施。

3. 经济发行原则。或称信用发行原则，是财政发行的对称。是指根据国民经济发展情况，按照商品流通的实际需要而进行货币发行。这种发行是在经济增长的基础上增加货币投放，是为了适应和满足商品生产和商品流通对货币的客观需要，不会引起物价波动和通货膨胀。

与经济发行相对的是财政发行，即国家为了弥补财政赤字而进行的超过经济发展需要的过量货币发行。这种发行的方式主要是财政向中央银行透支、借款，或中央银行直接购买政府公债、国库券等，其结果是货币发行出去后收不回来，最后导致通货膨胀，影响经济的稳定、持续发展。为避免财政发行，保证经济发行，我国《中国人民银行法》第 29 条规定：人民银行不得对政府财政透支，不得直接认购、包销国债和其他政府债券。

（二）人民币发行的程序

人民币发行程序是指人民币发行的步骤和方法，是属于人民币发行制度的重要组成部分。在我国，人民币的发行程序大致分为四步：

1. 提出人民币的发行计划，确定年度货币供应量。每年由人民银行总行根据国家的经济和社会发展计划，提出货币发行和回笼计划，报国务院审批后，具体组织实施。包括负责票币设计、印制和储备。

2. 国务院批准人民银行报批的货币供应量计划。

3. 进行发行基金的调拨。人民币发行基金是中国人民银行人民币发行库保存的未进入流通的人民币。它是货币发行的准备基金，不具备货币的性质，由设置发行库的各级人民银行保管，总行统一掌管，发行基金的动用权属于总库。

发行基金的调拨是组织货币投放的准备工作，是发行库与发行库之间发行基金的转移。发行基金调拨实行“适当集中，合理摆布，灵活调拨”的方针。发行库调拨发行基金，应当依照上级发行库的调拨命令办理。任何单位和个人不得违反规定动用发行基金，不得干扰、阻碍人民币发行基金的调拨。发行基金的调拨原则上采取逐级负责的办法，即总行负责分行（营业管理部）之间的调拨，分行（营业管理部）负责中心支行之间的调拨，中心支行负责支行之间的调拨。发行基金调拨凭书面调拨命令执行。紧急情况下，采取先凭规定代号的电报（电传）调拨命令执行，后签书面调拨命令方式办理。

4. 普通银行业务库日常现金收付。人民币的货币发行主要是通过商业银行的现金收付业务活动来实现的。各商业银行将人民银行发行库的发行基金调入业务库后，再从业务库通过现金出纳支付给各单位和个人，人民币钞票就进入市场。这称为“现金投放”。同时，各商业银行每日都要从市场回收一定的现金，当业务库的库存货币超过规定的限额时，超出部分要送交发行库保管。这称为“现金归行”。货币从发行库到业务库的过程叫“出库”，即货币发行；货币从业务库回到发行库的过程叫“入库”，即货币回笼。

在一定时期内，出库的货币额大于入库的货币额，是增加货币发行；出库的货币额小于入库的货币额，是减少货币发行。人民币发行业务便是通过发行库和业务库之间往来调拨货币完成的。

四、发行库与业务库

（一）发行库

我国的发行库是“人民币发行库”的简称，是中国人民银行为国家保管人民币发行基金而设置的金库，是办理货币发行的具体机构。按人民银行发布的《人民币发行库管理办法》的规定，我国实行四级发行库体制，依次分为总库、分库、中心支库和支库，总库由若干总行重点库组成。发行库根据经济发展和货币发行业务需要设立或撤销，其中，总行重点库、分库、中心支库的设立与撤销报经人民银行总行批准；支库的设立与撤销报经分行、营业管理部或省会（首府）城市中心支行批准。各级发行库主任，均由同级人民银行行长（营业管理部主任）兼任。

发行库的主要职责是：保管人民币发行基金、金银实物和总行指定的代保管品；办理人民币发行基金出入库；办理开户单位现金存取款业务；监督、管理有关开户单位交存现金的质量等。发行库管理的目标是确保安全。

发行库实行双人管库，同进、同出、同操作制度。对办理库务业务的人员，经发行库行审查，发给出入库标志、证件，实行严格管理。非管库、库务、查库人员因特殊需要入库，必须由该人员所在单位向发行库行提出申请和提供申请人员政审证明，并由发行库行报上级行批准后才能办理入库手续。进入库房的任何非管库人员都必须遵守库房管理有关规定，佩戴出入库标志，并办理登记手续，以备查考。

（二）业务库

业务库是各银行基层分、支行和处、所为办理日常现金收付而设置的金库。业务库保管的货币是流通中的货币，处于周转状态。为节约现金使用和减少现金调拨，控制货币发行的额度，在保证业务现金需要的前提下，人民银行对各银行业务库保留的现金，均确定一个库存限额。业务库库存限额确定后，不能任意突破。库存现金超出限额时，超出部分要缴回发行库；不足限额时，发行库就发行一部分货币补充业务库，使其恢复到正常水平。

（三）发行库与业务库的区别

发行库与业务库虽然都属人民币发行程序的主要环节，但二者发挥着不同的作用，不能予以混淆。其主要区别是：

1. 机构的设置不同。发行库是各级人民银行的重要组成部分，实行垂直领导；而业务库则是各级政策性银行和商业银行为办理现金收付业务而设立的金库。

2. 保管的货币性质不同。发行库保管的是发行基金，在出发行库之前，它尚属货币准备金性质，不是流通中的货币，不具备货币的职能；业务库保管的是现金，属流通中货币的一部分。

3. 业务对象不同。发行库的业务对象是各普通银行；业务库的对象是全社会。

4. 收付款项的起点不同。发行库出入库的金额起点是以千元为单位，必须整捆出入库；而业务库收付现金则不受金额起点的限制。

五、人民币的法律保护

人民币的法律保护内容很多，但最主要者体现在两个方面，一是对残损人民币的兑换、收回和销毁作出规定，以维护人民币的信誉；二是对各种危害人民币的行为予以禁止和惩处。

（一）残损人民币的收兑与销毁

残损人民币的兑换、收回与销毁，对于保持人民币的整洁、方便人民币的使用、维护人民币的信誉有着积极的作用。为此，《中国人民银行法》第21条规定："残缺、污损的人民币，按照中国人民银行的规定兑换，并由中国人民银行负责收回、销毁。"国务院发布的《人民币管理条例》第22条亦规定："办理人民币存取款业务的金融机构应当按照中国人民银行的规定，无偿为公众兑换残缺、污损的人民币，挑剔残缺、污损的人民币，并将其交存当地中国人民银行。中国人民银行不得将残缺、污损的人民币支付给金融机构，金融机构不得将残缺、污损的人民币对外支付。"中国人民银行据此发布的《残缺污损人民币兑换办法》（2003年12月24日）、《残损人民币销毁管理办法》（2000年5月26日）对这方面的问题作了更具体的规定。

（二）危害人民币行为的禁止与惩处

为了维护人民币唯一法定货币的地位，加强对人民币的法律保护，国家通过立法对危害人民币的各种行为作出了禁止和惩处规定。《中国人民银行法》第19条、第20条规定："禁止伪造、变造人民币。禁止出售、购买伪造、变造的人民币。禁止运输、持有、使用伪造、变造的人民币。禁止故意毁损人民币。禁止在宣传品、出版物或者其他商品上非法使用人民币图样。""任何单位和个人不得印制、发售代币票券，以代替人民币在市场上流通。"国务院发布的《人民币管理条例》第31条至第37条对与此有关的问题作了进一步规定，《中国人民银行法》第42条至第46条和1997年《刑法》，还就有关危害人民币的行为应该承担的法律责任作了明确规定。

第二节　现金管理

一、现金管理概述

现金是指具有现实购买力或清偿力的法定通货，我国人民币现金包括铸币人民币和纸币人民币。现金管理是指国家授权银行及其他金融机构依法对开户单位的现金收支及库存进行的监督和管理，是货币流通管理的重要内容之一。其目的主要在于通过监管，合理控制现金投放，达到抑制通货膨胀、稳定物价、稳定人民币市场的目标。

我国自20世纪50年代起就开始实行现金管理制度，1977年11月28日国务院曾发布实施了《关于实行现金管理的决定》。20世纪80年代中后期，针对我国货币投放量较多，大量资金体外循环，已出现明显的通货膨胀的情况，国务院于1988年9月8日颁布了《现金管理暂行条例》[①]，同年9月12日，人民银行据此发布了《现金管理暂行条例实施细则》，对现金管理的对象、现金的使用、现金收支等作出了具体规定。为严格控制大额提现，防止金融犯罪，1997年4月9日，人民银行发布《大额现金支付登记备案规定》，建立了我国的大额现金交易报告制度。同年8月发布了《关于大额现金支付管理的通知》，同年10月又发布了新的《现金收支统计制度》，自1998年1月1日起施行。从而建立了我国较为完备的现金管理法律制度。

步入21世纪，我国现金管理的环境和管理重点发生了明显变化。长期以来，我国现金管理的重点一直是合理控制现金投放，防止因现金过量投放引起短期物价上涨。但随着市场经济体制改革的不断深化、结算工具的创新和结算手段的多元化，现金与通货膨胀的相关性已大大降低，而利用现金进行违法犯罪的现象日益突出，并在全国引发了一些恶性经济案件。此说明我国现金管理的重点，除应继续坚持合理控制现金投放外，更重要的是应由以控制现金投放为主，逐步转向以防范和打击利用现金结算从事违法犯罪活动、防范和化解现金结算风险为主。为此，人民银行2001年4月10日发布的《关于进一步加强和改进现金管理有关问题的通知》，要求人民银行各分行（营业管理部）、各商业银行要提高认识、转变现金管理的重点，认真执行大额现金管理的有关规定，加大对“代币券”的查处力度。2003年1月3日人民银行更从反洗钱的目的出发，发布实施了“一规两法”，即《金融机构反洗钱规定》、《人民币大额和可疑支付交易报告管理办法》和《金融机构大额和可疑外汇资金交易报告管理办法》。2006年10月31日《反洗钱法》通过以后，人民银行依据该法和《中国人民银行法》等法律的规定，于同年11月14日发布了新的《金融机构反洗钱规定》、《金融机构大额交易和可疑交易报告管理办法》取代前述“一规两法”，分别自2007年1月1日、2007年3月1日起施行。2007年6月21日，中国人民银行、中国银监会、中国证监会、中国保监会又联合发布了《金融机构客户身份识别和客户身份资料及交易记录保存管理办法》，就该管理办法的适用范围和原则、客户身份识别制度、客户身份资料和交易记录保存、法律责任等内容作了规定，自同年8月1日起实施。《反洗钱法》及前述三规章的颁行基本上奠定了我国反洗钱体系的法制基础，包括要求金融机构建立健全反洗钱内控制度及履行客户尽职调查、保存交易记录、大额交易报告、可疑交易报告等反洗钱的相关义务，其中许多内容是和现金管理密切相关的。

二、现金管理机构与管理对象

（一）现金管理机构

按《现金管理暂行条例》的规定，中国人民银行是我国现金管理的主管部门，负责对开户银行的现金管理进行监督和稽核。各开户银行则依据《现金管理暂行条例》的授权，负责现金管理的具体执行，对开户单位的现金收支、使用进行监督管理。

（二）现金管理的对象

我国现金管理的对象是指在银行和其他金融机构开立账户的单位和其他经济组织，包括国

---

① 本《暂行条例》被2011年1月8日发布实施的《国务院关于废止和修改部分行政法规的决定》修订，修订内容是删去《暂行条例》第20条、第21条、第22条的规定，其余内容仍然有效。

家机关、团体、部队、学校和城乡国营、集体企业、事业单位以及联营企业、私营企业、个体工商户、农村承包经营户。

开户单位之间的经济往来，除依法可以使用现金以外，其他一律通过银行转账结算。一个单位在几家银行开户的，只能在一家银行开设现金结算户，支取现金，并由该家银行负责核定库存现金限额和进行现金管理检查。

三、现金管理的具体内容

（一）现金使用范围

开户单位之间的经济往来，应通过银行进行转账结算。按照《现金管理暂行条例》的规定，开户单位只能在下列范围内使用现金：

（1）职工工资和各种工资性津贴；

（2）个人劳务报酬；

（3）根据国家规定颁发给个人的科学技术、文化艺术、体育等各种奖金；

（4）各种劳保、福利费用及国家规定的对个人的其他现金支出；

（5）收购单位向个人收购农副产品和其他物资支付的价款；

（6）出差人员必须随身携带的差旅费；

（7）结算起点以下的零星支出；

（8）中国人民银行确定需要现金支付的其他支出。

结算起点为 1 000 元。除上述（5）、（6）项外，开户单位支付给个人的款项中，支付现金每人一次不得超过 1 000 元，超过限额部分，根据提款人的要求在指定的银行转为储蓄存款或以支票、银行本票支付；确需全额支付现金的，应经开户银行审查后予以全额支付。

（二）核定库存现金限额

为了保证各单位日常的业务经营费用及其他小额零星开支的需要，国家允许其保留一定数额的库存现金。库存现金限额由开户单位提出计划，开户银行根据需要审批，原则上以开户单位 3 天至 5 天的日常零星开支需要的现金为库存现金限额。边远地区和交通不发达地区的开户单位的库存现金限额，可以适当放宽，但最多不得超过 15 天的日常零星开支额。经核定的库存现金限额，开户单位必须严格遵守。需要增加或者减少库存现金限额的，应当向开户银行提出申请，由开户银行核定。

（三）开户单位现金收支管理

1. 开户单位收入现金应于当日送存开户银行，当日送存确有困难的，由开户银行确定送存时间。

2. 开户单位支付现金，从本单位现金库存中支付或者从开户银行提取，但不得从本单位的现金收入中直接支付，即不准“坐支”。需要坐支的单位，要事先报经开户银行审查批准，由开户银行核定坐支范围和限额。

3. 开户单位在现金使用范围之内，从开户银行提取现金，应如实填写用途，由本单位财会负责人签字盖章，经开户银行审核后，予以支付现金。

（四）个体工商户和农村承包经营户的现金管理

1. 国家鼓励个体工商户和农村承包户到银行开立账户，采取转账方式进行结算，减少现金的使用。在银行开立账户的个体工商户、农村承包经营户异地采购的货款，应当通过银行转账进行结算。因采购地点不固定、交通不便必须携带现金的，由客户提出申请，开户银行根据实际需要予以支付现金。

2. 未在银行开户的个体工商户、农村承包经营户异地采购所需货款，可以通过银行以汇兑方式支付。凡加盖“现金”字样的结算凭证，汇入银行必须保证支付现金。

3. 对个体工商户、农村承包经营户发放的贷款，应以转账方式支付；对于确需在集市使用现金购买物资的，由贷款人提出书面申请，经开户银行审批后，可以在贷款余额内支付现金。

（五）大额现金支付登记备案和提取的特殊规则

根据人民银行的有关规定，我国实行大额现金支付登记备案制度，并对大额存款的提取规定了特殊要求：

1. 登记备案的范围限于机关、团体、企业、事业单位、其他经济组织和个体工商户以及外国驻华机构的大额现金支付，工资性支出和农副产品采购现金支出除外。个人居民储蓄存款，不实行登记备案。

2. 大额现金的数量标准由人民银行各省、自治区、直辖市分行根据当地开户单位正常、零星现金支出的实际确定，并报人民银行总行备案。

3. 开户单位提取大额现金（包括注明“现金”字样的银行汇票、银行本票）时，要填写有关大额现金支取登记表格，表格的主要内容应包括支取时间、单位、金额、用途等。开户银行要建立台账，实行逐笔登记，并于季后 15 日内报送当地人民银行分支行备案。各地人民银行分行要按季对辖区内大额现金支付情况进行分析和汇总，并报送人民银行总行，如遇重大问题，要及时报告。

4. 开户银行应经常分析大额现金支付情况，发现疑问，及时检查。对重大涉嫌案件要报告人民银行当地分行。对开户单位违规提现，或逃避监管的，应给予相应制裁。

5. 一日一次性从储蓄账户（含银行卡户）提取现金 5 万元（不含 5 万元）以上的，取款人应提供有效身份证件，并经储蓄机构负责人核实后予以支付。其中一次性提取现金 20 万元（含 20 万元）以上的，应该至少提前一天以电话方式预约，以便银行准备现金。

6. 存款人通过自动柜员机（ATM）支取现金，每卡每日累计不得超过人民币 2 万元。

（六）坐支控制规定

坐支是指有现金收入的单位，从本单位收入的现金中直接支付自己所需现金的行为。各单位支付现金必须从开户银行提取，不准从本单位的现金收入中坐支。对因情况特殊确需坐支的单位，要事先由单位提出申请，经开户银行审查同意后，在规定的限额内坐支。

(七) 现金管理禁止性规定

按照《现金管理暂行条例》的规定，开户单位须遵守以下禁止性规定：(1) 不准白条抵库；(2) 不准单位之间相互借用现金；(3) 不准谎报用途套取现金；(4) 不准利用银行账户代其他单位和个人存入或支取现金；(5) 不准将单位收入的现金以个人名义存入储蓄；(6) 不准保留账外公款 (即"小金库")；(7) 禁止发行变相货币；(8) 不准以任何票券代替人民币在市场上流通； (9) 开户单位在购销活动中，不准对现金结算给予比转账结算优惠的待遇；(10) 不准只收现金拒收支票、银行汇票、银行本票和其他转账结算凭证。

问题与思考

1. 我国人民币的发行原则包括哪些内容？为什么要坚持这些发行原则？
2. 我国人民币的发行机关是谁？人民币发行的程序包括哪几个主要阶段？
3. 什么是发行库？发行库如何设置与撤销？其主要职责是什么？
4. 何谓发行基金？发行基金如何调拨？
5. 发行库与业务库有哪些不同之处？
6. 何谓现金管理？步入 21 世纪以后我国现金管理的重点发生了什么变化？为什么会有这种变化？
7. 我国的现金管理机构和管理对象是谁？
8. 开户单位在哪些范围之内可以使用现金？我国关于现金管理的禁止性规定有哪些内容？

第八章

存款与贷款管理法

本章概要

存款与贷款管理法，包括存款管理法和贷款管理法。存款管理法是调整银行等金融机构和存款人之间的存款关系的法律规范的总称。吸收存款是银行等金融机构最主要、最基本的负债业务，是组织银行资金来源的业务，对银行资产等业务的开展具有基础性的作用。我国的存款分为个人存款和单位存款，相应的存款管理法主要是《储蓄管理条例》和《人民币单位存款管理办法》，而没有统一的存款管理法。贷款管理法是调整作为贷款人的金融机构与借款人之间的贷款关系的法律规范的总称。发放贷款是商业银行等金融机构最主要的资产业务，是其获得收益的重要来源。目前，我国关于贷款发放最全面、最系统的金融规章是人民银行发布的《贷款通则》，另外，还有一系列其他法律、法规、规章也就贷款问题作了法律规定。总体来看，我国目前存贷款管理法律制度还很不健全，存在着立法层次低、内容陈旧、管制较多、体系散乱等问题。随着金融体制改革的深入，特别是随着存贷款产品创新、利率市场化进程的加快，我国有必要制定专门的《存款管理法》、《贷款管理法》就存贷款业务开展的主体（机构）资格、当事人的基本权利义务、业务开展的基本原则、基本程序、法律责任等作出较为全面、系统的规定，以建立健全以市场机制为主导、以信用为基础、以公平自愿为原则、以审慎经营监管为保障的规范有序的存贷款市场体系，切实保护当事人尤其是金融消费者的合法权益。

关键术语

存款管理法　储蓄存款　单位存款　贷款管理法　自营贷款　委托贷款　短期贷款　中期贷款　长期贷款　信用贷款　担保贷款　贷款人　借款人

第一节　存款管理法

一、存款管理法概述

（一）存款与存款合同

存款是商业银行等具有存款业务经营资格的金融机构（以下简称银行）接受客户存入资

金，并在存款人支取存款时支付存款本息的一种信用业务。它是银行最主要、最基本的负债业务，在存款关系中，存款人是债权人，依法享有存款资金本息的请求权；银行是债务人，负有依法按期支付存款本金及利息的义务。

存款人和银行之间的存款关系是通过存款合同确定的。存款合同是实践合同，须由存款人将款项交付银行，经银行确认并出具存款凭证后才能成立。其形式为银行发给的存单（存折）、进账单、银行卡①等。

（二）存款的分类

存款根据不同标准可作多种分类：

1. 按存款主体不同，可分为单位存款和个人存款。前者是指企业、事业、机关、部队和社会团体等单位的存款，这类存款具有强制性；后者是指城乡个人将自己所有或合法持有的货币资金为积蓄和收益的目的存入储蓄机构的存款。其特征是自愿性和有偿性。

2. 按存期的不同，可分为活期存款和定期存款。前者是指存款人可以随时提取的存款，最典型的是支票存款；后者是指银行和存款人对存款的期限和提取方式事先加以约定的存款。

3. 按存款币种的不同，分为人民币存款（本币存款）和外币存款。

4. 按支取存款的方式不同，分为支票存款、存（折）单存款、银行卡存款、通知存款②、透支存款、存贷合一存款、特种存款（如协定存款③、教育储蓄存款、大额可转让定期存单）等。

5. 特定目的存款。指银行存款业务中发展出来的一些基于新目的的存款业务品种，如结构性存款、集团账户存款等。结构性存款是指投资者将合法持有的人民币或外币资金存放在银行，由银行通过在普通存款的基础上嵌入金融衍生工具（包括但不限于远期、掉期、期权或期货等），将投资者收益与利率、汇率、股票价格、商品价格、信用、指数及其他金融类或非金融类标的物挂钩的具有一定风险的金融产品。包括外汇结构性存款和人民币结构性存款两大类。集团账户存款，主要是指集团总公司一级账户的存款业务。集团总公司通过集团一级账户资金的上收和下拨，在其子公司之间进行资金的灵活调剂，达到加强资金的集中管理，提高资金使用效率的目的。

（三）存款管理法及其基本原则

存款管理法是调整存款关系的法律规范的总称。我国目前没有统一的存款管理法，有关存款的管理规定散见于《宪法》、《民法通则》、《中国人民银行法》、《银行业监督管理法》、《商业

---

① 银行卡，包括信用卡和借记卡（含储蓄卡），是指由商业银行（含邮政金融机构）向社会发行的具有消费信用、转账结算、存取现金等全部或部分功能的信用支付工具。1999 年 1 月 5 日中国人民银行发布的《银行卡业务管理办法》对银行卡的分类、计息、风险管理等问题作了详细规定。

② 通知存款是指存款人在存入款项时不约定存期，支取时需提前通知金融机构，约定支取存款日期和金额方能支取的存款。1999 年 1 月 3 日中国人民银行发布的《通知存款管理办法》对通知存款的品种、起点金额、计息等问题作了规定。

③ 协定存款是指客户通过与银行签订《协定存款合同》，约定期限、商定结算账户需要保留的基本存款额度，由银行对基本存款额度内的存款按结息日或支取日活期存款利率计息，超过基本存款额度的部分按结息日或支取日人民银行公布的高于活期存款利率、低于六个月定期存款利率的协定存款利率给付利息的一种存款。

银行法》、《储蓄管理条例》、《个人存款账户实名制规定》、《银行卡业务管理办法》、《对储蓄存款利息所得征收个人所得税的实施办法》、《人民币利率管理规定》、《人民币单位存款管理办法》、《通知存款管理办法》、《教育储蓄管理办法》、《储蓄存款利息所得个人所得税征收管理办法》、《金融违法行为处罚办法》、《关于对金融机构违法违规经营责任人的行政处分规定》、《金融机构协助查询、冻结、扣划工作管理规定》、最高人民法院《关于审理存单纠纷案件的若干规定》以及各种金融机构单行管理的法律、法规、规章中。根据这些法律、法规、规章的规定，我国存款制度的基本原则主要有：

1. 存款业务经营特许制原则。即经营存款业务的金融机构必须经过中国银监会的审核批准，才能开展存款业务；办理外汇存款业务的，还应经人民银行批准。目前这些机构包括商业银行、农村合作银行、城乡信用合作社、邮政储蓄银行、村镇银行、农村资金互助社等。

2. 金融机构须依法缴存存款准备金原则。我国法定准备金将原准备金存款和备付金合一，自 2007 年 1 月 15 日起金融机构缴存比例统一为 9.5%。从 2004 年 4 月 25 日起，我国央行对不同金融机构实行差别化的存款准备金制度，如 2012 年 5 月 18 日经人民银行调整后，大型金融机构实行 20%的准备金比例，中小金融机构实行 16%的准备金比例。目前，该比例因各类金融机构类别及央行的政策导向不同，而有更多样化的差别规定。

3. 财政性存款和存款准备金由人民银行专营原则，任何金融机构不得占用。

4. 存款实名制原则。所谓存款实名制是指在中国境内依法设立和经营个人存款业务的金融机构和在金融机构开立个人存款账户的个人（包括外国人），在开立个人人民币、外币存款账户时，应使用符合法律、行政法规和国家有关规定的身份证件上使用的姓名，而不得使用化名、假名、笔名等。其所以要实行存款实名制，保证个人存款账户的真实性，既为维护存款人合法权益，同时也为防止“公款私存”、“偷漏税款”、“洗钱犯罪”等奠定管理制度基础。2000 年 3 月 20 日国务院发布的《个人存款账户实名制规定》及中国人民银行 2000 年、2001 年先后两次发布的“施行通知”和 2008 年 6 月 20 日发布实施的《关于进一步落实个人人民币银行存款账户实名制的通知》等对此作了比较详细的规定。

5. 依法保护存款人利益的原则。包括保证存款本息支付，为存款人保密等。

二、储蓄存款法律制度

（一）储蓄的概念及有关基本法规

储蓄是指个人将属于其所有的人民币或外币存入储蓄机构，储蓄机构开具存折或者存单等作为凭证，个人凭以支取存款本息的信用活动。

目前，在我国规范储蓄存款关系的法律、法规主要是《商业银行法》、《个人存款账户实名制规定》、《储蓄管理条例》（国务院 1992 年 12 月 11 日发布，1993 年 3 月 1 日起施行，2011 年 1 月 8 日修订）[①] 及中国人民银行发布的《关于执行〈储蓄管理条例〉的若干规定》（1993 年 1 月 12 日）、《通知存款管理办法》（1999 年 1 月 3 日）、《教育储蓄管理办法》（2000 年 3 月 28

① 该条例被 2011 年 1 月 8 日发布的《国务院关于废止和修改部分行政法规的决定》修改。修订内容为：将《储蓄管理条例》第 35 条、第 36 条中的“《行政复议条例》”修改为“《中华人民共和国行政复议法》”。

日）等。

(二) 储蓄原则

《商业银行法》第29条、《储蓄管理条例》第5条规定了储蓄机构办理个人储蓄业务应遵循的原则，即“存款自愿、取款自由、存款有息、为储户保密”原则，以保护个人存款的所有权，鼓励个人参加储蓄。

(三) 储蓄机构的设立及业务范围

1. 设立。储蓄机构是指经人民银行（现为中国银监会）或其派出机构批准，具有储蓄业务经营资格的金融机构，包括各商业银行、信用合作社以及邮政储蓄银行办理储蓄业务的机构。设立储蓄机构必须经银监会批准，并领取“金融机构营业许可证”，储蓄机构不具有法人资格。其设置必须具有以下三个条件：(1) 有机构名称、组织机构和营业场所；(2) 熟悉储蓄业务的工作人员不少于4人，保证营业时间内双人临柜；(3) 有必要的安全防范设施。储蓄机构经银监会派出机构批准，可以在企业、机关、学校、部队等单位设立代办网点。

2. 业务范围。根据《储蓄管理条例》规定，储蓄机构可办理下列人民币业务：(1) 活期储蓄存款；(2) 定期储蓄存款，含整存整取、零存整取、存本取息、整存零取四种；(3) 定活两便储蓄存款；(4) 华侨（人民币）定期储蓄存款；(5) 其他存款，如大额可转让定期存单等。储蓄机构经外汇管理部门批准，可办理活期储蓄、整存整取等外币储蓄业务。另外，在金融实践中，储蓄机构经批准或备案，还可以办理自动转存业务，住房储蓄业务，个人定期储蓄存单小额抵押贷款业务，代理发售、兑换有价证券，代发工资，代收房租、水电费等代理业务。

(四) 储蓄业务基本规则

储蓄机构开展业务应遵循以下基本规则：

1. 储蓄存款利率及计息规则。储蓄存款利率由人民银行拟定，经国务院批准后公布，或者由国务院授权人民银行制定、公布。储蓄机构必须挂牌公告储蓄存款利率，不得擅自变动。

未到期的定期储蓄存款，全部提前支取的，按支取日挂牌公告的活期储蓄存款利率计付利息；部分提前支取的，提前支取的部分按支取日挂牌公告的活期储蓄存款利率计付利息，其余部分到期时按存单开户日挂牌公告的定期储蓄存款利率计付利息。

逾期支取的定期储蓄存款，其超过原定存期的部分，除约定自动转存的外，按支取日挂牌公告的活期储蓄存款利率计付利息。

定期储蓄存款在存期内遇有利率调整，按存单开户日挂牌公告的相应的定期储蓄存款利率计付利息。活期储蓄存款在存入期间遇有利率调整，按结息日挂牌公告的活期储蓄存款利率计付利息。活期储蓄每年6月30日为结息日，结算利息一次，并入本金起息，元以下尾数不计利息。全部支取活期储蓄存款，按清户日挂牌公告的活期储蓄存款利率计付利息。

储户认为储蓄存款利息支付有错误时，有权向经办的储蓄机构申请复核；经办的储蓄机构应当及时受理、复核。

2. 提前支取规则。未到期的定期储蓄存款，储户提前支取的，必须持存单和存款人的身份证明办理；代储户支取的，代支取人还必须持本人身份证明。

3. 挂失规则。存单、存折分为记名式和不记名式。记名式的存单、存折可以挂失，不记名式的存单、存折不能挂失。[①] 储户遗失存单、存折或者预留印鉴的印章的，必须立即持本人身份证明，并提供储户的姓名、开户时间、储蓄种类、金额、账号及住址等有关情况，向其开户的储蓄机构书面申请挂失。在特殊情况下，储户可以用口头或者函电形式申请挂失，但必须在 5 天内补办书面申请挂失手续。

储蓄机构在确认该笔存款未被支取的前提下，可受理挂失手续。挂失 7 天后，储户需与储蓄机构约定时间，办理补领存单（折）或支取存款手续。受理挂失前该储蓄存款已被他人支取的，储蓄机构不负赔偿责任。

4. 查询、冻结、扣划个人储蓄存款规则。储蓄机构及其工作人员对储户的储蓄情况负有保密责任。储蓄机构不代任何单位和个人查询、冻结或者扣划个人储蓄存款，但法律另有规定的除外。中国人民银行依据有关法律的规定，于 2002 年 1 月 15 日发布、自同年 2 月 1 日实施的《金融机构协助查询、冻结、扣划工作管理规定》就有权查询、冻结、扣划的机构种类、协助的程序和条件等问题作了明确规定。

5. 存款过户与支取规则。储蓄存款的所有权发生争议，涉及办理过户或支付手续的，按以下规定办理：

（1）存款人死亡后，合法继承人为证明自己的身份和有权提取该项存款，应向储蓄机构所在地的公证处（未设公证处的地方向县、市人民法院）申办继承权证明书。该项存款的继承权发生争执时，由人民法院判处；储蓄机构凭继承权证明书、人民法院的判决书、裁定书或调解书办理过户或支付手续。

（2）存款人已死亡，但存单持有人没有向储蓄机构申明遗产继承过程，也没有持存款人所在地法院判决书，直接去储蓄机构支取或转存存款人生前的存款，储蓄机构都视为正常支取或转存，事后引起的存款继承争执，储蓄机构不负责任。

（3）在国外的华侨和港澳同胞等在国内储蓄机构的存款或委托银行代为保管的存款，原存款人死亡，其合法继承人在国内者，凭原存款人的死亡证明向储蓄机构所在地的公证处申请继承证明书，储蓄机构凭此办理存款的过户和支付手续。

（4）在我国定居的外国公民（包括无国籍者），存入我国储蓄机构的存款，其存款过户或提取手续，与我国公民存款处理手续相同，照上述规定办理。与我国订有双边领事协定的外国侨民应按协定的具体规定办理。

（5）继承人在国外者，可凭原存款人的死亡证明和经我国驻该国使领馆认证的亲属证明，向我国公证机关申请办理继承权证明书，储蓄机构凭此办理存款的过户或支付手续。继承人所在国如系禁汇国家，按上述规定办理有困难时，可由当地侨团、友好社团和爱国侨领、友好人士提供证明，并由我驻所在国使领馆认证后，向我国公证机关申请办理继承权证明书，储蓄机构再凭此办理过户或支付手续。

（6）存款人死亡后，无法定继承人又无遗嘱的，经当地公证机关证明，按财政部门规定，

---

① 按国务院 2000 年 3 月 20 日发布的《个人存款账户实名制规定》，自 2000 年 4 月 1 日起个人在中国境内办理人民币、外币存款必须实行实名制，当然也就必须记名，因此，不记名式的存单、存折也就不再允许存在。

属全民所有制企业事业单位、国家机关、群众团体的职工，其存款上缴国库收归国有。属集体所有制企事业单位的职工，其存款可转归集体所有。此项上缴国库或转归集体所有的存款都不计利息。

6. 储蓄业务禁止规则。主要禁止公款私存。《商业银行法》和《储蓄管理条例》都明确规定：任何单位和个人不得将公款以个人名义开立储户存储。公款的范围包括：凡列在国家机关、企事业单位会计科目的任何款项；各保险机构、企事业单位吸收的保险金款项；属于财政性存款范围的款项；国家机关和企事业单位的库存现金等。公款私存，对社会经济发展危害极大：一是为一些企事业单位私设“小金库”、逃避监督提供方便；二是将企业贷款转为储蓄存款，影响银行与企业的正常资金周转、干扰国家金融；三是逃税、漏税，逃避现金管理；四是滋生腐败。所以，必须禁止。

（五）违反《储蓄管理条例》的法律责任

违反《储蓄管理条例》的法律责任，包括经济责任、行政责任和刑事责任。具体规定如下：

1. 储蓄机构侵犯储户合法权益，造成损失的，应依法承担赔偿责任。

2. 将单位的资金以个人名义开立账户公款私存的，由人民银行责令改正，对其违法所得予以没收，并可处违法所得 1 倍以上 3 倍以下罚款；没有违法所得的，可处以 5 万元以上 30 万元以下罚款。

3. 其他违法行为的责任。如擅自开办储蓄业务的；擅自设置储蓄机构的；擅自开办新的储蓄种类的；擅自办理本条例规定以外的其他金融业务的；擅自停业或者缩短营业时间的；采取不正当手段吸收储蓄存款的；擅自变动储蓄存款利率的；泄露储户储蓄情况或者未经法定程序代为查询、冻结、划拨储蓄存款的。

有前列行为之一的单位和个人，由中国银监会或人民银行或其派出（分支）机构依据职能分工责令其纠正，并可以根据情节轻重处以罚款、停业整顿、吊销“经营金融业务许可证”等行政处分。情节严重，构成犯罪的，依法追究刑事责任。

三、单位存款法律制度

（一）单位存款的概念及分类

单位存款，也称机构存款，是指个人储蓄存款以外的所有存款。具体是指企业、事业、机关、部队和社会团体在金融机构办理的人民币存款。我国一般称其为“对公存款”。

单位存款，按不同标准可作以下分类：

1. 根据单位存款的主体不同，单位存款分为企业存款和财政性存款。前者是指企业将经济运行中暂时闲置的货币资金和结余资金存入银行所形成的存款，包括工商企业存款、营利性的事业单位存款和个体工商户存款三种。后者是指国家将其集中起来待分配的或待使用的资金存入银行所形成的存款，包括国库存款和机关、事业单位经费存款。因其具有先收后支的特点，故可为银行所运用。

2. 根据存款期限和支取方式的不同，单位存款可分为定期存款、活期存款、通知存款、协定存款等。

（二）单位存款管理法及其基本原则

单位存款管理法是指调整单位存款关系的法律规范的总称。目前，主要包括《商业银行法》、《现金管理暂行条例》、《通知存款管理办法》和人民银行于1997年11月15日发布实施的《人民币单位存款管理办法》。

上述法律、法规确定了我国单位存款应遵循的原则：

1. 财政性存款由人民银行专营原则。《人民币单位存款管理办法》第7条规定：财政拨款、预算内资金及银行贷款不得作为单位定期存款存入金融机构。

2. 强制存入原则。各单位必须将其所有或持有的超过核定库存现金限额的货币资金存入银行，不得自行保存。《现金管理暂行条例》对此有明确规定。

3. 存款实名原则。包括任何单位和个人不得将公款以个人名义转为储蓄存款，不得将个人或其他单位的款项以本单位名义存入金融机构；任何个人不得将私款以单位名义存入金融机构。

4. 限制支出原则。根据有关法规规定，单位存款的使用除在规定范围可支出现金外，其余结算起点金额以上的应通过银行办理支付结算。

5. 监督使用原则。各存款机构对单位存款人的资金使用负有监督权，对违反使用者可给予制裁。

（三）单位定期存款规则

单位定期存款规则。主要包括以下内容：

1. 金融机构对单位定期存款实行账户管理（大额可转让定期存款除外）。存款时单位须提交开户申请书、营业执照正本等，并预留印鉴。印鉴应包括单位财务专用章、单位法定代表人章（或主要负责人印章）和财会人员章。由接受存款的金融机构给存款单位开出“单位定期存款开户证实书”（以下简称证实书），证实书仅对存款单位开户证实，不得作为质押的权利凭证。

2. 单位定期存款的期限分3个月、半年、一年三个档次。起存金额1万元，多存不限。

3. 存款单位支取定期存款只能以转账方式将存款转入其基本存款账户，不得将定期存款用于结算或从定期存款账户中提取现金。支取定期存款时，须出具证实书并提供预留印鉴，存款所在金融机构审核无误后为其办理支取手续，同时收回证实书。

4. 单位定期存款在存期内按存款存入日挂牌公告的定期存款利率计付利息，遇利率调整，不分段计息。单位定期存款可以全部或部分提前支取，但只能提前支取一次。全部提前支取的，按支取日挂牌公告的活期存款利率计息；部分提前支取的，提前支取的部分按支取日挂牌公告的活期存款利率计息，其余部分如不低于起存金额由金融机构按原存期开具新的证实书，按原存款开户日挂牌公告的同档次定期存款利率计息；不足起存金额则予以清户。单位定期存款到期不取，逾期部分按支取日挂牌公告的活期存款利率计付利息。

5. 金融机构办理大额可转让定期存单①业务，按照《大额可转让定期存单管理办法》执行。

（四）单位活期存款、通知存款、协定存款的规则

1. 活期存款规则。金融机构对单位活期存款实行账户管理。金融机构和开立活期存款账户的单位必须遵守《银行账户管理办法》。② 单位活期存款按结息日挂牌公告的活期存款利率计息，遇利率调整不分段计息。

2. 通知存款规则。金融机构开办单位通知存款须经人民银行批准，并遵守经人民银行核准的通知存款章程。通知存款按支取日挂牌公告的同期同档次通知存款利率计息。

3. 金融机构开办协定存款须经人民银行批准，并遵守经人民银行核准的协定存款章程。协定存款利率由人民银行确定并公布。如 2002 年 2 月 8 日中国人民银行发布的《关于商业银行开办全国社会保障基金协议存款的通知》就对各国有独资商业银行、股份制商业银行与全国社会保障基金理事会开办协议存款的有关事宜作了规定。

（五）单位存款的变更、挂失及查询规则

1. 变更规则。存款单位因人事变动，需要更换单位法定代表人章（或单位负责人章）或财会人员印章时，必须持单位公函及经办人身份证件向存款所在金融机构办理更换印鉴手续。如为单位定期存款，应同时出示金融机构为其开具的证实书。存款单位因机构合并或分立，其定期存款需要过户或分户，必须持原单位公函、工商部门的变更、注销或设立登记证明及新印鉴（分户时还须提供双方同意的存款分户协定）等有关证件向存款所在金融机构办理过户或分户手续，由金融机构换发新证实书。

2. 挂失规则。存款单位的密码失密或印鉴遗失、损毁，必须持单位公函，向存款所在金融机构申请挂失。金融机构受理挂失后，挂失生效。如存款在挂失生效前已被人按规定手续支取，金融机构不负赔偿责任。

3. 查询规定。金融机构应对存款单位的存款保密，有权拒绝除法律、行政法规另有规定以外的任何单位或个人查询；有权拒绝除法律另有规定以外的任何单位冻结、扣划。

（六）法律责任规定

违反《人民币单位存款管理办法》的法律责任，包括以下规定：

1. 未经批准，擅自开办单位存款业务的单位或个人，按照《商业银行法》第 81 条予以处罚。

---

① 按中国人民银行 1989 年 11 月 24 日发布实施、1996 年 11 月 11 日修订发布的《大额可转让定期存单管理办法》规定，大额可转让定期存单是一种固定面额、固定期限、可以转让的大额存款凭证。商业银行可以对城乡居民个人和企业、事业单位发行大额可转让定期存单，其储蓄机构则只能对个人发行大额可转让定期存单。对城乡居民个人发行的大额可转让定期存单，面额为 1 万元、2 万元、5 万元；对企业、事业单位发行的大额可转让定期存单，面额为 50 万元、100 万元、500 万元。大额可转让定期存单的期限为 3 个月、6 个月、12 个月（1 年）三种。

② 需要特别指出的是，中国人民银行 1994 年 10 月 9 日发布、自同年 11 月 1 日起实施的《银行账户管理办法》已被中国人民银行 2003 年 4 月 10 日发布、自同年 9 月 1 日起施行的《人民币银行结算账户管理办法》所取代。

2. 商业银行违反国家利率政策提高或降低利率以及采用其他不正当手段吸收存款，或者超范围吸收单位存款的，按照《商业银行法》第 74 条、第 78 条及人民银行利率管理的有关条款予以处罚。

3. 商业银行违反定期存款管理规定，为存款单位支付现金的，或办理活期存款业务时违反《银行账户管理办法》[①] 的，按照《现金管理暂行条例》、《大额现金支付登记备案制度》、《关于大额现金支付管理的通知》及《银行账户管理办法》的有关规定予以处罚。

4. 商业银行违反规定，泄露存款单位的存款情况或未经法定程序代为查询、冻结、扣划单位存款的，按照《商业银行法》第 73 条予以处罚。

5. 非银行金融机构违反本办法规定的，按有关法律、法规及金融管理规定予以处罚。

对处罚决定不服的，当事人可以依照《行政复议法》及《中国人民银行行政复议办法》、《中国银行业监督管理委员会行政复议办法》的规定申请复议。对复议决定不服的，当事人可以依照《行政诉讼法》的规定向人民法院提起行政诉讼。

第二节　贷款管理法

一、贷款管理法概述

（一）贷款的概念及法律性质

1. 概念。贷款有静态和动态两种含义，静态的贷款是指贷款人对借款人提供的并按约定的利率和期限还本付息的货币资金；动态的贷款则是指金融机构依法把货币资金按约定的利率贷放给客户，并约定期限由客户偿还本息的一种信用活动。

贷款是商业银行等金融机构的资产业务，是商业银行资金收益的最主要来源，因而是商业银行的业务核心。

2. 法律性质。贷款作为资产业务，反映的是贷款人（金融机构）与借款人之间的债权债务关系。贷款之债是合同之债，贷款人是债权人，借款人是债务人。

（二）贷款管理法

贷款管理法是调整贷款关系的法律规范的总称。它主要规定贷款双方的主体资格和条件，贷款种类、期限和利率，贷款程序，贷款债权的保全与清偿，贷款管理制度，借款合同管理及其担保等方面的内容。

在我国，目前调整贷款关系的法律、法规、规章非常多，但总体看内容比较陈旧，而且各法律规范间衔接配合不够好，体系性很差。主要有：《民法通则》、《合同法》、《担保法》、《物权法》、《中国人民银行法》、《银行业监督管理法》、《商业银行法》、《村镇银行管理暂行规定》、

---

① 《银行账户管理办法》已为中国人民银行 2003 年 4 月 10 日发布，自同年 9 月 1 日起施行的《人民币银行结算账户管理办法》所取代，下同。

《农村资金互助社管理暂行规定》、《贷款通则》、《人民币利率管理规定》、《主办银行管理暂行办法》、《助学贷款管理办法》、《商业助学贷款管理办法》、《关于进一步完善国家助学贷款工作的若干意见》、《经济适用住房开发贷款管理办法》、《单位定期存单质押贷款管理规定》、《个人定期存单质押贷款办法》、《凭证式国债质押贷款办法》、《证券公司股票质押贷款管理办法》、《农村合作金融机构社团贷款指引》[①]、《汽车贷款管理办法》、《商业银行与内部人和股东关联交易管理办法》、《商业银行实行统一授信制度指引（试行）》、《关于专项贷款管理暂行办法》、《固定资产贷款管理暂行办法》、《流动资金贷款管理暂行办法》、《个人贷款管理暂行办法》、《融资性担保公司管理暂行办法》、《金融违法行为处罚办法》及《最高人民法院关于适用〈中华人民共和国担保法〉若干问题的解释》等。另外，中国银监会、人民银行还发布了一系列与贷款业务相关的资产负债比例管理和风险管理方面的监管规章，如《商业银行资本管理办法（试行）》、《商业银行杠杆率管理办法》、《商业银行流动性风险管理办法（试行）》、《商业银行贷款损失准备管理办法》、《商业银行合规风险管理指引》、《商业银行风险监管核心指标（试行）》、《商业银行内部控制指引》、《商业银行房地产贷款风险管理指引》、《商业银行集团客户授信业务风险管理指引》、《贷款风险分类指导原则》等。

前述法律、法规、规章中，《商业银行法》第四章就贷款的基本规则作了规定，《合同法》第十二章就借款合同作了原则规定，《贷款通则》则是1996年6月人民银行依法发布的有关贷款业务的专门性金融规章，是中资金融机构开展贷款业务的基本依据。《贷款通则》包括12章共80条，自1996年8月21日起施行。2004年4月10日，中国银监会、中国人民银行曾联合发布修订后的《贷款通则（征求意见稿）》，向社会各界公开征求意见。该征求意见稿共八章84条，包括总则，贷款种类、期限与利率，借款人，贷款人，贷款管理，贷款管理特别规定，法律责任，附则等，扩大借款人范围涵盖外籍自然人、扩大贷款人至经中国银监会批准在中国境内依法设立并具有经营贷款业务资格的所有金融机构，同时就原《贷款通则》中不符合新金融发展形势的内容作了较为全面的修订，如取消不得对个人发放外币贷款、对信贷资产按五级分类、禁止贷款资金违规进入股市等，但因各方意见分歧较大，最终未能通过。此后，进一步的修订又试图将民间金融也纳入调整范围，从而使其出台更变得遥遥无期。在信贷实践中，我国贷款活动实际上主要是依据中国银监会2004年8月16日发布、自10月1日实施的《汽车贷款管理办法》、2009年7月23日发布实施的《固定资产贷款管理暂行办法》和2010年2月12日发布实施的《个人贷款管理暂行办法》、《流动资金贷款管理暂行办法》[②]等单行规定进行的，这些单行规定就金融机构对企事业法人、其他组织和自然人发放相应贷款应遵循的基本原则、受理与调查、风险评价与审批、贷款合同签订、贷款发放和支付、贷后管理、法律责任等

---

① 所谓"社团贷款"，是指由两家及两家以上具有法人资格、经营贷款业务的农村合作金融机构，采用同一贷款合同，共同向同一借款人发放的贷款。

② 按照这些相应管理（暂行）办法的规定：汽车贷款是指贷款人向借款人发放的用于购买汽车（含二手车）的贷款，包括个人汽车贷款、经销商汽车贷款和机构汽车贷款；固定资产贷款，是指贷款人向企（事）业法人或国家规定可以作为借款人的其他组织发放的，用于借款人固定资产投资的本外币贷款；个人贷款，是指贷款人向符合条件的自然人发放的用于个人消费、生产经营等用途的本外币贷款；流动资金贷款，是指贷款人向企（事）业法人或国家规定可以作为借款人的其他组织发放的用于借款人日常生产经营周转的本外币贷款。前述贷款人，是指中国境内经中国银监会批准设立的银行业金融机构。

问题作出了较为详细的规定，对信贷实践起到了较好的规范和指引作用。但由于作为贷款基本规章的《贷款通则》并未废止，因此，以下仍将主要介绍其内容。

二、贷款主体规则

贷款主体，即借款合同主体，是指借款人和贷款人。贷款主体规则，即规定借贷双方的资格、条件及权利义务的规则。包括：

（一）借款人的资格、条件

借款人是指从经营贷款业务的中资金融机构取得贷款的法人、其他经济组织、个体工商户和自然人。

1. 借款人应当是经工商行政管理机关（或主管机关）核准登记的企（事）业法人、其他经济组织、个体工商户或具有中国国籍的具有完全民事行为能力的自然人。

2. 借款人申请贷款，应当具备产品有市场、生产经营有效益、不挤占挪用信贷资金、恪守信用等基本条件，并且应当符合以下要求：

（1）有按期还本付息的能力，原应付贷款利息和到期贷款已清偿；没有清偿的，已经作了贷款人认可的偿还计划。

（2）除自然人和不需要经工商部门核准登记的事业法人外，应当经过工商部门办理年检手续。

（3）已开立基本账户或一般存款账户。

（4）除国务院规定外，有限责任公司和股份有限公司对外股本权益性投资累计额未超过其净资产总额的50%。

（5）借款人的资产负债率符合贷款人的要求。

（6）申请中期、长期贷款的，新建项目的企业法人所有者权益与项目所需总投资的比例不低于国家规定的投资项目的资本金比例。

（二）借款人的权利义务

1. 借款人的权利。包括：

（1）可以自主向主办银行或者其他银行的经办机构申请贷款并依条件取得贷款；

（2）有权按合同约定提取和使用全部贷款；

（3）有权拒绝借款合同以外的附加条件；

（4）有权向贷款人的上级和人民银行反映、举报有关情况；

（5）在征得贷款人同意后，有权向第三人转让债务。

2. 借款人的义务。包括：

（1）如实提供贷款人要求的资料（法律规定不能提供者除外），如实提供所有开户行、账号及存贷款余额情况，配合贷款人的调查、审查和检查；

（2）接受贷款人对其使用信贷资金情况和有关生产经营、财务活动的监督；

（3）按借款合同约定用途使用贷款；

（4）按借款合同约定及时清偿贷款本息；

（5）将债务全部或部分转让给第三人的，应取得贷款人的同意；

（6）有危及贷款人债权安全情况时，应及时通知贷款人，同时采取保全措施。

（三）对借款人的限制

1. 不得在一个贷款人同一辖区内的两个或两个以上同级分支机构取得贷款。

2. 不得向贷款人提供虚假的或者隐瞒重要事实的资产负债表、损益表等。

3. 不得用贷款从事股本权益性投资，国家另有规定的除外。

4. 不得用贷款在有价证券、期货等方面从事投机经营。

5. 除依法取得经营房地产资格的借款人以外，不得用贷款经营房地产业务；依法取得经营房地产资格的借款人，不得用贷款从事房地产投机。

6. 不得套取贷款用于借贷牟取非法收入。

7. 不得违反国家外汇管理规定使用外币贷款。

8. 不得采取欺诈手段骗取贷款。

（四）贷款人的资格、条件

贷款人是指在中国境内依法设立的经营贷款业务的中资金融机构，不包括国家政策性银行、外资金融机构（含外资、中外合资金融机构及外资金融机构的分支机构等）。

贷款人必须经人民银行（现为中国银监会，下同）批准，持有其颁发的“金融机构法人许可证”或“金融机构营业许可证”，并经工商行政管理部门核准登记，才能经营贷款业务。

（五）贷款人的权利义务

1. 贷款人的权利。包括：

（1）要求借款人提供与借款有关的资料；

（2）根据借款人的条件，决定贷与不贷、贷款金额、期限和利率等；

（3）了解借款人的生产经营活动和财务活动；

（4）依合同约定从借款人账户上划收贷款本金和利息；

（5）借款人未能履行借款合同规定义务的，贷款人有权依合同约定要求借款人提前归还贷款或停止支付借款人尚未使用的贷款；

（6）在贷款将受或已受损失时，可依合同规定，采取使贷款免受损失的措施。

贷款人根据贷款条件和贷款程序自主审查和决定贷款；有权拒绝任何单位和个人强令其发放贷款或者提供担保。

2. 贷款人的义务。包括：

（1）公布所经营的贷款的种类、期限和利率，并向借款人提供咨询。

（2）公开贷款审查的资信内容和发放贷款的条件。

（3）审议借款人的借款申请，并及时答复贷与不贷。短期贷款答复时间不得超过1个月，中期、长期贷款答复时间不得超过6个月，国家另有规定者除外。

（4）应当对借款人的债务、财务、生产、经营情况保密，但对依法查询者除外。

（六）对贷款人的限制

1. 贷款的发放必须严格执行《商业银行法》第 39 条关于资产负债比例管理的有关规定，第 40 条关于不得向关系人发放信用贷款、向关系人发放担保贷款的条件不得优于其他借款人同类贷款条件的规定。

2. 借款人有下列情形之一者，贷款人不得对其发放贷款：

（1）不具备《贷款通则》第四章第 17 条所规定的资格和条件的；

（2）生产、经营或投资国家明文禁止的产品、项目的；

（3）违反国家外汇管理规定的；

（4）建设项目按国家规定应当报有关部门批准而未取得批准文件的；

（5）生产经营或投资项目未取得环境保护部门许可的；

（6）在实行承包、租赁、联营、合并（兼并）、合作、分立、产权有偿转让、股份制改造等体制变更过程中，未清偿、落实原有贷款债务或提供相应担保的；

（7）有其他严重违法经营行为的。

3. 未经人民银行批准，不得对自然人发放外币币种的贷款。

4. 自营贷款和特定贷款，除按规定计收利息之外，不得收取其他任何费用；委托贷款，除按规定计收手续费之外，不得收取其他任何费用。

5. 不得给委托人垫付资金，国家另有规定的除外。

6. 严格控制信用贷款，积极推广担保贷款。

三、贷款种类

贷款，包括人民币贷款和外币贷款，按不同标准可作多种分类：

1. 按贷款人自己是否承担贷款风险，划分为：

（1）自营贷款，指贷款人以合法方式筹集的资金自主发放的贷款，其风险由贷款人承担，并由贷款人收回本金和利息。

（2）委托贷款，指由政府部门、企事业单位及个人等委托人提供资金，由贷款人（即受托人）根据委托人确定的贷款对象、用途、金额、期限、利率等代为发放、监督使用并协助收回的贷款。贷款人（受托人）只收取手续费，不承担贷款风险。

（3）特定贷款，指经国务院批准并对贷款可能造成的损失采取相应补救措施后责成国有独资商业银行发放的贷款。

2. 按贷款期限长短，划分为：

（1）短期贷款，指贷款期限在 1 年以内（含 1 年）的贷款。

（2）中期贷款，指贷款期限在 1 年以上（不含 1 年）5 年以下（含 5 年）的贷款。

（3）长期贷款，指贷款期限在 5 年（不含 5 年）以上的贷款。

3. 按有无担保及担保的形式，划分为：

（1）信用贷款，系指以借款人的信誉发放的贷款。

（2）担保贷款，包括保证贷款、抵押贷款、质押贷款：

1）保证贷款，系指按《担保法》规定的保证方式以第三人承诺在借款人不能偿还贷款时，按约定承担一般保证责任或者连带责任而发放的贷款。

2）抵押贷款，系指按《担保法》规定的抵押方式以借款人或第三人的财产作为抵押物而发放的贷款。

3）质押贷款，系指按《担保法》规定的质押方式以借款人或第三人的动产或权利作为质物而发放的贷款。

（3）票据贴现，指贷款人以购买借款人未到期商业票据的方式发放的贷款。

除委托贷款以外，贷款人发放贷款，借款人应当提供担保。贷款人应当对保证人的偿还能力，抵押物、质物的权属和价值，以及实现抵押权、质权的可行性进行严格审查。经贷款审查、评估，确认借款人资信良好，确能偿还贷款的，可以不提供担保。

四、贷款期限规则

（一）贷款期限确定规则

贷款期限根据借款人的生产经营周期、还款能力和贷款人的资金供给能力，由借贷双方协商确定，并在借款合同中载明。其中，自营贷款期限最长一般不得超过 10 年，超过 10 年应报人民银行备案；票据贴现最长不得超过 6 个月，贴现期限为从贴现之日起到票据到期日止。

（二）贷款展期规则

贷款展期的决定权在贷款人，借款人不能按期归还贷款的，应当在贷款到期日之前，向贷款人申请贷款展期；是否展期由贷款人决定。申请保证贷款、抵押贷款、质押贷款展期的，还应由保证人、抵押人、出质人出具同意的书面证明。

短期贷款展期期限累计不得超过原贷款期限；中期贷款展期期限累计不得超过原贷款期限的一半；长期贷款展期期限累计不得超过 3 年。借款人未申请展期或申请展期未得到批准，其贷款从到期日次日起，转入逾期贷款账户。

五、贷款利率规则

1. 贷款利率的确定。贷款人应按照人民银行规定的贷款利率的上下限，确定每笔贷款利率，并在借款合同中载明。

2. 贷款利息的计收。贷、借双方应按借款合同和人民银行有关计息规定按期计收或交付利息。贷款的展期期限加上原期限达到新的利率期限档次时，从展期之日起，贷款利息按新的期限档次利率计收。逾期贷款按规定计收罚息。

3. 贷款的贴息。根据国家政策，为了促进某些产业和地区经济的发展，有关部门可以对贷款补贴利息。对有关部门贴息的贷款，承办银行应当自主审查发放，并根据《贷款通则》的有关规定严格管理。

4. 贷款停息、减息、缓息和免息。除国务院决定外，任何单位和个人无权决定停息、减息、缓息和免息。贷款人应当依国务院决定，按照职责权限范围具体办理停息、减息、缓息和免息。

六、贷款程序规则

《贷款通则》规定的贷款程序包括申请、审批等 8 个程序：

1. 贷款申请。借款人需要贷款，应当向主办银行或其他银行的经办机构直接申请，填写包括借款金额、借款用途、偿还能力及还款方式等主要内容的《借款申请书》，并提供以下资料：

（1）借款人及保证人基本情况；

（2）财政部门或会计（审计）事务所核准的上年度财务报告，以及申请借款前一期的财务报告；

（3）原有不合理占用的贷款的纠正情况；

（4）抵押物、质物清单和有处分权人的同意抵押、质押的证明及保证人拟同意保证的有关证明文件；

（5）项目建议书和可行性报告；

（6）贷款人认为需提供的其他有关资料。

2. 对借款人的信用等级评估。应当根据借款人的领导者素质、经济实力、资金结构、履约情况、经营效益和发展前景等因素，评定借款人的信用等级。[①] 评级可由贷款人独立进行，内部掌握；也可由有权部门批准的评估机构进行。

3. 贷款调查。贷款人受理借款人申请后，应当对借款人的信用等级以及借款的合法性、安全性、盈利性等情况进行调查，核实抵押物、质物、保证人情况，测定贷款的风险度。

4. 贷款审批。贷款人应当建立审贷分离、分级审批的贷款管理制度。审查人员应当对调查人员提供的资料进行核实、评定，复测贷款风险度，提出意见，按规定权限报批。

5. 签订借款合同。所有贷款应当由贷款人与借款人签订借款合同。借款合同应当约定借款种类，借款用途、金额、利率，借款期限，还款方式，借、贷双方的权利、义务，违约责任和双方认为需要约定的其他事项。

保证贷款应当由保证人与贷款人签订保证合同，或保证人在借款合同上载明与贷款人协商一致的保证条款，加盖保证人的法人公章，并由保证人的法定代表人或其授权代理人签名。抵押贷款、质押贷款应当由抵押人、出质人与贷款人签订抵押合同、质押合同，需要办理登记的，应依法办理登记。

6. 贷款发放。贷款人要按借款合同规定按期发放贷款。贷款人不按约定按期发放贷款的，应偿付违约金。借款人不按约定用款的，应偿付违约金。

7. 贷后检查。贷款发放后，贷款人应当对借款人执行借款合同情况及借款人的经营情况进行追踪调查和检查。

---

① 对借款人信用进行评级，国际上的基本做法是根据借款人的“五 C”即品德（Character）、能力（Capacity）、资本（Capital）、担保（Collateral）、环境条件（Condition）进行评定，并据此在贷款利率高低、贷款时间先后、贷款担保有无方面给以区别对待，从而防范信贷风险。我国《贷款通则》关于信用评级的规定，体现了向国际惯例靠拢的精神。

8. 贷款归还。借款人应当按照借款合同规定按时足额归还贷款本息。贷款人在短期贷款到期1个星期之前、中长期贷款到期1个月之前，应当向借款人发送还本付息通知单；借款人应当及时筹备资金，按时还本付息。

贷款人对逾期的贷款要及时发出催收通知单，做好逾期贷款本息的催收工作。贷款人对不能按借款合同约定期限归还的贷款，应当按规定加罚利息；对不能归还或者不能落实还本付息事宜的，应当督促归还或者依法起诉。

借款人提前归还贷款，应当与贷款人协商。

七、不良贷款的监管

贷款人应当建立和完善贷款的质量监管制度，对不良贷款进行分类、登记、考核和催收。

不良贷款包括：呆账贷款，指按财政部有关规定列为呆账的贷款。呆滞贷款，指按财政部有关规定，逾期（含展期后到期）超过规定年限以上仍未归还的贷款，或虽未逾期或逾期不满规定年限但生产经营已终止、项目已停建的贷款（不含呆账贷款）。逾期贷款，指借款合同约定到期（含展期后到期）未归还的贷款（不含呆滞贷款和呆账贷款）（参见［拓展说明］）。

［拓展说明］　不良贷款分类有新规

不良贷款在《贷款通则》中主要是按照贷款逾期的期限长短为标准划分的，包括“一逾两呆”即逾期与呆滞、呆账贷款。而按中国人民银行1998年4月20日发布的《贷款风险分类指导原则（试行）》的规定，我国的信贷资产开始试行新的分类方法，即按风险程度将贷款分为正常、关注、次级、可疑、损失五类，其中，后三类合称“不良贷款”。为建立现代银行制度，改进贷款分类方法，加强银行信贷管理，提高信贷资产质量，2001年12月19日，中国人民银行在总结试行原则的基础上发布了正式的《贷款风险分类指导原则》，决定自2002年1月1日起在我国各类银行全面施行贷款质量五级分类法。按该指导原则第2条规定：该指导原则所指的贷款分类，是指按照风险程度将贷款划分为不同档次的过程。通过贷款分类应达到以下目标：（1）揭示贷款的实际价值和风险程度，真实、全面、动态地反映贷款的质量；（2）发现贷款发放、管理、监控、催收以及不良贷款管理中存在的问题，加强信贷管理；（3）为判断贷款损失准备金是否充足提供依据。该指导原则第3条至第5条进一步明确规定：评估银行贷款质量，采用以风险为基础的分类方法（简称贷款风险分类法），即把贷款分为正常、关注、次级、可疑和损失五类。其中，五类贷款的定义分别为：正常，借款人能够履行合同，没有足够理由怀疑贷款本息不能按时足额偿还；关注，尽管借款人目前有能力偿还贷款本息，但存在一些可能对偿还产生不利影响的因素；次级，借款人的还款能力出现明显问题，完全依靠其正常营业收入无法足额偿还贷款本息，即使执行担保，也可能会造成一定损失；可疑，借款人无法足额偿还贷款本息，即使执行担保，也肯定要造成较大损失；损失，在采取所有可能的措施或一切必要的法律程序之后，本息仍然无法收回，或只能收回极少部分。使用贷款风险分类法对贷款质量进行分类，实际上是判断借款人及时足额归还贷款本息的可能性，考虑的主要因素包括：（1）借款人的还款能力，包括借款人现金流量、财务状况、影响还款能力的非财务因素等；（2）借款人的还款记录；（3）借款人的还款意愿；（4）贷款的担保；（5）贷款偿还的法律责任；（6）银行的信贷管理。因此，在以后的信贷业务工作中，金融机构当依新的分类法评定和管理不良贷款。

不良贷款的登记由会计、信贷部门提供数据，由稽核部门负责审核并按规定权限认定，贷款人应当按季填报不良贷款情况表。在报上级行的同时，应当报人民银行当地分支机构。

贷款人应当对所属分支机构下达和考核呆账贷款、呆滞贷款和逾期贷款的有关指标，贷款人的呆账贷款、呆滞贷款、逾期贷款不得超过人民银行规定的比例。

贷款人的信贷部门负责不良贷款的催收，稽核部门负责对催收情况的检查。贷款人应当按照国家规定提取呆账准备金，并按规定的条件和程序冲销呆账贷款。

未经国务院批准，贷款人不得豁免贷款。除国务院批准外，任何单位和个人不得强令贷款人豁免贷款。

八、贷款管理责任制规定

（一）贷款管理实行行长（经理、主任）负责制

贷款实行分级经营管理，各级行长应当在授权范围内对贷款的发放和收回负全部责任。行长可以授权副行长或贷款管理部门负责审批贷款，副行长或贷款管理部门负责人应当对行长负责。

贷款人各级机构应当建立有行长或副行长（经理、主任，下同）和有关部门负责人参加的贷款审查委员会（小组），负责贷款的审查。

（二）贷款审贷分离制

审贷分离制的内容是：贷款调查评估人员负责贷款调查评估，承担调查失误和评估失准的责任；贷款审查人员负责贷款风险的审查，承担审查失误的责任；贷款发放人员负责贷款的检查和清收，承担检查失误、清收不力的责任。

（三）贷款分级审批制

贷款人应当根据业务量大小、管理水平和贷款风险度确定各级分支机构的审批权限，超过审批权限的贷款，应当报上级审批。各级分支机构应当根据贷款种类、借款人的信用等级和抵押物、质物、保证人等情况确定每一笔贷款的风险度。

（四）信贷工作岗位责任制

各级贷款管理部门应将贷款管理的每一个环节的管理责任落实到部门、岗位、个人，严格划分各级信贷工作人员的职责。

（五）驻厂信贷员制度

贷款人对大额借款人，应建立驻厂信贷员制度。

（六）离职审计制

在贷款管理人员调离原工作岗位时，应当对其在任职期间和权限内所发放的贷款风险情况进行审计。

九、贷款债权保全和清偿的管理

《贷款通则》就贷款债权的保全和清偿作了以下管理规定：

1. 借款人不得违反法律规定，借兼并、破产或者股份制改造等途径，逃避银行债务，侵吞信贷资金；不得借承包、租赁等途径逃避贷款人的信贷监管以及偿还贷款本息的责任。

2. 贷款人有权参与处于兼并、破产或股份制改造等过程中的借款人的债务重组，应当要求借款人落实贷款还本付息事宜。

3. 贷款人应当要求实行承包、租赁经营的借款人，在承包、租赁合同中明确落实原贷款债务的偿还责任。

4. 贷款人对实行股份制改造的借款人，应当要求其重新签订借款合同，明确原贷款债务的清偿责任。对实行整体股份制改造的借款人，应当明确其所欠贷款债务由改造后公司全部承担；对实行部分股份制改造的借款人，应当要求改造后的股份公司按占用借款人的资本金或资产的比例承担原借款人的贷款债务。

5. 贷款人对联营后组成新的企业法人的借款人，应当要求其依据所占用的资本金或资产的比例将贷款债务落实到新的企业法人。

6. 贷款人对合并（兼并）的借款人，应当要求其在合并（兼并）前清偿贷款债务或提供相应的担保。借款人不清偿贷款债务或未提供相应担保，贷款人应当要求合并（兼并）企业或合并后新成立的企业承担归还原借款人贷款的义务，并与之重新签订有关合同或协议。

7. 贷款人对与外商合资（合作）的借款人，应当要求其继续承担合资（合作）前的贷款归还责任，并要求其将所得收益优先归还贷款。借款人用已作为贷款抵押、质押的财产与外商合资（合作）时必须征得贷款人同意。

8. 贷款人对分立的借款人，应当要求其在分立前清偿贷款债务或提供相应的担保。借款人不清偿贷款债务或未提供相应担保，贷款人应当要求分立后的各企业，按照分立时所占资本或资产比例或协议，对原借款人所欠贷款承担清偿责任。对设立子公司的借款人，应当要求其子公司按所得资本或资产的比例承担和偿还母公司相应的贷款债务。

9. 贷款人对产权有偿转让或申请解散的借款人，应当要求其在产权转让或解散前必须落实贷款债务的清偿。

10. 贷款人应当按照有关法律参与借款人破产财产的认定与债权债务的处置，对于破产借款人已设定财产抵押、质押或其他担保的贷款债权，贷款人依法享有优先受偿权；无财产担保的贷款债权按法定程序和比例受偿。

十、贷款管理特别规定

1. 建立贷款主办行制度。借款人（主要是指国有大中型法人企业）应按人民银行的规定与其开立基本账户的贷款人建立贷款主办行关系。借款人发生企业分立、股份制改造、重大项目建设等涉及信贷资金使用和安全的重大经济活动，事先应当征求主办行的意见。一个借款人只能有一个贷款主办行，主办行应当随基本账户的变更而变更。主办行不包资金，但应当按规定有计划地对借款人提供贷款，为借款人提供必要的信息咨询、代理等金融服务。

1997 年 6 月 29 日人民银行发布了《主办银行管理暂行办法》，就主办关系的建立与终止、权利与义务、监督管理等内容作了规定。该暂行办法自同年 7 月 1 日起实施。

2. 银团贷款。银团贷款是由获准经营贷款业务的多家银行或非银行金融机构，采用同一贷款协议，按商定的期限和条件向同一借款人提供资金的贷款方式。

银团贷款应当确定一个贷款人为牵头行，并签订银团贷款协议，明确各贷款人的权利和义务，共同评审贷款项目。牵头行应当按协议确定的比例监督贷款的偿还。人民银行于 1997 年 10 月 7 日公布施行的《银团贷款暂行办法》，就相关问题作了明确规定。

3. 特定贷款管理。国有独资商业银行应当按国务院规定发放和管理特定贷款。特定贷款管理办法另行规定。

4. 其他管理规定。内容包括：

（1）非银行金融机构贷款的种类、对象、范围，应当符合人民银行的规定。

（2）贷款人发放异地贷款，或者接受异地存款，应当报人民银行当地分支机构备案。

（3）信贷资金不得用于财政支出。

（4）各级行政部门和企事业单位、供销合作社等合作经济组织、农村合作基金会和其他基金会，不得经营存贷款等金融业务。

（5）企业之间不得违反国家规定办理借贷或者变相借贷融资业务。

十一、罚则规定

（一）贷款人违法行为的法律责任

1. 贷款人违反资产负债比例管理有关规定发放贷款的，应当依照《商业银行法》第 75 条，由人民银行责令改正，处以罚款，有违法所得的没收违法所得，并且应当依照该法第 78 条对直接负责的主管人员和其他直接责任人员给予处罚。

2. 贷款人违反规定向关系人发放信用贷款或者发放担保贷款的条件优于其他借款人同类贷款条件的，应当依照《商业银行法》第 74 条处罚，并且应当依照该法第 78 条对有关直接责任人员给予处罚。

3. 贷款人的工作人员对单位或者个人强令其发放贷款或者提供担保未予拒绝的，应当依照《商业银行法》第 88 条第 2 款的规定给予纪律处分，造成损失的应当承担相应的赔偿责任。

4. 贷款人的有关责任人员违反《贷款通则》有关规定，应当给予纪律处分和罚款；情节严重或屡次违反的，应当调离工作岗位，取消任职资格；造成严重经济损失或者构成其他经济犯罪的，应当依照有关法律规定追究刑事责任。

5. 贷款人有下列情形之一，由人民银行责令改正；逾期不改正的，人民银行可以处以5 000元以上1万元以下罚款：

（1）没有公布所经营贷款的种类、期限、利率的；

（2）没有公开贷款条件和发放贷款时要审查的内容的；

（3）没有在规定期限内答复借款人贷款申请的。

6. 贷款人有下列情形之一，由人民银行责令改正；有违法所得的，没收违法所得，并处以违法所得1倍以上3倍以下罚款；没有违法所得的，处以5万元以上30万元以下罚款；构成犯罪的，依法追究刑事责任：

（1）贷款人违反规定代垫委托贷款资金的；

（2）未经人民银行批准，对自然人发放外币贷款的；

（3）贷款人违反人民银行规定，对自营贷款或者特定贷款在计收利息之外收取其他任何费用的，或者对委托贷款在计收手续费之外收取其他任何费用的。

（二）借款人违法行为的法律责任

1. 借款人采取欺诈手段骗取贷款，构成犯罪的，应当依照《商业银行法》第82条等法律规定处以罚款并追究刑事责任。

2. 借款人违反《贷款通则》规定，蓄意通过兼并、破产或者股份制改造等途径侵吞信贷资金的，应当依据有关法律规定承担相应部分的赔偿责任并处以罚款；造成贷款人重大经济损失的，应当依照有关法律规定追究直接责任人员的刑事责任。

3. 借款人违反《贷款通则》有关规定，致使贷款债务落空，由贷款人停止发放新贷款，并提前收回原发放的贷款。造成信贷资产损失的，借款人及其主管人员或其他个人，应当承担部分或全部赔偿责任。在未履行赔偿责任之前，其他任何贷款人不得对其发放贷款。

4. 借款人有下列情形之一，由贷款人对其部分或全部贷款加收利息；情节特别严重的，由贷款人停止支付借款人尚未使用的贷款，并提前收回部分或全部贷款：

（1）不按借款合同规定用途使用贷款的；

（2）用贷款进行股本权益性投资的；

（3）用贷款在有价证券、期货等方面从事投机经营的；

（4）未依法取得经营房地产资格的借款人用贷款经营房地产业务的；依法取得经营房地产资格的借款人，用贷款从事房地产投机的；

（5）不按借款合同规定清偿贷款本息的；

（6）套取贷款相互借贷牟取非法收入的。

5. 借款人有下列情形之一，由贷款人责令改正；情节特别严重或逾期不改正的，由贷款人停止支付借款人尚未使用的贷款，并提前收回部分或全部贷款：

（1）向贷款人提供虚假或者隐瞒重要事实的资产负债表、损益表等资料的；

（2）不如实向贷款人提供所有开户行、账号及存贷款余额等资料的；

（3）拒绝接受贷款人对其使用信贷资金情况和有关生产经营、财务活动监督的。

（三）其他违法行为人的法律责任

1. 任何单位和个人强令银行发放贷款或者提供担保的，应当依照《商业银行法》第88条，对直接负责的主管人员和其他直接责任人员或者个人给予纪律处分；造成经济损失的，承担全部或者部分赔偿责任。

2. 行政部门、企事业单位、股份合作经济组织、供销合作社、农村合作基金会和其他基金会擅自发放贷款的；企业之间擅自办理借贷或者变相借贷的，由人民银行对出借方按违规收入处以1倍以上5倍以下罚款，并由人民银行予以取缔。

以上当事人对人民银行处罚决定不服的，可按《中国人民银行行政复议办法》的规定申请复议，复议期间仍按原处罚执行。

问题与思考

1. 什么是存款？存款与存款合同的关系是怎样的？

2. 我国存款制度的基本原则有哪些？为什么要确立这些基本原则？

3. 为什么要禁止“公款私存”和使用不正当手段吸收储蓄？

4. 何谓单位存款？单位存款应遵循哪些原则？

5. 违反《人民币单位存款管理办法》的法律责任规定有哪些内容？

6. 《贷款通则》规定的借款人的资格、条件包括哪些内容？这些规定有哪些需要改进？

7. 《贷款通则》中为什么要明确规定借款人的权利义务？对借款人的行为为什么要进行限制？

8. 现行《贷款通则》规定的贷款人的资格条件及权利义务与新形势发展是否适应？如何加以改进？

9. 为什么《贷款通则》中要对贷款人行为加以限制？这些限制性规定有哪些应予以改进？

10. 我国《贷款通则》对贷款的种类作了哪些划分？

11. 我国《贷款通则》就贷款的程序作了哪些规定？严格规定并遵守这些程序有何意义和作用？

12. 本书认为，我国目前存贷款管理法律制度很不健全，存在立法层次低、内容陈旧、管制较多、体系散乱等问题，因此，有必要制定专门的《存款管理法》、《贷款管理法》就存贷款业务开展的基本问题作出立法规定，以建立健全以市场机制为主导、以信用为基础、以公平自愿为原则、以审慎经营监管为保障的规范有序的存贷款市场体系。对此观点，你是否认同？

第九章

支付结算法

本章概要

支付结算法是调整支付结算活动中，结算双方与银行之间的权利义务关系的法律规范的总称。就一般意义而言，结算是指对债权债务的了结与清算，支付结算则是指借助于现金或各种非现金支付工具对债权债务进行了结和清算的行为。我国的支付结算，按照人民银行 1997 年 9 月发布的《支付结算办法》的规定，是指“单位、个人在社会经济活动中使用票据、信用卡和汇兑、托收承付、委托收款等结算方式进行货币给付及其资金清算的行为”，因而是专指非现金结算。在现实金融生活中，由于现代计算机技术，通信网络、影像技术的广泛使用，我国银行等金融机构办理支付结算业务的工具和方式已经大大突破了该结算办法的规定，包括票据（汇票、本票和支票，尤其是电子商业汇票、影像支票）、卡基支付工具（主要指银行卡，包括借记卡、贷记卡和储值卡等）、电子支付工具[①]和其他支付工具（汇兑、托收承付、委托收款、定期借记和直接贷记）等方式在实践中得到了广泛的应用，这标志着我国商业票据业务进入电子化时代。特别是随着人民银行相继建成大额实时支付系统、小额批量支付系统、全国支票影像交换系统、境内外币支付系统、电子商业汇票系统等多个跨行支付清算系统，一个安全、稳定、高效的现代化支付清算系统止紧锣密鼓地建设中。办理支付结算是银行（包括城乡信用合作社）的主要中间业务之一，而对支付结算业务进行管理既是银监会的职责，同时也是人民银行货币流通管理、支付清算系统管理的一个重要方面。本章依据我国现行有效的法律、法规和规章，结合金融现实实践情况对非票据结算方式进行介绍，有关票据结算的内容则在下一章专章介绍。

关键术语

支付结算　支付结算法　银行卡　汇兑　托收承付　委托收款　网上支付　移动支付　定期借记　直接贷记　信用证　大额实时支付系统　小额批量支付系统　全国支票影像交换系统　境内外币支付系统　电子商业汇票系统

---

① 广义的电子支付工具包括卡基支付工具、网上支付和移动支付（手机支付）等，本章电子支付工具是指除卡基支付工具以外的狭义的电子支付工具。

第一节　支付结算法概述

一、支付结算的概念、原则和管理体制

（一）支付结算的概念和原则

1. 概念。支付结算是指单位、个人在社会经济活动中使用票据、银行卡和汇兑、托收承付、委托收款等结算方式进行货币给付及其资金清算的行为。银行（包括城乡信用合作社，下同）是支付结算和资金清算的中介机构，未经批准的非银行金融机构和其他单位不得作为中介机构经营支付结算业务。[①]

我们知道，交易双方因商品交易、劳务供应、资金调拨等产生的债权债务通过某种方式进行清偿（了结和清算），叫结算。结算，依债权债务支付清偿的地域范围划分，可以分为国内结算和国际结算；依是否以票据方式进行结算，可以分为票据结算和非票据结算；依是否以现金方式进行结算，可以分为现金结算和非现金结算。由于非现金结算这种支付结算方式主要是通过银行用票据、银行卡等方式进行的转账结算，故又被称为银行转账结算，简称“银行结算”。鉴于使用现金的不便，以及我国法律对现金使用限制较严，所以，原则上交易双方在其债权债务超过结算起点金额（1 000 元）进行结算时，应采用非现金结算方式，亦即通过银行进行支付结算。

在现代社会中，由于市场经济发展的需要和网络电子技术的提高，非现金结算特别是现代化的非现金结算方式越来越显示出巨大的优越性：一是可适应多层次的日益增长的支付需要，减少现金流通，快捷便利高效，降低社会支付成本。二是可增强不同支付工具之间的替代性，提高金融机构和支付工具使用者分散风险的能力。三是不少支付工具还可成为信用工具和金融产品，对经济发展发挥新的重要作用。如票据同时是货币市场中的一种重要金融产品，票据市场在资金配置、流动性管理、风险分散、中小企业融资、央行货币政策传导方面均有重大作用；而信用卡的发展使银行信用服务扩展到消费领域，对于扩大消费、促进经济增长作用明显。四是非现金支付使资金交易记录有案可查，对改善社会信用、规范金融秩序、反洗钱、打击腐败均具有积极作用。因此，我们要大力推广使用非现金支付结算方式，并通过健全立法来鼓励和规范非现金支付工具及相关金融服务创新。

2. 支付结算原则。支付结算原则是单位、个人和银行在办理支付结算时都必须遵守的基本准则。它们是进行支付结算法律行为的总的要求，是维护支付结算当事人利益、加速资金周

---

① 需要特别指出的是，为促进支付服务市场健康发展，规范非金融机构支付服务行为，防范支付风险，保护当事人的合法权益，2010 年 6 月 14 日中国人民银行发布了《非金融机构支付服务管理办法》，对非金融机构在收付款人之间作为中介机构提供网络支付（包括货币汇兑、互联网支付、移动电话支付、固定电话支付、数字电视支付等）、预付卡的发行与受理、银行卡收单、其他支付服务等资金转移服务应具备的资质条件与许可、监督与管理、罚则等作了明确规定。非金融机构提供支付服务，应依规定取得《支付业务许可证》，成为支付机构并依法接受人民银行的监督管理。未经人民银行批准，任何非金融机构和个人不得从事或变相从事支付业务。该办法自同年 9 月 1 日起施行。

转和商品流通的重要保证。

早在计划经济体制时期，我国银行结算即遵循三大结算原则：即钱货两清；维护收、付双方的正当权益；银行不垫款。这三项结算原则在1959年修订的银行结算办法中即有体现，在1972年、1978年的《人民银行结算办法》中则有明文规定。1989年4月1日人民银行发布实施的《银行结算办法》，根据新的形势和任务，按照有计划商品经济的要求，确定了新的结算三原则。这些原则是：恪守信用，履约付款；谁的钱进谁的账，由谁支配；银行不垫款原则。1997年9月人民银行发布的《支付结算办法》第16条再次重申，各单位、个人和银行在办理支付结算时，必须遵守这三项原则。

（1）恪守信用，履约付款原则。这一原则是民法“诚实信用原则”在支付结算中的具体表现。该原则要求结算当事人在确定权利义务时，应根据当事人事先的约定和承诺，严格守信，如期履行付款义务。属于即期付款的必须及时付款，属于约期付款的必须到期即付。这一原则的确立是对负有付款义务的当事人的有力约束，是维护收款人合法权益的有力保障。

（2）谁的钱进谁的账，由谁支配原则。这一原则既保护了客户的资金所有权和经营权，也维护了客户对其资金的自主支配权。银行作为资金支付清算的中介机构，在支付结算过程中处于受托人地位，其在办理结算时必须遵循委托人的意愿，按照委托人的委托，保证所收款项支付给委托人确定的收款人；对客户的资金，除国家法律另有规定（如依法查封、冻结）外，必须由客户自主支配。未经客户委托，不得接受他人指示或基于银行自身的利益对客户资金进行干预和侵犯。这一原则的确立既维护了客户的合法权益，同时也加强了银行办理结算的法律责任，保障银行迅速、及时、顺利地完成结算任务。

（3）银行不垫款原则。这一原则的主要目的在于划清银行和客户的资金界限，保护资金所有权，加强对货币流通秩序的宏观管理。这一原则要求银行在办理支付结算中只是充当支付中介，负责客户之间的资金转移，而不能在结算中为客户垫付资金。该原则有利于保护银行资金的所有权和经营权，有利于促使客户以自己的财产（资金）直接对其债务负责，从而保证银行资金安全。

上述三个原则，第一项是要付款人保证付款，第二项是要银行保证将款项付给收款人，第三项是要银行不垫付资金。这三项原则各有侧重，同时又有紧密的内在联系，是一个整体。只有坚持这三项原则，银行结算才能正常、有序、规范地进行。

（二）支付结算的管理体制

按《支付结算办法》的规定，我国的支付结算实行集中统一和分级管理相结合的管理体制。其含义是指：人民银行总行负责制定统一的支付结算制度，组织、协调、管理监督全国的支付结算工作，调解、处理银行之间的支付结算纠纷。人民银行分行制定支付结算的实施细则，报总行备案；根据需要制定单项支付结算办法，报经总行批准后执行。人民银行分、支行负责组织、协调、管理、监督本辖区的支付结算工作，处理本辖区银行之间的支付结算纠纷。政策性银行、商业银行总行可以根据统一的支付结算制度，结合本行情况，制定具体管理实施办法，报人民银行总行批准后执行。政策性银行、商业银行负责组织、管理、协调本行内的支付结算，调解、处理本行内分支机构之间的支付结算纠纷。2003年银监会成立后，对银行业的业务包括支付结算业务依法行使监督管理权，所以，我国现在对支付结算是由人民银行和银监会共同监督和组织实施的。

二、中国现代化支付系统

中国现代化支付系统（CNAPS）是人民银行按照我国支付清算需要，利用现代计算机技术和通信网络自主开发建设的，能够高效、安全处理各银行办理的异地、同城各种支付业务及其资金清算的应用系统。它包括大额支付系统和小额批量支付系统两个业务应用系统，是各银行和货币市场的公共支付清算平台，是人民银行发挥其金融服务职能的重要的核心支付系统。中国人民银行通过建设现代化支付系统，将逐步形成一个以中国现代化支付系统为核心，商业银行行内系统为基础，各地同城票据交换所并存，支撑多种支付工具的应用和满足社会各种经济活动支付需要的中国支付清算体系。

中国现代化支付系统建有两级处理中心，即国家处理中心（NPC）和全国省会（首府）及深圳城市处理中心（CCPC）。国家处理中心分别与各城市处理中心连接，其通信网络采用专用网络，以地面通信为主，卫星通信备份。政策性银行和商业银行是支付系统的重要参与者，它们可利用行内系统通过省会（首府）城市的分支行与所在地的支付系统 CCPC 连接，也可由其总行与所在地的支付系统 CCPC 连接。同时，为解决中小金融机构通汇和结算难问题，允许农村信用合作社自建通汇系统，比照商业银行与支付系统的连接方式处理；城市商业银行银行汇票业务的处理，由其按照支付系统的要求自行开发城市商业银行汇票处理中心，依托支付系统办理其银行汇票资金的移存和兑付的资金清算。

中央银行会计核算系统（ABS）是现代化支付系统运行的重要基础。为有效支持支付系统的建设和运行，加强会计管理，提高会计核算质量和效率，中央银行会计核算将逐步集中，首先将县支行的会计核算集中到地市中心支行，并由后者的会计集中核算系统与支付系统 CCPC 远程连接。地市级（含）以上国库部门的国库核算系统（TBS）可以直接接入 CCPC，通过支付系统办理国库业务资金的汇划。

为有效支持公开市场操作、债券发行及兑付、债券交易的资金清算，公开市场操作系统、债券发行系统、中央债券簿记系统在物理上通过一个接口与支付系统 NPC 连接，处理其交易的人民币资金清算。为保障外汇交易资金的及时清算，外汇交易中心与支付系统上海 CCPC 连接，处理外汇交易人民币资金清算，并下载全国银行间资金拆借和归还业务数据，供中央银行对同业拆借业务的配对管理。

我国最早建设的现代化支付系统由大额实时支付系统（HVPS）和小额批量支付系统（HEPS）两个应用系统组成，两个支付系统相对独立，但共享主机、通信、存储、清算账户和基础数据等资源，在功能上相互补充。以后，又相继建成与这两个应用系统相关联的全国支票影像交换系统、境内外币支付系统、电子商业汇票系统、网上支付跨行清算系统等应用系统。

所谓“大额实时支付系统”，简称“大额支付系统”，是人民银行按照我国支付清算需要，利用现代计算机技术和通信网络开发建设，处理同城和异地跨行之间和行内的大额贷记及紧急小额贷记支付业务、人民银行系统的贷记支付业务以及即时转账业务等的应用系统。大额支付系统采用支付指令实时传输，逐笔实时处理，全额清算资金的处理方式。建设大额支付系统的目的在于给各银行和企事业单位以及金融市场提供快速、高效、安全、可靠的支付清算服务，防范支付风险。同时，该系统的完善对中央银行更加灵活、有效地实施货币政策具有重要作用。大额支付系统只在正常工作日运行。2002 年 10 月 8 日，大额实时支付系统在北京、武汉成功投产试运行。2003 年 4 月，上海等 11 个城市大额支付系统成功推广上线运行。至 2005 年 6 月，大额支付系统已成功推广覆盖到所有省会（首府）城市和深圳市，并与电子联行系统混合运行。香港清算行也于 2004 年 2 月接入支付系统办理人民币汇款业务。目前，大额支付系统连接到 32 个城市的近 2 万个银行机构网点，日均处理支付业务达 30 万笔，每笔支付业务在 1 分钟之内即可到账，为银行间提供快速、高效、安全的跨行实时支付清算服务。

小额批量支付系统，简称“小额支付系统”，是继大额实时支付系统之后人民银行建设运行的中国现代化支付系统的又一主要业务子系统。小额支付系统在一定时间内对多笔支付业务进行轧差处理，净额清算资金。建设该系统的目的，是为社会提供低成本、大业务量的支付清算服务，支撑各种支付业务的使用，满足社会各种经济活动的需要，成为银行业金融机构跨行支付清算和业务创新的安全高效的平台。该系统处理同城和异地纸凭证截留的商业银行跨行之间的定期借记和定期贷记支付业务、中央银行会计和国库部门办理的借记支付业务，以及每笔金额在规定起点以下的小额贷记支付业务，实行 7×24 小时不间断运行，为老百姓日常支付提供了更多方便。小额批量支付系统经过在福建、天津试点运行后，于 2006 年 3 月在北京、甘肃和海南展开，同年 6 月逐步完成了全国小额支付系统的建设。

全国支票影像交换系统，是指运用影像技术将实物支票转换为支票影像信息，通过计算机及网络将支票影像信息传递至出票人开户银行提示付款的业务处理系统。它是人民银行继大、小额支付系统之后建成的又一重要金融基础平台。影像交换系统可处理银行机构跨行和行内的支票影像信息交换，其资金清算通过人民银行覆盖全国的小额支付系统处理。支票影像业务的处理程序包括影像信息交换和业务回执处理两个阶段，即支票收款人开户银行通过影像交换系统将支票影像信息发送至出票人开户银行提示付款；出票人开户银行审核无误后将款项通过小额支付系统支付给收款人开户银行。支票作为一种成本低、使用便捷、流通性强的信用支付工具，为我国各企事业单位广泛使用。但长期以来由于受业务和技术条件的限制，我国支票基本上只局限在同城范围内使用，不能适应区域经济发展和人们日益增长的多样化支付需要。为此，人民银行根据我国支票使用现状及发展趋势，借鉴国际支票截留的先进经验，决定建设影像交换系统以支撑支票全国通用。2006 年 12 月 18 日影像交换系统在北京、天津、上海、河北、广东和深圳六省（市）成功试点运行，2007 年 6 月 25 日人民银行完成了影像交换系统在全国的推广建设，实现了支票在全国范围的互通使用。按人民银行的规定，支票全国通用后出票人签发的支票凭证不变，支票的提示付款期限仍为 10 天；异地使用支票借助于影像交换系统，款项最快可在 2 小时至 3 小时之内到账，一般在银行受理支票之日起 3 个工作日内均可到账。为防范支付风险，异地使用支票的单笔金额上限为 50 万元。对于超过规定限额的支付，收、付款人可约定采用其他支付方式。

境内外币支付系统，是指由人民银行牵头建设，由清算总中心集中运营，由直接参与机构等单一法人集中接入，采用“Y”型信息流结构，为中国境内的银行业金融机构和外币清算机构提供外币支付服务的实时全额支付系统。外币支付系统由外币清算处理中心负责对参与者和特许参与者提交的支付指令进行接收、清算和转发，由代理结算银行负责对外币清算处理中心提交的清算结果进行结算。其中，外币清算处理中心的主要功能包括外币支付报文收发、圈存资金和授信额度管理、对外币支付进行逐笔实时清算、对可用额度不足的外币支付进行排队管理、对清算排队业务进行撮合、管理清算窗口、分币种分场次向代理结算银行提交清算结果。代理结算银行由人民银行指定或授权的商业银行担任，资格实行期限管理，3 年一届，其主要功能包括为参与者开立外币结算账户、提供日间授信、圈存资金和授信额度管理、根据清算结算进行记账处理、日终对账。我国境内外币支付系统运行按时序划分为营业准备、日间运行、业务截止、清算窗口和日终处理五个阶段，日间运行开始时间为 9：00，业务截止时间为 17：00。境内外币支付系统对支付指令逐笔实时全额结算，从发起清算行发出到接收清算行收到通常在一分钟以内。我国境内外币支付系统于 2008 年 4 月 28 日建成投产之后，已经成为境内商业银行间外币支付的主渠道。

电子商业汇票系统，是经人民银行批准、建设并管理，依托网络和计算机技术，接收、存储、发送电子商业汇票数据电文，提供与电子商业汇票货币给付、资金清算行为等相关服务的业务处理平台。商业汇票作为主要票据品种之一，具有支付结算和短期融资功能，对满足企业支付需要、拓宽融资渠道、降低财务费用，提高商业银行支付服务水平、强化资产负债管理，以及丰富中央银行货币政策手段等都具有非常重要的作用。在我国，随着金融电子化水平的提高和金融基础设施的完善，银行汇票、银行本票和支票都在不同程度上实现了电子化，安全性和效率得到很大改善。与 2007 年全国支票影像交换系统建立、2008 年银行本票和华东三省一市银行汇票业务通过小额支付系统进行清算、实现电子化处理相比，我国商业汇票的电子化步伐明显滞后，其传统的手工、纸质方式，成本大、效率低、风险高，不利于商业汇票的拓展、应用。2005 年起虽然国内部分商业银行在票据电子化和电子票据应用方面进行了积极探索，但终因缺乏全国统一的票据集中登记机制和跨行交易平台，业务开展受到极大限制。为推动国内票据业务和票据市场发展、便利企业支付和融资、支持商业银行票据业务创新，在充分调研的基础上，人民银行于 2008 年 1 月决定组建电子商业汇票系统，6 月正式立项，2009 年 10 月 28 日建成投入运行，2010 年 6 月 28 日组织在全国推广，我国票据市场由此迈入电子化时代。截至 2013 年年末，我国接入电子商业汇票系统的机构共有 359 家。电子商业汇票系统的建成与运行，对企业、商业银行和中央银行来说，都带来了纸质票据难以比拟的多方面的优势和好处。电子商业汇票系统由一个核心功能模块（电子商业汇票业务处理系统）和两个辅助功能模块（纸质商业汇票登记查询系统和商业汇票转贴现公开报价系统）组成。通过电子商业汇票业务处理功能模块这一核心模块，可为各行客户签发的电子商业汇票实行集中登记存储，并提供互联互通的流通转让平台，实现电子商业汇票出票、承兑、背书、保证、提示付款、追索等业务流程的电子化。同时，与银行、财务公司行内系统及人民银行的现代化支付系统连接，可实现电子商业汇票贴现、转贴现、再贴现等融资交易和提示付款的即时转账结算，同步完成票据融资交易的交割，实现票款对付（DVP）。通过纸质商业汇票登记查询功能模块这一系统参与者必须参加的辅助功能模块，能够为纸质商业汇票承兑、贴现、转贴现、再贴现、质押、质押解除、挂失止付等票据行为提供登记、查询服务，实现纸质商业汇票票面信息的集中登记存储，便利纸质商业汇票的贴现、质押业务查询。通过商业汇票转贴现公开报价这一辅助功能模块，能够实现电子商业汇票和纸质商业汇票转贴现公开报价，为银行、财务公司进行询价交易提供信息。

网上支付跨行清算系统，是人民银行建设的人民币跨行支付清算基础设施，也是中国现代化支付系统的重要组成部分。网上支付跨行清算系统主要支持网上跨行零售业务的处理，包括网银贷记、网银借记、第三方贷记、跨行账户信息查询等业务的处理。其业务运行模式与小额支付系统相似，运行时序为7×24小时连续运行，采取定场次清算的模式，设置贷记业务金额上限，与大额支付系统共享同一个清算账户等等。从业务管理方面来看，网上支付跨行清算系统是小额支付系统在网上支付方面的延伸；从系统管理方面来看，网上支付跨行清算系统是与大、小额支付系统并行的人民币跨行清算系统。网上支付跨行清算系统实行业务指令逐笔发送，实时轧差，定时清算。2010年8月30日我国央行网上支付跨行清算系统正式建成上线，首批29家银行机构接入，实现网银跨行支付的直通式处理，客户（个人或企业）可通过统一界面，查询管理在多家银行开立的结算账户，并实现跨行资金汇划等。该系统支持商业银行以及经人民银行批准的非金融支付服务机构接入，并向客户提供7×24小时的全天候服务，从而提高跨行支付效率、便利客户财富管理、有效支持电子商务业务的发展。截至2011年11月底，我国共有120家银行业金融机构法人接入网上支付跨行清算系统。

为确保各支付系统的安全、稳定、高效运行，中国人民银行先后发布了《大额支付系统运行管理办法（试行)》（2002年9月9日)、《中国现代化支付系统运行管理办法（试行)》(2005年11月5日)[①]、《全国支票影像交换系统运行管理办法（试行)》和《全国支票影像交换系统业务处理办法（试行)》(2006年11月9日)、《支付管理信息系统管理办法（试行)》(2007年4月17日)、《依托小额支付系统办理银行本票业务处理办法》和《依托小额支付系统办理银行本票业务处理手续》(2007年11月25日)、《境内外币支付系统管理办法（试行)》和《境内外币支付系统代理结算银行管理规定（试行)》(2008年4月24日)、《电子商业汇票业务管理办法》和《电子商业汇票系统运行管理办法》(2009年10月16日)、《网上支付跨行清算系统运行管理办法》和《网上支付跨行清算系统业务处理办法》(2010年8月30日）等部门规章、规范性文件，就包括中小外资金融机构在内、涉及所有支付系统参与者准入、退出的管理办法、票据交换管理办法，完善支付系统的风险防范措施，完善支付系统的运行维护和应急机制，以及支付管理信息系统和业务监控系统建设等问题作出了详细规定。

三、银行结算账户的管理

支付结算是通过银行进行的转账结算。要办理转账，首先就必须要有银行结算账户，否则，就无法进行支付结算。

我国对银行结算账户的管理是比较严格的。早在1977年10月人民银行发布的《银行账户管理办法》中即确立了“三账”（基本账户、专用账户和辅助账户）制度，对账户的设立要求很严。其后1988年发布的《现金管理暂行条例》及其实施细则、1994年10月发布的新的《银行账户管理办法》都对银行账户的开立、使用及管理作出了规定。2003年4月10日，适应新的经济、金融形势发展的需要，为规范人民币银行结算账户（以下简称银行结算账户）的开立

① 需要指出的是，由于中国人民银行办公厅2005年11月5日发布的《中国现代化支付系统运行管理办法（试行)》，就大额支付系统和小额支付系统的运行管理作出了新的、统一的规定，其2002年9月9日发布的《大额支付系统运行管理办法（试行)》被相应废止。

和使用，加强银行结算账户管理，维护经济金融秩序稳定，人民银行发布了《人民币银行结算账户管理办法》（以下简称《账户管理办法》），相应废止了1994年的《银行账户管理办法》，自2003年9月1日起施行。2005年1月19日，人民银行又印发了《人民币银行结算账户管理办法实施细则》，自同年1月31日起实施。《账户管理办法》及其实施细则就银行结算账户的定义及种类，管理原则，存款账户的开立、使用、变更、撤销，法律责任等作了详细规定。2007年6月21日，人民银行、银监会、证监会、保监会又联合发布了《金融机构客户身份识别和客户身份资料及交易记录保存管理办法》，就从事汇兑业务、支付清算业务和基金销售业务的金融机构应履行的客户身份识别及客户身份资料和交易记录保存义务等内容作了规定，自同年8月1日起实施。2010年10月1日，中国人民银行又发布实施了《境外机构人民币银行结算账户管理办法》，就境外机构[①] 在中国境内银行业金融机构（指依法具有办理国内外结算等业务经营资格的境内中资和外资银行）开立和使用人民币银行结算账户作了特别规定，其未尽事宜则按《人民币银行结算账户管理办法》执行。此外，对于国家机关、事业单位的银行账户管理，我国有关部门还制定有特别规定，如《中央预算单位银行账户管理暂行办法》（财政部、监察部、审计署、中国人民银行2002年9月29日发布实施）、《〈中央预算单位银行账户管理暂行办法〉补充规定》（财政部、中国人民银行2006年11月15日发布实施）、《教育部直属高校和事业单位银行账户管理暂行办法》（教育部2004年7月6日发布实施）等。

（一）银行结算账户的定义、分类与管理原则

1. 银行结算账户的定义与特点

银行结算账户是指银行为存款人开立的办理资金收付结算的人民币活期存款账户。这里所称的“存款人”，是指在中国境内开立银行结算账户的机关、团体、部队、企业、事业单位、其他组织（以下统称单位）、个体工商户和自然人；所称“银行”，是指在中国境内经人民银行批准经营支付结算业务的政策性银行、商业银行（含外资独资银行、中外合资银行、外国银行分行）、城市信用合作社、农村信用合作社。从该定义可知，银行结算账户具有以下特征：

（1）银行结算账户是指办理人民币业务的账户。这与外币存款账户不同，外币存款账户办理的是外币业务，其开立和使用要遵守国家外汇管理局的有关规定。

（2）银行结算账户是活期存款账户。这与单位定期存款账户不同，单位定期存款账户不具有结算功能，其开立和使用应当遵守《人民币单位存款管理办法》的规定。

（3）银行结算账户是办理资金收付结算业务的账户。这与储蓄账户不同，储蓄账户的基本功能是存取本金和支取利息，储蓄账户一般不具有办理资金支付结算的功能，其开立和使用应

---

① 此处所谓“境外机构”，是指在中国境外（含香港、澳门和台湾地区）合法注册成立的机构。但境外中央银行（货币当局）因货币互换操作等需要在境内银行开立人民币银行结算账户的，根据人民银行的其他相关规定办理。境外银行因提供清算或结算服务需要，在境内银行开立的人民币同业往来账户，按照《跨境贸易人民币结算试点管理办法实施细则》（银发［2009］212号文印发）的有关规定办理。合格境外机构投资者在境内从事证券投资开立的人民币特殊账户按照《人民币银行结算账户管理办法》（中国人民银行令［2003］第5号发布）第20条和《人民币银行结算账户管理办法实施细则》（银发［2005］16号文印发）第5条的规定办理。境外中央银行或货币当局、香港、澳门地区人民币业务清算行和跨境贸易人民币结算境外参加银行等机构，因投资银行间债券市场的人民币资金需要开立账户的，应根据人民银行关于境外机构投资银行间债券市场试点有关规定办理。

当遵守《储蓄管理条例》的有关规定。[①]

2. 银行结算账户的分类

银行结算账户根据不同的标准可以作不同的分类：

（1）按存款人的不同，可分为单位银行结算账户和个人银行结算账户。这里的单位包括机关、团体、部队、企业、事业单位、其他组织等。存款人以单位名称开立的银行结算账户为单位银行结算账户。个体工商户凭营业执照以字号或经营者姓名开立的银行结算账户也纳入单位银行结算账户管理。个人银行结算账户是指存款人凭个人身份证件以自然人名称开立的银行结算账户。这里的个人包括中国公民（含港、澳、台居民）和外国公民。个人因投资、消费使用各种支付工具，包括借记卡、信用卡在银行开立的银行结算账户，纳入个人银行结算账户管理。邮政储蓄机构办理银行卡业务开立的账户也纳入个人银行结算账户管理。

（2）按单位银行结算账户用途的不同，可分为基本存款账户、一般存款账户、专用存款账户、临时存款账户。其中，基本存款账户是存款人因办理日常转账结算和现金收付需要开立的银行结算账户；一般存款账户是存款人因借款或其他结算需要，在基本存款账户开户银行以外的银行营业机构开立的银行结算账户；专用存款账户是存款人按照法律、行政法规和规章，对其特定用途资金进行专项管理和使用而开立的银行结算账户；临时存款账户是存款人因临时需要并在规定期限内使用而开立的银行结算账户。其中，存款人开立基本存款账户、临时存款账户（存款人因注册验资需要开立的临时存款账户除外）和预算单位开立专用存款账户实行核准制度，经人民银行核准后由开户银行核发开户登记证（即核准制）；其他银行结算账户的开立实行备案制。

（3）按开户地的不同，可分为本地银行结算账户和异地银行结算账户。本地银行结算账户是指存款人在注册地或住所地开立的银行结算账户，存款人一般应开设本地银行结算账户；异地银行结算账户是指存款人在符合规定的条件下在异地（跨省、市、县）开立的银行结算账户。

不同的银行结算账户，对其开立、使用和管理的内容规定也有很大的不同。

3. 银行结算账户的管理原则

《账户管理办法》就银行结算账户的管理，确立了以下五个方面的原则：

（1）一个基本存款账户原则。即单位银行结算账户的存款人只能在银行开立一个基本存款账户，而不能多头开立基本存款账户。规定这一原则，主要是为了加强现金管理。

（2）自主选择开户银行开立结算账户的原则。即存款人可以自主选择银行开立银行结算账户。除国家法律、行政法规和国务院规定外，任何单位和个人不得强令存款人到指定银行开立银行结算账户。

（3）守法原则。指银行结算账户的开立和使用应当遵守法律、行政法规，不得利用银行结算账户进行偷逃税款、逃废债务、套取现金及其他违法犯罪活动。

（4）对银行结算账户信息保密原则。指银行应依法为存款人的银行结算账户信息保密。对单位银行结算账户的存款和有关资料，除国家法律、行政法规另有规定外，银行有权拒绝任何

---

① 不过，按 2007 年 5 月 21 日中国人民银行发布的《关于改进个人支付结算服务的通知》的要求，银行业金融机构要优化个人银行账户服务，简化个人活期储蓄账户转为个人银行结算账户的手续，扩展个人活期储蓄账户的功能。客户通过个人活期储蓄账户办理第一笔转账支付业务时，在相关凭证上的签章即为确认将该账户转为个人银行结算账户。个人合法收入款项可以转入个人活期储蓄账户。从而使个人活期储蓄账户的功能有较大的扩展。

单位或个人查询。对个人银行结算账户的存款和有关资料，除国家法律另有规定外，银行有权拒绝任何单位或个人查询。

（5）人民银行依法监管原则。即人民银行作为银行结算账户的监督管理部门，依法对银行结算账户的开立、使用等进行监管，并对有关违规行为依法查处。

（二）银行结算账户的开立

1. 基本存款账户的开立

基本存款账户是存款人因办理日常转账结算和现金收付需要开立的银行结算账户。存款人的工资、奖金等现金的支取，只能通过该账户办理。单位银行结算账户的存款人只能开立一个基本存款账户。

（1）开立基本存款账户的主体资格条件。

下列存款人，可以申请开立基本存款账户：1）企业法人；2）非法人企业；3）机关、事业单位；4）团级（含）以上军队、武警部队及分散执勤的支（分）队；5）社会团体；6）民办非企业组织；7）异地常设机构；8）外国驻华机构；9）个体工商户；10）居民委员会、村民委员会、社区委员会；11）单位设立的独立核算的附属机构；12）其他组织。

（2）开立基本存款账户应提交的证明文件。

存款人申请开立基本存款账户，应向银行出具下列证明文件：1）企业法人，应出具企业法人营业执照正本。2）非法人企业，应出具企业营业执照正本。3）机关和实行预算管理的事业单位，应出具政府人事部门或编制委员会的批文或登记证书和财政部门同意其开户的证明；非预算管理的事业单位，应出具政府人事部门或编制委员会的批文或登记证书。4）军队、武警团级（含）以上单位以及分散执勤的支（分）队，应出具军队军级以上单位财务部门、武警总队财务部门的开户证明。5）社会团体，应出具社会团体登记证书，宗教组织还应出具宗教事务管理部门的批文或证明。6）民办非企业组织，应出具民办非企业登记证书。7）外地常设机构，应出具其驻在地政府主管部门的批文。8）外国驻华机构，应出具国家有关主管部门的批文或证明；外资企业驻华代表处、办事处应出具国家登记机关颁发的登记证。9）个体工商户，应出具个体工商户营业执照正本。10）居民委员会、村民委员会、社区委员会，应出具其主管部门的批文或证明。11）独立核算的附属机构，应出具其主管部门的基本存款账户开户登记证和批文。12）其他组织，应出具政府主管部门的批文或证明。前述存款人如为从事生产、经营活动纳税人的，还应出具税务部门颁发的税务登记证。

（3）开立基本存款账户的程序。

按《账户管理办法》的规定，存款人申请开立基本存款账户时，应填制开户申请书，并提交规定的证明文件；银行应对存款人的开户申请书填写的事项和证明文件的真实性、完整性、合规性进行认真审查，对开户申请书填写的事项齐全、符合开立基本存款账户条件的，应将存款人的前述文件和银行审核意见等开户资料报送人民银行当地分支行，经其核准后办理开户手续（即实行核准制）；人民银行应于2个工作日内对银行报送的基本存款账户的开户资料的合规性予以审核，符合开户条件的，予以核准；不符合开户条件的，应在开户申请书上签署意见，连同有关证明文件一并退回报送银行。

2. 一般存款账户的开立

一般存款账户是存款人因借款或其他结算需要，在基本存款账户开户银行以外的银行营业机构开立的银行结算账户。

(1) 开立一般存款账户的主体资格。

凡开立基本存款账户的存款人均可以开立一般存款账户，且开立一般存款账户没有数量上的限制。

(2) 开立一般存款账户应提交的证明文件。

存款人申请开立一般存款账户，应向银行出具下列证明文件：1) 开立基本存款账户规定的证明文件；2) 基本存款账户开户登记证；3) 存款人因向银行借款需要，应出具借款合同；4) 存款人因其他结算需要，应出具有关证明。

(3) 开立一般存款账户的程序。

按《账户管理办法》的规定，存款人申请开立一般存款账户时，应填制开户申请书，并提交规定的证明文件；银行应对存款人的开户申请书填写的事项和证明文件的真实性、完整性、合规性进行认真审查，对开户申请书填写的事项齐全、符合开立一般存款账户条件的，银行应办理开户手续，同时应在其基本存款账户登记证上登记账户名称、账号、账户性质、开户银行、开户日期，并签章，于开户之日起5个工作日内向人民银行当地分支行备案；自开立一般存款账户之日起3个工作日内书面通知存款人的基本存款账户开户银行。

3. 专用存款账户的开立

专用存款账户是存款人按照法律、行政法规和规章，对其特定用途资金进行专项管理和使用而开立的银行结算账户。

(1) 开立专用存款账户的条件。

专用存款账户是针对特定事项开立的存款账户。对下列资金的管理与使用，存款人可以申请开立专用存款账户：1) 基本建设资金；2) 更新改造资金；3) 财政预算外资金；4) 粮、棉、油收购资金；5) 证券交易结算资金；6) 期货交易保证金；7) 信托基金；8) 金融机构存放同业资金；9) 政策性房地产开发资金；10) 单位银行卡备用金；11) 住房基金；12) 社会保障基金；13) 收入汇缴资金和业务支出资金；14) 党、团、工会设在单位的组织机构经费；15) 其他需要专项管理和使用的资金。

前述收入汇缴资金和业务支出资金，是指基本存款账户存款人附属的非独立核算单位或派出机构发生的收入和支出的资金。因收入汇缴资金和业务支出资金开立的专用存款账户，应使用隶属单位的名称。

合格境外机构投资者在境内从事证券投资开立的人民币特殊账户和人民币结算资金账户也纳入专用存款账户管理。

(2) 开立专用存款账户应提交的证明文件。

存款人申请开立专用存款账户，应向银行出具其开立基本存款账户规定的证明文件、基本存款账户开户登记证和下列证明文件：1) 基本建设资金、更新改造资金、政策性房地产开发资金、住房基金、社会保障基金，应出具主管部门批文；2) 财政预算外资金，应出具财政部门的证明；3) 粮、棉、油收购资金，应出具主管部门批文；4) 单位银行卡备用金，应按照人民银行批准的银行卡章程的规定出具有关证明和资料；5) 证券交易结算资金，应出具证券公司或证券管理部门的证明；6）期货交易保证金，应出具期货公司或期货管理部门的证明；7）金融机构存放同业资金，应出具其证明；8）收入汇缴资金和业务支出资金，应出具基本存款账户存款人有关的证明；9）党、团、工会设在单位的组织机构经费，应出具该单位或有关部门的批文或证明；10）其他按规定需要专项管理和使用的资金，应出具有关法规、规章或政府部门的有关文件。

合格境外机构投资者开立人民币特殊账户时应出具国家外汇管理部门的批复文件，开立人民币结算资金账户时应出具证券管理部门的证券投资业务许可证。

（3）开立专用存款账户的程序。

按《账户管理办法》的规定，存款人申请开立专用存款账户时，应填制开户申请书，并提交规定的证明文件；银行应对存款人的开户申请书填写的事项和证明文件的真实性、完整性、合规性进行认真审查；如果专用存款账户属于预算单位专用账户的，银行应将存款人的开户申请书、相关的证明文件和银行审核意见书等开户资料报送人民银行当地分支行，经其核准后办理开户手续，该核准程序与基本存款账户的核准程序相同；如果属于预算单位专用存款账户之外的其他专用存款账户的，银行应办理开户手续，并于开户之日起5个工作日内向人民银行当地分支行备案。

银行在办理专用存款账户开户手续时，同时应在其基本存款账户开户登记证上登记账户名称、账号、账户性质、开户银行、开户日期，并签章，自开立专用存款账户之日起3个工作日内书面通知存款人基本存款账户开户银行。

4. 临时存款账户的开立

临时存款账户是存款人因临时需要并在规定期限内使用而开立的银行结算账户。

（1）临时存款账户开立的条件。

存款人有下列情况的，可以申请开立临时存款账户：1）设立临时机构；2）异地临时经营活动；3）注册验资。

（2）开立临时存款账户应提交的证明文件。

存款人申请开立临时存款账户，应向银行出具下列证明文件：1）临时机构，应出具其驻在地主管部门同意设立临时机构的批文；2）异地建筑施工及安装单位，应出具其营业执照正本或其隶属单位的营业执照正本，以及施工及安装地建设主管部门核发的许可证或建筑施工及安装合同；3）异地从事临时经营活动的单位，应出具其营业执照正本以及临时经营地工商行政管理部门的批文；4）注册验资资金，应出具工商行政管理部门核发的企业名称预先核准通知书或有关部门的批文。前述第2）、3）项还应出具其基本存款账户开户登记证。

（3）开立临时存款账户的程序。

按《账户管理办法》的规定，存款人申请开立临时存款账户时，应填制开户申请书，并提交规定的证明文件；银行应对存款人的开户申请书填写的事项和证明文件的真实性、完整性、合规性进行认真审查；对开户申请书填写的事项齐全、符合开立临时存款账户条件的，银行应将存款人的开户申请书、相关的证明文件和银行审核意见书等开户资料报送人民银行当地分支行，经其核准后办理开户手续。该核准程序与基本存款账户的核准程序相同。

银行在办理临时存款账户开户手续时，同时应在其基本存款账户开户登记证上登记账户名称、账号、账户性质、开户银行、开户日期，并签章。但临时机构和注册验资需要开立的临时存款账户除外。银行自开立临时存款账户之日起3个工作日内应书面通知存款人基本存款账户开户银行。

5. 个人银行结算账户的开立

个人银行结算账户是自然人因投资、消费、结算等而开立的可办理支付结算业务的存款账户。这是《账户管理办法》的一个重要创新。

（1）个人银行结算账户开立的条件。

个人有下列情况的，可以申请开立个人银行结算账户：1）使用支票、信用卡等信用支付工具的；2）办理汇兑、定期借记、定期贷记、借记卡等结算业务的。

自然人可根据需要申请开立个人银行结算账户，也可以在已开立的储蓄账户中选择并向开户银行申请确认为个人银行结算账户。

（2）开立个人银行结算账户应提交的证明文件。

存款人申请开立个人银行结算账户，应向银行出具下列证明文件：1）中国居民，应出具居民身份证或临时身份证；2）中国人民解放军军人，应出具军人身份证件；3）中国人民武装警察，应出具武警身份证件；4）我国香港、澳门特别行政区居民，应出具港澳居民往来内地通行证；台湾地区居民，应出具台湾地区居民来往大陆通行证或者其他有效旅行证件；5）外国公民，应出具护照；6）法律、法规和国家有关文件规定的其他有效证件。银行为个人开立银行结算账户时，根据需要还可要求申请人出具户口簿、驾驶执照、护照等有效证件。

（3）开立个人银行结算账户的程序。

按《账户管理办法》的规定，存款人申请开立个人银行结算账户时，应填制开户申请书，并提交规定的证明文件；银行应对存款人的开户申请书填写的事项和证明文件的真实性、完整性、合规性进行认真审查；符合开立条件的，银行应办理开户手续，并于开户之日起5个工作日内向人民银行当地分支行备案。

6. 异地存款账户的开立

《账户管理办法》根据新形势发展的需要，突破了原账户管理只能属地开立的原则，规定无论单位还是个人，只要符合相关条件，均可以根据需要在异地开立相应的银行结算账户。

（1）异地银行结算账户的开立条件。

存款人有下列情形之一的，可以在异地开立有关银行结算账户：1）营业执照注册地与经营地不在同一行政区域（跨省、市、县）需要开立基本存款账户的；2）办理异地借款和其他结算需要开立一般存款账户的；3）存款人因附属的非独立核算单位或派出机构发生的收入汇缴或业务支出需要开立专用存款账户的；4）异地临时经营活动需要开立临时存款账户的；5）自然人根据需要在异地开立个人银行结算账户的。

（2）开立异地银行结算账户应提交的证明文件。

存款人需要在异地开立单位银行结算账户，根据需要开立的结算账户的种类的不同，除按照前述开立基本存款账户、一般存款账户、专用存款账户和临时存款账户的规定提交有关证明文件外，还应分别情况出具下列相应的证明文件：1）经营地与注册地不在同一行政区域的存款人，在异地开立基本存款账户的，应出具注册地人民银行分支行的未开立基本存款账户的证明；2）异地借款的存款人，在异地开立一般存款账户的，应出具在异地取得贷款的借款合同；3）因经营需要在异地办理收入汇缴和业务支出的存款人，在异地开立专用存款账户的，应出具隶属单位的证明。属前述第2)、3)项情况的，还应出具其基本存款账户开户登记证。

存款人需要在异地开立个人银行结算账户的，应出具的证明文件与前述开立个人银行结算账户要求的证明文件相同。

(3) 开立异地银行结算账户的程序。

开立异地银行结算账户的，根据所开立账户种类的不同，开立程序与前述相关账户开立的程序相同。

(三) 银行结算账户的使用

1. 银行结算账户的用途及使用限制

(1) 基本存款账户。是存款人的主办账户，存款人日常经营活动的资金收付及工资、奖金和现金的支取，应通过该账户办理。

(2) 一般存款账户。用于办理存款人借款转存、借款归还和其他结算的资金收付。该账户可以办理现金缴存，但不得办理现金支取。

(3) 专用存款账户。用于办理各项专用资金的收付。其管理限制规定包括：1）单位银行卡账户的资金必须由其基本存款账户转账存入。该账户不得办理现金收付业务。2）财政预算外资金、证券交易结算资金、期货交易保证金和信托基金专用存款账户不得支取现金。3）基本建设资金、更新改造资金、政策性房地产开发资金、金融机构存放同业资金账户需要支取现金的，应在开户时报人民银行当地分支行批准；人民银行当地分支行应根据国家现金管理的规定审查批准。4）粮、棉、油收购资金，社会保障基金，住房基金和党、团、工会经费等专用存款账户支取现金应按照国家现金管理的规定办理。5）收入汇缴账户除向其基本存款账户或预算外资金财政专用存款账户划缴款项外，只收不付，不得支取现金；业务支出账户除从其基本存款账户拨入款项外，只付不收，其现金支取必须按照国家现金管理的规定办理。

(4) 临时存款账户。用于办理临时机构以及存款人临时经营活动发生的资金收付。

临时存款账户支取现金，应按照国家现金管理的规定办理；注册验资的临时存款账户在验资期间只收不付，注册验资资金的汇缴人应与出资人的名称一致。

临时存款账户应根据有关开户证明文件确定的期限或存款人的需要确定其有效期限。存款人在账户的使用中需要延长期限的，应在有效期限内向开户银行提出申请，并由开户银行报人民银行当地分支行核准后办理展期。临时存款账户的有效期最长不得超过2年。

(5) 个人银行结算账户。用于办理个人转账收付和现金存取。按《账户管理办法》的规定，下列款项可以转入个人银行结算账户：1）工资、奖金收入；2）稿费、演出费等劳务收入；3）债券、期货、信托等投资的本金和收益；4）个人债权或产权转让收益；5）个人贷款转存；6）证券交易结算资金和期货交易保证金；7）继承、赠与款项；8）保险理赔、保费退还等款项；9）纳税退还；10）农、副、矿产品销售收入；11）其他合法款项。

2. 银行结算账户使用管理的其他规定

(1) 存款人应按照规定使用银行结算账户办理结算业务，不得出租、出借银行结算账户，不得利用银行结算账户套取银行信用。

(2) 存款人开立单位银行结算账户，自正式开立之日起3个工作日后，方可办理付款业务。但注册验资的临时存款账户转为基本存款账户和因借款转存开立的一般存款账户除外。

(3) 单位从其银行结算账户支付给个人银行结算账户的款项，每笔超过5万元的，应向其开户银行提供下列付款依据：1）代发工资协议和收款人清单；2）奖励证明；3）新闻出版、演出主办等单位与收款人签订的劳务合同或支付给个人款项的证明；4）证券公司、期货公司、信托投资公司、奖券发行或承销部门支付或退还给自然人款项的证明；5）债权或产权转让协议；6）借款合同；7）保险公司的证明；8）税收征管部门的证明；9）农、副、矿产品购销合同；10）其他合法款项的证明。

(4) 从单位银行结算账户支付给个人银行结算账户的款项应纳税的，税收代扣单位付款时应向其开户银行提供完税证明。

(5) 个人持出票人为单位的支票向开户银行委托收款或持申请人为单位的银行汇票和银行本票向开户银行提示付款，将款项转入其个人银行结算账户的，应当提供前述（3）所述的有关收款依据。

(6) 单位银行结算账户支付给个人银行结算账户款项的，银行应按规定认真审查付款依据或收款依据的原件，并留存复印件，按会计档案保管；未提供相关依据或相关依据不符合规定的，银行应拒绝办理。

(7) 银行应按规定与存款人核对账务。银行结算账户的存款人收到对账单或对账信息后，应及时核对账务并在规定期限内向银行发出对账回单或确认信息。

(8) 储蓄账户仅限于办理现金存取业务，不得办理转账结算。

(四) 银行结算账户的变更与撤销

1. 银行结算账户的变更

银行结算账户的变更是指存款人名称、单位法定代表人或主要负责人、住址以及其他开户资料发生变更。

《账户管理办法》规定：存款人更改名称，但不改变开户银行及账号的，应于5个工作日内向开户银行提出银行结算账户的变更申请，并出具有关部门的证明文件；单位的法定代表人或主要负责人、住址以及其他开户资料发生变更时，应于5个工作日内书面通知开户银行并提供有关证明。银行接到存款人的变更通知后，应及时办理变更手续，并于2个工作日内向人民银行报告。

2. 银行结算账户的撤销

银行结算账户的撤销是指存款人因开户资格或其他原因终止银行结算账户使用的行为。

(1) 撤销事由。《账户管理办法》规定：存款人有下列情形之一的，应向开户银行提出撤销银行结算账户的申请：1）被撤并、解散、宣告破产或关闭的；2）注销、被吊销营业执照的；3）因迁址需要变更开户银行的；4）其他原因需要撤销银行结算账户的。

(2) 撤销程序。存款人发生被撤并、解散、宣告破产或关闭，或被注销、被吊销营业执照等主体资格终止的情形，申请撤销银行结算账户的，应于5个工作日内向开户银行提出撤销申请。其中，存款人申请撤销基本存款账户的，存款人基本存款账户的开户银行应自撤销银行结算账户之日起2个工作日内将撤销该基本存款账户的情况书面通知该存款人其他银行结算账户的开户银行；存款人其他银行结算账户的开户银行，应自收到通知之日起2个工作日内通知存款人撤销有关银行结算账户；存款人应自收到通知之日起3个工作日内办理其他银行结算账户的撤销。

银行得知存款人主体资格终止情况，而存款人超过规定期限未主动办理撤销银行结算账户手续的，银行有权停止其银行结算账户的对外支付。

（3）银行结算账户撤销应注意的事项。主要包括：1）未获得工商行政管理部门核准登记的单位，在验资期满后，应向银行申请撤销注册验资临时存款账户，其账户资金应退还给原汇款人账户。注册验资资金以现金方式存入，出资人需提取现金的，应出具缴存现金时的现金缴款单原件及有效身份证件。2）存款人尚未清偿其开户银行债务的，不得申请撤销该账户。3）存款人撤销银行结算账户，必须与开户银行核对银行结算账户存款余额，交回各种重要空白票据及结算凭证和开户登记证，银行核对无误后方可办理销户手续。存款人未按规定交回各种重要空白票据及结算凭证的，应出具有关证明，造成损失的，由其自行承担。4）银行撤销单位银行结算账户时应在其基本存款账户开户登记证上注明销户日期并签章，同时于撤销银行结算账户之日起2个工作日内，向人民银行报告。5）银行对一年未发生收付活动且未欠开户银行债务的单位银行结算账户，应通知单位自发出通知之日起30日内办理销户手续；逾期视同自愿销户，未划转款项列入久悬未取专户管理。

（五）银行结算账户的管理

规范和加强银行结算账户的管理，是维护正常支付结算程序的基础，是加强信贷、结算监督和现金管理的重要措施。《账户管理办法》就人民银行（央行）、开户行和存款人在银行结算账户管理职责方面，规定了以下内容：

1. 人民银行对银行结算账户的管理职责

人民银行对银行结算账户的管理职责，包括以下内容：

（1）负责监督、检查银行结算账户的开立和使用，对存款人、银行违反银行结算账户管理规定的行为予以处罚。

（2）对银行结算账户的开立和使用实施监控和管理。

（3）负责基本存款账户、临时存款账户和预算单位专用存款账户开户登记证的管理。

任何单位及个人不得伪造、变造及私自印制开户登记证。

2. 开户行对银行结算账户的管理职责

（1）银行负责所属营业机构银行结算账户开立和使用的管理，监督和检查其执行本办法的情况，纠正违规开立和使用银行结算账户的行为。

（2）银行应明确专人负责银行结算账户的开立、使用和撤销的审查和管理，负责对存款人开户申请资料的审查，并按规定及时报送存款人开销户信息资料，建立健全开销户登记制度，建立银行结算账户管理档案，按会计档案进行管理。银行结算账户管理档案的保管期限为银行结算账户撤销后10年。

（3）银行应对已开立的单位银行结算账户实行年检制度，检查开立的银行结算账户的合规性，核实开户资料的真实性；对不符合本办法规定开立的单位银行结算账户，应予以撤销。对经核实的各类银行结算账户的资料变动情况，应及时报告人民银行当地分支行。

（4）银行应对存款人使用银行结算账户的情况进行监督，对存款人的可疑支付应按照人民银行规定的程序及时报告。

3. 存款人对银行结算账户的管理义务

存款人应加强对预留银行签章的管理。单位遗失预留公章或财务专用章的，应向开户银行出具书面申请、开户登记证、营业执照等相关证明文件；更换预留公章或财务专用章时，应向开户银行出具书面申请、原预留签章的式样等相关证明文件。个人遗失或更换预留个人印章或更换签字人时，应向开户银行出具经签名确认的书面申请，以及原预留印章或签字人的个人身份证件。银行应留存相应的复印件，并凭以办理预留银行签章的变更。

四、支付结算的法律依据

支付结算法是调整支付结算活动中，结算双方与银行之间的权利义务关系的法律规范的总称。目前，我国关于支付结算的法律规范主要有：1995 年 5 月 10 日发布、2004 年 8 月 28 日修订的《中华人民共和国票据法》、2003 年 12 月 27 日十届全国人大常委会第 6 次会议修订通过的《中华人民共和国商业银行法》，2006 年 10 月 31 日十届全国人大常委会第 24 次会议通过、自 2007 年 1 月 1 日实施的《中华人民共和国反洗钱法》。行政法规有 1997 年 6 月 23 日国务院批准、同年 8 月 21 日人民银行发布，其后根据 2011 年 1 月 8 日《国务院关于废止和修改部分行政法规的决定》修订的《票据管理实施办法》。具体操作规范有：人民银行 1997 年 5 月 22 日发布实施的《商业汇票承兑、贴现与再贴现管理暂行办法》，1997 年 9 月 19 日发布、同年 12 月 1 日起实施的《支付结算办法》和《支付结算会计核算手续》，1997 年 9 月 22 日发布、同年 8 月 1 日起实施的《国内信用证结算办法》，1999 年 1 月 5 日发布、同年 3 月 1 日起施行的《银行卡业务管理办法》（相应废止 1996 年发布的《信用卡业务管理办法》），2003 年 4 月 10 日发布、同年 9 月 1 日起实施的《人民币银行结算账户管理办法》，2005 年 10 月 26 日发布实施的《电子支付指引（第一号）》，2006 年 11 月 9 日发布实施的《全国支票影像交换系统业务处理办法（试行）》，2006 年 11 月 14 日发布实施的《金融机构大额交易和可疑交易报告管理办法》，2007 年 11 月 25 日发布实施的《依托小额支付系统办理银行本票业务处理办法》，2008 年 5 月 14 发布的《华东三省一市银行汇票结算办法》和《依托小额支付系统办理华东三省一市银行汇票业务说明》，2009 年 10 月 16 日发布实施的《电子商业汇票业务管理办法》，2013 年 7 月 5 日发布实施的《银行卡收单业务管理办法》；中国银监会 2006 年 1 月 26 日发布自同年 3 月 1 日起施行的《电子银行业务管理办法》，2007 年 6 月 21 日中国人民银行、银监会、证监会、保监会联合发布，自同年 8 月 1 日起实施的《金融机构客户身份识别和客户身份资料及交易记录保存管理办法》等。此外，最高人民法院于 2000 年 11 月 14 日发布，自同月 21 日起施行的《关于审理票据纠纷案件若干问题的规定》，2005 年 11 月 14 日发布、自 2006 年 1 月 1 日起施行的《关于审理信用证纠纷案件若干问题的规定》，分别就票据纠纷案件、信用证纠纷案件的法律适用问题作出了司法解释。

第二节　非票据结算的法律规定

本节依据《银行卡业务管理办法》和《支付结算办法》，主要介绍银行卡、汇兑、托收承付、委托收款四种非票据结算方式的法律规定，另外对网上支付和移动支付、定期借记和直接贷记也作简单介绍，而国内信用证结算则在下一节介绍。

一、银行卡

（一）银行卡的概念、分类及发展

银行卡属于卡基支付工具，按我国《银行卡业务管理办法》的规定，我国的银行卡是指由商业银行（含邮政金融机构，下同）向社会发行的具有消费信用、转账结算、存取现金等全部或部分功能的信用支付工具。

银行卡依据不同的划分标准可有不同的分类，但最主要的分类是分为信用卡和借记卡。

1. 信用卡。信用卡按是否向发卡银行交存备用金分为贷记卡、准贷记卡两类。其中，贷记卡是指发卡银行给予持卡人一定的信用额度，持卡人可在信用额度内先消费、后还款的信用卡；准贷记卡是指持卡人须先按发卡银行要求交存一定金额的备用金，当备用金账户余额不足支付时，可在发卡银行规定的信用额度内透支的信用卡。

2. 借记卡。借记卡按功能不同分为转账卡（含储蓄卡，下同）、专用卡、储值卡，借记卡不具备透支功能。其中，转账卡是实时扣账的借记卡，具有转账结算、存取现金和消费功能；专用卡是具有专门用途（指在百货、餐饮、饭店、娱乐行业以外的用途）、在特定区域使用的借记卡，具有转账结算、存取现金功能；储值卡是发卡银行（或非金融机构）根据持卡人要求将其资金转至卡内储存，交易时直接从卡内扣款的预付钱包式借记卡。

另外，根据信誉等级不同，还可将银行卡分为金卡和普通卡。金卡是商业银行向信誉等级较高的持卡人发行的银行卡；普通卡是持卡人向信誉等级次之的持卡人发行的银行卡。一般而言，金卡的持卡人在善意透支时透支的额度大于普通卡持卡人的透支额度。

银行卡结算作为现代化的支付结算方式，由于具有方便、快捷、安全等特点而备受金融业界和消费者青睐，同时，银行卡的发展对于减少现金流通、降低交易成本、促进消费、扩大税基、促进相关产业发展、加强反洗钱工作和提升我国的国际形象意义重大。据统计，从 1985 年中国银行发行国内第一张银行卡到 2013 年年末，全国累计发行银行卡达 42.14 亿张（其中借记卡 38.23 亿张、信用卡 3.91 亿张），全国人均拥有银行卡 3.11 张（其中信用卡人均 0.29 张）。银行卡跨行支付系统联网商户 763.47 万户，联网 POS 机具 1 063.21 万台。2013 年全国共发生银行卡业务 475.96 亿笔，交易金额多达 423.36 万亿元；银行卡卡均消费金额为 7 554 元，笔均消费金额为 2 454 元；跨行消费业务 67.97 亿笔，金额 23.75 万亿元。信用卡授信总额 4.57 万亿元，卡均授信额度 1.17 万元。我国银行卡业务获得了空前的发展，中国内地银行发行的有“银联”标识的人民币银行卡使用范围越来越广，正在阔步走向世界。

（二）银行卡的申领、账户及交易管理

1. 银行卡的申领

按《银行卡业务管理办法》的规定，个人申领银行卡（储值卡除外），应当向发卡银行提供公安部门规定的本人有效身份证件，经发卡银行审查合格后，为其开立记名账户；凡在中国境内金融机构开立基本存款账户的单位，应当凭人民银行核发的开户许可证申领单位卡。银行卡及其账户只限经发卡银行批准的持卡人本人使用，不得出租和转借。

2. 银行卡账户及交易的管理

（1）银行卡账户资金的管理。包括：1）单位人民币卡账户的资金一律从其基本存款账户转账存入，不得存取现金，不得将销货收入存入单位卡账户；单位外币卡账户的资金应从其单位的外汇账户转账存入，不得在境内存取外币现钞。2）个人人民币卡账户的资金以其持有的现金存入或以其工资性款项、属于个人的合法的劳务报酬、投资回报等收入转账存入；个人外币卡账户的资金以其个人持有的外币现钞存入或从其外汇账户（含外钞账户）转账存入。3）除国家外汇管理局指定的范围和区域外，外币卡原则上不得在境内办理外币计价结算。4）持卡人销户时，单位人民币卡账户的资金应当转入其基本存款账户，单位外币卡账户的资金应当转回相应的外汇账户，不得提取现金。

（2）银行卡交易业务的管理。包括：1）单位人民币卡可办理商品交易和劳务供应款项的结算，但不得透支；超过人民银行规定起点的，应当经人民银行当地分行办理转汇。2）发卡银行对贷记卡的取现应当每笔授权，每卡每日累计取现不得超过2万元人民币；发卡银行应当对持卡人在自动柜员机（ATM）取款设定交易上限，每卡每日累计提款不得超过2万元人民币。3）储值卡的面值或卡内币值不得超过1 000元人民币。4）商业银行发行认同卡时，不得从其收入中向认同单位支付捐赠等费用。5）发卡银行依据密码等电子信息为持卡人办理的存取款、转账结算等各类交易所产生的电子信息记录，均为该项交易的有效凭据；发卡银行可凭交易明细记录或清单作为记账凭证。6）银行卡通过联网的各类终端交易的原始单据至少保留2年备查。

（三）银行卡风险管理

银行卡风险管理主要包括以下内容：

1. 发卡银行对银行卡客户资信的管理

包括：（1）应当认真审查信用卡申请人的资信状况，根据申请人的资信状况确定有效担保及担保方式。（2）应当对信用卡持卡人的资信状况进行定期复查，并应当根据资信状况的变化调整其信用额度。（3）应当加强对止付名单的管理，及时接收和发送止付名单。

2. 内部人员职权的控制管理

发卡银行应当建立授权审批制度，明确对不同级别内部工作人员的授权权限和授权限额。

3. 风险控制指标的管理

发卡银行应当遵守下列信用卡业务风险控制指标：（1）同一持卡人单笔透支发生额个人卡不得超过2万元（含等值外币，下同）、单位卡不得超过5万元。（2）同一账户月透支余额个人卡不得超过5万元、单位卡不得超过发卡银行对该单位综合授信额度的3%。无综合授信额

度可参照的单位，其月透支余额不得超过 10 万元。（3）外币卡的透支额度不得超过持卡人保证金（含储蓄存单质押金额）的 80%。（4）从《银行卡业务管理办法》施行之日起新发生的 180 天（含 180 天，下同）以上的月均透支余额不得超过月均总透支余额的 15%。（5）准贷记卡的透支期限最长为 60 天；贷记卡的首月最低还款额不得低于其当月透支余额的 10%。

4. 对透支款项和诈骗款项的追偿

发卡银行应通过下列途径追偿透支款项和诈骗款项：（1）扣减持卡人保证金、依法处理抵押物和质物；（2）向保证人追索透支款项；（3）通过司法机关的诉讼程序进行追偿。发卡银行采取了前列措施后仍不足以弥补的，按照财政部《呆账准备金管理办法》① 执行。

（四）银行卡当事人之间的职责

1. 发卡银行的权利与义务

（1）发卡银行的权利。包括：1）有权审查申请人的资信状况、索取申请人的个人资料，并有权决定是否向申请人发卡及确定信用卡持卡人的透支额度。2）对持卡人透支有追偿权；对持卡人不在规定期限内归还透支款项的，有权申请法律保护并依法追究持卡人或有关当事人的法律责任。3）对不遵守其章程规定的持卡人，有权取消其持卡人资格，并可授权有关单位收回其银行卡。4）对储值卡和 IC 卡内的电子钱包可不予挂失。

（2）发卡银行的义务。包括：1）应当向银行卡申请人提供有关银行卡的使用说明资料，包括章程、使用说明及收费标准。2）应当设立针对银行卡服务的公平、有效的投诉制度，并公开投诉程序和投诉电话；对持卡人关于账务情况的查询和改正要求应当在 30 天内给予答复。3）应当向持卡人提供对账服务，除特定情形外应按月向持卡人提供账户结单。4）向持卡人提供的银行卡对账单应当列出以下内容：交易金额、账户余额；交易金额记入有关账户或自有关账户扣除的日期；交易日期与类别；交易记录号码；作为支付对象的商户名称或代号（异地交易除外）；查询或报告不符账务的地址或电话号码。5）应当向持卡人提供银行卡挂失服务，应当设立 24 小时挂失服务电话，提供电话和书面两种挂失方式，书面挂失为正式挂失方式。并在章程或有关协议中明确发卡银行与持卡人之间的挂失责任。6）发卡银行应当在有关卡的章程或使用说明中向持卡人说明密码的重要性及丢失的责任。7）发卡银行对持卡人的资信资料负有保密的责任。

此外，发卡银行应当本着权利与义务对等的原则制定银行卡申请表及信用卡领用合约。商业银行发展受理银行卡的商户，应当与商户签订受理合约，该受理合约不得包括排他性条款。

2. 持卡人的权利与义务

（1）持卡人的权利。包括：1）享有发卡银行对其银行卡所承诺的各项服务的权利，有权监督服务质量并对不符服务质量进行投诉。2）有权知悉其选用的银行卡的功能、使用方法、收费项目、收费标准、适用利率及有关的计算公式。3）有权在规定时间内向发卡银行索取对账单，并有权要求对不符账务内容进行查询或改正。4）借记卡的挂失手续办妥后，持卡人不再承担相应卡账户资金变动的责任，司法机关、仲裁机关另有判决的除外。5）有权索取信用

---

① 现在应按照财政部于 2012 年 3 月 30 日发布、自同年 7 月 1 日起施行的《金融企业准备金计提管理办法》执行。

卡领用合约，并应妥善保管。

（2）持卡人的义务。包括：1）申请人应当向发卡银行提供真实的申请资料并按照发卡银行的规定向其提供符合条件的担保。2）持卡人应当遵守发卡银行的章程及“领用合约”的有关条款。3）持卡人或保证人通信地址、职业等发生变化，应当及时书面通知发卡银行。4）持卡人不得以和商户发生纠纷为由拒绝支付所欠银行款项。

我国《银行卡业务管理办法》第三章、第四章及中国人民银行 2000 年 3 月 7 日发布、自同年 5 月 1 日实施的《关于〈银行卡业务管理办法〉跨行交易收费条款补充规定的通知》还就银行卡业务审批、计息和收费标准等作了明确规定。

二、汇兑

（一）汇兑的概念和种类

汇兑是汇款人委托银行将其款项支付给收款人的结算方式。单位和个人的各种款项的结算，均可使用汇兑结算方式。由于汇兑结算手续简便，不受金额起点限制，长期以来一直是银行异地汇划资金的主要结算方式之一。汇兑分为信汇、电汇两种，由汇款人根据需要选择使用。

（二）汇兑的规则

人民银行 1997 年 9 月 19 日发布、自同年 12 月 1 日起施行的《支付结算办法》第四章第二节就汇兑的基本规则作了以下规定：

1. 汇兑凭证的签发与受理规则

签发汇兑凭证必须记载下列事项：（1）表明“信汇”或“电汇”的字样；（2）无条件支付的委托；（3）确定的金额；（4）收款人名称；（5）汇款人名称；（6）汇入地点、汇入行名称；（7）汇出地点、汇出行名称；（8）委托日期；（9）汇款人签章。汇兑凭证上欠缺前述记载事项之一的，银行不予受理。

汇兑凭证上记载收款人为个人的，收款人需要到汇入银行领取汇款，汇款人应在汇兑凭证上注明“留行待取”字样；留行待取的汇款，要指定单位的收款人领取汇款的，应注明收款人的单位名称；信汇凭收款人签章支取的，应在信汇凭证上预留其签章；汇款人确定不得转汇的，应在汇兑凭证备注栏注明“不得转汇”字样；汇款人和收款人均为个人，需要在汇入银行支取现金的，应在信、电汇凭证上填写“现金”字样和汇款金额。

汇出银行受理汇兑凭证，经审查无误后，应及时向汇入银行办理汇款，并向汇款人签发汇款回单。

2. 汇入款项的支取规则

（1）对开立存款账户的收款人，汇入银行应将汇给收款人的款项直接转入其账户，并向其发出收账通知。

（2）未在银行开立存款账户的收款人，凭信、电汇的取款通知或“留行待取”的，向汇入银行支取款项时，须交验本人的身份证件，并在“收款人签盖章”处签章；信汇凭签章支取的，收款人的签章必须与预留信汇凭证上的签章相符。银行审查无误后，以收款人的姓名开立应解汇款及临时存款账户，该账户只付不收，付完清户，不计付利息。

（3）支取现金的，信、电汇凭证上必须有按规定填明的“现金”字样；未填明“现金”字样，需支取现金的，由汇入银行按国家现金管理规定审查支付。

（4）收款人需要委托他人向汇入银行支取款项的，应在取款通知上签章，注明本人身份证件名称、号码、发证机关和“代理”字样以及代理人姓名；代理人代理取款时，也应在取款通知上签章，注明其身份证件名称等，并同时交验代理人和被代理人的身份证件。

（5）转账支付的，应由原收款人向银行填制支款凭证，并由本人交验其身份证件办理支付款项；该账户的款项只能转入单位或个体工商户的存款账户，严禁转入储蓄和信用卡账户。

（6）转汇的，应由原收款人向银行填制信、电汇凭证，并由本人交验其身份证件；转汇的收款人必须是原收款人。

3. 其他规定

汇款人对汇出银行尚未汇出的款项可以申请撤销，对汇出银行已经汇出的款项可以申请退汇。但转汇银行不得受理汇款人或汇出银行对汇款的撤销或退汇。

汇入银行对于收款人拒绝接受的汇款，应即办理退汇；对于向收款人发出取款通知，经过2个月无法交付的汇款，应主动办理退汇。

三、托收承付

（一）托收承付的概念和适用范围

托收承付是根据购销合同由收款人发货后委托银行向异地付款人收取款项，由付款人向银行承认付款的结算方式。

按规定，使用托收承付结算方式的收款、付款单位，必须是国有企业、供销合作社，以及经营管理较好、并经开户银行审查同意的城乡集体所有制工业企业。办理托收承付结算的款项，必须是商品交易，以及因商品交易而产生的劳务供应的款项。代销、寄销、赊销商品的款项，不得办理托收承付结算。

在我国，托收承付是20世纪50年代从苏联引进的，其主要特征是采取行政管理方式，由销货单位按国家计划发货后，向银行办理托收，依靠银行监督购货单位付款。在计划经济体制时期，托收承付结算方式对企业收回货款发挥了重要作用。我国也曾于1974年制定《异地托收承付结算办法》。改革开放以后，为适应经济管理体制和商品流通体制的改革和变化，中国人民银行于1983年12月27日发布《关于修改〈异地托收承付结算办法〉的通知》，决定自1984年3月1日实施修订后的《异地托收承付结算办法》。1988年12月19日经国务院批准，中国人民银行发布了新的《银行结算办法》，其中规定从1989年8月1日起取消异地托收承付结算方式。其目的是为更好地适应计划经济与市场调节相结合，加强购销双方的信誉、银行信用和商业信用分开的要求。但在取消之后，有不少企业不太适应新的结算办法，同时，考虑到《异地托收承付结算办法》在当时治理整顿期间还有一定作用，因此，经请示国务院决定自1990年4月1日起恢复办理异地托收承付结算方式。此后，为适应新形势发展需要，中国人民银行于1994年10月9日发布了再次修订的《异地托收承付结算办法》，自1995年1月1日起实施。1997年9月19日人民银行发布、自同年12月1日起施行的《支付结算办法》第四章第三节对托收承付规则作了明确规定，其第258条第2款规定："中国人民银行过去有关支付结算的规定与本办法有抵触的，以本办法为准。"2000年8月17日人民银行发布实施的《关于公布第六批金融规章和规范性文件废止、失效目录的通知》明确废止了《异地托收承付结算办法》。目前，《支付结算办法》是托收承付的唯一依据。

（二）托收承付的前提条件和规则

1. 前提条件。包括：（1）收付双方使用托收承付结算必须签有购销合同，并在合同上订明使用托收承付结算方式；（2）收款人办理托收，必须具有商品确已发运的证件；没有发运证件的，特殊情况可凭其他有关证件办理托收；（3）托收承付结算金额起点每笔10万元，新华书店系统每笔起点为1 000元。

2. 托收承付凭证的签发。签发托收承付凭证必须记载下列事项：（1）表明"托收承付"的字样；（2）确定的金额；（3）付款人名称及账号；（4）收款人名称及账号；（5）付款人开户银行名称；（6）收款人开户银行名称；（7）托收附寄单证张数或册数；（8）合同名称、号码；（9）委托日期；（10）收款人签章。托收承付凭证上欠缺前列事项之一的，银行不予受理。

3. 托收承付的方法与程序。托收承付结算款项的划回方法，分邮寄和电报两种，由收款人选用。其程序包括托收和承付两个阶段：

（1）托收。收款人按照签订的购销合同发货后，将托收凭证并附发运证件或其他有关证明和交易单证送交开户银行，委托银行办理托收。收款人开户银行接到托收凭证及其附件后，应按规定认真进行审查，必要时，还应查验收、付款人签订的购销合同。凡不符合要求或违反购销合同发货的，不能办理托收。

（2）承付。付款人开户银行收到托收凭证及其附件后，应当及时通知付款人。付款人应在承付期内审查核对，安排资金。

承付货款分为验单付款和验货付款两种，由收付双方商量选用，并在合同中明确规定。验单付款的承付期为3天，付款人在承付期内未向银行表示拒绝付款的，银行即视作承付，并在承付期满的次日上午开始营业时，将款项按照收款人指定的划款方式，划给收款人。验货付款的承付期为10天，从运输部门向付款人发出提货通知的次日算起。对收付双方在合同中明确规定，并在托收凭证上注明验货付款期限的，银行从其规定。

付款人收到提货通知后，应即向银行交验提货通知。付款人在银行发出承付通知的次日起10天内，未收到提货通知的，应在第10天将货物尚未到达的情况通知银行。在第10天付款人没有通知银行的，银行即视作已经验货，于10天期满的次日上午银行开始营业时，将款项划给收款人；在第10天付款人通知银行货物未到，而以后收到提货通知没有及时送交银行，银行仍按10天期满的次日作为划款日期，并按超过的天数，计扣逾期付款赔偿金。采用验货付款的，收款人必须在托收凭证上加盖明显的"验货付款"字样戳记。托收凭证未注明验货付款，经付款人提出合同证明是验货付款的，银行可按验货付款处理。

付款人在承付期满日银行营业终了时，如无足够资金支付，其不足部分，即为逾期未付款项，按逾期付款处理。付款人开户银行对付款人逾期支付的款项，应当根据逾期付款金额和逾期天数，按每天万分之五计算逾期付款赔偿金。

付款人开户银行对付款人逾期未能付款的情况，应当及时通知收款人开户银行，由其转告收款人。一旦账户有款时，必须将逾期未付款项和应付的赔偿金及时扣划给收款人，不得拖延扣划。付款人开户银行对不执行合同规定、三次拖欠货款的付款人，应当通知收款人开户银行转告收款人，停止对该付款人办理托收。付款人开户银行对逾期未付的托收凭证，负责进行扣款的期限为3个月。

4. 拒绝付款。在下列情况下，付款人在承付期内，可向银行提出全部或部分拒绝付款：(1) 没有签订购销合同或购销合同未订明托收承付结算方式的款项。(2) 未事先达成协议，收款人提前交货或因逾期交货付款人不再需要该项货物的款项。(3) 未按合同规定的到货地址发货的款项。(4) 代销、寄销、赊销商品的款项。(5) 验单付款，发现所列货物的品种、规格、数量、价格与合同规定不符，或货物已到，经查验货物与合同规定或发货清单不符的款项。(6) 验货付款，经查验货物与合同规定或与发货清单不符的款项。(7) 货款已经支付或计算有错误的款项。付款人对以上情况提出拒绝付款时，必须填写"拒绝付款理由书"并签章，注明拒绝付款理由，并提出相关证明。

开户银行须认真审查拒绝付款理由，查验合同。对于付款人提出拒绝付款的手续不全、依据不足、理由不符合规定和不属于前述七种拒绝付款情况的，以及超过承付期拒付和应当部分拒付而为全部拒付的，银行均不得受理，应实行强制扣款。银行同意部分或全部拒绝付款的，应在拒绝付款理由书上签注意见，并将拒绝付款理由书连同拒付证明和有关单证邮寄收款人开户银行转交收款人。

付款人提出的拒绝付款，银行按照本办法规定审查无法判明是非的，应由收付双方自行协商处理，或向仲裁机关、人民法院申请调解或裁决。

5. 重办托收。收款人对被无理拒绝付款的托收款项，在收到退回的结算凭证及其所附单证后，需要委托银行重办托收的，应当填写四联"重办托收理由书"，将其中三联连同购销合同、有关证据和退回的原托收凭证及交易单证，一并送交银行。经开户银行审查，确属无理拒绝付款，可以重办托收。

四、委托收款

(一) 委托收款的概念及适用范围

委托收款是收款人委托银行向付款人收取款项的结算方式。单位和个人凭已承兑商业汇票、债券、存单等付款人债务证明办理款项的结算，均可以使用委托收款结算方式。这种方式便于单位主动收款，它不受同城与异地及金额起点的限制。其款项的划回方式分邮寄和电报两种，由收款人根据需要选用。

另外，在同城范围内，收款人收取公用事业费，如水电、邮电、电话等费用或根据有关规定，也可以使用同城特约委托收款。即收、付款双方事先签订合同，收款单位委托银行收款时，由付款人向开户银行授权，银行从付款单位账户主动付款或直接从付款人处收取现金转入收款人账户的一种结算方式。

(二) 委托收款规则

中国人民银行1997年9月19日发布、自同年12月1日起施行的《支付结算办法》第四章

第四节就委托收款的基本规则作了以下规定：

签发委托收款凭证必须记载下列事项：（1）表明“委托收款”的字样；（2）确定的金额；（3）付款人名称；（4）收款人名称；（5）委托收款凭据名称及附寄单证张数；（6）委托日期；（7）收款人签章。欠缺记载前列事项之一的，银行不予受理。

委托收款以银行以外的单位为付款人的，委托收款凭证必须记载付款人开户银行名称；以银行以外的单位或在银行开立存款账户的个人为收款人的，必须记载收款人开户银行名称；以未在银行开立存款账户的个人为收款人的，必须记载被委托银行名称。欠缺记载的，银行不予受理。

收款人办理委托收款应向银行提交委托收款凭证和有关的债务证明。银行接到寄来的委托收款凭证及债务证明，审查无误后办理付款，将款项划给收款人。银行在办理划款时，付款人存款账户不足支付的，应通过被委托银行向收款人发出未付款项通知书。

付款人审查有关债务证明后，对收款人委托收取的款项需要拒绝付款的，可以出具拒绝证明，连同有关证明、凭证寄给被委托银行，办理拒绝付款。

五、电子支付

按照人民银行2005年10月发布的《电子支付指引（第一号）》第2条的规定：电子支付是指单位或个人（即客户）直接或授权他人通过电子终端发出支付指令，实现货币支付与资金转移的行为。电子支付的类型，按其支付指令发起方式的不同可分为网上支付、电话支付、移动支付、销售点终端交易、自动柜员机交易和其他电子支付等。销售点终端交易、自动柜员机交易多与卡基支付工具相关，故此处主要介绍网上支付和移动支付，电话支付与移动支付原理基本相同。

网上支付和移动支付是狭义的电子支付工具。随着电子银行的兴起和微电子技术的发展，电子支付技术日臻成熟，电子支付工具品种不断丰富。电子支付工具从其基本形态上看是电子数据，它以金融电子化网络为基础，通过计算机网络系统以传输电子信息的方式实现支付功能，即利用电子支付工具实现现金存取、汇兑、直接消费和贷款等。随着信息技术的飞速发展，电子支付工具具有广阔的发展前景。

（一）网上支付

网上支付是指人们通过互联网完成支付结算的行为，一般情况下仍需银行作为中介。在典型的网上支付方式中，银行建立支付网关和网上支付系统，为客户提供网上支付服务。网上支付指令在银行后台进行处理，并通过传统支付系统（在该系统中，银行是系统的参与者，客户很少主动地参与到该系统中）完成跨行交易的清算和结算。而对于网上支付系统来说，客户是该系统的主动参与者，这从根本上改变了支付系统的结构。现实生活中常见的网上支付方式有网银方式、银行支付网关方式、共建支付网关方式和IT公司支付方式。

（二）移动支付

移动支付，又称“手机支付”，是指利用移动电话采取编发短信息和拨打某个号码的方式实现支付结算的行为。移动（手机）支付系统主要涉及消费者、商家及无线运营商三方，因之，移动支付系统大致可分为三个部分，即消费者前端消费系统、商家管理系统和无线运营商综合管理系统。在消费者前端消费系统，应保证消费者顺利地购买到所需的产品和服务，并可随时观察消费明细账、余额等信息；在商家管理系统，应可随时查看销售数据以及利润分成情况；在无线运营商综合管理系统（包括鉴权系统和计费系统两个子系统）中，既要对消费者的权限、账户进行审核，又要对商家提供的服务和产品进行监督，查看是否符合所在国的法律规定，尤为重要的是，该系统为利润分成的最终实现提供了技术保证。

六、定期借记和直接贷记

（一）定期借记

定期借记是在付款人、收款人和银行三方协议基础上实施的新型支付结算方式。该方式从20世纪80年代开始在我国使用，尽管目前它在我国非现金支付结算中仍只占较小比例，但近几年来却发展势头强劲，主要用于公共事业费、保险费、税款、学费等各项费用的支付。在该支付结算方式中，收款人主要通过书面或通过计算机联机传送的方式将支付命令发送给银行，银行据此直接借记付款人账户和贷记收款人账户。

（二）直接贷记

直接贷记是与直接借记同时开始使用的支付结算方式。该方式主要用于工资、保险金、养老金的付受支付结算。在该方式发展之初，支付命令是由支付单位或个人以书面支付命令（委托）的形式发出的，但目前在许多大企业、政府机构中，都广泛使用磁介质或数据传送向银行发送有关工资薪金、养老金等的支付指令。

第三节　国内信用证结算的法律规定

一、信用证的概念

信用证是由银行应申请人的请求和指示，向受益人开立的载有一定金额，在一定期限内凭规定的单据在指定地点向受益人付款的书面保证文件。我国《国内信用证结算办法》第2条规定：信用证是指开证行依照申请人的申请开出的，凭符合信用证条款的单据支付的付款承诺。

在我国，国内信用证是一种不可撤销、不可转让的跟单信用证，适用于国内企业之间的商品交易的转账结算，不得支取现金。办理信用证结算业务的金融机构，限于经人民银行批准经营结算业务的商业银行总行以及经商业银行总行批准开办信用证结算业务的分支机构。

二、信用证结算的过程

信用证结算过程比较复杂，一般是开证申请人（买方）先向其开户银行提出开证申请，由银行开出信用证交给受益人所在地（卖方地）银行，卖方地银行收到信用证后，通知卖方按信用证条款发货并准备好相应单据，卖方将全部单据连同信用证一并交给卖方地指定银行，该银行根据信用证条款逐项审核单据无误后，将货款扣除议付利息后交给卖方。卖方地指定银行再将全部单据寄交给开证银行，开证银行经审核无误后偿付货款，并通知买方付款赎单，买方拿已付款的银行单据到货运公司提取货物。

由于信用证以银行信用代替了商业信用，对买卖双方和银行都有利，因而可以促进国内贸易活动的开展。

三、信用证的条款

按《国内信用证结算办法》的规定，签发信用证应包括以下条款：（1）开证行名称及地址；（2）开证日期；（3）信用证编号；（4）不可撤销、不可转让信用证；（5）开证申请人的名称和地址；（6）受益人名称及地址（一般为卖方）；（7）通知行名称；（8）信用证有效期及有效地点；（9）交单期；（10）信用证金额；（11）付款方式；（12）运输条款；（13）货物描述；（14）单据条款；（15）其他条款；（16）开证行保证文句。

四、信用证结算的当事人

信用证结算的当事人包括下列人员：

（1）开证申请人，是指向银行申请开立信用证的人，即买卖关系中的买方；

（2）开证行，是指接受开证申请人的申请，开立信用证的银行，一般是买方的开户行；

（3）通知行，是指接受开证行的委托向受益人通知信用证的银行，一般是开证行在卖方所在地的分行或代理行；

（4）受益人，是指信用证所指定的有权享受信用证款项的人，即卖方；

（5）议付行，是指愿意买进或贴现受益人交来的跟单汇票的卖方地指定银行，议付行通常是通知行，在我国议付行必须是开证行指定的受益人的开户行；

（6）付款行，是指信用证上指定的付款银行，通常是开证行。

五、信用证结算关系

信用证结算关系包括以下五种关系：

（1）开证申请人与受益人之间基于订立购销合同而产生的合同关系，这是信用证结算的前提；

（2）开证申请人与开证行之间以开证申请书和承诺书建立起来的委托代理关系；

（3）开证行和通知行之间基于合同建立的委托代理关系，通知行依约既可只履行通知义务，也可依约成为保兑行或议付行；

（4）通知行与受益人之间的通知关系；

（5）开证行与受益人之间的无条件付款关系。

此外，《国内信用证结算办法》就信用证结算的程序，包括开证与通知、议付、付款、单据审核标准等作了明确规定。2005 年 11 月 14 日最高人民法院发布了《关于审理信用证纠纷案件若干问题的规定》，就信用证开立、通知、修改、撤销、保兑、议付、偿付等环节产生的纠纷如何审理的问题作了规定。该规定自 2006 年 1 月 1 日起施行。

第四节　大额和可疑交易管理规定

金融机构在开展业务活动（包括支付结算等业务）过程中应切实履行反洗钱义务，包括建立反洗钱内部控制制度、客户身份识别制度、客户身份资料和交易记录保存制度、大额和可疑交易报告制度等。[①] 2003 年 1 月 3 日人民银行发布实施的《人民币大额和可疑支付交易报告管理办法》、《金融机构大额和可疑外汇资金交易报告管理办法》，曾就有关人民币及外汇资金的大额和可疑支付交易报告管理问题作了规定。2006 年 11 月 14 日人民银行依据新颁布的《反洗钱法》及《中国人民银行法》的规定，发布了《金融机构大额交易和可疑交易报告管理办法》（以下简称《管理办法》），相应废止前述两规章，自 2007 年 3 月 1 日起实施。2007 年 6 月 21 日，中国人民银行、银监会、证监会、保监会又联合发布了《金融机构客户身份识别和客户身份资料及交易记录保存管理办法》，就客户身份识别制度、客户身份资料和交易记录保存、法律责任等内容作了细致规定，自同年 8 月 1 日起实施。本节主要介绍《金融机构大额交易和可疑交易报告管理办法》的基本内容。

一、大额交易和可疑交易的定义及《管理办法》的适用范围

支付交易，是指单位、个人在社会经济活动中通过票据、银行卡、汇兑、托收承付、委托收款、网上支付和现金等方式进行的货币给付及资金清算的交易。而大额交易则是指规定金额以上的本外币支付交易；可疑交易是指交易的金额、频率、流向、性质等有异常情形的本外币支付交易。建立健全大额交易和可疑交易报告制度，切实加强对该等交易的监督管理，对于规范支付交易结算等行为，防范利用银行结算、金融交易等途径进行洗钱等违法犯罪活动具有重要的意义。

按《管理办法》第 2 条的规定，本办法适用于在中国境内依法设立的：(1) 商业银行、城市信用社、农村信用社、邮政储汇机构、政策性银行；(2) 证券公司、期货经纪公司、基金管理公司；(3) 保险公司、保险资产管理公司；(4) 信托投资公司、金融资产管理公司、财务公司、金融租赁公司、汽车金融公司、货币经纪公司；(5) 人民银行确定并公布的其他金融机构等。从事汇兑业务、支付清算业务和基金销售业务的机构报告大额交易和可疑交易适用本办法。

---

① 参见 2006 年 10 月 31 日十届全国人大常委会第 24 次会议通过、自 2007 年 1 月 1 日起实施的《中华人民共和国反洗钱法》第三章“金融机构反洗钱义务”的规定。

二、大额交易和可疑交易报告的管理体制与运行程序

1. 管理体制。人民银行作为国务院反洗钱行政主管部门，设立中国反洗钱监测分析中心，负责接收人民币、外币大额交易和可疑交易报告。人民银行及其分支机构对金融机构履行大额交易和可疑交易报告义务的情况进行监督、检查。

各金融机构应设专门的反洗钱岗位，明确专人负责大额交易和可疑交易报告工作，应根据《管理办法》制定大额交易和可疑交易报告内部管理制度和操作规程，并向人民银行报备。金融机构应对下属分支机构大额交易和可疑交易报告制度的执行情况进行监督管理。

2. 报告流程。金融机构应按《管理办法》所附的大额交易和可疑交易报告要素要求，提供真实、完整、准确的交易信息，制作大额交易报告和可疑交易报告的电子文件。具体是：(1) 金融机构应在大额交易发生后的5个工作日内，通过其总部或由总部指定的机构及时以电子方式向中国反洗钱监测分析中心报送大额交易报告。客户通过在境内金融机构开立的账户或银行卡发生的大额交易，由开立账户的金融机构或发卡银行报告；客户通过境外银行卡发生的大额交易，由收单行报告；客户不通过账户或银行卡发生的大额交易，由办理业务的金融机构报告。(2) 金融机构应将可疑交易报其总部，由总部或由总部指定机构在可疑交易发生后的10个工作日内以电子方式报送中国反洗钱监测分析中心。

中国反洗钱监测分析中心发现金融机构报送的大额（或可疑）交易报告有要素不全或存在错误的，可向该金融机构发出补正通知，金融机构应在接到补正通知的5个工作日内补正。

金融机构对按《管理办法》向中国反洗钱监测分析中心提交的所有可疑交易报告涉及的交易，应进行分析、识别，有合理理由认为该交易或客户与洗钱、恐怖主义活动及其他违法犯罪活动有关的，应同时报告人民银行当地分支机构，并配合人民银行的反洗钱行政调查工作。

三、大额交易报告义务的规定

按《管理办法》的规定，大额交易是指下列情形的交易：(1) 单笔或当日累计人民币交易20万元以上或外币交易等值1万美元以上的现金缴存、现金支取、现金结售汇、现钞兑换、现金汇款、现金票据解付及其他形式的现金收支。(2) 法人、其他组织和个体工商户银行账户之间单笔或当日累计人民币200万元以上或外币等值20万美元以上的款项划转。(3) 自然人银行账户之间，以及自然人与法人、其他组织和个体工商户银行账户之间单笔或当日累计人民币50万元以上或外币等值10万美元以上的款项划转。(4) 交易一方为自然人且单笔或当日累计等值1万美元以上的跨境交易。累计交易金额以单一客户为单位，按资金收入或付出的情况，单边累计计算并报告。

人民银行根据需要可调整前述规定的大额交易标准。金融机构应向中国反洗钱监测分析中心报告前述情形下的大额交易，交易同时符合两项以上大额交易标准的，金融机构应分别提交大额交易报告。但对于符合《管理办法》第10条所列条件的大额交易，如未发现该交易可疑的，金融机构可不报告。

客户与证券公司、期货经纪公司、基金管理公司、保险公司、保险资产管理公司、信托投

资公司、金融资产管理公司、财务公司、金融租赁公司、汽车金融公司、货币经纪公司等进行金融交易，通过银行账户划转款项的，由商业银行、城市信用合作社、农村信用合作社、邮政储汇机构、政策性银行按前述（2）、（3）、（4）项的规定向中国反洗钱监测分析中心提交大额交易报告。

四、可疑交易报告义务的规定

《管理办法》就可疑交易报告义务的情形及其报告主体作了以下规定：

1. 商业银行、城市信用合作社、农村信用合作社、邮政储汇机构、政策性银行、信托投资公司应将下列交易或行为，作为可疑交易进行报告：（1）短期内（系指 10 个工作日以内，含 10 个工作日，下同）资金分散转入、集中转出或集中转入、分散转出，与客户身份、财务状况、经营业务明显不符。（2）短期内相同收付款人之间频繁（系指交易行为营业日每天发生 3 次以上，或营业日每天发生，持续 3 天以上，下同）发生资金收付，且交易金额接近大额交易标准。（3）法人、其他组织和个体工商户短期内频繁收取与其经营业务明显无关的汇款，或自然人客户短期内频繁收取法人、其他组织的汇款。（4）长期（系指 1 年以上，下同）闲置的账户原因不明地突然启用或平常资金流量小的账户突然有异常资金流入，且短期内出现大量（系指交易金额单笔或累计低于但接近大额交易标准的，下同）资金收付。（5）与来自于贩毒、走私、恐怖活动、赌博严重地区或避税型离岸金融中心的客户之间的资金往来活动在短期内明显增多，或频繁发生大量资金收付。（6）没有正常原因的多头开户、销户，且销户前发生大量资金收付。（7）提前偿还贷款，与其财务状况明显不符。（8）客户用于境外投资的购汇人民币资金大部分为现金或从非同名银行账户转入。（9）客户要求进行本外币间的掉期业务，而其资金的来源和用途可疑。（10）客户经常存入境外开立的旅行支票或外币汇票存款，与其经营状况不符。（11）外商投资企业以外币现金方式进行投资或在收到投资款后，在短期内将资金迅速转到境外，与其生产经营支付需求不符。（12）外商投资企业外方投入资本金数额超过批准金额或借入的直接外债，从无关联企业的第三国汇入。（13）证券经营机构指令银行划出与证券交易、清算无关的资金，与其实际经营情况不符。（14）证券经营机构通过银行频繁大量拆借外汇资金。（15）保险机构通过银行频繁大量对同一家投保人发生赔付或办理退保。（16）自然人银行账户频繁进行现金收付且情形可疑，或一次性大额存取现金且情形可疑。（17）居民自然人频繁收到境外汇入的外汇后，要求银行开具旅行支票、汇票或非居民自然人频繁存入外币现钞并要求银行开具旅行支票、汇票带出或频繁订购、兑现大量旅行支票、汇票。（18）多个境内居民接受一个离岸账户汇款，其资金的划转和结汇均由一人或少数人操作。

2. 证券公司、期货经纪公司、基金管理公司应将下列交易或行为，作为可疑交易进行报告：（1）客户资金账户原因不明地频繁出现接近于大额现金交易标准的现金收付，明显逃避大额现金交易监测。（2）没有交易或交易量较小的客户，要求将大量资金划转到他人账户，且没有明显的交易目的或用途。（3）客户的证券账户长期闲置不用，而资金账户却频繁发生大额资金收付。（4）长期闲置的账户原因不明地突然启用，并在短期内发生大量证券交易。（5）与洗钱高风险国家和地区有业务联系。（6）开户后短期内大量买卖证券，然后迅速销户。（7）客户长期不进行或少量进行期货交易，其资金账户却发生大量的资金收付。（8）长期不进行期货交易的客户突然在短期内原因不明地频繁进行期货交易，而且资金量巨大。(9) 客户频繁地以同一种期货合约为标的，在以一价位开仓的同时在相同或大致相同价位、等量或接近等量反向开仓后平仓出局，支取资金。(10) 客户作为期货交易的卖方以进口货物进行交割时，不能提供完整的报关单证、完税凭证，或提供伪造、变造的报关单证、完税凭证。(11) 客户要求基金份额非交易过户且不能提供合法证明文件。(12) 客户频繁办理基金份额的转托管且无合理理由。(13) 客户要求变更其信息资料但提供的相关文件资料有伪造、变造嫌疑。

3. 保险公司应将下列交易或行为，作为可疑交易进行报告：(1) 短期内分散投保、集中退保或集中投保、分散退保且不能合理解释。(2) 频繁投保、退保、变换险种或保险金额。(3) 对保险公司的审计、核保、理赔、给付、退保规定异常关注，而不关注保险产品的保障功能和投资收益。(4) 犹豫期退保时称大额发票丢失的，或同一投保人短期内多次退保遗失发票总额达到大额的。(5) 发现所获得的有关投保人、被保险人和受益人的姓名、名称、住所、联系方式或财务状况等信息不真实的。(6) 购买的保险产品与其所表述的需求明显不符，经金融机构及其工作人员解释后，仍坚持购买的。(7) 以趸交方式购买大额保单，与其经济状况不符的。(8) 大额保费保单犹豫期退保、保险合同生效日后短期内退保或提取现金价值，并要求退保金转入第三方账户或非缴费账户的。(9) 不关注退保可能带来的较大金钱损失，而坚决要求退保，且不能合理解释退保原因的。(10) 明显超额支付当期应缴保险费并随即要求返还超出部分。(11) 保险经纪人代付保费，但无法说明资金来源。(12) 法人、其他组织坚持要求以现金或转入非缴费账户方式退还保费，且不能合理解释原因的。(13) 法人、其他组织首期保费或趸交保费从非本单位账户支付或从境外银行账户支付。(14) 通过第三人支付自然人保险费，而不能合理解释第三人与投保人、被保险人和受益人关系的。(15) 与洗钱高风险国家和地区有业务联系的。(16) 没有合理的原因，投保人坚持要求用现金投保、赔偿、给付保险金、退还保险费和保单现金价值以及支付其他资金数额较大的。(17) 保险公司支付赔偿金、给付保险金时，客户要求将资金汇往被保险人、受益人以外的第三人，或客户要求将退还的保险费和保单现金价值汇往投保人以外的其他人。

除前述三大类情形外，金融机构及其工作人员发现其他交易的金额、频率、流向、性质等有异常情形，经分析认为涉嫌洗钱的，应向中国反洗钱监测分析中心提交可疑交易报告。对既属于大额交易又属于可疑交易的交易，金融机构应分别提交大额交易报告和可疑交易报告。

第五节　支付结算纪律与责任

一、《支付结算办法》和《银行卡业务管理办法》规定的结算纪律与责任

(一) 结算纪律

1. 单位和个人办理支付结算，不准无理拒绝付款，任意占用他人资金；不准违反规定开立和使用账户。

2. 银行办理支付结算，不准以任何理由截留挪用客户和他行资金；不准受理无理拒付、

不扣少扣滞纳金；不准办理空头汇款；不准在支付结算制度之外规定附加条件，影响汇路畅通；不准违反规定为单位和个人开立账户；不准拒绝受理、代理他行正常结算业务；不准放弃对企事业单位和个人违反结算纪律的制裁；不准逃避向人民银行转汇大额汇划款项。

（二）法律责任

1. 银行卡当事人的责任。包括：(1) 商业银行有下列情形之一者，人民银行应责令改正，有违法所得的，处以违法所得1倍以上3倍以下的罚款，但最高不超过3万元；没有违法所得的，按有关法律、规章处以罚款；情节严重的，应追究直接负责的主管人员和有关直接责任人员的行政责任，情节严重的追究有关领导人的责任：1) 擅自发行银行卡或在申请开办银行卡业务过程中弄虚作假的；2) 违反规定的计息和收费标准的；3) 违反规定的银行卡账户及交易管理规定的。(2) 发卡银行未遵守规定的风险管理措施和控制指标的，人民银行应责令改正，并给以通报批评。(3) 持卡人的责任。包括：1) 出租或转借其信用卡及其账户的，发卡银行应责令其改正，并对其处以1 000元人民币以内的罚款（由发卡银行在申请表、领用合约等契约性文件中事先约定）。2) 将单位的现金存入单位卡账户或将单位的款项存入个人卡账户的，人民银行应责令改正，并对单位卡所属单位及个人卡持卡人处以1 000元人民币以内的罚款。(4) 任何单位和个人有下列情形之一的，根据《刑法》及相关法规进行处理：1) 骗领、冒用信用卡的；2) 伪造、变造银行卡的；3) 恶意透支的；4) 利用银行卡及其机具欺诈银行资金的。(5) 外资金融机构擅自经营信用卡收单业务的，人民银行应责令改正，并按《外资金融机构管理条例》的有关规定予以处罚。(6) 非金融机构、金融机构的代表机构经营银行卡业务的，由人民银行依法予以取缔。

2. 付款单位的责任。包括：(1) 付款单位对收款单位托收的款项逾期付款，应承担赔偿责任；(2) 付款单位变更开户银行、账户名称和账号，未能及时通知收款单位，影响收取款项的，应承担逾期付款赔偿责任；(3) 付款单位无理拒绝付款，对收款单位重办的托收，应承担自第一次托收承付期满日起逾期付款赔偿责任；(4) 付款单位到期无款支付，逾期不退回托收承付有关单证的，应按规定承担行政责任。

3. 其他单位和个人的责任。包括：(1) 单位和个人办理支付结算，未按规定填写结算凭证或填写有误，影响资金使用或造成资金损失；票据或印章丢失，造成资金损失的，由其自行负责。(2) 单位和个人违反支付结算规定，被银行停止其使用有关支付结算工具，因此造成的后果，由其自行负责。(3) 城乡集体工业企业未经银行批准，擅自办理托收承付结算的；单位和个人违反《账户管理办法》开立和使用账户的，应按规定承担行政责任。对单位和个人承担行政责任的处罚，由人民银行委托商业银行执行。

4. 银行的责任。包括：(1) 收款人委托的收款银行的责任，限于收到付款人支付的款项后按结算凭证上记载的事项将结算凭证记载的金额转入收款人账户。(2) 付款人委托的付款银行的责任，限于按结算凭证上记载事项从付款人账户支付金额。但托收承付结算中的付款人开户银行，应按托收承付结算方式有关规定承担责任。(3) 银行办理支付结算，因工作差错发生延误，影响客户和他行资金使用的，按人民银行规定的同档次流动资金贷款利率计付赔偿金。(4) 银行违反规定故意拖延支付，受理无理拒付、有款不扣以及不扣、少扣赔偿金，截留挪用结算资金，影响客户和他行资金使用的，要按规定承担赔偿责任。因重大过失错付或被冒领的，要负责资金赔偿。（5）银行违反规定将支付结算的款项转入储蓄和信用卡账户的；违反规定办理空头汇款的；拖延支付，受理无理拒付、有款不扣以及不扣、少扣赔偿金，截留、挪用结算资金的；未按规定通过人民银行办理大额转汇的；在结算制度之外规定附加条件，影响汇路畅通的；违反《银行账户管理办法》开立和管理账户的，应按规定承担行政责任。

5. 邮电部门的责任。邮电部门在传递结算凭证和拍发电报中，因工作差错而发生积压、丢失、错投、错拍、漏拍、重拍等，造成结算延误，影响单位、个人和银行资金使用或造成资金损失的，由邮电部门负责。

二、违反《国内信用证结算办法》的法律责任

1. 开证行的责任。开证行对符合信用证条款的单据无理拒付、拖延付款的，应按单据金额每天万分之五向议付行或受益人支付赔偿金，并对其处以按单据金额每天万分之七罚款。

2. 通知行的责任。通知行未按规定时间作出信用证通知的，对其处以通知手续费 10 倍的罚款。

3. 其他金融机构的责任。非法开办信用证业务的金融机构，应承担信用证上的责任，人民银行应没收其手续费所得，根据情节轻重，对其处以 3 万元以下的罚款，并追究有关责任人员的责任。

4. 非法使用者的责任。对于伪造、变造信用证或伪造、变造附随的单据、文件的，或利用伪造的信用证进行诈骗的，依照《刑法》和全国人民代表大会常务委员会《关于惩治破坏金融秩序犯罪的决定》等法律，追究其法律责任。

三、《金融机构大额交易和可疑交易报告管理办法》的惩处规定

金融机构违反《金融机构大额交易和可疑交易报告管理办法》，有未按规定建立反洗钱内部控制制度、设立反洗钱专门机构或指定内设机构负责反洗钱工作、履行客户身份识别义务、保存客户身份资料和交易记录、报送大额交易报告或可疑交易报告等行为的，由人民银行按《反洗钱法》第 31 条、第 32 条的规定予以处罚；区别不同情形，建议中国银监会、中国证监会或中国保监会采取下列措施：（1）责令金融机构停业整顿或吊销其经营许可证。（2）取消金融机构直接负责的董事、高级管理人员和其他直接责任人员的任职资格，禁止其从事有关金融行业工作。（3）责令金融机构对直接负责的董事、高级管理人员和其他直接责任人员给予纪律处分。

人民银行和其地市中心支行以上分支机构对金融机构违反《金融机构大额交易和可疑交易报告管理办法》的行为给予行政处罚的，应遵守《中国人民银行行政处罚程序规定》的有关规定。人民银行县（市）支行发现金融机构违反《金融机构大额交易和可疑交易报告管理办法》的，应报告其上一级分支机构，由该分支机构按前述规定进行处罚或提出建议。

问题与思考

1. 试述支付结算的概念及原则的内容。
2. 人民币银行结算账户的种类有哪些？如何开立和使用？
3. 我国支付结算的种类及其法律依据有哪些？
4. 何谓银行卡？银行卡当事人的权利与义务有哪些规定？
5. 汇兑结算规则有哪些主要规定？
6. 试述托收承付的概念与适用范围。
7. 试述委托收款的概念与适用范围。
8. 试述网上支付与移动支付的含义。
9. 试述定期借记和直接贷记的含义。
10. 试述信用证结算的概念及结算过程。
11. 信用证结算包括哪些当事人？
12. 如何认定大额交易和可疑支付交易？其报告方式和程序有哪些规定？
13. 非票据结算的结算纪律与责任规定有哪些内容？

第十章
票据法

本章概要

尽管卡基支付工具等现代化的电子支付手段得到了越来越广泛的应用，票据结算仍然不失为支付结算的非常重要的方式，尤其个人支票的广阔前景和票据的融资功能（特别是作为远期付款工具的商业汇票所兼具的支付、融资、投资功能）更为其他支付工具所难以替代。票据法是国家专门规定票据关系以及与票据行为有密切关系的非票据关系的法律规范的总称。为规范票据行为、调整票据关系及票据支付结算活动，我国在20世纪90年代制定颁布了《中华人民共和国票据法》、《票据管理实施办法》、《支付结算办法》等法律、法规、规章。步入新世纪后，适应纸质票据电子化乃至电子票据发展的需要，中国人民银行先后于2006年11月9日发布《全国支票影像交换系统业务处理办法（试行）》，2007年11月25日发布《依托小额支付系统办理银行本票业务处理办法》，2008年5月14发布《华东三省一市银行汇票结算办法》和《依托小额支付系统办理华东三省一市银行汇票业务说明》，2009年10月16日发布《电子商业汇票业务管理办法》等一系列成套的规范性文件，推动我国全国支票影像交换系统（2007年6月25日）、小额支付系统银行本票业务（2008年5月8日）、华东三省一市小额支付系统银行汇票业务（2008年12月1日）、电子商业汇票系统（2009年10月28日）相继建成和上线运行，大大地促进了我国票据业务和货币市场的电子化进程，给个人、企业、银行机构、央行都带来了诸多实益。这些票据支付中，除电子商业汇票是完全的电子票据外，其余支票、银行本票、银行汇票都只是在某些环节运用现代通信（影像）技术和计算机技术就信息比对和资金清算等作电子化处理。因而，对其进行的立法规范除有必要的特别规定外，其更多规则和传统票据法律规范并无太大差别。所以，本章仍然主要依据1995年5月公布、2004年8月修订的《中华人民共和国票据法》及《票据管理实施办法》、《支付结算办法》等法律、法规、规章和最高人民法院《关于审理票据纠纷案件若干问题的规定》介绍有关票据法的一些基本知识，但同时对票据电子化进程及其特殊规则也作概要说明。从长远看，对这些关于票据电子化的单行办法，应在认真总结实施效果的基础上将其纳入统一的相应票据法律、法规中，进而促使我国票据立法的现代化。

关键术语

票据　票据关系　非票据关系　票据基础关系　票据行为　主票据行为　从票据行为　汇票　本票　支票　出票　背书　付款　承兑　抗辩权　付款请求权　追索权　利益偿还请求权　票据伪造　票据变造

第一节　票据法概述

一、票据的概念和种类

（一）票据的概念及特征

关于票据的概念，有广狭两义。广义的票据是指各种商业活动中与权利结合在一起的有价证券和凭证，如提单、运货单、栈单、股票、国库券、企业（公司）债券、汇票、本票、支票等；狭义的票据仅指货币证券，即出票人依票据法规定的法定条件，签章于票据上而发行的，并以其无条件支付或委托他人无条件支付一定金额货币为目的的有价证券。本章所讲的票据，仅指狭义的票据，亦即汇票、本票和支票。

狭义上理解的票据，具有以下十个法律特征：

1. 票据是设权证券。就证券权利与证券作成的关系的不同，证券有设权证券和证权证券之分。权利义务产生于证券作成之前，证券的作成仅在于证明一定的权利存在，该证券为证权证券，如提单、栈单等。权利义务发生于证券作成，证券的作用在于创设一定的权利，该证券为设权证券。票据权利因票据的作成而产生，作成票据就创设了票据权利。因此，票据不是证权证券，它不是用以证明已经存在的权利，而是创设权利，是一种设权证券。

2. 票据是债权证券。就证券上的权利所表示的法律性质的不同，证券分为物权证券、债权证券和团体证券等。物权证券持有人享有的权利是证券表明的物权，如仓单、提单等；团体证券或称社员权证券，其持有人享有的权利是证券表明的社员权，如公司股票等；债权证券持有人所享有的权利是证券表明的债权。票据所创设的权利为金钱债权，票据持有人可以就票据记载的一定金额向票据的特定债务人（出票人、付款人、保证人、承兑人等）行使付款请求权和追索权，所以票据是债权证券。

3. 票据是货币证券或称金钱证券。它请求给付的标的是一定数额的货币（金钱），而不是货币以外的其他物品或利益。所以，票据不是物品证券。

4. 票据是要式证券。票据的制作应当符合法律规定的要式，并以准确的文字加以记载，否则，该票据无效。如按《支付结算办法》第 9 条的规定，各单位、个人和银行办理支付结算，必须使用按人民银行统一规定印制的票据凭证，否则，票据无效。另外，对票据记载事项法律也有明确的规定，不记载绝对必要记载的事项，或更改某些事项，都有可能导致票据无效。

5. 票据是无因证券，或称票据的无因性、无色性。票据关系都是基于一定的原因关系而发生的，如货款的支付、债务的清偿等。但票据关系一旦成立后，即具有独立的权利义务关系，而与产生或转让该票据的原因关系相分离。票据关系与票据原因关系是两种不同的法律关系，应由不同的法律进行调整和规范。只要持票人持有的票据具备要式条件，并且是依法取得，即可向票据债务人行使权利。而且在行使票据权利时，不需要向债务人证明其取得票据的原因。因此，签发票据是否有商品交易或者交易是否合法，不属于票据法规定的内容，应由其他有关的法律加以规范（参见［拓展阐述］）。

［延展阐述］　**票据的无因性**

需要特别指出的是，我国现行《票据法》第10条第1款、第21条第1款的规定明显地背离了票据的无因性特征，而特别强调有因性（真实的交易关系和债权债务关系、真实的委托付款关系），这大大妨碍了票据的流通使用。2000年11月最高人民法院公布的《关于审理票据纠纷案件若干问题的规定》第14条的规定实质上修正了《票据法》的规定，强调票据无因性之应受司法保护。更进一步上溯，票据无因性的确立经历了一个历史的过程。1807年法国商法典的特点之一，是不承认票据的无因性，曾将原因关系与票据关系混在一起，汇票和本票主要作为汇兑工具输送现金，其流通和信用功能尚未充分显示，盖因此时大规模的商品生产和交换很少出现。而德国票据法于1871年公布，此时主要资本主义国家工业革命已经完成，从而确认了票据关系和原因关系的分离，以便利票据的流通使用。自此，原来仿效法国票据法的国家如意大利、西班牙、比利时、波兰以及拉丁美洲的国家纷纷采德国法，承认票据无因性，就连法国也于1935年转而采用日内瓦统一票据法的规定，确立票据的无因性。

6. 票据是流通证券。指票据具有流通性，票据在到期前，可以通过背书、交付或贴现而转让，并可在市场上自由流通。

7. 票据是文义证券。指票据上创设的权利义务必须以票据上记载的文义为准，在票据上签章的人，均应依签章时的票据文义对票据负责，而不得以票据以外的其他证据（如合同书、借据等）来变更或补充票据上文字记载的意义。

8. 票据是占有证券。主张票据权利须以占有票据为前提。票据权利人行使票据权利，必须实际占有票据，如果票据失盗、毁损、灭失等，则无法向票据债务人主张票据权利。因此，票据是占有证券。

9. 票据是提示证券。票据持有人行使票据权利以占有票据为必要条件，且其权利要依票载文义加以确认，因此，票据权利人请求付款或行使追索权时，必须向义务人提示票据，以证明其占有票据及票据真实、符合要式的事实。否则，将被拒付。

10. 票据是返还证券。票据的占有性、提示性，决定了票据必须是返还证券，即权利人的票据权利实现后，须将票据返还给义务人，否则，票据义务人可以拒付。因为，票据上的权利与票据占有不可分离，持票人需交出票据，才能取得票面上所载的金额。付款人是主债务人的，付款后票据关系消灭；付款人是次债务人的，付款后可凭票据向其前手追索。

（二）票据的种类

关于票据的种类，各国的法律规定差异较大。法国、德国等大陆法系国家的法律规定，票据仅为汇票和本票，对支票进行单独立法；日本关于票据的早期立法规定，票据包括汇票、本票和支票，而现行日本票据法仅包括本票、汇票，对支票单独立法，日内瓦统一票据法公约也与此同；英美法系国家则认为支票是汇票的一种，票据只分为汇票和本票两种。在我国，历来都把支票作为一种单独的票据。1995 年 5 月颁布的《中华人民共和国票据法》（以下简称《票据法》）将现行流通的票据分为汇票、本票和支票，亦即我国法定的票据种类有三种：

1. 汇票。汇票是出票人签发的，委托付款人在见票时或者在指定日期无条件支付确定的金额给收款人或者持票人的票据。汇票分为银行汇票和商业汇票两种。

2. 本票。本票是出票人签发的，承诺自己在见票时无条件支付确定的金额给收款人或者持票人的票据。我国《票据法》上所称的本票是指银行本票。

3. 支票。支票是出票人签发的，委托办理支票存款业务的银行或其他金融机构在见票时无条件支付确定的金额给收款人或者持票人的票据。

二、票据的作用

票据是金融工具的一种，是商业信用的载体，在整个社会的商业活动和资金融通中发挥着非常重要的作用。具体包括：

1. 汇兑作用。汇兑作用是指票据是替代现金进行异地输送的良好汇兑工具。尤其是汇票出现后，更体现了票据的汇兑作用。汇款人只要将款项交给银行，由银行作为出票人将签发的汇票寄往异地或交汇款人持往异地，持票人即可凭以在异地兑取现金或办理转账。可避免现金输送可能带来的麻烦和风险。

2. 支付作用。汇票、本票作为汇兑工具的功能逐渐形成以后，在交易中以交付票据代替现金支付的方式逐渐流行起来，从而形成了票据的支付作用。以票据代替现金进行支付，可节省交易双方点钞的时间及避免点钞可能出现的错误。

3. 结算作用。商业交往中，当双方当事人互为债权人与债务人时，可运用票据进行债务抵消，这就是票据的结算作用。票据结算与现金结算相比，更加简便、快捷和安全。

4. 流通作用。指票据的转让无须通知其债务人，只要票据要式具备就可交付或背书转让票据权利。背书转让时，背书人对票据的付款负有连带保证责任，背书次数越多，则保证人越多，该票据的可靠性就越强。正因为此，票据作为流通证券，其流通性在西方国家和货币不相上下。

5. 融资作用。票据的融资作用是指票据筹集资金的作用。票据的融资作用主要是通过票据贴现来实现的。所谓票据贴现，亦即未到期票据的买卖行为，即未到期票据的持票人通过卖出票据（即转让票据权利）来获得所需要的资金，实现融资的目的。票据还可以转贴现、再贴现，多次进行资金融通。票据融资已成为现代金融市场的一个重要组成部分。

6. 信用作用。指票据是商业信用的工具。现代经济生活中，由于生产的周期性和季节性，决定了商业信用产生的必然性。而在信用交易中，授受信用双方的权利、义务是要通过一定的载体，如协议、合同等体现出来的。而票据因其具有严格的法定要式，债务人的抗辩受到严格限制，债权人的债权受到严格的保护，债权人可凭以转账、兑现、背书转让、贴现等，而为债权人青睐，成为首选的信用工具。

三、票据法概述

（一）票据法的概念及特征

票据法的概念有广义和狭义之分。广义的票据法，或称实质意义的票据法，是指各种法律中有关票据规定的总和。除票据法本身的规定外，还包括其他法律规范中有关票据的规定。如民法中有关法律行为、行为能力、代理的规定；刑法中关于票据诈骗犯罪的规定；民事诉讼法中关于票据诉讼、公示催告、除权判决的规定；破产法中有关出票人、背书人受破产宣告的规定等。而狭义的票据法，或称形式意义上的票据法，仅指单一的票据法本身。本书所称票据法，即指狭义的票据法，是国家专门规定票据关系以及与票据行为有密切关系的非票据关系的法律规范的总称。票据法和其他法律部门相比，具有以下三方面的特征：

1. 强行性特征。票据法是强行法：其一，各国票据的种类是法定的，当事人不得任意创设；其二，票据是严格的要式证券，不得任意签发；其三，票据行为是严格的要式行为。这与民法中法律行为的种类、民事权利的创设、民事行为的履行的任意性规定很不相同，具有法律的强行性。

2. 技术性特征。票据是为便利商品交易和商业信用而创设的，票据法作为规范票据关系和票据行为的法律规范表现为一种纯技术性规范，本身并不表示善恶，这和具有明显道德伦理色彩的刑事、民事规范有很大不同。

3. 国际统一性特征。票据法虽是国内法，但有很强的国际统一性。因为，现代经济发展的趋势是全球一体化，任何国家的经济发展都不可能脱离国际经济的协作和国际经济环境的影响。各国间的经济、技术、贸易、文化交往越密切，作为国际支付工具和信用工具的票据应用也就越广泛。这就从客观上要求各国票据立法应遵循统一的票据规范，国际间票据应广泛协调和趋同。

（二）票据法的国际统一

由于各国票据法的立法技术和立法体例的不同，自19世纪以来至20世纪初在欧美各国逐渐形成了三大票据法的立法体系，即法国法系、德国法系和英美法系（参见［延伸阅读］）。各国票据立法的不同，给票据的国际交流带来了极大不便，于是从19世纪后半叶起，各国相继开展了票据法的统一运动。尤其是1930年和1931年由国际联盟在日内瓦召集的票据法统一会议和支票法统一会议，制定了《1930年关于统一汇票和本票的日内瓦公约》、《1930年关于解决汇票和本票的若干法律冲突的公约》和《1931年关于统一支票法的日内瓦公约》、《1931年关于解决支票的若干法律冲突的公约》等四个关于票据法的公约，解决了法、德两大法系的冲突。但因英国、美国等英美法系国家认为日内瓦公约的规定与英美法系国家的票据传统和实践相矛盾，而拒绝参加，因此，在国际上形成了关于票据法的两大法系，即日内瓦统一法系统和英美法系统。20世纪70年代以后，联合国国际贸易法委员会为促使各国票据法的协调和统一，着手制定一项国际汇票与本票的统一法草案，最终于 1988 年 12 月经联合国第 43 次大会通过了《国际汇票本票公约》，并于 1990 年 6 月 30 日开放各国签字。按该公约的有关规定，该公约须经至少 10 个国家批准或加入后，方能生效。

［延伸阅读］　　票据法之法国法系、德国法系和英美法系

尽管票据的起源最早可追溯到古希腊和罗马的“自书证书”，但法国是公认的世界上最早进行票据立法的国家。早在 1673 年法国国王路易十四颁布的《陆上商事敕令》中就有关于汇票、本票的规定；1807 年颁布的法国《商法典》，其第一篇第八章规定了汇票与本票；1865 年制定支票法作为特别法。法国法系的特点是将票据作为替代现金输送的工具，而较少考虑票据的流通和信用作用，因而在立法内容上强调对价、强调真实资金关系，亦即强调票据的有因。法国票据法的此种规定不能适应日益发达的商品经济的需要，以至于原来仿效其立法的意大利、比利时、西班牙、波兰及拉丁美洲国家都先后弃之而从德国法。到 1935 年，法国自己也根据日内瓦统一票据法的规定修改了自己的票据法。同时，法国法在立法体例上，不仅民商分立，而且票据立法也分立，票据只包括汇票和本票，对支票单独立法。德国法系的基础是 1847 年根据普鲁士联邦法案修订的《德意志普通票据条例》，后几经修改，于 1871 年公布《德意志帝国票据法》。但该法仅规定了汇票和本票制度，支票法于 1908 年公布实施。德国票据法的特点是认为票据是无因证券，将票据关系与基础关系分离，并规定严格的票据要式，着重于票据的流通和信用。因而较好地适应了资本主义发展的需要，也为瑞士、瑞典、奥地利、匈牙利、丹麦、日本、挪威等国效法。旧中国票据法、我国台湾地区的“票据法”也多参考德国法的规定。1933 年，德国也根据日内瓦统一票据法公约制定了新票据法。德国法系在立法体例上的特点同于法国法。英美法系中票据法的特色是成文法。英国颁布于 1882 年的票据法系由詹姆斯爵士纂辑各种判例、习惯、特别法而成。该法只规定了汇票和本票，支票则包含于汇票之中。不过 1957 年英国又另行制定了支票法，对 1882 年的票据法中关于支票的规定进行了修正和补充。美国在 1896 年由纽约律师克罗福特以习惯和判例为基础，起草了包括汇票、本票和支票在内的《统一流通证券法》，自次年起由纽约等州先后采用。后来，在 1952 年制定、1962 年修正的美国《统一商法典》第三编“商业证券”中，对汇票、本票、支票及其他证券作了规定，现为多数州采用。随着电子科学与影像技术在金融领域的应用，在 1990 年美国《统一商法典》的修订版中，规定只要当事人之间存在协议，电子提示支票就取得支票法上的效力。2003 年 10 月 28 日经美国总统签署通过了美国联邦储备委员会制定的《21 世纪支票交换法案》，于 2004 年 10 月 28 日正式生效。该法制定的主要目的：一是赋予替代支票与原始支票相同的法律效力，促进支票截留，降低营业成本；二是在不强制银行及客户接受电子提示支票的前提下，扶植票据清算系统的创新；三是提高整个国家支付清算系统效率。英美票据法的特点是采用三票合一规定的立法体例，在内容上除了把票据作为支付工具外，还特别注重其实际效果，在票据形式要求上较德国法规定灵活。属于这一法系的国家有加拿大、印度及其他原为英国殖民地的国家。

(三) 我国票据立法概况

1. 旧中国的票据立法概况。我国票据立法始自清末。1907 年，清朝宪政编查馆聘请日本法学家志田钾太郎起草票据法，该草案根据海牙统一票据规则草案，并参照德国、日本票据法于 1912 年制成，但未公布。中华民国时期，北洋政府亦先后五次起草了票据法草案，但都未公布。1929 年 9 月，国民党南京政府立法院通过了票据法，自 1930 年 10 月 30 日公布实行。这是我国历史上颁布的第一部票据法。

2. 新中国的票据立法。新中国成立后，因为实行计划经济，禁止商业信用，所以，票据的使用受到严格的限制。本票被完全取消，汇票仅限于国际贸易中使用，支票仅限单位使用且以转账支票为主。在此情况之下，自然没有进行票据立法的必要。改革开放以后，票据在发展经济中的作用逐渐受到重视。1981 年我国开始试办票据承兑、贴现业务；1984 年中国人民银行发布了《商业汇票承兑、贴现暂行办法》；1987 年 1 月，深圳经济特区颁布了《深圳市票据管理暂行办法》；同年 6 月，中国人民银行、中国工商银行、中国银行和中国人民建设银行联合发布了《华东三省一市票汇结算试行办法》；1988 年 8 月，上海市人民政府颁布实行《上海市票据暂行规定》；同年 9 月国务院发布《现金管理暂行条例》，允许银行发行本票和汇票；同年 12 月中国人民银行发布《银行结算办法》，规定全面推行银行汇票、商业汇票、银行本票和支票结算制度；1993 年 5 月，中国人民银行发布《商业汇票办法》。为适应市场经济的发展和金融体制改革深化的要求，1995 年 5 月 10 日第八届全国人民代表大会常委会第十三次会议通过了《中华人民共和国票据法》，该法共 7 章 111 条，自 1996 年 1 月 1 日起施行。

《票据法》实施以后，中国人民银行先后发布了《商业汇票承兑、贴现与再贴现管理暂行办法》(1997 年 5 月 22 日发布，自同日起施行)、《票据管理实施办法》(1997 年 6 月 23 日国务院批准，同年 8 月 21 日中国人民银行发布，自 10 月 1 日起施行)[①]、《支付结算办法》(1997 年 9 月 19 日中国人民银行发布，同年 12 月 1 日起施行)、《支付结算业务代理办法》(2000 年 6 月 1 日中国人民银行发布，同年 7 月 1 日实施)，从而初步建立了我国票据法的配套法规、规章体系。但总体来看，我国《票据法》的制定，虽然声称奉行“(1) 遵循票据当事人平等的原则，着重调整票据当事人之间的权利义务关系；(2) 借鉴国外票据立法经验，采用国际通行规则；(3) 立足我国基本国情，适应实际需要”三大指导思想[②]，但因为历史条件的局限等原因，我国最终公布的《票据法》过于关注票据的支付作用与强调金融秩序的维护，而在票据的无因性、流通性和融资作用方面则存在较大的问题，对票据种类、票据主体能力等限制过严，对票据犯罪行为的惩处规定也不够完善，这大大地制约了我国票据的使用和流通，使其在市场经济中应有的作用尚未能充分发挥。尤为重要的是，步入 21 世纪后，伴随着票据电子化发展和电子票据的出现，我国于 2004 年 8 月 28 日公布、自 2005 年 5 月 1 日实施了《电子签名法》，为电子票据的实际操作奠定了一定的法律基础，然而在相应的《票据法》中我们却找不到与之相应的条款。此后，人民银行虽曾先后发布了一系列旨在促进和规范票据电子业务发展的单行管

① 该实施办法被 2011 年 1 月 8 日《国务院关于废止和修改部分行政法规的决定》修订，修订内容为：将《票据管理实施办法》第 30 条中的“有票据法第一百零三条所列行为之一”修改为“有票据法第一百零二条所列行为之一”。

② 具体内容可参见中国人民银行副行长周正庆同志于 1995 年 2 月 21 日在第八届全国人民代表大会常务委员会第 12 次会议上所作的“关于《中华人民共和国票据法 (草案)》的说明”。

理办法，但这些规定立法层次低、体系散乱、内容重复。因此，有必要在认真总结实践经验的基础上，尽快将其中的一些重要的基本制度规定纳入统一的《票据法》中，以实现我国票据法立法的现代化（参见［拓展阐述］）。

此外，为正确适用《票据法》，公正、及时地审理票据纠纷案件，保护票据当事人的合法权益，维护金融秩序和金融安全，2000 年 11 月 14 日，最高人民法院公布了《关于审理票据纠纷案件若干问题的规定》（以下简称《高法票据纠纷案件司法解释》），就票据案件的受理和管辖、票据保全、举证责任、票据权利及抗辩、失票救济、票据效力、票据背书、票据保证、法律适用、法律责任等 10 个方面的问题，进行了司法解释，自 2000 年 11 月 21 日起施行。

［拓展阐述］　立法缺失，票据电子化与我国《票据法》应予全面修订

我国现行《票据法》实施至今已近二十年，期间曾于 2004 年 8 月由十届全国人大常委会第十一次会议决议作了小幅修改，即删去第 75 条“本票出票人的资格由中国人民银行审定，具体管理办法由中国人民银行规定”之规定。其修订说明理由为：“票据法规定的本票是银行本票。银行是本票的出票人，向他人出具本票，是银行的一项基本业务。银行经批准设立后，就不必对其本票出票人资格再作审批。据此，草案删去票据法的上述规定。”事实上，我国《票据法》的问题远不止此，在有关票据的使用范围、票据的无因性、空白支票规定、票据法的立法政策等方面，都存在较大的问题。以至于该法颁布之初，著名民商法学家谢怀栻先生即评论称：如果从社会主义市场经济发展需要和遵循国际惯例这两点标准来看，“票据法与我国已公布的海商法、保险法比起来，不能不说其不足的一面实在太重要了，甚至可以说，较之海商法等，票据法是一部令人失望的法律”［谢怀栻：《评新公布的我国票据法》，载《法学研究》，1995（6）］。而在司法实践中，最高人民法院公布的《关于审理票据纠纷案件若干问题的规定》又在多方面作出了与此不同的规定，由此带来的问题是法律的权威性、立法机关的权威性缺失问题。特别是步入 21 世纪后，随着电子技术、现代通信技术的发展，票据的无纸化、票据业务的电子化进程在国际上日益加快，有关电子票据、票据业务电子化的内容也越来越多地出现在各国票据立法中。在我国，为推进票据电子化进程，人民银行先后发布了一系列相应规章、规范性文件。但其存在立法体系凌乱、内容重复、效力低下等问题，需要我们通过对《票据法》作进一步全面、系统、深入的修改来加以解决。

所谓“票据电子化”，是指在金融领域运用现代通信技术、影像技术和计算机技术，实现票据的某些环节或全流程的电子化处理。依电子化处理程度的不同，可将票据的电子化处理分为票据电子化和电子票据。票据电子化是指依据传统票据法律制度签发的纸质票据在部分流通环节实现电子化。其优点是显著提高票据进入银行系统后的交易安全和效率，其需要解决的问题是传统纸质票据和电子票据的转换问题，如转换形式、转换的法律风险、纸质票据的保管锁定等。而电子票据则是指出票人以数据电文形式制作的，委托付款人或承诺自己在见票时或指定日期无条件支付确定的金额给收款人或持票人的票据。与纸质票据相比，电子票据具有以数据电文代替纸质凭证、以计算机设备录入代替手工书写、以电子签名代替实体签章、以网络传输代替人工传递四大突出特点，从而使电子票据具有以下重要作用：提高票据业务透明度、时效性，优化票据业务管理，防范和遏制违规承兑、贴现等行为发生；有效克服纸质票据易遗失、损坏、遭抢劫等缺点，降低纸质票据携带和转让的风险；抑制假票、克隆票犯罪；节省成本，提高票据标准化水平，简化交易过程，提高交易效率；促进统一的票据市场形成，促进金融市场的连通和发展等。

作为一种集汇兑、支付、流通、融资、信用等功能于一身的金融工具，我国的票据业务始于20世纪80年代，但长期以来使用的都是纸质票据。随着票据市场的发展，纸质票据的弊端日益凸显，如易遗失、伪造、克隆等，因此电子化票据呼之欲出。在2005年至2006年间，我国家电、钢铁等行业的核心企业，提出了基于便捷流通和集团资金管理目的的票据电子化需求。一些商业银行积极响应，推出了满足企业需求的电子票据业务。2005年3月25日我国首张电子票据由招商银行成功签发，这标志着电子票据正式进入我国的金融市场。此后民生银行、中信银行、北京银行等也相继开办了电子商业汇票业务，但由于缺乏相应的制度保障和现代化的支付清算体系的支撑，电子票据业务发展十分缓慢。

为推广支票使用，减少现金流通，实现支票在全国范围互通使用，满足区域经济发展和人们日益增长的多样化支付需要，中国人民银行根据我国支票使用现状及发展趋势，借鉴国际支票截留的先进经验，决定建设影像交换系统以支撑支票全国通用。2006年11月9日，中国人民银行发布《关于印发全国支票影像交换系统业务处理及系统运行有关管理规定的通知》及三个附件：《全国支票影像交换系统业务处理办法（试行）》、《全国支票影像交换系统业务处理手续（试行）》和《全国支票影像交换系统运行管理办法（试行）》，决定自全国支票影像交换系统上线之日起试行。同年12月18日，影像交换系统在北京、天津、上海、河北、广东和深圳六省（市）成功试点运行，2007年6月25日人民银行完成其在全国的推广建设。影像交换系统是运用影像技术将实物支票转换为支票影像信息，通过计算机及网络将支票影像信息传递至出票人开户银行提示付款的业务处理系统，它是继大、小额支付系统之后人民银行建设的又一重要金融基础设施。影像交换系统可处理银行机构跨行和行内的支票影像信息交换，其资金清算通过人民银行覆盖全国的小额支付系统处理。支票影像业务的处理分为影像信息交换和业务回执处理两个阶段，即支票收款人开户银行通过影像交换系统将支票影像信息发送至出票人开户银行提示付款；出票人开户银行审核无误后将款项通过小额支付系统支付给收款人开户银行。影像交换系统的建成运作实现了支票在全国范围的互通使用，企业、事业单位和个人持任何一家银行的支票均可在中国境内所有地区办理支付。根据中国人民银行有关规定，支票全国通用后出票人签发的支票凭证（即纸质支票）不变，支票的提示付款期限仍为10天；异地使用支票款项最快可在2小时至3小时之内到账，一般在银行受理支票之日起3个工作日内均可到账。为防范支付风险，异地使用支票的单笔金额上限为50万元。对于超过规定限额的支付，收、付款人可约定采用其他支付方式。建成影像交换系统支撑支票全国通用具有重大意义：一是通过建设影像交换系统，使我国以人民银行大、小额支付系统为核心，银行业金融机构行内支付系统为基础，票据支付系统、银行卡支付系统为重要组成部分的支付清算网络体系更趋完善，能够为社会各界和银行业金融机构提供高效、安全的支付清算公共平台；二是随着系统建成，支票作为新的异地（而非仅限同城）结算工具，将在经济活动中得到更广泛的运用，这有助于减少现金交易，推广非现金支付工具，方便经济活动，满足企业和老百姓日益多样化的支付需求；三是银行间的支票资金清算，由原来经同城票据交换改为通过小额支付系统完成，有效控制了流动性风险和信用风险，极大地提高了支票清算的安全和效率。

银行本票是出票人银行签发的，承诺自己在见票时无条件支付确定的金额给收款人或持票人的票据。为推广使用银行本票，推进本票业务电子化，进一步改进个人支付结算服务，中国人民银行于2007年11月25日发布《关于印发依托小额支付系统办理银行本票业务有关管理规定的通知》及三个附件《依托小额支付系统办理银行本票业务需求》、《依托小额支付系统办理银行本票业务处理办法》、《依托小额支付系统办理银行本票业务处理手续》。《通知》要求人民银行分支机构和各银行机构应按照职责分工和时间要求认真组织，确保依托小额支付系统办理银行本票业务（简称“小额支付系统银行本票业务”）于2008年5月8日在全国正式开通。小额支付系统银行本票业务是指代理付款行与出票银行依托小额支付系统实现银行本票信息的实时比对和资金清算的业务。详言之，是指代理付款行受理持票人提交的银行本票，对本票进行审查后，通过小额支付系统发送银行本票相关信息至出票银行，并根据出票银行实时返回的业务回执办理银行本票兑付的业务，将代理付款行与出票银行间的银行本票资金清算统一纳入小额支付系统处理。2008年5月8日上午小额支付系统办理银行本票业务如期、顺利上线运行。采用小额支付系统处理银行本票后，银行本票出票信息全部转化为电子信息，录入出票行行内系统；银行本票的兑付由代理付款行采集票据信息和密押后，通过小额支付系统转发出票行行内系统进行自动比对兑付。如此一来，银行本票业务不仅实现了本票信息的电子化传递，而且采用密押代替印鉴，提高了资金清算的安全性，有利于提高行际间银行本票资金的清算效率，加速资金的周转，提高社会效益。

华东三省一市（江苏、浙江、安徽、上海）区域经济联系紧密，银行汇票业务往来频繁。早在1989年9月20日，中国人民银行、中国工商银行、中国银行、中国农业银行就联合发布《华东三省一市银行汇票办法》，在该区域内实施。华东三省一市银行汇票是该区域内出票银行签发的，由其或代理付款行在见票时按照实际结算金额无条件支付资金给收款人或持票人的票据。单位和个人在华东三省一市区域内的人民币款项结算，都可以使用该银行汇票实现。作为见票即付支付工具，华东三省一市银行汇票具有“票随人到，钱货两清”的突出优点，因而自20世纪80年代末推出后一直是“泛长三角”地区最重要的异地票据结算工具。步入21世纪以来，为适应该区域内经济活动的需要，促进票据业务发展，加速资金清算周转，2007年8月华东三省一市银行汇票改革正式启动。2008年5月14日，中国人民银行正式发布了《关于印发华东三省一市银行汇票业务有关规定的通知》及三个附件：《华东三省一市银行汇票结算办法》、《华东三省一市银行汇票会计核算手续》、《依托小额支付系统办理华东三省一市银行汇票业务说明》，决定依托小额支付系统办理华东三省一市银行汇票业务。同年12月1日小额支付系统华东三省一市银行汇票业务正式上线运行，这标志着人民银行自2007年下半年启动的华东三省一市银行汇票改革已按计划完成，长三角金融基础设施进一步完善。小额支付系统华东三省一市银行汇票业务以拓宽区域内银行汇票签发、清算渠道和安全高效办理资金清算为改革目标，该业务上线后，区域内以直联方式加入小额支付系统的各银行业金融机构原则上均可直接签发华东三省一市银行汇票，从而改变了原来该区域银行汇票直接签发行仅限于工、农、中、建、交五大行的情况，进一步畅通了中小金融机构汇路，尤其增强了农商银行、农村信用社等农村地区银行业金融机构的支付结算服务能力。同时，该业务改变了原有的压数机物理防伪措施，采用基于密押防伪技术的票据资金清算防弊机制，这不仅增强了华东三省一市银行汇票的防伪能力，而且提高了银行间票据资金清算的安全与效率，有助于有效防范银行支付结算风险，更好地保障银行和客户资金安全。

商业汇票，是银行以外的企业和其他组织作为出票人签发的，委托付款人在见票时或在指定日期无条件支付确定的金额给收款人或持票人的票据。作为票据主要品种之一，商业汇票具有支付结算和短期融资功能，对满足企业支付需要、拓宽融资渠道、降低财务费用，提高商业银行支付服务水平、强化资产负债管理，以及丰富中央银行货币政策手段等都有重要作用。步入21世纪以来，我国商业汇票市场呈现出快速发展的态势，业务规模迅速扩张，商业汇票累计签发金额、累计贴现额、累计再贴现额都大幅增长，同时随着供应链金融的发展，票据融资也已成为企业的重要融资方式，商业汇票的支付和融资工具作用显著增强。出于效率、风险、成本等因素考虑，传统的纸质商业汇票已难以适应经济发展要求，商业汇票电子化需求日益迫切。特别是随着我国电子化水平提高和金融基础设施的完善，银行汇票、银行本票和支票都在不同程度上实现了电子化，安全性和效率得到了很大改善。与之相比，我国商业汇票的电子化步伐相对滞后。为推动票据业务和票据市场发展、便利企业支付和融资、支持商业银行票据业务创新，在充分调研的基础上，中国人民银行于2008年1月决定组建电子商业汇票系统，同年6月正式立项。为规范电子商业汇票业务，保障电子商业汇票活动中当事人的合法权益，促进电子商业汇票业务发展，2009年10月16日中国人民银行依据《中国人民银行法》、《票据法》、《电子签名法》、《物权法》、《票据管理实施办法》等有关法律、法规，发布实施了《电子商业汇票业务管理办法》及配套的《电子商业汇票系统运行管理办法》、《电子商业汇票业务服务协议指引》等规范性文件。2009年10月28日电子商业汇票系统建成投入运行，2010年6月28日在全国推广，我国票据市场由此迈入电子化时代。截至2013年年末，我国接入电子商业汇票系统的机构共有359家。

电子商业汇票，是指出票人（金融机构以外的法人或其他组织）依托电子商业汇票系统，以数据电文形式制作的，委托付款人在指定日期无条件支付确定金额给收款人或持票人的票据。作为经人民银行批准建立，依托网络和计算机技术，接收、存储、发送电子商业汇票数据电文，提供与电子商业汇票货币给付、资金清算行为等相关服务的业务处理平台，电子商业汇票系统由一个核心功能模块（电子商业汇票业务处理系统）和两个辅助功能模块（纸质商业汇票登记查询系统和商业汇票转贴现公开报价系统）组成。核心功能模块可为各行客户签发的电子商业汇票实行集中登记存储，提供互联互通的流通转让平台，实现电子商业汇票出票、承兑、背书、保证、提示付款、追索等业务流程的电子化。同时，与银行、财务公司行内系统及人民银行的现代化支付系统连接，可实现电子商业汇票贴现、转贴现、再贴现等融资交易和提示付款的即时转账结算，同步完成票据融资交易的交割，实现票款兑付。纸质商业汇票登记查询功能辅助模块，能够为纸质商业汇票承兑、贴现、转贴现、再贴现、质押、质押解除、挂失止付等票据行为，提供登记、查询服务，实现纸质商业汇票票面信息的集中登记存储，便利纸质商业汇票的贴现、质押业务查询。商业汇票转贴现公开报价这一辅助功能模块，能够实现电子商业汇票和纸质商业汇票转贴现公开报价，为银行、财务公司进行询价交易提供信息。总之，我国电子商业汇票系统的建成运行，为电子票据业务提供了安全高效、互联互通、标准统一、方便快捷的多功能、综合性业务处理平台，为推出全国性的电子商业汇票提供了基础条件，对企业、商业银行和中央银行来说，给其带来了纸质票据难以比拟的多方面的优势和好处：对企业来说，其在使用电子商业汇票时能够不受时空限制，交易效率大为改进，提高了企业资金周转速度，畅通了企业融资渠道，提升了企业融资效率；电子商业汇票以数据电文代替纸质票据，采用电子签名代替实体签章，确保了企业使用电子商业汇票的安全性，大大降低了票据业务的欺诈风险；电子商业汇票的付款期最长为1年（而纸质汇票最长不超过6个月），这更是增强了企业的短期融资能力，有助于降低企业短期融资成本，节省其财务费用。对商业银行来说，电子商业汇票系统运行不但使电子票据能够实现实时、跨地区流通使用，而且节省了纸基票据业务的人工成本、票据印制成本、票据保管成本，规避了票据遗失风险，增强了业务安全性，加快了支付结算速度，从而有效地提高了银行金融服务效率。对中央银行来说，电子商业汇票系统的建成、运行，将使央行成为电子商业汇票市场的一个经常性交易主体，未来还可能成为其公开市场操作的一个主要手段，增加其货币政策操作的弹性和力度，提高央行调控货币市场的能力，畅通货币政策传导机制；央行借助于该系统，能够全面监测商业汇票各种票据行为，准确了解资金流向、流量，为宏观经济决策提供重要参考依据。

第二节　票据关系与非票据关系

一、票据关系的概念和构成

票据关系，是票据法律关系的简称，是指票据当事人在票据的签发和流通转让过程中，依据相应的票据法律规范所形成的票据上的权利义务关系。当事人依据票据法实施票据行为，如出票、背书、承兑、付款、保证等时，在各当事人之间就形成了多种多样的票据法律关系。

票据法律关系和其他法律关系一样，也是由主体、客体和内容三方面构成：

1. 票据法律关系的主体。是指票据法律关系的参加者，即在票据的签发和流通转让过程中，通过实施票据行为，取得一定权利、承担一定义务的当事人。票据法律关系的当事人必须通过实施票据行为，才能取得主体资格。票据法律关系的主体是特定的，一般包括：出票人、收款人、付款人、持票人、承兑人、背书人、保证人、参加人（包括参加承兑人和参加付款人）。这些主体既可以是个人、法人，也可以是非法人组织，还可能是国家。

票据主体（当事人）可以按照不同的标准进行分类：

(1) 按照当事人是否随出票行为出现为标准，可分为基本当事人和非基本当事人。前者是指在票据签发时就存在的当事人，如汇票和支票的出票人、收款人和付款人，本票的出票人和收款人。后者是指在票据签发以后基于其他票据行为参加票据关系的当事人，如背书人、保证人、参加人等。

(2) 按照当事人之间的相互位置的不同，可以分为前手和后手。凡票据上位于某一特定当事人之前的当事人称为前手，位于其后的当事人则为后手。前手是后手的票据债务人。

(3) 按照当事人是否持有票据，可分为持票人和非持票人。持票人或称执票人，是指实际控制和持有票据的当事人，他一般是票据关系中的债权人。非持票人是指没有实际占有和控制票据的人。

(4) 按照当事人在票据关系中的地位不同，可分为债权人和债务人。债权人是指因为一定票据行为而有权请求支付票载金额的权利人，包括收款人和持票人。债务人则是指因为一定票据行为而有义务向持票人支付票载金额的责任人。债务人按责任主次，又可以分为第一债务人（或称主债务人）和第二债务人（次债务人、偿还债务人），前者是指负有付款义务的债务人，如汇票承兑人、本票的出票人等；后者是指负有担保付款义务的人，如汇票出票人、背书人、保证人等。在票据法律关系中，当持票人向第一债务人主张债权遭到拒绝时，可向第二债务人行使追索权，请求支付票款及利息和有关费用。

2. 票据法律关系的客体。是指参加票据法律关系的当事人的权利义务所共同指向的对象。由于票据是一种金钱证券，票据法律关系的客体就表现为一定数额的货币，而不是物品。当事人签发和转让票据的目的是为了完成结算过程，清偿一定的金钱债务。

3. 票据法律关系的内容。是指票据当事人因票据行为依法享有的票据权利和承担的票据义务。票据权利是票据权利人所享有的为实现票据债权而为一定行为或要求他人为一定行为的可能性，包括付款请求权和追索权。票据义务，又称票据责任，是指票据义务人为满足票据权利人的请求而依法为一定行为或不为一定行为的必要性，如付款人的付款义务、承兑人的承兑义务、保证人的担保义务等。

票据法律关系的内容依程序先后可分为两个层次（顺序）：第一层次是付款请求权与相应的付款义务；第二层次是追索权与相应的偿付义务。

二、非票据关系

（一）非票据关系

非票据关系有广狭两义，广义的非票据关系是指与票据和票据行为有密切关系，但不是基于票据行为而产生的债权债务关系，包括票据法上的非票据关系和票据基础关系。而狭义的非票据关系，仅指票据法上的非票据关系，亦即由票据法规定，与票据行为有联系但不是由票据行为本身所产生的法律关系。票据法其所以要规定非票据关系，目的是要保护票据债权人的利益，当其在某种原因下丧失票据上的权利时，基于这些法律规定可予债权人以其他补救途径。

票据法上的非票据关系和票据关系的区别，主要在于前者直接由票据法规定而发生，而后者则因当事人的票据行为所引起；前者权利的行使不以持有票据为必要，而后者则须以持有票据为前提。

票据法上规定的非票据关系包括：

1. 票据上的正当权利人对于因恶意或重大过失而取得票据的持票人行使票据返还请求权而发生的关系；

2. 因时效或手续欠缺而丧失票据上权利的持票人对于出票人或承兑人行使利益偿还请求权而发生的关系；

3. 票据付款人付款后向持票人行使交出票据请求权而发生的关系；

4. 汇票收款人及收款人以外的持票人向出票人行使发给复本请求权而发生的关系；

5. 汇票复本持票人向复本接受人行使交还复本请求权而发生的关系；

6. 汇票誊本持票人向原本持有人行使交还原本请求权而发生的关系；等等。

（二）票据基础关系

票据基础关系，或称民法上的非票据关系，是指民法上与票据有关但非基于票据行为产生的法律关系。这类关系不是票据法律关系的一种，而是作为产生票据法律关系的事实和前提条件而存在于票据法律关系之外的一种关系，是广义非票据关系之一种。因其为产生票据法律关系的前提和基础，是产生票据法律关系的实质原因，故称为票据基础关系或票据实质关系。这些关系出现纠纷，应依相应的民法规范加以处理。

票据基础关系主要有三种：票据原因关系、票据资金关系、票据预约关系。

1. 票据原因关系。或称票据原因，是指当事人之间授受票据的原因。出票人或背书人之所以签发或背书票据，将其交付给收款人，收款人之所以接受票据，在经济上和法律上必有一定的原因。如因买卖、借贷、赠与等原因而签发或背书转让票据等。这种原因关系有的有对价，有的无对价，但在现实的票据签发、转让中，其原因关系一般以有对价为主。

票据原因具有双重效力：一方面，票据原因与票据行为是分离的，这体现为票据的无因性；另一方面，票据原因和票据行为又有一定的联系，如依票据法的规定，在直接当事人之间，基于原因关系的不合法、无效、不存在和消灭，可以主张对人的抗辩。

2. 票据资金关系。或称票据资金，是指存在于汇票（或支票）的出票人与付款人之间的基础关系。如存款、承诺、欠债等。出票人通常是票据的资金义务人。汇票或支票的出票人之所以委托付款人付款，付款人之所以愿意付款或承兑，是因为当事人之间有一定的约定，即付款人接受出票人的委托而代为付款的约定，从而形成一定的资金关系。票据资金与票据行为也是分离的。

3. 票据预约。是指当事人之间以授受票据为标的的约定。票据当事人之间先有原因关系的存在，然后签发票据，但在作成票据之前，一般还要就票据的种类、金额、到期日、付款地等事项进行约定。这种约定就是一种票据预约，它本身不是票据行为，而是居于票据原因和票据行为之间的中间行为。票据预约是票据行为的基础，票据行为是票据预约的实现，票据预约和票据行为是分离的。

第三节　票据行为

一、票据行为的概念和特征

(一) 票据行为的概念

票据行为有广义和狭义之分。广义的票据行为是指以产生、变更和消灭票据上的权利义务关系为目的的法律行为。包括：出票、背书、改写、涂消、付款、保证、承兑、参加承兑、参加付款、保付等。而狭义的票据行为仅指发生票据上的债务的法律行为，亦即以负担票据债务为目的而在票据上为意思表示的法律行为。这种法律行为包括：出票、背书、保证、承兑、参加承兑和保付六种。本节所讲的票据行为是指狭义的票据行为。在此要指出的是，不同的票据所涉及的票据行为是不同的，有些票据行为是汇票、本票、支票共有的行为，如出票、背书、付款等；而有的只是某一种票据所独有的行为，如承兑是汇票所独有的行为，保付是支票所独有的行为。

(二) 票据行为的特征

票据行为作为法律行为的一种，与一般法律行为相比，具有以下特征：

1. 票据行为具有要式性。要式性或称定型性，是指票据行为是一种严格的书面行为，应依据票据法规定的形式在票据上记载法定的事项，否则，将影响票据行为的效力。其具体要求是：(1) 行为人必须依法在票据上作书面记载，票据行为不得脱离票据，不能在票据以外以书面或口头表示；(2) 行为人必须在票据上签章，以表示行为人的行为出于自己的真实意思；(3) 票据行为以交付票据为票据完成。这一特征在于规范票据行为，确保票据流通的安全。

2. 票据行为具有无因性。无因性或称抽象性，是指票据行为成立后，其原因关系即使有缺陷而成为无效，票据行为的效力仍不因此而受影响。票据上权利的发生及转移，因票据行为而定，与其基础关系无关联。目的在利于票据的流通。

3. 票据行为具有文义性。文义性是指票据行为的内容均依票据上所载的文义而定，即使该项记载与行为的真意或实际情形不符，也不许当事人以票据之外的证明方法予以变更或补充。票据行为的解释应按照票据上的文义进行，不能以票据上没有记载的内容来决定票据债务的内容。

4. 票据行为具有独立性。独立性是指在同一票据上所作的各种票据行为互不影响，各自独立发生其效力。因此，在同一票据上的各个票据行为，互不依赖，各依票据上所载的文义，分别独立。某一票据行为的无效或有瑕疵，均不影响其他行为的效力。如无票据能力人在票据上签名的无效，不影响其他签名的效力。此外，票据代理的无效、保证无效、伪造无效等行为均不影响其他真实签名而为的票据行为的效力。

5. 票据行为具有连带性。连带性是指同一票据上的各种票据行为人均对持票人承担连带责任。由于票据行为具有独立性和无因性，这就使得持票人的权利受到一定程度的影响，为此，各国票据法一般规定票据债务人的连带责任，以确保持票人票据债权的实现。如我国《票据法》第68条就规定：汇票的出票人、背书人、承兑人和保证人对持票人承担连带责任。

二、票据行为的种类

票据行为可以分为主票据行为和从票据行为两大类：

（一）主票据行为

主票据行为，又称基本票据行为，是指能够引起票据法律关系发生的行为。主票据行为仅指出票行为，它是指出票人签发票据并将其交付给收款人的票据行为。出票是制作票据的原始行为，是汇票、本票、支票所共有的行为，包括签发票据和交付票据两个行为。出票是创设票据权利的行为，是从票据行为有效成立的前提。只有主票据行为依法成立，票据才能有效。

（二）从票据行为

从票据行为，是指能够引起票据法律关系变更或消灭的行为。包括背书、承兑、参加承兑、保证和保付等，由于这些行为要以票据已经出票为前提，要附属于主票据行为（即出票）而存在，故又称附属票据行为。

1. 背书。背书是指在票据背面或者粘单上记载有关事项并签章的票据行为。在票据背面签章的转让票据权利的人为背书人，接受被背书的票据的人为被背书人。持票人通过背书可以将票据权利转让给他人或者将一定的票据权利授予他人行使。因背书行为，背书人产生对票据债务人的担保责任和连带责任，被背书人代替持票人（即背书人）成为新的持票人，取得票据债权。票据出票后的转让流通主要是通过背书进行的，汇票、本票、支票都可以有背书行为。

2. 承兑。承兑是指汇票的付款人承诺在汇票到期日支付汇票金额的票据行为。承兑仅存在于汇票关系中，本票、支票关系中不存在承兑行为。承兑行为，由汇票的付款人进行，付款人一经承兑就成为承兑人，即票据主债务人。承兑必须以书面在汇票上为之，记载“承兑”字样、承兑日期，并由付款人签章。

3. 参加承兑。参加承兑是指参加承兑人承诺在汇票不获承兑时负担票据债务的行为。参加承兑是汇票独有的附属票据行为，参加承兑的目的是为在汇票不获承兑时阻止持票人于票据到期日前行使追索权。参加承兑人由预备付款人或第三人充当，他是票据的从债务人，仅在付款人不能付款或者拒绝付款时，才负支付义务。参加承兑须由参加承兑人在汇票上注明“参加承兑”、“加入承兑”字样，并签章。

4. 保证。保证是指票据债务人以外的他人充当保证人，担保票据债务履行的票据行为。保证是适用于汇票、本票的附属票据行为，它须由保证人在票据上或其粘单上记载“保证”字样、保证人名称和住所、被保证人名称、保证日期并签章。保证不得附有条件，附有条件的，不影响保证人的保证责任。

5. 保付。保付是指银行等金融机构对出票人签发的支票所作的保证付款的行为。它是支票独有的一种附属票据行为，保付人是银行等金融机构，被保付人一般是出票人，有时也可以是持票人。保付人是支票的主债务人，负有绝对付款责任。其进行保付时，应就全部金额予以保付，而且不得附记任何条件。保付须是书面行为，由保付人在支票正面注明“保付”、“保证付款”、“照付”字样，并签章。保付类似于汇票的承兑，但其目的仅仅是为了增强票据的信用，而不是为了确定付款人的付款责任。

三、票据行为的要件

票据行为作为一种法律行为，必须具备法定要件，才能成立和有效。这些要件分为实质要件和形式要件两种。

（一）实质要件

票据行为的实质要件，适用民法中关于民事行为成立要件的规定。其内容包括行为人的票据行为能力和票据意思表示两个方面。

1. 票据行为能力。票据行为能力因自然人和法人而有不同。自然人的行为能力按其年龄和智力状况可以分为完全行为能力、限制行为能力和无行为能力三种。无行为能力人是指不满10周岁的未成年人或完全丧失辨别能力的精神病人；限制行为能力人是指10周岁以上的未成年人或不能完全辨别自己行为的精神病人；完全行为能力人是指18周岁以上，或16周岁以上不满18周岁但以自己的劳动收入为主要生活来源的人。一般而言，完全行为能力人的票据行为是有效行为，无行为能力人的票据行为是无效行为，限制行为能力人的票据行为是否有效，则要综合考虑其年龄、智力等加以评断。但通常认为，无行为能力人和限制行为能力人的票据行为需由其代理人代理进行，方为有效。[①]

法人的行为能力，和法人的权利能力一致，始于法人成立，终于法人解散。法人的权利能力受法人的性质、法人章程、法律规定的经营范围和事业范围的限制，而有不同。故不同的法人，其行为能力也不相同。法人的票据行为能力，也适用民法的有关规定，与其权利能力的范围一致。从《票据法》的规定来看，法人的票据行为能力基本上没有什么限制，其行为一般通过法人机关或法定代表人来进行。

2. 票据意思表示。意思表示是法律行为成立的必要要件之一。票据行为成立，同样也要以意思表示为要件，且行为人的意思表示必须真实、合法，否则不生效力。因此，票据法规定对虚伪、非法的意思表示，如欺诈、偷盗、胁迫、恶意通谋的意思表示所为的票据行为，不予保护。如我国《票据法》第12条第1款就规定：“以欺诈、偷盗或者胁迫等手段取得票据的，或者明知有前列情形，出于恶意取得票据的，不得享有票据权利。”

（二）形式要件

票据行为是一种要式行为，除具备实质要件外，还必须依据票据法规定的一定方式进行，才能产生票据效力。形式要件的欠缺，极易导致票据的无效。票据行为的形式要件，主要包括书面、记载事项、签章和交付四项：

---

① 我国《高法票据纠纷案件司法解释》第46条也规定：无民事行为能力人、限制民事行为能力人在票据上签章的，其签章无效。也即否认其签章行为能力。

1. 书面。出票、背书等各种票据行为均需以书面进行，即将行为人的意思表示记载于一定的票据用纸上。口头的票据行为无效。票据行为有些在金融机构制作的票据正面进行，如出票、承兑等；也有在票据背面或粘单上进行的，如背书、保证等。我国《票据法》第 108 条规定："汇票、本票、支票的格式应当统一，票据凭证的格式和印制管理办法，由中国人民银行规定。"

2. 记载事项。票据行为的成立与否，须以票据行为人的意思表示的内容为条件，这就表现为票据的记载事项。根据票据记载事项的效力的不同，可将其分为应记载事项、得记载事项、不产生票据效力的记载事项和不得记载事项四类。

(1) 应记载事项。或称必要记载事项，是指依照票据法规定应该记载的事项。根据记载后的效力，应记载事项又可以分为绝对应记载事项和相对应记载事项。

1) 绝对应记载事项。是指依照票据法的规定绝对必要记载的事项，如不记载，票据即归于无效。这些事项一般包括四项：表明票据种类的文句、确定的金额、无条件付款的文句和出票日期。我国《票据法》第 22 条、第 75 条、第 84 条分别规定了汇票、本票和支票的绝对应记载事项。

2) 相对应记载事项。是指票据法规定应该记载的事项，如未记载，则须以票据法的规定为准。所以，该事项又称为法定记载事项。相对应记载事项的效力和绝对应记载事项的效力不同，当事人未记载该事项，并不导致票据无效，而是要依票据法的规定确定其效力。我国《票据法》第 23 条、第 76 条、第 86 条分别规定了汇票、本票和支票的相对应记载事项。

(2) 得记载事项。又称任意记载事项，是指记载与否，由当事人决定，但一经记载即发生票据法上效力的事项。如汇票出票人可以记载票据金额及利率、预备付款人、担当付款人、禁止背书等；背书人可记载免除作成拒绝证书、禁止再背书；支票的持票人可以在支票上画线，也可以记载收款人的名称等。

(3) 不产生票据法效力的记载事项。是指票据当事人可自由选择记载，但记载后不发生票据法上效力的事项（但可能产生其他法律上的效力）。如我国《票据法》第 24 条规定"汇票上可以记载本法规定事项以外的其他出票事项，但是该记载事项不具有汇票上的效力"，即属此类。

(4) 不得记载事项。或称禁止记载事项，指记载于票据上的使记载本身或票据归于无效的事项。按记载后果不同，不得记载事项又分为记载本身无效的事项和记载使票据无效的事项。

1) 记载本身无效的事项。又称记载无益事项，其记载使其本身无效，但票据仍然有效。如《票据法》第 90 条的规定就属此类。这类记载事项的法律后果既不产生票据法上的效力，也不产生其他法律上的效力。

2) 记载使票据无效的事项。也称有害记载事项，是指行为人一经记载不仅使记载本身无效，而且使整个票据归于无效的事项。

3. 签章。票据是一种要式证券，签名是票据应记载事项之一，同时也是行为人承担票据责任的必要表示方法。因此，各国票据法都规定，任何一种票据行为均应由行为人在票据上签名。但是考虑到我国票据实践中一般习惯于以盖章表示身份的传统做法，我国《票据法》要求自然人和法人在票据上签章，作为票据行为生效的必要条件。

按照《票据法》第 7 条的规定，票据上的签章为签名、盖章或者签名加盖章。法人和其他使用票据的单位在票据上的签章，为该法人或者该单位的盖章加其法定代表人或者其授权的代理人的签章。法人和自然人在票据上的签名，应为该当事人的本名。单位盖章，应为该单位的票据专用章或财务专用章或公章。对此，中国人民银行发布的《支付结算办法》第23条和《高法票据纠纷案件司法解释》第41条、第42条作了详细的规定。

出票人在票据上的签章不符合规定的，票据无效；承兑人、保证人在票据上的签章不符合规定的，其签章无效，但不影响其他符合规定签章的效力；背书人在票据上的签章不符合规定的，其签章无效，但不影响其前手符合规定签章的效力。

4. 交付。交付是指票据行为人将票据交给相对人持有的行为。票据是提示证券和占有证券，权利和证券不可分，故无论是出票，还是背书、承兑、保证等均须以票据交付到相对人手中，才能算完成票据行为，相对人才能持票以行使票据权利。

四、票据行为的代理

（一）票据行为代理的概念及条件

票据行为作为一种法律行为，也可以由代理人代理进行。票据行为的代理是指代理人基于被代理人（本人）的授权，在票据上明示本人的名义，表明为本人代理的意思并签名的行为。其成立要件有四：

1. 明示本人的名义。即代理人必须在票据上表明被代理人（本人）的姓名或名称，否则，即使代理人确已取得本人的书面授权，本人也可以不负票据责任。

2. 证明为本人代理的意思。即代理人代本人为票据行为时，必须在票据上表示代理的意思。也即我国《票据法》第5条第1款规定的应“在票据上表明其代理关系”。

3. 代理人签名或盖章。即代理人应在票据上记载自己的姓名或名称。

4. 须经本人授权。这是票据代理行为成立的基础。

（二）越权代理

越权代理是指票据代理人超越代理权限而为的票据行为。越权部分由越权代理人自己承担责任。我国《票据法》第5条第2款规定：“代理人超越代理权限的，应当就其超越权限的部分承担票据责任。”

（三）无权代理

无权代理是指代理人没有代理权而以代理人的名义在票据上签名的行为。我国《票据法》第5条第2款规定，“没有代理权而以代理人名义在票据上签章的，应当由签章人承担票据责任”。

（四）自己代理或双方代理

自己代理，是指代理人以本人的名义同自己发生法律关系；双方代理则是指在同一法律关系中代理人同时代理双方当事人为法律行为。票据法和民法一样，规定自己代理和双方代理为无效。

（五）表见代理

表见代理是指代理人虽没有代理权，但是客观上有足以使第三人相信其有代理权的理由而为的票据代理行为。主要表现有三种：（1）代理人越权行为；（2）代理人在代理权消灭或撤销后所为的票据行为；（3）实际上本人从未授权，但因本人的行为，如对第三人表示将代理权授予他人，或明知他人表示为自己代理而不表示反对，致第三人相信他人有代理权的。

表见代理的成立需具备主、客观要件，主观要件是直接相对人的行为是善意的；客观上具备上述三个条件之一，足以使相对人相信有代理权的理由。如果具备主客观条件，本人就须承担票据责任；如只具备客观条件，本人仅可以无权代理为理由对直接相对人提出抗辩，但不得以此对抗善意的第三票据取得人。表见代理成立时，持票人既可以向本人主张权利，更可依据票据法向无权代理人主张权利，行为人不得以表见代理成立而主张抗辩。

第四节　票据权利与利益偿还请求权

一、票据权利的概念及种类

（一）票据权利的概念及特征

票据权利，是指持票人向票据债务人请求支付票据金额的权利。根据我国《票据法》第 4 条第 4 款的规定，票据权利包括付款请求权和追索权两类。

票据权利是票据关系中票据债权人享有的权利，是一种证券权利，产生于票据债务人的票据行为。该种权利在学理上又叫“票据上的债权”或“票据上的权利”。这与票据法上的权利不是同一概念。票据法上的权利是根据票据法的规定所产生的权利，从广义上讲，票据权利也属票据法上的权利范畴，但一般认为，票据法上的权利仅指票据权利以外的其他票据法上的权利，如付款人的交出票据请求权、汇票持票人的发还复本请求权以及利益偿还请求权等。

票据权利的特征有三点：

1. 票据权利是证券性权利。由于票据行为的无因性、要式性和独立性，因此而产生的票据权利就成为一种比一般债权效力更强的权利，即证券性权利。该种权利一经产生，就同证券（票据）密不可分。只有取得证券，才能取得票据权利；也只有依据证券，才能行使票据权利。

2. 票据权利是单一性权利。由于票据权利与票据本身的不可分割性，不可能有两个以上的所有人同时占有同一张票据。因此，就同一票据来说，也就不可能同时存在两个以上的票据权利。故票据权利是一种单一性的权利。

3. 票据权利是二次性权利。票据权利虽属金钱债权，但又不同于一般的金钱债权。金钱债权通常仅为一次性权利，而票据债权则有可能成为二次性权利，即权利人可能对两个以上的不同债务人行使请求权。应首先承担债务的债务人为主债务人，其他债务人则为从债务人（或称偿还债务人、次债务人）。权利人首先应向主债务人行使请求权，即付款请求权；如未获付款时，则可向从债务人行使追索权，亦即偿还请求权。《高法票据纠纷案件司法解释》第 4 条规定："持票人不先行使付款请求权而先行使追索权遭拒绝提起诉讼的，人民法院不予受理。除有票据法第六十一条第二款和本规定第三条所列情形外，持票人只能在首先向付款人行使付款请求权而得不到付款时，才可以行使追索权。"

（二）票据权利的种类

票据权利，如前所述包括付款请求权和追索权两类。

1. 付款请求权。是指票据债权人请求票据主债务人或其他付款义务人按照票载金额支付金钱的权利。付款请求权是第一次（顺序）请求权，其权利主体是持票人，其主债务人是汇票的承兑人、本票的出票人及支票的付款人。其他付款义务人是参加付款人、参加承兑人、担当付款人等。票据债权人在向前述债务人提示票据行使付款请求权未得到实现时，则可以行使追索权。

2. 追索权。追索权是指持票人于不获付款或不获承兑或其他法定原因发生时，在保全票据权利的基础上，向除主债务人以外的前手（包括出票人、背书人或其他债务人）请求偿还票据金额及其损失的权利。被追索人已为清偿，而对另外的相对人再行使追索权，称为再追索权。追索权虽然在有其他法定原因（如不获承兑、破产宣告等）时也可在票据到期日前行使（即期前追索），但在原则上是为票据不获付款时而设立的票据权利，一般应在票据到期不获付款时才能行使（即届期追索），所以称其为第二次请求权。《高法票据纠纷案件司法解释》第5条称其为"第二顺序权利"。同时，追索权的行使，不仅是为了追回票据金额，而且在支付内容上增加了有关费用，例如票载金额利息、作成拒绝证书的费用等，是对有关费用要求偿还，因此，又被称为偿还请求权。

二、票据权利的取得

票据权利的取得，是指根据什么方式，依据何种法律事实而取得票据权利。票据权利是证券化权利，是以持有票据为依据的，因此，行为人合法、有效地取得了票据，即取得了祟据权利。根据票据实践的一般情形，当事人取得票据主要有以下几种情况：

1. 从出票人处取得。出票是创设票据权利的票据行为，从出票人处取得票据，即取得票据权利。

2. 从持有票据的人（持票人）处受让取得。票据通过背书或交付等方式可以转让他人，只要背书连续、交付有效，受让人即可取得票据，从而取得票据权利。

3. 依照法定方式，如税收、继承、赠与、企业合并等方式取得票据。

按照我国《票据法》的规定，行为人合法取得票据，依法取得票据权利，应注意以下问题：

1. 票据的取得，须以给付对价为必要。对价是一个特定的法律概念，是指当事人一方在获得某种利益时，必须给付对方相应的代价。我国《票据法》第10条第2款规定："票据的取得，必须给付对价，即应当给付票据双方当事人认可的相对应的代价。"这里"相对应的代价"就是指相当或相等的代价。

如果票据的取得是无对价或无相等对价的，根据票据法的一般原理，只要票据取得人取得票据没有恶意，即不存在欺诈、偷盗、胁迫等，那么他自然享有该票据权利，但该票据权利不得优于其前手。这就是说，凡以无对价或无相当对价取得票据的，如果属于善意取得，仍然享有票据权利，但票据持有人必须承受其前手的权利瑕疵。如果前手的权利因违法或有瑕疵而受影响或丧失，则该持票人的权利也因此受影响或丧失。

2. 法定情形下票据的取得不受给付对价的限制。我国《票据法》一方面强调票据的取得要以真实的交易关系和债权债务关系为基础，要以给付对价为必要，另一方面也承认一些例外情况下无偿取得票据行为的有效性。《票据法》第 11 条规定："因税收、继承、赠与可以依法无偿取得票据的，不受给付对价的限制。但是，所享有的票据权利不得优于其前手的权利。"这里的前手是指在票据签章人或者持票人之前签章的其他票据债务人。

3. 因欺诈、偷盗、胁迫、恶意或重大过失而取得票据的，不得享有票据权利。我国《票据法》第 12 条规定："以欺诈、偷盗或者胁迫等手段取得票据的，或者明知有前列情形，出于恶意取得票据的，不得享有票据权利。持票人因重大过失取得不符合本法规定的票据的，也不得享有票据权利。"这里所谓恶意，泛指以各种不正当的方法取得票据，包括受让人明知让与人为无处分权人，而仍接收其票据转让。所谓重大过失，是指稍加注意，或以一般注意，即可推知让与人的票据权利有瑕疵的情形。在上述情况下，票据受让人不能取得票据权利。

三、票据权利的消灭

票据权利的消灭，是指因发生一定的法律事实而使票据权利不复存在。票据权利消灭以后，票据上的债权、债务关系也随之消灭。在一般情况下，票据权利可因履行、免除、抵消、混同、保全手续欠缺等事由的发生而消灭。而我国《票据法》第 17 条则着重规定了持票人的票据权利因时效届满而消灭的四种情形，即票据权利在下列期限内不行使而消灭：

1. 持票人对票据的出票人和承兑人的权利（包括付款请求权和追索权），自票据到期日起 2 年；见票即付的汇票、本票，自出票日起 2 年；

2. 持票人对支票出票人的权利（包括付款请求权和追索权），自出票日起 6 个月；

3. 持票人对前手（不包括出票人）的追索权，自被拒绝承兑或者拒绝付款之日起 6 个月；

4. 持票人对其前手（不包括出票人）的再追索权，自清偿日或者被提起诉讼之日起 3 个月。

前述票据的出票日、到期日由票据当事人依法确定。

四、票据权利的行使与保全

票据权利的行使是指票据权利人向票据债务人提示票据，请求其履行票据债务的行为。如提示票据请求承兑、请求付款、行使追索权等。

票据权利的保全，是指票据权利人为防止其票据权利的丧失，依票据法规定所为的行为。如：为防止付款请求权与追索权因时效而丧失，采取中断时效的行为；为防止追索权的丧失，采取作成拒绝证明的行为；遵期提示，即票据持有人向付款人出示票据，请求付款。

无论是票据权利的行使，还是票据权利的保全，都涉及在何地、何时进行的问题。我国

《票据法》第 16 条规定："持票人对票据债务人行使票据权利，或者保全票据权利，应当在票据当事人的营业场所和营业时间内进行，票据当事人无营业场所的，应当在其住所进行。"此处的票据当事人是指对票据债务承担义务的承兑人、付款人、保证人、出票人或前手背书人等。所称住所，按《民法通则》的规定，"法人以它的主要办事机构所在地为住所"，公民则"以他的户籍所在地的居住地为住所，经常居住地与住所不一致的，经常居住地视为住所"。

五、票据权利的补救

票据权利与票据是紧密相关的，如果票据一旦丧失[①]，票据权利的实现就会受到影响。为此，各国票据法一般都规定有票据丧失后的补救措施。如英美法系国家基本采用普通诉讼制度，一些大陆法系国家采用公示催告制度。我国在《票据法》颁布之前，《民事诉讼法》就规定有公示催告制度，但鉴于只靠公示催告难以解决票据运行中存在的实际问题，所以我国《票据法》第 15 条规定了更为全面的挂失止付、公示催告和普通诉讼等三种救济措施。

无论采取上述哪一种补救措施，均必须符合以下三个条件：（1）必须有丧失票据的事实，亦即因票据灭失、遗失、被盗等原因而使票据权利人丧失对票据的占有；（2）失票人必须是真正的票据权利人；（3）丧失的票据必须是未获付款的有效票据。否则，不得行使以下票据权利的补救措施。另外，对于伪报票据丧失的当事人，人民法院在查明事实、裁定终结公示催告或者诉讼程序后，可以参照《民事诉讼法》第 111 条的规定，追究伪报人的法律责任。

1. 挂失止付。挂失止付是指失票人将丧失票据的情况通知付款人或者代理付款人并由接受通知的付款人暂停支付的临时性救济措施。我国《票据法》第 15 条第 1 款规定："票据丧失，失票人可以及时通知票据的付款人挂失止付，但是，未记载付款人或者无法确定付款人及其代理付款人的票据除外。"

根据《支付结算办法》第 48 条至第 51 条的规定，可以挂失止付的票据包括已承兑的商业汇票、支票、填明"现金"字样和代理付款人名称的银行汇票以及填明"现金"字样的银行本票。失票人在挂失时，应填写挂失止付通知书并签章。其挂失止付通知书应记载票据丧失的时间、地点、原因，票据的种类、号码、金额、出票日期、付款日期、付款人名称、收款人名称，挂失止付人的姓名、营业场所或住所及联系的方法等事项。付款人或者代理付款人收到挂失止付通知书后，经查明票据确实未付款时，应立即暂停支付。否则，应承担民事赔偿责任。但是，付款人或者代理付款人自收到挂失止付通知书之日起 12 日内没有收到人民法院的止付通知书的，自第 13 日起，持票人提示付款并依法向持票人付款的，不再承担责任。

付款人或者代理付款人在收到挂失止付通知书之前，已经向持票人付款的，不再承担责任。但是，付款人或者代理付款人以恶意或者重大过失付款的除外。

需要指出的是，挂失止付并不是票据丧失后票据补救的必经程序，它只是失票人在丧失票

---

① 所谓丧失，是指最后持票人非出自自己的本意，且无抛弃票据权利的意思而丧失对票据的直接占有（控制）和间接占有（如委托收款、出质）。

据后可以采取的一种暂时的预防措施，以防止票据被冒领或骗取。因此，失票人既可以在票据丧失后先采取挂失止付，再紧接着申请公示催告或提起诉讼；也可以直接申请公示催告，并由法院受理后发出止付通知；或直接向法院提起诉讼。

关于各类票据挂失止付的程序，在中国人民银行 1995 年 12 月 7 日发布的《关于施行〈中华人民共和国票据法〉有关问题的通知》的第 6 条中作了具体规定。

2. 公示催告。公示催告是指人民法院依据失票人的申请，以公示的方法催告不明的利害关系人在法定期间申报权利，如无人申报，则根据当事人的申请作出除权判决，从而使票据权利与丧失票据相分离的一种非诉讼程序。我国《票据法》第 15 条第 3 款规定："失票人应当在通知挂失止付后三日内，也可以在票据丧失后，依法向人民法院申请公示催告……"《民事诉讼法》更专章规定了票据丧失后的公示催告程序。

（1）申请。失票人向票据支付地的基层人民法院提出公示催告的申请，申请书应写明：票面金额；发票人、持票人、背书人；申请的理由、事实；通知票据付款人或者代理付款人挂失止付的时间；付款人或者代理付款人的名称、通信地址、电话号码等。票据的支付地是指票据的履行地：银行汇票以出票人所在地为支付地；商业汇票以承兑人或付款人所在地为支付地；银行本票以出票人所在地为支付地；支票以出票人开户银行所在地为支付地。

（2）法院审查申请。经审查申请不符合要求时，以裁定驳回申请；申请符合要求时，即决定受理申请，应当同时通知支付人停止支付，并在 3 日内在全国性报刊上发出公告，催促利害关系人申报权利。

（3）公示催告。公示催告的期间：国内票据自公告发布之日起 60 日，涉外票据可根据具体情况适当延长，但最长不得超过 90 日。在公示催告期间发生以下效力：1）支付人收到人民法院发出的止付通知，应立即停止支付，直至公示催告程序终结；非经发出止付通知的人民法院许可擅自解付的，不得免除票据责任；2）以公示催告的票据质押、贴现，因质押、贴现而接受该票据的持票人主张票据权利的，人民法院不予支持，但公示催告期间届满以后人民法院作出除权判决以前取得该票据的除外；3）利害关系人应向法院申报权利。

如有利害关系人申报权利的，人民法院收到利害关系人的申报后，应当进行形式审查，通知申报人出示证据，并通知申请人在指定期间察看证据，不一致时裁定驳回利害关系人的申报；申报人主张的权利与申请人有争议的，法院应当裁定终结公示催告程序，并通知申请人和支付人。申请人或申报人可以向人民法院起诉。此外，依《民事诉讼法》第 223 条的规定，利害关系人因正当理由不能在判决前向人民法院申报的，自知道或者应当知道除权判决之日起 1 年内，可向作出判决的人民法院提起诉讼。

（4）除权判决。公示期满无人申报权利或申报被驳回时，申请人自申报权利期间届满的次日起 1 个月内可请求人民法院作出除权判决，即以判决宣告票据无效。判决应当公告，并通知支付人。自判决公告之日起，申请人有权向支付人请求支付。经除权判决后，票据无效。

所以，除权判决的法律后果在于使票据丧失后取得票据的人丧失票据权利，即使是善意取得票据的人也不例外。

3. 普通诉讼。是指失票人丧失票据后通过对有关人员的一般民事诉讼来解决票据权利问题的措施。《票据法》第 15 条第 3 款规定："失票人应当在通知挂失止付后 3 日内，也可以在票据丧失后……向人民法院提起诉讼。”该普通诉讼依《高法票据纠纷案件司法解释》第35条、第37条的规定，主要有两种情况：一是票据丧失后，失票人在票据权利时效届满以前请求出票人补发票据或请求债务人付款，在提供相应担保的情况下因出票人拒绝补发票据或债务人拒绝付款而提起的诉讼；二是失票人为行使票据所有权，向非法持有票据人请求返还票据的诉讼。普通诉讼由被告住所地或者票据支付地人民法院管辖。

丧失票据的失票人提起诉讼应注意以下几点：

(1) 票据丧失后的诉讼被告一般是付款人（或承兑人），但在找不到付款人或付款人不能付款时，也可将其他票据债务人如出票人、背书人、保证人等列为被告；

(2) 诉讼请求的内容是要求付款人或其他票据债务人在票据的到期日或判决生效后支付或清偿票据金额，或者请求出票人补发票据，或者请求非法持有票据人返还票据；

(3) 失票人在提起诉讼时，应提供关于票据丧失的有关证明（即向人民法院说明曾经持有票据及丧失票据的情形）；

(4) 在判决前或者付款前，失票人应当提供相当于票载金额的担保，以防止由于付款人支付已丧失的票据票款后可能出现的损失；

(5) 在判决前，丧失的票据出现时，付款人应以该票据正处于诉讼阶段为由暂不付款，而将情况迅速通知失票人和人民法院，法院应终结诉讼程序。

六、票据的伪造和变造

票据的伪造、变造属于票据瑕疵，它直接影响票据权利的安全和票据的使用、流通秩序，因此，我国《票据法》第14条第1款明确规定：“票据上的记载事项应当真实，不得伪造、变造。伪造、变造票据上的签章和其他事项的，应当承担法律责任。”

(一) 票据伪造

所谓票据伪造，是指无权限人假冒他人或虚构人的名义签章的行为，包括票据本身的伪造和票据上签名的伪造。前者是指假冒他人或虚构人的名义进行出票行为，这种伪造的票据是无效的票据；后者是指假冒他人或虚构人的名义进行出票行为以外的其他票据行为，是在真实票据上所为的票据伪造行为，这种票据并不因伪造行为无效而绝对无效，其他在票据上真实签章的行为人仍须承担票据文义载明的票据债务。

票据的伪造与票据的无权代理不同，票据的伪造必须是伪造者假冒他人名义签章，而票据的无权代理则在票据上表明了代理关系，将被代理人的姓名或名称记载在票据上并由行为人自己签章，因此两者不能等同。

票据伪造是一种损害他人利益、扰乱社会经济秩序的行为，因而在法律上不具有任何票据行为的效力，其从一开始就是无效的。因此，持票人即使是善意取得票据，对被伪造人也不能行使票据权利；对伪造人而言，由于他没有在票据上以自己名义签章，因此也不承担票据责任。但是，如果伪造人给他人造成损害的，应承担民事责任；构成犯罪的，还需承担刑事责任。

由于票据行为具有独立性的特点，一行为无效，不影响其他行为的效力，故我国《票据法》第 14 条第 2 款规定：票据上有伪造的签章的，不影响票据上其他真实签章的效力。也就是说，在票据上真实签章的人，仍然应当对被伪造的票据的债权人承担票据责任。当票据债权人按票据法规定提示承兑、提示付款或行使追索权时，其不能以票据被伪造为由进行抗辩。

(二) 票据变造

所谓票据变造，是指无权更改票据内容的人，对票据上签章以外的记载事项加以改变的行为。签章的变造属于伪造。票据变造的前提是该票据在变造前须为形式上有效的票据，而在变造后仍须为形式上有效的票据。同时，应注意的是票据权利人对票据依法进行的更改①及行为人在空白票据上经授权进行补记的，不属于票据的变造。

在票据被变造的情形下，应依照行为人签章是在变造之前或之后来确定其应承担的责任，即《票据法》第 14 条第 3 款所规定的："票据上其他记载事项被变造的，在变造之前签章的人，对原记载事项负责；在变造之后签章的人，对变造之后的记载事项负责；不能辨别是在票据被变造之前或者之后签章的，视同在变造之前签章。"同时，尽管被变造的票据仍然为有效票据，但票据变造行为本身是一种违法行为，所以，变造人的行为给他人造成经济损失的，应对此承担民事责任；构成犯罪的，应承担刑事责任。

另外，银行以善意且符合规定和正常操作程序的要求，对伪造、变造的票据的签章以及需要交验的个人有效身份证件进行了审查，未发现异常情况而支付金额的，对出票人或付款人不再承担受托付款的责任，对持票人或收款人不再承担付款的责任。

七、利益偿还请求权

利益偿还请求权，或称利益返还请求权或受益偿还请求权，是指票据上的权利因时效届满或手续欠缺而消灭时，持票人对出票人或承兑人在其所得的利益的限度内，请求偿还其利益的权利。

票据权利的行使规定有严格的要式性，且其时效很短，因此票据权利人如因手续的欠缺或时效的届满，就会失去票据权利。而票据债务人（出票人、承兑人等）则会因此而额外获得一笔资金利益，这种利益具有不当得利的性质。为救济这种不公平的情形，大陆法系国家的票据法一般都规定有利益返还请求制度。由于这种权利是为了救济持票人在票据权利丧失后的利益，而不是票据权利本身，所以，利益偿还请求权不是一种票据权利，而是一种独立的票据法上的权利。

我国《票据法》第 18 条规定："持票人因超过票据权利时效或者因票据记载事项欠缺而丧失票据权利的，仍享有民事权利，可以请求出票人或承兑人返还其与未支付的票据金额相当的利益。"亦即持票人仍可依据《民法通则》关于一般消灭时效的规定，向出票人或承兑人行使请求偿还与票据金额相当的利益及其利息的权利。

---

① 票据更改是指有权限的票据当事人对票据的内容加以改变。这种更改只要不违背法律强制性规定，同时又符合要式，就具有法律效力。我国《票据法》第 9 条第 2、3 款对更改作了以下规定："票据金额、日期、收款人名称不得更改，更改的票据无效。对票据上的其他记载事项，原记载人可以更改，更改时应当由原记载人签章证明。"

第五节 票据抗辩

一、票据抗辩的概念及立法事由

票据抗辩是指票据债务人根据票据法的规定对票据债权人拒绝履行义务的行为。亦即票据债务人对票据债权人的请求，提出一定的合法事由予以对抗，并依此而拒绝履行票据义务的行为。这里的合法事由称为抗辩事由；提出抗辩，并依此而拒绝履行票据义务的权利称为抗辩权。

我们知道，在票据关系中，票据权利人依法享有票据权利，即付款请求权和追索权；而票据债务人则承担着票据责任，即向票据权利人支付票据金额的义务。票据权利的实现有待于票据义务的履行。各国票据法明确规定票据抗辩的事由，目的就是要把票据债务人的抗辩限制在法律允许的范围之内，以促使票据债务人切实合法地履行票据义务，确保票据债权人权利的实现，从而保障票据的自由流通。同时，也予票据债务人在法定情形下，行使票据抗辩权的权利，以维护自身的合法权益。

二、票据抗辩的种类

根据抗辩的事由及效力的不同，票据抗辩可以分为物的抗辩和人的抗辩两类：

（一）物的抗辩

又称绝对抗辩或客观抗辩，是指基于票据本身所存在的事由而发生的抗辩。因抗辩事由是基于票据这个客观物体而发生，故称物的抗辩；又因该抗辩事由可以对一切持票人提出，所以又称绝对抗辩。

依提出抗辩的债务人的不同，物的抗辩分为两类：

1. 一切票据债务人（被请求人）可以对一切票据债权人（持票人）行使的抗辩。这类抗辩包括：（1）票据无效的抗辩，如欠缺票据上应记载的事项，或记载了不得记载的事项，或者不符合法定格式的；（2）依票据记载不能提出请求的抗辩，如票据记载的到期日未至，票据上记载的付款地与持票人请求付款的地点不符；（3）票据权利已经消灭的抗辩，如已依法付款或依法提存；（4）票据失效的抗辩，如该票据已被作出除权判决等。

2. 只有特定债务人可以提出，但可以对抗一切债权人的抗辩。包括：（1）对无权代理所作的抗辩；（2）保全手续欠缺的抗辩；（3）否定票据行为有效成立的抗辩；（4）依票据记载而提出的抗辩，如提示的票据系伪造或变造；（5）票据权利对该债务人因时效已过而消灭的抗辩等。

（二）人的抗辩

又称相对抗辩或主观抗辩，是指票据债务人仅可以对特定的票据债权人提出的抗辩。这类抗辩是基于票据当事人之间的特定关系而产生的，只能对特定的票据债权人行使。当债权人（持票人）发生变更，这种抗辩便被切断，债务人不得再以原来的事由对新的债权人行使抗辩。

按照抗辩人的不同，人的抗辩也可分为两类：

1. 一切票据债务人可以对特定的债权人行使的抗辩。包括：（1）债权人欠缺实质上的受领资格的抗辩，如票据债权被法院扣押禁止付款，持票人被法院宣告破产等，持票人以非法手段、恶意或重大过失取得票据的；（2）票据债权人欠缺形式上的受领资格的抗辩。如背书不连续的持票人就欠缺受领票据的资格。我国《票据法》第 31 条第 1 款规定：汇票"持票人以背书的连续，证明其汇票权利"。如背书不连续则欠缺受领票据的资格。

2. 特定债务人可以向特定的债权人行使的抗辩。这里的特定债权人与特定债务人是指双方当事人间具有直接的关系。这类抗辩包括：（1）基于基础关系原因而提起的抗辩。如直接当事人间欠缺对价的抗辩，欠缺原因关系的抗辩，原因关系因非法而无效的抗辩等，我国《票据法》第 13 条第 2 款，第 10 条第 1 款、第 2 款就作出了这类规定。（2）基于票据关系原因而提起的抗辩。如直接当事人之间发生债权债务抵消或债务免除的情形，票据债务人可对持票人行使抗辩；票据出票人出票后未交付前发生遗失、被盗的，对票据盗窃人、拾得人可以未交付为由进行抗辩。

三、票据抗辩的限制及其例外

票据抗辩的提出，使票据权利陷入不稳定的状态，并因此可能造成票据流通性的破坏。故此，各国票据法对票据权利的流转，规定了不同于一般民事权利流转其瑕疵一并流转的制度，即对票据抗辩作出限制，以保障票据的流通性和安全性。

票据抗辩的限制，或称票据抗辩的切断制度，是指票据流转给直接当事人以外的其他人后，直接当事人之间的抗辩原则上被切断。亦即不得以直接当事人之间的抗辩事由对抗非直接当事人。由于物的抗辩是一种绝对抗辩，对于一切票据债权人都可提起，故票据抗辩的切断不可能存在于对物的抗辩中。而人的抗辩是相对抗辩，是对特定债权人提起的抗辩，债权人变了，抗辩事由也就被切断。故票据抗辩的限制仅存在于人的抗辩中。

票据抗辩的限制分为积极的抗辩限制和消极的抗辩限制。积极的抗辩限制是从权利人方面而言的，是指善意持票人（权利人）可以向票据上的一切债务人请求付款，而不受其前手权利瑕疵和前手相互间对人的抗辩的约束。消极的抗辩限制，则从债务人的角度来规定，如我国《票据法》第 13 条就规定为两个方面：（1）票据债务人不得以自己与出票人之间的抗辩事由对抗持票人。因为出票人与付款人（债务人）之间的关系是民事关系，应适用民法规范；而持票人与付款人之间是票据关系，应适用票据法规范。两者不能混同。（2）票据债务人不得以自己与持票人的前手之间的抗辩事由来对抗持票人。

但票据抗辩的限制也有例外，如依我国《票据法》第 13 条第 1 款后段及《高法票据纠纷案件司法解释》第 15 条的规定精神，持票人明知票据债务人与出票人或者与持票人的前手之间存在抗辩事由而取得票据的，应受票据债务人对其前手抗辩事由的抗辩。即是说对于恶意或有重大过失取得票据的持票人，债务人可以自己和出票人或持票人前手之间的抗辩事由，对抗持票人。但债务人应负举证责任，证明持票人有恶意或有重大过失的存在。另外，《票据法》

第 11 条规定“因税收、继承、赠与可以依法无偿取得票据的，不受给付对价的限制。但是，所享有的票据权利不得优于其前手的权利”，也可视为对票据抗辩限制的例外。即无对价取得票据的人，应承接其前手的权利瑕疵。

第六节 汇票

一、汇票的概念及分类

（一）汇票的概念

汇票是出票人签发的，委托付款人在见票时或在指定日期无条件支付确定的金额给收款人或者持票人的票据。它与本票、支票相比，具有以下法律特征：

1. 从当事人方面来看，汇票在出票时，其基本当事人有三方：出票人、付款人和收款人。出票人是签发汇票的人，付款人是受出票人委托支付票据金额的人，收款人是凭汇票向付款人请求支付票据金额的人。而本票的基本当事人只有出票人和收款人。支票的基本当事人虽然也有三个，但其付款人仅限于办理支票存款业务的银行或其他金融机构，而汇票的付款人则没有这一限制。

2. 汇票是委付证券，是一种支付命令。而本票是一种自付证券，是一种自我付款的承诺。因其为委付证券，故汇票的出票人和付款人之间必须具有真实的委托付款关系，并具有支付汇票金额的可靠的资金来源。

3. 汇票须经承兑。承兑是汇票独有的法律行为，是汇票区别于本票和支票的重要特征。它是指付款人承诺在汇票到期日支付汇票金额的一种票据行为。汇票一经承兑，付款人就取代出票人而成为票据的主债务人。

4. 付款日不同。汇票除有见票即付的情况外，还有定日付款、出票后定期付款和见票后定期付款等情况，而本票和支票在付款期限的规定上一般只有见票即付的情况。

（二）汇票的分类

汇票依不同的标准，可作不同的分类：

1. 依出票人的身份的不同，可分为银行汇票和商业汇票

我国《票据法》明文规定：“汇票分为银行汇票和商业汇票。”

银行汇票是指出票银行签发的，由其在见票时按照实际结算金额无条件支付给收款人或者持票人的票据。银行汇票是一种变式汇票，即已付汇票，其基本当事人只有两个，即出票人和收款人，出票银行既是出票人，又是付款人。

商业汇票是指出票人签发的，委托付款人在指定日期无条件支付确定的金额给收款人或者持票人的票据。商业汇票的出票人为银行以外的企业和其他组织；其付款人可以是银行，也可是银行以外的企业或其他组织。凡由银行承兑的，称为银行承兑汇票；凡由银行以外的付款人承兑的，称为商业承兑汇票。商业汇票则因其主债务人不一定为社会公众所熟知，其流通性远

逊于银行汇票。

2. 依汇票到期日的不同，汇票分为即期汇票和远期汇票

即期汇票，即见票即付的汇票，以持票人提示汇票之日作为汇票到期日。远期汇票是指必须到约定日期才能请求付款的汇票。按约定日期的方法的不同，远期汇票又可分为以下三种：(1) 定期汇票，即出票时以某一确定日为到期日的汇票；(2) 计期汇票，即以出票日后一定期间为到期日的汇票；(3) 见票后定期汇票，指以承兑后一定期间为到期日的汇票；(4) 分期付款汇票，指将票面金额分成若干部分，并分别指定到期日的汇票。

3. 依记载权利人名称方式的不同，可分为记名汇票、指示汇票和无记名汇票

记名汇票，或称抬头汇票，是指出票人在票据上载明收款人姓名或名称的汇票。这种汇票的生效条件是：出票人须在制票后将票据交给票载的收款人，以后的受让人则必须以背书的连续性证明其票据权利。

指示汇票，是指出票人除在汇票上载明收款人姓名或名称外，还记载“或其他指定人”的汇票。

无记名汇票是指在汇票上不记载收款人的姓名或名称，或者仅记载“付于来人”字样的汇票。该种汇票依交付而转让。

4. 按照票据关系当事人资格是否重叠为标准，汇票可分为一般汇票和变式汇票

一般汇票，是指出票人、付款人及收款人分别为三个独立的行为主体，三者的身份不发生任何重叠的汇票。

变式汇票，是指出票人、付款人及收款人中有一人兼任数个票据当事人身份的汇票。变式汇票又可分为三种：(1) 指己汇票，又称己受汇票，指出票人兼为收款人的汇票；(2) 对己汇票，又称己付汇票，是指出票人兼为付款人的汇票；(3) 付受汇票，是指付款人兼为收款人的汇票。我国票据法对变式汇票未作规定，但在实践中是存在这三种汇票的。

5. 按照汇票的付款要求不同，汇票可分为光票和跟单汇票

光票，指在付款时不需要附带任何其他单据即可发生付款效力的汇票。光票多在异地交易中使用，卖方以买方为付款人而签发，当持票人向付款人提示付款时，只须提交汇票本身即可。

跟单汇票，指须随附一些单据才能发生付款效力的汇票。它与光票的区别是，跟单汇票到期付款时不仅需要提示汇票本身，还需提示随汇票所附的各种单据，如发票、提单、税票或保险单等，才能获得付款。

6. 按照出票和付款的地域不同为标准，可分为国内汇票和国际汇票

国内汇票，指出票地、付款地及流通领域均在同一国境内的汇票。

国际汇票，指发行与流通跨越两国或两国以上的汇票。如出票地、付款地不在同一国；或出票人、付款人不在同一国等。

二、汇票的主票据行为

（一）汇票出票的概念及记载事项

汇票的出票，又称汇票的发票，是指出票人签发汇票并将其交付给收款人的票据行为。它是创设汇票的基本票据行为，或称汇票的主票据行为。

汇票的出票包括签发票据和交付两个行为。前者是指出票人依据法定款式将应记载事项记载于票据上，并签章于其上；后者又称发行，是指出票人将已作成的汇票交付给他人。出票若无交付行为，则该票据尚不能发生效力，不能算做出票行为的完成。

根据我国《票据法》的规定，出票人签发的汇票必须记载以下事项：

（1）表明“汇票”的字样；

（2）无条件支付的委托；

（3）确定的金额；

（4）付款人名称；

（5）收款人名称；

（6）出票日期；

（7）出票人签章。

汇票未记载上述事项之一的，汇票无效。

另外，在汇票上应当清楚、明确地记载付款日期、付款地、出票地等事项。如果汇票上未记载付款日期的，视为见票即付；未记载付款地的，以付款人的营业场所、住所或经常居住地为付款地；未记载出票地的，以出票人的营业场所、住所或经常居住地为出票地。

付款日期可以按照下列形式之一记载：

（1）见票即付；

（2）定日付款；

（3）出票后定期付款；

（4）见票后定期付款。

上述付款日期均为汇票到期日。

汇票上可以记载法定事项以外的其他出票事项，但是，该记载事项不具有汇票上的效力。

（二）汇票出票的条件及效力

关于汇票出票的条件，我国《票据法》规定，出票时“汇票的出票人必须与付款人具有真实的委托付款关系，并且具有支付汇票金额的可靠资金来源”，出票人“不得签发无对价的汇票用以骗取银行或者其他票据当事人的资金”。

汇票出票后就使票据完成，票据进入流通领域，票据关系人依完成的票据所载文义而享有票据权利、承担票据义务。这就是出票的效力。出票行为对出票人自身而言，使其承担了保证该汇票承兑和付款的责任，在汇票得不到承兑或者付款时，应当向持票人清偿法律规定的金额和费用；对票载收款人而言，其效力就是使其享有票据上的权利，即付款请求权和追索权；对票载付款人而言，出票行为并不必然对其发生约束力，出票行为仅使付款人获得了付款的资格（可能性），并未使付款成为其义务，只有当付款人承兑后，付款人才负有付款的义务，成为汇票的主债务人。

三、汇票的从票据行为

汇票的从票据行为包括背书、承兑、保证、付款等。

（一）背书

1. 背书的概念。背书是指持票人在票据背面或者粘单上记载有关事项并签章的票据行为。票据的背书人应当在票据背面的背书栏依次背书。背书栏不敷背书的，可以使用统一格式的粘单，黏附于票据凭证上规定的粘接处。粘单上的第一记载人，应当在票据和粘单的粘接处签章。

持票人通过背书并交付汇票，可以将汇票权利转让给他人，也可以将一定的汇票权利授予他人行使。其中，作背书转让的持票人为背书人，接受票据受让背书的人为被背书人，被背书人接受票据后可以再次背书，称为再背书。

2. 背书的分类。背书依不同标准可作不同的分类：

（1）依背书的目的不同可分为转让背书和非转让背书。转让背书是指持票人以转让票据权利为目的的背书，但是，汇票上记载有“不得转让”字样的，汇票不得背书转让。非转让背书是指持票人为转让票据权利以外的其他目的而为的背书，又分为委任背书和设质背书两种。

委任背书或称委托收款背书，是指持票人为委托他人（被背书人）代为领取票款而为的背书。我国《票据法》第 35 条第 1 款就委任背书作了规定：“背书记载‘委托收款’字样的，被背书人有权代背书人行使被委托的汇票权利。但是，被背书人不得再以背书转让汇票权利。”设质背书或称质权背书，是指背书人以票据权利设定质押为目的的背书。背书人为出质人，被背书人为质权人。《票据法》第 35 条第 2 款规定：“汇票可以设定质押；质押时应当以背书记载‘质押’字样。被背书人依法实现其质权时，可以行使汇票权利。”票据设质，实质上是《担保法》中规定的权利质押。

（2）依背书的效力不同划分，背书可分为一般转让背书和特殊转让背书。一般转让背书是具有完全的无限制效力的转让背书，其依记载事项完全与否，又可分为完全背书和空白背书。完全背书或称记名背书，是指需要载明被背书人名称并由背书人签章的背书。空白背书是指不记载被背书人名称的背书，又称无记名背书。我国票据法不承认无记名背书。特殊转让背书是转让效力受到一定限制的背书，又可分为禁止背书的背书、无担保背书、回头背书和期后背书等。

禁止背书的背书又分为出票人禁止背书和背书人禁止背书。按《高法票据纠纷案件司法解释》第 48 条、第 51 条的规定：票据的出票人在票据上记载“不得转让”字样，票据持有人背书转让的，背书行为无效。背书转让后的受让人不得享有票据权利，票据的出票人、承兑人对受让人不承担票据责任。背书人在票据上记载“不得转让”、“委托收款”、“质押”字样，其后手再背书转让、委托收款或者质押的，原背书人对后手的被背书人不承担票据责任，但不影响出票人、承兑人以及原背书人之前手的票据责任。

3. 背书的格式。背书的格式，包括三方面内容：

（1）应记载事项。各国票据法均规定，背书应记载背书人签章、被背书人名称（空白背书除外）和背书日期。背书未记载日期的，视为在汇票到期日前背书。我国《票据法》第 29 条也有此规定。

（2）得记载的事项。我国《票据法》第 34 条规定：“背书人在汇票上记载‘不得转让’字样，其后手再背书转让的，原背书人对后手的被背书人不承担保证责任。”其中的“不得转让”

即为得（可以）记载事项。

(3) 不得记载的事项。我国《票据法》第 33 条规定：“背书不得附有条件。背书时附有条件的，所附条件不具有汇票上的效力。将汇票金额的一部分转让的背书或者将汇票金额分别转让给二人以上的背书无效。”此规定即为不得记载的事项。

4. 背书的连续。所谓背书连续，是指在票据转让中，转让汇票的背书人和受让汇票的被背书人在汇票上的签章依次前后衔接。即本次背书人应是前一次背书的被背书人。我国《支付结算办法》第 33 条进一步明确规定：背书连续，是指票据第一次背书转让的背书人是票据上记载的收款人，前次背书转让的被背书人是后一次背书转让的背书人，依次前后衔接，最后一次背书转让的被背书人是票据的最后持票人。

背书连续的效力，分为对持票人的效力和对付款人的效力。就持票人的效力而言：(1) 背书连续产生证明力，可证明持票人享有票据权利；(2) 背书形式上不连续，而实质上连续，即以其他合法方式取得汇票的，必须依法举证，以实质连续证明背书连续后可以主张汇票权利；(3) 形式和实质均不连续时，持票人只能行使追索权或利益偿还请求权。我国《票据法》第 31 条第 1 款规定了对持票人的效力。

就付款人的效力而言：(1) 付款人应负查验背书是否连续的责任；(2) 背书不连续而付款时，造成的损失由付款人负责。

5. 背书的效力。或称背书后的法律后果，包括转让背书的效力和非转让背书的效力两种：

转让背书的效力有三：一是通过背书将票据权利由背书人转移给被背书人。二是背书人负有担保责任，即后手应当对其直接前手背书的真实性负责；背书人以背书转让汇票后，即承担保证其后手所持汇票承兑和付款的责任；背书人在汇票得不到承兑或者付款时，应当向持票人清偿法律规定的金额和费用；对被拒绝承兑、被拒绝付款或者超过付款提示期限的汇票进行背书转让的，背书人应当承担汇票责任。三是权利证明的效力，即持票人只需以背书的连续即可证明其取得票据权利。

非转让背书的效力因其种类的不同而不同。就委任背书而言，背书的效力仅产生对被背书人代理权的授予，而不生票据权利的转移。因此，被背书人有权代背书人行使被委托的汇票权利，如再为委任背书，但不得为转让背书。就设质背书而言，也不发生权利转移的效力，而只使被背书人取得对票据权利的质权，只有在被背书人依法实现其质权时，才可以行使汇票权利。

(二) 承兑

1. 承兑的概念及效力。承兑是指汇票付款人承诺在汇票到期日支付汇票金额的票据行为。付款人承兑汇票后，作为汇票承兑人，便成为汇票的主债务人，应当承担到期付款的责任。

2. 承兑的分类。承兑的分类一般有两种：(1) 依承兑有无限制，分为单纯承兑和不单纯承兑。前者是指不附加任何条件的承兑，后者是指对汇票上记载的文义加以变更或限制而为的承兑。又可分为一部承兑和附条件承兑。我国《票据法》第 43 条不承认附条件承兑，附有条件的，视为拒绝承兑；对一部承兑则未作规定。(2) 依承兑的方式不同，分为正式承兑和略式承兑，前者又称完全承兑，是指在汇票正面记载承兑文句，并由付款人签章的承兑行为，后者是指付款人只签章而无承兑文句的承诺行为。我国《票据法》第 42 条只承认正式承兑。

3. 承兑的程序。汇票承兑的程序因汇票付款日的不同而有不同。见票即付的汇票无须提示承兑。而定日付款、出票后定期付款、见票后定期付款的汇票则应提示承兑，即这类汇票应经提示承兑和承兑两个阶段。

(1) 提示承兑。提示承兑是指持票人向付款人出示汇票，并要求付款人承诺付款的行为。提示是承兑的前提和条件，是行使和保全票据权利的手段。我国《票据法》第 39 条、第 40 条规定：定日付款或者出票后定期付款的汇票，持票人应当在汇票到期日前向付款人提示承兑。见票后定期付款的汇票，持票人应当自出票日起 1 个月内向付款人提示承兑。汇票未按照规定期限提示承兑的，持票人丧失对其前手的追索权。

(2) 承兑及承兑期间。付款人对向其提示承兑的汇票，应当自收到提示承兑的汇票之日起 3 日内承兑或者拒绝承兑。付款人收到持票人提示承兑的汇票时，应当向持票人签发收到汇票的回单。回单上应当记明汇票提示承兑的日期并签章。

4. 承兑与拒绝承兑的格式。关于承兑的格式，我国《票据法》第 42 条第 1 款规定："付款人承兑汇票的，应当在汇票正面记载'承兑'字样和承兑日期并签章；见票后定期付款的汇票，应当在承兑时记载付款日期。"可见，我国只承认正式承兑。另外，根据该条第 2 款规定，汇票上未记载承兑日期的，以付款人收到提示承兑的汇票之日起的第 3 日为承兑日期。付款人决定承兑，并依法记载承兑事项后，应将汇票交还给持票人。

拒绝承兑在国外一般只需口头表示并退票即可。但在我国，依《票据法》第 62 条第 2 款的规定，付款人拒绝承兑的，必须出具拒绝证明或者退票理由书，否则，要承担由此而产生的民事责任。

（三）保证

1. 保证的概念及成立。保证是指票据债务人以外的他人充当保证人，担保票据债务履行的票据行为。它是适用于汇票、本票的附属票据行为。

保证人为出票人、承兑人保证的，应将保证事项记载在票据正面；保证人为背书人保证的，应将保证事项记载在票据的背面或粘单上。保证人未在票据或者粘单上记载"保证"字样而另行签订保证合同或者保证条款的，不属于票据保证，对此应当适用《担保法》的有关规定。

保证事项应包括"保证"字样、保证人名称和住所、被保证人名称、保证日期、保证人签章等。其中，"保证"字样、保证人名称和住所、保证人签章为绝对必要记载事项，被保证人名称、保证日期为相对应记载事项，但保证人在汇票或者粘单上未记载被保证人名称的，已承兑的汇票，以承兑人为被保证人；未承兑的汇票，以出票人为被保证人。保证人未记载保证日期的，以出票日期为保证日期。保证不得附有条件，附有条件的，不影响保证人的保证责任。

保证人必须是由票据债务人以外的他人担任。保证人是指具有代为清偿票据债务能力的法人、其他组织或者个人。国家机关、以公益为目的的事业单位、社会团体、企业法人的分支机构和职能部门作为票据保证人的，票据保证无效，但经国务院批准为使用外国政府或者国际经济组织贷款进行转贷，国家机关提供票据保证的，以及企业法人的分支机构在法人书面授权范围内提供票据保证的除外。票据保证无效的，票据的保证人应当承担与其过错相应的民事责任。

2. 保证的效力。保证的效力，是使保证人依法承担保证责任。依我国《票据法》规定，保证人一经在汇票上或者粘单上作出保证后，除被保证人的债务因汇票记载事项欠缺而无效的外，应对合法取得汇票的持票人所享有的汇票权利承担保证责任。被保证的汇票，保证人应与被保证人对持票人承担连带责任。汇票到期后得不到付款的，持票人有权向保证人请求付款，保证人应当足额付款。保证人为两人以上的，保证人之间承担连带责任。保证人清偿票据债务后，可以行使持票人对被保证人及其前手的追索权。

(四) 付款

1. 付款的概念及效力。票据付款有广义和狭义之分。广义的付款是指一切票据债务人向票据权利人支付票据金额的行为。狭义的付款是指付款人或担当付款人向票据权利人支付票据金额的行为。此处所讲的付款是指狭义的付款。

付款是一种消灭票据债权债务关系的行为。其效力是：付款人依法足额付款后，全体票据债务人的责任，包括付款责任和担保责任都被解除。由于付款行为不必在票据上为任何意思表示，付款后即可收回票据，消灭票据关系，所以，严格地说它不是票据行为，而只是一种准票据行为。

2. 付款的程序。付款程序包括提示、支付和收回汇票三个阶段，对此，我国《票据法》第二章第五节作了专门规定。

(1) 付款提示。或称提示付款，是指持票人在法定的日期内向付款人出示票据，行使付款请求权以保全票据权利的行为。这个法定日期，依我国《票据法》第53条的规定，采期间主义而非期日主义。即见票即付的汇票，自出票日起1个月内向付款人提示付款；定日付款、出票后定期付款或者见票后定期付款的汇票，在到期日起10日内向承兑人提示付款。

《票据法》规定：持票人未按照规定期限提示付款的，持票人将丧失对其前手的追索权。但在作出说明后，承兑人或者付款人仍应当继续对持票人承担付款责任。[1] 另外，持票人通过委托收款银行或者通过票据交换系统向付款人提示付款的，视同持票人提示付款。

此外，持票人在以下情形下可不为付款提示：1) 付款人拒绝承兑，无须再为提示；2) 票据丧失，只能通过公示催告或普通诉讼来救济；3) 因不可抗力不能在规定期限提示，可直接行使追索权；4) 付款人或承兑人主体资格消灭，持票人无法提示。

(2) 票款支付。关于票款支付，我国《票据法》第54条规定付款人必须在持票人提示付款的当日足额付款，即即时付款，不得分期或延期付款。另依该法第58条的规定，付款人在到期日前，对定日付款、出票后定期付款或者见票后定期付款的汇票提前付款的，由付款人自行承担所产生的责任。

在票款支付时，持票人得委托银行收款，付款人也可委托银行付款。但受托银行的责任，限于按照汇票上记载的事项将汇票金额转入持票人账户或划出付款人的账户。

付款人及其代理付款人（指根据付款人的委托，代其支付票据金额的银行和城乡信用合作

---

① 我国《支付结算办法》第36条进一步规定："商业汇票的持票人超过规定期限提示付款的，丧失对其前手的追索权，持票人在作出说明后，仍可以向承兑人请求付款。银行汇票、银行本票的持票人超过规定期限提示付款的，丧失对出票人以外的前手的追索权，持票人在作出说明后，仍可以向出票人请求付款。支票的持票人超过规定的期限提示付款的，丧失对出票人以外的前手的追索权。"

社）在付款时，负有审查的义务。即应当审查持票人提示的汇票背书是否连续，并应审查提示付款人的合法身份证明或者有效证件。付款人及其代理付款人以恶意或者重大过失付款的，应当自行承担责任。

(3) 收回汇票。汇票是返还证券，付款人付款后，有向持票人收回汇票的权利。对持票人拒不记载“收清”字样和签章的，付款人可拒绝付款。我国《票据法》第55条规定：“持票人获得付款的，应当在汇票上签收，并将汇票交给付款人。持票人委托银行收款的，受委托的银行将代收的汇票金额转账收入持票人账户，视同签收。”

3. 拒绝付款。我国《支付结算办法》第38条规定：票据债务人对下列情况的持票人可以拒绝付款：(1) 对不履行约定义务的与自己有直接债权债务关系的持票人；(2) 以欺诈、偷盗或者胁迫等手段取得票据的持票人；(3) 对明知有欺诈、偷盗或者胁迫等情形，出于恶意取得票据的持票人；(4) 明知债务人与出票人或者持票人的前手之间存在抗辩事由而取得票据的持票人；(5) 因重大过失取得不符合《票据法》规定的票据的持票人；(6) 对取得背书不连续票据的持票人；(7) 符合《票据法》规定的其他抗辩事由。但票据债务人不得以与出票人或持票人的前手之间的抗辩事由对持票人拒绝付款。

四、追索权

（一）追索权的概念及特征

追索权，又称偿还请求权，是指持票人在汇票到期不获付款或期前不获承兑或有其他法定原因发生时，向其前手请求偿还票据金额及损失的权利。追索权是一种票据权利，是法律上为补充付款请求权而设定的第二次（顺序）请求权。

在追索权关系中，其当事人分为追索权人和被追索权人。前者是指行使追索权的人，也就是持票人；后者也称偿还义务人，是指有偿还持票人票据金额及损失的责任的人，包括出票人、背书人、保证人、承兑人等，他们原则上对持票人负有连带清偿责任。持票人可以向他们中的任何一个人行使追索权。但持票人为出票人时，对其前手无追索权，只对承兑人有追索权；持票人为背书人时，对其后手无追索权；禁止背书人对其直接被背书人的后手不负票据责任；出票人禁止背书，但持票人背书转让的，出票人、承兑人对受让人不承担票据责任，即不受追索。

追索权的特征有以下五个：(1) 追索原因的法定性，即只有发生了到期不获付款、期前不获承兑或其他法定原因时，才产生追索权；(2) 追索权行使的前提性，即只有持票人履行了保全手续后才可以行使追索权；(3) 追索对象的可选择性，即被追索人不以持票人的直接前手为限，而可由追索权人自由选择其前手中的任何一个进行追索；(4) 追索权主体的可变更性，即被追索人履行了票据义务后成为持票人，可再次向其前手行使追索权，从而使追索权主体发生更替；(5) 追索权的可转移性，即追索权不像一般债权那样，行使一次得到满足后就消灭，而是由追索权人（持票人）不断地向其前手追索，直至票据上最后债务人偿还后，整个票据关系消灭后，追索权也才消灭。

（二）追索权行使的原因

或称追索权行使的条件，是持票人的付款请求权得不到实现。分为到期的追索原因和到期前的追索原因两种。前者是指汇票到期被拒绝付款；后者是指汇票到期日前承兑人拒绝承兑，或承兑人（或者付款人）死亡、逃匿、破产或因违法而被责令终止业务活动等。我国《票据法》第61条对此作出了明文规定。

（三）追索权行使的程序

按照《票据法》的有关规定，追索权的行使包括以下程序：

1. 票据提示。持票人要行使追索权，必须先在法定期限内向付款人提示票据，请求承兑或者付款，否则，将丧失追索权。但此程序有例外，如发生了付款人或承兑人死亡、逃匿等原因无法为提示，或付款人、承兑人被宣告破产、被责令终止业务活动时，持票人可免除票据提示而直接行使追索权。

2. 取得拒绝证明。票据不获承兑或付款，或者无法为付款提示或承兑提示的，持票人应请求作成拒绝证明或依法取得其他有关证明，以便行使追索权。承兑人拒绝承兑或者付款人拒绝付款的，必须出具拒绝证明或者出具退票理由书。拒绝证明应包括被拒绝承兑、付款的票据的种类及主要记载事项，拒绝承兑、付款的事实依据和法律依据，拒绝承兑、付款的时间及签章等。退票理由书应包括所退票据的种类，退票的事实依据和法律依据，退票时间及退票人签章等。承兑人或付款人未出具拒绝证明或者退票理由书的，应当承担因此而产生的民事责任。

因承兑人或者付款人死亡、逃匿或者其他原因，持票人不能取得拒绝证明的，可以依法取得其他有关证明，如医院或有关单位出具的承兑人、付款人的死亡证明，司法机关出具的承兑人、付款人的逃匿证明，公证机关出具的具有证明效力的文书等。承兑人或者付款人被人民法院宣告破产的，人民法院的有关司法文书具有拒绝证明的效力。承兑人或者付款人因违法被责令终止业务活动的，有关行政主管部门的处罚决定具有拒绝证明的效力。

3. 通知拒绝事由。通知拒绝事由，也就是进行追索通知，以便使票据的全体债务人作好偿债准备。我国《票据法》第66条规定："持票人应当自收到被拒绝承兑或者被拒绝付款的有关证明之日起3日内，将被拒绝事由书面通知其前手；其前手应当自收到通知之日起3日内书面通知其再前手。持票人也可以同时向各汇票债务人发出书面通知……在规定期限内将通知按照法定地址或者约定的地址邮寄的，视为已经发出通知。"但是，通知义务并不是行使追索权的必经程序，未按规定期限通知的，持票人仍可以行使追索权。不过，因延期通知给其前手或者持票人造成损失的，持票人要在汇票金额限度内承担对该损失的赔偿责任。

4. 确定追索对象，请求偿还。追索通知发出后，如无债务人自动偿还，追索权人就可确定具体的追索对象进行追索。我国《票据法》第68条规定："汇票的出票人、背书人、承兑人和保证人对持票人承担连带责任。持票人可以不按照汇票债务人的先后顺序，对其中任何一人、数人或者全体行使追索权。持票人对汇票债务人中的一人或者数人已经进行追索的，对其他汇票债务人仍可以行使追索权。"

持票人在向追索对象行使追索权时，应当向其出示汇票、拒绝证明或退票理由书或其他具有法定证明效力的文书，请求其依法偿还追索的金额。该请求可以诉讼方式，也可以非诉讼方式进行。

请求偿还的金额，即追索金额，不同于票据金额。按规定可包括以下金额和费用：（1）被拒绝付款的汇票金额；（2）汇票金额自到期日或者提示付款日起至清偿日止的利息（按央行规定的同档次流动资金贷款利率计算的利息）；（3）取得有关拒绝证明和发出通知书的费用。被追索人清偿债务时，持票人应当交出汇票和有关拒绝证明，并出具所收到利息和费用的收据。

5. 进行再追索。被追索人清偿债务后，与持票人享有同一权利，可以向其他汇票债务人行使再追索权，请求其他汇票债务人支付以下金额和费用：（1）已清偿的全部金额；（2）前项金额自清偿日起至再清偿日止的利息；（3）发出通知的费用。行使再追索权的被追索人获得清偿时，应当交出汇票和有关拒绝证明，并出具所收到利息和费用的收据。

第七节　本票和支票

一、本票的法律规定

（一）本票的概念及特点

本票是指出票人签发的，承诺自己在见票时无条件支付确定的金额给收款人或者持票人的票据。在国外，本票依持票人的不同，可分为银行本票和商业本票，而我国《票据法》仅承认银行本票，亦即银行签发的承诺自己在见票时无条件支付确定的金额给收款人或者持票人的票据。银行本票又可以分为定额本票和不定额本票。

本票具有一般票据所共有的性质，但又有不同于汇票和支票的一些特点。如：本票是自付证券，是出票人自己承诺支付款项的票据；而汇票和支票是委付证券，是由出票人委托他人支付款项的票据。本票出票时当事人只有出票人和收款人，出票人即为付款人，所以本票无须记载付款人的名称；而汇票、支票当事人一般有出票人、付款人和收款人三方。本票是自付证券，其出票人始终是主债务人，他必须对本票债务承担绝对的偿付义务，因此，本票无须承兑，这与汇票须经承兑不同。

（二）本票的法定事项

本票是一种要式证券，因此，我国《票据法》对本票上的记载事项作了明文规定。本票必须记载以下事项：

（1）表明“本票”的字样；

（2）无条件的支付承诺；

（3）确定的金额；

（4）收款人名称；

（5）出票日期；

（6）出票人签章。

本票上未记载上述规定事项之一的，本票无效。同时，《票据法》要求本票上记载付款地、出票地等事项的，应当清楚、明确。本票上未记载付款地的，以出票人的营业场所为付款地；本票上未记载出票地的，以出票人的营业场所为出票地。

(三) 本票行为的法律规范

本票行为包括出票、背书、保证、付款以及追索权的行使等。其基本法律规定同于汇票。另外，《票据法》及有关法规还规定：本票的出票人必须具有支付本票金额的可靠资金来源，并保证支付；本票的出票人限于经人民银行批准办理本票业务的银行机构；本票出票人在持票人提示见票时，必须承担付款责任；本票的付款期限自出票日起最长不得超过 2 个月；本票的持票人未按照规定提示见票的，丧失对出票人以外的前手的追索权。

二、支票的法律规定

(一) 支票的概念、种类及特征

支票是出票人签发的，委托办理支票存款业务的银行或者其他金融机构在见票时无条件支付确定的金额给收款人或者持票人的票据。

我国《支付结算办法》规定支票有三类：(1) 现金支票，指票据正面印有“现金”字样、只能用来支取现金的支票；(2) 转账支票，指票据正面印有“转账”字样、只能用来转账的支票；(3) 普通支票，指票据上未印有“现金”或“转账”字样的、既可用来支取现金也可用来转账的支票。但是，普通支票左上角画两条平行线的，则为画线支票。画线支票只能用来转账，不得支取现金。

支票与本票、汇票相比，具有以下特征：

1. 付款人要求不同。支票的付款人仅限于办理支票存款业务的银行或者其他金融机构。这与汇票有明显区别，汇票的付款人不局限于金融机构，其他具有支付汇票金额的可靠资金来源的任何企业都可以充当汇票关系的付款人。

2. 支票不必经过承兑，不存在承兑行为。而汇票在出票时或者出票后必须经过承兑。

3. 支票是委付证券，是一种支付命令。而本票是自付证券，是一种支付承诺。这是支票和本票的显著区别。

4. 支票必须见票即付。见票即付是支票付款的唯一形式，而汇票、本票则有定期、定日等多种付款形式。

(二) 支票的法定事项

支票具有要式性，它必须具有《票据法》规定的要项才能有效。按《票据法》规定，支票必须记载下列事项：

(1) 表明“支票”的字样；

(2) 无条件支付的委托；

(3) 确定的金额；

(4) 付款人名称；

(5) 出票日期；

(6) 持票人签章。

支票上未记载上述事项之一的，其支票无效。

另外，《票据法》还规定，支票上的金额可以由出票人授权补记，未补记前的支票，不得使用；支票上未记载收款人名称的，经出票人授权可以补记，未补记前不得使用；支票未记载付款地的，付款人的营业场所为付款地；支票上未记载出票地的，出票人的营业场所、住所或者经常居住地为出票地；出票人可以在支票上记载自己为收款人；支票的付款人为支票上记载的出票人开户银行。

（三）支票行为的法律规范

支票的票据行为包括出票、背书、付款以及追索权的行使。这些行为除应遵循《票据法》总则及对汇票相关行为的有关规定外，还必须遵守以下规定：

1. 开立支票存款账户，申请人必须使用其本名，并提交证明其身份的合法证件。账户开立和支票领用，应当有可靠的资信，并存入一定的资金。开立支票存款账户，申请人应当预留其本名的签名式样和印鉴。

2. 支票的出票人所签发的支票金额不得超过付款时其在付款人处实有的存款金额。出票人签发的支票金额超过付款时其在付款人处实有的存款金额的，为空头支票。禁止签发空头支票。支票的出票人不得签发与其预留本名的签名式样或者印鉴不符的支票。约定使用支付密码的，出票人不得签发支付密码错误的支票。

3. 出票人必须按照签发的支票金额承担保证向该持票人付款的责任。出票人在付款人处的存款足以支付支票金额时，付款人应当在当日足额付款。

4. 支票限于见票即付，不得另行记载付款日期。另行记载付款日期的，该记载无效。支票的持票人应当自出票日起10内提示付款；异地使用的支票，其提示付款的期限由人民银行另行规定。超过提示付款期限提示付款的，付款人可以不予付款；付款人不予付款的，出票人仍应对持票人承担票据责任。

5. 付款人依法支付支票金额的，对出票人不再承担委托付款的责任，对持票人不再承担付款的责任。但是，付款人以恶意或者有重大过失付款的除外。

第八节　涉外票据的法律适用

一、涉外票据的概念

涉外票据，简而言之，是指具有涉外因素的票据。按照我国《票据法》的规定，所谓涉外票据，是指出票、背书、承兑、保证、付款等行为中，既有发生在中华人民共和国境内又有发生在中华人民共和国境外的票据。

由于涉外票据具有涉外因素，涉及国际间票据法律适用的问题。因此，它与一般票据的法律适用有所不同。《票据法》基于这种不同性质，对涉外票据的法律适用问题，包括适用原则、票据当事人的行为能力、票据记载事项、票据丧失等行为的法律适用在第五章作了专章规定，以解决票据法的国际冲突。

二、涉外票据的法律适用

(一) 涉外票据法律适用的原则

我国涉外票据法律适用的原则为：我国缔结或者参加的国际条约同我国票据法有不同规定的，适用国际条约的规定。但是，我国声明保留的条款除外。我国《票据法》和我国缔结或参加的国际条约没有规定的，可以适用国际惯例。

(二) 票据债务人行为能力的法律适用

关于票据债务人行为能力的法律适用，各国票据法规定有三种情况，即本国法主义、行为地主义和折中主义。我国《票据法》采折中主义，规定：票据债务人的民事行为能力，适用其本国法律。但其民事行为能力，依照其本国法律为无民事行为能力或者为限制民事行为能力，而依照行为地法律为完全民事行为能力的，适用行为地所在国的法律。

(三) 其他具体规定

1. 记载事项的法律适用。汇票、本票出票时的记载项目，适用出票地所在国的法律。支票出票时的记载事项，适用出票地所在国法律；但经当事人协议，也可以适用付款地法律。

2. 附属票据行为的法律适用。票据的背书、承兑、付款和保证行为，适用行为地法律。

3. 票据追索权的行使期限，适用出票地法律。

4. 票据的提示期限、有关拒绝证明方式、出具拒绝证明的期限，适用付款地法律。

5. 票据丧失时，失票人请求保全票据权利的程序，适用付款地法律。

第九节 违反票据法的法律责任

一、票据法律责任概述

任何违法行为都应受到制裁，违法行为人都应承担相应的法律责任，这是法律的基本原则。票据违法行为也不例外。我国《票据法》第八章专章规定了票据违法行为人的法律责任，另外，1997年修订的《刑法》及刑法修正案、《票据管理实施办法》、《支付结算办法》、《高法票据纠纷案件司法解释》中也规定了票据违法行为人的法律责任。这些法律责任概括起来分为刑事责任、行政责任和经济民事责任三类。

二、票据法律责任的具体规定

(一) 票据犯罪行为的刑事责任

票据犯罪行为是严重的票据违法行为，要受到刑事制裁。

1. 进行下列票据欺诈行为之一的，可以依法追究行为人的刑事责任：（1）伪造、变造票据的；（2）故意使用伪造、变造的票据的；（3）签发空头支票或者故意签发与其预留的本名签名式样或者印鉴不符的支票，骗取财物的；（4）签发无可靠资金来源的汇票、本票，骗取资金的；（5）汇票、本票的出票人在出票时作虚假记载，骗取财物的；（6）冒用他人的票据，或者故意使用过期或者作废的票据，骗取财物的；（7）付款人同出票人、持票人恶意串通，实施前六项行为之一的。

前第（1）类行为，构成伪造、变造金融票证罪；第（2）类至第（6）类行为构成金融票据诈骗罪，分别按照《刑法》第177条、第194条的规定追究刑事责任。第（7）类行为按共同犯罪，以串通行为的性质定罪，追究刑事责任。

2. 金融机构工作人员在票据业务中玩忽职守，对违反票据法规规定的票据予以承兑、付款、贴现或者保证，并且造成重大损失，构成犯罪的，按玩忽职守罪依法追究刑事责任。

（二）票据违法行为的行政责任

1. 进行上述七项票据欺诈行为之一，而情节轻微，不构成犯罪的，由公安机关依法给予处罚。

2. 金融机构直接负责的主管人员和其他直接责任人员在票据业务中玩忽职守，对违反票据法规规定的票据予以承兑、付款、保证或者贴现，未构成犯罪的，给予警告、记过、撤职或者开除的处分。

3. 票据的付款人对见票即付或者到期的票据，故意压票、拖延支付的，由人民银行处以压票、拖延支付期间内每日票据金额万分之七的罚款，对直接负责的主管人员和其他直接责任人员给予警告、记过、撤职或者开除的处分。

4. 签发空头支票或者签发与其预留的签章不符的支票，签发支付密码错误的支票，不以骗取钱财为目的的，由中国人民银行处以票面金额5%但不低于1 000元的罚款。

5. 违反中国人民银行规定，擅自印制票据的，由人民银行责令改正，处以1万元以上20万元以下的罚款；情节严重的，中国人民银行有权提请有关部门吊销其营业执照。

（三）票据违法行为的经济民事责任

1. 金融机构工作人员在票据业务中玩忽职守，对违反票据法规定的票据予以承兑、付款、贴现或者保证，并给当事人造成损失的，由该金融机构与直接责任人员依法承担连带赔偿责任。

2. 票据的付款人故意压票、拖延支付，给持票人造成损失的，依法承担经济赔偿责任。

3. 签发空头支票或者签发与其预留的签章不符的支票，签发支付密码错误的支票，不以骗取钱财为目的的，持票人有权要求出票人赔偿支票金额2%的赔偿金；因出票人签发空头支票、与其预留本名的签名式样或者印鉴不符的支票给他人造成损失的，支票的出票人和背书人应当依法承担民事责任。

4. 伪造、变造票据者除应当依法承担刑事、行政责任外，给他人造成损失的，还应当承担民事赔偿责任。被伪造签章者不承担票据责任。

5. 对票据未记载事项或者未完全记载事项作补充记载，补充事项超出授权范围的，出票人对补充后的票据应当承担票据责任；给他人造成损失的，出票人还应当承担相应的民事责任。

6. 付款人或代理付款人未能识别出伪造、变造的票据或者身份证件而错误付款，属于《票据法》第57条规定的“重大过失”，给持票人造成损失的，应当依法承担民事责任。付款人或者代理付款人承担责任后有权向伪造者、变造者依法追偿。持票人有过错的，也应当承担相应的民事责任。

7. 付款人及其代理付款人有下列情形之一的，应当自行承担责任：(1) 未依照《票据法》第57条的规定对提示付款人的合法身份证明或者有效证件以及汇票背书的连续性履行审查义务而错误付款的；(2) 公示催告期间对公示催告的票据付款的；(3) 收到人民法院的止付通知后付款的；(4) 其他以恶意或者重大过失付款的。

8. 当事人因申请票据保全错误而给他人造成损失的，应当依法承担民事责任。

9. 由于出票人制作票据，或者其他票据债务人未按照法定条件在票据上签章，给他人造成损失的，除应当按照所记载事项承担票据责任外，还应当承担相应的民事责任；但持票人明知或者应当知道前款情形而接受票据的，可以适当减轻出票人或者票据债务人的责任。

问题与思考

1. 票据的概念、特征及作用是什么？我国现行《票据法》的立法规定在哪些方面不利于票据功能作用的充分发挥？

2. 根据我国《票据法》的规定，分析汇票上各种票据行为的效力。

3. 票据权利和利益偿还请求权有何区别？

4. 根据我国《票据法》的规定，分析汇票、本票和支票的区别。

5. 涉外票据的法律适用有哪些原则规定？

6. 熟悉最高人民法院公布的《关于审理票据纠纷案件若干问题的规定》的基本内容。

7. 什么是票据伪造？什么是票据变造？两者有何不同？

8. 从票据法的历史来看，票据无因性的确立经历了一个发展的过程。我国现行《票据法》的规定，哪些条文涉及票据的无因性问题？现行有关规定存在哪些欠缺？

9. 什么是票据电子化？何谓电子商业汇票？我国票据电子化的进程如何？

10. 从社会主义市场经济发展需要和国际经验来看，我国的票据立法应在哪些方面加以大力改进？

11. 案例思考。张三签发并承兑一张汇票给收款人李四，金额为人民币6万元，李四将该汇票背书转让给王五，王五获得汇票的第二天便要出国留学，在出国前以书面授权委托周六，周六按王五的委托在汇票上签章背书给马七，并在汇票上注明“代理”字样。马七获得该汇票后，将汇票金额改写为人民币16万元，并背书给施八。施八在法定期限内向付款人请求付款，但付款人在审查该汇票后拒绝付款，理由是：(1) 该汇票背书不连续；(2) 该汇票金额已被变造。随即，付款人作成退票证明书退票。问：

(1) 周六的行为是什么行为？该行为是否有效？为什么？

(2) 在本案中，付款人可否以周六的行为为背书不连续而拒绝付款？为什么？

(3) 施八应如何行使追索权？在其行使追索权时，各票据当事人将如何承担责任？

第十一章 证券法

本章概要

证券法是调整证券发行、交易等活动中以及国家在管理证券机构和管理证券的发行、交易等活动中，所发生的社会关系的法律规范的总称。证券法所调整的社会关系，既有证券发行人、证券投资人和证券商之间的平等的证券发行关系、交易关系、服务关系，又有证券监管机构对证券市场参与者进行领导、组织、协调、监督等活动过程中所发生的纵向监管关系，还有交易所、行业协会的自律性管理关系，是三者的统一体。中国的证券和证券市场是改革、开放的产物，并随我国改革、开放政策的深入而日新其广度和深度，丰富其内容，进而对完善我国市场经济体制建设、优化资源配置发挥越来越重要的作用。由于证券市场这一高度现代化的市场同时也是风险极大、影响面极广的市场，所以我国自开办证券市场以来就十分重视对证券市场的监督和管理，并为此制定了一系列证券监管法律、法规和规章。尤其是步入21世纪以来，证券、证券市场、证券法制的发展更是日新月异，结构合理、功能完善、规范透明、稳健高效、开放包容的多层次资本市场正逐步形成。在本章中，将依据2014年8月31日第四次修改的《证券法》及相关法规、规章对证券法律的基本问题作重点阐释，同时也依据《证券投资基金法》、《期货交易管理条例》等法律、法规、规章对证券投资基金、期货交易等广义证券法问题作一般性的介绍。

关键术语

证券　证券法　股票　债券　证券发行　证券交易　上市公司收购　保荐人制度　内幕交易行为　操纵市场行为　证券投资基金　开放式投资基金　封闭式投资基金　期货合约　期权合约　逐日盯市制度　持仓限额制度　强行平仓制度

第一节　证券法概述

一、证券的概念、特征及种类

（一）证券的概念及特征

证券是以证明或设定权利为目的所作成的书面凭证。证券有广义和狭义之分。广义的证券是证明持券人享有一定的经济权益的书面凭证，包括资本证券、货币证券和商品证券。资本证券是证明持有人享有一定的所有权和债权的书面凭证，它表明持券人对一定的本金带来的收益享有请求权，如股票、债券等；货币证券是证明持券人享有一定货币请求权的书面凭证，如银行卡、汇票、本票、支票等；商品证券是证明持券人享有一定商品请求权的书面凭证，如货单、货运单、栈单等。狭义的证券是指具有一定票面金额，证明持券人享有一定的所有权和债权的书面凭证。狭义的证券专指资本证券，这也是证券法和本章所要研究的证券。

证券法研究的狭义证券，具有三方面的法律特征：

1. 证券是一种投资凭证。证券是投资者权利的载体，投资者的权利是通过证券记载，并凭借证券获取相应收益的。

2. 证券是一种权益凭证。证券体现一定的权利，如股票体现的是股权，而债券则代表着债权。

3. 证券是一种可转让的权利凭证。即证券具有流通性，其持有者可以随时将证券转让出售，以实现自身权利。

（二）证券的种类

按照不同的标准，可以对证券作多种分类。而我国目前证券市场上发行和流通的证券主要有以下几类：

1. 股票。股票是股份有限公司签发的证明股东所持股份的凭证。股票具有权利性、非返还性、风险性和流通性等特点。目前，我国发行的股票按照投资主体的不同，可分为国家股、法人股、内部职工股和社会公众个人股；按照股东权益和风险大小，可以分为普通股、优先股及普通和优先混合股；按照认购股票投资者身份和上市地点的不同，可以分为境内上市内资股（A股）、境内上市外资股（B股）和境外上市外资股三类。

2. 债券。债券是政府、金融机构、公司企业等单位依照法定程序发行的、约定在一定期限还本付息的有价证券。债券是一种债权凭证、是一种到期还本付息的有价证券，它具有风险性小和流通性强的特点。债券按发行主体不同可分为三大类：（1）企业、公司债券（含可转换公司债券），是指一般工商企业和公司发行的债券；（2）金融债券，是指银行和非银行金融机构发行的债券；（3）政府债券，是指政府或政府授权的代理机构基于财政或其他目的而发行的债券。

3. 认股权证。是股份有限公司给予持证人的无限期或在一定期限内，以确定价格购买一定数量普通股份的权利凭证。包括认股权证和优先认股权证。这是持证人认购公司股票的一种长期选择权，它本身不是权利证明书，其持有人不具备股东资格。但认股权证能依法转让，给持有人带来很大收益，因而也是一种有价证券。

4. 基金券。或称基金受益凭证，是投资基金发给投资者，用以记载投资者所持基金单位数的凭证。投资者按其所持基金券在基金中所占的比例来分享基金盈利、分担基金亏损。与股票、债券相比，基金券的特点是：（1）基金券是一种无面额证券；（2）基金券的持有人一般不直接参加对基金的管理，基金的具体业务活动由经理公司（基金管理公司或信托公司）承担，亦即“专家理财”；（3）由于实行组合投资，基金券的风险相对较小。

5. 期货、期权等金融衍生产品，如金融期货、期权、资产支持证券等衍生品种。

二、证券法的概念、适用范围及基本原则

(一) 证券法的概念及其适用范围

证券法是调整证券发行、交易等活动中以及国家在管理证券机构和管理证券的发行、交易等活动的过程中，所发生的社会关系的法律规范的总称。证券法所调整的社会关系，既有证券发行人、证券投资人和证券商等之间的平等的证券发行关系、交易关系、服务关系，又有证券监督管理机构对证券市场参与者进行领导、组织、协调、监督等活动过程中所发生的纵向监管关系，还有交易所、行业协会的自律性管理关系，是三者的统一体。

证券法有广义和狭义之分。狭义的证券法是指证券法典，在我国即指1998年12月29日第九届全国人大常委会第六次会议通过、2014年8月31日第十二届全国人大常委会第十次会议第四次修订的《中华人民共和国证券法》。广义的证券法则是指一切有关证券发行、交易及其监督管理关系的法律规范的总称。除狭义的证券法典外，尚包括《公司法》、《证券投资基金法》、《期货交易管理条例》、《证券公司监督管理条例》、《上市公司证券发行管理办法》、《证券市场禁入规定》等一切有关证券发行、交易及监管方面的法律、法规和监管规章。

《证券法》的适用对象范围，按现行《证券法》第2条的规定，适用于在中国境内的股票、公司债券以及国务院依法认定的其他证券的发行和交易。《证券法》未规定的，适用《公司法》和其他法律、行政法规的规定。政府债券、证券投资基金份额的上市交易，适用《证券法》，但其他法律、行政法规另有规定的，适用其规定。证券衍生品种，如认股权证、股指期货、期权等的发行、交易的管理办法，则由国务院依照《证券法》的原则加以规定。① 所以，新《证券法》原则上适用于各种类型的证券。

(二) 证券法的基本原则

证券法的基本原则是证券法的基本精神的体现，是证券发行、交易及其管理活动必须遵循的最基本的准则。它贯穿于证券立法、执法和司法活动过程的始终。按照《证券法》的规定，我国证券法的基本原则有六个：

1. 公开、公平、公正原则。公开原则是证券发行和交易制度的核心，它一方面要求信息公开且真实，即证券发行者必须依法将与证券有关的一切真实情况予以公开，以供投资者投资决策时参考；另一方面要求管理公开，即监管法律、法规、相关政策公开，市场监管与执法活动公开。只有以公开为基础，才能实现公平和公正。公平原则是指在证券发行和交易活动中，发行人、投资人、证券商和证券专业服务机构等的法律地位、权利、机会完全平等，其合法权益受到同等保护。公正原则是指立法机关、证券监管机构、证券中介机构和司法机关在履行职

---

① 证券衍生品种可分为证券型衍生品（如认股权证、资产支持证券等）和契约型衍生品（如股指期货、期权等）两大类，具体品种将随我国证券市场的发展而不断增加，其在发行、交易及信息披露等方面具有自身的特殊性。而我国原《证券法》规范的是传统的股票、公司债券等证券，鉴于证券衍生品种具有的特殊性，为便于对其发行与交易作出符合其自身规律的专门规范，宜在总结实践经验的基础上授权国务院依照《证券法》的原则另行制定管理办法。所以，我国《证券法》在2005年第二次修订时在第2条中增加了以下内容，规定："证券衍生品种发行、交易的管理办法，由国务院依照本法的原则规定。"

责时，应当依法行使职责，对一切主体给予公正的待遇。

2. 自愿、有偿、诚实信用的原则。是指证券发行与交易活动的当事人应当遵守市场活动规则，尊重对方主体平等的法律地位，自愿、有偿、诚实信用，实事求是地履行自己所承担的义务，不得有强制交易、无偿占有、不诚实的行为。

3. 守法原则。《证券法》第5条规定："证券的发行、交易活动，必须遵守法律、行政法规；禁止欺诈、内幕交易和操纵证券市场的行为"。这体现了证券发行、交易活动必须依法进行的原则。

4. 分业经营、分业管理原则。虽然"混业经营、混业管理"是全球金融发展的主流，也是我国金融业未来发展的必然方向，但考虑到我国的现实国情，我们还不得不在总体上实行金融分业经营、分业管理，所以，2005年我国在第二次修订《证券法》时一方面继续保持了原《证券法》所确立的金融分业原则的规定（即第6条："证券业和银行业、信托业、保险业实行分业经营、分业管理，证券公司与银行、信托、保险业务机构分别设立"），但另一方面为给我国金融实践中出现的混业经营现象（如金融控股公司、银行设立基金管理公司、保险资金按一定比例入市等）提供法律支撑，并为今后的金融混业改革预留发展空间，修订法在本条增加了但书规定："国家另有规定的除外。"从而既坚持了金融"分业经营、分业管理"的原则，又兼顾我国的金融实践需要作了灵活务实的立法技术处理，做到了原则性与灵活性、现实稳定性与改革前瞻性的有机结合。

5. 保护投资者合法权益的原则。① 证券市场的发展必须依靠社会公众的支持，投资者的热情和信心是证券市场稳健发展的重要保证。因此，保护投资者尤其是中小投资者合法权益应成为我国证券法的基本原则。我国《证券法》第1条"立法宗旨"将保护投资者合法权益放在规范证券发行和交易行为所要达成的目标的首要位置，并在整部法律中规定了发行上市保荐，控股股东、实际控制人、高管人员诚信义务与责任，关联融资、担保之限制，证券投资者保护基金，信息披露，禁止证券欺诈行为等一系列制度和规范，都体现了保护投资者合法权益的原则。

6. 国家集中统一监管与行业自律相结合的原则。《证券法》规定：国务院证券监督管理机构依法对全国证券市场实行集中统一监督管理。国务院证券监督管理机构根据需要可以设立派出机构，按照授权履行监督管理职责。在国家对证券发行、交易活动实行集中统一监督管理的前提下，依法设立证券业协会，实行自律性管理。国家审计机关对证券交易所、证券公司、证券登记结算机构、证券监督管理机构，依法进行审计监督。

三、中国证券市场的发展与证券立法

证券市场是各种有价证券及衍生品发行和流通买卖的场所，它是现代金融市场的重要组成部分。证券市场由发行市场和流通市场构成。发行市场，或称一级市场、初级市场，是为资金需求者提供筹资服务、为投资者提供投资收益机会的市场，具体是指证券发行人按照法律规定的条件和程序，向投资者出售新证券而形成的市场。证券流通市场，或称二级市场、交易市场，是为已发行的证券提供流通场所，使新的投资者获得投资机会的市场。它通过集中竞价等买卖方式形成社会公认的公平的证券价格。证券市场可以是有形市场，如证券交易所；也可以

---

① 保护投资者合法权益是国际证监会组织1998年9月在内罗毕年会上通过的《证券监管目标与原则》所确定的证券监管三目标之一，而且是首要目标，其他两个目标是确保市场公平、有效和透明；降低系统性风险。

是无形市场，即交易所外的发行市场和流通市场。

我国的证券市场是随着改革开放政策的推进而逐步成长发展起来的。1981 年，我国恢复国库券发行。1984 年，北京天桥商场和上海飞跃音响公司率先向社会招股筹资。1986 年开放国库券流通市场。随着证券业务的恢复和发展，我国于 1987 年在深圳成立了第一家证券公司，此后各省市相继成立证券公司和证券交易营业部。1990 年 12 月和 1991 年 7 月，上海证券交易所和深圳证券交易所成立，从此，场外分散交易走向场内集中交易。1991 年 8 月 28 日，中国证券业协会在北京成立。1992 年 10 月，国务院决定成立国务院证券委员会（简称国务院证券委，该机构于 1998 年撤销）和中国证券监督管理委员会（以下简称中国证监会），行使证券监管职能。1995 年 7 月 11 日，在于巴黎召开的证监会国际组织第 20 次年会上，中国证监会正式加入了该组织。1996 年年底，我国已拥有 96 家证券公司和 2 600 多家证券交易营业部，上市公司达 530 家，市价总值 9 842 亿元。到 1998 年年底《证券法》颁布时，上市公司达 851 家，市值近 2 万亿元人民币，拥有 3 900 万投资者。2003 年年底（即"国九条"发布前），我国证券市场上市公司增至 1 287 家，市值 42 458 亿元，证券市场获得了空前发展。

我国自发展证券市场伊始，就注重强化国家对证券市场的立法和统一管理。特别是 20 世纪 90 年代以来，更加强了证券管理立法工作，制定、颁布了大量的证券法律、法规和规章。如《公司法》、《国务院关于进一步加强证券市场宏观管理的通知》、《国务院关于股份有限公司境外募集股份及上市的特别规定》、《国务院关于股份有限公司境内上市外资股的规定》、《股票发行与交易管理暂行条例》、《期货经纪公司登记管理暂行办法》、《企业债券管理条例》、《境内及境外证券经营机构从事外资股业务资格管理暂行规定》、《国务院关于进一步加强在境外发行股票和上市管理的通知》、《证券期货投资咨询管理暂行办法》、《境内企业申请到香港创业板上市审批与监管指引》、《禁止证券欺诈行为暂行办法》、《证券投资基金管理暂行办法》、《证券业从业人员资格管理暂行规定》、《证券市场禁入暂行规定》等。特别是 1998 年 12 月 29 日，审议五度、跨时六载、易稿十多次的证券基本法——《中华人民共和国证券法》，由第九届全国人大常委会第六次会议以高票通过，自 1999 年 7 月 1 日起施行。这部重要的法律确定了我国证券市场活动的基本规则，明确了发行证券实行核准或审批的制度，界定了证券发行、交易的禁止行为，明确了法律责任等，它的颁行对于规范证券发行和交易行为，保护投资者的合法权益，维护社会经济秩序和社会公共利益，促进社会主义市场经济的发展，起到了非常重要的作用。1999 年 6 月 2 日国务院发布的《期货交易管理暂行条例》及中国证监会于同年 8 月 31 日发布的《期货交易所管理办法》等四个配套规章，对于规范我国的期货市场的发展，保护期货交易各方的合法权益和社会公共利益，发挥了积极作用。

步入 21 世纪后，适应我国经济、金融体制改革和加入世贸组织的需要，2001 年 2 月，经国务院批准，中国证监会决定境内居民可投资 B 股市场；同年 6 月，国务院发布《减持国有股筹集社会保障资金管理暂行办法》。[①] 2002 年 12 月，中国证监会发布并施行《合格境外机构投资者境内证券投资管理暂行办法》，这标志着我国 QFII 制度正式启动。2003 年 10 月 28 日，第十届全国人大常委会第五次会议通过《中华人民共和国证券投资基金法》，于 2004

---

① 该办法出台后，对证券市场产生了较大的冲击，所以，2001 年 10 月 22 日，中国证监会经报告国务院，决定在具体操作办法出台前，停止执行这一办法；翌年 6 月 23 日，国务院决定，除企业海外发行上市外，对国内上市公司停止执行《减持国有股筹集社会保障资金管理暂行办法》中关于利用证券市场减持国有股的规定，并不再出台具体实施办法。

年6月1日起施行，这对于规范证券投资基金活动，发展证券市场机构投资者队伍，有效分散投资风险，保护投资人及相关当事人的合法权益，促进我国证券投资基金和证券市场的健康发展意义重大。特别是2003年10月党的十六届三中全会作出的《关于完善社会主义市场经济体制若干问题的决定》，提出了“大力发展资本和其他要素市场。积极推进资本市场的改革开放和稳定发展，扩大直接融资。建立多层次资本市场体系，完善资本市场结构，丰富资本市场产品”的重大任务，国务院于2004年1月31日将其具体化为《国务院关于推进资本市场改革开放和稳定发展的若干意见》（俗称“国九条”），就我国资本市场的改革和发展从九个方面进行了全面部署。据此，我国在股权分置改革、券商综合治理、上市公司清欠、入市资金渠道拓宽（包括试点融资融券交易、银行保险公司设立基金管理公司、完善证券投资基金账户管理、允许社保基金入市、引进国外战略投资者等）、保护投资者权益、活跃并购市场、H股回归、上市公司股权激励试点、中小企业板正式推出（2004年6月）[①] 完善证券市场法律体系建设诸方面进行了积极、稳妥而又大胆的改革和探索，在不少方面取得了显著的突破。其中，尤其是2005年10月27日第十届全国人大常委会第十八次会议对《证券法》[②]、《公司法》两法的全面性修订通过，对我国证券市场的发展和壮大更具有划时代的意义。以此为起点，我国在系统清理过往证券法律、法规、规章和规范性文件的基础上，根据证券市场改革和发展的需要，制定了《证券公司监督管理条例》、《证券公司风险处置条例》等行政法规及一系列配套监管规章，《上市公司监督管理条例》、《证券投资者保护条例》也一直在积极研究制订中。2009年10月30日，立思辰、乐普医疗、神州泰岳等首批28家公司在深交所创业板集体上市，我国的创业板

---

① 中小企业板市场，海外又称为“创业板市场”或“二板市场”，是相对于具有大型成熟公司的主板市场而言的股票市场，其服务对象主要是中小型企业和高科技企业。我国的中小企业板，是经国务院批准、中国证监会批复，由深圳证券交易所为鼓励企业自主创新在主板市场中专门设置的中小型公司聚集板块，是创业板的一种过渡，命名为中小企业板块。其定位于为主业突出、具有成长性和科技含量的中小企业提供融资渠道和发展平台，促进中小企业快速成长和发展，是解决中小企业发展瓶颈的重要探索。目前，我国中小企业板是附属于现有主板市场（深交所）的一个组成部分，其发行上市条件与主板基本相同，但发行规模相对较小，成长较快，而且上市后要遵循更为严格的规定，目的在于提高公司治理结构和规范运作水平，增强信息披露透明度，保护投资者权益。2004年5月17日，经国务院批准、中国证监会批复，同意深圳证券交易所在主板市场内设立中小企业板块。5月19日，深交所公布了《中小企业板块交易特别规定》、《中小企业板块上市公司特别规定》和《中小企业板块证券上市协议》，这标志着我国分步推进创业板市场建设工作已全面展开。5月27日，中小企业板块启动仪式在深圳举行。6月25日，中小企业板隆重开板，首批新和成等八家上市公司正式上市挂牌交易。此后，深交所先后发布一系列关于中小企业板的管理规则。

② 此后，根据2013年6月29日第十二届全国人大常委会第三次会议《关于修改〈中华人民共和国文物保护法〉等十二部法律的决定》，对《证券法》进行了第三次修正，将第129条第1款修改为：“证券公司设立、收购或者撤销分支机构，变更业务范围，增加注册资本且股权结构发生重大调整，减少注册资本，变更持有百分之五以上股权的股东、实际控制人，变更公司章程中的重要条款，合并、分立、停业、解散、破产，必须经国务院证券监督管理机构批准。”根据2014年8月31日第十二届全国人大常委会第十次会议《关于修改〈中华人民共和国保险法〉等五部法律的决定》，对《证券法》进行了第四次修改。内容包括：（1）将第89条第1款中的“事先向国务院证券监督管理机构报送”修改为“公告”，第1款第8项中的“报送”修改为“公告”。删去第2款。（2）删去第90条第1款。（3）将第91条修改为：“在收购要约确定的承诺期限内，收购人不得撤销其收购要约。收购人需要变更收购要约的，必须及时公告，载明具体变更事项。”（4）将第108条、第131条第2款中的“有《中华人民共和国公司法》第147条规定的情形”修改为“有《中华人民共和国公司法》第146条规定的情形”。（5）删去第213条中的“报送上市公司收购报告书”和“或者擅自变更收购要约”。

市场正式开始运作。

[拓展阅读] 我国创业板的推出历程

创业板，又称“二板市场”，即第二股票交易市场，是与主板市场不同的一类证券市场。它专为暂时无法在主板上市的创业型企业、中小企业和高科技产业企业等需要进行融资和发展的企业提供融资途径和成长空间的证券交易市场，是对主板市场的重要补充。创业板市场最大的特点是“低门槛进入、严要求运作”，这有助于有潜力的中小型新兴企业、特别是高成长性科技公司获得融资机会。我国创业板发行条件中的财务指标在数量上低于主板（包括中小板）首次公开发行条件，在指标内容上参照了主板做法，主要选取净利润、主营业务收入、可分配利润等财务指标，同时附以增长率和净资产指标。另外，创业板在净利润/营业收入上设置两套标准，发行人符合其中之一即可。2000 年 4 月，中国证监会向国务院报送了《关于支持高新技术企业发展设立二板市场有关问题的请示》，建议由深圳证券交易所尝试建设我国二板市场。同年 5 月 16 日，国务院原则同意证监会意见，将二板市场定名为“创业板市场”。2002 年 11 月，深圳证券交易所在提交给中国证监会《关于当前推进创业板市场建设的思考与建议》中，建议采取分步实施方式推进创业板市场建设。2004 年 5 月 17 日经国务院批准，证监会正式批复深交所设立中小企业板市场，这标志着我国分步推进创业板市场建设迈出实质性步伐。2007 年 8 月，国务院批复以创业板市场为重点的多层次资本市场体系建设方案。据此，2009 年 3 月 31 日证监会发布《首次公开发行股票并在创业板上市管理暂行办法》，就创业板发行人首次公开发行股票的条件、发行程序、信息披露、监督管理和法律责任等作了规定，自同年 5 月 1 日起实施。同年 6 月 5 日、7 月 2 日，深交所先后发布《深圳证券交易所创业板股票上市规则》、《深圳证券交易所创业板市场投资者适当性管理实施办法》。7 月 20 日中国证监会决定自 26 日起受理创业板发行上市申请，10 月 23 日创业板开板仪式启动，10 月 30 日立思辰、乐普医疗、神州泰岳等首批 28 家公司在深交所创业板集体上市。

特别是近些年来，为深入贯彻十八大和十八届二中、三中全会精神，深化我国金融体制改革，完善多层次资本市场建设，拓宽中小企业融资渠道，加强金融消费者权益保护，促进金融更好地服务于我国经济结构调整、产业转型升级和实体经济的发展，2013 年 1 月 16 日，全国中小企业股份转让系统（俗称“新三板”）正式揭牌运营，该系统以总部设在北京的全国中小企业股份转让系统有限责任公司①为其运营管理机构，为非上市股份公司（或称“非上市公众

---

① 2012 年 9 月 20 日，该公司在国家工商总局注册成立，注册资本 30 亿元。上海证券交易所、深圳证券交易所、中国证券登记结算有限责任公司、上海期货交易所、中国金融期货交易所、郑州商品交易所、大连商品交易所为公司股东单位。公司的经营宗旨是：坚持公开、公平、公正的原则，完善市场功能，加强市场服务，维护市场秩序，推动市场创新，保护投资者及其他市场参与主体的合法权益，推动场外交易市场健康发展，促进民间投资和中小企业发展，有效服务实体经济。公司的经营范围是：组织安排非上市股份公司股份的公开转让；为非上市股份公司融资、并购等相关业务提供服务；为市场参与人提供信息、技术和培训服务。其职能包括：建立、维护和完善股票转让相关技术系统和设施；制定和修改全国股份转让系统业务规则；接受并审查股票挂牌及其他相关业务申请，安排符合条件的公司股票挂牌；组织、监督股票转让及相关活动；对主办券商等全国股份转让系统参与人进行监管；对挂牌公司及其他信息披露义务人进行监管；管理和公布全国股份转让系统相关信息；中国证监会批准的其他职能。

公司”）股份的公开转让、融资、并购等提供相关业务服务，推动场外交易市场健康发展，促进民间投资和中小企业发展，有效服务实体经济。作为经国务院批准设立的第三家全国性证券交易场所，该系统与上海证券交易所、深圳证券交易所具有完全等同的法律地位。1月31日，中国证监会发布《全国中小企业股份转让系统有限责任公司管理暂行办法》，就全国股份转让系统公司的职能、组织结构、自律监管、监督管理等问题作出了明确规定。12月13日，国务院发布《关于全国中小企业股份转让系统有关问题的决定》，进一步明确：应充分发挥“新三板”服务于创新型、创业型、成长型中小微企业发展的功能；建立不同层次市场间的有机联系；简化非上市公众公司挂牌上市行政许可程序；建立和完善投资者适当性管理制度；加强事中、事后监管，保障投资者合法权益；加强协调配合，为挂牌公司健康发展创造良好环境等。此外，国务院办公厅于2013年7月1日、8月8日、12月27日相继发布《关于金融支持经济结构调整和转型升级的指导意见》、《关于金融支持小微企业发展的实施意见》、《关于进一步加强资本市场中小投资者合法权益保护工作的意见》等，反复重申要加快发展多层次资本市场，整合金融资源支持小微企业发展，大力拓展小微企业直接融资渠道，切实降低小微企业融资成本，进一步加强资本市场中小投资者合法权益保护工作等。2013年11月30日，中国证监会发布《关于进一步推进新股发行体制改革的意见》，就推进我国新股市场化发行机制、强化发行人及其控股股东等责任主体的诚信义务，进一步提高新股定价的市场化程度，改革新股配售方式，加大监管执法力度，切实维护“三公”原则等提出了新的要求。尤其是2014年5月8日发布的《国务院关于进一步促进资本市场健康发展的若干意见》（俗称“新国九条”），就完善我国资本市场建设的总体要求（含指导思想、基本原则、主要任务）、发展多层次股票市场、规范发展债券市场、培育私募市场、推进期货市场建设、提高证券期货服务业竞争力、扩大资本市场开放、防范和化解金融风险、营造资本市场良好发展环境等九个方面的内容，进行了全面系统的部署，更是将我国资本市场改革和多层次资本市场建设推向一个全新的发展阶段。一个结构合理、功能完善、规范透明、稳健高效、开放包容的多层次资本市场①即将在我国全面形成，资本市场的法治建设也将迈上新台阶。

目前，我国现行有效的证券、证券投资基金、期货立法方面的法律规范除《证券法》、《公司法》、《证券投资基金法》外，尚有以下众多法规、规章（以下仅列关涉狭义证券法方面的法规、规章，有关证券投资基金法、期货法等广义证券法方面的规定请见后两节）：

1. 国务院发布或批准发布的法规。包括：《国务院关于进一步加强证券市场宏观管理的通知》（1992年12月17日）、《股票发行与交易管理暂行条例》（1993年4月22日）、《企业债券管理条例》（1993年8月2日发布、2011年1月8日修订）、《国务院关于股份有限公司境外募

---

① 在资本市场上，不同的投资者、融资者都有不同的规模大小与主体特征，存在着对资本市场金融服务的不同需求。投资者、融资者对投融资金融服务的多样化需求决定了一国资本市场应是一个多层次的市场体系。我国资本市场从20世纪90年代发展至今，已由场内市场和场外市场两部分构成。其中场内市场（上海证券交易所、深圳证券交易所）的主板（含深交所“中小板”）、深交所创业板（俗称“二板”）和场外市场的全国中小企业股份转让系统（俗称“新三板”）、区域性股权交易市场（含青海股权交易中心、天津股权交易所、齐鲁股权托管交易中心、上海股权托管交易中心、武汉股权托管交易中心、重庆股份转让系统、前海股权交易中心、广州股权交易中心、浙江股权交易中心、江苏股权交易中心、大连股权托管交易中心、海峡股权托管交易中心等十多家股权交易市场）、证券公司主导的柜台市场，共同组成了我国多层次资本市场体系。

集股份及上市的特别规定》（1994 年 8 月 4 日）、《国务院关于股份有限公司境内上市外资股的规定》（1995 年 12 月 25 日）、《国务院关于进一步加强在境外发行股票和上市管理的通知》（1997 年 6 月 20 日）、《证券期货投资咨询管理暂行办法》（1997 年 12 月 25 日国务院批准，证券委发布）、《境内企业申请到香港创业板上市审批与监管指引》（1999 年 9 月 21 日国务院批准，证监会发布）、《证券交易所风险基金管理暂行办法》（2000 年 4 月 4 日国务院批准，证监会、财政部联合发布；根据 2011 年 1 月 8 日《国务院关于废止和修改部分行政法规的决定》修订）、《减持国有股筹集社会保障资金管理暂行办法》（2001 年 6 月 6 日）、《国务院关于推进资本市场改革开放和稳定发展的若干意见》（2004 年 1 月 31 日）、《国务院批转证监会关于提高上市公司质量意见的通知》（2005 年 10 月 19 日）、《证券公司风险处置条例》（2008 年 4 月 23 日）、《证券公司监督管理条例》（2008 年 4 月 23 日）、《国务院办公厅关于金融支持经济结构调整和转型升级的指导意见》（2013 年 7 月 1 日）、《国务院关于废止和修改部分行政法规的决定》（2013 年 7 月 18 日）、《国务院办公厅关于金融支持小微企业发展的实施意见》（2013 年 8 月 8 日）、《国务院关于开展优先股试点的指导意见》（2013 年 11 月 30）、《国务院关于全国中小企业股份转让系统有关问题的决定》（2013 年 12 月 13 日）、《国务院办公厅关于进一步加强资本市场中小投资者合法权益保护工作的意见》（2013 年 12 月 27 日）、《国务院关于进一步促进资本市场健康发展的若干意见》（2014 年 5 月 8 日）等。

2. 中国证监会发布或联合发布的证券监管规章。主要包括：《境内及境外证券经营机构从事外资股业务资格管理暂行规定》（1996 年 10 月 23 日）、《外国证券类机构驻华代表机构管理办法》（1999 年 4 月 22 日）、《证券公司股票质押贷款管理办法》（2000 年 2 月 2 日发布，2004 年 11 月 2 日与人民银行、银监会联合发布）、《客户交易结算资金管理办法》（2001 年 5 月 16 日）、《证券交易所管理办法》（2001 年 12 月 12 日）、《外资参股证券公司设立规则》（2002 年 6 月 1 日发布，2012 年 10 月 11 日第二次修订）、《上市公司收购管理办法》（2002 年 9 月 28 日发布，2012 年 2 月 14 日第三次修订）、《合格境外机构投资者境内证券投资管理办法》（2002 年 11 月 5 日，2006 年 8 月 24 日证监会、人民银行、外汇管理局修订）、《证券业从业人员资格管理办法》（2002 年 12 月 16 日）、《证券公司债券管理暂行办法》（2003 年 8 月 29 日发布、2004 年 10 月 18 日修订）、《中国证券监督管理委员会行政许可实施程序规定（试行）》（2004 年 7 月 1 日发布，2009 年 12 月 16 日修订）、《国际开发机构人民币债券发行管理暂行办法》（2005 年 2 月 28 日和财政部、发改委、人民银行联合发布，2010 年 9 月 16 日修订）、《上市公司回购社会公众股份管理办法（试行）》（2005 年 6 月 16 日）、《证券投资者保护基金管理办法》（2005 年 6 月 30 日和财政部、人民银行联合发布）、《上市公司股权分置改革管理办法》（2005 年 9 月 4 日）、《中国证券监督管理委员会冻结查封实施办法》（2005 年 12 月 30 日发布，2011 年 5 月 23 日修订）、《上市公司股权激励管理办法（试行）》（2005 年 12 月 31 日）、《上市公司章程指引》和《上市公司股东大会规则》（2006 年 3 月 16 日）、《证券登记结算管理办法》（2006 年 4 月 7 日发布，2009 年 11 月 20 日修订）、《上市公司证券发行管理办法》（2006 年 5 月 6 日）、《中国证券监督管理委员会发行审核委员会办法》（2006 年 5 月 9 日发布，2009 年 5 月 13 日修订）、《首次公开发行股票并上市管理办法》（2006 年 5 月 17 日）、《证券市场禁入规定》（2006 年 6 月 7 日）、《保荐人尽职调查工作准则》（2006 年 5 月 29 日）、《证券结算风险基金管理办法》（2006 年 6 月 16 日和财政部联合发布）、《证券公司融资融券业务试点管理办法》（2006 年

6月30日，2011年10月26日修订)、《国债承销团成员资格审批办法》(2006年7月4日和财政部、人民银行联合发布)、《证券公司风险控制指标管理办法》(2006年7月20日，2008年6月24日修订)、《证券发行与承销管理办法》(2006年9月17日发布，2014年3月21日第四次修订)、《证券公司董事、监事和高级管理人员任职资格监管办法》(2006年11月30日发布，2012年10月19日修订)、《上市公司信息披露管理办法》(2007年1月30日)、《中国证券监督管理委员会限制证券买卖实施办法》(2007年5月18日)、《境外证券交易所驻华代表机构管理办法》(2007年5月20日)、《合格境内机构投资者境外证券投资管理试行办法》(2007年6月18日)、《国有股东转让所持上市公司股份管理暂行办法》(2007年6月30日和国务院国有资产监督管理委员会联合发布)、《公司债券发行试点办法》(2007年8月14日)、《证券市场资信评级业务管理暂行办法》(2007年8月24日)、《上市公司非公开发行股票实施细则》(2007年9月17日发布，2011年8月1日修订)、《证券公司设立子公司试行规定》(2007年12月28日发布，2012年10月11日修订)、《上市公司重大资产重组管理办法》(2008年4月16日发布，2011年8月1日修订)、《上市公司并购重组财务顾问业务管理办法》(2008年6月3日)、《中国证券监督管理委员会关于修改上市公司现金分红若干规定的决定》(2008年10月9日)、《证券发行上市保荐业务管理办法》(2008年10月17日发布，2009年5月13日修订)、《证券期货业反洗钱工作实施办法》(2010年9月1日)、《转融通业务监督管理试行办法》(2011年1月26日)、《证券期货市场诚信监督管理暂行办法》(2012年7月25日)、《证券期货业信息安全保障管理办法》(2012年9月24日)、《非上市公众公司监督管理办法》(2012年9月28日发布，2013年12月26日修订)、《证券公司客户资产管理业务管理办法》(2012年10月18日发布，2013年6月26日修订)、《证券公司治理准则》(2012年12月11日)、《全国中小企业股份转让系统有限责任公司管理暂行办法》(2013年1月31日)、《中国证监会关于进一步推进新股发行体制改革的意见》(2013年11月30日)、《优先股试点管理办法》(2014年3月21日)、《创业板上市公司证券发行管理暂行办法》(2014年5月14日)、《非上市公众公司收购管理办法》(2014年6月23日)、《非上市公众公司重大资产重组管理办法》(2014年6月23日)，等等。

第二节　《证券法》的主要内容

我国《证券法》就证券发行、证券交易(包括一般规定、证券上市、持续信息公开、禁止的交易行为等)、上市公司的收购，与证券发行、交易有关的机构(含证券交易所、证券公司、证券登记结算机构、证券服务机构、证券监管与自律机构)，法律责任等内容作了较明确的规定。

一、证券发行制度

(一) 证券发行概述

1. 证券发行的概念及分类。证券发行，有广义和狭义之分。广义的证券发行是指符合发行条件的商业组织或政府组织（发行人），以筹资为目的，依照法律规定的程序向社会投资人出售代表一定权利的资本证券以获取所需资金的行为。其在本质上是证券发行市场（一级市场）上的交易行为，包括证券发行人的发行要约、证券投资者的承诺认购、缴纳投资和交付、受领证券等行为。狭义的证券发行，则是指发行人在所需资金募集后，做成证券并交付投资人受领的单方行为。一般所谓证券发行，多指广义而言。

证券发行，依不同的标准，可作多种分类：

（1）依发行的证券的品种不同，证券发行可分为股票发行、债券发行（公司债券、可转换公司债券、政府债券等）、基金券发行、认股权证发行、证券衍生品种发行等。

（2）依证券发行价格与证券票面金额的关系不同，证券发行可以分为平价发行、折价发行、溢价发行和中间价发行。按票面记载金额发行证券，为平价发行（或称面额发行）；低于票面记载金额发行证券，为折价发行；超过票面金额发行证券，为溢价发行；按票面金额和市场价的中间价格发行证券，为中间价发行，它一般于配股时采用。我国《公司法》第127条规定："股票发行价格可以按票面金额，也可以超过票面金额，但不得低于票面金额。"即承认平价发行和溢价发行，但不允许折价发行。

（3）依证券发行对象的范围不同，证券发行可以分为公开发行和非公开发行。前者又称公募发行，是指发行人通过证券经营机构向发行人以外的不特定的社会公众发行证券的行为。由于公开发行涉及社会公众的利益，其发行条件和发行程序极为严格，我国的诸多监管规定也主要是针对公开发行而制定的。后者，又称私募发行，是指证券发行人向一定范围的特定对象发行证券的行为。这种情况下的投资者，范围较小且一般具有较高的风险识别能力，所以，私募发行的条件和程序规定往往较公募发行宽松、简单，有关证券发行的内容主要由当事人协商确定。

我国新《证券法》第10条一方面明确了公开发行与非公开发行的界限，规定："有下列情形之一的，为公开发行：（一）向不特定对象发行证券；（二）向特定对象发行证券累计超过二百人的；（三）法律、行政法规规定的其他发行行为。"另一方面明定公开发行证券必须符合法律法规规定的条件并经依法核准始可进行，而非公开发行证券，则不得采用广告、公开劝诱和变相公开方式。

（4）依是否由证券承销机构承销为标准，证券发行可分为直接发行和间接发行。前者是指证券发行人不借助证券承销机构，直接向投资者发行证券；后者是证券发行人与证券承销机构签订承销协议（代销或包销），委托承销机构代为发行证券。我国《证券法》第11条第1款前段规定"发行人申请公开发行股票、可转换为股票的公司债券，依法采取承销方式的"，即属间接发行。

（5）依股票发行时公司是否存在为标准，股票发行可分为设立发行和新股发行。前者是为成立新的股份公司而发行股票；后者又称增资发行，是为增加已有公司的资本总额或改变其股本结构而发行新股。增发新股，既可以公开发行，也可以采取配股或赠股的形式。

（6）依证券发行是否借助于证券交易所系统，证券发行可分为上网发行或网下发行。前者是指证券发行人和主承销商利用证券交易所的交易系统，由主承销商作为唯一卖方发行证券的发行方式。上网发行依证券上网发行价格的不同，又可以分为上网定价发行和上网竞价发行。后者是指证券发行人和主承销商不利用证券交易所的交易系统，自主公开发行证券的发行方式。常见的网下发行方式为法人配售，它一般要经过确定发行量和发行底价、询价、确定发行价格、配售等阶段。

2. 证券发行审核制度。由于证券发行涉及一国资本市场的基础，诸如证券投资者的利益保护、资本资源及相应资源的配置、证券市场秩序的稳定等，所以各国政府都规定了证券发行的条件和程序，并对证券发行实施程度不等的审核制度。

目前，世界上的证券发行审核制度主要有两种，一是注册制，也称申报制或登记制，是指发行人按照规定将证券发行申请文件向国家证券监管机构申报注册，由其进行形式审查，在法定期间未提出异议的，该证券发行注册即生效力，发行人即可发行证券的审核制度。这种审核制度强调发行信息公开和形式审查原则，而对证券的投资价值则不作判断。其优点在于审核程序简便、利于风险企业筹资和提高投资人的投资判断力，是市场化程度较高的审核制度。实行注册制最具代表性的国家是美国和日本。二是核准制，即证券监管机构对证券发行人提交的发行申请文件进行形式和实质审查，并在发行申请符合法律规定的准则时，依法予以登记核准发行的审核制度。这种审核制度的特点是监管机构除审查发行申请文件的完整性、准确性、真实性外，还要审查该证券是否符合法律、法规规定的实质条件。其优点在于获准发行的证券较有投资保障、有利于防止不良证券进入市场，但其缺点是监管机构负荷过重、不利于培育成熟的投资人、不利于发展新兴事业。目前，法国、瑞士等欧陆国家及东南亚、菲律宾等新兴市场国家实行该种制度。

过去，我国对股票、债券的发行一直是实行本质上属于核准制的更为严格的证券发行“审批制”。在这种制度下，证券发行的审核程序须经额度分配、进行预选、核准发行三大阶段，其计划性色彩、行政性色彩、实质管理性因素相当浓厚，公开性和透明度则明显不够，不利于资本市场的繁荣与发展。2001 年 3 月 17 日，依据 1998 年 12 月通过的《证券法》的规定，我国对股票发行正式实施了核准制，但对公司债券的发行仍然按当时的《公司法》实行审批制。随着我国市场经济体制的发展，2005 年我国在修订《证券法》时在第 10 条明确规定：“公开发行证券，必须符合法律、行政法规规定的条件，并依法报经国务院证券监督管理机构或者国务院授权的部门核准；未经依法核准，任何单位或个人不得公开发行证券。”即明确规定我国对所有证券的发行均实行核准制。不过，从更好地发挥市场的决定性作用、保护投资者利益来看，进一步推进新股发行体制改革，实现股票发行注册制应当成为我国的当务之急。

3. 证券发行保荐制度。保荐制度是指保荐人（通过其指定的保荐代表人）依照业务规则和行业规范，尽职辅导和推荐发行人证券发行、上市，并持续督导发行人履行规范运作、信守承诺、信息披露等义务的一种证券发行、上市督导制度。保荐制度的实质是在证券发行和上市中引入市场约束机制，使保荐人（券商）在获得证券发行、上市的主承销业务的同时，要依法对发行人的公开发行募集文件进行核查，向监管机构出具保荐意见，并保证所出具的文件真实、准确、完整，从而使其对发行人的发行、上市负有一定的连带担保责任。

我国在 2003 年 1 月的全国证券期货监管工作会议上，确立了逐步建立上市保荐制度的思路。2003 年 12 月 28 日中国证监会发布《证券发行上市保荐制度暂行办法》，自 2004 年 2 月 1 日起正式施行保荐制度。2005 年修订的《证券法》第 11 条和第 49 条更从法律的高度确立了一定范围的证券的发行和上市应实行保荐制度，并就保荐人的职责和资格管理作了概要规定。2006 年 5 月中国证监会又发布了《保荐人尽职调查工作准则》。我国资本市场层次的不断拓展，对保荐工作提出了新的更高要求。在总结经验的基础上，中国证监会于2008年10月17日发布了《证券发行上市保荐业务管理办法》，就发行人应予保荐的事项、保荐机构和保荐代表人的资格管理、保荐职责、保荐业务规程、保荐业务协调、监管措施和法律责任等问题作了全面规定，相应废止了《证券发行上市保荐制度暂行办法》，《管理办法》自同年12月1日实施。此后该《管理办法》又于2009年5月13日修订。保荐制度的逐步建立健全，对完善我国证券发行管理体制，提高上市公司质量和证券公司执业水平，保护投资者的合法权益，促进证券市场健康发展产生了积极作用。

4. 证券发行的主要法律规范。目前，我国证券发行及融资的法律规范初具规模，除《证券法》、《公司法》外，尚有中国证监会发布的《上市公司证券发行管理办法》、《中国证券监督管理委员会发行审核委员会办法》、《首次公开发行股票并上市管理办法》、《证券发行与承销管理办法》、《证券发行上市保荐业务管理办法》及《上市公司非公开发行股票实施细则》、《公司债券发行试点办法》等，这些规定基本上涵盖了公司发行和融资的全过程。在创业板市场，我国也发布了《首次公开发行股票并在创业板上市管理办法》，对发行人（自主创新企业及其他成长型创业企业）申请首次公开发行股票并在创业板上市行为予以规范。

（二）证券发行的条件

1. 发行股票的条件。按《公司法》规定，股份有限公司可以发起设立或募集设立。募集设立的公司在设立之时即向特定对象或社会公众发行股票，此即设立发行。另外，已依法成立的公司为增加资本或改变资本结构也可以不公开或公开发行新的股份，此即增资发行。

《证券法》规定：设立股份有限公司公开发行股票，应当符合《公司法》规定的条件和经国务院批准的国务院证券监督管理机构规定的其他条件。公司公开发行新股，应当符合下列条件：（1）具备健全且运行良好的组织机构；（2）具有持续盈利能力，财务状况良好；（3）最近3年财务会计文件无虚假记载，无其他重大违法行为；（4）经国务院批准的国务院证券监督管理机构规定的其他条件。

中国证监会2006年5月17日发布的《首次公开发行股票并上市管理办法》，就公司首次公开发行股票并上市的发行条件（含主体资格、独立性、规范运行、财务会计、募集资金运用等）作了详细规定；首次公开发行股票且不上市的管理办法将另行制定。此外，上市公司发行新股，可以向不特定对象公开发行，也可以向特定对象非公开发行，两者均需报国务院证券监督管理机构核准。2006年5月6日中国证监会发布的《上市公司证券发行管理办法》就上市公司公开和不公开发行新股的条件都作了规定。

2. 公开发行公司债券的条件。公开发行公司债券，应当符合下列条件：（1）股份有限公司的净资产不低于人民币3 000万元，有限责任公司的净资产不低于人民币6 000万元；（2）累计债券余额不超过公司净资产的40%；（3）最近3年平均可分配利润足以支付公司债券1年的利息；（4）筹集的资金投向符合国家产业政策；（5）债券的利率不超过国务院限定的利率水平；（6）国务院规定的其他条件。

公开发行公司债券筹集的资金，必须用于核准的用途，不得用于弥补亏损和非生产性支出。

有下列情形之一的，不得再次公开发行公司债券：（1）前一次公开发行的公司债券尚未募足；(2) 对已公开发行的公司债券或者其他债务有违约或者延迟支付本息的事实，仍处于继续状态；(3) 违反本法规定，改变公开发行公司债券所募资金的用途。

此外，上市公司发行可转换为股票的公司债券，应当符合《证券法》关于公开发行公司债券、公开发行股票的条件，并报国务院证券监督管理机构核准。中国证监会 2006 年 5 月 6 日发布的《上市公司证券发行管理办法》，就可转换为股票的公司债券的发行条件进行了明确规定。

(三) 证券发行的程序

由于证券发行种类、发行方式的不同，各类证券的发行程序不尽一致。依《证券法》第二章及中国证监会发布的《首次公开发行股票并上市管理办法》、《上市公司证券发行管理办法》等规章的规定，证券发行大体有以下步骤。

1. 作出发行决议。发行人发行证券一般先由其董事会就有关发行事项作出决议，并提请股东大会批准。

2. 提出发行申请。发行人应按照规定制作和报送证券发行申请文件。其发行证券属于保荐范围依法应予保荐的，应由保荐人保荐并向中国证监会申报；属于特定行业的，发行人还应提供管理部门的批准文件或相关意见。发行人向国务院证券监督管理机构或国务院授权的部门报送的证券发行申请文件，必须真实、准确、完整。为证券发行出具有关文件的证券服务机构和人员，必须严格履行法定职责，保证其所出具文件的真实性、准确性和完整性。

如果发行人申请首次公开发行股票，在提交申请文件后，还应按国务院证券监督管理机构的规定预先披露有关申请文件，以此提高发行审核的透明度，拓宽社会监督渠道，防范发行人采取虚假欺骗手段骗取发行上市资格，提高上市公司的质量。

3. 依法核准申请。按《证券法》规定：公开发行证券，必须符合规定的条件，并依法报经国务院证券监督管理机构或国务院授权的部门核准；未经依法核准，任何单位和个人不得公开发行证券。为此，国务院证券监督管理机构设发行审核委员会，依法审核股票发行申请。发行审核委员会由国务院证券监督管理机构的专业人员和所聘请的该机构外的有关专家组成，以投票方式对股票发行申请进行表决，提出审核意见。中国证监会 2006 年 5 月 9 日发布，2009 年 5 月 13 日修订的《中国证券监督管理委员会发行审核委员会办法》就发行审核委员会的具体组成、人员任期、工作程序等作了详细规定。

国务院证券监督管理机构依照法定条件负责核准股票发行申请。核准程序应当公开，依法接受监督。参与核准股票发行申请的人员，不得与发行申请单位有利害关系；不得接受发行申请单位的馈赠；不得持有所核准的发行申请的股票；不得私下与发行申请单位进行接触。国务院授权的部门对公司债券发行申请的核准，参照此一规定执行。

国务院证券监督管理机构或者国务院授权的部门应当自受理证券发行申请文件之日起 3 个月内，依法作出予以核准或不予核准的决定，发行人根据要求补充、修改发行申请文件的时间不计算在内；不予核准的，应说明理由。

4. 公开发行信息。证券发行申请经核准后，发行人应当依照规定在证券公开发行前，公告公开发行募集文件，并将该文件置备于指定场所供公众查阅。发行证券的信息依法公开前，任何知情人不得公开或者泄露该信息。发行人不得在公告公开发行募集文件前发行证券。

5. 撤销核准决定。国务院证券监督管理机构或国务院授权的部门对已作出的核准证券发行的决定，发现不符合法定条件或法定程序，尚未发行证券的，应当予以撤销，停止发行。已经发行尚未上市的，撤销发行核准决定，发行人应按发行价并加算银行同期存款利息返还证券持有人；保荐人应当与发行人承担连带责任，但是能够证明自己没有过错的除外；发行人的控股股东、实际控制人有过错的，应当与发行人承担连带责任。

6. 签订承销协议，进行证券销售。发行人向不特定对象发行的证券，法律、行政法规规定应由证券公司承销（包括代销或包销①）的，发行人应当同证券公司签订承销协议。承销协议应载明：当事人的名称、住所及法定代表人姓名；代销、包销证券的种类、数量、金额及发行价格；代销、包销的期限及起止日期；代销、包销的付款方式及日期；代销、包销的费用和结算办法；违约责任；国务院证券监督管理机构规定的其他事项等。公开发行证券的发行人有权依法自主选择承销商，证券公司不得以不正当竞争手段招揽证券承销业务。证券公司承销证券，应对公开发行募集文件的真实性、准确性、完整性进行核查；发现有虚假记载、误导性陈述或重大遗漏的，不得进行销售活动；已经销售的，必须立即停止销售活动，并采取纠正措施。

向不特定对象发行的证券票面总值超过人民币 5 000 万元的，应由承销团承销。承销团应由主承销和参与承销的证券公司组成。证券的代销、包销期限最长不得超过 90 日。证券公司在代销、包销期内，对所代销、包销的证券应当保证先行出售给认购人，而不得为本公司预留所代销的证券和预先购入并留存所包销的证券。

股票发行采取溢价发行的，其发行价格由发行人与承销的证券公司协商确定。股票发行采用代销方式，代销期限届满，向投资者出售的股票数量未达到拟公开发行股票数量 70%的，为发行失败。发行人应当按照发行价并加算银行同期存款利息返还股票认购人。

7. 备案。公开发行股票，代销、包销期限届满，发行人应当在规定的期限内将股票发行情况报国务院证券监督管理机构备案。

二、证券交易制度

（一）证券交易的一般规定

1. 证券交易的场所及方式。证券交易是当事人买卖依法发行的证券的活动。依法公开发行的股票、公司债券及其他证券，应当在依法设立的证券交易所上市交易或在国务院批准的其他证券交易场所转让，在证券交易所上市交易的，应采用公开的集中交易方式或国务院证券监督管理机构批准的其他方式。证券交易当事人买卖的证券可以采用纸面形式或国务院证券监督管理机构规定的其他形式。证券交易以现货和国务院规定的其他方式（如融资融券交易）进行交易。

2. 证券交易的一般性限制规定。包括：

（1）非依法发行的证券，不得买卖。依法发行的股票、公司债券及其他证券，法律对其转

---

① 证券代销是指证券公司代发行人发售证券，在承销期结束时，将未售出的证券全部退还给发行人的承销方式。证券包销是指证券公司将发行人的证券按照协议全部购入或者在承销期结束时将售后剩余证券全部自行购入的承销方式。

让期限有限制性规定的，在限定的期限内不得买卖。如《公司法》第 141 条规定：“发起人持有的本公司股份，自公司成立之日起一年内不得转让。公司公开发行股份前已发行的股份，自公司股票在证券交易所上市交易之日起一年内不得转让。公司董事、监事、高级管理人员应当向公司申报所持有的本公司的股份及其变动情况，在任职期间每年转让的股份不得超过其所持有本公司股份总数的百分之二十五；所持本公司股份自公司股票上市交易之日起一年内不得转让。上述人员离职后半年内，不得转让其所持有的本公司股份。公司章程可以对公司董事、监事、高级管理人员转让其所持有的本公司股份作出其他限制性规定。”《证券法》第 45 条规定：“为股票发行出具审计报告、资产评估报告或法律意见书等文件的证券服务机构和人员，在该股票承销期内和期满后六个月内，不得买卖该种股票。除前款规定外，为上市公司出具审计报告、资产评估报告或者法律意见书等文件的证券服务机构和人员，自接受上市公司委托之日起至上述文件公开后五日内，不得买卖该种股票。”

（2）证券交易所、证券公司和证券登记结算机构的从业人员、证券监督管理机构的工作人员以及法律、行政法规禁止参与股票交易的其他人员，在任期或者法定限期内，不得直接或以化名、借他人名义持有、买卖股票，也不得收受他人赠送的股票。任何人在成为前列人员时，其原已持有的股票，必须依法转让。

（3）上市公司董事、监事、高级管理人员、持有上市公司股份 5%以上的股东，将其持有的该公司的股票在买入后 6 个月内卖出，或在卖出后 6 个月内又买入，由此所得收益归该公司所有，公司董事会应当收回其所得收益。但是，证券公司因包销购入售后剩余股票而持有 5%以上股份的，卖出该股票不受 6 个月时间限制。公司董事会不按前述规定执行的，股东有权要求董事会在 30 内执行。公司董事会未在上述期限内执行的，股东有权为了公司的利益以自己的名义直接向人民法院提起诉讼。公司董事会不按照规定执行的，负有责任的董事依法承担连带责任。

3. 其他强制性义务规定。包括：

（1）证券交易所、证券公司、证券登记结算机构必须依法为客户开立的账户保密。

（2）证券交易的收费必须合理，并公开收费项目、收费标准和收费办法。证券交易的收费项目、收费标准和管理办法由国务院有关主管部门统一规定。

（二）证券上市

1. 股票上市

股票上市是指符合规定条件的公司的股票在证券交易所挂牌交易。国家鼓励符合产业政策并符合上市条件的公司股票上市交易。股份有限公司申请股票上市交易，应当向证券交易所提出申请，由证券交易所依法审核同意，并由双方签订上市协议。同时应聘请有保荐资格的机构担任保荐人，依法进行保荐。

（1）申请上市的条件。

按《证券法》第 50 条的规定：股份有限公司申请股票上市应当符合下列条件：1）股票经国务院证券监督管理机构核准已公开发行；2）公司股本总额不少于人民币 3 000 万元；3）公开发行的股份达到公司股份总数的 25%以上；公司股本总额超过人民币 4 亿元的，公开发行股份的比例为 10%以上；4）公司最近 3 年无重大违法行为，财务会计报告无虚假记载。证券交易所可规定高于前述规定的上市条件，并报国务院证券监督管理机构批准。

(2) 申请上市的程序。

申请股票上市交易，应当向证券交易所报送下列文件：上市报告书；申请股票上市的股东大会决议；公司章程；营业执照；依法经会计师事务所审计的公司最近3年的财务会计报告；法律意见书和上市保荐书；最近一次的招股说明书；证券交易所上市规则规定的其他文件。

股票上市交易申请经证券交易所审核同意后，签订上市协议的公司应在规定的期限内公告股票上市的有关文件，并将该文件置备于指定场所供公众查阅。此外，还应当公告下列事项：股票获准在证券交易所交易的日期；持有公司股份最多的前10名股东的名单和持股数额；公司的实际控制人；董事、监事、高级管理人员的姓名及其持有本公司股票和债券的情况。

(3) 上市股票的暂停与终止。

上市公司有下列情形之一的，由证券交易所决定暂停其股票上市交易：1) 公司股本总额、股权分布等发生变化不再具备上市条件；2) 公司不按照规定公开其财务状况，或者对财务会计报告作虚假记载，可能误导投资者；3) 公司有重大违法行为；4) 公司最近3年连续亏损；5) 证券交易所上市规则规定的其他情形。

上市公司有下列情形之一的，由证券交易所决定终止其股票上市交易：1) 公司股本总额、股权分布等发生变化不再具备上市条件，在证券交易所规定的期限内仍不能达到上市条件；2) 公司不按照规定公开其财务状况，或者对财务会计报告作虚假记载，且拒绝纠正；3) 公司最近3年连续亏损，在其后1个年度内未能恢复盈利；4) 公司解散或者被宣告破产；5) 证券交易所上市规则规定的其他情形。

2. 债券上市交易

债券上市交易主要是指经证券交易所依法审核同意的公司所发行的债券在证券交易所上市交易的活动。此外，证券交易所根据国务院授权的部门的决定安排政府债券上市交易。

(1) 公司债券上市交易的条件。

公司申请公司债券上市交易，应当符合下列条件：1) 公司债券的期限为1年以上；2) 公司债券实际发行额不少于人民币5 000万元；3) 公司申请债券上市时仍符合法定的公司债券发行条件。

(2) 公司债券上市交易的程序。

申请公司债券上市交易，应向证券交易所报送下列文件：上市报告书；申请公司债券上市的董事会决议；公司章程；公司营业执照；公司债券募集办法；公司债券的实际发行数额；证券交易所上市规则规定的其他文件。申请可转换为股票的公司债券上市交易，还应当报送保荐人出具的上市保荐书。

公司债券上市交易申请经证券交易所审核同意后，签订上市协议的公司应当在规定的期限内公告公司债券上市文件及有关文件，并将其申请文件置备于指定场所供公众查阅。

(3) 公司债券上市交易的暂停与终止。

公司债券上市交易后，公司有下列情形之一的，由证券交易所决定暂停其公司债券上市交易：1) 公司有重大违法行为；2) 公司情况发生重大变化不符合公司债券上市条件；3) 发行公司债券所募集的资金不按照核准的用途使用；4) 未按照公司债券募集办法履行义务；5) 公司最近2年连续亏损。

公司有前条第1）项、第4）项所列情形之一经查实后果严重的，或者有前条第2）项、第3）项、第5）项所列情形之一，在限期内未能消除的，由证券交易所决定终止其公司债券上市交易。公司解散或被宣告破产的，由证券交易所终止其公司债券上市交易。

对证券交易所作出的不予上市、暂停上市、终止上市决定不服的，可以向证券交易所设立的复核机构申请复核。

（三）持续信息公开

持续信息公开制度是证券发行人、上市公司及其他主体，依照法律规定的方式，将与证券发行、交易有关的重大信息予以公开的一种法律制度。其作用在于保证投资者获得真实、充分的证券市场信息，在公平的基础上作出投资决策，有利于对发行人、上市公司监督，促使其改善生产经营管理，提高经济效益，并有利于加强证券市场的监管，减少内幕交易等违法行为的发生。《证券法》对持续信息公开作了以下规定，2007年1月30日中国证监会发布的《上市公司信息披露管理办法》就上市公司信息披露作了更详细的规定。

1. 发行人、上市公司依法披露的信息，必须真实、准确、完整，不得有虚假记载、误导性陈述或者重大遗漏。

2. 经国务院证券监督管理机构核准依法公开发行股票，或经国务院授权的部门核准依法公开发行公司债券，应当公告招股说明书、公司债券募集办法。依法公开发行新股或者公司债券的，还应当公告财务会计报告。

3. 上市公司和公司债券上市交易的公司，应当在每一会计年度的上半年结束之日起2个月内，向国务院证券监督管理机构和证券交易所报送记载以下内容的中期报告，并予公告：（1）公司财务会计报告和经营情况；（2）涉及公司的重大诉讼事项；（3）已发行的股票、公司债券变动情况；（4）提交股东大会审议的重要事项；（5）国务院证券监督管理机构规定的其他事项。

4. 上市公司和公司债券上市交易的公司，应当在每一会计年度结束之日起4个月内，向国务院证券监督管理机构和证券交易所报送记载以下内容的年度报告，并予公告：（1）公司概况；（2）公司财务会计报告和经营情况；（3）董事、监事、高级管理人员简介及其持股情况；（4）已发行的股票、公司债券情况，包括持有公司股份最多的前10名股东的名单和持股数额；（5）公司的实际控制人；（6）国务院证券监督管理机构规定的其他事项。

5. 发生可能对上市公司股票交易价格产生较大影响的重大事件，投资者尚未得知时，上市公司应当立即将有关该重大事件的情况向国务院证券监督管理机构和证券交易所报送临时报告，并予公告，说明事件的起因、目前的状态和可能产生的法律后果。

所称重大事件包括：（1）公司的经营方针和经营范围的重大变化；（2）公司的重大投资行为和重大的购置财产的决定；（3）公司订立重要合同，可能对公司的资产、负债、权益和经营成果产生重要影响；（4）公司发生重大债务和未能清偿到期重大债务的违约情况；（5）公司发生重大亏损或者重大损失；（6）公司生产经营的外部条件发生的重大变化；（7）公司的董事、1/3以上监事或者经理发生变动；（8）持有公司5%以上股份的股东或者实际控制人，其持有股份或者控制公司的情况发生较大变化；（9）公司减资、合并、分立、解散及申请破产的决定；（10）涉及公司的重大诉讼，股东大会、董事会决议被依法撤销或者宣告无效；（11）公司涉嫌犯罪被司法机关立案调查，公司董事、监事、高级管理人员涉嫌犯罪被司法机关采取强制措施；（12）国务院证券监督管理机构规定的其他事项。

6. 上市公司董事、高级管理人员应当对公司定期报告签署书面确认意见；上市公司监事会应当对董事会编制的公司定期报告进行审核并提出书面审核意见；上市公司董事、监事、高级管理人员应当保证上市公司所披露的信息真实、准确、完整。

7. 发行人、上市公司公告的招股说明书、公司债券募集办法、财务会计报告、上市报告文件、年度报告、中期报告、临时报告以及其他信息披露资料，有虚假记载、误导性陈述或者重大遗漏，致使投资者在证券交易中遭受损失的，发行人、上市公司应当承担赔偿责任；发行人、上市公司的董事、监事、高级管理人员和其他直接责任人员以及保荐人、承销的证券公司，应当与发行人、上市公司承担连带赔偿责任，但是能够证明自己没有过错的除外；发行人、上市公司的控股股东、实际控制人有过错的，应当与发行人、上市公司承担连带赔偿责任。

8. 依法必须披露的信息，应当在国务院证券监督管理机构指定的媒体发布，同时将其置备于公司住所、证券交易所，供社会公众查阅。

9. 国务院证券监督管理机构对上市公司年度报告、中期报告、临时报告以及公告的情况进行监督，对上市公司分派或者配售新股的情况进行监督，对上市公司控股股东和信息披露义务人的行为进行监督。证券监督管理机构、证券交易所、保荐人、承销的证券公司及有关人员，对公司依照法律、行政法规规定必须作出的公告，在公告前不得泄露其内容。

10. 证券交易所决定暂停或者终止证券上市交易的，应当及时公告，并报国务院证券监督管理机构备案。

（四）禁止的交易行为

法律禁止的证券交易行为主要包括内幕交易、操纵市场、虚假陈述欺诈客户等，我国《证券法》第三章第四节对此作了明确规定：

1. 内幕交易行为

内幕交易是指证券交易内幕信息的知情人和非法获取内幕信息的人利用内幕信息从事证券交易的活动。内幕交易行为违背“公开、公平、公正”原则的要求，破坏信息披露制度，对广大投资者是不公平的，所以应予禁止。

《证券法》规定：证券交易内幕信息的知情人包括：发行人的董事、监事、高级管理人员；持有公司5%以上股份的股东及其董事、监事、高级管理人员，公司的实际控制人及其董事、监事、高级管理人员；发行人控股的公司及其董事、监事、高级管理人员；由于所任公司职务可以获取公司有关内幕信息的人员；证券监督管理机构工作人员以及由于法定职责对证券的发行、交易进行管理的其他人员；保荐人、承销的证券公司、证券交易所、证券登记结算机构、证券服务机构的有关人员；国务院证券监督管理机构规定的其他人。

内幕信息是指证券交易活动中，涉及公司的经营、财务或者对该公司证券的市场价格有重大影响的尚未公开的信息。内幕信息包括：（1）《证券法》第67条第2款所列重大事件；（2）公司分配股利或者增资的计划；（3）公司股权结构的重大变化；（4）公司债务担保的重大变更；（5）公司营业用主要资产的抵押、出售或者报废一次超过该资产的30%；（6）公司的董事、监事、高级管理人员的行为可能依法承担重大损害赔偿责任；（7）上市公司收购的有关方案；（8）国务院证券监督管理机构认定的对证券交易价格有显著影响的其他重要信息。

内幕交易的主体是证券交易内幕信息的知情人和非法获取内幕信息的人。法律禁止他们在内幕信息公开前为以下三类行为：买卖该公司的证券；泄露该信息；建议他人买卖该证券。内幕交易行为给投资者造成损失的，行为人应当依法承担赔偿责任。

2. 操纵市场行为

操纵证券市场，是指以获取利益或减少损失为目的，利用手中掌握的资金等优势影响证券市场价格，制造证券市场假象，诱导或者致使投资者在不了解事实真相的情况下作出证券投资决定，扰乱证券市场秩序的行为。

禁止任何人以下列手段操纵证券市场：（1）单独或者通过合谋，集中资金优势、持股优势或者利用信息优势联合或者连续买卖，操纵证券交易价格或者证券交易量；（2）与他人串通，以事先约定的时间、价格和方式相互进行证券交易，影响证券交易价格或者证券交易量；（3）在自己实际控制的账户之间进行证券交易，影响证券交易价格或者证券交易量；（4）以其他手段操纵证券市场。

操纵证券市场行为给投资者造成损失的，行为人应当依法承担赔偿责任。

3. 虚假陈述行为

虚假陈述行为是指编造、传播虚假信息，或在证券交易活动中作出虚假陈述或者信息误导的行为。

《证券法》规定：禁止国家工作人员、传播媒介从业人员和有关人员编造、传播虚假信息，扰乱证券市场。禁止证券交易所、证券公司、证券登记结算机构、证券服务机构及其从业人员，证券业协会、证券监督管理机构及其工作人员，在证券交易活动中作出虚假陈述或者信息误导。各种传播媒介传播证券市场信息必须真实、客观，禁止误导。

4. 欺诈客户行为

欺诈客户行为，是指证券公司及其从业人员在证券交易及相关活动中，进行的违背客户真实意思表示、损害其利益的行为。

《证券法》规定：禁止证券公司及其从业人员从事下列损害客户利益的欺诈行为：（1）违背客户的委托为其买卖证券；（2）不在规定时间内向客户提供交易的书面确认文件；（3）挪用客户所委托买卖的证券或客户账户上的资金；（4）未经客户的委托，擅自为客户买卖证券，或假借客户的名义买卖证券；（5）为牟取佣金收入，诱使客户进行不必要的证券买卖；（6）利用传播媒介或通过其他方式提供、传播虚假或误导投资者的信息；（7）其他违背客户真实意思表示，损害客户利益的行为。

欺诈客户行为给客户造成损失的，行为人应当依法承担赔偿责任。

此外，《证券法》还规定：在证券交易中，禁止法人非法利用他人账户从事证券交易，禁止法人出借自己或他人的证券账户；依法拓宽资金入市渠道，禁止资金违规流入股市；禁止任何人挪用公款买卖证券；国有企业和国有资产控股的企业买卖上市交易的股票，必须遵守国家有关规定；证券交易所、证券公司、证券登记结算机构、证券服务机构及其从业人员对证券交易中发现的禁止的交易行为，应当及时向证券监督管理机构报告等。

三、上市公司的收购制度

关于上市公司的收购制度，我国《证券法》订有专章（第四章），另外，中国证监会2002年9月28日发布2012年2月14日第三次修订的《上市公司收购管理办法》就上市公司收购的权益披露、收购要约、协议收购、间接收购、豁免申请、财务顾问、持续监管措施与法律责任等问题作了详细规定。

（一）上市公司收购的概念和方式

上市公司的收购，是指收购人依法通过取得股份的方式成为一个上市公司的控股股东，或通过投资关系、协议、其他安排的途径成为一个上市公司的实际控制人，或同时采取上述方式和途径取得上市公司控制权的行为。收购人是指实施收购行为的投资者及与其一致行动的他人（以下简称投资者），作为收购目标的上市公司称为目标公司或被收购公司。

按《证券法》规定，投资者可以采取要约收购、协议收购及其他合法方式收购上市公司。所谓要约收购，是指收购人通过向上市公司的全体股东发出购买股份的要约，收购上市公司的股份，以获得或加强对上市公司的实际控制权；协议收购，是指收购人通过与上市公司的特定股东签订协议的方式收购其股份，以获得或加强对上市公司的实际控制权；其他合法方式则是指收购人通过投资关系、协议、其他安排的途径成为一个上市公司的实际控制人。

（二）上市公司的收购程序和规则

1. 报告和公告持股情况

通过证券交易所的证券交易，投资者持有或通过协议、其他安排与他人共同持有一个上市公司已发行的股份达到5%时，应当在该事实发生之日起3日内，向国务院证券监督管理机构、证券交易所作出书面报告，通知该上市公司，并予公告；在上述期限内，不得再行买卖该上市公司的股票。

投资者持有或通过协议、其他安排与他人共同持有一个上市公司已发行的股份达到5%后，其所持该上市公司已发行的股份比例每增加或者减少5%，应当依照前款规定进行报告和公告。在报告期限内和作出报告、公告后2日内，不得再行买卖该上市公司的股票。

前述书面报告和公告，应当包括下列内容：持股人的名称、住所；持有的股票的名称、数额；持股达到法定比例或者持股增减变化达到法定比例的日期。

2. 强制要约收购规则

通过证券交易所的证券交易，投资者持有或通过协议、其他安排与他人共同持有一个上市公司已发行的股份达到30%时，继续进行收购的，应当依法向该上市公司所有股东发出收购上市公司全部或部分股份的要约。收购上市公司部分股份的收购要约应当约定，被收购公司股东承诺出售的股份数额超过预定收购的股份数额的，收购人按比例进行收购。

收购人发出收购要约，必须公告上市公司收购报告书。

收购要约约定的收购期限不得少于30日，并不得超过60日。在收购要约确定的承诺期限内，收购人不得撤销其收购要约。收购人需要变更收购要约的，必须及时公告，载明具体事项。收购要约提出的各项收购条件，适用于被收购公司的所有股东。

采取要约收购方式的，收购人在收购期限内，不得卖出被收购公司的股票，也不得采取要约规定以外的形式和超出要约的条件买入被收购公司的股票。

3. 协议收购规则

收购人可以依法同被收购公司的股东以协议方式进行股份转让。以协议方式收购上市公司时，达成协议后，收购人须在3日内将该收购协议向国务院证券监督管理机构及证券交易所作出书面报告，并予公告。在公告前不得履行收购协议。

采取协议收购方式的，协议双方可以临时委托证券登记结算机构保管协议转让的股票，并将资金存放于指定的银行。

采取协议收购方式的，收购人收购或通过协议、其他安排与他人共同收购一个上市公司已发行的股份达到30%时，继续进行收购的，应当向该上市公司所有股东发出收购上市公司全部或者部分股份的要约，但经国务院证券监督管理机构免除发出要约的除外。收购人按前列规定以要约方式收购上市公司股份时，应当遵守《证券法》第89条至第93条的规定。

（三）上市公司收购的法律后果

1. 收购期限届满，被收购公司股权分布不符合上市条件的，该上市公司的股票应当由证券交易所依法终止上市交易；其余仍持有被收购公司股票的股东，有权向收购人以收购要约的同等条件出售其股票，收购人应当收购。收购行为完成后，被收购公司不再具备股份有限公司条件的，应当依法变更企业形式。

2. 在上市公司收购中，收购人持有的被收购的上市公司的股票，在收购行为完成后的12个月内不得转让。

3. 收购行为完成后，收购人与被收购公司合并，并将该公司解散的，被解散公司的原有股票由收购人依法更换。

4. 收购行为完成后，收购人应当在15日内将收购情况报告国务院证券监督管理机构和证券交易所，并予公告。

四、与证券发行、交易有关的机构

与证券发行、交易有关的机构包括证券交易所、证券公司、证券登记结算机构、证券服务机构、证券业协会、证券监督管理机构等，我国《证券法》第五章至第十章依次对其进行了规定。此处仅就前四类机构进行概要介绍，有关证券业协会和证券监督管理机构的内容请参阅本书第三章。

（一）证券交易所

1. 证券交易所的概念。证券交易所是提供证券集中竞价交易场所的不以营利为目的的法人。证券交易所有公司制和会员制之分。我国的证券交易所是为证券集中交易提供场所和设施，组织和监督证券交易，实行自律管理的会员制的事业法人。目前，我国有两家证券交易所，即1990年12月设立的上海证券交易所和1991年7月设立的深圳证券交易所。证券交易所的设立和解散，由国务院决定。

2. 证券交易所的职能。依据《证券法》的规定，我国证券交易所具有以下职能：（1）为组织公平的集中交易提供保障，公布证券交易即时行情，并按交易日制作证券市场行情表，予以公布；（2）依照法律、行政法规的规定，办理股票、公司债券的暂停上市、恢复上市或者终止上市的事务；（3）因突发性事件而影响证券交易的正常进行时，证券交易所可以采取技术性停牌的措施，因不可抗力的突发性事件或者为维护证券交易的正常秩序，证券交易所可以决定临时停市；（4）根据需要可以对出现重大异常交易情况的证券账户限制交易，并报国务院证券监督管理机构备案；（5）对上市公司及相关信息披露义务人披露信息进行监督，督促其依法及时、准确地披露信息；（6）依照证券法律、行政法规制定上市规则、交易规则、会员管理规则和其他有关规则，并报国务院证券监督管理机构批准；（7）对违反证券交易所有关交易规则的人员给予纪律处分；对情节严重的人员，撤销其资格，禁止其入场进行证券交易。

3. 证券交易所的机构设置及人员管理。证券交易所设理事会；证券交易所设总经理1人，由国务院证券监督管理机构任免。

有《公司法》第147条规定的情形或者下列情形之一的，不得担任证券交易所的负责人：（1）因违法行为或违纪行为被解除职务的证券交易所、证券登记结算机构的负责人或者证券公司的董事、监事、经理，自被解除职务之日起未逾5年；（2）因违法行为或违纪行为被撤销资格的律师、注册会计师或者投资咨询机构、财务顾问机构、资信评级机构、资产评估机构、验证机构的专业人员，自被撤销资格之日起未逾5年。

此外，因违法行为或者违纪行为被开除的证券交易所、证券登记结算机构、证券服务机构、证券公司的从业人员和被开除的国家机关工作人员，不得招聘为证券交易所的从业人员。

4. 证券交易所的交易规则。主要有：（1）进入证券交易所参与集中交易的，必须是证券交易所的会员；（2）投资者应当与证券公司签订证券交易委托协议，并在证券公司开立证券交易账户，以书面、电话以及其他方式，委托该证券公司代其买卖证券；（3）证券公司根据投资者的委托，按照证券交易规则提出交易申报，参与证券交易所场内的集中交易，并根据成交结果承担相应的清算交收责任；（4）证券登记结算机构根据成交结果，按照清算交收规则，与证券公司进行证券和资金的清算交收，并为证券公司客户办理证券的登记过户手续；（5）按照依法制定的交易规则进行的交易，不得改变其交易结果；对交易中违规交易者应负的民事责任不得免除；在违规交易中所获利益，依照有关规定处理。

5. 其他管理规则。包括：（1）证券交易所应从其收取的交易费用和会员费、席位费中提取一定比例的金额设立风险基金，风险基金由证券交易所理事会管理；（2）证券交易所应当将收存的风险基金存入开户银行专门账户，不得擅自使用；（3）证券交易所的负责人和其他从业人员在执行与证券交易有关的职务时，与其本人或其亲属有利害关系的，应当回避。

（二）证券公司

1. 证券公司的概念及分类。证券公司是指依法成立、经营证券业务以及相关业务的金融机构。我国《证券法》所称证券公司，是指依照《公司法》和《证券法》的规定设立的经营证券业务的有限责任公司或股份有限公司。证券公司是证券市场的极为重要的主体。

对证券公司进行分类，可有多种标准。如按组织形式来分就可分为有限责任公司形态的证券公司和股份有限公司形态的证券公司。但在我国，过去更惯常按业务范围的不同将其分为综合类证券公司和经纪类证券公司。综合类证券公司是依法可以经营证券承销、自营和经纪等业务的有限责任公司和股份有限公司。经纪类证券公司是依法专门从事证券经纪业务的有限责任公司和股份有限公司。中国证监会 2001 年 12 月 28 日发布、自 2002 年 3 月 1 日起施行的《证券公司管理办法》就这两类证券公司的业务范围、设立、运营及其分类管理等进行了规定。但这种分类管理模式流于静态——重市场准入管理而忽视营业过程的持续监管，不能真正反映证券公司的风险状况并易导致公司业务的同质化，不利于业务创新。其后几年，中国证监会一直在积极推动对证券公司实施全面性的分类监管，这种监管将证券公司的业务种类、业务规模和证券公司的法人治理、内控水平、净资本等指标、守法经营状况等风险控制能力、风险承受能力联系起来，依法将证券公司按其状况评审为创新试点类券商、规范类券商等，借以确定和约束其业务领域和范围。这是一种相对科学的激励相容的分类监管方法。2008 年 4 月 23 日国务院发布的《证券公司监督管理条例》，就证券公司的设立与变更、组织机构、业务规则与风险控制（含一般规定、证券经纪业务、证券自营业务、证券资产管理业务、融资融券业务）、客户资产的保护、监督管理措施、法律责任等作了详细规定。同一天国务院还发布实施《证券公司风险处置条例 》，就存在重大风险隐患、严重违法行为、资不抵债等情形的证券公司的风险处置问题从采取停业整顿、托管、接管、行政重组、撤销等行政措施，依法破产清算和重整，监督协调，法律责任等方面作出了制度规定。自此，我国对证券公司的监督管理迈入了一个新阶段。

2. 证券公司的业务范围。经国务院证券监督管理机构批准，证券公司可以经营下列部分或者全部业务：（1）证券经纪；（2）证券投资咨询；（3）与证券交易、证券投资活动有关的财务顾问；（4）证券承销与保荐；（5）证券自营；（6）证券资产管理；（7）其他证券业务。

3. 证券公司的设立、变更与终止。设立证券公司，必须经国务院证券监督管理机构审查批准。否则，任何单位和个人不得擅自经营证券业务。设立证券公司应当具备下列条件：

（1）有符合法律、行政法规规定的公司章程。

（2）主要股东具有持续盈利能力，信誉良好，最近 3 年无重大违法违规记录，净资产不低于人民币 2 亿元。

（3）有符合规定的注册资本。证券公司的注册资本因业务范围的不同而有不同的要求。其经营前列业务范围第（1）项至第（3）项业务的，注册资本最低限额为人民币 5 000 万元；经营第（4）项至第（7）项业务之一的，注册资本最低限额为人民币 1 亿元；经营第（4）项至第（7）项业务中两项以上的，注册资本最低限额为人民币 5 亿元。证券公司的注册资本应当是实缴资本。证券公司的股东应用货币或证券公司经营必需的非货币财产出资，非货币财产出资总额不得超过证券公司注册资本的 30%。国务院证券监督管理机构根据审慎监管原则和各项业务的风险程度，可以调整注册资本最低限额，但不得少于前述规定的限额。

（4）董事、监事、高级管理人员具备任职资格，从业人员具有证券从业资格（参见［延伸阅读］）。

（5）有完善的风险管理与内部控制制度。

（6）有合格的经营场所和业务设施。

（7）法律、行政法规规定的和经国务院批准的国务院证券监督管理机构规定的其他条件。

[延伸阅读]　证券公司高管人员及从业人员的资质管理

鉴于证券公司的董事、监事、高级管理人员及从业人员的业务素质和职业操守对于保障证券公司的健康发展和保护客户利益的极端重要性，我国《证券法》规定应对证券公司的董事、监事、高级管理人员实行严格的任职资格管理，并禁止一些特定人员从事证券业务。其第131条规定：证券公司的董事、监事、高级管理人员，应当正直诚实，品行良好，熟悉证券法律、行政法规，具有履行职责所需的经营管理能力，并在任职前取得国务院证券监督管理机构核准的任职资格。有《公司法》第146条规定的情形或下列情形之一的，不得担任证券公司的董事、监事、高级管理人员：（1）因违法行为或违纪行为被解除职务的证券交易所、证券登记结算机构的负责人或证券公司的董事、监事、高级管理人员，自被解除职务之日起未逾5年；（2）因违法行为或违纪行为被撤销资格的律师、注册会计师或投资咨询机构、财务顾问机构、资信评级机构、资产评估机构、验证机构的专业人员，自被撤销资格之日起未逾5年（中国证监会2006年11月30日发布、2012年10月19日修订的《证券公司的董事、监事、高级管理人员任职资格监管办法》对有关问题作了详细规定）。《证券法》第132条规定：因违法行为或违纪行为被开除的证券交易所、证券登记结算机构、证券服务机构、证券公司的从业人员和被开除的国家机关工作人员，不得招聘为证券公司的从业人员；第133条规定：国家机关工作人员和法律、行政法规规定的禁止在公司中兼职的其他人员，不得在证券公司中兼任职务。2002年12月16日中国证监会也发布实施了《证券业从业人员资格管理办法》，对从业人员资质予以规范。

证券公司设立、收购或撤销分支机构，变更业务范围或者注册资本，变更持有5%以上股权的股东、实际控制人，变更公司章程中的重要条款，合并、分立、变更公司形式、停业、解散、破产，以及证券公司在境外设立、收购或参股证券经营机构，必须经国务院证券监督管理机构批准。

国务院证券监督管理机构应对下列申请进行审查，并在下列规定期限内作出批准或不予批准的书面决定：（1）对在境内设立证券公司或在境外设立、收购或参股证券经营机构的申请，自受理之日起6个月；（2）对变更注册资本、合并、分立或要求审查股东、实际控制人资格的申请，自受理之日起3个月；（3）对变更业务范围、公司形式、公司章程中的重要条款或要求审查高级管理人员任职资格的申请，自受理之日起45个工作日；（4）对设立、收购、撤销境内分支机构，变更境内分支机构的营业场所，或停业、解散、破产的申请，自受理之日起30个工作日；（5）对要求审查董事、监事、境内分支机构负责人任职资格的申请，自受理之日起20个工作日。

国务院证券监督管理机构审批证券公司及其分支机构的设立申请，应当考虑证券市场发展和公平竞争的需要。给予批准的，通知申请人；不予批准的，应当说明理由。证券公司设立申请获得批准的，申请人应在规定的期限内向公司登记机关申请设立登记，领取营业执照。证券公司应当自领取营业执照之日起 15 日内，向国务院证券监督管理机构申请经营证券业务许可证。未取得经营证券业务许可证，证券公司不得经营证券业务。

4. 证券公司的业务经营规则。包括：

（1）证券公司应遵守国家有关风险控制指标体系的规定，加强内部控制，防范经营风险。在这方面，中国证监会依照《证券法》第 130 条的规定，于 2006 年 7 月 20 日发布了《证券公司风险控制指标管理办法》，就证券公司的净资本，净资本与负债的比例，净资本与净资产的比例，净资本与自营、承销、资产管理等业务规模的比例，负债与净资产的比例，以及流动资产与流动负债的比例等风险控制指标作出了规定。

（2）证券公司不得为其股东或者股东的关联人提供融资或者担保。

（3）证券公司应依法缴纳证券投资者保护基金；应按规定比例从每年的税后利润中提取交易风险准备金，用于弥补证券交易的损失。

（4）证券公司应当建立健全内部控制制度，采取有效隔离措施，防范公司与客户之间、不同客户之间的利益冲突；必须将其证券经纪业务、证券承销业务、证券自营业务和证券资产管理业务分开办理，不得混合操作。

（5）证券公司的自营业务必须以自己的名义进行，不得假借他人名义或以个人名义进行；其自营业务的开展必须使用自有资金和依法筹集的资金；证券公司不得将其自营账户借给他人使用。

（6）证券公司客户的交易结算资金应当存放在商业银行（即由第三人存管），以每个客户的名义单独立户管理。证券公司不得将客户的交易结算资金和证券归入其自有财产。禁止任何单位或个人以任何形式挪用客户的交易结算资金和证券。证券公司破产或清算时，客户的交易结算资金和证券不属于其破产财产或清算财产。非因客户本身的债务或法律规定的其他情形，不得查封、冻结、扣划或强制执行客户的交易结算资金和证券。

（7）证券公司办理经纪业务，应当置备统一制定的证券买卖委托书，供委托人使用；采取其他委托方式的，必须作出委托记录；客户的证券买卖委托，不论是否成交，其委托记录应按规定的期限，保存于证券公司。

（8）证券公司接受证券买卖的委托，应根据委托书载明的证券名称、买卖数量、出价方式、价格幅度等，按照交易规则代理买卖证券，如实进行交易记录；买卖成交后，应按照规定制作买卖成交报告单交付客户。证券交易中确认交易行为及其交易结果的对账单必须真实，并由交易经办人员以外的审核人员逐笔审核，保证账面证券余额与实际持有的证券相一致。

（9）证券公司为客户买卖证券提供融资融券服务①，应当按照国务院的规定并经国务院证券监督管理机构批准。

（10）证券公司办理经纪业务，不得接受客户的全权委托而决定证券买卖、选择证券种类、决定买卖数量或买卖价格。

---

① 所谓融资融券业务，是指证券公司向客户出借资金供其买入上市证券或者出借上市证券供其卖出，并收取担保物的经营活动。2006 年 6 月 30 日，2011 年 10 月 26 日修订的中国证监会发布的《证券公司融资融券业务试点管理办法》、《证券公司融资融券业务试点内部控制指引》，就有关证券公司开展融资融券服务的业务许可、业务规则、债权担保、权益处理、监督管理等问题作了规定。

（11）证券公司不得以任何方式对客户证券买卖的收益或赔偿证券买卖的损失作出承诺。

（12）证券公司及其从业人员不得未经过其依法设立的营业场所私下接受客户委托买卖证券。

（13）证券公司的从业人员在证券交易活动中，执行所属的证券公司的指令或者利用职务违反交易规则的，由所属的证券公司承担全部责任。

（14）证券公司应当妥善保存客户开户资料、委托记录、交易记录和与内部管理、业务经营有关的各项资料，任何人不得隐匿、伪造、篡改或者毁损。上述资料的保存期限不得少于20年。

（15）证券公司应当按照规定向国务院证券监督管理机构报送业务、财务等经营管理信息和资料；证券公司及其股东、实际控制人向国务院证券监督管理机构报送或者提供的信息、资料，必须真实、准确、完整。

5. 中国证监会对证券公司的监管职权及措施。包括：

（1）中国证监会有权要求证券公司及其股东、实际控制人在指定的期限内提供有关信息、资料。

（2）中国证监会认为有必要时，可以委托会计师事务所、资产评估机构对证券公司的财务状况、内部控制状况、资产价值进行审计或评估。

（3）证券公司的净资本或其他风险控制指标不符合规定的，中国证监会应当责令其限期改正；逾期未改正，或其行为严重危及该证券公司的稳健运行、损害客户合法权益的，中国证监会可以区别情形，对其采取下列措施：1）限制业务活动，责令暂停部分业务，停止批准新业务；2）停止批准增设、收购营业性分支机构；3）限制分配红利，限制向董事、监事、高级管理人员支付报酬、提供福利；4）限制转让财产或在财产上设定其他权利；5）责令更换董事、监事、高级管理人员或限制其权利；6）责令控股股东转让股权或限制有关股东行使股东权利；7）撤销有关业务许可。

证券公司整改后，应当向中国证监会提交报告。中国证监会经验收，符合有关风险控制指标的，应当自验收完毕之日起3日内解除对其采取的有关措施。

（4）证券公司的股东有虚假出资、抽逃出资行为的，中国证监会应当责令其限期改正，并可责令其转让所持证券公司的股权。在股东按照要求改正违法行为、转让所持证券公司的股权前，中国证监会可以限制其股东权利。

（5）证券公司的董事、监事、高级管理人员未能勤勉尽责，致使证券公司存在重大违法违规行为或重大风险的，中国证监会可以撤销其任职资格，并责令公司予以更换。

（6）证券公司违法经营或出现重大风险，严重危害证券市场秩序、损害投资者利益的，中国证监会可以对该证券公司采取责令停业整顿、指定其他机构托管、接管或者撤销等监管措施。

（7）在证券公司被责令停业整顿、被依法指定托管、接管或者清算期间，或者出现重大风险时，经中国证监会批准，可以对该证券公司直接负责的董事、监事、高级管理人员和其他直接责任人员采取以下措施：1）通知出境管理机关依法阻止其出境；2）申请司法机关禁止其转移、转让或以其他方式处分财产，或在财产上设定其他权利。

（三）证券登记结算机构

1. 证券登记结算机构的概念及设立条件。证券登记结算机构是为证券交易提供集中登记、存管与结算服务，不以营利为目的的法人。

设立证券登记结算机构，必须经国务院证券监督管理机构批准，并应具备下列条件：(1) 自有资金不少于人民币 2 亿元；(2) 具有证券登记、存管和结算服务所必需的场所和设施；(3) 主要管理人员和从业人员必须具有证券从业资格；(4) 国务院证券监督管理机构规定的其他条件。证券登记结算机构的名称中应当标明证券登记结算字样。

2. 证券登记结算机构的职能。证券登记结算机构履行下列职能：(1) 证券账户、结算账户的设立；(2) 证券的存管和过户；(3) 证券持有人名册登记；(4) 证券交易所上市证券交易的清算和交收；(5) 受发行人的委托派发证券权益；(6) 办理与上述业务有关的查询；(7) 国务院证券监督管理机构批准的其他业务。

3. 证券登记结算机构的义务和责任。证券登记结算机构的义务和责任主要包括：(1) 应当依法制定机构章程、业务规则并报国务院证券监督管理机构批准；(2) 在证券上市交易时，存管证券持有人持有的全部证券，并不得挪用；(3) 应当向证券发行人提供证券持有人名册及其有关资料；应当根据证券登记结算的结果，确认证券持有人持有证券的事实，提供证券持有人登记资料；应当保证证券持有人名册和登记过户记录真实、准确、完整，不得隐匿、伪造、篡改或者毁损；(4) 应当采取下列措施保证业务的正常进行：1) 具有必备的服务设备和完善的数据安全保护措施；2) 建立完善的业务、财务和安全防范等管理制度；3) 建立完善的风险管理系统；(5) 应当妥善保存登记、存管和结算的原始凭证及有关文件和资料，该保存期限不得少于 20 年；(6) 应当设立证券结算风险基金，用于垫付或弥补因违约交收、技术故障、操作失误、不可抗力造成的证券登记结算机构的损失；(7) 证券结算风险基金应当存入指定银行的专门账户，实行专项管理；证券登记结算机构以证券结算风险基金赔偿后，应当向有关责任人追偿；(8) 申请解散，应当经国务院证券监督管理机构批准；(9) 为证券交易提供净额结算服务时，应当要求结算参与人按照货银对付的原则，足额交付证券和资金，并提供交收担保；(10) 按照业务规则收取的各类结算资金和证券，必须存放于专门的清算交收账户，只能按业务规则用于已成交的证券交易的清算交收，不得被强制执行。

中国证监会于 2006 年 4 月 7 日发布、2009 年 11 月 20 日修订的《证券登记结算管理办法》，就证券登记结算机构职能、证券账户的管理、证券的登记、证券的托管和存管、证券和资金的清算交收、风险防范和交收违约处理等问题作出了全面规定。

（四）证券服务机构

1. 证券服务机构的概念及从业人员要求。证券服务机构是指从事证券投资咨询、财务顾问、资信评级、资产评估、会计事务等业务，为证券发行和上市交易提供专业性服务的机构。具体包括投资咨询机构、财务顾问机构、资信评级机构、资产评估机构、会计师事务所等。这些机构从事证券服务业务，必须经国务院证券监督管理机构和有关主管部门批准。

投资咨询机构、财务顾问机构、资信评级机构从事证券服务业务的人员，必须具备证券专业知识和从事证券业务或证券服务业务 2 年以上经验。认定其证券从业资格的标准和管理办法，由国务院证券监督管理机构制定。

2. 证券服务机构及其从业人员的从业规则与责任承担。主要包括：

（1）投资咨询机构及其从业人员从事证券服务业务不得有下列行为：1）代理委托人从事证券投资；2）与委托人约定分享证券投资收益或分担证券投资损失；3）买卖本咨询机构提供服务的上市公司股票；4）利用传播媒介或通过其他方式提供、传播虚假或误导投资者的信息；5）法律、行政法规禁止的其他行为。有前列行为之一，给投资者造成损失的，依法承担赔偿责任。

（2）从事证券服务业务的投资咨询机构和资信评级机构，应当按照规定的标准或收费办法收取服务费用。

（3）证券服务机构为证券的发行、上市、交易等证券业务活动制作、出具审计报告、资产评估报告、财务顾问报告、资信评级报告或法律意见书等文件，应当勤勉尽责，对所依据的文件资料内容的真实性、准确性、完整性进行核查和验证。其制作、出具的文件有虚假记载、误导性陈述或重大遗漏，给他人造成损失的，应当与发行人、上市公司承担连带赔偿责任，但是能够证明自己没有过错的除外。

五、法律责任

证券违法行为依法应承担的法律责任，包括民事责任、行政责任、刑事责任三大类。囿于篇幅，具体内容请见《证券法》第十一章的规定。

第三节　证券投资基金法

一、投资基金概述

（一）投资基金的概念及其发展

投资基金制度是指汇集不特定多数投资者的资金，委托专业机构进行组合投资，利益共享、风险共担的集合投资制度。投资基金在本质上是基于信托原理而形成的一种信托投资方式，该种方式应用于证券市场，对于集合广大投资者的零散资金，发展和壮大机构投资者队伍，培养成熟的证券市场，意义十分重大。

投资基金肇始于1868年英国建立的“海外及殖民地政府信托”。当时，为帮助中小投资者规避海外投资风险，英国政府发行受益证券，集合众多投资者资金，委托专业代理人投资，以确保资金的安全与盈利，深受投资大众的欢迎。19世纪70年代以来，由于经济危机造成基金利息常常不能支付，投资基金逐步脱离原来的契约形态，并最终依据1897年的英国股份公司法，发展出公司型投资基金。1921年，美国引入投资基金制度，设立了“美国国际证券信托基金”，该基金为封闭式基金。1924年，“马萨诸塞投资信托基金”在波士顿设立，该基金要求基金公司必须按基金的资产净值持续出售股份给投资者或随时准备赎回其发行在外的股份，因此而被认为是开放式基金的始祖。1840年美国颁布《投资公司法》，规范投资基金的组成方式和管理方式。1937年日本参照英美经验开始建立投资基金，1951年正式公布《证券投资信托法》。此后，基金投资在世界各国得到推广，特别是上世纪80年代以来，基金业发展非常迅速，形态各异的基金大量涌现，成为当代国际金融市场变化最突出的特征之一，基金已经成为广大投资者尤其是中小投资者的优先投资选择。

在我国，有关中国概念或题材的投资基金最早主要是由外商或中外合资组建的。1985年12月，中国东方投资公司在香港、伦敦推出中国东方基金；1989年5月，香港新鸿基信托基金管理公司推出第一只中国概念基金“新鸿基金中华基金”，投资于在港台地区、新加坡等地上市且在大陆有投资的公司所发行的股票。1991年10月，中国人民银行武汉分行、深圳市南山区人民政府分别批准设立“武汉证券投资基金”、“南山风险投资基金”。同年10月，中国第一家中资专业基金管理公司“深圳投资基金管理公司”正式运营。此后，中国的基金业发展迅速，对我国资本市场的发展发挥了重要作用。

为规范投资基金市场的发展，国家有关部门先后制定了多种管理规定。1991年1月12日人民银行发布的《关于严格境外证券投资基金审批管理的通知》，规定国内证券公司和可经营证券业务的其他机构，要在境内开展投资基金业务必须向所在地的人行省级分行申请，经审核后报总行批准；外国金融机构、国际金融组织在境外以中国或中国特定地区名义创设投资基金，将所筹资金投资于我国证券市场的，必须经总行审批。1993年5月19日，针对基金发展和监管的混乱状况，人民银行下发了《关于立即制止不规范发行投资基金和信托受益债券做法的紧急通知》，要求投资基金的发行、上市、投资基金管理公司的成立必须由人民银行省（市）分行审查，并报总行批准。1994年3月26日，人民银行发布《关于投资基金有关问题的通知》，再次重申人民银行是投资基金的审批、管理机关。1995年9月6日，人民银行发布了《设立境外中国产业投资基金管理办法》。1997年11月14日，经国务院批准，国务院证券委发布了我国第一部证券投资基金法规——《证券投资基金管理暂行办法》，对证券投资基金的设立和运作、基金投资者的权利保护等作出了明确规定，同时将人民银行对基金业的监管权移交给中国证监会。同年12月12日，中国证监会发布了《基金管理公司章程必备条款指引（试行)》。1998年3月16日，中国证监会又发布了《上海证券交易所投资基金上市交易规则》、《深圳证券交易所投资基金上市交易规则》，就封闭式基金在两地的上市问题进行了规范。

2003年10月28日，经过近5年立法论证的《中华人民共和国证券投资基金法》获得第十届全国人大常委会第五次会议通过，自2004年6月1日起实施。按该法的规定：在中国境内，通过公开发售基金份额募集证券投资基金（以下简称基金），由基金管理人管理，基金托管人托管，为基金份额持有人的利益，以资产组合方式进行证券投资活动，适用本法；本法未规定的，适用《信托法》、《证券法》和其他有关法律、行政法规的规定。从而使《证券投资基金法》成为《信托法》、《证券法》的特别法，成为公募证券投资基金的专门立法。《证券投资基金法》实施后，对规范证券投资基金运作、保护基金投资者合法权益、促进基金业和证券市场的健康发展发挥了重要作用。但随着经济金融体制改革的深化和资本市场的快速发展，我国基金业发生了很大变化，2004年的《证券投资基金法》的部分规定已不能完全适应新形势发展和基金监管的需要。表现在：一是包括私募证券、私募股权在内的非公开募集基金缺乏法律规定，其设立与运作缺乏明确的法律依据，基金募集和投资行为不规范，容易损害投资者权益；

二是基金治理结构不健全，缺乏对基金管理公司股东及其实际控制人的规定，对基金管理人及从业人员监管措施也不够严密，基金“老鼠仓”、内幕交易等问题屡禁不止，难以有效保护基金投资者权益；三是基金的行政管制和运作限制过严，基金产品的行政审批制、基金投资范围较窄，制约了基金市场竞争力和活力的发挥。为规范基金业特别是非公开募集基金的设立与投资运作，遏制各种名目的非法集资，加强基金业监管，加大投资者权益保护力度，促进基金业的健康发展，2012 年 12 月 28 日十一届全国人大常委会第三十次会议修订通过了新的《证券投资基金法》，自 2013 年 6 月 1 日起施行。新法由原来的 12 章扩充至 15 章，新增了基金的运作方式和组织、非公开募集基金、基金服务机构、基金行业协会等四章，合并原第五章、第六章为一章。主要修订内容为：(1) 将非公募基金纳入调整范围。根据非公开募集基金快速发展的情况，新法将其纳入调整范围、统一规定于第 2 条中。同时，借鉴非公募基金实践和国外立法情况，增列第十章专章对非公开募集基金作了原则规定：一是确立合格投资者制度（第 88 条）；二是规定非公募基金管理人的登记制度（第 90 条）；三是基金备案、报告制度（第 95 条）；四是规定禁止非公募基金公开性的宣传和推介（第 92 条）；五是规范非公募基金的托管和基金合同必备条款（第 89 条、第 93 条）。(2) 加强基金投资者权益保护。一是增加基金组织形式，为投资者提供更多选择。在原契约型基金组织形式的基础上，借鉴国外基金发展经验，引入理事会型和无限责任型基金。前者是在基金份额持有人大会下设常设机构（理事会），依法行使监督基金管理人和托管人等职权（第 49 条）；后者由基金管理人或与其有控制关系的机构参与基金管理，并对基金债务承担无限连带责任（第 94 条）。二是修改完善相关规定、促进基金份额持有人大会作用发挥。针对持有人大会召集难度大、发挥作用难的问题，引入二次召集大会制度，并降低其持有人大会召开的门槛，将出席人数从 50%调减为 1/3（第 87 条）。(3) 修改完善公开募集基金的部分规定：一是加强基金监管、完善基金治理结构，参照《证券法》的规定将基金管理人的股东及其实际控制人纳入监管范围（第 24 条）；二是放宽有关基金投资、运作的管制，将公募基金募集申请由“核准制”改为“注册制”（第 51 条），修改基金投资范围规定为基金投资于货币市场、股指期货等提供依据（第 73 条、第 95 条第 2 款）。(4) 增加对基金服务机构的专章规定，对基金销售、基金销售支付、基金份额登记、基金估值服务、基金投资顾问、基金评价、信息技术系统服务等相关服务作了明确规定（第 12 章）。(5) 增加基金行业协会专章，加强行业自律（第 13 章）；(6) 鉴于我国实践中非公募基金主要以公司或有限合伙企业形式存在，在形式上虽不属于《证券投资基金法》规定的非公开募集基金，但考虑到这些以公司、有限合伙企业名义存在的证券投资机构，其资金募集和对外投资实质上仍是募集资金交由专业机构管理和投资，如仅因其不称“基金”就不纳入调整范围，这将难于通过修法规范其募集和运作，也容易发生监管套利行为。因此，新法第 154 条规定：“公开或者非公开募集资金，以进行证券投资活动为目的设立的公司或者合伙企业，资产由基金管理人或者普通合伙人管理的，其证券投资活动适用本法。”也即将之纳入适用范围。

在我国《证券投资基金法》发布实施后，中国证监会等部门还相继发布或修订了一系列相关规章、规范性文件。现行有效者主要包括：《证券投资基金信息披露管理办法》（2004 年 6 月 8 日发布）、《货币市场基金管理暂行规定》（2004 年 8 月 16 日发布）、《证券投资基金行业高级管理人员任职管理办法》（2004 年 9 月 22 日发布）、《证券投资基金管理公司治理准则（试行）》（2006 年 6 月 15 日发布）、《证券投资者保护基金管理办法》（2005 年 6 月 30 日）、《合格境外机构投资者境内证券投资管理办法》（2002 年 11 月 5 日发布、2006 年 8 月 24 日修订）、《合格境内机构投资者境外证券投资管理试行办法》（2007 年 6 月 18 日发布）、《基金管理公司投资管理人员管理指导意见》（2006 年 10 月 27 日发布、2009 年 3 月 17 日修订）、《证券投资基金评价业务管理暂行办法》（2009 年 11 月 6 日发布）、《关于实施合格境外机构投资者境内证券投资管理办法有关问题的规定》（2012 年 7 月 27 日发布）、《证券投资基金管理公司管理办法》（2004 年 9 月 16 日发布、2012 年 9 月 20 日修订）、《基金管理公司特定客户资产管理业务试点办法》（2007 年 11 月 29 日发布、2012 年 9 月 26 日修订）、《人民币合格境外机构投资者境内证券投资试点办法》（2013 年 3 月 1 日发布）、《证券投资基金销售管理办法》（2004 年 6 月 25 日发布、2013 年 3 月 15 日第二次修订）、《证券投资基金托管业务管理办法》（2013 年 4 月 2 日发布）、《公开募集证券投资基金风险准备金监督管理暂行办法》（2013 年 9 月 24 日发布）、《公开募集证券投资基金运作管理办法》（2014 年 7 月 7 日发布）等。

（二）投资基金的特点及分类

1. 投资基金的特点。发端于英美、依信托原理建构的投资基金的主要特点是：（1）集中众多分散、小额投资者的资金共同组成基金；（2）由专业机构管理、运营、处分基金；（3）实行多元化组合投资，以分散投资风险，确保投资安全和盈利；（4）投资者对投资结果利益共享、风险共担。

2. 投资基金的分类。对投资基金可以依不同标准作多种分类：

（1）按基金组织形式的不同，可以将投资基金分为契约型投资基金和公司型投资基金。前者是指依据信托契约，通过发行受益凭证而组建的投资基金，一般涉及基金管理人、基金受托人和投资人（受益人）三方当事人，我国现行《证券投资基金法》主要规范的就是这类基金。后者是指设立从事证券投资的股份公司，由公司发行基金股份，投资者购买股份并参与利益分配的投资基金，一般涉及投资公司、托管公司、股东三方当事人。美国的共同基金主要是开放式管理型投资公司，而我国，在制定《证券投资基金法》时尚没有公司型基金，但为给改革发展预留空间，该法第 102 条规定："通过公开发行股份募集资金，设立证券投资公司，从事证券投资等活动的管理办法，由国务院另行规定。"而 2012 年修订的《证券投资基金法》第 154 条的规定实质上承认了公司型、普通合伙型的投资基金。

（2）按基金运作方式的不同，可以将投资基金分为开放式基金、封闭式基金或其他运作方式的基金。开放式基金是指基金份额总额不固定，基金份额可以在基金合同约定的时间和场所申购或者赎回的基金；封闭式基金是指基金份额总额在基金合同期限内固定不变，基金份额持有人不得申请赎回的基金；其他运作方式的基金，其基金份额发售、交易、申购、赎回的办法，由中国证监会另行规定。

（3）按基金主要投资对象的不同，可以将投资基金分为证券投资基金、产业投资基金等。证券投资基金是指通过发售基金份额从投资者手中募集资金形成独立的基金财产，由基金管理人管理、基金托管人托管，以资产组合方式进行证券投资，基金份额持有人按其所持份额享受收益和承担风险的投资基金。产业投资基金与证券投资基金相对，是指通过向投资者发行基金份额设立基金公司，由基金公司任基金管理人或另行委托基金管理人管理基金资产，委托基金托管人托管基金资产，从事风险创业投资、企业重组投资和基础设施投资等实业投资的投资基金。它是一种对未上市企业进行股权投资和提供经营管理服务的利益共享、风险共担的集合投资制度，包括创业投资基金、重组投资基金、基础设施投资基金等。我国现有的投资基金绝大多数是投资证券市场的证券投资基金，产业投资基金严重不足。大力发展产业投资基金，对于促进产业结构调整、鼓励风险创业投资、培养成熟的上市公司、拓展非上市公司融资渠道等都很有意义。

（4）按基金募集方式的不同，可将证券投资基金分为公开募集基金（简称“公募基金”）和非公开募集基金（简称“私募基金”）。凡是通过公开募集方式设立的基金，属于公开募集基金，其基金份额持有人按所持基金份额享受收益和承担风险。凡是通过非公开募集方式设立的基金，属于非公开募集基金，其收益分配和风险承担由基金合同约定。我国的公开募集基金，包括向不特定对象募集资金、向特定对象募集资金累计超过二百人，以及法律、行政法规规定的其他情形。非公开募集基金应当向合格投资者募集，合格投资者累计不得超过二百人，合格投资者的具体标准由中国证监会规定。

（三）基金财产的法律地位及意义

基金财产是由全体基金投资者认购基金份额而形成的财产及基金管理人、基金托管人因基金财产的管理、运用或者其他情形而取得的财产和收益所构成。基金财产在性质上属于信托财产，依法具有独立性。这种独立性集中表现在《证券投资基金法》的下列规定中：

1. 基金财产独立于基金管理人、基金托管人的固有财产，基金管理人、基金托管人不得将基金财产归入其固有财产。基金管理人、基金托管人因基金财产的管理、运用或者其他情形而取得的财产和收益，归入基金财产。基金管理人、基金托管人因依法解散、被依法撤销或者被依法宣告破产等原因进行清算的，基金财产不属于其清算财产。基金财产的债务由基金财产本身承担，基金份额持有人以其出资为限对基金财产的债务承担责任。但基金合同依照《证券投资基金法》另有约定的，从其约定。

2. 基金财产的债权，不得与基金管理人、基金托管人固有财产的债务相抵消；不同基金财产的债权债务，不得相互抵消。

3. 非因基金财产本身承担的债务，不得对基金财产强制执行。

4. 基金管理人对所管理的不同基金财产分别管理、分别记账，进行证券投资；基金托管人对所托管的不同基金财产分别设置账户，确保基金财产的完整与独立。

5. 基金财产投资的相关税收，由基金份额持有人承担，基金管理人或其他扣缴义务人按照国家有关税收征收的规定代扣代缴。

我国《证券投资基金法》确认前述基金财产的独立性，意义在于：一是有利于基金的独立运作，使之免受外界干扰，以获取最大收益；二是便于基金本身独立承担债权债务；三是有利于区分基金与基金管理人、基金托管人的自有财产，保护基金及其份额持有人的合法权益。

二、证券投资基金当事人的确立及权利义务

我国《证券投资基金法》规范的是信托契约型投资基金，有关基金份额持有人、基金管理

人和基金托管人的确立及其权利义务的界定，构成了该法非常重要的内容。

（一）基金管理人的确立及其职责

1. 对公募基金管理人的管理规定。主要包括：

公募基金管理人：（1）应建立良好的内部治理结构，明确“三会”和高级管理人员的职责权限，确保基金管理人独立运作。（2）可实行专业人士持股计划，建立长效激励约束机制。（3）应从管理基金的报酬中计提风险准备金。（4）因违法违规、违反基金合同等原因给基金财产或基金份额持有人合法权益造成损失，应承担赔偿责任的，可优先使用风险准备金予以赔偿。（5）应当履行下列职责：1）依法募集资金，办理基金份额的发售和登记事宜；2）办理基金备案手续；3）对所管理的不同基金财产分别管理、分别记账，进行证券投资；4）按约定确定基金收益分配方案，及时向基金份额持有人分配收益；5）进行基金会计核算并编制基金财务会计报告；6）编制中期和年度基金报告；7）计算并公告基金资产净值，确定基金份额申购、赎回价格；8）办理与基金财产管理业务活动有关的信息披露事项；9）按规定召集基金份额持有人大会；10）保存基金财产管理业务活动的记录、账册、报表和其他相关资料；11）以基金管理人名义，代表基金份额持有人利益行使诉讼权利或实施其他法律行为；12）证监会规定的其他职责。

公募基金管理人违法违规，或其内部治理结构、稽核监控和风险控制管理不符合规定的，证监会应责令其限期改正；逾期未改正或其行为严重危及该基金管理人的稳健运行、损害基金份额持有人合法权益的，可区别情形对其采取下列措施：（1）限制业务活动，责令暂停部分或全部业务；（2）限制分配红利，限制向董事、监事、高级管理人员支付报酬、提供福利；（3）限制转让固有财产或在固有财产上设定其他权利；（4）责令更换董事、监事、高级管理人员或限制其权利；（5）责令有关股东转让股权或限制有关股东行使股东权利。

公募基金管理人违法经营或出现重大风险，严重危害证券市场秩序、损害基金份额持有人利益的，证监会可对该基金管理人采取责令停业整顿、指定其他机构托管、接管、取消基金管理资格或撤销等监管措施。

有下列情形之一的，公开募集基金的基金管理人职责终止：（1）被依法取消基金管理资格；（2）被基金份额持有人大会解任；（3）依法解散、被依法撤销或被依法宣告破产；（4）基金合同约定的其他情形。在此情形下，基金份额持有人大会应在 6 个月内选任新基金管理人；新基金管理人产生前，由证监会指定临时基金管理人。

2. 对公募基金的基金管理人及其高管人员、从业人员等的规定。包括：

公募基金的基金管理人及其董事、监事、高级管理人员和其他从业人员不得有下列行为：（1）将其固有财产或他人财产混同于基金财产从事证券投资；（2）不公平地对待其管理的不同基金财产；（3）利用基金财产或职务之便为基金份额持有人以外的人牟取利益；（4）向基金份额持有人违规承诺收益或承担损失；（5）侵占、挪用基金财产；（6）泄露因职务便利获取的未公开信息、利用该信息从事或明示、暗示他人从事相关的交易活动；（7）玩忽职守，不按照规定履行职责；（8）法律、行政法规和证监会规定禁止的其他行为。

公募基金管理人的股东、董事、监事和高级管理人员：（1）在行使权利或者履行职责时，应遵循基金份额持有人利益优先的原则。（2）其本人、配偶、利害关系人进行证券投资，应事先向基金管理人申报，并不得与基金份额持有人发生利益冲突。(3) 不得担任基金托管人或其他基金管理人的任何职务，不得从事损害基金财产和基金份额持有人利益的证券交易及其他活动。

公开募集基金的基金管理人的董事、监事、高级管理人员未能勤勉尽责，致使基金管理人存在重大违法违规行为或重大风险的，证监会可以责令更换。

在公募基金的基金管理人被责令停业整顿、被依法指定托管、接管或清算期间，或出现重大风险时，经证监会批准，可对该基金管理人直接负责的董事、监事、高级管理人员和其他直接责任人员采取下列措施：(1) 通知出境管理机关依法阻止其出境；(2) 申请司法机关禁止其转移、转让或以其他方式处分财产，或在财产上设定其他权利。

3. 对公开募集基金的基金管理人的股东、实际控制人的管理规定。包括：

股东、实际控制人应按国务院证券监督管理机构的规定及时履行重大事项报告义务，并不得有下列行为：(1) 虚假出资或抽逃出资；(2) 未依法经股东会或董事会决议擅自干预基金管理人的基金经营活动；(3) 要求基金管理人利用基金财产为自己或他人牟取利益，损害基金份额持有人利益；(4) 证监会规定禁止的其他行为。

股东、实际控制人有前述行为或股东不再符合法定条件的，证监会应责令其限期改正，并可视情节责令其转让所持有或控制的基金管理人的股权。在股东、实际控制人按要求改正违法行为、转让所持有或控制的基金管理人的股权前，证监会可限制有关股东行使股东权利。

4. 对非公开募集基金的基金管理人进行规范的具体办法，由国务院金融监督管理机构依照《证券投资基金法》第二章规定的原则制定。

（二）基金托管人的确立及其管理

证券投资基金托管，是指由依法设立并取得基金托管资格的商业银行或其他金融机构担任托管人，按照法律、法规的规定及基金合同的约定，对基金履行安全保管基金财产、办理清算交割、复核审查资产净值、开展投资监督、召集基金份额持有人大会等职责的行为。基金托管人是依法设立，受托保管基金财产并监督基金管理人的投资运作活动的当事人。按我国《证券投资基金法》的规定，基金托管人由依法设立并取得基金托管资格的商业银行或其他金融机构担任，基金托管人与基金管理人不得为同一人，不得相互出资或持有股份。申请取得基金托管资格的商业银行或其他金融机构，应具备《证券投资基金法》第 34 条及《证券投资基金托管业务管理办法》规定的条件，并经证监会和银监会核准，或经证监会核准。

1. 对基金托管人的管理内容。主要包括：

基金托管人应履行下列职责：(1) 安全保管基金财产；(2) 按规定开设基金财产的资金账户和证券账户；(3) 对所托管的不同基金财产分别设置账户，确保基金财产的完整与独立；(4) 保存基金托管业务活动的记录、账册、报表和其他相关资料；(5) 按基金合同的约定，根据基金管理人的投资指令，及时办理清算、交割事宜；(6) 办理与基金托管业务活动有关的信息披露事项；(7) 对基金财务会计报告、中期和年度基金报告出具意见；(8) 复核、审查基金管理人计算的基金资产净值和基金份额申购、赎回价格；(9) 按规定召集基金份额持有人大会；(10) 按规定监督基金管理人的投资运作；(11) 证监会规定的其他职责。

基金托管人发现基金管理人的投资指令违反法律、行政法规和其他有关规定，或违反基金合同约定的，应当拒绝执行，立即通知基金管理人，并及时向证监会报告。基金托管人发现基金管理人依据交易程序已经生效的投资指令违反法律、行政法规和其他有关规定，或违反基金合同约定的，应当立即通知基金管理人，并及时向证监会报告。另外，《证券投资基金法》第21条、第23条有关基金管理人的规定，适用于基金托管人。

基金托管人不再具备《证券投资基金法》规定的条件，或未能勤勉尽责，在履行规定的职责时存在重大失误的，中国证监会、银监会应责令其改正；逾期未改正，或其行为严重影响所托管基金的稳健运行、损害基金份额持有人利益的，可区别情形对其采取下列措施：(1) 限制业务活动，责令暂停办理新的基金托管业务；(2) 责令更换负有责任的专门基金托管部门的高级管理人员。基金托管人整改后，应向证监会、银监会提交报告；经验收，符合有关要求的，应自验收完毕之日起3日内解除对其采取的有关措施。

中国证监会、银监会对有下列情形之一的基金托管人，可取消其托管资格：(1) 连续3年没有开展基金托管业务的；(2) 违反本法规定，情节严重的；(3) 法律、行政法规规定的其他情形。

基金托管人有下列情形之一的，其职责终止：(1) 被依法取消基金托管资格；(2) 被基金份额持有人大会解任；(3) 依法解散、被依法撤销或被依法宣告破产；(4) 基金合同约定的其他情形。

基金托管人职责终止的，基金份额持有人大会应在6个月内选任新基金托管人；新基金托管人产生前，由证监会指定临时基金托管人。基金托管人职责终止的，应妥善保管基金财产和基金托管业务资料，及时办理基金财产和基金托管业务的移交手续，新基金托管人或临时基金托管人应及时接收。并且，应按规定聘请会计师事务所对基金财产进行审计，并将审计结果予以公告，同时报国务院证券监督管理机构备案。

2. 对基金托管人的专门基金托管部门的高级管理人员和其他从业人员的管理内容。主要规定为：《证券投资基金法》第15条、第18条、第19条及第21条关于公募基金管理人高管人员和其他从业人员的规定，适用于基金托管人的专门基金托管部门的高级管理人员和其他从业人员；其第16条关于公募基金管理人高管人员的规定，适用于基金托管人的专门基金托管部门的高级管理人员。

(三) 基金份额持有人及其权利的保护

基金份额持有人是指按其所持基金份额或基金合同约定对投资基金享有基金收益和承担风险的当事人。基金份额持有人一般是基金份额的购买人即基金投资者。充分保护基金投资者特别是中小投资者的合法权益，是各国基金立法的一个核心问题。

我国《证券投资基金法》针对基金运作及管理实践中存在的诸多问题，不仅在整部法律中多处明确规定基金份额持有人的权利及其行使，而且在《证券投资基金信息披露管理办法》、《证券投资基金管理公司管理办法》、《公开募集证券投资基金运作管理办法》、《证券投资基金托管业务管理办法》、《基金管理公司特定客户资产管理业务试点办法》、《公开募集证券投资基金风险准备金监督管理暂行办法》、《证券投资者保护基金管理办法》等系列规章中都贯彻了保护投资者利益的精神。这些规定主要体现在：

1. 明确了基金份额持有人享有分享基金财产收益、参与分配清算后的剩余基金财产、依法转让或申请赎回其持有的基金份额、按规定要求召开（或召集）基金份额持有人大会、对基金份额持有人大会审议事项行使表决权、查阅或复制公开披露的基金信息资料，对基金管理人、基金托管人、基金份额发售机构损害其合法权益的行为依法提起诉讼，基金合同约定的其他权利等方面的权利（第47条）。

2. 规定基金管理人、基金托管人、基金服务机构应恪尽职守，履行诚实信用、谨慎勤勉的义务；基金管理人应遵守审慎经营规则，有效防范和控制风险（第9条）；基金管理人、基金托管人不得将其固有财产或他人财产混同于基金财产从事证券投资、不得不公平地对待其管理的不同基金财产、不得利用基金财产为基金份额持有人以外的第三人牟取利益等（第21条、第39条）。

3. 规定违反《证券投资基金法》规定，给基金财产、基金份额持有人或投资人造成损害的，依法承担赔偿责任。基金管理人、基金托管人在履行各自职责的过程中，违反《证券投资基金法》规定或基金合同约定，给基金财产或基金份额持有人造成损害的，应分别对各自的行为依法承担赔偿责任；因共同行为给基金财产或基金份额持有人造成损害的，应承担连带赔偿责任（第146条）。

4. 规定基金从业人员应取得基金从业资格，遵守法律、行政法规，恪守职业道德和行为规范（第9条第3款）。此外，还对基金管理人的董事、监事、经理等高管人员和其他从业人员的任职资格、兼职限制和基金管理人、基金托管人的信息披露义务，以及违反《证券投资基金法》的民事责任等作了明确规定。

5. 规定公募基金管理人的股东、实际控制人应按证监会的规定及时履行重大事项报告义务，并不得有虚假出资或抽逃出资、擅自干预基金管理人的基金经营活动、要求基金管理人利用基金财产为自己或他人牟利等行为。否则，责令改正，没收违法所得，并处违法所得1倍以上5倍以下罚款；没有违法所得或违法所得不足100万元的，并处10万元以上100万元以下罚款；对直接负责的主管人员和其他直接责任人员给予警告，暂停或撤销基金或证券从业资格，并处3万元以上30万元以下罚款（第24条、第125条）。对非公开募集基金，规定可按基金合同约定由部分基金份额持有人作为基金管理人负责基金的投资管理活动，并在基金财产不足以清偿其债务时对基金财产的债务承担无限连带责任（第94条）。

6. 为了充分保护基金份额持有人的合法权益，《证券投资基金法》还规定了基金份额持有人大会制度，即基金份额持有人可以通过基金份额持有人大会参与一些涉及切身利益的重大问题的决策（第48条）；按基金合同约定，基金份额持有人大会可设立日常机构行使相应职权，以维护投资者利益（第49条）；大会可以采用现场和通讯等方式召开（第86条）；降低第二次基金份额持有人大会召开的门槛（第87条第2款）；等等。

三、基金运作的其他法律规定

我国《证券投资基金法》还就基金的募集、交易、申购与赎回、基金合同的变更、终止与基金财产清算、基金的投资与信息披露、非公开募集基金、基金服务机构、基金行业协会、对基金业的监督管理、法律责任追究等方面作出了规定。中国证监会发布的《证券投资基金销售管理办法》、《公开募集证券投资基金运作管理办法》、《基金管理公司特定客户资产管理业务试点办法》、《证券投资基金信息披露管理办法》等规章对相关问题作了进一步的规定。

第四节　期货交易管理法

一、期货交易管理法概述

(一) 期货交易的概念及种类

关于期货交易的定义，因人们对期货交易的对象究竟是商品还是标准化合约而见仁见智（参见［拓展介绍］）。本书倾向于认为：期货交易是在现货交易的基础上发展起来的、在期货交易所等固定场所内买卖某种标准化期货合约、期权合约的交易活动。期货交易应在依法设立的期货交易所或者期货监管当局批准的其他交易场所（如外汇交易中心、银行间国债市场等）进行集中竞价交易，场外的非集中竞价的期货交易活动属于“远期合约（合同）交易”。期货交易的最终目的并不是商品所有权的转移，而是通过买卖期货合约，回避现货价格风险。

［拓展介绍］　**期货交易的定义**

关于期货交易的定义，因人们对期货交易的对象究竟是商品还是标准化合约而见仁见智，各国的立法规定也很有差别。现归纳整理如次[①]：

认为期货交易的对象是标准化合约的学者认为，期货交易的典型特点就是标准化合约的买卖，正是这一特点，区别了它与现货交易的不同。而且，从本质上讲，期货交易的买卖双方并不是要占有标准化合约上的商品，而是要通过标准化合约的买卖，从中赚取差价。况且，从数量上看，在市场经济发达国家，期货交易的实物交割量仅占期货交易总量的3%～5%。因此，这些学者将期货交易定义为：“期货是在期货交易所进行的期货合同（futures contract）及选择权合同（option contract）买卖”（田源、张邦辉）。“期货，是通过期货交易所买卖某种标准化商品或金融产品的合约”（章星等）。“期货交易系指从事于期货契约及期货选择权契约之买卖行为。故期货交易之标的为期货契约或期货选择权契约，而非商品本身，此不可辨”（台湾杨明山）。《布莱克法律辞典》认为：“期货交易，期货合同买卖，通常用于商品”。美国联邦商品期货交易委员会（CFTC）编印的《派生市场、产品和金融中介的国际管理：共同分析框架和管理规定提要汇总表（1993）》把期货、期权规定为派生产品交易，认为：“一般说，派生物是规定以某些基础手段、投资、货币、产品、指数、权利或服务（‘基础权益’）为基础的权利和义务的协议。这种权利和义务可能是基础

① 本部分资料主要来源于文海兴：《论期货交易定义》，林准超：《期货交易，买卖什么?》，载黄永庆主编：《期货法律实务》，287～297页，北京，法律出版社，1998。

权利的现金结算、交割或转移。派生物本身并不授予或转移基础性权益；当基础性权益到期或履行——这视派生物的种类而定——时，才产生基础权益、权利的转移。”“派生合同本身不是基础性权益的转移，除非用抵消的方法消灭合同，转移是作为一项单独交易的组成部分发生的。”其立法规定则有：香港《期货交易条例》第2条第1款规定：“商品交易，包括商品期货合同的交易。”新加坡《期货交易法》第2条规定：“本法是规定期货合约交易及与此相关事项的法规。”此外，新西兰、法国、加拿大等国的规定，也都有“期货合同的交易”的提法。在我国，1994年4月28日河南省第八届人大常委会第七次会议通过的《河南省期货市场管理条例（试行）》第3条规定：“本条例所称期货交易，是指在期货交易所内进行的期货及其期权标准化合约的买卖”。1995年2月23日中国证监会、财政部联合发布的《国债期货交易管理暂行办法》第3条规定：“本办法所称国债期货交易是指以国债为合约标的物的期货合约买卖。”1999年6月2日国务院发布的《期货交易管理暂行条例》附则规定：“‘期货交易’，是指在期货交易所内集中买卖某种期货合约的交易活动。”我国现行《期货交易管理条例》第2条规定：“本条例所称期货交易，是指采用公开的集中交易方式或者国务院期货监督管理机构批准的其他方式进行的以期货合约或者期权合约为交易标的的交易活动。”持此观点的人认为：“如果认为期货交易买卖的是商品，那么在期货交易中首次交易持卖的一方，是否必须实际持有标准化合约中规定的商品?”

另一种观点则认为，期货交易买卖的是商品，期货交易的标准化合约不过是期货商品交易的载体。不应将期货交易看作是标准化合约的买卖，而应将这个过程看作是一种买卖合同签订的过程。即将买卖双方集中竞价交易，看作是要约和承诺的过程，期货交易的成交，就是合同的签订，否则，“如果期货交易买卖的是标准化合约的话，那么对于第一个持买的一方，谁是卖方?”文海兴撰文认为：“要真正认识什么是期货交易，应从期货交易客观存在着手加以考察，即考察期货交易的全过程：从交易所所提供的标准化期货合同方式考察、从交易人的具体买卖行为进行考察、从交易人入市卖出的第一笔期货进行考察、从合同转让的理论与实践进行考察、从期货转现货的实物交收考察、从期货交易的目的考察，而且不应简单地、片面地、孤立地、断章取义地去理解外国期货交易法的规定。”据此，他定义期货交易为：“期货交易是指期货交易人依法在期货交易所（期货市场），通过订立标准化期货合同的方式，买卖实物商品期货、金融期货或期货选择权等的行为。”也可以将其定义为“期货交易为在期货交易所按标准期货合同条款，通过竞价方式进行的期货、期货选择权的买卖行为；或者定义为：按照期货交易所规定的条件和方法进行的下列交易：(1) 当事人承诺在将来一定时间交收标的物及其价款的交易，这一交易可通过在到期前做相反的买卖并结算差价而清洁；(2) 当事人承诺在将来一定时间交收根据标的物约定价格与当时实际价格之差而计算出来的款项的交易；(3) 当事人一方将可单方面决定在双方之间成立前两项所述交易的权利赋予对方，对方为此支付权利金的交易。”其思想源流概可追溯至日本《商品交易所法》，该法第2条规定：“本法中的‘期货交易’指的是依据商品交易所制定的基准以及方法，在商品市场中进行的下列交易：(1) 当事人承诺在将来一定时期授受商品及其特定价格的买卖交易，这一交易可以在转卖或买回该目的物商品时，通过授受差价进行结算。(2) 当事人承诺支付或接受特定金额的交易，这一金额是根据事先约定的商品价格（以下简称‘约定价格’）与将来一定时期该商品实际价格之差计算出来的。(3) 当事人承诺支付或接受特定金额的交易，这一金额是根据事先约定的商品指数值（以下简称‘约定指数’）与将来一定时期该商品指数的实际值之间的差计算出来的。(4) 当事人一方有权凭自己的意志在当事人之间成立以下交易，这一权利（以下称‘选择权’）是由交易对方授予当事人一方的，而当事人一方对其承诺支付特定报酬：a. 第一款中所列交易；b. 第二款中所列交易（包括由商品交易所规定的类似交易）；c. 前款中所列交易（包括由商品交易所规定的类似交易）。”日本《商品交易所法》关于期货交易的定义采列举式，前述 (1)、(2)、(3)、(4) 分别指的是商品期货交易、金融期货交易、指数期货交易、期权（商品期权、金融期权、指数期权）交易。另外，《英国牛津法律大词典》（光明日报出版社 1988 年版）释：“期货：指买主在签订买卖合同之后制造或获得的货物，不同于签订合同时就已存在的现货。出售期货的合同即是出售这些货物的协议。该货物一经制出或获得，其所有权限转移给买主，卖主把它们支付给买主或者通过其他办法把它们划拨给买主，而买主则根据卖主的授权，取得该类货物的所有权”。该词条释期货交易为期货商品所有权的转移，故其认为期货交易的交易对象为商品殆无疑义。

此外，尚有主折中说者。如吴志攀教授定义称：“期货交易，是指在固定场所内集中买卖某种期货合约的交易活动，即交易双方在期货交易所通过买卖期货合同，并根据合约规定的条款约定，在未来某一特定时间或地点，以某一特定价格买卖某一特定数量和质量的商品的交易行为。期货交易的最终目的并不是商品所有权的转移，而是通过买卖期货合约，回避现货价格风险。”[①]

所谓“期货合约”，或称期货合同，是指由期货交易所等场所统一制定的、规定在将来某一特定的时间和地点交割一定数量标的物的标准化合约。根据合约标的物的不同，期货合约又分为商品期货合约和金融期货合约。所谓“期权合约”，或称期权合同，是指由期货交易所等场所统一制定的、规定买方有权单方面在将来某一时间以特定价格买入或者卖出约定标的物的标准化合约。根据合约标的物的不同，期权合约又可以分为商品期权合约、金融期权合约、期货合约期权合约等。

因此，期货交易是个大概念，它可进一步细分为商品期货交易、金融期货交易、期权[②]交易等类别。在商品期货交易中，其期货合约的标的物可包括农产品、工业品、能源和其他商品[③]及其相关指数产品。在金融期货交易中，其期货合约的标的物可包括股票、债券等有价证券、

---

① 吴志攀：《金融法概论》，4 版，321 页，北京，北京大学出版社，2000。

② 期权（Options）是一种选择权，它是指期权的买方在向卖方支付一定数额的权利金后，就获得有权在将来某一时间（某一约定时间或约定时期内）以特定价格（或称执行价格、履约价格）买入或者卖出约定标的物（实物商品、金融产品或期货合约）的权利。在期权交易中，当买方行使权利时，卖方必须按约履行义务；买方也可以放弃行权，此时他只是损失权利金，而卖方则正好赚取之。换言之，买方拥有行使期权的权利而无必须执行的义务，而卖方则只有履行期权交易的义务。期权分为看涨期权（call Option）和看跌期权（put Option）两个基本类型。前者是指买方在某一时间按执行价格买进一定数量标的物的权利，后者是指买方在某一时间按执行价格卖出一定数量标的物的权利。当期权买方预期标的物价格会超出执行价格时，他就会买进看涨期权；相反时，他就会买进看跌期权。此外，以执行时间为时日还是时段的不同，期权还可分欧式期权和美式期权。前者是指只有在合约到期日才被允许执行的期权，它在大部分场外交易中被采用；后者是指可以在成交后有效期内任何时间被允许执行的期权，多为场内交易所采用。

③ 可供选择的商品期货的上市品种一般具有价格波动大、供需量大、易于储运、易于分级和标准化等特点。

利率、汇率等金融产品及其相关指数产品。在期权交易中，期权合约期权人的选择权对象（即行权标的物）可包括商品、金融产品、期货合约等。具体到各国，其期货市场究竟能进行哪些种类的期货、期权交易，往往要由该国期货交易所或其监管机关确定。如在我国，目前开展的仅是商品期货交易，有关股票指数期货等金融期货和期权交易的开展正在积极筹组当中。

（二）期货交易的特点及其功能

1. 期货交易的特点。与商品现货交易相比，期货交易具有以下主要特点：

（1）期货合约标准化。除价格一项通过市场竞价交易而自由形成外，期货合约的所有条款（包括商品数量、商品质量、保证金比率、交割地点、交割方式以及交易方式等）都是由交易所预先规定好的，具有标准化的特点，可以方便、快捷、提高交易效率。

（2）交易集中化。必须在期货交易所等规定场所内进行，场外客户应通过成为交易所会员的期货（经纪）公司等代理交易。

（3）双向交易和对冲机制，实物交割率低。双向交易是指期货交易既可以先买入合约，也可以先卖出合约作为交易的开端。对冲机制是指可以通过反向对冲交易解除履约责任，即买进期货合约者在合约到期前又可以将期货合约卖掉，卖出期货合约者在合约到期前又可以买进期货合约来平仓，先买后卖或先卖后买都是允许的。通过这种对冲操作，期货交易中实物交割量占交易量的比重非常小，一般小于5%。

（4）杠杆机制。期货交易的交易者不需付出与合约金额相等的全额货款，只需要缴纳少量的保证金（一般为合约价值的5%～10%），就能完成数倍乃至数十倍的交易。

（5）每日无负债结算制度，或称逐日盯市制度。是以保证金为基础的每日无负债结算制度。由于期货交易所为交易双方提供结算交割服务和履约担保，实行严格的结算交割制度，所以，期货交易违约的风险很小。

2. 期货交易的功能。期货交易的功能，主要可以概括为以下三个方面：

（1）价格发现功能。是指在一个公开、公平、公正、高效、竞争的期货市场中形成的期货价格，具有真实性、预期性、连续性和权威性，可以综合反映出供求双方对未来某个时间的某种商品的供求关系和价格走势的预期。这种价格信息增加了市场的透明度，有助于提高资源配置的效率。如我国国内大连期货交易所的大豆、上海商品交易所的铜的价格都是国内外的行业指导价格。

期货交易所以具有价格发现功能，乃是因为期货价格的形成具有以下特点所致；一是期货交易的透明度高；二是供求集中，参与者众，市场流动性强；三是信息质量高；四是价格预期不断调整，形成良性互动；五是期货价格的连续性、可预期性。因此，期货价格能准确、全面地反映真实的供求情况及其变化趋势，对生产经营者有较强的指导作用。

（2）回避价格风险功能，或称套期保值功能。是指在工商业活动中，工商企业为避免商品价格的千变万化导致经营成本上升或利润下降，可利用期货交易进行套期保值。即在期货市场上买进或卖出与现货市场上数量相等但交易方向相反的期货合约，使期货市场、现货市场交易的损益相互抵补，从而锁定企业的生产成本或商品销售价格，保住既定利润，回避价格风险。

（3）期货也是一种投资工具。由于期货市场多、期货合约的价格又起伏跌宕，交易者可以利用不同期货市场间、不同期货合约间、不同时点间的价差赚取风险利润。如进行期现套利、跨期套利、跨市套利、到期日套利等。

(三) 期货交易与期货立法的发展

1. 国外期货交易发展简介。历史地看，期货交易是由现货交易发展而来的。早在13世纪比利时的安特卫普、17世纪荷兰的阿姆斯特丹和18世纪日本的大阪，就已出现期货交易的雏形，而现代有组织的期货交易则产生于美国芝加哥。

大致而言，国际期货交易的发展，经历了由商品期货到金融期货、交易品种不断增加、交易规模不断扩大的过程。就农产品期货、金属期货、能源期货等商品期货而言，1848年芝加哥期货交易所（CBOT）的诞生及1865年标准化合约推出、1876年伦敦金属交易所（LME）的成立、20世纪70年代石油危机催生的纽约商业交易所（NYMEX）等都是具有里程碑意义的事件。特别是20世纪70年代以来外汇期货、利率期货和股指期货等金融期货的逐渐上市及其在90年代的大力发展，彻底改变了国际期货市场的发展格局。期间，1982年10月1日，美国长期国债期货期权和约在芝加哥期货交易所（CBOT）① 的上市——作为80年代最重要的金融创新之一，为其他商品期货和金融期货交易开辟了一方新天地。目前，金融期货已占据国际期货市场的主导地位，以此为主体的期货市场在国际金融市场和各国经济发展中的重要地位和独特作用已得到普遍认可。

2. 中国期货交易的发展与期货立法。期货交易是我国改革开放的产物。在1988年3月的《政府工作报告》中提出了“加快商业体制改革，积极发展各类批发市场贸易，探索期货交易”，从而拉开了我国期货交易探索、试点的序幕。1990年10月郑州粮食批发市场经国务院批准正式开业，迈出了我国期货交易的第一步。1991年，深圳有色金属交易所最早以期货交易所形式进行期货交易，并推出了我国第一个商品期货标准化合约——特级铝期货合约。社会主义市场经济体制目标确立后，我国期货市场的试点得到了快速发展。但由于缺乏统一法规与管理，加上受部门与地区利益驱动，1993年年底期货交易出现了盲目发展的现象，期货市场违规违纪事件接连不断，不仅造成期货投机过度、功能丧失，偏离设立期货市场的初衷，而且期货交易在国内投资者的心中已经打下“坑蒙拐骗”的恶劣印象，造成交易品种的减少、经纪公司大量倒闭等严重事件。为此，1993年4月28日国家工商行政管理局发布了《期货经纪公司登记管理暂行办法》，同年6月9日国家外汇管理局发布了《外汇期货业务管理试行办法》，但期货市场盲目发展、违规经营现象依然十分严重。为扭转这种局面，1993年11月4日国务院发布《关于坚决制止期货市场盲目发展的通知》，明确规定由国务院证券委员会负责，中国证监会具体执行，对期货市场进行治理整顿。1994年10月28日，中国证监会、国家外汇管理局、国家工商局、公安部发布了《关于严厉查处非法外汇期货和外汇按金交易活动的通知》，同年11月7日国务院证券委发布了《期货经营机构从业人员管理暂行办法》，1995年2月23日中国证监会、财政部发布了《国债期货交易管理暂行办法》，1995年5月17日中国证监会发

① CBOT于2007年7月12日与CME（芝加哥商品交易所的英文简写）合并成为全球最大的衍生品交易所即芝加哥商品交易所集团（CME Group Inc.）。该所以上市大豆、玉米、小麦等农产品期货品种为主。这些品种是目前国际上最权威的期货品种，其价格也是最权威的期货价格。

布了《关于暂停国债期货交易试点的紧急通知》，同年9月11日又发布了《关于期货交易所进行会员制改造的意见》等。1998年8月1日国务院发布了《关于进一步整顿和规范期货市场的通知》，把期货试点交易所缩小至上海期货交易所、大连商品交易所和郑州商品交易所3家，品种由35个压缩到12个。[①] 1999年6月2日国务院颁布了《期货交易管理暂行条例》，就期货交易及其监管的基本问题作了规定。同年8月31日中国证监会发布了《期货交易所管理办法》、《期货经纪公司管理办法》、《期货业从业人员管理办法》、《期货经纪公司高级管理人员任职资格管理办法》等四个配套规章。至此，我国期货市场的法规体系初步建立，三级监管体系基本形成，过度投机得以遏制，治理整顿工作基本结束。

步入21世纪后，我国的期货交易进入规范发展期。2000年4月6日，中国证监会发布的《关于加强期货经纪公司内部控制的指导原则》，就期货经纪公司内部控制制度建设的目标和原则、具体要求等作了规定。同年12月29日中国期货业协会成立，与此同时，3个交易所着手解决国内期货市场投资品种过少、市场交易制度过严、信息披露制度缺乏和网络化程度不高等弊端。2001年1月的全国证券期货监管会议明确提出“期货市场将进入规范化发展的阶段”。2002年2月和5月中国证监会又先后修订发布了前述四个配套规章。2004年，国务院发布《关于推进资本市场改革开放和健康发展的若干意见》，要求推出提供发现价格和套期保值功能的商品期货品种，研究开发股票和债券相关新品种及其衍生产品，期货市场迎来发展机遇。为适应股票与债券期货等金融衍生品的发展，2006年9月8日中国金融期货交易所在上海挂牌成立，这标志着我国的期货市场的发展步入一个新的时代。为此，2007年3月6日国务院修改《期货交易管理暂行条例》、出台了《期货交易管理条例》，把金融期货、金融期权、商品期货、商品期权都纳入调整范围。中国证监会也先后发布《期货公司管理办法》[②]、《期货交易所管理办法》（2007年4月9日）、《期货公司风险监管指标管理办法》（2007年4月18日）、《期货投资者保障基金管理暂行办法》（2007年4月19日）、《期货从业人员管理办法》、《期货公司董事监事和高级管理人员任职资格管理办法》（2007年7月4日）、《证券期货市场统计管理办法》（2009年1月8日）、《关于建立股指期货投资者适当性制度的规定（试行）》（2010年2月5日）、《关于期货交易所、期货公司缴纳期货投资者保障基金有关事项的规定》（2010年3月15日）、《证券投资基金参与股指期货交易指引》（2010年4月21日）、《证券期货业反洗钱工作实施办法》（2010年9月1日）等新的配套规章、规范性文件。2010年以后，相继上市了股指期货和国债期货等金融衍生品。此后，中国证监会又相继发布（或修订）了《期货公司期货投资咨询业务试行办法》（2011年3月23日）、《期货公司分类监管规定》（2011年4月12日）、《证券期货业信息安全保障管理办法》（2011年9月24日）、《期货市场客户开户管理规定》（2009年8月27日发布、2012年2月2日修订）、《证券期货市场诚信监督管理暂行办法》（2012年7月25日）、《期货公司资产管理业务试点办法》（2012年7月31日）等规章和规范性文件，对

---

① 包括铜、铝、大豆、小麦、豆粕、绿豆、天然橡胶、胶合板、籼米、啤酒、大麦、红小豆、花生仁等。

② 《期货公司管理办法》自2007年4月15日起施行。2002年5月17日中国证监会发布的《期货经纪公司管理办法》及《关于期货经纪公司营业部设立、变更、终止有关问题的通知》（证监期货字［2004］41号）、《关于期货经纪公司变更法定代表人、注册资本、股东或者股权结构、住所有关问题的通知》（证监期货字［2004］42号）、《关于期货经纪公司设立、解散、合并有关问题的通知》（证监期货字［2004］46号）、《关于期货经纪公司股东资格及相关问题的通知》（证监期货字［2005］155号）同时废止。

期货公司从事资产管理和投资咨询的业务资质、实施期货公司分类监管、加强证券期货业信息安全管理和诚信市场建设等问题作了规定，以期促进证券期货市场稳定健康发展，保护投资者合法权益。此外，最高人民法院还先后发布了《关于审理期货纠纷案件若干问题的规定》（2003 年 6 月 18 日）、《关于审理期货纠纷案件若干问题的规定二》（2010 年 12 月 27 日）等一系列有关期货案件审理方面的司法解释和文件。

随着经济发展，对期货市场及相关法制建设又提出了新需求：一是一些地方出现非法期货交易，一些交易场所利用期货交易机制进行期货或类期货交易，缺乏规范和监管。2011 年起，国务院为此组织开展了各类交易场所清理整顿工作；二是经济发展要求加快建设我国原油期货市场。这两方面工作都需要相应法律制度予以保障。为此，2012 年 10 月 24 日国务院又对《期货交易管理条例》[①] 进行了修改，以便为清理整顿交易场所和推出国际性原油期货提供法律支持。据此，中国证监会 2013 年 2 月 21 日、8 月 2 日先后修订发布了新的《期货公司风险监管指标管理试行办法》、《关于建立金融期货投资者适当性制度的规定》。

经过二十多年发展，我国期货市场法制建设取得了长足进步。目前，我国形成了以《期货交易管理条例》为核心（有关期货行政法规、法规性文件共 8 件）、规章和规范性文件为主体（证监会规章、规范性文件 60 余件，相关部委规章、规范性文件 30 余件）、业务规则为补充（期货交易所、期货业协会业务规则 100 多件）、司法文件（司法解释及文件 11 件）为支持的期货市场法律制度体系，形成了一套既借鉴国际经验又反映我国国情的监管制度。对维护期货市场秩序、保护各方当事人权益、促进期货市场健康发展发挥了不可替代的作用。截至 2014 年 6 月，我国期货市场形成了 4 家期货交易所、155 家期货公司、400 多家交割库、78 万交易者参与的市场格局，上市交易的商品期货和金融期货品种达 42 个，挂牌交易合约 400 多个，商品期货成交量连续 5 年居世界第一，具有了一定的国际影响力。不过，从推动期货市场更好地服务实体经济、固化和提升期货市场有效制度、切实维护交易者权益、保障期货市场有序对外开放、规范场外衍生品市场发展等的需要来看，我们有必要抓紧制定高层次的期货法，并进一步完善相关期货法律制度。

二、期货交易市场的主体

（一）期货投资者

期货投资者是在期货市场买卖标准化合约的当事人。他可以是期货交易所的会员投资者，也可以是非会员投资者。前者可直接进场（交易所）进行自营交易，后者则需要委托有经纪业务资格的会员期货公司（或期货经纪公司）进场交易。在我国，按现行规定，期货交易所的会员必须是经期货交易所批准的在中国境内登记注册的企业法人或其他经济组织。在实行全员结算制度的期货交易所，其会员由期货公司会员和非期货公司会员组成，期货公司会员按中国证监会批准的业务范围开展相关业务，非期货公司会员不得从事《期货交易管理条例》规定的期

---

① 2012 年 10 月修订的《期货交易管理条例》，自同年 12 月 1 日起施行。2013 年 7 月 18 日依据《国务院关于废止和修改部分行政法规的决定》，我国又对《期货交易管理条例》进行了微修订（第二次修订），即删去第 43 条第 1 款："国务院商务主管部门对境内单位或者个人从事境外商品期货交易的品种进行核准"之规定。

货公司业务。而在实行会员分级结算制度的期货交易所，其会员由结算会员和非结算会员组成，非结算会员不具有与期货交易所进行结算的资格，结算会员具有与期货交易所结算的资格，且可进一步细分为交易结算会员、全面结算会员和特别结算会员等类别。

期货投资者按不同标准可作不同分类。如按有没有交易所会员资格为标准，可分为会员投资者和非会员投资者；按投资动机为标准，可分为投机者、套期保值者、套利者；按投资规模和投资人性质为标准，可分为机构投资者和个人投资者。其中，机构投资者又可分为金融机构投资者与非金融机构投资者、本国机构投资者与外国机构投资者；个人投资者可分为本国个人投资者与外国个人投资者。不同的投资者，拥有不同的投资资金来源、不同的投资动机、不同的风险承受能力、不同的责任能力，因而应有区分，实施程度不等的立法管理和自律管理。

我国期货交易的投资者主要是在中国境内登记注册的企业法人、经济组织及中国公民，但符合规定条件的境外机构可以在期货交易所从事特定品种的期货交易。我国现行法没有关于投资者资格、入场、退场程序、权利义务等内容的集中、明晰规定，主要仍然沿用《期货交易管理暂行条例》的做法从禁止性、限制性方面作零散规定。如《期货交易管理条例》第 10 条第 2 款规定期货交易所不得直接或间接参与期货交易；第 26 条禁止国家机关和事业单位，国务院期货监督管理机构、期货交易所、期货保证金安全存管监控机构和期货业协会的工作人员，证券、期货市场禁止进入者，未能提供开户证明材料的单位和个人等参与期货交易；第 41 条、第 42 条、第 43 条分别对银行业金融机构从事期货相关业务、国有及国有控股企业进行境内外期货交易、境内单位或个人从事境外商品期货交易应经核准或合规等作了限制性规定。而《期货公司管理办法》第 50 条进一步规定："除《期货交易管理条例》第二十六规定的情形外，下列人员不得以本人或者他人名义从事期货交易：（一）无民事行为能力人或者限制民事行为能力人；（二）期货公司的工作人员及其配偶；（三）中国证监会及其派出机构、期货交易所、期货保证金安全存管监控机构和中国期货业协会的工作人员及其配偶。"这些规定，有些是合理的，有些则需要根据我国期货市场的发展重新梳理。因为，成熟的期货市场是以成熟的投资者的存在为其存在前提的，特别是金融期货市场，更需要大量理性的、成熟的持各种各样投资动机的机构和个人投资者。在股指期货推出的情况下，如果我们继续限制金融机构、国有企业入场交易，有专业技能的期货公司不许自营，又不新设期货投资基金、对冲基金等理性的机构投资者，期货市场的真正发展是不可能的。因此，有关期货投资者的问题宜在未来统一的"期货法"中作专章规定。

（二）期货商

期货商是在期货市场上依法从事期货经纪业务、期货自营业务、期货咨询顾问业务、期货投资理财业务等的专门机构。按其业务范围，可细分为全能性期货公司、期货经纪公司、期货投资顾问公司、期货投资基金管理公司等类别。多种类的期货商的存在，对于满足期货投资者的不同需求、发展成熟的期货市场，至关重要。

我国早期的期货商主要是从事期货经纪业务、期货咨询、培训业务的期货经纪公司。它们按《期货交易管理暂行条例》、《期货经纪公司管理办法》等法规、规章的规定组成和营业，业务范围狭小，各公司同质经营、手续费恶性竞争现象严重。因此，在 2007 年制定《期货交易管理条例》时将其更名规定为期货公司①，并对期货公司业务实行许可制度，即由国务院期货监督管理机构按照其商品期货、金融期货业务种类颁发许可证，以逐步扩大期货公司业务范围。在此之后，我国期货公司除申请经营境内期货经纪业务外，还可以申请经营境外期货经纪、期货投资咨询以及国务院期货监督管理机构规定的其他期货业务。其从事商品期货和金融期货经纪业务、期货投资咨询业务、资产管理业务的资格条件、业务范围和管理规则、监测监督管理等方面的内容，分别在中国证监会2007年4月发布的《期货公司管理办法》、2011年3月发布的《期货公司期货投资咨询业务试行办法》、2012年7月发布的《期货公司资产管理业务试点办法》中有明确规定。不过，我国期货公司迄今不得从事或变相从事期货自营业务，同时也不得为其股东、实际控制人或其他关联人提供融资，不得对外担保。除法律、行政法规或国务院期货监督管理机构另有规定外，期货公司不得从事与期货业务无关的活动。

此外，中国证监会2011年4月12日发布的《期货公司分类监管规定》，2007年4月18日发布、2013年2月21修订的《期货公司风险监管指标管理试行办法》等规章、规范性文件，以期货公司风险管理能力（包括期货公司客户资产保护、资本充足、公司治理、内部控制、信息系统安全、信息公示等6类评价指标）为基础，结合公司市场竞争力、培育和发展机构投资者状况、持续合规状况，评价和确定期货公司的类别［具体分为A（AAA、AA、A）、B（BBB、BB、B）、C（CCC、CC、C）、D、E等5类11个级别］。据此分类，中国证监会按照分类监管原则对不同类别的期货公司在监管资源分配、现场检查和非现场检查频率等方面区别对待，将期货公司分类结果作为：（1）期货公司申请增加业务种类、新设营业网点等事项的审慎性条件；（2）确定新业务试点范围和推广顺序的依据；（3）确定期货投资者保障基金不同缴纳比例的依据。期货公司分类结果主要供中国证监会及其派出机构、各期货交易所、期货保证金监控中心、中国期货业协会等机构使用。期货公司不得将分类结果用于广告、宣传、营销等商业目的。

（三）期货交易所

期货交易所即狭义的期货市场，是专门进行标准化期货合约买卖的场所。期货交易所按自身章程规定实行自律管理，以其全部财产承担民事责任。在现代市场经济条件下，期货交易所是一种具有高度系统性和严密性、高度组织化和规范化的交易服务组织，它本身不参与交易活动，不参与期货价格的形成，也不拥有合约标的商品，只为期货交易提供设施和服务。

期货交易所按组织方式不同，可分为会员制和公司制。实践中，多数期货交易所实行会员制组织形式，即由会员共同出资组建。期货交易所的会员有权参加会员大会、在交易所内直接进行规定品种的期货交易、按规定转让会员资格等，但也要履行遵守国家法律、法规、规章和政策，遵守交易所章程、业务规则及决定，缴纳各种费用等义务。另外，交易所可根据交易、结算业务的需要，设立特别会员，其种类、资格条件及权利、义务另行规定。

在我国，期货交易所是依照《期货交易管理条例》、《期货交易所管理办法》规定的条件和程序设立的，不以营利为目的，履行《期货交易管理条例》和《期货交易所管理办法》规定的

① 我国现行《期货交易管理条例》第15条明文规定："期货公司是依照《中华人民共和国公司法》和本条例规定设立的经营期货业务的金融机构。设立期货公司，应当经国务院期货监督管理机构批准，并在公司登记机关登记注册。未经国务院期货监督管理机构批准，任何单位或者个人不得设立或者变相设立期货公司，经营期货业务。"

职责，按照章程和交易规则实行自律管理的法人。在 2007 年前，依《期货交易管理暂行条例》和 1999 年、2002 年先后发布的《期货交易所管理办法》的规定，我国的期货交易所采会员制，上海期货交易所、大连商品交易所和郑州商品交易所也都为会员制交易所。而按 2007 年 4 月发布的新的《期货交易所管理办法》的规定则改为既可采取会员制也可采取公司制作为期货交易所的组织形式，此前 2006 年成立的中国金融期货交易所就是由沪、深证券交易所加上前述三家期货交易所五家均股发起设立的公司制期货交易所。在会员制期货交易所，其注册资本划分为均等份额，由会员出资认缴，其权益由会员共同享有，在交易所存续期间不得将积累分配给会员；期货交易所设由全体会员组成的权力机构——会员大会；设会员大会常设机构——理事会，由会员理事和非会员理事组成；设理事长、总经理，但二者不能兼任；总经理是期货交易所的法定代表人，是理事会当然理事。而在公司制期货交易所，其采股份有限公司的组织形式，注册资本由股东交纳；设由全体股东组成的股东大会，作为期货交易所的权力机构；设董事会，对股东大会负责并行使相应职权；设董事长、总经理，但董事长不得兼任总经理；总经理是期货交易所的法定代表人，应由董事担任；设独立董事，由中国证监会提名、股东大会通过；设监事会，其成员不得少于 3 人，由职工监事和非职工监事组成。此外，公司制期货交易所还可设董事会秘书，会员制、公司制期货交易所的理事会或董事会可根据需要设立对其负责的监察、交易、结算、交割、会员资格审查、纪律处分、调解、财务和技术等专门委员会，等等。我国《期货交易所管理办法》第三章对会员制和公司制期货交易所的组织架构及其职权作了专章规定。中国证监会依法对期货交易所实行集中统一的监督管理。

我国期货交易所的职能主要有：（1）提供交易的场所、设施和服务；（2）制定并实施期货交易所的交易规则及其实施细则；（3）设计合约，安排合约上市；（4）组织并监督交易、结算和交割；（5）保证合约的履行；（6）按照章程和交易规则对会员进行监督管理；（7）发布市场信息；（8）监管会员及其客户、指定交割仓库、期货保证金存管银行及期货市场其他参与者的期货业务；（9）查处违规行为；（10）国务院期货监督管理机构规定的其他职责。

目前，全世界约有五十多家期货交易所，大部分分布在欧美国家。我国目前共有上海期货交易所、郑州商品交易所、大连商品交易所和中国金融期货交易所等四家交易所。其中，前三家为商品期货交易所，后一家为金融期货交易所。

（四）期货交易结算机构

1. 期货交易结算机构的概念及职能。

期货交易结算机构是指根据期货交易结果和期货交易所的有关规定对会员的交易保证金、盈亏、手续费、交割货款及其他有关款项进行计算、划拨等活动的专门机构。其职能是负责交易所期货交易、交割的统一结算、保证金管理、风险准备金管理及结算风险的防范。具体职责包括：控制结算风险；登录和编制会员的结算账表；办理资金往来汇划业务；统计、登记和报告交易结算情况；处理会员交易中的账款纠纷；办理交割结算业务；按规定管理风险准备金。

2. 管理体制与运行机制。

期货交易结算机构的管理体制有两种模式，一种是外设于期货交易所的独立的专门结算机构，如 2000 年 3 月 6 日前香港中央结算有限公司就是独立于香港联合交易所与香港期货交易所的中央结算及交收机构。另一种是期货交易所的内设结算机构，如我国内地的期货交易结算机构即是在交易所内设置期货交易结算部。

按我国期货交易所的有关结算规定，所有在交易所交易系统中成交的合约必须通过期货交易所结算机构与结算会员的结算部门及存管银行进行统一结算。具体运作是：实行全员结算制度的期货交易所对所有会员（包括期货公司会员和非期货公司会员，均有结算资格）进行结算，会员对其受托的客户结算。而实行会员分级结算制度的期货交易所（其会员由结算会员和非结算会员组成），期货交易所对结算会员结算，结算会员对非结算会员结算，非结算会员对其受托的客户结算。结算会员由交易结算会员、全面结算会员和特别结算会员组成，后两种会员可为与其签订结算协议的非结算会员办理结算业务，交易结算会员则不得为非结算会员办理结算业务。申请成为结算会员的，应取得证监会批准的结算业务资格。交易所的所有会员必须设立结算部门，具体工作由会员法人授权办理结算和交割业务的结算交割员进行。此外，交易所应指定协助其办理期货交易结算业务的商业银行为结算银行，并在各结算银行开设一个专用的结算账户，用于存放结算会员的保证金及相关款项。交易所各结算会员须在结算银行开设用于存放保证金及相关款项的专用资金账户，交易所与结算会员之间期货业务资金的往来通过交易所专用结算账户和结算会员专用资金账户办理。中国期货保证金监控中心对期货保证金实施安全监控，并为期货投资者提供交易结算信息查询。

期货交易所的结算实行保证金制度、每日无负债结算制度和风险准备金制度，实行会员分级结算制度的交易所还应建立、健全结算担保金①制度。会员在期货交易中违约的，期货交易所先以该会员的保证金承担违约责任；保证金不足的，期货交易所应以风险准备金和自有资金代为承担违约责任，并由此取得对该会员的相应追偿权。客户在期货交易中违约的，期货公司先以该客户的保证金承担违约责任；保证金不足的，期货公司应以风险准备金和自有资金代为承担违约责任，并由此取得对该客户的相应追偿权。实行会员分级结算制度的期货交易所，应向结算会员收取结算担保金。期货交易所只对结算会员结算，收取和追收保证金，以结算担保金、风险准备金、自有资金代为承担违约责任，以及采取其他相关措施；对非结算会员的结算、收取和追收保证金、代为承担违约责任，以及采取其他相关措施，由结算会员执行。

三、期货合约与期货价格

（一）期货合约

期货合约是期货交易的买卖对象，是由期货交易所统一制定的、规定在某一特定的时间和地点交割一定数量标的物的标准化合约。但期货价格不在标准化合约中规定，而是通过公开竞价达成的。一般来说，期货合约的标准化条款主要有以下内容：

1. 数量和数量单位条款。如上海期货交易所规定每张铜合约单位为 5 吨，每个合约单位称之为 1 手。

2. 商品质量和等级条款。在期货交易中，交易双方无须就商品的质量进行协商，这大大

---

① 结算担保金是指由结算会员依照交易所规定缴存的，用于应对结算会员违约风险的共同担保资金。结算担保金分为基础结算担保金和变动结算担保金，前者是指结算会员参与交易所结算交割业务必须缴纳的最低结算担保金数额，后者是指结算会员结算担保金中超出基础结算担保金的部分，随结算会员业务量的变化而调整。与保证金不同，结算担保金应当以现金形式缴纳。

便利了交易者，提高了交易效率。

3. 最小变动价位条款。是交易时买卖双方报价所允许的最小变动幅度，每次报价时价格的变动幅度必须是该最小变动价位的整数倍。

4. 每天价格最大变动限制。指交易日期货合约的成交价格不能高于或低于该合约上一交易日结算价的一定幅度，达到该幅度则暂停该合约的交易。

5. 交割期和交割程序条款。期货合约具有不同的交割月份，交易者可自行选择，一旦选定之后，在交割月份结束时如仍未对冲掉手中合约，就要按交易所规定的交割程序进行实物交割。

6. 交割地点条款。期货交易所在期货合约中为期货交易的实物交割确定了经交易所注册的统一的交割仓库，以保证双方交割顺利进行。

7. 交易时间、最后交易日、交易所名称等条款（参见［阅读链接］）。

［阅读链接］　　上海期货交易所铜期货合约的内容[①]

交易品种	阴极铜
交易单位	5吨/手
报价单位	元（人民币）/吨
最小变动价位	10元/吨
每日价格最大变动限制	不超过上一交易日结算价正负3%
合约交割月份	1月～12月
交易时间	上午9：00～11：30　下午1：30～3：00
最后交易日	合约交割月份的15日（遇法定假日顺延）
交割日期	合约交割月份的16日～20日（遇法定假日顺延）
交割等级	标准品：标准阴极铜，符合国际GB/T467—1997标准阴极铜规定，其中，主成分铜加银含量不小于99.95% 替代品：1. 高纯阴极铜，符合国际GB/T467—1997高级阴极铜规定；2. LME注册阴极铜，符合BS6017—1981和AMD5725标准（阴极铜级别代号U-CATH-1）
交割地点	交易所指定交割仓库
交易保证金	合约价值的5%
交易手续费	不高于成交金额的万分之二（含风险准备金）
交割方式	实物交割
交易代码	CU
上市交易所	上海期货交易所

（二）期货价格

期货价格是指期货市场上通过公开竞价方式形成的期货合约标的物的价格。其竞价方式由

① 资料来源：上海期货交易所网站，http：//www.shfe.com.cn/docview.jsp？docid=211205536。

公开喊价和电脑自动撮合成交两种形式。在我国的期货交易所中，全部采取电脑撮合成交方式，即期货交易实行集中竞价，按照价格优先、时间优先的撮合成交原则进行交易。

所谓价格优先原则，是指交易指令在进入交易所主机后，最优价格最先成交——最高的买价与最低的卖价报单首先成交；所谓时间优先原则，是指在价格一致的情况下，先进入交易系统的交易指令先成交。交易所主机按前述两原则对进入主机的指令自动配对，找出买卖双方都可接受的价格，最后达成交易，反馈给成交的会员。

在期货交易中，期货价格有开盘价、收盘价、最高价、最低价、结算价等称谓。其中，开盘价是指交易日交易开始后某一期货合约的第一个成交价格；收盘价是指交易日收市时某一期货合约的最后一个成交价格①；最高价和最低价分别是指交易日当天交易中某一期货合约的最高的成交价和最低的成交价格；结算价则是指某一期货合约当日成交价格按照成交量的加权平均价，当日无成交价格的，以上一交易日的结算价作为当日结算价。

四、期货市场的基本制度

（一）期货交易的全过程

期货市场是一个具有高度系统性和严密性、高度组织化和规范化的交易市场，参与期货交易的投资者（会员投资者除外）必须通过各自的经纪商（参见［相关知识］），在期货交易所内按照一定规则，进行期货合约的公开竞价，实现期货合约的买卖。

［相关知识］　**非会员投资者如何进行期货交易**

非会员投资者进行期货交易，大致流程如下：(1) 选择一个运作规范、服务优良、综合实力强的期货经纪公司作为期货交易经纪人。(2) 开户与入金。投资者与经纪公司签订开户合同书及其他必要文件（如电话委托协议、网上委托协议等），在结算银行开立期货交易账户，并根据自身交易要求，投入一定的资金。(3) 下达指令。投资者根据对期货行情的分析判断，以书面、电话或网上委托的方式，对经纪人下达买入或卖出、开仓或平仓某一数量的某种期货合约的指令。(4) 经纪公司将客户指令直接下达到期货交易所场内主机，按照时间优先、价格优先的原则撮合成交。(5) 成交通知。经纪公司将成交情况以事先约定的方式通知给客户。(6) 经纪公司根据交易所每日收盘后公布的统一结算价对客户当日交易及持仓情况进行盈亏、手续费、保证金等的清算，并向客户提供相关结算单据。客户也可自行上网或拨打语音电话查询。(7) 交割。对合约到期后选择实物交割的客户，由期货经纪公司代理、协助其进行实物交收和货款划拨。

---

① 进一步说，开盘价是指某一期货合约开市交易后前 5 分钟内经集合竞价产生的成交价格（其中前 4 分钟为期货合约买卖价格申报指令时间，后 1 分钟为集合竞价撮合时间，产生的开盘价随即在行情栏中显示出来）。集合竞价未产生成交价格的，以集合竞价后第一笔成交价为开盘价。新上市的挂牌基准价由交易所决定。收盘价是指某一期货合约收市前 5 分钟内经集合竞价产生的成交价格。集合竞价未产生成交价格的，以集合竞价前的最后一笔成交价为收盘价。

期货交易的全过程，可以概括为建仓、持仓、平仓或实物交割。建仓，或称开仓，是指投资者新买入或新卖出一定数量的期货合约。在期货市场上，买入或卖出一份期货合约，即相当于签订了一份远期标的物交割合同，如果投资者将其保持到合约的最后交易日结束，他就必须通过实物交割或资金清算来了结这笔期货交易。这种在期货合约到期时，根据期货交易所的规则和程序，交易双方通过该期货合约所载商品所有权的转移或资金清算，来了结到期未平仓合约的行为，就叫交割。但在期货交易实践中，实物交割极少，大部分套期保值者或投机者往往会通过买入或卖出与其所持期货合约的品种、数量及交割月份相同但交易方向相反的期货合约，来了结期货交易，解除到期进行实物交割的义务。这种买回已卖出合约或卖出已买入合约的行为，即是平仓。建仓以后没有平仓的合约，叫未平仓头寸或未平仓合约，也叫持仓。

综上可知，投资者建仓之后，可以通过择机平仓或实物交割两种方式了结期货合约。建仓时，买入期货合约后所持有的头寸，叫多头头寸，简称多头；卖出期货合约后持有的头寸，叫空头头寸，简称空头。因此，期货合约的买卖双方又可称为多空双方。

（二）期货交易的基本制度

为确保期货交易公开、公平、公正、高效、规范地进行，防范和化解期货交易风险，保护期货交易各方当事人的合法权益和社会公共利益，各国交易所逐步摸索和探求出期货交易的规则和程序，并建立了一系列期货交易的具体制度。其最主要者有：

1. 交易保证金制度。保证金，是指期货交易者按照规定标准交纳的用于期货交易结算和履约保证的资金。在我国，它是由期货交易所、期货经纪商按中国证监会规定的标准，采取固定数额或依期货合约价格的一定比率加以确定的。

中国的期货交易保证金，分为结算准备金和交易保证金。结算准备金是指交易所会员为了交易结算在交易所专用结算账户中预先准备的资金，是未被合约占用的保证金。交易保证金是指会员存入交易所专用结算账户中确保合约履行的资金，是已被合约占用的保证金。当买卖双方成交后，交易所按持仓合约价值的一定比率向双方收取交易保证金。经纪会员则向投资者收取交易保证金，存放在事先在交易所指定的结算银行开立的客户保证金账户上，该交易保证金不得低于交易所向会员收取的交易保证金。

交易保证金又可分为初始保证金和追加保证金。初始保证金是交易者新开仓时需要缴纳的资金，是以期货合约交易额和保证金比率（中国现行最低保证金比率为5%）相乘计算出来的。交易者在持仓过程中，由于市场行情不断波动而产生浮动盈亏（结算价与成交价之差），造成保证金账户内可用来补亏和担保的资金随时发生增减，浮盈时增加保证金账户余额，浮亏时减少保证金账户余额。而保证金账户必须维持最低余额（称为维持保证金），它是以持仓合约的结算价×持仓量×保证金比率×K（K，称维持保证金比率，是一常数，在中国通常为0.75）计算出来的，当保证金账面余额低于维持保证金时，交易者必须在规定时间内补充准备金，否则，在下一个交易日，交易所或经纪商有权强行平仓。这部分需增加的保证金，就是追加保证金。

实施保证金制度，对于降低期货交易成本、提供履约保证、控制投机规模意义重大。

2. 当日无负债结算制度，又称逐日盯市制度。简单而言，就是期货交易所要根据每日市场的价格波动对投资者所持有的合约计算盈亏并划转保证金账户中相应的资金的制度。具体是指每个交易日收市后，期货交易所结算部门（或专门结算机构）根据全日成交情况先计算出当日各期货合约结算价格，核算出每个会员所有合约的盈亏数额、交易保证金及手续费、税金等费用，对应收、应付的款项实行净额一次划转，相应增加或减少会员的结算准备金。若会员保证金账户余额低于规定要求时，交易所通知该会员在限期内追加保证金以达到规定水平，否则不能参加下一交易日的交易或实施强行平仓。

按我国《期货交易管理条例》第 37 条、第 38 条的规定，期货交易的结算由期货交易所统一组织进行，期货交易所实行当日无负债结算制度。期货交易所应在当日及时将结算结果通知会员。期货公司根据期货交易所的结算结果对客户进行结算，并应当将结算结果按照与客户约定的方式及时通知客户。客户应及时查询并妥善处理自己的交易持仓。如果期货交易所会员或客户的保证金不足是，应当及时追加保证金或自行平仓，否则期货交易所应将该会员、期货公司应将该客户的合约强行平仓，强行平仓的有关费用和发生的损失由该会员或客户承担。

实施当日无负债结算制度，能够真实、准确、及时地反映每一交易账户的盈亏，从而有力地控制期货市场风险。

3. 价格限制制度。价格限制制度包括涨跌停板制度和“熔断”制度，其作用主要是有效减缓和抑制突发事件、过度投机行为对期货价格的冲击，使期货价格在更为理性的轨道上运行，为交易所、会员单位和投资者的日常风险控制创造必要条件。

（1）涨跌停板制度，主要用来限制期货合约每日价格波动的最大幅度。根据涨跌停板制度的规定，某个期货合约在一个交易日中的交易价格波动不得高于或者低于交易所事先规定的涨跌幅度，超过这一幅度的报价将被视为无效，不能成交。

涨跌停板一般是以某一合约上一交易日的结算价为基准确定的，合约上一交易日的结算价格加上允许的最大涨幅构成当日价格上涨的上限，称为涨停板；合约上一交易日的结算价格减去允许的最大跌幅则构成当日价格下跌的下限，称为跌停板。当期货价格出现同方向连续涨跌停板时，期货交易所可以采用调整涨跌停板幅度、提高交易保证金比例及按一定原则减仓等措施化解风险。

（2）熔断制度。是指在期货交易中，当价格波幅触及所规定的点数时，交易随之停止一段时间，或交易虽可继续进行，但价幅不能超过规定点数之外的一种交易制度。由于这种情况与保险丝在过量电流通过时会熔断而使电器受到保护相似，所以被形象地称为“熔断制度”。

熔断制度最早是 1987 年世界股灾发生后为控制股票交易风险而采取的一种交易制度。后来，该制度被引入股指期货市场，对股指期货交易起到了减震器的作用。在国外交易所，熔断制度有“熔而断”与“熔而不断”两种形式：前者是指当价格触及熔断点后，在随后的一段时间内要停止交易；后者是指当价格触及熔断点后，在随后的一段时间内仍可继续交易，但报价限制在熔断点之内。

我国 2010 年推出的沪深 300 指数期货也曾引入熔断制度。按照当时的设计，当股票指数期货的日涨跌幅达到 6%且持续 1 分钟时，是股指期货交易的第一个熔断点，在此幅度内“熔而不断”，在到达“熔断”点时仍可继续交易 10 分钟，但指数报价不可超出 6%的涨跌幅之外；10 分钟之后波动幅度放大到 10%，与股票现货市场个股的涨跌停板 10%相对应。由此可见，“熔断”制度是启动涨跌停板制度前的缓冲手段，发挥着预警、冷却作用，让投资者在价格突变时能有一个冷静期，以防止反应过激。但熔断制度也给投资者套利提供了潜在可能，并增大市场流动性。

4. 持仓限额制度与大户报告制度。

（1）持仓限额制度，或称限仓制度，是期货交易所为了防范市场操纵和少数投资者风险过度集中的情况，对会员和客户手中持有的合约数量上限（持仓限额）进行一定的限制的制度。限仓数量是指交易所规定结算会员或投资者可以持有的、按单边计算的某一合约的最大数额。一旦会员或客户的持仓总数超过了这个数额，交易所可按规定强行平仓或者提高保证金比例。

（2）大户报告制度。是指当投资者的持仓量达到交易所规定的持仓限额时，应通过结算会员或交易会员向交易所或监管机构报告其资金和持仓情况的制度。该制度是与限仓制度相关的另外一个控制交易风险、防止大户操纵市场行为的制度。

5. 风险准备金制度。风险准备金是指由交易所设立、用于维护期货市场正常运转提供财务担保和弥补因交易所不可预见风险带来的亏损的资金。按我国《期货交易管理条例》第 11 条、第 32 条的规定，期货交易所应按国家有关规定建立、健全风险准备金制度；期货交易所、期货公司、非期货公司结算会员应按照中国证监会、财政部门的规定提取、管理和使用风险准备金，不得挪用。

期货交易所应按手续费收入的 20%的比例提取风险准备金。风险准备金应当单独核算，专户存储。中国证监会可以根据期货交易所业务规模、发展计划以及潜在的风险决定风险准备金的规模。风险准备金的动用必须经交易所理事会（或董事会）审议批准，报中国证监会备案后按规定的用途和程序使用。

6. 强行平仓制度。是与持仓限制制度和涨跌停板制度等相互配合的风险管理制度。当交易所会员或客户的交易保证金不足并未在规定时间内补足，或当会员或客户的持仓量超出规定的限额，或当会员或客户违规时，交易所为了防止风险进一步扩大，将对其持有的未平仓合约进行强制性平仓处理，这就是强行平仓制度。

7. 法律责任制度。期货交易是一种高风险的杠杆交易方式，必须确保其交易的安全和公正。为此，在期货交易制度中，必须明确规定哪些行为是应予以禁止的行为，并对这些行为给以相应处罚。我国《期货交易管理条例》第七章对期货交易所、期货经纪公司及相关单位和个人的各类违法行为，尤其是内幕交易行为、操纵市场行为及其处罚作了专章规定。

五、期货投资者保障制度

期货投资者保障制度是一项旨在保护期货投资者合法权益，促进期货市场健康发展的不可或缺的基础制度。我国自 1998 年第二次期货市场整顿和 1999 年《期货交易管理暂行条例》发布实施以来，期货市场获得了稳定发展，整体运行状况良好，市场功能逐步发挥，对国民经济发展的促进作用日益明显。但是，少数期货公司因违规经营、风险控制不力等原因造成保证金缺口，极大地制约了我国期货市场的健康发展，也严重损害了无辜投资者的利益。为此，国务院 2007 年发布的《期货交易管理条例》第 54 条（现为第 51 条）明确要求设立期货投资者保障基金，并授权中国证监会和财政部制定具体办法。同年 4 月 19 日中国证监会、财政部联合发布《期货投资者保障基金管理暂行办法》，就保障基金的界定、筹集、管理和监管、使用等问题作了明确规定。

所谓期货投资者保障基金，是在期货公司严重违法、违规或风险控制不力等导致保证金出现缺口，可能严重危及社会稳定和期货市场安全时，补偿投资者保证金损失的专项基金。投资者在期货投资活动中因期货市场波动或投资品种价值本身变化所导致的损失，由投资者自行负担；对投资者因参与非法期货交易而遭受的保证金损失，保障基金不予补偿。也就是说，保障基金只补偿期货投资者遭受的无辜保证金损失，对于期货投资者参与非法期货交易的损失、正常期货交易的损失，不属于保障基金的补偿范围。

我国保障基金的资金筹集遵循“取之于市场，用之于市场”的原则。首先，从期货交易所积累的风险准备金中按一定比例提取形成启动资金；其次，从期货交易所、期货公司的手续费收入中分别按一定比例分季度提取，对高风险期货公司按较高比例提取，逐步积累。为控制期货行业负担，当保障基金总额达 8 亿元以及期货交易所、期货公司遭受重大突发市场风险或不可抗力时，暂停提取保障基金。此外，中国证监会还可根据期货市场的发展状况和风险水平调整保障基金的规模上限。

保障基金由中国证监会、财政部共同指定的机构代为管理，并接受其共同监管。保障基金的日常运用严格遵循“安全、稳健”原则，仅限用于银行存款、购买国债、中央银行债券（包括央行票据）和中央级金融机构发行的金融债券，以及经批准的其他方式。

在保障基金使用方面，只有在期货公司因严重违法、违规或风险控制不力等导致保证金出现缺口，可能严重危及社会稳定和期货市场安全时，中国证监会才能启动保障基金使用决策程序，经过严格的审议和评估后，决定是否使用保障基金。保障基金实行比例补偿投资者无辜损失的原则。对投资者无辜保证金损失，要按程序经严格甄别确认后分段按比例补偿：对投资者 10 万元以下的保证金损失，予以全额补偿；对 10 万元以上的部分，区别个人投资者和机构投资者，分别按 90%和 80%的比例进行补偿。不难看出，保障基金的补偿重心更倾向于广大中小投资者，且明显有别于证券投资者保护基金对证券投资者交易结算资金的全额补偿政策。

六、期货市场的监管

对期货市场的监管，一般包括国家监管机构的监管和自律性管理。在我国，中国证监会对期货市场（包括对期货交易所、期货公司、期货投资者、期货业协会等）实行集中统一的监督管理；期货部及各地证监局对期货公司及其分支机构进行监督管理；四大期货交易所对各自会员实行自律性管理；中国期货业协会对以期货公司为主的团体会员、期货交易所特别会员和在期货行业从业的个人会员进行自律性管理；中国期货保证金监控中心有限责任公司对客户保证金安全存管实施监测监控。从而在我国期货市场建立起了“五位一体”的期货监管协调工作机制。“五位一体”按照“统一领导、共享资源、各司其职、各负其责、密切协作、合力监管”的原则开展工作，形成一个分工明确、协调有序、运转顺畅、反应快速、监管有效的工作网络，以适应期货市场发展新形势，提高期货监管效率，增强防范、控制和化解期货市场风险的能力。

问题与思考

1. 什么是证券？它有哪些基本特征？证券有哪些种类？
2. 试述股票和债券的概念、特征、联系与区别。
3. 我国证券法的基本原则有哪些？其适用范围如何？
4. 我国 2013 年 6 月 29 日修订通过的《证券法》有哪些新的变化？
5.《证券法》对上市公司的持续信息公开作了哪些规定？
6.《证券法》对哪些证券交易行为进行限制和禁止？为什么要作这些禁止性规定？
7. 什么是收购？《证券法》对上市公司的收购作了哪些规定？
8. 我国有哪些证券机构？它们各自的性质、职责和业务范围如何？
9. 何谓证券投资基金？它有哪些种类？大力发展证券投资基金有何意义？
10.《证券投资基金法》与《证券法》、《信托法》是什么样的关系？
11. 什么是期货交易？大力发展期货市场有何积极意义？
12. 什么是期权？期权可作哪些分类？期权交易与期货交易是何关系？
13. 期货交易的对象是什么？是标准化合约的买卖，还是合约背后的标的物？
14. 期货交易的基本制度有哪些？为什么要采取这些制度？
15. 何谓期货投资者保障基金？它如何筹集和补偿期货投资者的保证金损失？
16. 我国“五位一体”的期货监管协调工作机制的是如何分工并开展工作的？

第十二章
金融信托法

本章概要

金融信托法是调整金融信托关系的法律规范的总称。所谓金融信托是指金融机构作为受托人，按照委托人的要求或指明的特定目的，管理运用或处分货币资金、有价证券、其他财产等的金融业务。在我国，金融信托业务主要是由信托公司办理的。经过二十多年的发展，我国的金融信托业已经初具规模，成为我国金融体系中的一支相当重要的力量。但由于我们对信托的定义、本旨、基本功能认识不足，对信托公司的业务范围和经营规则缺乏合理、科学的界定，我国金融信托业务的开展仍然缺乏系统、科学、权威的立法规范和行之有效的监管，金融信托业务的开展还很薄弱、很不规范、很不稳健，潜伏着较大的金融风险，金融信托应有的功能还远远未能发挥出来，迫切需要通过制定专门的信托业法，完善信托法，通过加强和改进金融监管加以改变。在本章中，将依据《信托法》、《信托公司管理办法》、《信托公司集合资金信托计划管理办法》、《信贷资产证券化试点管理办法》、《金融机构信贷资产证券化试点监督管理办法》等法律、法规、规章的规定，就金融信托的有关问题加以介绍和阐释。

关键术语

信托　委托人　受托人　受益人　金融信托　信托公司　金融信托法　信托财产　集合资金信托计划　资产证券化

第一节　金融信托法概述

一、信托的概念与分类

（一）信托的概念及特征

信托，即“信任委托”之意，是指委托人基于对受托人的信任，将其财产权转移给受托人或为其他处分，受托人按照委托人的意愿以自己的名义，为受益人的利益或特定目的，管理或处分财产的行为（参见［延伸阐述］）。信托具有以下法律特征：

1. 信托有三方当事人，即委托人、受托人和受益人。委托人是指通过信托将自己财产权转移给受托人管理或处分，从而导致信托关系设立的人。受托人是指接受委托人的委托或者国家有关机关的指定而对信托财产负有为他人利益进行管理和处分义务的人。受托人可以是个人也可以是机构。受益人是指因受托人管理、处分信托财产而享受信托财产的利益的人。委托人与受益人可以是同一人。

2. 信托是以信任为基础，以财产权转移或为其他处分（如在财产权上设置用益物权或担保物权）为要素而产生的。委托人只有在对受托人充分信任的情况下，才可能将自己的财产转移给受托人管理或处分。而且，只有当委托人进行财产权转移或为其他处分且受托人接受（承诺）时，才能导致信托的成立。

3. 信托是一种"受人之托，代人理财"的财产管理行为。故一定的财产是信托的基础。各国法律一般规定，凡具有金钱价值的物品和权利均可以成为信托财产，包括动产和不动产、货币、有价证券、金钱债权、各种物权、专利权、著作权、矿业权、渔业权、股东权等。但人身权如名誉权、姓名权、身份权等则不能成为信托财产，另外，在营业信托上，为便于监管，有关法律往往会对信托财产的范围作出一定的限制。

4. 信托财产上的财产权与信托利益相分离。信托一经设立并办理财产权转移后，信托财产的原所有权人（一般是委托人）就丧失了所有权，而受托人则取得了信托财产的所有权，可依约对信托财产进行管理和处分，但因此所产生的利益却归于委托人指定的受益人（即受益人享有信托财产的受益权）。

[延伸阐述] **信托的概念及学说**[①]

关于信托的概念，各国立法或学理上并没有完全一致的定义。在英美法系中，具有代表性的信托定义主要有：(1) 信托是一种信任关系，其中，持有财产权的人负有为他人利益管理或处分该财产的衡平法上的义务。(2) 信托是关于特定财产的一种信任关系。受托人为了他人的利益而享有该特定财产的法律上的所有权，受益人则享有该特定财产的衡平法上的所有权。(3)《美国信托法重述 (2)》第 2 条规定："信托法重述所指的信托，在没有'慈善'、'回归'、'推定'等限制词的情况下，是指一种有关财产的信赖关系（fiduciary relationship），其产生于一种设立信托的明示意图，一人享有财产的法定所有权并负有衡平法上的义务，为另一人的利益处分该财产。"英美法系关于信托法的定义的特点在于承认"双重所有权"，基于信托，受托人取得信托财产法律上（普通法上）的所有权，可以对信托财产进行管理或处分；而受益人则享有信托财产衡平法上的所有权，有权取得信托财产的收益。而在大陆法系国家，具有代表性的信托定义为：(1)《日本信托法》第 1 条规定："本法所称信托，是指办理财产权的转移或其他处理，使他人遵从一定的目的，对其财产加以管理或处理。"(2)《韩国信托法》第 1 条规定："本法中的信托，是指以信托者（信托人）与信托接收者（受托人）间特别信任的关系为基础，信托人将特定的财产转移给受托人或经

① 本部分资料主要来源于殷少平编著：《金融法》，183～185 页，北京，中国人民大学出版社，2005；[日] 中野正俊著，张军建、王晓军译：《中国信托法概论》(一)，亚细亚法学，第 39 卷，第 1 号（2004.7），19～25 页。

过其他手续，请受托人为指定者（受益人）的利益或特定目的，管理和处理其财产的法律关系。”(3) 我国台湾地区“信托法”第1条规定：“称信托者，谓委托人将财产权转移或为其他处分，使受托人依信托本旨，为受益人之利益或为特定之目的，管理或者处分信托财产之关系。”可见，大陆法系国家或地区对信托多采纳物权效果与债权效果相区分的定义，即委托人与受托人之间进行财产权的转移或其他处分，信托财产的物权（主要是所有权）归受托人所有，同时受托人负有为受益人的利益或特定目的管理或处分信托财产的义务，这使得受益人对信托财产具有债权请求的效果，使信托制度的设计既在形式上符合大陆法系国家在财产权上奉行严格的“一物一权”的绝对主义原则的要求，同时又保留了英美信托法的实质，使源于英国的近代信托法制度在本国既定的大陆法框架内得以引进和利用。

我国的信托法是在立足于中国国情的基础上借鉴其他国家尤其是日本的信托法律制度制定的，也基本上遵循了大陆法系固有的法律框架和传统，力图使其不同现有的法律相冲突。2001年4月28日发布、自同年10月1日起施行的《中华人民共和国信托法》（以下简称《信托法》）第2条规定：“本法所称信托，是指委托人基于对受托人的信任，将其财产权委托给受托人，由受托人按委托人的意愿以自己的名义，为受益人的利益或者特定目的，进行管理或者处分的行为。”这个定义最关键之处是试图以词义广泛的“委托”一词来替代前述大陆法国家（或地区）普遍使用的“转移或为其他处分”，以回避信托财产权的归属问题，避免信托法理与我国大陆法传统的冲突。殊不知这样一来，“委托”一词非但没能揭示信托的本质属性（从信托产生、发展的历史和功能看，其最基本的要义：一是信托财产的转移，主要是所有权的转移，也可能是其他处分，如在财产权上设定用益物权或担保物权；二是受托人对信托财产的管理、处分，二者缺一则不成其为信托），混淆了信托与行纪、代理等法律关系的界限，而且如果没有财产权的转移作为前提条件，受托人又怎么能以自己的名义管理和处分信托财产？《信托法》又怎么能在此自相矛盾的定义下建构起合乎逻辑的信托具体制度？因此，对于这一模糊不清的定义应在修订《信托法》时加以重新界定，将“委托”改为“转移”，以回复信托之本质。

信托，就其本旨来说是为受益人的利益而设，因此，关于信托基本构造的理论中心无疑应是切实把握受益人的受益权的性质，即受益权究竟是债权还是物权的问题。而这一问题又会因研究者究竟是以信托当事人个人间的人的关系为重点还是以信托关系中超个人的物的关系为重点，而得出显著不同的结论。按日本著名信托法专家中野正俊教授的归纳，法学界在这方面的学说主要有以下数种：

1. 债权学说。是指将受益人的权利（即受益权）视为债权的学说。按该学说，财产权在设定信托的同时即归属于受托人，受托人负有按照信托目的为受益人的利益管理和处分信托财产的义务，受益人对受托人享有债权。也就是说，基于委托人对受托人的信任，信托财产一经转让后，受托人就成了信托财产的绝对权利人。对于委托人，受托人要承担按照信托目的为受益人的利益管理和处分信托财产的义务，受益人对信托财产并不享有直接性权利，而只是取得了对受托人的对人性债权，这种对受托人的相对性债权是通过受益人所享有的受益权取得的。因此，债权学说把信托看作是委托人、受托人、受益人之间的债权债务关系，信托是由受托人的完全权和受益人的债权所构成。目前，美国纽约州、加利福尼亚州、日本、印度、韩国的信托法都采该说。但债权学说也一直受到质疑，如其关于受托人享有完全权的论点无法解释受托人管理、处分信托财产应受信托目的限制的规定，也与信托财产的独立性、物上代位性、不可侵性相排斥；而受益人受益权的债权性质也无法解释其能行使撤销权。

2. 物权学说。是将受益人的权利（即受益权）视为物权性质的权利的学说。按该学说，信托受益权的本质不是相对于受托人的债权，而是相对于信托财产的物权。从而对债权学说持批判态度。其理论根据是：对于信托财产，受托人只在信托目的所限制的范围内享有权利，而受益人所享有的权利是一种债权性质的权利以上的权利，即信托法中关于信托财产及受托人管理信托财产的方法的规定，其要义即在于保障信托财产的安全性和独立性，以便使受益人的利益得以最终实现。因此，与其说是受益人对受托人享有债权，毋宁说受益人是对信托财产享有权利。但是，物权学说形成了受托人、受益人对信托财产均享有完全权的困境，违背了“一物一权”的原则。

3. 实质性法主体学说。该说认为通过信托行为，受托人取得信托财产的名义及管理权，但并不取得信托财产的完全权，而受益人对受托人享有债权（给付请求权）及对信托财产享有物权性质的权利。其依据是，信托财产与身为信托财产管理人的受托人自身的固有财产相区别，信托财产本身拥有与受托人个人的法律主体地位相独立的实体性法律主体地位。而且，受托人在对受益人负有义务之前，首先对信托财产负有义务。受托人就像法人的董事、经理一样，作为具有实体性法律主体地位的信托财产的“机构”乃至“代表”，有权以自己的名义管理和处分信托财产，所以，受托人的管理权有直接的或排他的性质，是一种“物权性质的权利”。而受益人的权利形式上是对受托人的给付请求权，实际上是对于信托财产的给付请求权，并且以此为基础的受益人的权利实质上也就是相对于信托财产的物权性质的权利。由此可以看出，实质性法主体学说是把重点放在围绕信托财产的超个人的“物的联动关系”上看待信托的，由于信托财产具有法律主体地位，所以，如果受托人在管理和处分信托财产时因不可归责于受托人的事由发生致使信托财产减少现象时，受益人的受益权范围也相应随之而减少。实质性法主体学说也是立足于批判债权学说而产生的学说。

4. 相对性权利转移学说。该说将信托财产的权利归属分成内部关系和外部关系两个层面，在面对信托关系人以外的外部关系时，受托人是信托财产的完全的所有权者，但在面对内部关系时，委托人则是信托财产的所有权人，受托人只不过拥有管理和处分他人财产的权能而已。依此学说建构信托制度，则委托人不仅随时可以要求受托人返还信托财产，而且受托人必须承认委托人对信托财产所进行的任何处分行为。另外，如果受托人破产时，委托人享有取回权，委托人破产时则信托财产属于委托人的清算财产。但该理论违背“所有权都是对世的”基本法理，目前已无多少学者持此观点。

5. 限制性权利转移学说。限制性权利转移学说在主张委托人转移其财产权给受托人这一点上与债权学说相同，其不同之点在于：债权学说主张不分信托目的，即不管信托是管理信托还是处分信托而一律转移信托财产的完全权，受托人成为信托财产的完全所有人。而限制性权利转移学说则认为，财产权的转移不是信托财产的完全权的转移，而是根据信托目的限制性的转移，即要根据信托目的的限制来限制权利（财产权）的转移。因此，如果信托目的是管理的，则受托人只享有管理权；如果信托目的是处分的，则受托人只享有处分权。所以，在原本是管理信托的情况下，受托人违反信托目的处分了信托财产时，特别是履行了信托公示程序的信托的情形下，委托人可要求与受托人交易的相对人撤销该处分行为。也就是说，在管理信托存续期间，虽然形式上信托财产归属于受托人所有，但其享有的是受管理信托目的限制的权利，实质上信托财产仍然归属于委托人所有。

6. 双重所有权学说。该说主张对于信托财产，受托人享有普通法上的权利，而受益人则享有衡平法上的权利。其立论重点在于：虽然受托人是信托财产的普通法上的所有权人，但信托财产的利益应由衡平法上的权利人即受益人所有。这是盛行于英国的学说。

（二）信托的沿革

信托制度源远流长。现存关于信托的最早记载，据说是古埃及人于公元前 2548 年写下的有关信托自己财产的遗嘱（信托遗赠）。① 到了古罗马时代，这种遗产信托形成固定的制度，规定于《查士丁尼法典》中。而现代意义的信托，人们普遍认为起源于英国，充分发展于美国，并在日本得到了创新。

约在 11 世纪的英国，虔诚的宗教信徒常把土地等财产在死后捐赠给教会，由于法律规定对教会不收税，就影响了封建领主的收入。12 世纪末，英王亨利三世为了阻止遗赠，制定《没收法》，规定谁若把土地遗赠给教会，就要没收。土地捐赠人为了规避《没收法》的限制，就创设了“尤斯”（USE）制，即不再把土地直接捐赠给教会，而是转让给别人，由接受转让的人掌管这些土地，然后由教会获得土地上的收益，其实质与直接捐赠相同。由于这种做法要求转让人和接受人之间必须相互信任，所以人们称之为“信托”（TRUST），这是“信托”一词的起源。十字军东征时，士兵为家人的生活，也把土地、财产等托付别人管理，使“尤斯”制这一信托形式得以传播和发展。这时信托的特点主要是个人承办的非营利性的民事信托。到了近代，民事信托由无偿转为有偿，产生了商事信托，形成一个专门行业，并受到法律保护。1893 年英国政府颁布的《受托人条例》，规定了个人受托人的权利和义务；1896 年颁布了《官选受托人条例》，规定可由法院选任受托者为委托人办理信托事务；1906 年又颁布了《公设受托人条例》，规定政府办的信托机构可作为承受委托的法人，从而打破了长期以来只能由个人为受托人的惯例，并实行有偿经营。1899 年《公司法》颁布后，许多银行和保险公司都开设了信托业务，并以营利为目的，这时金融信托作为金融业的一项新业务得到了发展。1925 年、1960 年又先后颁布了《受托人法》、《公益信托法》等，从而确立了近代信托制度。

1776 年美国独立之后，源于英国的民事信托制度传入美国。但此时民事信托已不能满足经济发展的需要，所以美国在信托业方面冲破了欧洲陈规陋习的约束，一开始就以高效率的公司组织形式推广商事信托业务，最早完成了从个人信托向法人信托的过渡。1792 年美国成立了第一家信托公司；19 世纪初，美国的保险公司纷纷投资信托业务经营；1830 年前后，美国的信托公司大量涌现，在南北战争（1861 年～1865 年）结束时发展到鼎盛时期，信托业务更

① 信托遗赠，指被继承人要求受托人（亦即继承人），在被继承人死亡后，将所取得的遗产转移或交付给特定的第三人。在这里，受托人仅居于“导管”之地位。

成为银行、保险公司的一项重要的金融业务；到 19 世纪末商事信托已经基本上定型。随着经济的发展，美国的信托公司在受托管理不动产、钱款等信托财产后，将这些资金转用到铁路、矿山发行的债券、股票上。这样，就把单纯地进行财产管理的英国式的信托发展成为具有资金融通性质的美国式的信托，金融信托业得到了发展。与此相伴，美国先后制定或修正了 1922 年的《统一受托人法》、1937 年的《统一信托法》、1938 年的《统一共同基金法》、1959 年的《信托法重述（2）》、1962 年的《统一资本及收益修正法》、1964 年的《统一受托人权限法》等法律。此外，美国各州的财产法、遗嘱法、遗嘱认定法等法律中，也有许多关于信托方面的规定，从而形成了美国别具一格的信托法制度。

20 世纪初，英美信托制度传入日本。1906 年，日本成立了第一家信托公司，1922 年日本颁布了《信托法》和《信托业法》。日本的信托从内容到经营方式都有创新：受托经营的财产种类扩大到金钱、有价证券等各种动产和房屋、土地等不动产；受托的业务从财产物资的经营管理扩大到对人的监护和赡养，以及咨询、调查等；受托人不限于信托公司（信托银行），普通银行通过设立信托部亦可兼营信托业务；等等。

从上可见，信托的发展经历了以下轨迹：由个人办理的非营利的简单民事信托，发展到法人经营的以营利为目的的商事信托，直至以金融信托业务为主的现代信托。我们现在一般所讲的信托，也主要是指金融信托。

（三）信托的分类

信托按照不同的标准，可以作多种分类：

1. 按照委托人是个人还是法人划分，信托可分为个人信托和法人信托。个人信托，或称自然人信托，是指委托人（即财产的最初所有人）是自然人（个人）的信托。个人信托又可分为生前信托和身后信托。前者是指个人在世时以委托人身份与受托人建立信托关系，所订信托契约限于委托人在世时有效的信托。后者是指根据遗嘱，受托处理个人身后有关事项的信托，如执行遗嘱、管理财产等。遗嘱信托只在委托人去世后生效。法人信托是指委托人是公司、社团等法人的信托。目前我国的信托主要是法人信托，但随着个人财富的大幅度增加，个人信托业务具有越来越广阔的发展前景。

2. 按照信托受益人与委托人的关系划分，可以分为自益信托和他益信托。自益信托是指委托人和受益人为同一人的信托；他益信托是指委托人和受益人不为同一人的信托。他益信托类同赠与，故有些国家的法律规定，他益信托的受益人要交税，但特定赠与信托的受益人是残疾人的，则可以免税。在我国信托实务中，自益信托占绝大多数。

3. 按照受托人办理信托的目的划分，信托可分为营业信托和非营业信托。营业信托是指受托人以营利为目的而举办的信托。非营业信托是指不以营利为目的，而是基于个人友谊或社会道义，受托免费承办的信托。非营业信托较为普遍地存在于英国信托的初创阶段，但目前已不多见。

4. 按照设立意图划分，信托可分为公益信托和私益信托。公益信托是指委托人为学术、技艺、慈善、宗教、环保等事业以及其他社会公共利益而设立的信托，其受益人是符合规定条件的不特定多数人。私益信托是指委托人为自己或其指定的特定人私人利益而设立的信托。我国《信托法》规定的民事信托、营业信托本质上均属于私益信托。另外，我国应采取更切实有效的措施推动公益信托的发展。

5. 按照信托事务的性质划分，信托可分为民事信托和商事信托。前者涉及的是民事范围内的信托事务，主要是以个人财产为抚养、赡养、处理遗产等目的而设立的信托等。后者涉及的是商事范围的信托事务，主要是法人或者个人以财产增值为目的，委托营业性信托机构进行财产经营、管理、处分而设立的信托。如代办公司的设立、清算、资金运用以及公司债券的发行等。

6. 按照信托设立的依据划分，信托可分为设定信托和法定信托。设定信托，又称“任意信托”，是指基于信托合同或遗嘱等信托文件而设立的信托。法定信托是指通过法律的强制或者法律根据对当事人意思的解释，推定而成立的信托。

7. 按照信托标的物划分，信托可分为贸易信托和金融信托。贸易信托是指委托人将其商品委托给专门的信托机构由其代为出售和管理的经济行为，其标的物主要是商品。金融信托按标的物是否是货币资金分为资金信托和非资金信托。资金信托一般包括委托存款、委托贷款、委托投资等；非资金信托包括证券投资信托、有价证券信托等。

8. 按照受托人对信托财产实施的管理方法划分，信托可以分为个别信托和集团信托。个别信托是指受托人就各个委托人所信托的特定财产，分别、独立地予以管理或者处分的信托，其特点着重于受益人的保护及信托财产的特性。集团信托则是受托人把根据同一内容的信托合同设定的众多委托人的信托财产集合成一个整体，依特定的目的而概括地予以管理和处分的信托，其特点偏重于信托财产的形成方式及受益人的保护。由于在集团信托中，往往存在众多的受益人，且受益人很难对受托人的管理、处分行为实施监督，极易产生受托人谋自己利益（或少数受益人利益）而损害其他受益人利益之弊，所以有引进专门监督人、管理机构或监督机构的必要。我国2007年1月23日发布的《信托公司集合资金信托计划管理办法》中所称的“集合资金信托”就属于集团信托。

9. 按照受托人是否承担积极义务来划分，信托可分以为主动信托和被动信托。主动信托又称积极信托，是指受托人在进行信托财产的管理和处分时承担积极义务的信托。被动信托，又称消极信托，是指受托人在进行信托财产的管理和处分时不承担任何积极义务的信托。在被动信托的情形下，受托人虽然是信托财产名义上的所有人，但受益人为了自身的利益而管理和处分信托财产时，受托人必须承认受益人的此处分行为。另外，受托人虽然在形式上承担管理和处分信托财产的义务，但实际上其所为管理和处分行为要完全服从委托人或受益人的指示、命令的信托，也属于被动信托。

此外，信托还可以分为管理信托和处分信托及特别信托（如社会保障信托、担保信托）等。

二、金融信托的概念与职能

（一）金融信托的概念及特征

金融信托是指金融机构作为受托人，按照委托人的要求或指明的特定目的，管理运用或处分货币资金、有价证券、其他财产等的金融业务。金融信托具有以下法律特征：

1. 对受托人有特定的要求。金融信托的受托人是金融机构，在金融混业的情形下，信托公司、保险公司、证券公司、基金公司、商业银行等在理论上都可以开展金融信托业务。在国外，主要是信托公司或银行的信托业务部。在我国，受托者必须是符合法定条件并经审核批准的金融机构（主要是信托公司，但按我国近几年新颁有关法律、法规的规定及金融实践，信托投资公司、证券投资基金管理公司、商业银行、证券公司、养老金管理公司、保险资产管理公司等金融机构都在开展或多或少的信托业务）。未经批准，任何部门、单位不准经营金融信托业务，禁止个人经营金融信托业务。

2. 金融信托是从单纯保管、运用财产的信托发展而来的现代信托，具有财产管理和资金融通的双重职能。

3. 金融信托必须采用书面形式设立，并通过签订信托合同，明确信托各方的权利义务。

4. 金融信托业务是一种他主经营行为，即受托人要按照委托人的意旨被动地开展具体业务，因此，受托人对信托财产运用风险仅负有限责任。这种有限责任主要限定在受托人仅对因违背信托目的、违背管理职责、处理信托事务不当而造成的信托财产损失负赔偿责任。

5. 金融信托是金融机构以营业和收取报酬为目的而开办的一项金融业务，属于营业信托范畴。因此，受托金融机构根据业务的性质，按照信托合同或其他信托文件的规定，依法取得一定的收益和报酬。

（二）金融信托的职能

金融信托的职能是金融信托业务应有的职责和独具的功能。金融信托具有多种职能，但其最基本和最主要的职能有以下四个：

1. 财产管理职能。这是金融信托最基本的职能，是由信托机构“受人之托、为人管业、代人理财”的行业特点所决定的。它是指金融信托机构接受财产所有者的委托，为其管理、处分信托财产（包括资金、动产、不动产、有价证券、其他财产或财产权等）及代办经济事务等，以实现信托财产的保全、增值、社会公益等目的。比较典型的管理行为有委托投资、委托贷款等；典型的处分行为有代为出售或转让信托财产；代办事务则主要包括代收款项、代保管、代为发行和买卖有价证券等。

2. 融通资金职能。它是指金融信托机构通过办理信托业务，为建设项目筹措资金，或对其他客户给予资金融通和调剂的职能。主要表现为三个方面：一是货币资金的融通，金融信托机构将货币资金无论用于贷款、投资或购买、出售有价证券，都能发挥融资的职能；二是通过信托财产的管理或处分，实现物资上的融通与货币资金的融通；三是通过受益权的流通转让而进行的货币资金融通。

3. 资产证券化导管职能。是指信托被利用为资产证券化的导管体而发挥的职能。如通过信托合同的签订，以分割委托人（证券化的创始机构或称发起人）因信托设定所拥有的信托受益权，使其得以转让给投资大众，进而获取资金。此外，将委托人所拥有的信托受益权以受益证券或受益凭证的方式加以量化、标准化，也易于流通转让，达到资产证券化的目的。

4. 沟通和协调经济关系的职能。是指金融信托机构通过开展信托业务，提供信任、信息与咨询服务等方面的职能。金融信托业务是一种多边经济关系，金融机构作为委托人与受益人的中介，在开展信托业务过程中，要与诸多方面发生经济往来，是天然的横向经济联系的桥梁和纽带。通过办理金融信托业务，特别是通过为经济交易各方提供信息、居间、咨询和资信调查等服务，发挥沟通和协调各方经济联系的职能。

三、金融信托法与金融信托法律关系

（一）金融信托法的概念

金融信托法是调整金融信托关系的法律规范的总称。金融信托关系是指信托当事人之间的社会关系，包括委托人和受托人之间的委托关系，受托人与受益人之间的利益转移关系，以及国家金融监督管理部门对信托机构及其信托活动开展的监督管理关系。

金融信托法包括信托基本法和信托业法。信托基本法是规定信托基本关系的法律规范，其内容包括信托财产、信托当事人（委托人、受托人、受益人）的资格及各自的权利义务、信托的类别及设立和终止等。信托业法是规定金融信托机构的组织及业务监管的法律规范。其内容包括信托机构的性质、业务范围、组织形式、设立条件及程序、变更、终止、经营规则、监督管理等。金融信托法是金融法体系中的重要组成部分。

目前，我国关于信托方面的立法还不太完善。调整信托基本关系的法律规范主要是九届全国人大常委会第二十一次会议于2001年4月28日通过、自同年10月1日起施行的《中华人民共和国信托法》，该法虽历经长达近八年的立法过程，但由于历史条件的局限及对信托理论和制度的认识偏差，其立法规定与应然信托法理多有抵牾之处，公布实施后在五年多的运行实践中已经暴露出不少问题，迫切需要根据新的时代、新的理论加以修改和完善。在营业信托机构和金融信托业务方面，现行有效的监管规范主要是中国银监会依据《信托法》、《银行业监督管理法》等法律法规的规定，于2007年1月23日发布、自2007年3月1日起施行的《信托公司管理办法》、《信托公司集合资金信托计划管理办法》[①] 及2010年8月24日发布实施的《信托公司净资本管理办法》等监管规章。此外，《证券投资基金法》、《企业年金基金管理试行办法》、《信贷资产证券化试点管理办法》、《保险资金间接投资基础设施项目试点管理办法》、《融资融券合同必备条款》等也都就有关信托问题作了规定。

（二）金融信托法律关系

金融信托法律关系，简称“金融信托关系”，是指由金融信托法调整的在信托当事人之间形成的、以信托财产为中心的权利义务关系。金融信托关系和其他法律关系一样，也是由主体、客体和内容三部分构成。

1. 金融信托法律关系主体。或称信托关系人，是指能够参加信托法律关系，依法享有权利和承担义务的当事人，包括委托人、受托人和受益人。

---

① 这两个办法颁布实施后，相应废止了中国人民银行2002年5月9日发布实施的《信托投资公司管理办法》、2002年6月13日发布自同年7月18日实施的《信托投资公司资金信托管理暂行办法》及中国银监会发布的十多个监管规章和规范性文件，以进一步增强信托公司法规制度的条理性、系统性和科学性，进一步明确信托公司“受人之托、代人理财”的定位，促使信托公司真正逐步成为提供信托理财和产品服务的非银行金融机构，促进信托公司的科学发展，保护信托投资者的合法权益，积极应对金融业改革和对外开放的新形势。两办法在信托机构名称、注册资本要求、信托公司业务范围界定、信托本旨、关联交易的规范与限制、合格投资者概念引进、监管观念创新等方面，相对于原有规章有重大变化，以至于有人称：两办法的颁行意味着我国信托业第6次重组整顿的来临。

委托人是指通过信托将自己财产转移给受托人管理或处分，从而导致信托关系设立的人。根据各国法律规定，除了未成年人、禁治产人、准禁治产人外，只要有财产，无论是自然人还是法人，甚至非法人团体，都可成为委托人。但在一些特定的营业信托中，委托人可能还需要符合特定的资格条件。

受益人是指因受托人管理、处分信托财产而享受信托利益的人，包括自然人、法人和依法成立的组织等。受益人较少受到限制，只要在受益权有效期内，具有权利能力即可。因此，未成年人，甚至未出生的胎儿都可以成为受益人。我国《信托法》规定：委托人可以是受益人，也可以是同一信托的唯一受益人。受托人可以是受益人，但不得是同一信托的唯一受益人。

受托人是指接受委托人的委托对信托财产负有为他人利益进行管理和处分义务的人。在信托三方当事人中，受托人处于掌握、管理和处分信托财产的中心位置，因此，受托人的素质和经营能力对于能否给受益人带来信托利益，实现委托人的信托目的，起着非常关键的作用。所以，各国信托法对受托人尤其是营业受托人多作出详细规定，有的国家还制定专门的法律就受托人的资质条件等加以明确规范。大致而言，禁止未成年人、禁治产人、准禁治产人及破产者成为受托人，从事金融信托则要由营业性金融信托机构进行是各国立法通例。

我国法律、法规、规章对金融信托法律关系的主体资格，特别是作为营业信托的受托人的信托机构作了规定。如《信托法》第 24 条规定："受托人应当是具有完全民事行为能力的自然人、法人。法律、行政法规对受托人的条件另有规定的，从其规定。"另依《信托法》第 4 条和《信托公司管理办法》等的有关规定，在我国从事金融信托业务的受托人限于经过批准的信托公司等金融机构。此外，我国《商业银行法》第 43 条规定："商业银行在中华人民共和国境内不得从事信托投资和证券经营业务，不得向非自用不动产投资或者向非银行金融机构和企业投资，但国家另有规定的除外。"这样，就使商业银行在我国境内原则上不能成为信托投资法律关系的受托人。

2. 金融信托法律关系客体。是指金融信托法律关系主体的权利和义务所共同指向的对象，也即借以产生信托法律关系的信托财产。能够成为信托公司经营对象的信托财产主要包括动产和不动产、货币、有价证券、金钱债权、各种物权、专利权、著作权、矿业权、渔业权、股东权等。但人身权如名誉权、姓名权、身份权等则不能成为信托财产。

所谓"信托财产"，是指委托人通过信托行为转移给受托人，并由受托人按照一定的信托目的进行管理和处分的财产。包括经过管理和处分信托财产而获得的财产（通常叫作"信托利益"）。我国《信托法》第 14 条规定："受托人因承诺信托而取得的财产是信托财产。受托人因信托财产的管理运用、处分或者其他情形而取得的财产，也归入信托财产。法律、行政法规禁止流通的财产，不得作为信托财产。法律、行政法规限制流通的财产，依法经有关主管部门批准后，可以作为信托财产。"《信托公司管理办法》第 16 条实际上就信托财产的范围作了概括的列举。

信托财产是一种具有特殊性质的财产，其法律特征是：

（1）信托财产的独立性。由于信托财产是受托人按委托人的意旨，为受益人的利益而管理、处分的财产，因此信托财产在法律上具有独立性。表现在：1）对委托人来说，由于信托财产已委托给受托人管理和处分，所以，委托人已无权支配该财产。2）信托财产与委托人未设立信托的其他财产相区别。设立信托后，委托人死亡或者依法解散、被依法撤销、被宣告破产时，委托人是唯一受益人的，信托终止，信托财产作为其遗产或者清算财产；委托人不是唯一受益人的，信托存续，信托财产不作为其遗产或者清算财产；但作为共同受益人的委托人死亡或者依法解散、被依法撤销、被宣告破产时，其信托受益权作为其遗产或者清算财产。3）对于受托人来说，信托财产是他人的财产，必须将信托财产与受托人自己的财产相划分，并和其他委托人的信托财产分别管理。因此，我国《信托法》规定：信托财产与属于受托人所有的财产（以下简称固有财产）相区别，不得归入受托人的固有财产或者成为固有财产的一部分。受托人死亡或者依法解散、被依法撤销、被宣告破产而终止，信托财产不属于受托人遗产或者清算财产。受托人管理运用、处分不同委托人的信托财产所产生的债权债务，不得相互抵消。4）除因信托财产在信托前的理由发生的权利或在信托事务处理中发生的权利以外，信托财产不得被扣押、强制执行或进行拍卖（详见《信托法》第 17 条）。5）信托财产的债权和不属于信托财产的债务，不能互相抵消。如受托人管理运用、处分信托财产所产生的债权，不得与其固有财产产生的债务相抵消。

（2）信托财产的物上代位性。信托财产在信托行为的执行中，无论其外在形态如何变换（即代位），其作为信托财产的固有性质不会改变。如在受托过程中，信托财产从最初的不动产经由处理出售，变成货币形态的价款，再由受托人经营而买进了有价证券，这种在财产形态上的变换，不影响其固有性质仍属信托财产。在信托财产的形态变换过程中，财产的价值量也会发生某些增减变化，价值量增加减少也同样不影响信托财产的性质。信托终了后，持有财产的权利始终属于受益人。

（3）信托财产运用的有限性。相对于固有财产的运用而言，受托人在信托财产的管理运用上受一定的限制。表现在：1）受托人不能违反信托目的，随意改变财产的用途；不能违反国家法令和危害社会公益，忽视信托财产的安全性而任意冒险运用；不得为自身利益使用信托财产，同时也不得使用应该交付受益人而尚未交付的信托财产。2）受托人在管理和处分信托财产和固有财产时，法律严格限制它们之间进行交易或互换，因为这可能对信托财产不利。

（4）信托财产的转让性。信托法律关系的成立，必须以信托财产的转让为前提。在不同国家、同一国家不同信托业务的转让方式不同。但一般有三种模式：一是单纯信托财产物的位移，而信托财产的所有权和使用权仍掌握在委托者手中；二是除了信托财产物的位移外，还需将信托财产的管理、使用、处分权也转移到受托人手中；三是将信托财产的所有权也转移到受托人手中，但受托人取得信托财产的所有权，并未取得信托财产的绝对权能。这与一般民法上关于所有权是绝对权的规定有别。并且，信托财产的受托人是为他人利益而享有所有权。这是信托财产在转让所有权上的特殊性质。

3. 金融信托法律关系的内容。是指金融信托关系人（即委托人、受托人和受益人）所享有的权利和承担的义务。

（1）委托人的权利和义务。委托人应当是具有完全民事行为能力的自然人、法人或者依法成立的其他组织，其主要权利、义务有：

1）委托人的权利：有权选择受托人；有权要求受托人按照信托合同的规定管理和处理信托财产；有权查阅、抄录、复制与其信托事务有关的账目及其他文件；有权要求解释所处理的信托事务；当受托人对信托财产管理不当或违反信托合同时，有权要求弥补损失；有权对被强制执行的信托财产提出异议；有权依照合同或要求司法机关解任受托人；当信托结束，而无信托行为规定的权利归属时，委托人有取得其信托财产的权利。

2）委托人的义务：按照信托法律、法规与受托人设立信托，并依合同的规定支付有关费用；承担信托合同规定的风险责任等。

（2）受托人的权利和义务。受托人应当是具有完全民事行为能力的自然人、法人。法律、行政法规对受托人的条件另有规定的，从其规定。

1）受托人的主要权利有：有权根据信托法律、法规、合同，合法地对信托财产进行管理和处理；有权向委托人取得信托报酬，向受益人收取处理信托事务的费用和要求补偿损失。

2）受托人的义务有：管理信托事务须恪尽职守，履行诚实、信用、谨慎、有效管理的义务；除依规定取得报酬外，不得利用信托财产为自己谋取利益；不得将信托财产转为其固有财产；除信托文件另有规定或者经委托人或者受益人同意，并以公平的市场价格进行交易外，不得将其固有财产与信托财产进行交易或者将不同委托人的信托财产进行相互交易；必须将信托财产与其固有财产分别管理、分别记账，并将不同委托人的信托财产分别管理、分别记账；除信托文件另有规定或者有不得已事由外，应当亲自处理信托事务；共同受托人之一违反信托目的处分信托财产或者因违背管理职责、处理信托事务不当致使信托财产受到损失的，其他受托人应当承担连带赔偿责任；必须保存处理信托事务的完整记录，并每年定期将信托财产的管理运用、处分及收支情况报告委托人和受益人；对委托人、受益人以及处理信托事务的情况和资料负有依法保密的义务；以信托财产为限向受益人承担支付信托利益的义务；违反信托目的处分信托财产或者因违背管理职责、处理信托事务不当致使信托财产受到损失的，在未恢复信托财产的原状或者未予赔偿前，不得请求给付报酬；违背管理职责或者处理信托事务不当对第三人所负债务或者自己所受到的损失，以其固有财产承担。

（3）受益人的权利和义务。受益人是在信托中享有信托受益权的人，受益人可以是自然人、法人或者依法成立的其他组织。在信托关系中，受托人的义务即往往是受益人的权利。

1）受益人的权利有：享受信托利益；有权查阅、抄录、复制与其信托事务有关的账目及其他文件，有权要求解释所处理的信托事务；因设立信托时未能预见的特别事由，致使信托财产的管理方法不利于实现信托目的或者不符合受益人的利益时，有权要求受托人调整该管理方法；有权申请法院撤销受托人违反信托目的、违背管理职责等对信托财产所作的处理，并有权要求受托人恢复信托财产的原状或者予以赔偿；受托人违反信托目的处分信托财产或者管理运用、处分信托财产有重大过失的，有权依照信托文件的规定解任受托人或者申请法院解任受托人；受托人变更时，受益人有权会同有关信托关系人办理信托事务的交接手续，他益信托的受益人，有权向法院申请解除信托；受益者有权承认信托终了时的最后决算，通过受益人对最后决算的确认来解除受托者的责任；有权依法转让受益权；有权以受益权依法偿债等。

2）受益人的主要义务有：受托人在处理信托事务中，并非由于过失而蒙受损失时，受益人有义务满足受托人补偿损失的要求。

第二节　中国金融信托的管理规定

一、中国金融信托的沿革与发展

中国的金融信托业起源于20世纪初商品经济较为发达的上海，1921年成立的“上海通商信托公司”是我国最早的信托公司。国民党统治时期成立了中央信托局，其分支机构遍布各地。新中国成立后，由于客观经济条件的制约和信托业自身消极因素的影响，金融信托业逐渐消失。

自党的十一届三中全会提出“改革、开放”的方针以来，一方面，地方财政、企业留利和民办集体的资金普遍增多，对这部分资金采用专业银行传统的存款方式吸收与使用效果都不太理想，不利于发挥地方财政和企业的积极性；另一方面，大规模的经济建设的开展需要引进外资、引进技术设备，而信托投资恰好可以解决这些问题。为此，1979年10月中国银行重设信托咨询部，同月，中国国际信托投资公司宣布成立。1980年9月9日，中国人民银行发布了《关于积极开办信托业务的通知》，提出各分行要利用银行机构普遍、联系面广的有利因素，在有条件的地区积极开办信托业务。这样，各地纷纷设立信托投资公司，银行信托部也遍布全国。由于这些信托机构的资金主要投向是计划外的固定资产投资项目，因此在一定程度上引发了固定资产投资规模的膨胀。对此，国务院于1982年4月4日下发了《关于整顿国内信托投资业务和加强更新改造资金管理的通知》，规定除国务院批准和国务院授权单位批准的信托投资公司外，各地区、各部门都不得办理信托业务；经批准开办的信托投资业务的全部资金活动，都要纳入国家信贷计划和固定资产投资计划，进行综合平衡。1983年1月3日，中国人民银行发布了《关于办理信托业务的若干规定》，对信托业务的指导方针、业务范围、资金来源、计划管理等作了规定。1986年4月26日，中国人民银行发布了《金融信托投资机构管理暂行规定》，对我国信托业务的管理、业务经营范围、机构设立的条件、审批程序等都作了具体规定。1986年12月24日中国人民银行又发布了《信托投资机构资金管理暂行办法》。这些规定对信托投资公司的设立及业务开展起到了一定的规范作用。到1988年年底，我国各类信托公司已发展至800家。信托公司的广泛设置，在增加资金流量、挖掘资金潜力，为经济部门提供金融服务等方面发挥了一定的作用。但与此同时也出现了盲目竞争、乱设机构、资本金不实、超范围违规经营、擅自提高利率等问题，带来了很大的金融风险。后经多次清理、整顿，到1994年年底信托投资公司减为393家。这些信托公司从所有制性质来看，有国有制、股份制及外资、中外合资的信托投资公司；从规模来看，有全国性的和区域性的信托投资公司；从经营方式、内容来看，有专营信托公司也有银行兼营的信托部，有国内也有国际信托投资公司。而从所属系统来看，则可分为两大系统：一是银行系统所属的信托投资公司，即由银行独资、控股或参股组成的信托投资公司。该类信托公司（包括信托公司的分支机构及银行的信托部、证券部等）按照1995年国务院批转中国人民银行《关于中国工商银行等四家银行与所属信托投资公司脱钩的意见的通知》，要在机构、资金、财务、业务、人事、行政等方面与其所属银行彻底脱钩，不再保持隶属或挂靠关系，以贯穿“分业经营、分业管理”的原则。二是各级政府（包括国务院及各部委、地方政府）主办的信托投资公司，其财务和资金要与原行政主管部门彻底脱钩，归口中国人民银行领导。经过清理，此项工作于1996年年底结束，全国信托投资公司数量下降至244家。此后，为应对亚洲金融危机给我国金融业（包括信托业）带来的不良影响，我国于1999年年初至2002年年底又对信托业进行了第5次治理整顿，信托投资公司家数进一步减少为59家，信托投资公司在金融改革深化中艰难前行。

总体而言，我国的信托业是在改革、开放过程中摸索、发展起来的。其特点是：只能由经中国人民银行（2003年后改由中国银监会）批准设立的金融机构办理，而不允许由个人办理；一开始就是商事信托而不是民事信托；与政府、财政、计划等存在较为密切的联系。经过二十多年的发展，尽管信托制度在财产管理、资金融通、投资理财、社会公益等方面的功能日益彰显，尽管证券投资基金、资金信托管理、企业年金基金管理、信贷资产证券化、保险资金投资计划、证券公司融资融券、慈善信托等新业务的巨大增长呼唤着信托业的大力发展，但我国信托投资公司及其业务开展并不尽如人意，信托投资公司家数日益减少（2006年年底为55家），公司业务也起色不大。在我国信托投资公司发展过程中，有很多经验和教训值得总结，其中最主要的有四点：一是对金融机构的功能定位非常重要。在金融机构市场准入时，一定要明确它的功能定位，否则就会出现经营局面的混乱。如信托投资公司，由于当初市场准入时，功能定位不清，较长时期内，它一直超范围经营银行业务，造成盲目发展，极度竞争等诸多问题，最终出现一些机构财务状况恶化、支付困难的状况。而加强分业管理之后，又出现了资金来源不足，到期债务无法清偿的情况。二是按照“分业经营，分业管理”的原则，建立信托监管机构，自始至终强化金融监管非常重要。三是在金融监管过程中，要用实践的观点、发展的观点为金融机构的发展开辟合理的空间。如对信托投资公司，如果不给它开辟新的正常资金来源渠道，它要么就无法经营，要么就违规经营。四是完善信托法，特别是制定高层次的信托业法非常重要。信托业机构不止信托投资公司，信托业机构监管政出多门弊病甚大，目前，我国信托业的种种问题，归根结底都和我国信托法制仍然很不健全，信托法律、法规、规章间很不协调以及各机构监管执法不够到位有关，信托法治问题不解决，信托投资公司及整个信托业的规范、稳定发展就无从谈起。

二、信托公司的设立、变更与终止

（一）信托公司的概念、组织形式及设立条件

金融信托机构，是指经批准经营金融信托业务的金融机构。其范围很广，但最主要者是信托公司。[①] 按中国银监会2007年1月23日发布、自同年3月1日起施行的《信托公司管理办法》的规定：信托公司，是指依照《公司法》和本办法设立的主要经营信托业务（指信托公司

① 过去我国法律、法规、规章规定及金融运行实践中存在的信托机构称“信托投资公司”，而中国银监会2007年1月23日发布、自同年3月1日起施行的《信托公司管理办法》、《信托公司集合资金信托计划管理办法》中则一律将“信托投资公司”改称为“信托公司”，这不仅仅是称谓上的改变，而是有深层次的实质内涵的，其目的在于正本清源，还信托公司以信托业务为主业的本来面目，限制其以自有资金大量从事投资业务（但并不是取消信托公司的投资职能），强化信托公司的信托功能，保障其科学发展。

以营业和收取报酬为目的，以受托人身份承诺信托和处理信托事务的经营行为）的金融机构。设立信托公司，应当经中国银监会批准，并领取金融许可证。否则，除法律法规另有规定的外，任何单位和个人不得经营信托业务，任何经营单位不得在其名称中使用“信托公司”字样。

设立信托公司，应当采取有限责任公司或者股份有限公司的形式，并应当具备下列条件：(1) 有符合《公司法》和中国银监会规定的公司章程。(2) 有具备银监会规定的入股资格的股东。(3) 具有符合规定的最低限额的注册资本，其规定是：1）一般性的信托公司的注册资本最低限额为3亿元人民币或等值的可自由兑换货币，但申请经营企业年金基金、证券承销、资产证券化等业务的证券公司，应当符合相关法律法规规定的最低注册资本要求；2）信托公司处理信托事务不履行亲自管理职责，即不承担投资管理人职责的，其注册资本不得低于1亿元人民币或等值的可自由兑换货币。信托公司的注册资本应为实缴货币资本，中国银监会根据需要可以调整信托公司注册资本最低限额。(4) 有具备银监会规定任职资格的董事、高级管理人员和与其业务相适应的信托从业人员。(5) 具有健全的组织机构、信托业务操作规程和风险控制制度。(6) 有符合要求的营业场所、安全防范措施和与业务有关的其他设施。(7) 中国银监会规定的其他条件。

中国银监会依照法律法规和审慎监管原则对信托公司的设立申请进行审查，作出批准或不予批准的决定；不予批准的，应说明理由。信托公司设立分支机构也应经中国银监会批准，否则，不得设立或变相设立分支机构。

（二）信托公司的变更与终止

1. 变更。信托公司有下列情形之一的，应经中国银监会批准：(1) 变更名称；(2) 变更注册资本；(3) 变更公司住所；(4) 改变组织形式；(5) 调整业务范围；(6) 更换董事或高级管理人员；(7) 变更股东或者调整股权结构，但持有上市公司流通股份未达到公司总股份5%的除外；(8) 修改公司章程；(9) 合并或者分立；(10) 中国银监会规定的其他情形。

2. 终止。信托公司可能因合并、分立、解散、撤销、破产等事由而终止。信托公司出现分立、合并或者公司章程规定的解散事由，申请解散的，经中国银监会批准后解散，并依法组织清算组进行清算；信托公司不能清偿到期债务，且资产不足以清偿债务或明显缺乏清偿能力的，经中国银监会同意，可向人民法院提出破产申请，中国银监会也可以向人民法院直接提出对该信托公司进行重整或破产清算的申请。

信托公司终止时，其管理信托事务的职责同时终止。由于信托财产不属于信托公司的固有财产，也不属于信托公司对受益人的负债，所以，信托公司终止时，信托财产不属于其清算财产。清算组应当妥善保管信托财产，作出处理信托事务的报告并向新受托人办理信托财产的移交。信托文件另有约定的，从其约定。

三、信托公司的经营范围及经营规则

（一）信托公司的经营范围

根据《信托公司管理办法》第三章的规定，信托公司经过批准可以从事下列业务，但要依

法受到一定的限制：

1. 可以申请经营下列部分或全部本外币业务：（1）资金信托；（2）动产信托；（3）不动产信托；（4）有价证券信托；（5）其他财产或财产权信托；（6）作为投资基金或者基金管理公司的发起人从事投资基金业务；（7）经营企业资产的重组、购并及项目融资、公司理财、财务顾问等业务；（8）受托经营国务院有关部门批准的证券承销业务；（9）办理居间、咨询、资信调查等业务；（10）代保管及保管箱业务；（11）法律法规规定或中国银监会批准的其他业务。

2. 可以根据《信托法》等法律法规的有关规定开展公益信托活动。

3. 可以根据市场需要，按照信托目的、信托财产的种类或对信托财产管理方式的不同设置信托业务品种。

4. 管理运用或处分信托财产时，可以依照信托文件的约定，采取投资、出售、存放同业、买入返售、租赁、贷款等方式进行。中国银监会另有规定的，从其规定。但信托公司不得以卖出回购方式管理运用信托财产。

5. 信托公司固有业务项下可以开展存放同业、拆放同业、贷款、租赁、投资等业务。投资业务限定为金融类公司股权投资、金融产品投资和自用固定资产投资。除中国银监会另有规定的外，信托公司不得以固有财产进行实业投资，

6. 信托公司不得开展除同业拆入业务以外的其他负债业务，且同业拆入余额不得超过其净资产的20%。中国银监会另有规定的除外。

7. 信托公司可以开展对外担保业务，但对外担保余额不得超过其净资产的50%。

8. 信托公司经营外汇信托业务，应当遵守国家外汇管理的有关规定，并接受外汇主管部门的检查、监督。

（二）信托公司的经营规则

按《信托公司管理办法》的规定，信托公司从事信托活动，应当遵守法律法规的规定和信托文件的约定，不得损害国家利益、社会公共利益和受益人的合法权益，其开展业务应遵守以下经营规则，并履行相应的义务和责任：

1. 管理运用或者处分信托财产，必须恪尽职守，履行诚实、信用、谨慎、有效管理的义务，维护受益人的最大利益。

2. 在处理信托事务时应当避免利益冲突，在无法避免时，应向委托人、受益人予以充分的信息披露，或拒绝从事该项业务。

3. 应当亲自处理信托事务。信托文件另有约定或有不得已事由时，可委托他人代为处理，但仍应尽足够的监督义务，并对他人处理信托事务的行为承担责任。

4. 对委托人、受益人以及所处理信托事务的情况和资料负有依法保密的义务。

5. 应当妥善保存处理信托事务的完整记录，定期向委托人、受益人报告信托财产及其管理运用、处分及收支的情况。

6. 应当将信托财产与固有财产分别管理、分别记账，并将不同委托人的信托财产分别管理、分别记账；应当依法建账，对信托业务与非信托业务分别核算，并对每项信托业务单独核算。

7. 信托公司的信托业务部门应当独立于公司的其他部门，其人员不得与公司其他部门的

人员相互兼职，业务信息不得与公司的其他部门共享。

8. 以信托合同形式设立信托时，信托合同应当载明以下事项：（1）信托目的；（2）委托人、受托人的姓名或者名称、住所；（3）受益人或其范围；（4）信托财产的范围、种类及状况；（5）信托当事人的权利义务；（6）信托财产管理中风险的揭示和承担；（7）信托财产的管理方式和受托人的经营权限；（8）信托利益的计算，向受益人交付信托利益的形式、方法；（9）信托公司报酬的计算及支付；（10）信托财产税费的承担和其他费用的核算；（11）信托期限和信托的终止；（12）信托终止时信托财产的归属；（13）信托事务的报告；（14）信托当事人的违约责任及纠纷解决方式；（15）新受托人的选任方式；（16）信托当事人认为需要载明的其他事项。以其他书面文件设立信托时，其应载明事项按照有关法律法规规定执行。

9. 开展固有业务，不得有下列行为：（1）向关联方融出资金或转移财产；（2）为关联方提供担保；（3）以股东持有的本公司股权作为质押进行融资。信托公司的关联方按照《公司法》和企业会计准则的有关标准界定。

10. 开展信托业务，不得有下列行为：（1）利用受托人地位谋取不当利益；（2）将信托财产挪用于非信托目的的用途；（3）承诺信托财产不受损失或者保证最低收益；（4）以信托财产提供担保；（5）法律法规和中国银监会禁止的其他行为。

11. 开展关联交易，应以公平的市场价格进行，逐笔向中国银监会事前报告，并按照有关规定进行信息披露。

12. 经营信托业务，应依照信托文件约定以手续费或者佣金的方式收取报酬，中国银监会另有规定的除外；信托公司收取报酬，应当向受益人公开，并向受益人说明收费的具体标准；信托公司违反信托目的处分信托财产，或者因违背管理职责、处理信托事务不当致使信托财产受到损失的，在恢复信托财产的原状或者予以赔偿前，信托公司不得请求给付报酬。

13. 因处理信托事务而支出的费用、负担的债务，以信托财产承担，但应在信托合同中列明或明确告知受益人。信托公司以其固有财产先行支付的，对信托财产享有优先受偿的权利。因信托公司违背管理职责或者管理信托事务不当所负债务及所受到的损害，以其固有财产承担。

14. 违反信托目的处分信托财产，或者管理运用、处分信托财产有重大过失的，委托人或受益人有权依照信托文件的约定解任该信托公司，或者申请人民法院解任该信托公司。

15. 受托人职责依法终止的，新受托人依照信托文件的约定选任；信托文件未规定的，由委托人选任；委托人不能选任的，由受益人选任；受益人为无民事行为能力人或者限制民事行为能力人的，依法由其监护人代行选任。新受托人未产生前，中国银监会可以指定临时受托人。

16. 经营信托业务，有下列情形之一的，信托终止：（1）信托文件约定的终止事由发生；（2）信托的存续违反信托目的；（3）信托目的已经实现或者不能实现；（4）信托当事人协商同意；（5）信托期限届满；（6）信托被解除；（7）信托被撤销；（8）全体受益人放弃信托受益权。

信托终止的，信托公司应当依照信托文件的约定作出处理信托事务的清算报告。受益人或信托财产的权利归属人对清算报告无异议的，信托公司就清算报告所列事项解除责任，但信托公司有不当行为的除外。

四、信托公司的监督管理

我国法律、法规特别是《信托公司管理办法》对信托公司的监督管理作出了以下规定：

1. 信托公司应依法接受中国银监会对其实施的监督管理。

2. 信托公司应当建立以股东（大）会、董事会、监事会、高级管理层等为主体的组织架构，明确各自的职责划分，保证相互之间独立运行、有效制衡，形成科学高效的决策、激励与约束机制。

3. 信托公司应当按照职责分离的原则设立相应的工作岗位，保证公司对风险能够进行事前防范、事中控制、事后监督和纠正，形成健全的内部约束机制和监督机制。

4. 信托公司应当按规定制订本公司的信托业务及其他业务规则，建立、健全本公司的各项业务管理制度和内部控制制度，并报中国银监会备案。

5. 信托公司应当按照国家有关规定建立、健全本公司的财务会计制度，真实记录并全面反映其业务活动和财务状况。公司年度财务会计报表应经具有良好资质的中介机构审计。

6. 中国银监会可以定期或不定期对信托公司的经营活动进行检查；必要时，可以要求信托公司提供由具有良好资质的中介机构出具的相关审计报告。信托公司应当按照中国银监会的要求提供有关业务、财务等报表和资料，并如实介绍有关业务情况。

7. 中国银监会对信托公司实行净资本管理，具体办法另行制定。

8. 信托公司每年应当从税后利润中提取5%作为信托赔偿准备金，但该赔偿准备金累计总额达到公司注册资本的20%时，可不再提取。信托公司的赔偿准备金应存放于经营稳健、具有一定实力的境内商业银行，或用于购买国债等低风险高流动性证券品种。

9. 中国银监会对信托公司的董事、高级管理人员实行任职资格审查制度。未经中国银监会任职资格审查或者审查不合格的，不得任职。信托公司对拟离任的董事、高级管理人员，应当进行离任审计，并将审计结果报中国银监会备案。信托公司的法定代表人变更时，在新的法定代表人经中国银监会核准任职资格前，原法定代表人不得离任。

10. 中国银监会对信托公司的信托从业人员实行信托业务资格管理制度。符合条件的，颁发信托从业人员资格证书；未取得信托从业人员资格证书的，不得经办信托业务。信托公司的董事、高级管理人员和信托从业人员违反法律、行政法规或中国银监会有关规定的，中国银监会有权取消其任职资格或者从业资格。

11. 中国银监会根据履行职责的需要，可以与信托公司董事、高级管理人员进行监督管理谈话，要求其就信托公司的业务活动和风险管理的重大事项作出说明。

12. 信托公司违反审慎经营规则的，中国银监会责令限期改正；逾期未改正的，或者其行为严重危及信托公司的稳健运行、损害受益人合法权益的，中国银监会可以区别情形，依据《银行业监督管理法》等法律法规的规定，采取暂停业务、限制股东权利等监管措施。

13. 信托公司已经或者可能发生信用危机，严重影响受益人合法权益的，中国银监会可以依法对该信托公司实行接管或者督促机构重组。

14. 中国银监会在批准信托公司设立、变更、终止后，发现原申请材料有隐瞒、虚假的情形，可以责令补正或者撤销批准。

15. 中国银监会可以依照《信托公司管理办法》第六章“罚则”的规定，对信托公司的违法行为实施行政处罚。信托公司对中国银监会的处罚决定不服的，可以依法提请行政复议或者向人民法院提起行政诉讼。

五、信托公司集合资金信托计划的管理规定

信托公司集合资金信托计划，是指由信托公司担任受托人，按照委托人意愿，为受益人的利益，将两个以上（含两个）委托人交付的资金进行集中管理、运用或处分的资金信托业务活动。集合资金信托计划属于集团信托，与单一（个别）资金信托计划相比，它具有经营成本低、能高效率筹集社会资金集中投资等优点，是我国信托公司未来资金信托业务发展的重要着力点，但它也极易产生非法集资、损害受益人（或部分受益人）利益的弊病。正因为如此，中国银监会 2007 年 1 月发布的《信托公司集合资金信托计划管理办法》与人民银行 2002 年 6 月发布的《信托投资公司资金信托管理暂行办法》相比，其显著的进步就在于它不再对单一资金信托计划作特别规定（这种信托在性质上更接近民事信托，其权利义务可由当事人通过信托文件“意思自治”），而是专门集中规定集合资金信托计划，在立足于我国国情的基础上借鉴国际通行做法，对集合基金信托计划提出了严格于非营业信托的要求，如其委托人必须是唯一受益人、限制受益权拆分转让、引入合格投资者概念、限制单个集合资金信托计划的自然人投资者人数等等，目的在于既促进信托公司资金信托业务的发展，同时又有效防范或化解经营风险。《信托公司集合资金信托计划管理办法》的主要内容有：

（一）集合资金信托计划的设立

1. 设立信托计划的条件。信托公司设立集合资金信托计划（以下简称信托计划），应符合以下要求：（1）委托人为合格投资者。即符合下列条件之一，能够识别、判断和承担信托计划相应风险的人：1）投资一个信托计划的最低金额不少于 100 万元人民币的自然人、法人或依法成立的其他组织；2）个人或家庭金融资产总计在其认购时超过 100 万元人民币，且能提供相关财产证明的自然人；3）个人收入在最近 3 年内每年收入超过 20 万元人民币或夫妻合计收入在最近 3 年内每年收入超过 30 万元人民币，且能提供相关收入证明的自然人。（2）参与信托计划的委托人为唯一受益人。（3）单个信托计划的自然人人数不得超过 50 人，合格的机构投资者数量不受限制。（4）信托期限不少于一年。（5）信托资金有明确的投资方向和投资策略，且符合国家产业政策以及其他有关规定。（6）信托受益权划分为等额份额的信托单位。（7）信托合同应约定受托人报酬，除合理报酬外，信托公司不得以任何名义直接或间接以信托财产为自己或他人牟利。（8）中国银监会规定的其他要求。

2. 信托计划的推介要求。信托公司推介信托计划，应有规范和详尽的信息披露材料，明示信托计划的风险收益特征，充分揭示参与信托计划的风险及风险承担原则，如实披露专业团队的履历、专业培训及从业经历，不得使用任何可能影响投资者进行独立风险判断的误导性陈述。异地推介信托计划的，应当在推介前向注册地、推介地的中国银监会省级派出机构报告。

信托公司推介信托计划时，可与商业银行签订信托资金代理收付协议。委托人以现金方式认购信托单位，可由商业银行代理收付。信托公司委托商业银行办理信托计划收付业务时，应

明确界定双方的权利义务关系，商业银行只承担代理资金收付责任，不承担信托计划的投资风险。信托公司可委托商业银行代为向合格投资者推介信托计划。

信托公司推介信托计划时，不得有以下行为：（1）以任何方式承诺信托资金不受损失，或以任何方式承诺信托资金的最低收益；（2）进行公开营销宣传；（3）委托非金融机构进行推介；（4）推介材料含有与信托文件不符的内容，或存在虚假记载、误导性陈述或重大遗漏等情况；（5）对公司过去的经营业绩作夸大介绍或恶意贬低同行；（6）中国银监会禁止的其他行为。

3. 信托计划文件要求。信托公司设立信托计划，事前应进行尽职调查，就可行性分析、合法性、风险评估、有无关联方交易等事项出具尽职调查报告。其信托计划文件应当包含以下四方面的内容：

（1）认购风险申明书。该申明书至少应当包含以下内容：1）信托计划不承诺保本和最低收益，具有一定的投资风险，适合风险识别、评估、承受能力较强的合格投资者。2）委托人应以自己合法所有的资金认购信托单位，不得非法汇集他人资金参与信托计划。3）信托公司依据信托计划文件管理信托财产所产生的风险，由信托财产承担；因违背信托计划文件、处理信托事务不当而造成信托财产损失的，由信托公司以固有财产赔偿；不足赔偿时，由投资者自担。4）委托人在认购风险申明书上签字，即表明已认真阅读并理解所有的信托计划文件，并愿意依法承担相应的信托投资风险。

认购风险申明书一式二份，注明委托人认购信托单位的数量，分别由信托公司和受益人持有。

（2）信托计划说明书。该说明书至少应当包括以下内容：1）信托公司的基本情况；2）信托计划的名称及主要内容；3）信托合同的内容摘要；4）信托计划的推介日期、期限和信托单位价格；5）信托计划的推介机构名称；6）信托经理人员名单、履历；7）律师事务所出具的法律意见书；8）风险警示内容；9）中国银监会规定的其他内容。

（3）信托合同。信托合同应载明以下事项：1）信托目的；2）受托人、保管人的姓名（或名称）、住所；3）信托资金的币种和金额；4）信托计划的规模与期限；5）信托资金管理、运用和处分的具体方法或安排；6）信托利益的计算、向受益人交付信托利益的时间和方法；7）信托财产税费的承担、其他费用的核算及支付方法；8）受托人报酬计算方法、支付期间及方法；9）信托终止时信托财产的归属及分配方式；10）信托当事人的权利、义务；11）受益人大会召集、议事及表决的程序和规则；12）新受托人的选任方式；13）风险揭示；14）信托当事人的违约责任及纠纷解决方式；15）信托当事人约定的其他事项。

信托合同应当在首页右上方用醒目字体载明下列文字："信托公司管理信托财产应恪尽职守，履行诚实、信用、谨慎、有效管理的义务。信托公司依据本信托合同约定管理信托财产所产生的风险，由信托财产承担。信托公司因违背本信托合同、处理信托事务不当而造成信托财产损失的，由信托公司以固有财产赔偿；不足赔偿时，由投资者自担。"

（4）中国银监会规定的其他内容。

4. 信托单位的认购与信托计划的完成。委托人认购信托单位前，应当仔细阅读信托计划文件的全部内容，并在认购风险申明书中签字，申明愿意承担信托计划的投资风险。信托公司应当提供便利，保证委托人能够查阅或者复制所有的信托计划文件，并向委托人提供信托合同文本原件。

信托计划推介期限届满，未能满足信托文件约定的成立条件的，信托公司应当在推介期限届满后 30 日内返还委托人已缴付的款项并加计银行同期存款利息，由此产生的相关债务和费用，由信托公司以固有财产承担。信托计划成立后，信托公司应当将信托计划财产存入信托财产专户，并在 5 个工作日内向委托人披露信托计划的推介、设立情况。

（二）集合资金信托计划的财产管理

集合资金信托计划实行由第三人托管和分别设账制度，对于维护受益人的合法权益意义重大。按《信托公司集合资金信托计划管理办法》第三章的规定，我国对信托计划的资金实行保管制。对非现金类的信托财产，信托当事人可约定实行第三方保管，但中国银监会另有规定的，从其规定。

在信托计划存续期间，信托公司应当选择经营稳健的商业银行担任保管人，并与其签订保管协议。该保管协议至少应包括以下内容：（1）受托人、保管人的名称、住所；（2）受托人、保管人的权利义务；（3）信托计划财产保管的场所、内容、方法、标准；（4）保管报告内容与格式；（5）保管费用；（6）保管人对信托公司的业务监督与核查；（7）当事人约定的其他内容。

信托财产的保管账户和信托财产专户应当为同一账户，信托公司依信托计划文件约定需要运用信托资金时，应当向保管人书面提供信托合同复印件及资金用途说明。

保管人应当履行以下职责：（1）安全保管信托财产；（2）对所保管的不同信托计划分别设置账户，确保信托财产的独立性；（3）确认与执行信托公司管理运用信托财产的指令，核对信托财产交易记录、资金和财产账目；（4）记录信托资金划拨情况，保存信托公司的资金用途说明；（5）定期向信托公司出具保管报告；（6）遇有信托公司违反法律法规和信托合同、保管协议操作时，保管人应当立即以书面形式通知信托公司纠正；（7）当出现重大违法违规或者发生严重影响信托财产安全的事件时，保管人应及时报告中国银监会；（8）当事人约定的其他职责。

（三）集合资金信托计划的运营与风险管理

信托公司信托计划的运营与风险管理，主要包括以下内容：（1）管理信托计划，应设立为信托计划服务的信托资金运用、信息处理等部门，并指定信托经理及其相关的工作人员。每个信托计划至少配备一名符合中国银监会规定条件的信托经理。（2）对不同的信托计划，应当建立单独的会计账户分别核算、分别管理。（3）信托资金可以进行组合运用，组合运用应有明确的运用范围和投资比例；运用信托资金进行证券投资时，应当采用资产组合的方式，事先制定投资比例和投资策略，采取有效措施防范风险。（4）信托公司可以运用债权、股权、物权及其他可行方式运用信托资金，其运用信托资金应当与信托计划文件约定的投资方向和投资策略相一致。（5）信托公司管理信托计划应遵守以下规定：1）不得向他人提供担保；2）向他人提供贷款不得超过其管理的所有信托计划实收余额的 30%；3）不得将信托资金直接或间接运用于信托公司的股东及其关联人，但信托资金全部来源于股东或其关联人的除外；4）不得以固有财产与信托财产进行交易；5）不得将不同信托财产进行相互交易；6）不得将同一公司管理的不同信托计划投资于同一项目。（6）信托公司管理信托计划而取得的信托收益，如果信托计划文件没有约定其他运用方式的，应当将该信托收益交由保管人保管，任何人不得挪用。

（四）集合资金信托计划的变更、终止与清算

1. 变更。信托计划存续期间，受益人可以向合格投资者转让其持有的信托单位，信托公司应为受益人办理受益权转让的有关手续。但受益权转让受有限制：信托受益权进行拆分转让的，受让人不得为自然人；机构所持有的信托受益权，不得向自然人转让或拆分转让。

2. 终止。信托计划因发生下列情形之一而终止：（1）信托合同期限届满；（2）受益人大会决定终止；（3）受托人职责终止，未能按照有关规定产生新受托人；（4）信托计划文件约定的其他情形。

3. 清算。信托计划终止，信托公司应当于终止后10个工作日内作出处理信托事务的清算报告，经审计后向受益人披露。信托文件约定不需要审计的，信托公司可以提交未经审计的清算报告。

清算后的剩余信托财产，应当依信托合同约定按受益人所持信托单位比例进行分配。分配方式可采取现金方式、维持信托终止时财产原状方式或者两者的混合方式。采取现金方式的，应当于信托计划文件约定的分配日前或信托期满日前变现信托财产，并将现金存入受益人账户；采取维持信托终止时财产原状方式的，信托公司应于信托期满后的约定时间内，完成与受益人的财产转移手续。信托财产转移前，由信托公司负责保管。保管期间信托公司不得运用该财产，保管期间的收益归属于信托财产，发生的保管费用由被保管的信托财产承担。因受益人原因导致信托财产无法转移的，信托公司可按照有关法律法规进行处理。

信托公司应当用管理信托计划所产生的实际信托收益进行分配，严禁信托公司将信托收益归入其固有财产，或挪用其他信托财产垫付信托计划的损失或收益。

（五）集合资金信托计划的信息披露与监督管理

信托公司集合资金信托计划的信息披露与监督管理包括以下内容：

1. 信托公司应当依照法律法规的规定和信托计划文件的约定按时披露信息，并保证所披露信息的真实性、准确性和完整性。受益人有权向信托公司查询与其信托财产相关的信息，信托公司应在不损害其他受益人合法权益的前提下准确、及时、完整地提供相关信息，不得拒绝、推诿。

2. 信托计划设立后，信托公司应当依信托计划的不同，按季制作信托资金管理报告、信托资金运用及收益情况表。信托资金管理报告至少应包含以下内容：（1）信托财产专户的开立情况；（2）信托资金管理、运用、处分和收益情况；（3）信托经理变更情况；（4）信托资金运用重大变动说明；（5）涉及诉讼或者损害信托计划财产、受益人利益的情形；（6）信托计划文件约定的其他内容。

3. 信托计划发生下列情形之一的，信托公司应当在获知有关情况后3个工作日内向受益人披露，并自披露之日起7个工作日内向受益人书面提出信托公司采取的应对措施：（1）信托财产可能遭受重大损失；（2）信托资金使用方的财务状况严重恶化；（3）信托计划的担保方不能继续提供有效的担保。

4. 信托公司应当妥善保存管理信托计划的全部资料，保存期自信托计划结束之日起不得

少于15年。

5. 中国银监会依法对信托公司管理信托计划的情况实施现场检查和非现场监管，并要求信托公司提供管理信托计划的相关资料。中国银监会在现场检查或非现场监管中发现信托公司存在违法违规行为的，应当根据《银行业监督管理法》等法律法规的规定，采取暂停业务、限制股东权利等监管措施。

此外，《信托公司集合资金信托计划管理办法》还就集合资金信托计划的受益人大会、罚则等内容作了规定。

第三节　资产证券化的管理规定[①]

一、资产证券化概述

资产证券化起源于美国。1968年美国国民抵押贷款协会为了摆脱储蓄存款大量提取所造成的流动性困境，首次公开发行了“过手证券”，从而使银行由“资金出借者”变为“资产出售者”。20世纪80年代以来，资产证券化的内涵、品种和方式发生了巨变，它不仅仅作为商业银行解决流动性不足、提高资本充足度的手段，更成为在金融市场投资者和融资者有效联结、促进社会资源配置效率提高的有力工具，进而成为一种新型的金融理财方式。在随后的三十多年里，资产证券化冲出美国，逐渐被欧洲、亚洲和拉美国家的金融参与者接受、运用并加以创新。目前，资产证券化已经继股票、债券之后，成为国际资本市场上发展最快、最具活力的一种金融产品。

在我国，自上世纪90年代初起就陆续有了三亚市地产销售收入、珠海市交通管理费、中国远洋运输总公司航运收入等应收账款证券化的个案。2005年3月，人民银行正式启动资产证券化试点，确定国家开发银行和中国建设银行分别进行信贷资产证券化（ABS）和住房抵押贷款证券化（MBS）。[②] 为规范试点工作，2005年4月20日，人民银行、中国银监会联合发布了《信贷资产证券化试点管理办法》，对信贷资产证券化的概念范畴、发起机构与特定目的信托、特定目的信托受托机构、贷款服务机构、资金保管机构、资产支持证券发行与交易、信息披露、资产支持证券持有人权利及行使等问题首次进行了立法规定。同年11月7日，中国银监会发布的《金融机构信贷资产证券化试点监督管理办法》，就金融机构信贷资产证券化各相关当事人的市场准入管理、业务规则与风险管理、资本要求、监督管理、法律责任等作了进一步规定。此外，各有关监管部门还先后发布了《信托业务会计核算办法》（财政部2005年1月5日发布）、《关于个人住房抵押贷款证券化涉及的抵押权变更登记有关问题的试行通知》（建设部2005年5月16日发布）、《关于信贷资产证券化有关税收政策问题的通知》（财政部、国

① 本节内容主要以笔者指导的张力同学的学位论文《资产证券化税收法律问题研究》中的部分内容为基础修订而成，在此致谢。

② 严格说来，建行方案是采用表内融资形式，实质上应为住房抵押债券，而非标准意义上的住房抵押贷款证券化。

家税务总局 2006 年 2 月 20 日发布）、《保险资金间接投资基础设施项目试点管理办法》（中国保监会 2006 年 3 月 14 日发布）等，就与资产证券化试点有关的财务会计处理、抵押权变更登记、税收征纳与优惠、保险资金间接投资基础设施项目的管理等问题作了规定，这大大有利于资产证券化试点工作的规范开展。近些年来，随着《商业银行资本管理办法（试行）》实施带来的资本充足率监管标准的提高，银行信贷资产证券化的需求日益扩大，信托公司、证券公司、保险资产管理公司也积极开展资产证券化业务，资产证券化业务似有“井喷”发展之势。中国证监会 2013 年 3 月 15 日发布《证券公司资产证券化业务管理规定》、深圳证券交易所 2013 年 4 月 22 日发布《深圳证券交易所资产证券化业务指引》，就证券公司设立专项计划，担任管理人，发行资产支持证券、上市挂牌交易等作了规定。2014 年 7 月下旬中国保监会也向各保险资产管理公司、长江养老保险下发了《项目资产支持计划试点业务监管口径》，以规范保险资产管理公司等专业机构开展项目资产支持计划试点业务（即证券化业务），保障保险资金的安全。

二、资产证券化的定义及其法律关系

（一）资产证券化的定义

资产证券化的形式和类型很多，故国内外对其并无完全统一的定义。但一般而言，资产证券化是指发起人（即融资者）通过金融中介机构将缺乏流动性但具有预期未来稳定现金收益的金融资产汇集起来，形成一个资产池，并通过结构性重组将其标准化、单位化（拆细），从而使金融资产转变为以稳定现金收益为支持的可以在金融市场上自由转让流通的证券，销售给金融市场投资者据以融资的一种新型金融业务活动。

资产证券化在金融实践中多是借信托计划形式加以实施的，如在我国，按《信贷资产证券化试点管理办法》第 2 条的规定，我国的信贷资产证券化即是银行业金融机构作为发起机构，将信贷资产信托给受托机构，由受托机构以资产支持证券的形式向投资机构发行受益证券，以该财产所产生的现金支付资产支持证券收益的结构性融资活动。

（二）资产证券化的法律关系

资产证券化法律关系包括主体、客体和内容三部分。

1. 资产证券化法律关系的主体。包括发起人、发行人等一系列主体。具体分述如下：

（1）发起人。发起人是对拟证券化的金融资产拥有合法权利的人，他将应收债权出售或信托给发行人用于证券化。发起人可以是商业银行、租赁公司、工商企业、保险公司、证券公司、投资银行、资产管理公司等，但目前我国《信贷资产证券化试点管理办法》将发起人限定为通过设立特定目的信托转让信贷资产的金融机构，亦即银行类的金融机构。

（2）发行人。是指从发起人处购买或受托应收债权，借以发行资产支持证券的人。一般由特定目的机构（SPV）充任。从国际惯例看，SPV 可以采用公司（SPC）、信托（SPT）、有限合伙等法律组织形式组建。但在我国，发行人称特定目的信托受托机构，只能由依法设立的信托（投资）公司或中国银监会批准的其他机构担任。

（3）服务人。是指在资产证券化操作过程中提供特定服务并获取相应服务费的人。包括：

1）应收债权服务机构（我国称“贷款服务机构”）。负责日常的资产管理工作，定期收取到期的应收债权产生的现金收益，在必要情况下采取强制措施追讨过期的应收款，同时为被服务人提供有关资产管理的定期报告并接受其审核。我国《信贷资产证券化试点管理办法》规定：贷款服务机构可以是该信贷资产证券化发起机构。2）证券权益支付代理人（即管理受托人，我国称“资金保管机构”）。负责将应收债权产生的现金收益按证券上标明的条件与期限支付给证券持有人。国外通常由应收债权服务机构兼任证券权益支付代理人，但我国《信贷资产证券化试点管理办法》第27条规定：信贷资产证券化发起机构和贷款服务机构不得担任同一交易的资金保管机构。

（4）证券化资产风险管理提供人。资产证券化的原旨是要将原本由原始债权人独自承担的债权资产风险通过一定的结构安排进行重组与配置，转移给金融市场上的投资者，同时又要采取适当的措施来确保投资者的权益。而要实现这一功能，必须要通过资产风险管理人提供的特定服务来加以完成。这些资产风险管理提供人包括：1）信用增级提供人。是指为增强资产支持证券对投资者的吸引力、减轻和化解资产的信用风险而在资产证券化过程中对证券化资产进行信用增级的人。信用增级通常可由发起人自己通过超额担保①、购买从属证券和设置利差账户②等形式提供，也可由第三人（通常是保险公司、金融担保公司和银行）通过保险、担保和签发信用证等形式提供。2）流动性便利提供人。是指为保护投资者利益，便于SPV在一时无足够资金用于周转的情况下，在利差账户提供流动资金外，由第三人作为流动性便利提供人提供周转金，确保按时向投资者偿付证券权益。3）担保投资提供人。当证券化资产被提前偿还的情况下，投资者因此会面临按当前的市场低利率进行再投资而遭受利率损失风险。而担保投资提供人可以提供一个有担保利率的再投资，以规避这种再投资风险。

（5）信用评级机构。是应发行人的请求，对被评级证券在到期前的整个期限内可能发生的各种情况进行持续跟踪评估的资信评级机构。该机构在对证券化资产作出初评后还要对其进行信用跟踪监测，以便作出升级、维持原级或降级的调整，便于投资者在不同资产支持证券间作出投资选择，同时也帮助发行人确定信用增级的幅度。我国《信贷资产证券化试点管理办法》第35条规定：资产支持证券在全国银行间债券市场发行和交易应聘请具有评级资质的资信评级机构，对资产支持证券进行持续信用评级。

（6）证券承销人。我国《信贷资产证券化试点管理办法》第36条、第39条规定，发行资产支持证券时，发行人应组建承销团，承销人可在发行期内向其他投资者分销其所承销的资产支持证券。资产支持证券的承销可采用协议承销和招标承销等方式。承销机构应为符合规定条

---

① 超额担保是指所购买的资产价值超过所发行的证券的价值，将超过证券本金的剩余资产作为本金的担保，在发生损失时，首先以这一资产予以补偿。从属证券与优先证券相对称，在这种结构中证券权益被分为两个部分：优先证券和从属证券，优先证券的权益先于从属证券的权益得到偿付。当发生损失时，就能通过从属证券来吸收这一风险，为优先证券提供信用保护。

② 利差账户是指将资产产生的收益与证券化所需费用（包括投资者的收益）之间的差额存入特定的账户，用于为证券化操作提供第一层的损失保护。由于资产证券化考虑到资产违约损失和服务费用的存在，往往以一定的折扣销售资产（即“超额担保”），一旦资产未如所预期的发生违约，那么因未发生损失而节约的费用和资产再投资的利润是相当可观的，而发起人因“真实销售”放弃这一利益，就减损了资产证券化可以给发起人带来的经济效益。实践中常常通过SPV设置利差账户来处理，等到偿付完投资者权益和相关费用后，再根据资产转让合同中规定的分成比例在发起人和SPV间分配利差账户的余额。

件的金融机构。

（7）投资者。资产证券化的投资者在我国又被称为资产支持证券持有人。由于资产证券化是以资产的信用为担保发行证券，同时又辅以了一定的信用增级，故该证券级别往往比较高，吸引了一些对证券投资安全性要求较高的机构投资者，如养老基金、保险公司和银行等投资人的参与。

2. 资产证券化法律关系的客体。是资产证券化法律关系主体权利义务所指向的对象，主要包括：（1）拟证券化的资产，又称为基础资产，其法律性质属于应收债权；（2）证券化资产产生的现金收益（流），它是资产支持证券发行的基础，它必须足以偿付该证券所代表的权益和支付提供证券化服务的各方面费用；（3）以证券化资产为担保发行的证券或受益单位。

3. 资产证券化法律关系的内容。主要包括：（1）发起人与债务人签订的产生基础债权资产的合同，该合同的存在是资产证券化运作的前提；（2）发起人与 SPV 签订的转让拟证券化资产的合同，即应收债权的出售或信托协议；（3）与 SPV 运营有关的合同，包括公益信托协议等；（4）与资产管理和证券权益偿付有关的合同，包括：资产管理服务协议①和证券权益支付代理协议。②（5）与证券化资产风险管理有关的合同，主要是发行人与相关的信用增级提供人、流动性便利提供人、担保投资提供人等证券化资产风险管理提供人签订的相关协议，其中包括：信用增级合同或偿付协议、流动性便利协议与信用证、担保投资合同等。③（6）与ABS发行和销售有关的合同，包括：由 SPV 与证券商签订的认购或承销协议或证券交易协议等。

三、资产证券化的操作流程

一个完整的资产证券化的过程较为复杂，涉及包括资产转让、证券发行、资产管理、现金流偿付等诸多环节，也牵涉到发起人、SPV（特殊目的机构）、贷款服务机构、信用评级机构、资金保管机构、承销人、投资者等诸多主体。但 SPV 在资产证券化结构中始终处于核心地位，几乎所有的证券化参与方都是通过与其建立合同关系奠定自己在证券化交易过程中的地位的。资产证券化过程通常包括如下步骤（参见图 12—1 资产证券化操作流程简图），但不同国家或

① 资产管理服务协议是 SPV 与应收债权管理服务人签订的协议，其内容主要是确立服务人提供资产管理的具体义务（包括收取应收款产生的现金流并将其存入专门的银行账户，同时定期向 SPV 提供报告等）和获得相应服务费用的权利。

② 证券权益支付代理协议是 SPV 与证券权益支付代理人签订的协议，其内容主要是确立支付代理人对投资者偿付证券权益、接受 SPV 监督及定期报告的义务和获得相应服务费用的权利。

③ 信用增级合同或偿付协议是 SPV 与信用增级提供人签订的协议，提供此种服务的常为单险保险公司，通过签订该类合同，SPV 就可使保险公司或担保人向投资人签发保险单或提供担保，这样即使在发生信用风险的情况下，也能保证证券权益的偿付；流动性便利协议是 SPV 与流动性便利提供人签订或由信用证提供人向 SPV 签发信用证，主要确立流动性便利提供的条件、偿还义务及获取服务费用的权利等；担保投资合同是由 SPV 与担保投资提供人签订确立 SPV 的暂时富余资金（如提前偿付或超额担保）交由担保投资提供人再投资的条件、范围、回报率等。这样，既可以通过再投资获得额外收益，又能将再投资风险控制在一定的范围之内，保护投资者的利益。

地区具体的证券化过程可能会根据实际情况而有所增减：

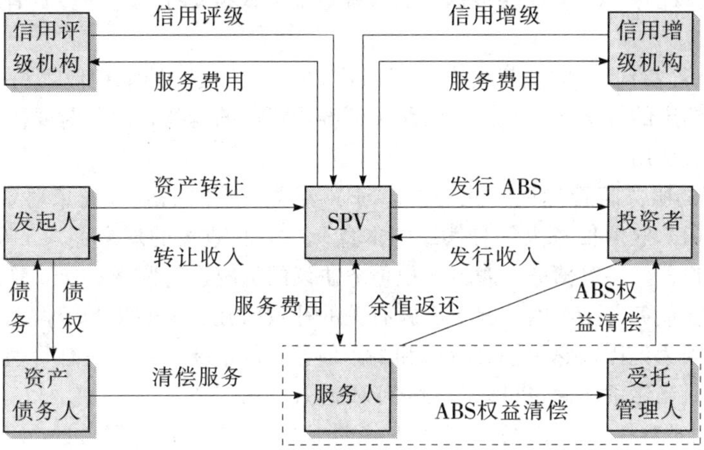

图 12—1　资产证券化操作流程简图

资产证券化的一般流程主要包括以下步骤：

1. 归集应收债权资产组成资产池。发起人（金融资产的原始权益人）应首先将自己所有的能在未来产生可预见的稳定现金流的债权资产按其利率、期限和类型等加以清理、估算和审核，重新组合成一个同质的资产池。

2. 组建特殊目的机构 SPV。资产证券化缺不了 SPV 这一载体，SPV 可以是由证券化发起人组建的一个附属机构，也可以由第三方组建，还可以是一个长期存在的专门进行资产证券化的机构。但无论采用何种筹建方式，SPV 都必须以经营资产证券化为唯一目的，是法律上的一个“破产隔离”载体。另外，SPV 本身应该是没有破产风险的实体。

3. 转让资产实现真实销售。证券化资产从原始权益人向 SPV 的转移是证券化运作流程中一个非常重要的环节。这个环节会涉及众多法律、税收和会计处理问题，其中关键问题是如何实现“真实销售”，以实现证券化资产与原始权益人之间的破产隔离——即原始权益人的其他债权人在其破产时对已证券化资产没有追索权。

4. 进行资产内部评级。SPV 取得债权资产以后，要与发起人或发起人指定的资产管理服务人签订资产管理合同，与发起人及相应的顾问人协商设计拟发行的 ABS 结构，寻找合适的支付代理人并签订支付代理协议等。随后，SPV 要聘请评级机构对既存的交易结构和设计好的 ABS 证券进行内部评级，由评级机构给出评级结果，并据此决定所需的信用增级幅度。

5. 增强资产信用。由于债权资产所产生的不规则现金流未进行完全的重组，其内部评级的结果往往不理想。为使 ABS 能最大限度地吸引投资者并降低融资成本，SPV 通常要对资产进行增级以提高所发行证券的信用级别。信用增级可以使证券在信用质量、偿付的时间性与确定性等方面能更好地满足投资者的需要，同时满足发行人在会计、监管和融资目标方面的需求。这种增级提供人既可以是来自内部的发起人，也可以是来自外部的第三人。因此，资产证券化不是转瞬间的交易，而是要针对各种风险设计相应的资产风险管理措施，以达到分散资产经营风险的目的，在风险最小化的基础上实现效益的最大化。

6. 筹备 ABS 证券的发行评级 。在资产信用增级之后，SPV 再聘请评级机构对拟发行的 ABS 进行正式的发行评级。之后，SPV 将评级机构给出的评级结果向投资者公布，并准备证券发行的法律文件和办理相应的发行法律手续。

7. 安排证券发行与销售。发行评级之后，SPV与证券商签订证券承销协议，由后者将证券出售给投资者。此外，SPV还要根据需要，确定证券权益受托人，为投资者利益管理所发行的证券。

8. SPV以证券发行收入向发起人支付资产价款。SPV从证券承销商那里获得发行现金收入，然后按事先约定的价格向发起人支付购买证券化资产的价款，但此时要优先向其聘请的各专业机构支付相关费用。

9. 聘请专门的服务商管理证券化资产。SPV要聘请专门的服务商来对资产池进行管理，管理内容包括：(1) 收取债务人每月偿还的本息；(2) 将收集的现金存入SPV在受托管理人处设立的特定账户；(3) 对债务人履行债权债务协议的情况进行监督；(4) 管理相关的税务和保险事宜；(5) 在债务人违约的情况下实施有关的补救措施。金融实践中，发起人往往会担任服务商的角色，因为他比较熟悉基础资产和每个债务人的情况，并往往有管理基础资产的专门技术和充足人力。当然服务商也可以是独立于发起人的第三方。

10. 到期偿付证券权益。按照证券发行时说明书的约定，在证券偿付日，SPV将委托管理受托人按时、足额地向投资者偿付本息。利息通常是定期支付的，而本金的偿还日期及顺序就要根据基础资产和所发行证券的偿还安排的不同而不同。

11. 处理资产收益余值。偿付完ABS权益后，SPV按合同约定的比例向资产证券化交易中提供各种服务的参与人支付费用。如果证券化资产产生的收入在进行上述支付之后仍有剩余，则按SPV与发起人之间的约定进行处理。至此，证券化交易的全部过程结束。

问题与思考

1. 什么是信托？信托具有哪些法律特征？

2. 信托按照不同的标准可作哪些分类？信托公司集合资金信托属于何种信托类型？

3. 何谓金融信托？它有哪些基本特征？金融信托有哪些主要职能？

4. 我国调整信托基本关系的信托法有哪些不足之处？如何加以改进？

5. 金融信托的受托机构是否仅局限于信托公司？如何不是的话还有哪些机构可从事金融信托业务？

6. 金融信托关系包括哪些当事人？其各自的权利义务有哪些内容？

7. 什么是信托财产？信托财产有哪些法律特征？这些特征有何意义和作用？

8. 在我国设立信托公司应具备哪些条件？我国监管规章将“信托投资公司”更名为“信托公司”有何意义和目的？

9. 我国信托公司的业务范围有哪些？为什么要对信托公司固有业务项下的投资业务施加限制？

10. 何谓资产证券化？资产证券化的基本流程是怎样的？实施资产证券化对证券化的各方当事人有何积极意义和作用？

第十三章
融资租赁法

本章概要

融资租赁法是调整融资租赁关系的法律规范的总称。所谓融资租赁，是指由出租人融通资金为承租人提供所需设备，具有融资、融物双重职能的租赁交易。它涉及两个合同（购买合同和租赁合同）和三方当事人（供应商、承租人和出租人），是一种比较复杂的现代租赁方式。由于融资租赁能够把工业、金融和贸易紧密地结合起来，为工业产品提供广阔市场，为银行资金提供出路，为企业以较少资金更新改造技术设备提供便利，故其自1952年产生以来，就广泛地受到世界各国的重视，在长期资本投资中所占的份额不断增加，融资租赁业亦因此被称为“朝阳产业”。我国的融资租赁业务是在改革开放过程中、在学习和借鉴西方经验的基础上发展起来的，虽然取得了一定的成绩，但总体来看，我国的融资租赁业务发展缓慢，融资租赁立法不统一、不系统，特别是高层次的行业监管立法比较欠缺，不能适应当前促进企业技术改造、提升产业结构、降低企业负债率、盘活企业资产存量、促进消费和投资、提高企业产品竞争力等对融资租赁发展的需要，迫切需要加以改进。本章主要依据1999年3月颁布的《中华人民共和国合同法》第14章、中国银监会发布的《金融租赁公司管理办法》（2007年1月23日发布、2014年3月23日修订）、《金融租赁公司专业子公司管理暂行规定》（2014年7月11日发布）、商务部发布的《外商投资租赁业管理办法》（2005年1月21日）、《融资租赁企业监督管理办法》（2013年9月18日）、最高人民法院发布的《关于审理融资租赁合同纠纷案件适用法律问题的解释》（2014年2月24日）及《国际统一私法协会国际融资租赁公约》（1988年5月28日通过）的规定，就金融租赁公司的设立、融资租赁业务开展及其监管的基本问题作一概要介绍。

关键术语

融资租赁　融资租赁法　融资租赁合同　金融租赁公司　售后回租　杠杆租赁　项目融资租赁　销售式租赁　重大关联交易　国际融资租赁公约

第一节　融资租赁法概述

一、融资租赁概述

（一）融资租赁的概念及特征

融资租赁，又称金融租赁，是指由出租人融通资金为承租人提供所需设备，具有融资、融物双重职能的租赁交易。是一种同时解决设备需求和资金需求的信用方式。1988 年 9 月 28 日在加拿大渥太华通过的《国际统一私法协会国际融资租赁公约》规定："本公约规定的融资租赁交易系指：出租人根据承租人的规格要求及其所同意的条件同供货人缔结一项供货协议，据此，出租人取得工厂、资本货物或其他设备；并同承租人缔结一项租赁协议，授予承租人使用该设备的权利，以补偿其所付的租金。"中国银监会 2007 年 1 月 24 日发布、2014 年 3 月 13 日修订的《金融租赁公司管理办法》第 3 条规定："本办法所称融资租赁，是指出租人根据承租人对租赁物和供货人的选择或认可，将其从供货人处取得的租赁物按合同约定出租给承租人占有、使用，向承租人收取租金的交易活动。"商务部 2013 年 9 月 18 日发布、自同年 10 月 1 日起施行的《融资租赁企业监督管理办法》第 2 条第 2 款规定："本办法所称融资租赁业务是指出租人根据承租人对出卖人、租赁物的选择，向出卖人购买租赁物，提供给承租人使用，承租人支付租金的交易活动。"

融资租赁交易主要涉及出租人、承租人和供货人三方当事人，并由两个或两个以上的合同所构成。其具体方式是：出租人根据承租人的要求和选择，与供货人订立购买合同支付货款，与承租人订立租赁合同，将购买的设备出租给承租人使用。在租赁期间，由承租人按合同规定，分期向出租人交付租金。租赁设备的所有权属于出租人，承租人在租赁期内对该设备享有使用权。租赁期满时，设备可由承租人按合同规定留购、续租或退回出租人。

融资租赁具有以下特征：

1. 融资租赁的标的物往往是适宜开展融资租赁业务的固定资产（包括工厂、资本货物或其他设备，以下统称设备），即由出租人先融通资金，购进用户所需的设备，然后租给承租人，设备的所有权在租赁期内始终归属于出租人。

2. 融资租赁涉及出租人、承租人和供应商三方当事人和两个合同——购买合同和租赁合同。购买合同和租赁合同的签订及履行，构成融资租赁交易的完整形式。

3. 融资租赁以承租人对设备的长期使用为前提。其租期比较长，一般 3 年至 5 年，大型设备可达 10 年以上。租赁期间，承租人支付的租金额，足以偿付出租人购置设备的费用支出并有盈利，故被称为"完全付清"的租赁。

4. 租赁期满，承租人对租赁设备有留购、续租或退回出租人的三种选择权。

5. 承租人对设备和供应商具有选择的权利和责任。融资租赁由承租人自行选定设备和供应商，而出租人则根据承租人的意愿向其指定的供货商购买（或租入）设备并租给承租人使用。由于设备是由承租人一手选定的，所以承租人要对设备的质量、规格、型号、数量和技术上的鉴定验收等负责。而且，在租赁期间，对设备的保养、维修、保险等也由承租人承担。

融资租赁的上述特征，使其与一般的租赁、借贷、买卖或分期付款交易等区别开来。

（二）融资租赁的主要形式

融资租赁种类繁多，一般来说，主要有以下几种：

1. 直接租赁，或称“自营租赁”，是融资租赁的最主要形式。在这种租赁形式下，租赁公司以筹措的资金，从国内外厂商手中购进承租人所需设备，再租给承租人使用。承租人按设备折旧和利润收入分期向租赁公司支付租金，自己负责设备的安装、保养、维修、支付保险费和交纳税金，并在租期届满时以象征性货价买下残值设备。

2. 回租。或称“回租租赁”、“售后回租”，是指承租人将自己的厂房、设备等按账面价格或重估价格卖给出租人，取得急需资金用作其他用途，然后再将设备租回使用的租赁方式。其实质是把设备的所有权转让出去，把固定资产变成现款，从而扩大自身的投资能力。所以，回租是企业在资金短缺情况下，为盘活存量资产、拓展资金渠道、改善其财务状况而采取的一种对企业非常有利的形式。①

3. 转租。或称“转租赁”。是指租赁公司同时具备承租人和出租人身份的一种租赁形式。在此租赁形式下，租赁公司先以承租方的身份，从国内或国外租赁公司或厂商那里租入用户所急需的设备，再以出租人身份将设备租给用户使用。采取转租方式，一般需签订两次租赁合同，故用户需要支付高于直接租赁的租金。② 因此，这种方式往往是在企业迫切需要国外只租不卖的先进设备时使用。

4. 委托租赁。是指出租人接受委托人的资金或租赁标的物，根据委托人的书面委托，向委托人指定的承租人办理融资租赁业务。在租赁期内租赁标的物的所有权归委托人，出租人只收取手续费，不承担风险。

5. 杠杆租赁，又称“衡平租赁”、“代偿贷款租赁”。这种形式适用于大宗设备的租赁。出租人对耗资巨大的设备，无力独自承担给付，或不愿独自承担风险，于是以待购设备为抵押、以出租出去回收的租金为保证，从银行、保险、证券等金融机构借得60%～80%的资金，自身投资设备价款的20%～40%来购买设备，然后将设备出租给承租方。这种租赁涉及的当事人众多，关系复杂，出租人在某种程度上承担替承租人进行信用担保的作用。由于它是以租赁

---

① 中国银监会2007年1月发布、2014年3月13日修订的《金融租赁公司管理办法》第5条规定：“本办法所称售后回租业务，是指承租人将自有物件出卖给出租人，同时与出租人签定融资租赁合同，再将该物件从出租人处租回的融资租赁形式。售后回租业务是承租人和供货人为同一人的融资租赁方式。”最高人民法院2014年2月24日发布的《关于审理融资租赁合同纠纷案件适用法律问题的解释》在认定融资租赁合同及效力时，其第2条也明确规定：“承租人将其自有物出卖给出租人，再通过融资租赁合同将租赁物从出租人处租回的，人民法院不应仅以承租人和出卖人系同一人为由认定不构成融资租赁法律关系。”也即肯定“售后回租”为融资租赁合同之一种。

② 中国人民银行2000年6月30日发布实施但现已为银监会发布的同名规章取代的《金融租赁公司管理办法》第48条规定：“本办法中所称转租赁业务是指同一物件为标的物的多次融资租赁业务。在转租赁业务中，上一租赁合同的承租人同时又是下一租赁合同的出租人，称为转租人。转租人从其他出租人处租入租赁物件再转租给第三人，转租人以收取租金差为目的的租赁形式。租赁物品的所有权归第一出租人。”商务部2013年9月18日发布的《融资租赁企业监督管理办法》第8条也规定：“融资租赁企业可以在符合有关法律、法规及规章规定的条件下采取直接租赁、转租赁、售后回租、杠杆租赁、委托租赁、联合租赁等形式开展融资租赁业务。”

公司为主，银行、保险公司等金融机构参与，因此能使出租人在利息、加速折旧和投资减税等方面获得政府较多的优惠，可以降低租金向用户出租。一般来说，杠杆租赁必须具备下列条件：（1）具备真实租赁的各项条件；（2）出租人必须在租期开始和租赁有效期间持有至少20%的有风险的最低投资额；（3）租赁期满租赁物的残值必须相当于原设备有效寿命的20%，或至少尚能使用一年；（4）承租人行使合同规定的购买选择权时，价格不得低于这项资产当时的公平市场价格。

6. 项目融资租赁。这是一种创新的、灵活的融资租赁业务，承租人是以项目自身的财产和效益为保证，与出租人签订项目融资租赁合同。出租人对承租人项目以外的财产和收益无追索权，也没有担保，租金的收取也只能以项目的现金流量和效益来确定。出卖人往往通过自己控股的租赁公司采取这种方式来推销产品，扩大市场份额。通讯设备、大型医疗设备、运输设备，甚至高速公路经营权都可以采用这种方式。项目融资租赁是租赁发展到一定阶段的必然产物。随着竞争的加剧，租赁公司凭借自身的判断，承担项目本身的风险，而不像在普通融资租赁中那样，租赁公司要求承租人以综合效益或第三人信誉为担保，实现回收租金的目的。

7. 销售式租赁。这是生产厂商或流通部门通过自己所属或控股的租赁公司采取融资租赁方式促销自己产品的方式。这些租赁公司依托母公司能为客户提供维修、保养等多方面的服务。出卖人和出租人是密切联系的关联公司，但属于两个独立法人，因而在采取融资租赁方式推销产品时，同样具备两个合同、三方当事人的基本法律特征。工业发达国家的很多大厂商、跨国公司都独资或参股设立专门为其服务的租赁公司，采取融资租赁方式推销产品。租赁公司作为一个融资、贸易和信用的中介机构，要自主承担租赁信用风险，必须严格评估承租人的还款能力。通过租赁公司采取融资方式，配合制造商促销产品，可减少制造商应收账款和三角债的发生，有利于促进商品流通。这种业务在我国刚刚起步（例如汽车租赁），市场潜力很大。

二、融资租赁业务的程序

在我国，融资租赁业务的主要程序大致分为以下几个阶段：

（一）选择租赁设备阶段

当承租方决定采用租赁方式对企业进行技术改造或设备更新时，即可着手根据自己的需要选定租赁设备和供应商。包括确定租赁设备的名称、规格、型号、数量、质量、技术标准以及对卖方技术服务和品质保证的要求。

（二）委托租赁阶段

选定设备后，承租方就可向某个租赁机构（最好采取招投标方式确定）提出租赁申请，填写申请书，载明设备的名称、品种、规格、性能、数量、制造厂商等，并同时提供技术改造和设备更新的可行性报告、批准文件和其他有关资料，还要提供有偿还能力的担保单位。租赁机构经审查同意，即在申请书上签字盖章，接受委托。

（三）询价阶段

一般情况下，租赁机构在接受委托后，应和承租人一起向设备供应商询价。对于项目金额高的成套设备，租赁机构多采用国际招标方法择优选定设备及供应商。

（四）谈判阶段

谈判包括技术谈判、商务谈判及租赁谈判。技术谈判和商务谈判是指承租人、出租人与供应商之间的谈判，谈判时出租方、承租方应共同参加，但各有侧重。技术谈判一般以承租方为主，通过谈判搞清有关技术问题，商定租赁设备的规格、型号、性能、质量保证、技术服务等条件。商务谈判一般以出租方为主，商务谈判主要谈设备包装、运输方式、运输保险、交货期、支付方式、价格、索赔与仲裁等。租赁谈判是出租方与承租方之间的谈判。谈判的内容包括租赁双方的权利、义务、手续费、利息率、租金的确定方法和支付方式等。

（五）签订合同阶段

谈判如取得一致意见，便可签订融资租赁合同，将谈判内容以书面形式固定下来。合同分为租赁合同和购买合同，一般先由出租方与承租方签订租赁合同，再由出租方与供货商签订购买合同。

（六）购入设备阶段

合同签订后，出租方筹足资金，向供货商一次性付清设备价款，购入设备交承租方使用。设备交付承租方后，供货商要提供相应的售后服务。承租方在合同规定的时间内负责验收。如果购入的是国外设备，还应办理下列事项：

1. 承租方持有关证明文件办理报关及减免税事宜。

2. 租赁设备到达交货地点后，承租方应负责设备保管。要在合同规定的期限内验收货物。验收完毕无异议，即向出租方出具收到租赁设备的收据。通常将租赁设备收据的交付日，定为租赁的起始日。

3. 为租赁设备投保。从起租日起，将租赁设备向保险公司投保，保险费由承租方负担。如发生保险事故，由出租方领取保险赔偿金以弥补损失。

（七）售后服务及租金支付阶段

设备交付承租人后，由供应商向用户供应易换零配件，派技术人员到厂安装、调试等。承租人应按租赁合同规定，定期向出租方支付租金。

（八）租赁期满后设备的处理阶段

租赁期满，承租人对设备可按合同规定续租、退还设备或以残值价购买，从而结束融资租赁合同。目前我国的通常做法是由承租人以象征性价格向出租人购买设备的所有权。

三、融资租赁的沿革与融资租赁立法

（一）融资租赁的沿革

以融资和融物相结合为主要特征的现代租赁业务起源于第二次世界大战后的美国。1952年5月美国人H. 志恩费尔德首创了世界上第一家现代租赁公司——美国租赁公司（现名美国国际租赁公司），出租工业器材、设备、设施等，这是现代融资租赁业诞生的标志。1961年融资租赁这一新型租赁形式引入法国，次年成立了法国第一家融资租赁公司；1962年联邦德国成立了第一家从事融资租赁业务的公司（现德意志租赁公司的前身）；1963年融资租赁导入日本。此后，各种各样的租赁公司于20世纪60年代在美、加、日和西欧等发达国家如雨后春笋般涌现。70年代下半期，处于经济"滞胀"中的发达国家将过剩资本输往国外寻找出路，银行将租赁业务介绍到东南亚及拉美国家，融资租赁开始向国际化发展，地区性租赁发展成为国际性租赁。80年代中期后，租赁业务额在设备投资中的比重，在美国、日本、德国、英国等国家都占到10%以上，并有直线上升的趋势。到20世纪末，融资租赁在发达国家已经成为设备投资中仅次于银行信贷的第二大融资方式。目前，世界融资租赁业务的发展呈现出五大特点：租赁业务迅速增长、在长期资本市场中的份额日益增加、世界融资租赁市场颇具规模、租赁服务多元化、租赁业务国际化。融资租赁业亦因此被称为"朝阳产业"或"未来的产业"。

融资租赁所以在短短几十年间得到迅速发展，原因主要有两个：一是融资租赁作为银行资本和工商业资本融合的产物，它能够把工业、金融和贸易紧密地结合起来，为工业产品提供广阔市场，为银行资金提供出路，为企业以较少资金更新改造技术设备提供便利。亦因此而成为发展中国家利用外资、引进先进设备的一种重要形式。二是各国政府为刺激投资、促进产业升级、引进先进设备及技术等目的，对融资租赁业采取了税收、贷款、保险等方面的鼓励措施，从而推动了融资租赁业的空前发展。

我国的融资租赁于80年代初从日本引进。1979年10月，中国国际信托投资公司（以下简称中信公司）作为我国利用外资的主要窗口之一在北京成立。为解决引进国外先进技术与缺乏外汇资金的矛盾，该公司提出创办国际租赁，以开辟利用外资的新渠道。1980年初，中信公司派员去日本考察现代金融业务，并首先采用跨国租赁方式从日本租进一批汽车。同期，中国民航总局在中信公司推动下，首次以杠杆租赁方式从美国租进第一架波音747客机。1981年4月中信公司、北京机电设备公司、日本东方租赁公司共同组建了我国第一家租赁公司——中国东方租赁有限公司。同年7月，中信公司又与国家物资局等单位共同组建了中国租赁有限公司。此后又相继成立了环球、体和、北方、国际等中外合资或中资租赁公司。到1999年底，全国共有金融租赁公司15家，资产总额182亿元，累计租赁业务额1 900亿元。另有信托投资公司380家，各类保险公司20家。这些专营和兼营租赁业务的机构遍及全国各地，建立起一个覆盖全国的租赁业务网络，对国民经济发展起到了一定的促进作用。

但是，我国的租赁业务是在学习和借鉴西方经验的基础上发展起来的，其特点是：（1）先发展了国际租赁业务，然后由国际租赁带动了国内租赁的发展；（2）中外合资租赁企业比重较大，进口租赁业务比较活跃[①]，而国内融资租赁则相对落后；（3）我国的租赁机构除负责融通资金外，还代客户联系厂商，安排商务洽谈、组织考察、培训技术等，并办理有关进口手续，有时还协助落实原材料来源，疏通设备的销售渠道等；（4）根据国家政策，租赁业务包括立项、租金偿还来源及还款规划等，都必须按规定纳入国家和地方计划及相应的财政计划。这种重国际、轻国内、严计划审批的情形从一定程度上制约了我国融资租赁业务的发展，是我国融资租赁在长期资本市场投资比重极度偏低的重要原因。为改变这种状况，为给金融租赁业的发展营造良好的法律制度环境，中国人民银行在总结我国金融租赁公司发展的经验教训的基础上，参照《国际统一私法协会国际融资租赁公约》和我国《合同法》关于融资租赁的界定，将过往有关融资租赁的监管文件加以归纳集中和补充完善，形成了《金融租赁公司管理办法》，于 2000 年 6 月 30 日发布实施，以期借此促进金融租赁业依法经营、依法监管，并期通过融资租赁这一兼具融资、融物功能的新型金融工具，来促进企业技术改造、降低企业负债率、盘活企业资产存量、促进消费、提高企业产品竞争力等。但由于该《管理办法》规定的金融租赁公司注册资本和资本充足率偏高，业务范围不尽合理，特别是因担心金融风险传递而自 1997 年即开始实施的要求商业银行退出金融租赁业的规定未能解禁，使得近些年来金融租赁业的经营实际上处于“高门槛、严管制、乏资金”的艰难境地，经营状况持续低迷，表现在目前中国仅有金融租赁公司 12 家，其中，6 家公司或停业整顿或正在重组，只有另外 6 家在开展租赁业务，而这 6 家金融租赁公司 2006 年的新增业务量还不到 50 亿元。凡此说明 2000 年颁布实施的《金融租赁公司管理办法》未能达到预期目的。而随着 WTO 过渡期的届至，我国面临向外国商业银行履行 2006 年年底全面开放金融租赁业务承诺的压力。为此，中国银监会于 2005 年底启动了《金融租赁公司管理办法》的修订，并于 2007 年 1 月 24 日发布了新的《金融租赁公司管理办法》。由于该管理办法允许商业银行成为金融租赁公司的主要出资人、大力降低了最低注册资本金要求、适当拓宽其融资渠道和业务范围等，使我国金融租赁公司及其融资租赁业务获得了一定的发展。另外，由于我国外商投资租赁公司一直以来大都可从事融资租赁业务，而内资租赁企业则不可以，明显有失公平，也制约了内资租赁企业业务的发展。为此，2004 年 10 月 22 日，成立仅一年半（其承接原国家经贸委、外经贸部有关租赁行业管理职能和外商投资租赁公司管理职能）的商务部和国家税务总局联合发布《关于从事融资租赁业务有关问题的通知》，决定启动内资租赁企业从事融资租赁业务的试点工作（截至 2014 年 7 月已经分期批准了 12 批内资租赁企业试点融资租赁业务），并对从事融资租赁业务试点的

---

① 在这方面，我国原对外贸易经济合作部曾于 2001 年 8 月 14 日发布、同年 9 月 1 日实施了《外商投资租赁公司审批管理暂行办法》。依据该暂行办法的规定，外国合营者可按照平等互利的原则，经批准在中国境内同中国合营者以合资或合作形式设立外商投资租赁公司。外商投资租赁公司的组织形式应为有限责任公司，其中，经批准设立从事融资租赁业务的租赁公司为融资租赁公司，从事除融资租赁业务外租赁业务的租赁公司为其他租赁公司。另外，对设立外商投资融资租赁公司的中外合营者资质、注册资本等方面的条件，要远高于设立一般性外商投资租赁公司的要求。2005 年 1 月 21 日商务部发布的《外商投资租赁业管理办法》，重申了从事租赁业务的外商投资企业分为外商投资租赁公司和外商投资融资租赁公司的分类，并增加其可由外方独资设立及采取股份有限公司组织形式、大幅降低注册资本要求和外国投资者资质要求等，相应废止了《外商投资租赁公司审批管理暂行办法》，自同年 3 月 5 日起实施，从而极大地推动了外商投资租赁业融资租赁业务的发展。

内资租赁企业应同时具备的注册资本等六大条件[①]、不得从事的业务范围、可享受的融资租赁营业税政策等问题作了规定，从而极大地推动了内资融资租赁企业的设立及业务开展。到2013年年底，我国注册运营的金融租赁公司有22家，其他从事融资租赁业务的内资租赁公司、外资租赁公司总计高达1 100多家。大力发展融资租赁业，推进融资租赁业务开展，有利于转变经济发展方式，促进二、三产业融合发展，对于加快商品流通、扩大内需、促进技术更新、缓解中小企业融资困难、提高资源配置效率等发挥着越来越重要的作用。为进一步放宽民营资本进入融资租赁行业的准入门槛，克服我国金融租赁公司的资金来源主要靠自有资金、股东增资、银行贷款、同业拆借等对融资租赁业务开展的制约，拓宽其资产证券化等融资渠道，中国银监会于2014年3月13日修订并发布实施了新的《金融租赁公司管理办法》。商务部也于2013年9月18日发布《融资租赁企业监督管理办法》，就融资租赁企业和融资租赁业务的定义，应具备的资产规模、资金实力和风险管控能力，经营规则，监督管理等作了简要规定，以促进我国融资租赁业健康发展，规范融资租赁企业的经营行为，防范经营风险。

（二）融资租赁立法

融资租赁法是调整融资租赁关系的法律规范的总称。其内容主要包括：(1) 调整融资租赁业务关系，如融资租赁合同关系，规定融资租赁合同中出租人、承租人和供应商三方当事人的权利和义务等；(2) 规范融资租赁机构的设立、撤并及其业务开展。包括规定融资租赁机构的设立、变更和终止的条件及程序，确认政府与融资租赁机构之间的监管关系等。

融资租赁集融资与融物于一身，它是一种以设备租用形式表现的借贷资金运动方式，承租方取得租赁物的使用权，实际上是获得了一笔信贷资金。因此，融资租赁关系具有金融关系的某些特点，故调整融资租赁关系的融资租赁法，可纳入金融法的体系之中。

目前，世界各国关于融资租赁的立法有两种模式：一是统一立法模式，即对融资租赁业务的开展制定专门的法律或法规，进行集中、全面规定的模式。如法国于1966年7月制定的《租赁业法》；韩国于1967年制定了《租赁业促进法律》，1985年又制定《租赁会计标准》；巴西于1974年制定了《租赁事业法》，1981年又制定了《巴西进口租赁法》；新加坡于1982年制定了《租赁准则》。此外，菲律宾、巴基斯坦等发展中国家也都制定了类似的专门租赁立法。二是分散立法模式，即通过民法、商法、合同法等法律对相应的融资租赁关系加以规定，而不制定专门的融资租赁法律、法规的模式。例如，日本是通过日本民法、商法对融资租赁关系进行调整，这是处理融资租赁关系的主要法律依据，同时还制定一些有关金融租赁的补充性法规，如1978年7月发布的《关于租赁交易法人税及所得税的通告》等。美国、英国、德国等都没有制定专门的融资租赁法律，但一般都通过判例确定融资租赁的归属及其适用的法律，并

---

① 按商务部和国家税务总局联合发布的《关于从事融资租赁业务有关问题的通知》之四的规定："从事融资租赁业务试点企业（以下简称融资租赁试点企业）应当同时具备下列条件：（一）2001年8月31日（含）前设立的内资租赁企业最低注册资本金应达到4 000万元，2001年9月1日至2003年12月31日期间设立的内资租赁企业最低注册资本金应达到17 000万元；（二）具有健全的内部管理制度和风险控制制度；（三）拥有相应的金融、贸易、法律、会计等方面的专业人员，高级管理人员应具有不少于三年的租赁业从业经验；（四）近两年经营业绩良好，没有违法违规记录；（五）具有与所从事融资租赁产品相关联的行业背景；（六）法律法规规定的其他条件。"

在税法中对融资租赁多有规定。

长期以来，由于多头管理体制等方面的原因，我国未能制定一部专门调整融资租赁关系的法律或行政法规，《民法通则》、《经济合同法》等法律也只对传统租赁作了规定，有关融资租赁业务的调整仅在一些相关法规、规章中有零星规定，缺乏统一性、权威性、系统性。这种立法状况难以适应社会主义市场经济体制下融资租赁发展的需要，并成为制约其发展的一个非常重要的原因。为解决司法实践中审理融资租赁合同纠纷案件的难题，1996 年 5 月 27 日最高人民法院曾发布《关于审理融资租赁合同纠纷案件若干问题的规定》，就审理融资租赁合同纠纷案件的法律适用作了 21 点规定。1999 年 3 月颁布的《中华人民共和国合同法》专定第 14 章“融资租赁合同”，就融资租赁合同的内容及当事人权利义务作了较为全面的规定。2000 年 6 月 30 日中国人民银行发布实施的《金融租赁公司管理办法》就金融租赁公司的概念、机构设立及管理、业务范围、监督管理、整顿、接管及终止等内容作了规定。2001 年 8 月 14 日，原对外贸易经济合作部发布《外商投资租赁公司审批管理暂行办法》，就外商投资租赁公司的类别、设立条件、业务审批等问题作了规定。2004 年 10 月 22 日，商务部、国家税务总局联合发布《关于从事融资租赁业务有关问题的通知》，就内资租赁企业开展融资租赁业务试点应具备的条件、税收政策、业务范围限制等作出规定。2005 年 1 月 21 日，商务部发布《外商投资租赁业管理办法》，相应废止原对外贸易经济合作部发布的《外商投资租赁公司审批管理暂行办法》，自 2005 年 3 月 5 日起施行，以适应国务院各部委机构改革后职能调整和外商投资租赁业发展的需要。2007 年 1 月 24 日、2014 年 3 月 13 日中国银监会先后两次修订发布《金融租赁公司管理办法》，就融资租赁的概念和金融租赁公司的机构设立、变更与终止，业务范围，经营规则，监督管理等内容作了比较详细的规定。2009 年 8 月 18 日中国银监会、人民银行联合发布《关于金融租赁公司和汽车金融公司发行金融债券的有关事宜的公告》，以拓宽金融租赁公司的资金来源。2014 年 7 月 11 日中国银监会办公厅发布《金融租赁公司专业子公司管理暂行规定》，就我国金融租赁公司在中国境内自由贸易区、保税地区及境外（含港澳台地区），为从事特定领域融资租赁业务而设立专业化租赁子公司的设立、变更与终止，业务经营规则，监督管理等作出了专门规定，以推动我国融资租赁业务的国际化发展。在融资租赁企业管理方面，商务部也于 2013 年 9 月 18 日发布了《融资租赁企业监督管理办法》。此外，2014 年 2 月 24 日，最高人民法院发布《关于审理融资租赁合同纠纷案件适用法律问题的解释》，就融资租赁合同的认定及效力、合同的履行和租赁物的公示、合同的解除、违约责任、其他规定等方面的内容作了进一步规定，相应废止其 1996 年 5 月发布的《关于审理融资租赁合同纠纷案件若干问题的规定》，自 2014 年 3 月 1 日起施行。

虽然我国就金融租赁公司、其他从事融资租赁业务的内外资租赁公司都制定有相应的管理规章，但从总体来看，我国还欠缺有关融资租赁业管理的高层次的专门立法，存在监管套利的风险。从长远的发展的观点来看，我国仍有必要制定一部专门的融资租赁法，以规范融资租赁行为，统一融资租赁监管标准，保护租赁关系当事人的合法权益，提高融资租赁的质量和水平，保障租赁业在我国的健康发展。

第二节　融资租赁合同

一、融资租赁合同的概念及法律特征

融资租赁合同是出租人根据承租人对出卖人、租赁物的选择，向出卖人购买租赁物，提供给承租人使用，承租人支付租金的合同。融资租赁合同应以书面形式订立，其法律特征如下：

1. 融资租赁合同是双务合同，即当事人之间相互享有权利、承担义务。在融资租赁合同中，一方享有的权利正是另一方所承担的义务。如出租方有权收取租金，承租方有义务分期支付租金等。

2. 融资租赁合同是有偿合同，即当事人因享有权利而必须偿付代价。如承租方通过支付租金而取得设备的使用权。

3. 融资租赁合同是诺成合同，即租赁当事人意思表示一致，合同即可成立。

4. 融资租赁合同是租赁交易中的主合同。融资租赁交易直接涉及三方当事人（出卖人、出租人、承租人）与两个合同（融资租赁合同和购买合同）。其中融资租赁合同是购买合同成立的前提，是主合同。只有当融资租赁合同成立后，出租人才根据承租人的特定要求，同其选定的出卖人签订购置租赁物的购买合同。融资租赁合同与购买合同既相互独立又密切相联。因此两个合同的相关内容必须相互吻合。

5. 融资租赁合同是足额清偿合同。我国《合同法》第 243 条规定："融资租赁合同的租金，除当事人另有约定的以外，应当根据购买租赁物的大部分或者全部成本以及出租人的合理利润确定。"即租金总额不仅能抵补出租人购置租赁物所垫支的全部或大部分资金，而且出租人还可以从中获取一定的利润。

6. 融资租赁合同是以现代设备为租赁物的合同。这些设备主要包括飞机、汽车、计算机、无线通讯设施、工业机械及设备、医疗设备、办公自动化用品、废物处理设施等。其特点是可以多次使用、长期使用而不会损耗掉。工业产权等技术除附属于设备者外，不得单独作为租赁物。

7. 融资租赁合同是不可撤销的合同。在租赁期间，租赁双方均无权中止和解除合同。尤其绝对禁止承租人解除合同。这是因为融资租赁的租赁物具有专用性质，租赁设备非通用设备，它是承租人特别指定的专用设备。如果允许承租人中途解约，返还设备，出租人很难将设备重新出租或卖掉，这样就会占压出租人的资金、影响其金融利益，进而影响其业务的正常开展。

二、融资租赁合同的主要条款

按《合同法》第 238 条的规定及融资租赁实践，融资租赁合同的主要条款包括以下内容：

（一）合同说明性条款

包括融资租赁合同名称，当事人（出租人和承租人）的名称、地址、法定代表人，合同签订的日期和地点等。

（二）融资租赁合同的标的物条款

融资租赁合同中的标的物即租赁物，是承租方自行选定并要求出租方购买的设备等。在合同中必须写明租赁设备的名称、数量、牌号、型号、规格、技术性能、单价及总金额等，这些内容一般均以附表形式明确列出。另外，租赁物不符合约定或者不符合使用目的的，出租人不承担责任，但承租人依赖出租人的技能确定租赁物或者出租人干预选择租赁物的除外。

（三）租赁物的所有权和使用权保障条款

融资租赁交易的特征之一是租赁物的所有权与使用权的分离，在租赁期内，租赁物的所有权属于出租人，而承租方享有使用权。为保障出租方对租赁物的所有权，在合同中应明确规定：承租人除非征得出租人的书面同意，不得有转让、转租、抵押租赁物或将其投资给第三者及其他任何侵犯租赁物所有权的行为，也不得将租赁物迁离合同中所记载的设置场所或允许他人使用。并且规定出租人有权定期去承租人处检查租赁设备的完好程度及使用保养情况。

为保障承租人使用租赁物的权利，合同中也要规定，出租人应当保证承租人对租赁物的占有和使用。如任何第三者由于出租人的原因对租赁物主张任何权利，概由出租人负责，承租人的使用权利不得因此受到影响。

（四）租赁物的交货、验货及其质量保证条款

融资租赁合同应明确租赁物的交付时间、地点、由何人交付（即要明确由出卖人直接交付承租人还是由出租人交付）；明确交货中的责任；明确交货后的验收时间、检验方法以及相应的权利与义务。合同还应明确租赁物的质量保证条件应与销售合同中的质量保证条件相符，明确如果在质量保证期内发生属于出卖人责任的质量问题，应由何方与供货商办理索赔事宜。如由承租人索赔，则出租人应将销售合同中的索赔权转让给承租人，并予以协助。

（五）租赁物的维修、保养及其有关费用条款

融资租赁合同要明确规定：租赁物由承租方负责日常维修、保养、更换零件等，使设备保持良好状态，并承担由此产生的全部费用。合同还应规定租赁物在运输、安装、调试以及使用等过程中，如使第三者遭受人身损害或财产损失时，应由承租方承担全部责任。

（六）租赁期限条款

租赁期限是指租赁起始之日到租赁结束之日的整个期间。合同应当明确规定租赁期限的起止日期，不能笼统地写 3 年或 5 年。

（七）租金构成及其支付期限和方式、币种、罚息条款

租金条款是融资租赁合同的一项重要内容。出租人通过租金既要收回租赁物的购进原价、

贷款利息和营业费用，而且还要获得必要的利润。承租人也要比照租赁费用和租赁物使用后获得的收入进行核算。因此，融资租赁合同必须写明租金总金额（大写）、租金的构成及计算方法、租赁费率、租金支付方式及罚息标准等。

一般来说，租金构成包括以下几个部分：

1. 租赁物的购置成本（包括原价加运费）。

2. 租赁期间的利息（包括出租人为购买租赁物所筹集资金的利息、筹资费用等）。

3. 手续费，即出租人为承租人代购租赁物所支出的营业费用（包括办公费、差旅费、邮电费、银行费用、工资和税金等）。

4. 利润。

计算租金需明确租赁费率。租赁费率由融资成本、利率、融资手续费率、风险费率及出租人的收益率等组成。在合同中要明订是固定租赁费率还是浮动租赁费率。如果用固定租赁费率，应明确固定值；如采用浮动费率，需在合同中注明其浮动原则和浮动日期等。

租金支付方式主要应明确还租期限、还租起算日、还租期限内租金支付次数、每次需支付的租金金额、租金币种、租金应付日期，先付还是后付方式、出租方开户行账户等。上述内容条款往往以附表形式作为合同附件或以《应付租金通知书》形式通知承租人。

罚息标准，主要是规定当承租人延迟交付租金时应加收罚息的利息标准。

承租人应当按照约定支付租金。承租人经催告后在合理期限内仍不支付租金的，出租人可以要求支付全部租金；也可以解除合同，收回租赁物。

（八）租赁物的灭失及毁损处理

融资租赁合同中一般还规定，如果租赁物发生了灭失或毁损，由承租人承担一切损失，并需按期交纳租金。发生租赁物灭失及毁损情况后，承租人应立即通知出租方，出租方可要求承租人选择下列方式负责处理并负担一切费用：

1. 将租赁物复原或修理至完全正常使用状态；

2. 更换与租赁设备同等状态和性能的零件；

3. 租赁设备灭失或毁损至无法修理时，承租人应按合同中规定的损失赔偿金额，赔偿出租人。

（九）租赁物的财产保险条款

对租赁物进行保险是出租人和承租人避免损失的一种保障手段。投保的范围视租赁物的情况而定，有的可投保财产险，以应付自然灾害所引起的毁损风险；有的可以加保盗窃综合险、机损险、安装险、对第三者损害事故责任险。融资租赁合同中的保险条款应明确以下内容：

1. 何人投保。无论是出租人还是承租人投保，保险费都由承租人承担。

2. 保险期限。保险期限自货到目的港或指定地点之日起至合同期满日止。

3. 保险金额及投保币种。保险金额为租赁物购买成本总价加一定盈利或租金总额，投保币种应同租金币种保持一致。

4. 保险金受益人。在租赁期限内，由于租赁物的所有权属于出租人，故无论由出租人还是承租人投保，保险受益人均应为出租人。

5. 在租赁期限内，如发生保险事故，承租人应立即通知出租人和保险公司，承租人要向出租人提供检验报告和有关资料，共同向保险公司索赔，保险金由出租人领取。

6. 出租人领取保险金后，可用于抵补承租人为修复租赁设备或更换与原租赁设备同等型号、性能的部件或配件的费用。如承租人为上述目的支出的款项超过了保险赔偿金额，差额由承租人承担。如果租赁设备灭失或毁损至无法修理程度时，保险赔偿金额应归出租人扣抵损失赔偿金额，不足部分由承租人赔偿给出租人。

（十）租赁债权的转让和抵押条款

融资租赁合同中一般规定，出租方在租赁期间，有权将合同规定的全部或一部分权利转让给第三者，或提供租赁物作为抵押。但是该项转让和抵押以不影响承租人根据融资租赁合同享有的各种权利为限。

（十一）担保条款

在融资租赁合同中一般都有要求承租人提供担保的规定。担保人担保承租人切实履行支付租金的义务，并在承租人不能履行合同时承担支付租金的责任。

（十二）租赁保证金条款

作为履行合同的保证，出租方可要求承租人在合同签订后向其交纳一定数额的保证金。保证金不计利息，在租赁期满时归还承租人或抵付最后一期租金的全部或部分。合同中规定，如果承租人违反合同时，出租人可用租赁保证金来抵扣承租人应付租金的全部或部分。

（十三）租赁期满时租赁物的处理条款

租赁期满后，承租人对租赁物有留购、续租或退租三种选择权，但无论采用何种形式，均应在合同中加以规定。对当事人约定租赁期间届满租赁物归承租人所有，承租人已经支付大部分租金，但无力支付剩余租金，出租人因此解除合同收回租赁物的，收回的租赁物的价值超过承租人欠付的租金以及其他费用的，承租人可以要求部分返还。对于租赁物的归属没有约定或者约定不明确，依照《合同法》的有关规定仍不能确定的，租赁物的所有权归出租人。

（十四）违约责任条款

融资租赁活动中，任何一方违约，都会造成其他当事人的损失，因此合同应明确规定当事人违约的责任。包括：

1. 因出租方过错造成租赁物延迟交付或交付与合同规定不符或有其他违约行为所应负的法律责任。

2. 承租方违反合同规定，致使租赁物受损、被盗，或未经出租方同意而侵犯租赁物所有权，或逾期交纳租金和其他费用时应承担的法律责任。

（十五）争议解决条款

合同中应规定双方在执行合同中发生争议时，解决争议的方式、程序等。

第三节　中国融资租赁机构的管理规定

融资租赁机构，或称金融租赁公司、融资租赁公司，是用筹措的资金从制造商手中获得（包括购买）设备，以出租人的身份租给承租人使用，定期收取租金的非银行金融机构或者企业。目前，我国的融资租赁机构包括经中国银监会批准设立的金融租赁公司及其专业子公司，以及从事融资租赁业务的内外资融资租赁企业（公司）。前者主要受银监会发布的《金融租赁公司管理办法》（2014 年 3 月 13 日）、《金融租赁公司专业子公司管理暂行规定》（2014 年 7 月 11 日）的调整，接受银监会及其派出机构的监督管理；后者主要受商务部发布的《外商投资租赁业管理办法》（2005 年 1 月 21 日）、《融资租赁企业监督管理办法》（2013 年 9 月 18 日）的规范，接受商务部及省级商务主管部门的监督管理。囿于篇幅所限，本节仅对中国银监会 2014 年 3 月 13 日发布实施的《金融租赁公司管理办法》的主要内容加以介绍。

一、融资租赁公司的设立条件

按《金融租赁公司管理办法》第 2 条的规定，所谓“金融租赁公司”，是指经中国银监会批准，以经营融资租赁业务为主的非银行金融机构。申请设立金融租赁公司应具备下列八个方面的条件：

1. 有符合《公司法》和银监会规定的公司章程。金融租赁公司发起人应在章程中约定，在金融租赁公司出现支付困难时，给予流动性支持；当经营损失侵蚀资本时，及时补足资本金。

2. 具有符合《金融租赁公司管理办法》规定条件的发起人。金融租赁公司的发起人包括在中国境内外注册的具有独立法人资格的商业银行，在中国境内注册的、主营业务为制造适合融资租赁交易产品的大型企业，在中国境外注册的融资租赁公司以及银监会认可的其他发起人（指除前述发起人以外的其他境内法人机构和境外金融机构）。其中：

在中国境内外注册的具有独立法人资格的商业银行作为发起人，应具备以下条件：（1）满足所在国家或地区监管当局的审慎监管要求；（2）具有良好的公司治理结构、内部控制机制和健全的风险管理体系；（3）最近 1 年年末总资产不低于 800 亿元人民币或等值的可自由兑换货币；（4）财务状况良好，最近 2 个会计年度连续盈利；（5）为拟设金融租赁公司确定了明确的发展战略和清晰的盈利模式；（6）遵守注册地法律法规，最近 2 年内未发生重大案件或重大违法、违规行为；（7）境外商业银行作为发起人的，其所在国家或地区金融监管当局已与银监会建立良好的监督管理合作机制；（8）入股资金为自有资金，不得以委托资金、债务资金等非自有资金入股；（9）承诺 5 年内不转让所持有的金融租赁公司股权、不将所持有的金融租赁公司股权进行质押或设立信托，并在拟设公司章程中载明；（10）银监会规定的其他审慎性条件。

在中国境内注册的、主营业务为制造适合融资租赁交易产品的大型企业作为发起人，应具备以下条件：（1）有良好的公司治理结构或有效的组织管理方式；（2）最近 1 年的营业收入不低于50亿元人民币或等值的可自由兑换货币；（3）财务状况良好，最近2个会计年度连续盈利；（4）最近1年年末净资产不低于总资产的30%；（5）最近1年主营业务销售收入占全部营业收入的80%以上；（6）为拟设金融租赁公司确定了明确的发展战略和清晰的盈利模式；（7）有良好的社会声誉、诚信记录和纳税记录；（8）遵守国家法律法规，最近2年内未发生重大案件或重大违法、违规行为；（9）入股资金为自有资金，不得以委托资金、债务资金等非自有资金入股；（10）承诺5年内不转让所持有的金融租赁公司股权、不将所持有的金融租赁公司股权进行质押或设立信托，并在拟设公司章程中载明；（11）银监会规定的其他审慎性条件。

在中国境外注册的具有独立法人资格的融资租赁公司作为发起人，应具备以下条件：（1）具有良好的公司治理结构、内部控制机制和健全的风险管理体系；（2）最近1年年末总资产不低于100亿元人民币或等值的可自由兑换货币；（3）财务状况良好，最近2个会计年度连续盈利；（4）遵守注册地法律法规，最近2年内未发生重大案件或重大违法、违规行为；（5）所在国家或地区经济状况良好；（6）入股资金为自有资金，不得以委托资金、债务资金等非自有资金入股；（7）承诺5年内不转让所持有的金融租赁公司股权、不将所持有的金融租赁公司股权进行质押或设立信托，并在拟设公司章程中载明；（8）银监会规定的其他审慎性条件。

金融租赁公司至少应有一名符合前述规定条件之一的发起人，且其出资比例不低于拟设金融租赁公司全部股本的30%。

其他境内法人机构作为发起人，应具备以下条件：（1）有良好的公司治理结构或有效的组织管理方式；（2）有良好的社会声誉、诚信记录和纳税记录；（3）经营管理良好，最近2年内无重大违法、违规经营记录；（4）财务状况良好，且最近2个会计年度连续盈利；（5）入股资金为自有资金，不得以委托资金、债务资金等非自有资金入股；（6）承诺5年内不转让所持有的金融租赁公司股权，不将所持有的金融租赁公司股权进行质押或设立信托，并在公司章程中载明；（7）银监会规定的其他审慎性条件。另外，其他境内法人机构为非金融机构的，最近1年年末净资产不得低于总资产的30%；为金融机构的，应符合与该类金融机构有关的法律、法规、相关监管规定要求。

其他境外金融机构作为发起人，应具备以下条件：（1）满足所在国家或地区监管当局的审慎监管要求；（2）具有良好的公司治理结构、内部控制机制和健全的风险管理体系；（3）最近1年年末总资产原则上不低于10亿美元或等值的可自由兑换货币；（4）财务状况良好，最近2个会计年度连续盈利；（5）入股资金为自有资金，不得以委托资金、债务资金等非自有资金入股；（6）承诺5年内不转让所持有的金融租赁公司股权、不将所持有的金融租赁公司股权进行质押或设立信托，并在公司章程中载明；（7）所在国家或地区金融监管当局已经与银监会建立良好的监督管理合作机制；（8）具有有效的反洗钱措施；（9）所在国家或地区经济状况良好；（10）银监会规定的其他审慎性条件。

此外，有以下情形之一的企业不得作为发起人：（1）公司治理结构与机制存在明显缺陷；（2）关联企业众多、股权关系复杂且不透明、关联交易频繁且异常；（3）核心主业不突出且其经营范围涉及行业过多；（4）现金流量波动受经济景气影响较大；（5）资产负债率、财务杠杆率高于行业平均水平；（6）其他对金融租赁公司产生重大不利影响的情况。

3. 注册资本为一次性实缴货币资本，最低限额为1亿元人民币或等值的可自由兑换货币。

4. 有符合任职资格条件的董事、高级管理人员，董事和高级管理人员实行任职资格核准制度；并且其从业人员中具有金融或融资租赁工作经历3年以上的人员应不低于总人数的50%。

5. 建立了有效的公司治理、内部控制和风险管理体系。

6. 建立了与业务经营和监管要求相适应的信息科技架构，具有支撑业务经营的必要、安全且合规的信息系统，具备保障业务持续运营的技术与措施。

7. 有与业务经营相适应的营业场所、安全防范措施和其他设施。

8. 银监会规定的其他审慎性条件。

二、金融租赁公司的变更与终止

1. 变更。金融租赁公司有下列变更事项之一的，须报经中国银监会批准：（1）变更公司名称；（2）变更组织形式；（3）调整业务范围；（4）变更注册资本；（5）变更股权或调整股权结构；（6）修改公司章程；（7）变更公司住所或营业场所；（8）变更董事和高级管理人员；（9）合并或分立；（10）银监会规定的其他变更事项。

金融租赁公司变更股权及调整股权结构，拟投资入股的出资人需符合《金融租赁公司管理办法》规定的新设金融租赁公司发起人条件。

2. 终止。金融租赁公司可因解散、破产等原因而终止。包括：

（1）金融租赁公司有以下情况之一的，经银监会批准后可以解散：1）公司章程规定的营业期限届满或公司章程规定的其他解散事由出现；2）股东（大）会决议解散；3）因公司合并或分立需要解散；4）依法被吊销营业执照、责令关闭或被撤销；5）其他法定事由。

（2）金融租赁公司有以下情形之一的，经银监会批准，可向法院申请破产：1）不能支付到期债务，自愿或其债权人要求申请破产的；2）因解散或被撤销而清算，清算组发现该金融租赁公司财产不足以清偿债务，应当申请破产的。

金融租赁公司因解散、依法被撤销或被宣告破产而终止的，其清算事宜，按照国家有关法律、法规办理。另外，金融租赁公司不能清偿到期债务，并且资产不足以清偿全部债务或明显缺乏清偿能力的，银监会可以向人民法院提出对该金融租赁公司进行重整或破产清算的申请。

金融租赁公司设立、变更、终止和董事及高管人员任职资格核准的行政许可程序，按照银监会相关规定执行。

三、金融租赁公司的业务范围与经营规则

（一）金融租赁公司的业务范围

2014年发布的新的《金融租赁公司管理办法》，拓展了金融租赁公司业务范围并对其实施差别化管理。其规定是：

经银监会批准，金融租赁公司可经营下列部分或全部本外币业务：（1）融资租赁业务；（2）转让和受让融资租赁资产；（3）固定收益类证券投资业务；（4）接受承租人的租赁保证金；（5）吸收非银行股东3个月（含）以上定期存款；（6）同业拆借；（7）向金融机构借款；

(8) 境外借款；(9) 租赁物变卖及处理业务；(10) 经济咨询。

而对经营状况良好、符合条件的金融租赁公司，经银监会批准还可开办下列部分或全部本外币业务：(1) 发行债券；(2) 在境内保税地区设立项目公司开展融资租赁业务；(3) 资产证券化；(4) 为控股子公司、项目公司对外融资提供担保；(5) 银监会批准的其他业务。

金融租赁公司开办前述业务的具体条件和程序，按有关规定执行。其业务经营中涉及外汇管理事项的，需遵守国家外汇管理有关规定。

(二) 金融租赁公司的经营规则

为防范金融风险，促进我国融资租赁业的健康发展，《金融租赁公司管理办法》就金融租赁公司的业务经营规则，特别是就租赁物、租赁资产管理规则和关联交易规则作了较为详细的规定。这些规定包括：

1. 公司治理规则。金融租赁公司的公司治理应建立以股东（大）会、董事会、监事会、高级管理层等为主体的组织架构，明确各自的职责划分，保证相互之间独立运行、有效制衡，形成科学高效的决策、激励和约束机制。

2. 内控制度和全面风险管理规则。金融租赁公司应按照全面、审慎、有效、独立的原则，建立和健全内部控制制度；应根据其组织架构、业务规模和复杂程度建立全面的风险管理体系。

3. 租赁物、租赁资产管理规则。主要包括：

(1) 金融租赁公司应合法取得租赁物的所有权。租赁物属于国家法律、法规规定所有权转移必须到登记部门进行登记的财产类别的，应进行相关登记；不属于需要登记的财产类别，应采取有效措施保障对租赁物的合法权益。

(2) 售后回租业务的租赁物必须由承租人真实拥有并有权处分。金融租赁公司不得接受已设置任何抵押、权属存在争议或已被司法机关查封、扣押的财产或所有权存在瑕疵的财产作为售后回租业务的租赁物。

(3) 金融租赁公司应在签订融资租赁合同或明确融资租赁业务意向的前提下，按承租人要求购置租赁物。特殊情况下需提前购置租赁物的，应与自身现有业务领域或业务规划保持一致，且与自身风险管理能力和专业化经营水平相符。

(4) 金融租赁公司应建立健全租赁物价值评估和定价体系，根据租赁物的价值、其他成本和合理利润等确定租金水平。售后回租业务中，金融租赁公司对租赁物的买入价格应有合理的、不违反会计准则的定价依据作为参考，不得低值高买。

(5) 金融租赁公司应重视租赁物的风险缓释作用，密切监测租赁物价值对融资租赁债权的风险覆盖水平，制定有效的风险应对措施。

(6) 金融租赁公司应加强租赁物未担保余值的估值管理，定期评估未担保余值，并开展减值测试。当租赁物未担保余值出现减值迹象时，应按照会计准则要求计提减值准备。

(7) 金融租赁公司应加强未担保余值风险的限额管理，根据业务规模、业务性质、复杂程度和市场状况，对未担保余值比例较高的融资租赁资产设定风险限额。

(8) 金融租赁公司应加强对租赁期限届满返还或因承租人违约而取回的租赁物的风险管理，建立完善的租赁物处置制度和程序，降低租赁物持有期风险。

（9）金融租赁公司应严格按照会计准则等相关规定，真实反映融资租赁资产转让和受让业务的实质和风险状况。

4. 风险集中度管理规则。金融租赁公司应建立健全集中度风险管理体系，有效防范和分散经营风险。

5. 关联交易管理规则。鉴于关联交易可能产生多方面的危害，《金融租赁公司管理办法》对开展关联交易作出了以下规定：

（1）关联交易的原则要求。金融租赁公司应建立严格的关联交易管理制度，其关联交易应按照商业原则，以不优于非关联方同类交易的条件进行。

（2）重大关联交易批准制度。重大关联交易是指金融租赁公司与一个关联方之间单笔交易金额占金融租赁公司资本净额5%以上，或金融租赁公司与一个关联方发生交易后金融租赁公司与该关联方的交易余额占金融租赁公司资本净额10%以上的交易。金融租赁公司的重大关联交易应经其董事会批准。

（3）金融租赁公司与其设立的控股子公司、项目公司之间的交易，不适用《金融租赁公司管理办法》对关联交易的监管要求。

6. 其他交易规则。包括金融租赁公司所开展的固定收益类证券投资业务，不得超过资本净额的20%；开办资产证券化业务，可参照信贷资产证券化相关规定。

四、金融租赁公司的监督管理

中国银监会及其派出机构依法对金融租赁公司实施监督管理，其监督和管理的内容如下：

1. 机构管理。金融租赁公司的机构设立、变更、终止等必须经中国银监会批准。未经银监会批准，任何单位不得在其名称中使用“金融租赁”字样。

2. 任职资格管理。银监会对金融租赁公司董事和高级管理人员实行任职资格核准制度。

3. 风险监管指标管理。为防范金融租赁公司业务经营风险，中国银监会对其实行风险监督管理，要求金融租赁公司的业务运营应遵守以下监管指标：

（1）资本充足率。金融租赁公司资本净额与风险加权资产的比例不得低于银监会的最低监管要求。

（2）单一客户融资集中度。金融租赁公司对单一承租人的全部融资租赁业务余额不得超过资本净额的30%。

（3）单一集团客户融资集中度。金融租赁公司对单一集团的全部融资租赁业务余额不得超过资本净额的50%。

经银监会认可，特定行业的单一客户融资集中度和单一集团客户融资集中度要求可以适当调整。

（4）单一客户关联度。金融租赁公司对一个关联方的全部融资租赁业务余额不得超过资本净额的30%。

（5）全部关联度。金融租赁公司对全部关联方的全部融资租赁业务余额不得超过资本净额的50%。

（6）单一股东关联度。对单一股东及其全部关联方的融资余额不得超过该股东在金融租赁公司的出资额，且应同时满足《金融租赁公司管理办法》对单一客户关联度的规定。

（7）同业拆借比例。金融租赁公司同业拆入资金余额不得超过资本净额的100%。

银监会根据监管需要可对上述指标作出适当调整。

4. 资本管理体系规则。金融租赁公司应按照银监会的相关规定构建资本管理体系，合理评估资本充足状况，建立审慎、规范的资本补充、约束机制。

5. 资产质量分类与呆账准备金管理。金融租赁公司应按照监管规定建立资产质量分类制度。应按相关规定建立准备金制度，在准确分类的基础上及时足额计提资产减值损失准备，增强风险抵御能力；未提足准备的，不得进行利润分配。

6. 内部审计管理。金融租赁公司应建立健全内部审计制度，审查评价并改善经营活动、风险状况、内部控制和公司治理效果，促进合法经营和稳健发展。

7. 会计信息管理。金融租赁公司应执行国家统一的会计准则和制度，真实记录并全面反映财务状况和经营成果等信息；应按规定报送会计报表及银监会及其派出机构要求的其他报表，并对所报报表、资料的真实性、准确性和完整性负责。

8. 外部审计监管。金融租赁公司应建立定期外部审计制度，并在每个会计年度结束后的4个月内，将经法定代表人签名确认的年度审计报告报送银监会或其派出机构。

9. 金融监管措施的采取。包括：（1）金融租赁公司违反《金融租赁公司管理办法》有关规定的，银监会及其派出机构应依法责令限期整改；逾期未整改的，或其行为严重危及该金融租赁公司的稳健运行、损害客户合法权益的，可区别情形依照《银行业监督管理法》等法律法规，采取暂停业务、限制股东权利等监管措施。（2）金融租赁公司已经或可能发生信用危机，严重影响客户合法权益的，银监会依法对其实行托管或督促其重组，问题严重的，有权予以撤销。

10. 处罚与救济。凡违反《金融租赁公司管理办法》有关规定的，银监会及其派出机构依照《银行业监督管理法》等有关法律法规进行处罚。金融租赁公司对处罚决定不服的，可依法申请行政复议或向人民法院提起行政诉讼。

第四节　国际融资租赁公约

一、国际融资租赁公约的产生背景

《国际融资租赁公约》，全称为《国际统一私法协会国际融资租赁公约》（本节以下称《公约》），于1988年5月28日订于加拿大首都渥太华。我国代表参加了公约文本的起草审议工作，在最后文本上签了字，但是最终没有批准加入该《公约》。原因是我国和大部分发展中国家认为出租人作为设备所有人应承担对设备的责任，而英、美、日等国代表认为出租人只是个资金融通的角色，不承担任何其他责任。这一根本性分歧最终未能消除，所以，许多国家包括我国未批准加入《公约》。虽然目前《公约》没有生效，但是《公约》的内容已作为国际惯例被普遍使用，其中许多内容在我国《合同法》第十四章“融资租赁合同”和《金融租赁公司管理办法》中也有较多反映。

《公约》产生的背景是：国际融资租赁业务在世界各国的迅速发展，促进了各国经济和国际贸易的发展。但因各国的法律制度不同，融资租赁业务中所采取的方式也不一样，当事人又处于不同的国家，经常出现当事人违约的现象，发生纠纷后很难得到迅速而有效的解决。多年来，经营者和法学家们一直寻求一个调整国际融资租赁方面的统一规则，在各国的建议下，1977 年国际统一私法协会成立了一个专门小组，研究国际融资租赁业务的统一规则及发生纠纷后的处理方法。经过十多年的努力，1988 年 5 月 9 日至 28 日，由国际统一私法协会在加拿大渥太华主持召开了国际外交会议，专门讨论了《国际融资租赁公约（草案）》和《国际保付代理公约（草案）》。这两个公约草案是在 1987 年 4 月 27 日至 30 日罗马国际统一私法协会政府专家委员会第三次会议上通过的草案的基础上，吸收各国政府专家的意见后，再次提交更高层次的国际外交会议进行讨论的。此次渥太华会议有 55 个国家正式派了代表团、4 个国家派了观察员、19 个国际组织也出席了会议，我国也派代表团出席了此次会议，并在《公约》最后文本上签了字。本次会议在讨论《国际融资租赁公约》时，发展中国家代表和发达国家代表围绕注重保护出租人还是承租人利益以及对公约实质性条款是否允许保留等问题展开了激烈的争论，通过各方面互作让步，最后取得基本一致的意见，形成了公约最后文本。

二、国际融资租赁公约的主要内容

渥太华国际外交会议上通过的《国际融资租赁公约》最后文本，包括序言及三章，共 25 条。主要内容如下：

（一）制定《公约》的目的和宗旨

序言部分，说明了制定《国际融资租赁公约》的目的和宗旨。包括：（1）制定公约坚持公正均衡原则；（2）制定公约的目的主要是为了消除各国在经营国际融资租赁业务方面的法律障碍，及发生纠纷后适用统一的国际规则；（3）鼓励更多人利用国际融资租赁方式，促进国际贸易的发展，维护各方正当权益，而不能因有了国际公约而使其受到限制；（4）该公约主要调整特定的三方关系：即出租人、承租人和供货商三方之间的关系；（5）要照顾到国际融资租赁中的民事和商事法律方面的统一规则。

（二）适用范围和总则

这是第一章的内容，共 6 条，对国际融资租赁交易的定义、特征、适用范围和解释原则等作了规定。

关于国际融资租赁的定义和特征。规定：本公约规定的融资租赁交易系指：出租人根据承租人的规格要求及其所同意的条件同供货人缔结一项供货协议，据此，出租人取得工厂、资本货物或其他设备；并同承租人缔结一项租赁协议，授予承租人使用该设备的权利，以补偿其所付的租金。其特征是：（1）承租人不是根据出租人的技能和意见来指定设备和选择供货人。（2）出租人根据租赁协议取得设备；供货人知道租赁协议已经或即将在出租人和承租人之间缔结。（3）根据租赁协议计算的应付租金考虑了全部或大部分设备成本的摊提。

关于《公约》的适用范围。规定：(1) 出租人和承租人的营业地要位于不同国家。(2) 供货协议和租赁协议要同受一缔约国的法律调整。(3) 对营业地的确认，如供货协议或租赁协议的一方当事人有一个以上的营业地时，应将与该协议履行关系最密切的那个营业地作为营业地，并应照顾当事人各方在订立协议前所了解或设想的情况。(4) 公约适用一次或多次转租交易。(5) 公约不适用于个人或以家庭为目的的交易。(6) 供货协议或租赁协议中的任何一方当事人，同意排除该公约的适用则公约不适用。

关于解释原则。《公约》规定：在解释该公约时，不能偏离序言中规定的目的和宗旨，并应考虑公约的国际性、统一性和诚实信用的原则。如属于该公约范围的问题，而在公约中又没有明确规定如何解决时，应按照该公约所依据的一般原则和依照国际私法规则适用的法律予以解决。

(三) 国际融资租赁中各方的权利和义务

这是第二章的内容，共 8 条。主要规定国际融资租赁中各方的权利、义务，是整个《公约》的核心部分。其内容包括：(1) 出租人对设备享有所有权，并可对抗承租人的破产财产管理人和债权人，包括已取得扣押令状或执行令状的债权人，但不影响债权人的优先受偿权。(2) 除该公约或租赁协议另有规定外，出租人不对承租人承担因设备方面的任何责任，但是，如果出租人干预了承租人对供货人的选择或对设备规格的选择时则应除外。(3) 由于设备的原因而造成的人身伤害或财产损害，出租人不向第三方承担责任，而应由承租人负责。(4) 出租人要保证承租人的合法占有设备的权利。(5) 承租人应妥善保管、合理使用设备，使之保持交付时的状态，但合理的磨损和损耗除外。如租赁协议终止，承租人又不行使留购权或续租权时应把设备归还给出租人。(6) 如果供货协议是由承租人和供货人直接签订，并把设备直接供给了承租人时，供货人只向承租人承担义务，而不能要求供货人向承租人和出租人双方同时承担设备损失的义务。但未经出租人同意，承租人和供货人不能私下终止或废除供货协议。(7) 承租人在供货协议中的权利不应由于变更供货协议而受到侵害。(8) 如果设备未能按供货协议的规定交付、推迟交付，或是交付的设备不合格，此时，承租人有权拒收设备或终止租赁协议。但出租人也有改正其错误、重新按供货协议的规定提供设备的权利。如果出租人既不按原供货协议供货，而承租人又未丧失拒收设备权时，承租人有权拒交租金。(9) 承租人有解除租赁协议的权利，并可收回预付的租金以及其他事先已经缴纳的款项，但要扣除他运用设备，已经获得的合理利益部分。(10) 如果不是由于出租人的过错所造成，承租人不得因不供货，误期供货或供不合格设备而对出租人提出其他请求权。(11) 如承租人违约，出租人有权要求承租人交付应付租金、利息和违约金。(12) 如出租人违约，出租人则无权按租赁协议规定催付应付租金。(13) 如承租人违约，出租人应通知承租人，给承租人一个合理的机会，使其尽量予以补救，如承租人在能够补救而又没有采取补救措施时，出租人有权催付租金和终止租赁协议。(14) 出租人未采取合理措施阻止损失时，不能取得违约金。(15) 出租人有转让设备的权利，但转让时不应解除其在租赁协议下应尽的义务，也不能改变租赁协议的性质和该公约中所规定的法律待遇。(16) 承租人享有转让使用设备的权利或租赁协议下的其他权利，但是必须经过出租人同意，而且还不能妨碍第三方的权利。

（四）最后条款

这是第三章的内容，共10条。主要内容如下：(1) 从1988年5月28日开始，至1990年12月31日止《公约》开放供所有国家签字；从开放签字之日起允许所有非签字国加入。(2) 该《公约》须经签字国批准、接受或核准。批准、接受或核准都要向保管机关提交正式文书，并自交付批准书、接受书、核准书或加入书之日起6个月后的第一个月的第一天算起对该国生效。(3) 在签署、批准、接受、核准或加入时，可以声明其不受该《公约》中规定的允许保留的条款的约束。(4) 根据该《公约》规定在签字时作出的声明，须在批准、接受或核准时加以确认。声明和声明的确认应以书面形式提出，并应正式通知保管机关。声明的生效时间是在保管机关收到声明之日起6个月后的第一个月的第一天。(5) 根据该《公约》规定作出声明的任何国家都可以随时用书面形式正式通知保管机关，撤回自己所作的声明。但是撤回声明，要在保管机关收到通知之日起6个月后的第一个月的第一天生效。(6) 除该《公约》中明文规定许可的保留外，不得作任何其他保留。(7) 该《公约》对该国生效后，允许该加入国随时退出。但退出时，必须向保管机关提交退出文件。退出的生效时间是向保管机关交存退出文件12个月后的第一个月的第一天。如果退出文件订明更长一段时间生效，则该段时间期满后生效。(8) 该《公约》由加拿大政府保管，由其负责把情况通知已签署或加入本《公约》的所有国家和国际统一私法协会主席，并向《公约》的所有签字国、加入国和国际统一私法协会主席分送经核准无误的《公约》副本。

问题与思考

1. 何谓融资租赁？融资租赁具有哪些基本特征？为什么说融资租赁业是“朝阳产业”？

2. 融资租赁的主要形式有哪些？如何对这些不同的融资租赁形式加以有效选择和利用？

3. 融资租赁业务的基本程序有哪些？熟练掌握这些基本程序有何实践意义？

4. 融资租赁立法有哪些基本模式？我国融资租赁立法现状如何？怎样改进？

5. 融资租赁合同的概念、特征及其主要条款包括哪些内容？

6. 我国金融租赁公司设立的条件有哪些？《金融租赁公司管理办法》特别明确规定主要出资人的概念及其条件对金融租赁公司的业务经营有何积极意义？

7. 何谓金融租赁公司的“重大关联交易”？《金融租赁公司管理办法》为什么要对关联交易规则作出详细规定并实施关联交易报告制度？

8. 何谓售后回租业务？如何避免和防止金融租赁公司将该业务办成变相贷款业务？

9. 对金融租赁公司监督管理的内容主要包括哪些？对其实施资本充足率、单一客户融资集中度、单一客户关联度、集团客户关联度、同业拆借比例等指标监管的原因和目的是什么？

10. 我国目前金融租赁公司的法定业务范围有哪些？新《金融租赁公司管理办法》与原办法相比，在金融租赁公司业务范围方面作了哪些调整？其目的是什么？

11. 《国际融资租赁公约》的诞生背景和主要内容有哪些？

第十四章
保险法

本章概要

保险法是调整保险关系的法律规范的总称。保险是指为确保社会经济生活的安定，运用多数机构和个人的集合力量，根据合理的计算，共同建立基金，对因特定危险事故所造成的财产损失给予补偿或对人身约定事件的出现实行给付的一种经济保障制度。其特点是“集众人之力，救助少数人灾难”，其最主要、最基本的功能在于分散风险、消化损失，也即具有经济补偿功能。此外，随着经济社会的不断发展和保险活动的创新深化，其还逐步衍生出资金融通、社会管理等方面的功能。在我国，第七届全国人大常委会第二十八次会议于 1992 年 11 月 7 日通过的《中华人民共和国海商法》第 12 章就“海上保险合同”作了专章规定。第八届全国人大常委会第十四次会议于 1995 年 6 月 30 日通过了《中华人民共和国保险法》，就商业保险的概念及原则、保险合同、保险公司、保险经营规则、保险业的监督管理、保险代理人和保险经纪人、法律责任以及保险法的适用范围与规则等作了明确规定。1998 年 11 月 18 日我国又成立了专司保险业监督管理职能的机构——中国保监会。步入 21 世纪后，第九届、第十一届、第十二届全国人大常委会又于 2002 年 10 月 28 日、2009 年 2 月 28 日、2014 年 8 月 31 日先后三次修订通过《保险法》，以适应我国保险业和保险活动快速发展的需要；国务院也先后发布和修订了《外资保险公司管理条例》、《机动车交通事故责任强制保险条例》、《关于保险业改革发展的若干意见》等法规或法规性文件；中国保监会更发布了大量的保险规章，如《保险公司管理规定》、《再保险公司设立规定》、《保险专业代理机构监管规定》、《保险经纪机构监管规定》、《保险公估机构监管规定》、《保险资产管理公司管理暂行规定》、《再保险业务管理规定》、《保险资金运用管理暂行办法》、《保险保障基金管理办法》、《保险消费投诉处理管理办法》等，就商业保险机构的设立、运营及其监管等作了比较系统、明确的规定。而在政策性保险方面，第十一届全国人大常委会第十七次会议、第二十六次会议于 2010 年 10 月 28 日、2012 年 4 月 27 日先后通过《中华人民共和国社会保险法》、《中华人民共和国军人保险法》，分别就我国的全民社会保险和体现军人特点并与全民社会保险相衔接的军人保险作出了基本规定；国务院也发布有《失业保险条例》、《工伤保险条例》、《农业保险条例》等行政法规，就政策性保险问题作出了细化规定；国务院社会保险行政部门、财政部等有关部门也就政策性保险等问题发布了

《实施〈中华人民共和国社会保险法〉若干规定》、《在中国境内就业的外国人参加社会保险暂行办法》、《农业保险大灾风险准备金管理办法》、《农业保险大灾风险准备金会计处理规定》等部门规章。此外，最高人民法院还发布了有关保险法适用方面的司法解释及批复。本章主要对我国商业保险法律制度作重点介绍，对政策性保险方面的制度仅作简单涉及，对保险业监督管理方面的内容请参见本书第三章第四节。

关键术语

保险　保险法　保险合同　投保人　保险人　被保险人　保险利益　再保险　重复保险　财产保险合同　人身保险合同　保险经纪人　保险代理人　保险公估机构　保险资产管理公司　保险公司

第一节　保险法概述

一、保险与保险法

（一）保险的概念及特征

保险，原意是“稳妥可靠”。而作为一种具有契约经济内容的保障机制，则可从不同视角予以定义。从经济角度看，保险是为分摊意外损失或为储蓄投资、提供经济保障所做的一种财务安排；从法律角度看，保险是一种平等主体间的合同行为，是一方同意补偿另一方（或第三方）损失的一种合同安排；从社会角度看，保险是社会经济保障制度的重要组成部分，是社会生产和社会生活中“精巧的稳定器”；从风险管理角度看，保险是风险管理的一种方法，是用来规划人生财务所必需的工具。详言之，保险是指为确保社会经济生活的安定，运用多数机构和个人的集合力量，根据合理的计算，共同建立基金，对因特定危险事故所造成的财产损失给予补偿或对人身约定事件的出现实行给付的一种经济保障制度。保险的实质不是保证危险不发生、不遭受损失，而是对危险发生后遭受的损失予以经济补偿。其特征是：

1. 保险是一种经济保障制度。保险是为确保社会经济生活的安定，通过运用多数社会成员的集合力量，根据合理的计算，共同建立保险基金，用于补偿少数社会成员因特定危险事故或因特定人身事件发生而造成的经济损失，是“集众人之力救助少数人灾难”的经济保障制度。其功能在于分散风险、消化损失。

2. 保险主要是一种具有经济补偿性质的法律制度[①]，是一种双务有偿的合同关系。保险是一种因合同而产生的债权债务关系。这种债权债务关系是基于保险法律规范和保险事实而产生的保险法律关系，其实质是当事人互为约定承担给付义务，即投保人承担给付保险费的义务，保险人承担赔偿或给付保险金的责任。在保险法律关系中，保险人承担赔偿或给付保险金的责任与一般民事法律关系中的损害赔偿责任是不同的。一般民事赔偿责任是当事人的侵权行为或

---

① 其所以说保险“主要是”一种具有经济补偿性质的法律制度，是因为并非所有的保险业务均具有补偿性。财产保险、人身保险中的短期健康保险和意外伤害保险具有补偿性，但人身保险中的寿险业务则具有储蓄性。

违约行为所导致的法律后果，而保险法律关系中投保人所遭受的损失，并非保险人的行为所致，而是由不可抗力等危险事故造成的。因此，保险人承担的保险赔偿责任和给付责任，只是基于保险合同设定的一种义务，具有对损失进行经济补偿的性质。

首先，保险最主要、最基本的功能是经济补偿功能，这也是保险区别于其他行业的最鲜明的特征。通过保险人依约对保险事故导致的损失进行理赔，承担赔偿保险金或给付保险金责任，使得已经存在的社会财富因灾害事故所导致的实际损失在价值上得到补偿、在使用价值上得以恢复，从而使社会生产、生活得以连续、正常进行。其次，保险具有资金融通功能。该功能是在经济补偿功能的基础上发展起来的，通过保险人对（因保险理赔时间差、数量差而产生的）闲置保险资金进行合法、安全、有效的运用，既可实现保险资金的保值与增值，同时也实现了保险资金的流动、融通。再次，保险具有社会管理功能。这是保险业发展到一定程度并深入到社会生活诸多层面后产生的一项重要功能，通过保险人广泛开展的保险意识、保险知识教育，保险合同签订、变更、履行行为及其他诸多相关保险活动，在社会信用管理、社会风险管理、社会关系管理、社会保障管理等方面发挥着越来越全面深入的作用，从而起到对整个社会及各个环节进行调节和控制的社会管理功能。

（二）保险的分类

保险按照不同的划分标准，可作多种分类：

1. 按照保险设立是否以营利为目的划分，保险可分为政策性保险和商业保险。政策性保险是指国家基于特定政策目的的需要，不以营利为目的而举办或者支持举办的一类具有福利性质的保险。政策性保险属法定保险，且大多带有强制性，其一般设置专门保险机构经办、由专门立法予以特别规范，其费用主要来源于国家财政补贴、税收优惠支持或企事业单位缴费。在我国，政策性保险主要有基于社会保障政策目的设立的社会保险、军人保险；基于经济政策目的设立的农业保险、出口信用保险等（参见［延伸介绍］）。商业保险是指政策性保险以外的普通保险，它以营利为目的，其资金主要来源于投保人交纳的保险费，一般受普通保险法规范。我国《保险法》规定的保险，也以商业保险为限，其第2条规定：“本法所称保险，是指投保人根据合同约定，向保险人支付保险费，保险人对于合同约定的可能发生的事故因其发生所造成的财产损失承担赔偿保险金责任，或者当被保险人死亡、伤残、疾病或者达到合同约定的年龄、期限等条件时承担给付保险金责任的商业保险行为。”

［延伸介绍］　**我国政策性保险概观**

我国目前的政策性保险，主要包括基于社会保障政策目的的政策性保险和基于经济政策目的的政策性保险两大类：

1. 基于社会保障政策目的的政策性保险，包括社会保险和军人保险。前者是指为保障全体公民在年老、疾病、工伤、失业、生育等情况下能依法从国家和社会获得物质帮助，而建立的基本养老保险、基本医疗保险、工伤保险、失业保险、生育保险等五类社会保险。社会保险应坚持“广覆盖、保基本、多层次、可持续”的方针，其保险水平应与经济社会发展水平相适应。第十一届全国人大常委会第17次会议于2010年10月28日通过的《中华人民共和国社会保险法》，国务院发布的《失业保险条例》（1999 年 1 月 22 日）、《工伤保险条例》（2010 年 12 月 20 日修订），人力资源和社会保障部发布的《实施〈中华人民共和国社会保险法〉若干规定》（2011 年 6 月 29 日）、《在中国境内就业的外国人参加社会保险暂行办法》（2011 年 9 月 6 日）等法律、法规、规章对此进行了较为详细的规定。后者是指作为我国社会保障体系重要组成部分，既体现军人职业特点又与国家社会保险制度相衔接、与经济社会发展水平相适应的军人保险，包括军人伤亡保险、退役养老保险、退役医疗保险和随军未就业的军人配偶保险等四类保险。第十一届全国人大常委会第 26 次会议于 2012 年 4 月 27 日通过的《中华人民共和国军人保险法》，根据军人来自社会、绝大多数要回归社会的实际，就军人保险的管理体制、保险类别、军人保险基金、保险经办与监督、法律责任等问题作出了专门立法规定，以规范军人入伍前和退役后保险关系的转移接续，保障军人退役后享有国家规定的社会保险待遇。

2. 基于经济政策目的的政策性保险，如农业保险、出口信用保险等。所谓“农业保险”，是指保险机构（包括保险公司及依法设立的农业互助保险等保险组织）根据农业保险合同，对被保险人在种植业、林业、畜牧业和渔业生产中因保险标的遭受约定的自然灾害、意外事故、疫病、疾病等保险事故所造成的财产损失，承担赔偿保险金责任的保险活动。我国的农业保险是依据 1993 年 7 月 2 日发布、2012 年 12 月 28 日修订的《中华人民共和国农业法》第 46 条的规定建立和发展起来的。该条规定：“国家建立和完善农业保险制度。国家逐步建立和完善政策性农业保险制度。鼓励和扶持农民和农业生产经营组织建立为农业生产经营活动服务的互助合作保险组织，鼓励商业性保险公司开展农业保险业务。农业保险实行自愿原则。任何组织和个人不得强制农民和农业生产经营组织参加农业保险。”国务院 2012 年 11 月 12 日发布、自 2013 年 3 月 1 日起施行的《农业保险条例》第 3 条也明确规定：“国家支持发展多种形式的农业保险，健全政策性农业保险制度。农业保险实行政府引导、市场运作、自主自愿和协同推进的原则。省、自治区、直辖市人民政府可以确定适合本地区实际的农业保险经营模式。任何单位和个人不得利用行政权力、职务或者职业便利以及其他方式强迫、限制农民或者农业生产经营组织参加农业保险。”可见，我国的农业保险并非全是政策性保险，而且也不具有强制性。《农业保险条例》就农业保险（含保险机构经营有政策支持的涉农保险）的管理体制、财税金融政策支持、农业保险合同、经营规则、法律责任等问题作了规定，同时明确条例未就有关问题作规定的，可适用或参照适用《保险法》的有关规定。财政部 2013 年 12 月 8 日、2014 年 2 月 28 日先后发布的《农业保险大灾风险准备金管理办法》、《农业保险大灾风险准备金会计处理规定》也就有关农业保险的财税政策、会计处理等问题作了规定。所谓“出口信用保险”，也叫“出口信贷保险”，是承保出口商在经营出口业务过程中因进口商的商业风险或进口国的政治风险而遭受损失的一种信用保险。它是国家为了推动本国的出口贸易，保障出口企业的收汇安全而制定的一项由国家财政提供保险准备金的非营利性的政策性保险业务，是世贸组织（WTO）《补贴和反补贴协议》原则上允许的支持出口的政策手段。我国的出口信用保险是在 20 世纪 80 年代末发展起来的。1989 年，国家责成中国人民保险公司负责办理出口信用保险业务，当时是以短期业务为主。1992 年，人保公司开办了中长期业务。1994 年，政策性银行成立后，中国进出口银行也有了办理出口信用保险业务的权力。至此，出口信用保险业务开始由人保公司和进出口银行两家机构共同办理。2001年，在中国加入WTO的大背景下，国务院批准成立专门的国家信用保险机构——中国出口信用保险公司（中国信保），由人保公司和进出口银行各自办理的信用保险业务合并而成，中国的出口信用保险由其一家经营。出口信用保险按付款期限长短分为短期出口信用保险和中长期出口信用保险，前者又分为综合保险、统保保险、信用证保险、特定买方保险、买方违约保险和特定合同保险六种，后者分为出口买方信贷保险、出口卖方信贷保险和再融资保险三种。目前，我国缺乏关于出口信用保险的专门立法，使得具有政策性的出口信用保险活动只能等同于其他一般商业保险行为，适用《保险法》的规定，难于满足出口信用保险发展的现实需要，迫切需要加强这方面的制度建设。

2. 按照保险标的划分，保险可分为财产保险和人身保险，这也是我国《保险法》规定的基本险别。财产保险是以物质财产或财产性利益为保险标的，以实物的毁损和利益的灭失为保险事故的各种保险。包括普通财产保险、农业保险、保证保险、责任保险和信用保险等。人身保险是以人的生命或健康为保险标的，以人的生理意外事故作为保险事故的保险。人身保险又可分为人身意外伤害保险、健康保险和人寿保险等。

3. 按照保险责任发生的效力依据划分，保险可分为自愿保险和强制保险。自愿保险是投保人与保险人双方平等协商，自愿签订保险合同而产生的一种保险。这种保险责任发生的效力依据是保险合同，投保人享有投保或不投保的自由，保险人则可决定是否承保。强制保险又称法定保险，是指国家法律、法规直接规定必须进行的保险。详言之，是指依据法律、行政法规规定，特定的义务主体必须投保某种险种、特定的义务主体必须开办相应的险种业务的一种保险（参见［延伸阅读］）。强制保险又可分为商业强制保险和社会强制保险，其保险标的多与人民生命、健康和国家重大经济利益有关。这种保险关系依据法律、法规规定而产生，具有全面性、法定性、自发性等特点。

［延伸阅读］　　我国现行强制保险的法律依据及实施状况

依据我国《保险法》第11条第2款的规定，只有法律、行政法规有权规定强制保险。我国现行法律中有四部法律规定了具体的强制保险制度，一是《海洋环境保护法》第66条规定了强制油污染民事责任保险；二是《煤炭法》第44条规定了强制井下职工意外伤害保险；三是《建筑法》第48条规定了强制危险作业职工意外伤害保险；四是《道路交通安全法》第17条规定了机动车第三者责任强制保险，即现在的机动车交通事故责任强制保险（见下四）；五是《社会保险法》规定了社会保险（含基本养老保险，基本医疗保险、工伤保险、失业保险、生育保险）；六是《军人保险法》规定了军人保险（含军人伤亡保险、退役养老保险、退役医疗保险、随军未就业的军人配偶保险）。另外，正在修订的《海上交通安全法》中也规定了船舶强制保险。我国现行行政法规中有四部行政法规规定了强制保险制度，一是《内河交通安全管理条例》第67条规定了强制船舶污染损害责任、沉船打捞责任保险；二是《旅行社管理条例》第38条规定了旅行社责任险（取代原来规定的强制旅客旅游意外保险）；三是《海洋石油勘探开发环境保护管理条例》第9条规定了强制污染损害责任保险；四是《机动车交通事故责任强制保险条例》规定的机动车交通事故责任强制保险。需要特别说明的是，在上述法律、行政法规规定中，海上或内河运输的污染等强制险是可以通过财务担保替代的。归纳起来，我国现行法律、法规确立了16种强制保险，并且其中有的是可通过财务担保替代的，加上实际执行不彻底，强制保险还未能充分发挥在社会管理中的作用。

4. 按照保险人是否转移保险责任划分，保险可分为原保险和再保险。原保险又称第一次保险，是指保险人在保险责任范围内直接由自己对被保险人负赔偿责任的保险。再保险又称分保或第二次保险，是原保险人为减轻或避免所负风险把责任的一部分或全部转移给其他保险人的保险。我国《保险法》第28条第1款规定："保险人将其承担的保险业务，以分保形式部分转移给其他保险人的，为再保险。"第103条规定："保险公司对每一危险单位，即对一次保险事故可能造成的最大损失范围所承担的责任，不得超过其实有资本金加公积金总和的百分之十；超过的部分应当办理再保险。"可见，再保险的目的主要是分散风险、扩大承保能力、实现稳健经营。

5. 按照保险人的人数划分，保险可分为单保险和复保险。单保险是投保人对于同一保险标的、同一保险利益、同一保险事故，与一个保险人订立保险合同的行为。复保险，或称重复保险，是投保人对于同一保险标的、同一保险利益、同一保险事故，分别向两个以上保险人订立保险合同且保险金额总和超过保险价值的保险。我国《保险法》第56条就重复保险的定义及其处置规则做了明确规定（具体请见"第二节 五、（二）4. 重复保险的处置规则"部分的内容）。

此外，按照保险是否具有涉外因素划分，保险可分为国内保险和涉外保险。按照保险标的的价值划分，保险可分为定值保险和不定值保险。

（三）保险业与保险法制的发展

保险法是调整保险关系的法律规范的总称。保险法有广义和狭义之分。狭义的保险法是指保险法典，而广义的保险法不仅包括保险法典，而且还包括其他法律、法规中有关保险的规定。保险法既是组织法，又是活动法，其内容一般包括保险业法、保险合同法和保险特别法。

保险法源远流长，最早可追溯到古罗马法中关于共同海损的规定，而现代意义上的保险法则形成于14世纪以后的海上保险法。目前，世界上存在以德国保险法为代表的德国法系、以法国保险法为代表的法国法系和以英美等国为代表的英美保险法系。

中国的保险可谓是舶来品。1805年英国人在广州设立的"广州保险会社"是中国最早出现的保险公司。1865年成立的上海"义和保险行"，则是中国人自己最早开办的保险公司，而

1885年中国轮船招商局在上海创办的“仁济和保险公司”是最具实力的民族资本保险公司。与保险公司的出现相适应，旧中国在清末和北洋政府时期亦曾起草过保险立法，但均未公布实行。国民党政府时期制定有较完备的保险立法，如1929年12月30日公布的《保险法》，1935年7月5日公布的《保险业法》，1935年5月10日公布的《简易人寿保险法》等。

1949年10月20日，新中国刚成立20天，就设立了保险业的管理机关——中国人民保险公司。新中国成立初期，登记复业的华商保险公司有63家，外商保险公司41家，中央人民政府政务院为此颁发了一系列保险行政法规，对各种保险业务予以规范。1958年以后，由于受“左”的思想干扰，保险业陷入停顿状态。直到1980年中国人民保险公司恢复办理国内保险业务，并大力开展涉外保险以后，中国的保险事业才得以复苏和发展。特别是1993年以来，保险业改革步伐进一步加快，中国人民保险公司完成了财产险、人寿险和再保险业务的分离工作，改组设立了中国人民保险（集团）公司（含中保财产保险公司、中保人寿保险公司和中保再保险公司三家子公司），其他保险公司亦大量出现。

与保险业的恢复、发展相因应，我国的保险立法也得到了一定的发展。如1981年12月31日发布的《中华人民共和国经济合同法》，就将保险合同作为10种经济合同中的一种加以规定。1983年9月1日国务院颁布的《财产保险合同条例》，更是对《经济合同法》中关于保险合同规定的具体化。1985年3月3日国务院颁布的《保险企业管理暂行条例》对保险企业的设立，保险公司的权利和义务、偿付能力，保险基金及再保险业务等作了规定。1992年公布的《中华人民共和国海商法》则就海上保险这一特定保险作了特别规定。

为适应市场经济新时期保险事业发展的需要，1995年6月30日第八届全国人大常委会第14次会议通过了我国第一部完备的保险基本法——《中华人民共和国保险法》，该法自1995年10月1日起施行。1996年2月2日、1996年7月15日、1998年2月16日和1998年9月11日中国人民银行先后发布了《保险代理人管理暂行规定》、《保险管理暂行规定》、《保险经纪人管理规定（试行）》和《保险业监管指标》等，对我国的保险业及其业务开展作了的规定。1998年11月18日中国保监会成立并专司保险业监管职能以后，发布了大量的保险监管规章。特别是步入21世纪加入世贸组织以来，我国的保险业面临着新的机遇和挑战，为此，国务院于2001年12月12日发布了《外资保险公司管理条例》；2002年10月28日九届全国人大常委会第30次会议修订通过了新的《中华人民共和国保险法》，决定自2003年1月1日起实施；2006年6月15日国务院又发布了《关于保险业改革发展的若干意见》，就加快保险业改革发展的意义、指导思想、总体目标和主要任务等提出了10个方面的意见。这些重大举措对于促进我国保险业和保险市场的发展无疑具有重大意义。迄2006年12月底，我国共有保险集团（或控股）公司6家、财产保险公司39家、人身保险公司53家、再保险公司5家、保险资产管理公司9家、保险专业中介机构2 117家（其中保险代理公司1 563家、保险经纪公司303家、保险公估公司244家、外资保险专业中介机构7家），保险事业呈蓬勃发展之势。此后，我国又于2009年2月28日、2014年8月31日先后两次修订发布了新的《中华人民共和国保险法》，并于2010年10月28日、2012年4月27日先后发布实施了《中华人民共和国社会保险法》、《中华人民共和国军人保险法》，以适应我国各类保险发展的新形势的要求。国务院、国务院各保险主管部门及其他相关部门也先后发布了大量有关保险的法规、规章。

目前，我国现行有效的保险法律、法规和规章主要如下：

1. 全国人大常委会通过的保险法律。包括：《中华人民共和国保险法》（1995年6月30日通过，2014年8月31日第三次修订发布）、《中华人民共和国社会保险法》（2010年10月28日发布）、《中华人民共和国军人保险法》（2012年4月27日发布）。

2. 国务院发布的保险法规。包括：《国内航空运输旅客身体损害赔偿暂行规定》（1989年2月20日发布，1993年12月13日修订）、《失业保险条例》（1999年1月22日发布）、《外资保险公司管理条例》（2001年12月12日发布，2013年5月30日修订）、《工伤保险条例》（2003年4月27日发布，2010年12月20日修订）、《机动车交通事故责任强制保险条例》（2006年3月21日发布，2012年12月17日第二次修订）、《农业保险条例》（2012年11月12日发布）等。

3. 中国保监会发布的保险规章。主要包括：

（1）机构及人员管理类。具体包括：《保险公司管理规定》（2000年1月13日发布，2009年9月25日第三次修订）、《再保险公司设立规定》（2002年9月17日发布）、《外国保险机构驻华代表机构管理办法》（2004年1月15日发布，2006年7月12日修订）、《保险资产管理公司管理暂行规定》（2004年4月21日发布，2011年4月7日调整）、《外资保险公司管理条例实施细则》（2004年5月13日发布）、《保险公司设立境外保险类机构管理办法》（2006年7月31日发布）、《保险公司总精算师管理办法》（2007年9月28日发布）、《保险公司财务负责人任职资格管理规定》（2008年12月11日发布）、《保险专业代理机构监管规定》（2009年9月25日发布，2013年4月27日修订）、《保险公估机构监管规定》（2009年9月25日发布，2013年9月25日修订）、《保险经纪机构监管规定》（2009年9月25日发布，2013年4月27日修订）、《保险公司董事、监事和高级管理人员任职资格管理规定》（2010年1月8日发布，2014年1月23日修订）、《保险公司股权管理办法》（2010年5月4日发布，2014年4月5日修订）、《保险公司控股股东管理办法》（2012年7月25日发布）、《保险经纪从业人员保险公估从业人员监管办法》（2013年1月6日发布）、《保险销售从业人员监管办法》（2013年1月6日发布）等。

（2）保险业务监管类。具体包括：《保险业重大突发事件应急处理规定》（2003年12月18日发布）、《保险公司非寿险业务准备金管理办法（试行）》（2004年12月15日发布）、《保险保障基金管理办法》（2004年12月30日发布，2008年9月11日修订）、《再保险业务管理规定》（2005年10月14日发布，2010年5月21日修订）、《财产保险公司保险条款和保险费率管理办法》（2005年11月10日发布，2010年2月5日修订）、《健康保险管理办法》（2006年8月7日发布）、《保险公司养老保险业务管理办法》（2007年11月2日发布）、《保险公司偿付能力管理规定》（2008年7月10日发布）、《人身保险新型产品信息披露管理办法》（2009年9月25日发布）、《人身保险业务基本服务规定》（2010年2月11日发布）、《保险公司信息披露管理办法》（2010年5月12日发布）、《旅行社责任保险管理办法》（2010年11月25日发布）、《保险公司资本保证金管理办法》（2011年7月7日发布）、《保险公司保险业务转让管理暂行办法》（2011年8月26日发布）、《人身保险公司保险条款和保险费率管理办法》（2011年12月30日发布）、《关于〈人身保险公司保险条款和保险费率管理办法〉若干问题的通知》（2012年1月4日发布）、《保险统计管理规定》（2013年1月6日发布）、《中国保监会关于开展老年人住房反向抵押养老保险试点的指导意见》（2014年6月17日发布）等。

（3）保险资产运用与负债类。具体包括：《保险外汇资金境外运用管理暂行办法》（2004年8月9日与中国人民银行联合发布）、《保险机构投资者股票投资管理暂行办法》（2004年10月24日与中国证监会联合发布）、《保险资金间接投资基础设施项目试点管理办法》（2006年3月14日发布）、《保险机构债券投资信用评级指引（试行）》（2007年1月8日发布）、《保险资金境外投资管理暂行办法》（2007年6月28日发布）、《保险资金运用管理暂行办法》（2010年7月30日发布，2014年4月4日修订）、《保险公司次级定期债务管理办法》（2011年10月6日发布，2013年3月15日修订）、《保险资金境外投资管理暂行办法实施细则》（2012年10月12日发布）、《关于保险资金投资集合资金信托计划有关事项的通知》（2014年5月5日发布）等。

（4）保险行政许可、处罚与救济类。具体包括：《中国保险监督管理委员会行政复议办法》（2001年7月5日发布，2010年1月6日修订）、《中国保险监督管理委员会行政许可实施办法》（2004年6月30日发布，2014年2月14日修订）、《中国保险监督管理委员会派出机构监管职责规定》（2004年6月30日发布）、《中国保监会行政许可事项实施规程》（2004年7月7日发布，2007年7月5日第二次修订）、《中国保险监督管理委员会行政处罚程序规定》（2005年11月18日发布，2010年4月27日修订）、《保险许可证管理办法》（2007年6月22日）、《保险消费投诉处理管理办法》（2013年7月1日发布）等。

4. 其他部门发布的有关政策性保险方面的规章。主要有人力资源和社会保障部发布的《实施〈中华人民共和国社会保险法〉若干规定》（2011年6月29日）、《在中国境内就业的外国人参加社会保险暂行办法》（2011年9月6日）；财政部发布的《农业保险大灾风险准备金管理办法》（2013年12月8日）、《农业保险大灾风险准备金会计处理规定》（2014年2月28日）等。

5. 最高人民法院发布的司法解释及批复。包括：《关于审理海上保险纠纷案件若干问题的规定》（2006年11月23日）、《关于适用中华人民共和国保险法若干问题的解释（一）》（2009年9月21日）、《关于审理出口信用保险合同纠纷案件适用相关法律问题的批复》（2013年5月2日）、《关于适用中华人民共和国保险法若干问题的解释（二）》（2013年5月31日）。

二、保险法的基本原则

我国《保险法》第4条、第5条、第11条第2款规定："从事保险活动必须遵守法律、行政法规，尊重社会公德，不得损害社会公共利益"、"保险活动当事人行使权利、履行义务应当遵循诚实信用原则"、"除法律、行政法规规定必须保险的外，保险合同自愿订立。"据此，我国保险法的基本原则有四个：

1. 合法原则。是进行保险活动应当遵守的最基本原则，它要求任何保险活动的开展不仅要遵守法律的规定，而且要遵守行政法规的规定。

2. 尊重社会公德原则。是指从事任何保险活动必须尊重国家利益和社会公共利益，尊重社会公共道德。

3. 遵循自愿原则。是指商业保险活动的开展是出于参加者的自愿，而非任何形式的强制、胁迫。这是保险活动得以合法、正常进行的基点。

4. 诚实信用原则。是指保险当事人在订立及履行保险合同的过程中，应当尊重对方当事人及其他利益相关人的利益，积极主动地履行自己承担的法定义务或者约定义务，并善意地行使权利和取得利益，不得采取欺诈、胁迫等不诚实、不守信的行为。

三、保险业的监督管理

保险业的监督管理，是指国家保险业监督管理部门按照国务院规定的职权，依照保险法的规定对保险企业的设立、经营活动以及保险市场等进行监督管理的活动。目的在于保护被保险人和保险当事人的合法权益，保证保险业的安全、稳健运营。

在过去相当长时间内我国，保险业的监督管理部门是中国人民银行。1998 年 11 月 18 日依据“分业管理”原则成立了中国保险监督管理委员会（简称“中国保监会”），作为国务院直属事业单位，根据国务院授权履行行政管理职能，依照法律、法规规定统一监管全国保险市场，维护保险业的合法、稳健运行。2003 年，国务院决定，将中国保监会由国务院直属副部级事业单位改为国务院直属正部级事业单位，并相应增加职能部门、派出机构和人员编制。目前，中国保监会内设 16 个职能机构，并在全国各省、直辖市、自治区、计划单列市设有 36 个保监局，在烟台、苏州、汕头、温州、唐山市设有五个保监分局，依照有关保险法律、法规特别是《保险法》第 5 章的规定履行相应监管职责。另外，对社会保险、军人保险设置了其他主管部门。有关保险业的监督管理的内容详见本书第三章第四节。

第二节　保险合同

一、保险合同概述

（一）保险合同的概念及特征

保险合同是投保人与保险人约定保险权利义务关系的协议。保险合同是合同的一种，但与其他合同相比，它有自己的特征。表现为：

1. 保险合同是双务有偿合同。保险合同的当事人按照合同的约定互负义务，保险人在合同约定的保险事故发生时或者在保险期限届满时，向投保人（或被保险人、受益人）支付赔偿金或保险金，投保人按约定向保险人交纳保险费，并以此为代价将一定范围内的危险转移给保险人。

2. 保险合同为要式合同。根据我国《保险法》第 13 条明文规定，保险合同的订立应当采用书面形式，包括保险单或者其他保险凭证。

3. 保险合同是附合合同。附合合同或称格式合同、标准合同，是指一方当事人提出合同的主要内容，另一方必须服从、接受或拒绝对方提出的条件而成立的合同。在现代保险业务中，保险单及保险条款一般由保险人备制和提供，投保人在申请保险时，只能决定是否接受保险人出具的保险条款，而没有拟定或磋商保险条款的自由。因此，保险合同是典型的标准合同。

4. 保险合同是射幸合同。亦即碰运气的机会性合同。在保险合同中，投保人交付保险费的义务是确定的，但保险人是否承担保险赔偿责任则是不确定的，是机会性的。只有当特定的不确定的危险发生时或者在合同约定的给付保险金的其他条件具备时，保险人才承担给付保险金的义务。可见，危险发生的偶然性，决定了保险合同的射幸性质。

5. 保险合同是补偿性合同。保险是危险的对策，但保险并不能保证危险的不发生，也不能恢复已受损失的保险标的。而只是通过货币给付补偿投保人或被保险人的经济利益，弥补其遭受的损失。故保险合同是补偿性合同。

（二）保险合同主体

保险合同主体，包括保险合同当事人、保险合同关系人和保险合同辅助人。

1. 保险合同当事人。是指因订立保险合同而享有保险权利和承担保险义务的人。包括投保人和保险人。投保人，或称要保人，是指与保险人订立保险合同，并按照保险合同负有支付保险费义务的人。投保人应具备两个要件：一是具备民事权利能力和民事行为能力；二是对保险标的须具有保险利益。保险人，或称承保人，是指与投保人订立保险合同，收取保险费，在保险事故发生时，对被保险人承担赔偿或给付保险金责任的人。在我国，保险人专指保险公司。

2. 保险合同的关系人。包括被保险人和受益人。被保险人是指其财产或者人身受保险合同保障，享有保险金请求权的人，投保人可以为被保险人。受益人是指人身保险合同中由被保险人或者投保人指定的享有保险金请求权的人，投保人、被保险人可以为受益人。

3. 保险合同的辅助人。包括保险代理人和保险经纪人。

（三）保险利益

保险利益，又称可保利益，是指投保人对保险标的具有的法律上承认的利益。而保险标的是指作为保险对象的财产及其有关利益或者人的寿命和身体。我国《保险法》第12条第1款、第2款规定：“人身保险的投保人在保险合同订立时，对被保险人应当具有保险利益。财产保险的被保险人在保险事故发生时，对保险标的应当具有保险利益。”订立合同时，投保人对被保险人不具有保险利益的，合同无效；保险事故发生时，被保险人对保险标的不具有保险利益的，不得向保险人请求赔偿保险金。

一般认为，在财产保险合同中，凡是因财产发生危险事故而可能遭受损失的人，均为对该项财产具有一定的保险利益的人，包括财产所有人、经营管理人或对某项财产有直接利害关系的人。而在人身保险合同中，凡一方的继续生存对他方具有现实的或预期的经济利益，即认为具有保险利益。我国《保险法》第31条规定：“投保人对下列人员具有保险利益：（一）本人；（二）配偶、子女、父母；（三）前项以外与投保人有抚养、赡养或者扶养关系的家庭其他成员、近亲属；（四）与投保人有劳动关系的劳动者。除前款规定外，被保险人同意投保人为其订立合同的，视为投保人对被保险人具有保险利益。”

二、保险合同的订立

（一）保险合同订立的程序

《保险法》第13条规定："投保人提出保险要求，经保险人同意承保，保险合同成立。保险人应当及时向投保人签发保险单或者其他保险凭证。"据此，订立保险合同的程序主要为投保和承保两个步骤。

投保，指投保人提出保险请求并提交投保单的行为，其实质为保险要约。承保是指保险人同意接受投保人投保请求的行为，亦即保险承诺。实践中，保险合同的订立一般须经以下程序：

1. 投保人提出申请，索取并填写投保单。

2. 投保人与保险人商定支付保险费的方法。

3. 承保。保险人审查投保单，向投保人询问、了解保险标的的各种情况和被保险人的身体状况，决定接受投保后即在投保单上签章。

4. 出具保险单。既可以是保险单，也可以是暂保单，还可以另出保险凭证。

（二）保险合同的形式

保险合同是要式合同，故我国《保险法》明文规定保险合同应采用书面形式。具体可包括：

1. 保险单。简称"保单"，是投保人与保险人订立保险合同的正式书面凭证。由保险人或其代理人制作并签发给投保人。保险单中一般印有保险条款。当保险标的遭受损失时，保险单就成为被保险人向保险人索赔的主要凭证，同时也是保险人向被保险人理赔的主要依据。

保险单是订立保险合同的书面形式，但并非保险合同本身，而是保险合同成立的正式凭证。按《保险法》第13条的规定，投保人提出保险要求，经保险人同意承保，合同就成立。依法成立的保险合同，自成立时生效。因此，如在正式保险单签发之前发生保险事故，保险合同仍具有法律效力，保险人应按合同约定负赔偿责任。除非当事人事先约定以正式签发保险单为合同成立条件，保险人才可免除赔偿义务。

2. 保险凭证。又称"小保单"，是一种内容和格式简化了的保险单。它一般不列明具体的保险条款，只记载投保人和保险人约定的主要内容。保险凭证上记载的内容，虽然不是保险合同的全部内容，但与保险单具有同等的法律效力。对于保险凭证未列明的内容，以相应的保险单记载为准，当保险凭证记载的内容与相应的保险单列明的内容发生抵触时，以保险凭证的记载为准。保险人向投保人出具保险凭证的，不再签发保险单。

3. 暂保单。又称"临时保单"，指保险人或其代理人在同意承保风险而又不能立即出具保险单或保险单证时，向投保人签发的临时保险凭证。暂保单不同于保险单，但在有效期限内在保险单作成交付之前，具有与保险单相同的效力。签发暂保单不是订立保险合同的必经程序，但在以下情况下可使用暂保单：

（1）保险代理人争取到保险业务但尚未向保险人办妥保险单之前；

（2）保险公司的分支机构，在接受投保时，须经上级公司或总公司的审批，而未获批准前；

（3）保险人和投保人就标准保险单的条款达成一致，但就标准保单记载以外的个别事项尚未达成一致，而保险人原则上同意承保时；

（4）保险人与投保人在不能确定保险条件是否符合承保标准前。

4. 投保单。又称要保书，是保险人预先备制以供投保人提出保险要约时使用的格式文书。一般包括以下内容：（1）投保人姓名（名称）、地址；（2）投保人的职业或经营性质；（3）保险标的及其坐落位置；（4）保险标的的实际价值或保险价值的确定方法；（5）保险金额或保险责任限额；（6）保险期间；（7）投保人签章；（8）投保日期。

投保单本身不是保险合同，也非保险合同的正式组成部分。但投保单经投保人如实填写，并由保险人签章承保后，就成为保险合同的组成部分之一，补充保险单的遗漏。

5. 其他书面形式。指投保人和保险人以上述四种方式以外的书面形式订立的保险合同。如投保人和保险人约定特殊事项的保险，并经过公证的保险合同。

（三）保险合同的内容

根据我国《保险法》第 18 条的规定，保险合同应当包括下列内容：

1. 保险人名称和住所。保险人即承保人，指经营保险业务，与投保人订立保险合同并承担赔偿或者给付保险金责任的保险公司。保险人名称就是指作为承保人的保险公司的全称，住所是指保险公司所在的地址。

2. 投保人、被保险人名称和住所，以及人身保险的受益人的名称和住所。

3. 保险标的，是指作为保险对象的财产及其有关利益或者人的寿命和身体。保险标的必须明确记载于合同，据以判断投保人对其有无保险利益，并确定保险人的保险责任范围。

4. 保险责任和责任免除。保险责任是指保险单上记载的危险发生造成保险标的损失或约定人身保险事故发生时，保险人所承担的赔偿或给付责任。责任免除是指依法或合同约定，保险人可以不负赔偿或给付责任的范围。保险合同应当明确保险责任和责任免除。

5. 保险期间和保险责任开始时间。保险期间即保险合同的有效期间。只有在保险期间发生保险事故或出现保险事件，保险人才承担赔偿或给付责任。保险责任开始时间，即保险人开始履行保险责任的时间。

6. 保险金额。简称“保额”，是保险合同当事人约定，并在保险单中载明的保险人应当赔偿的货币额。保险金额是保险人在保险事故发生时应当承担的赔偿或给付保险金责任的最高限额，同时也是计算保险费的标准。

7. 保险费以及支付办法。保险费，简称“保费”，是投保人向保险人支付的费用。它是建立保险基金的源泉。保险费的多少，取决于保险金额的大小、保险费率的高低和保险期限的长短。

8. 保险金赔偿或者给付办法。即保险人承担保险责任的方法，一般以金钱给付为原则。

9. 违约责任和争议处理。

10. 订立合同的年、月、日。

此外，投保人和保险人在前述规定的保险合同事项外，还可以就与保险有关的其他事项作出约定。

（四）投保人的告知义务及相应处理

我国《保险法》第16条规定：订立保险合同，保险人就保险标的或者被保险人的有关情况提出询问的，投保人应当如实告知；投保人故意或者因重大过失未履行规定的如实告知义务的，足以影响保险人决定是否同意承保或者提高保险费率的，保险人有权解除合同。前述规定的合同解除权，自保险人知道有解除事由之日起，超过30日不行使而消灭。自合同成立之日起超过2年的，保险人不得解除合同；发生保险事故的，保险人应当承担赔偿或者给付保险金的责任。

投保人故意不履行如实告知义务的，保险人对于合同解除前发生的保险事故，不承担赔偿或者给付保险金的责任，并不退还保险费；投保人因重大过失未履行如实告知义务，对保险事故的发生有严重影响的，保险人对于合同解除前发生的保险事故，不承担赔偿或者给付保险金的责任，但应当退还保险费。

保险人在合同订立时已经知道投保人未如实告知的情况的，保险人不得解除合同；发生保险事故的，保险人应当承担赔偿或者给付保险金的责任。

（五）格式条款说明、提示规则

《保险法》第17条规定：订立保险合同，采用保险人提供的格式条款的，保险人向投保人提供的投保单应附格式条款，保险人应向投保人说明合同的内容。

对保险合同中免除保险人责任的条款，保险人在订立合同时应在投保单、保险单或其他保险凭证上作出足以引起投保人注意的提示，并对该条款的内容以书面或口头形式向投保人作出明确说明；未作提示或明确说明的，该条款不产生效力。

三、保险合同的履行

（一）保险合同履行的概念

保险合同的履行，是指保险合同依法成立并生效后，合同主体全面、适当完成各自承担的约定义务的行为。从内容上看，履行包括投保人、被保险人、受益人和保险人的合同义务的履行。从程序上看，履行还包括索赔、理赔、代位求偿三个环节。

（二）投保人、被保险人和保险人的义务

1. 投保人、被保险人、受益人的义务。主要包括：

（1）投保人应按照约定交付保险费，这是投保人最基本的义务；

（2）投保人、被保险人、受益人应履行出险通知、预防危险、索赔举证的义务；

（3）被保险人应履行危险增加通知、施救的义务。

2. 保险人的义务。主要是按照合同约定的时间开始承担保险责任，在保险事故发生后或保险合同规定的事项发生后对损失给予赔偿或向受益人支付约定的保险金。

（三）索赔、理赔与代位求偿

1. 索赔与理赔。索赔是被保险人或受益人在保险事故发生后或保险合同中约定的事项出

现后，按照保险合同的规定，在法定期限内向保险人要求赔偿损失或给付保险金的行为。理赔是保险人在被保险人或受益人提出索赔后，根据保险合同的规定，对保险财产的损失或人身伤害进行调查并处理有关保险赔偿责任的活动。

我国《保险法》第 21 条至第 26 条就索赔与理赔的程序作了如下规定：

（1）出险通知。投保人、被保险人或者受益人知道保险事故发生后，应当及时通知保险人。

（2）提供索赔单证。保险事故发生后，依照保险合同请求保险人赔偿或者给付保险金时，投保人、被保险人或者受益人应当向保险人提供其所能提供的与确认保险事故的性质、原因、损失程度等有关的证明和资料。保险人依照保险合同的约定，认为有关的证明和资料不完整的，应当及时一次性通知投保人、被保险人或者受益人补充提供有关的证明和资料。

（3）核定赔偿。保险人收到被保险人或者受益人的赔偿或者给付保险金的请求后，应当及时作出核定，情况复杂的应在 30 日内作出核定并将核定结果通知被保险人或者受益人；对属于保险责任的，在与被保险人或者受益人达成有关赔偿或者给付保险金额的协议后 10 日内，履行赔偿或者给付保险金义务。保险合同对保险金额及赔偿或者给付期限有约定的，保险人应当依照约定履行赔偿或者给付保险金义务。保险人未及时履行赔偿或者给付保险金义务的，除支付保险金外，应当赔偿被保险人或者受益人因此受到的损失。保险人收到索赔要求后，对不属于保险责任的，应当自作出核定之日起 3 日内向被保险人或者受益人发出拒绝赔偿或者拒绝给付保险金通知书。保险人自收到索赔要求及索赔单证之日起 60 日内，对其赔偿或者给付保险金的数额不能确定的，应当根据已有证明和资料可以确定的最低数额先予支付；保险人最终确定赔偿或者给付保险金的数额后，应当支付相应的差额。

（4）索赔时效。人寿保险的被保险人或者受益人的索赔时效为自知道保险事故发生之日起 5 年；人寿保险以外的其他保险的被保险人或者受益人的索赔时效为自知道保险事故发生之日起 2 年。

2. 代位求偿权。是指保险人在向被保险人支付保险金后，有权代被保险人向造成保险标的损害并负有赔偿责任的第三人请求赔偿的权利。代位求偿权只存在于财产保险中，人身保险中不存在代位求偿权。我国《保险法》第 60 条第 1 款规定："因第三者对保险标的的损害而造成保险事故的，保险人自向被保险人赔偿保险金之日起，在赔偿金额范围内代位行使被保险人对第三者请求赔偿的权利。"同时，在保险人向第三者行使代位请求赔偿权利时，被保险人应当向保险人提供必要的文件和其所知道的有关情况。但该项代位求偿权的行使受有限制，即除被保险人的家庭成员或者其组成人员故意造成第 60 条第 1 款规定的保险事故以外，保险人不得对被保险人的家庭成员或者其组成人员行使代位请求赔偿的权利。

保险事故发生后，被保险人已经从第三者取得损害赔偿的，保险人赔偿保险金时，可以相应扣减其已从第三者取得的赔偿金额；保险人依照规定行使代位请求赔偿的权利，不影响被保险人就未取得赔偿的部分向第三者请求赔偿的权利。

此外，保险事故发生后，保险人未赔偿保险金之前，被保险人放弃对第三者请求赔偿的权利的，保险人不承担赔偿保险金的责任；保险人向被保险人赔偿保险金后，被保险人未经保险人同意放弃对第三者请求赔偿的权利的，该行为无效；由于被保险人故意或重大过失致使保险人不能行使代位请求赔偿的权利的，保险人可以扣减或要求返还相应的赔偿金。

3. 责任保险的理赔与相关争讼费用的承担。责任保险是指以被保险人对第三者依法应负的赔偿责任为保险标的的保险。我国《保险法》规定：保险人对责任保险的被保险人给第三者造成的损害，可以依照法律的规定或者合同的约定，直接向该第三者赔偿保险金。责任保险的被保险人因给第三者造成损害的保险事故而被提起仲裁或者诉讼的，除合同另有约定外，由被保险人支付的仲裁或者诉讼费用以及其他必要的、合理的费用，由保险人承担。

四、保险合同的变更和解除

（一）保险合同的变更

保险合同的变更是指在保险合同存续期间，其主体、内容、效力发生变化。保险合同的变更主要包括：

1. 主体的变更。是指保险合同当事人和关系人的变更，一般是投保人或被保险人的变更，而不是保险人的变更。主体的变更通常是由于保险标的所有权的转让而引起的。

2. 内容的变更。是指在主体不变的情况下，保险标的的数量、品种、价值或存放地点发生变化，或货物运输合同中的航程变化、船期变化以及保险期限、保险金额的变更等。

3. 效力的变更。是指保险合同全部或者部分无效，或失效后又复效。

变更保险合同，应当由保险人在原保险单或者其他保险凭证上批注或附贴批单，或由投保人和保险人订立书面变更协议。

（二）保险合同的解除

保险合同的解除是指在保险合同关系有效期内，当事人依据法律规定或合同约定，提前消灭保险合同的权利义务的行为。一般由有解除权的一方向他方为意思表示，使已经成立的保险合同自始无效。

保险合同的解除权一般由投保人行使，因为保险合同从根本上说是为分担投保人的损失而设，故赋予投保人以保险合同解除权可以很好地维护其利益。我国《保险法》第 15 条就规定："除本法另有规定或者保险合同另有约定外，保险合同成立后，投保人可以解除合同，保险人不得解除合同。"除非在特定情况下，在投保人有违法或违约行为时，法律才规定保险人可以单独解除合同。这些特定情况在《保险法》第 16 条第 2 款、第 27 条第 1 款和第 2 款、第 36 条第 1 款、第 51 条第 3 款中作了明文规定。

此外，有些特定合同，一旦保险责任开始后，合同双方当事人均不得解除。如货物运输保险合同和运输工具航程保险合同等。

五、财产保险合同和人身保险合同

（一）人身保险合同

人身保险合同是以人的寿命和身体为保险标的的保险合同。《保险法》第二章第二节对人身保险合同作了专门规定。其最基本的内容有：

1. 投保人、被保险人的义务和权利。包括：投保人应如实申报被保险人的年龄；投保人不得为无民事行为能力人投保以死亡为给付保险金条件的人身保险，但父母为其未成年子女投保的人身保险除外；投保人于合同成立后，可向保险人一次支付全部保险费，也可按约定分期支付保险费；被保险人或投保人可以指定一人或者数人为受益人，并经保险人同意可以变更受益人。

2. 保险人的主要义务和权利。包括：保险人不得承保投保人为无民事行为能力人投保的以死亡为给付保险金条件的人身保险（但父母为其未成年子女投保的人身保险除外）；保险人对人身保险的保险费，不得以诉讼方式要求投保人支付；被保险人死亡后，在没有指定受益人、受益人先于被保险人死亡又无其他受益人、受益人依法丧失受益权或者放弃受益权又无其他受益人的情况下，保险金作为被保险人的遗产，由保险人向被保险人的继承人履行给付保险金的义务。对于投保人、受益人故意造成被保险人死亡、伤残或者疾病的；以死亡为给付保险金条件的合同，被保险人自杀的，除规定情形者外；被保险人故意犯罪导致其自身伤残或者死亡的，保险人不承担给付保险金的责任，但应当按照规定退还保险单的现金价值。

（二）财产保险合同

财产保险合同和人身保险合同是《保险法》规定的主要险别的合同。财产保险合同是以财产及其有关利益为保险标的的保险合同。《保险法》第二章第二节对财产保险合同作了专门规定，其最基本的内容是：

1. 财产保险合同的被保险人的义务。主要包括：应当遵守国家有关消防、安全、生产操作、劳动保护等方面的规定，维护保险标的的安全；在合同有效期内，保险标的危险程度增加的，被保险人应当及时通知保险人；保险事故发生时，被保险人有责任尽力采取必要的措施，防止或者减少损失。

2. 财产保险合同的保险人的权利义务。包括：可以根据合同的约定，对保险标的的安全状况进行检查，及时向投保人、被保险人提出消除不安全因素和隐患的书面建议；为维护保险标的的安全，经被保险人同意，可以采取安全预防措施；在据以确定保险费率的有关情况发生变化、保险标的的危险程度明显减少，或者保险标的的保险价值明显减少的情况下，除合同另有约定外，保险人应当降低保险费，并按日计算退还相应的保险费；因第三者对保险标的的损害而造成保险事故的，保险人自向被保险人赔偿保险金之日起，在赔偿金额范围内代位行使被保险人对第三者请求赔偿的权利。

3. 财产保险的赔付规则。投保人和保险人约定保险标的的保险价值并在合同中载明的，保险标的发生损失时，以约定的保险价值为赔偿计算标准；未约定保险标的的保险价值的，保险标的发生损失时，以保险事故发生时保险标的的实际价值为赔偿计算标准。

保险金额不得超过保险价值。超过保险价值的，超过部分无效，保险人应退还相应的保险费。保险金额低于保险价值的，除合同另有约定外，保险人按照保险金额与保险价值的比例承担赔偿保险金的责任。

4. 重复保险的处置规则。重复保险是指投保人对同一保险标的、同一保险利益、同一保险事故分别与两个以上保险人订立保险合同，且保险金额总和超过保险价值的保险。如发生重复保险，投保人应将重复保险的有关情况通知各保险人。重复保险的各保险人赔偿保险金的总和不得超过保险价值。除合同另有约定外，各保险人按照其保险金额与保险金额总和的比例承担赔偿保险金的责任。重复保险的投保人可以就保险金额总和超过保险价值的部分，请求各保险人按比例返还保险费。

第三节　保险公司及其经营规则

一、保险公司的组织形式

按我国 1995 年 6 月通过、2002 年 10 修订发布的《保险法》第 70 条的规定，我国的保险公司应当采取股份有限公司和国有独资公司两种组织形式，而 2009 年 2 月修订后的《保险法》则删去了这一规定。依据新《保险法》第 94 条之规定："保险公司，除本法另有规定外，适用《中华人民共和国公司法》的规定。"而依《公司法》规定，公司的组织形式包括有限责任公司、股份有限公司及国有独资公司等，故可认为我国的保险公司也可以以有限责任公司、股份有限公司、国有独资公司等三种形式设立。另外，经中国保监会批准设立、依法登记注册专门经营再保险业务的再保险公司（包括人寿再保险公司、非人寿再保险公司和综合再保险公司）也可采取这些组织形式设立。

此外，2009 年《保险法》第 185 条还规定："中外合资保险公司、外资独资保险公司、外国保险公司分公司适用本法规定；法律、行政法规另有规定的，适用其规定。"我国 2001 年 12 月 12 日发布、2013 年 5 月 30 日修订的《外资保险公司管理条例》就中外合资保险公司、外资独资保险公司、外国保险公司分公司的设立与登记、业务范围、监督管理、终止与清算、法律责任等问题作了专门规定。

二、保险公司的设立、变更和终止

（一）保险公司的设立

1. 保险公司的设立原则与条件

按《保险法》第 68 条和中国保监会 2000 年 1 月 13 日发布、2009 年 9 月 25 日第三次修订的《保险公司管理规定》第 6 条、第 7 条的规定，设立保险公司，应当遵循下列原则：（1）符合法律、行政法规；（2）有利于保险业的公平竞争和健康发展。同时，必须具备下列条件：

（1）主要股东具有持续盈利能力，信誉良好，最近 3 年内无重大违法违规记录，净资产不低于人民币 2 亿元；

（2）有符合《保险法》和《公司法》规定的章程。

（3）有符合规定的注册资本。《保险法》第 69 条规定，设立保险公司最低实缴货币资本为人民币 2 亿元。保险监督管理机构根据保险公司业务范围、经营规模，可以调整其注册资本的最低限额，但不得低于人民币 2 亿元。据此，《保险公司管理规定》第 16 条规定：保险公司以 2 亿元最低资本金额设立的，在其住所地以外的每一省、自治区、直辖市首次申请设立分公司，应当增加不少于 2 000 万元的注册资本。申请设立分公司时，保险公司注册资本已达到规定的增资后额度的，可以不再增加相应的注册资本。保险公司注册资本达到人民币5亿元，在偿付能力充足的情况下，设立分公司不需要增加注册资本。

（4）有具备任职专业知识和业务工作经验的董事、监事和高级管理人员。高级管理人员，是指对保险机构经营管理活动和风险控制具有决策权或者重大影响的下列人员：1）总公司总经理、副总经理和总经理助理；2）总公司董事会秘书、合规负责人、总精算师、财务负责人和审计责任人；3）分公司、中心支公司总经理、副总经理和总经理助理；4）支公司、营业部经理；5）与上述高级管理人员具有相同职权的管理人员。

保险公司的董事、监事和高级管理人员，应当品行良好，熟悉与保险相关的法律、行政法规，具有履行职责所需的经营管理能力，并在任职前取得保险监督管理机构核准的任职资格。中国保监会2010年1月8日发布、2014年1月23日修订的《保险公司董事、监事和高级管理人员任职资格管理规定》，对高级管理人员的任职资格条件、任职资格核准、监督管理、法律责任等作了详细规定。根据这些规定，中国保监会根据法律和国务院授权，对保险公司董事、监事和高级管理人员任职资格实行统一监督管理。中国保监会的派出机构根据授权负责辖区内保险公司分支机构高级管理人员任职资格的监督管理，但中资再保险公司分公司和境外保险公司分公司除外。

（5）有健全的组织机构和管理制度。健全的组织机构是指具有健全的权力、经营、监督机构，股份有限保险公司应有股东大会、董事会和监事会，国有独资保险公司应有董事会和监事会。公司还应有完善的管理制度，如具有明确的发展规划、经营策略、组织机构框架、风险控制体系等。

（6）有符合要求的营业场所和与经营业务有关的其他设施。

（7）法律、行政法规和中国保监会规定的其他条件。如投资人符合条件，公司股权结构合理等。

保险监督管理机构审查设立申请时，还应当考虑保险业的发展和公平竞争的需要。

2. 保险公司的设立程序

设立保险公司，按《保险法》和《保险公司管理规定》的规定，须经筹建申请及审批和开业申请及审批两个阶段。

（1）筹建申请及审批。设立保险公司，申请人应当向中国保监会提出书面申请，并提交下列材料一式三份：1）设立申请书，其中应当载明拟设公司的名称、注册资本、业务范围等；2）可行性报告，其中应当包括发展规划、经营策略、组织机构框架和风险控制体系等；3）筹建方案；4）保险公司章程草案；5）投资人的营业执照或者其他背景资料，经会计师事务所审计的上一年度财务会计报告；6）投资人认可的筹备组负责人和拟任公司董事长、经理名单及本人认可证明；7）中国保监会规定提交的其他材料。

中国保监会应对设立申请进行审查，并自收到完整的申请材料之日起6个月内作出批准或不批准筹建的决定。决定不批准的，应当书面通知申请人并说明理由。

经中国保监会批准筹建保险公司的，申请人应当自收到批准筹建通知之日起1年内完成筹建工作。筹建期间届满未完成筹建工作的，原批准筹建决定自动失效。筹建机构在筹建期间不得从事保险经营活动。筹建期间不得变更主要投资人。

（2）开业申请及审批。筹建工作完成后，申请人具备《保险法》第68条、《保险公司管理规定》第12条规定的设立条件的，可以向中国保监会提出开业申请，并提交下列材料一式三份：1）开业申请书；2）创立大会决议，没有创立大会决议的，应当提交全体股东同意申请开业的文件或者决议；3）公司章程；4）股东名称及其所持股份或者出资的比例，资信良好的验资机构出具的验资证明，资本金入账原始凭证复印件；5）中国保监会规定股东应当提交的有关材料；6）拟任该公司董事、监事、高级管理人员的简历以及相关证明材料；7）公司部门设置以及人员基本构成；8）营业场所所有权或者使用权的证明文件；9）按照拟设地的规定提交有关消防证明；10）拟经营保险险种的计划书、3年经营规划、再保险计划、中长期资产配置计划，以及业务、财务、合规、风险控制、资产管理、反洗钱等主要制度；11）信息化建设情况报告；12）公司名称预先核准通知；13）中国保监会规定提交的其他材料。

中国保监会应当审查开业申请，进行开业验收，并自受理开业申请之日起60日内作出批准或不批准开业的决定。验收合格决定批准开业的，颁发经营保险业务许可证；验收不合格决定不批准开业的，应当书面通知申请人并说明理由。

经批准开业的保险公司，应当持批准文件以及经营保险业务许可证，向工商行政管理部门办理登记注册手续，领取营业执照后方可营业。

3. 分支机构的层级及其设立

保险公司分支机构，是指经保险监督管理机构批准，保险公司依法设立的分公司、中心支公司、支公司、营业部、营销服务部以及各类专属机构。保险公司分支机构不具有法人资格，其民事责任由保险公司承担。

保险公司可根据业务发展需要申请设立分支机构，其层级依次为分公司、中心支公司、支公司、营业部或者营销服务部。保险公司可不逐级设立分支机构，但其在住所地以外的各省、自治区、直辖市开展业务，应当首先设立分公司。保险公司可不按前述规定的层级逐级管理下级分支机构；营业部、营销服务部不得再管理其他任何分支机构。

保险公司在中国境内设立分支机构，应经保险监督管理机构批准。保险公司申请设立分支机构时，应向保险监督管理机构提出书面申请，并提交下列材料：(1) 设立申请书；(2) 拟设机构3年业务发展规划和市场分析材料；(3) 拟任高级管理人员的简历及相关证明材料；(4) 中国保监会规定的其他材料。

保险监督管理机构应对保险公司设立分支机构的申请进行审查，自受理之日起60日内作出批准或不批准的决定。决定批准的，颁发分支机构经营保险业务许可证；决定不批准的，应书面通知申请人并说明理由。

批准设立的保险公司及其分支机构，凭经营保险业务许可证向工商行政管理机关办理登记，领取营业执照。保险公司及其分支机构自取得经营保险业务许可证之日起6个月，无正当理由未向工商行政管理机关办理登记的，其经营保险业务许可证失效。

我国《保险公司管理规定》第三章对保险公司分支机构的设立条件及程序作了专章规定。

(二) 保险公司的变更

按《保险法》第84条规定，保险公司变更名称、变更注册资本、变更组织形式、扩大业务范围、变更注册地、变更公司或分支机构的营业场所、撤销分支机构、公司分立或合并、修改公司章程、变更出资额占有限责任公司资本总额5%以上的股东或变更持有股份有限公司股份 5%以上的股东等，须经保险监督管理机构批准。

（三）保险公司的终止

按照《保险法》的规定，保险公司终止的主要原因有：

1. 解散。保险公司因分立、合并需要解散，或股东会、股东大会决议解散，或公司章程规定的解散事由出现，经中国保监会批准后解散。但经营有人寿保险业务的保险公司，除因分立、合并或被依法撤销外，不得解散。保险公司解散，应依法成立清算组进行清算。

2. 被撤销。保险公司违反法律、行政法规，被保险监督管理机构吊销经营保险业务许可证的，依法撤销。

3. 破产。保险公司不能支付到期债务，经中国保监会同意，保险公司或其债权人可依法向人民法院申请重整、和解或破产清算；中国保监会也可以依法向人民法院申请对该保险公司进行重整或破产清算。

保险公司依法被解散、撤销和宣告破产的，应当进行清算，终止其业务活动，注销其经营保险业务许可证。经营有人寿保险业务的保险公司被依法撤销或者被依法宣告破产的，其持有的人寿保险合同及责任准备金，必须转移给其他经营有人寿保险业务的保险公司；不能同其他保险公司达成转让协议的，由中国保监会指定经营有人寿保险业务的保险公司接受。转让或者由中国保监会指定接受转让前述规定的人寿保险合同及责任准备金的保险公司，应当维护被保险人、受益人的合法权益。

三、保险公司的业务及经营规则

（一）保险公司的业务范围

按《保险法》的有关规定，保险公司应在中国保监会依法批准的业务范围内从事保险经营活动。保险公司的业务范围有：

1. 人身保险业务，包括人寿保险、健康保险、意外伤害保险等保险业务。人寿保险又称生命保险，是以人的生死为保险事故（不管死亡原因是疾病或伤害），由保险公司依照合同规定给付保险金的保险。人寿保险又可细分为死亡保险、生存保险、生死两全险、简易人身保险等。健康保险又称疾病保险，是指保险公司对被保险人在保险期限内发生疾病、分娩或由此引起残废、死亡承担给付保险金责任的保险。意外伤害保险是指保险公司以被保险人遭受意外伤害为保险标的的保险，包括一般意外伤害、旅客意外伤害和职业伤害保险等。

2. 财产保险业务，包括财产损失保险、责任保险、信用保险、保证保险等保险业务。财产损失保险是以财产作为标的的保险；责任保险是指以法律责任危险为保险标的的保险，即以被保险人的民事损害赔偿责任为保险标的的保险；信用保险是指权利人要求保险人承保对方（被保证人）信用的保险，权利人也即被保险人；保证保险是指被保证人根据权利人的要求，要求保险人承保自己（被保险人）信用的保险。

“保险人不得兼营人身保险业务和财产保险业务。但是，经营财产保险业务的保险公司经国务院保险监督管理机构批准，可以经营短期健康保险业务和意外伤害保险业务。”《保险法》第 95 条第 2 款作出这一规定，是考虑到财产保险具有补偿性，人身险中的寿险业务则具有储蓄性，禁止两者兼营，是为了防止将寿险资金用于财产保险补偿所带来的风险。另外，从保险原理看，短期健康保险和意外伤害保险虽是人身保险业务，但属于短期保险，与财产保险同样具有补偿性，精算基础和财务会计处理原则也相同，国际上通常被视为“第三领域”，大多数国家和地区也都允许财产保险公司和人身保险公司同时经营短期健康保险和意外伤害保险业务，故有此规定。

3. 中国保监会批准的与保险有关的其他业务。

4. 再保险业务。经中国保监会批准，保险公司可以经营前列财产险、人身险业务等业务的分出保险和分入保险等再保险业务。分出保险是指保险公司将自己直接承保的业务部分转让给其他保险公司承保的保险业务。分入保险是指保险公司接受其他保险公司承保的部分业务而开展的保险业务。中国保监会发布的《再保险公司设立规定》(2002 年 9 月 17 日)、《再保险业务管理规定》(2005 年 10 月 14 日发布，2010 年 5 月 21 日修订）就再保险公司（含人寿再保险公司、非人寿再保险公司和综合再保险公司）的设立、业务运营及监管等作了规定。

(二) 保险公司保险经营规则

我国《保险法》第四章就保险公司的保险经营规则作了专章规定，其内容主要有：

1. 保险公司应按其注册资本总额的 20%提取保证金，存入中国保监会指定的银行，除公司清算时用于清偿债务外，不得动用。

保险公司的资本保证金，对于保护投保人利益，维护保险市场的平稳、健康发展，意义十分重大。中国保监会为此曾于 2007 年 8 月 2 日发布实施了《保险公司资本保证金管理暂行办法》。但现在取代它的是 2011 年 7 月 7 日修订发布的《保险公司资本保证金管理办法》，该办法就保险公司（包括经营保险业务的保险控股公司和保险集团公司）资本保证金的定义、存放、监管等作了规定。

2. 保险公司应根据保障被保险人利益、保证偿付能力的原则，提取各项责任准备金。保险公司提取和结转责任准备金的具体办法由中国保监会制定。

所谓“保险责任准备金”，是指保险公司为了承担未到期责任和处理未决赔款而从保险费收入中提存的一种资金准备。它不是保险公司的营业收入而是其负债，因此，保险公司应有与保险责任准备金等值的资产作为后盾，随时准备履行其保险责任，以保障被保险人利益、保证偿付能力。

保险责任准备金种类繁多，但最主要可以分为两大类：一类是非寿险业务准备金，包括未到期责任准备金、未决赔款准备金和中国保监会规定的其他责任准备金。另一类是人寿保险责任准备金，又可分为理论责任准备金和实际责任准备金，前者是根据纯保险费计算积累的用于给付保险金的资金，其计算不考虑保险业务经营的实际条件，即附加费用及其在时间上的不平均；后者是指人寿保险业务中实际提存的责任准备金，它是考虑各年间附加费用的不同开支情况，并以理论准备金为基础加以修订而计算的准备金。中国保监会发布的《保险公司非寿险业务准备金管理办法（试行)》(2004 年 12 月 15 日）和《保险公司非寿险业务准备金管理办法实施细则》(2005 年 2 月 2 日)、《健康保险管理办法》(2006 年 8 月 7 日）等规章，就各类责任准备金的提取作出了规定（参见［拓展介绍］)。

[拓展介绍]　　非寿险业务准备金的主要类别

按《保险公司非寿险业务准备金管理办法（试行）》的规定，保险公司非寿险业务准备金包括未到期责任准备金、未决赔款准备金和中国保监会规定的其他责任准备金。(1) 未到期责任准备金是指在准备金评估日为尚未终止的保险责任而提取的准备金，包括保险公司为保险期间在1年以内（含1年）的保险合同项下尚未到期的保险责任而提取的准备金，以及为保险期间在1年以上（不含1年）的保险合同项下尚未到期的保险责任而提取的长期责任准备金。(2) 未决赔款准备金是指保险公司为尚未结案的赔案而提取的准备金，包括：1）已发生已报案未决赔款准备金，是指为保险事故已经发生并已向保险公司提出索赔，保险公司尚未结案的赔案而提取的准备金。2）已发生未报案未决赔款准备金，是指为保险事故已经发生，但尚未向保险公司提出索赔的赔案而提取的准备金。3）理赔费用准备金，是指为尚未结案的赔案可能发生的费用而提取的准备金。其中为直接发生于具体赔案的专家费、律师费、损失检验费等而提取的准备金为直接理赔费用准备金；为非直接发生于具体赔案的费用而提取的准备金为间接理赔费用准备金。(3) 中国保监会规定的其他责任准备金，如巨灾风险责任准备金等。

3. 提取公积金。保险公司除了提取准备金以外，还应按有关法律、行政法规及国家财务会计制度的规定提取公积金。公积金，或称公司的储备资金，是指公司为增强自身的资产实力、扩大经营规模以及预防亏损，依照法律和公司章程的规定，从公司的每年税后利润中提取的累积资金。

4. 提存保险保障基金。保险保障基金，或称总准备金、自由准备金，是指根据《保险法》第100条和《保险保障基金管理办法》的规定，由保险公司缴纳形成，按照集中管理、统筹使用的原则，在保险公司被撤销、被宣告破产及国务院规定的其他情形下（一般是指保险公司存在重大风险，可能严重危及社会公共利益和金融稳定的情形），用于救助保单持有人（投保人、被保险人或受益人）、保单受让公司或者处置保险业风险的非政府性行业风险救助基金。保险保障基金分为财产保险保障基金和人身保险保障基金，它不同于未到期责任准备金和未决赔款准备金。未到期责任准备金和未决赔款准备金是用于正常情况下的赔付，而保险保障基金则主要是应付撤销、破产等巨大灾害事故的特大赔款。被保险财产发生毁损的绝对额在各年度不可能完全平均，因此，为了保障被保险人的利益，保险公司在应付正常赔付之外，必须按照国务院的规定提存保险保障基金。保险保障基金由专门设立的国有独资的中国保险保障基金有限责任公司依法负责筹集、管理和使用。

按《保险法》第100条第3款的规定，保险保障基金筹集、管理和使用的具体办法，应由国务院制定。但在我国实践中起规范作用的实际上是中国保监会于2004年12月30日发布、2008年9月11日修订的《保险保障基金管理办法》。该办法就保险保障基金的定义及缴纳、保险保障基金公司设立及运作、保险保障基金的筹集、保险保障基金的使用、管理和监督、法律责任等作了明确规定。

5. 具有最低偿付能力。偿付能力是指保险公司（保险集团）对其所承担的保险责任所具有的经济补偿或支付能力，也即偿还债务的能力。最低偿付能力是指保险公司的认可资产减去认可负债的差额不得低于中国保监会规定的数额。保险公司应当具有与其业务规模相适应的最低偿付能力，如果保险公司的认可资产减去认可负债达不到保监会规定的数额，就应当增加资本金，补足差额。

具有最低偿付能力是由保险业的特点决定的，因为，保险公司是经营风险的特殊行业，它必须随时准备应付巨大灾害事故的发生，这就要求保险公司应当有足够的资金积累和最低偿付能力。我国《保险法》第 97 条至第 101 条关于保险公司资本保证金、各项责任准备金、公积金、保险保障基金、最低偿付能力等的规定都体现了保证偿付能力原则的要求，而 2008 年 7 月 10 日中国保监会发布实施的《保险公司偿付能力管理规定》[①] 更是对保险公司的偿付能力充足率要求、偿付能力评估、偿付能力报告、偿付能力管理和偿付能力监督（分三类实施分类监督）等作了明确规定，以加强对保险公司偿付能力监管，维护被保险人利益，促进保险业健康、稳定、持续发展。

6. 自留保险费的限制。自留保费是指保险人核保、收取保险费后，除去因分保而支付的再保险费所剩余的保险费。该指标是用来衡量保险公司在自有资本的基础上所承担的风险，指标越小，说明保险公司每一单位的自有资本所承担的风险也就越小，保险公司的稳定性就越好。为确保保险公司的偿付能力，《保险法》第 102 条规定，经营财产保险业务的保险公司当年自留保险费，不得超过其实有资本加公积金总和的 4 倍。

7. 单一危险的限制。保险公司对每一危险单位，即对一次保险事故可能造成的最大损失范围所承担的责任，不得超过其实有资本金加公积金总和的 10%；超过的部分，应当办理再保险。保险公司对危险单位的划分应符合中国保监会的规定。

8. 保险公司对危险单位的计算办法和巨灾风险安排方案，应当报中国保监会备案。

9. 再保险规则。保险公司应当按照中国保监会的规定办理再保险，并审慎选择再保险接受人。中国保监会 2005 年 10 月 14 日发布、2010 年 5 月 21 日修订的《再保险业务管理规定》就再保险的基本概念范畴、业务经营、再保险经纪业务、监督管理、法律责任等作了详细规定。

10. 保险资金运用规则。保险资金是指保险公司的各项保险准备金、资本金、营运资金、公积金、未分配利润和其他负债，以及由前述资金形成的各种资产。保险公司的资金运用必须稳健，遵循安全性原则；保险公司的资金运用，限于在银行存款，买卖债券、股票、证券投资基金份额等有价证券，投资不动产，国务院规定的其他资金运用形式。保险公司资金运用的具体管理办法，由中国保监会依照前述规定制定。

随着保险业务的日益发展、保险收入的急剧增加，保险资金如何安全、有效地加以运用越来越成为我国保险公司和有关监管当局面临的重大任务。为此，保险公司纷纷投资设立保险资产管理公司，以安全、有效地运用保险资产，实现保值、增值。按《保险法》第 107 条的规定，保险公司设立保险资产管理公司，应经中国保监会会同中国证监会批准。保险资产管理公司从事证券投资活动，应遵守《证券法》等法律、行政法规的规定；其管理办法，由中国保监

---

① 该管理规定相应废止了中国保监会于 2003 年 3 月 24 日发布的《保险公司偿付能力额度及监管指标管理规定》。

会会同国务院有关部门制定。为此，中国保监会发布了大量的监管规章，如《保险资产管理公司暂行规定》(2004 年 4 月 21 日发布，2011 年 4 月 7 日调整)、《保险外汇资金境外运用管理暂行办法》(2004 年 8 月 9 日与中国人民银行联合发布)、《保险机构投资者股票投资管理暂行办法》(2004 年 10 月 24 日与中国证监会联合发布)、《保险资金间接投资基础设施项目试点管理办法》(2006 年 3 月 14 日发布)、《保险机构债券投资信用评级指引试行》(2007 年 1 月 8 日发布)、《保险资金境外投资管理暂行办法》(2007 年 6 月 28 日发布)、《保险资金运用管理暂行办法》(2010 年 7 月 30 日发布，2014 年 4 月 4 日修订)、《保险公司次级定期债务管理办法》(2011 年 10 月 6 日发布，2013 年 3 月 15 日修订)、《保险资金境外投资管理暂行办法实施细则》(2012 年 10 月 12 日发布)、《关于保险资金投资集合资金信托计划有关事项的通知》(2014 年 5 月 5 日发布) 等，就保险资产管理公司的设立、运营及保险资金的运用等作出了规定。

11. 保险公司及其工作人员在保险业务活动中不得有下列行为：(1) 欺骗投保人、被保险人或受益人；(2) 对投保人隐瞒与保险合同有关的重要情况；(3) 阻碍投保人履行本法规定的如实告知义务，或诱导其不履行本法规定的如实告知义务；(4) 给予或承诺给予投保人、被保险人、受益人保险合同约定以外的保险费回扣或其他利益；(5) 拒不依法履行保险合同约定的赔偿或给付保险金义务；(6) 故意编造未曾发生的保险事故、虚构保险合同或故意夸大已经发生的保险事故的损失程度进行虚假理赔，骗取保险金或牟取其他不正当利益；(7) 挪用、截留、侵占保险费；(8) 委托未取得合法资格的机构或个人从事保险销售活动；(9) 利用开展保险业务为其他机构或个人牟取不正当利益；(10) 利用保险代理人、保险经纪人或保险评估机构，从事以虚构保险中介业务或编造退保等方式套取费用等违法活动；(11) 以捏造、散布虚假事实等方式损害竞争对手的商业信誉，或以其他不正当竞争行为扰乱保险市场秩序；(12) 泄露在业务活动中知悉的投保人、被保险人的商业秘密；(13) 违反法律、行政法规和中国保监会规定的其他行为。

此外，《保险法》第 108 条至第 115 条还分别就：保险公司应建立对关联交易的管理和信息披露制度；公司控股股东、实际控制人、董事、监事、高级管理人员不得利用关联交易损害保险公司的利益；保险公司应按规定真实、准确、完整地披露财务会计报告、风险管理状况、保险产品经营情况等重大事项；保险公司从事保险销售的人员应符合资格条件、取得资格证书；保险公司应建立保险代理人登记管理制度，加强对代理人的培训和管理，不得唆使、诱导代理人进行违背诚信义务的活动；保险公司及其分支机构应依法使用经营保险业务许可证，不得将其转让、出租、出借；保险公司应按规定公平、合理拟订保险条款和保险费率，应按约定和《保险法》规定及时履行赔偿或给付保险金义务；保险公司开展业务，应遵循公平竞争的原则等经营规则作出了原则规定。

第四节　保险专业中介机构

保险专业中介机构包括保险代理机构、保险经纪机构和保险公估机构等。

一、保险代理人和保险经纪人

（一）保险代理人和保险经纪人的概念及地位

保险代理人是根据保险人的委托，向保险人收取佣金，并在保险人授权的范围内代为办理保险业务的机构或个人。其中，保险代理机构包括专门从事保险代理业务的保险专业代理机构和兼营保险代理业务的保险兼业代理机构。保险专业代理机构除中国保监会另有规定外，应采取有限责任公司、股份有限公司形式设立。

保险经纪人，保险经纪人是基于投保人的利益，为投保人与保险人订立保险合同提供中介服务，并依法收取佣金的保险经纪机构。其包括狭义的保险经纪人（或称直接保险经纪人）和再保险经纪人，前者是基于投保人的利益，为投保人与保险人订立保险合同提供中介服务，并依法收取佣金的机构。后者是指基于原保险人利益，为原保险人与再保险人安排分出、分入业务提供中介服务，并依法收取佣金的机构。保险经纪机构除中国保监会另有规定外，应采取有限责任公司、股份有限公司形式设立。

保险代理人和保险经纪人是保险公司的辅助人，它们依照保险法的规定，按照保险人的委托代办保险业务或为投保人（或原保险人）的利益提供保险中介服务。保险公司开展业务，很大程度上需要借助于保险辅助人的活动，因此保险辅助业务是保险业务的重要组成部分。故我国除《保险法》第五章就保险代理人和保险经纪人作了一般性规定外，中国保监会发布的《保险专业代理机构监管规定》和《保险经纪机构监管规定》（2009 年 9 月 25 日发布，2013 年 4 月 27 日修订）、《保险销售从业人员监管办法》和《保险经纪从业人员、保险公估从业人员监管办法》（2013 年 1 月 6 日）等规章，还就保险代理人和保险经纪人的市场准入（机构设立、任职资格）、经营规则（一般规定、禁止行为）、市场退出、监督检查、法律责任等内容作了详细规定。

（二）保险代理人、保险经纪人的从业条件及其责任承担

1. 从业条件。保险代理人、保险经纪人应当具备保险监督管理机构规定的资格条件，并取得保险监督管理机构颁发的经营保险代理业务许可证或者经纪业务许可证，向工商行政管理机关办理登记，领取营业执照，并缴存保证金或者投保职业责任保险，方可开展业务。保险代理人、保险经纪人应当有自己的经营场所，设立专门账簿记载保险代理业务或者经纪业务的收支情况，并接受保险监督管理机构的监督。

2. 责任承担。保险代理人根据保险人的授权代为办理保险业务的行为，由保险人承担责任；保险代理人为保险人代为办理保险业务，有超越代理权限行为，投保人有理由相信其有代理权，并已订立保险合同的，保险人应当承担保险责任；但是保险人可以依法追究越权的保险代理人的责任。保险经纪人在办理保险业务中因自己的过错，给投保人、被保险人或者保险人造成损失的，依法承担赔偿责任。

（三）保险代理人、保险经纪人的业务规则与监管

1. 保险代理人和保险经纪人在办理保险业务活动中不得有下列行为：（1）欺骗保险人、

投保人、被保险人或受益人；(2) 隐瞒与保险合同有关的重要情况；(3) 阻碍投保人履行本法规定的如实告知义务，或诱导其不履行本法规定的如实告知义务；(4) 给予或者承诺给予投保人、被保险人或受益人保险合同约定以外的利益；(5) 利用行政权力、职务或职业便利以及其他不正当手段强迫、引诱或者限制投保人订立保险合同；(6) 伪造、擅自变更保险合同，或为保险合同当事人提供虚假证明材料；(7) 挪用、截留、侵占保险费或保险金；(8) 利用业务便利为其他机构或个人牟取不正当利益；(9) 串通投保人、被保险人或受益人，骗取保险金；(10) 泄露在业务活动中知悉的保险人、投保人、被保险人的商业秘密。

2. 经营人寿保险业务的个人保险代理人，不得同时接受两个以上保险人的委托。

3. 保险代理人和保险经纪人应依法使用经营保险业务许可证，不得将其转让、出租、出借。

4. 保险代理人和保险经纪人当按照保险监督管理机构的规定，报送有关报告、报表、文件和资料。

二、保险公估机构

按我国《保险法》第 129 条的规定，保险活动当事人可委托保险公估机构等依法设立的独立评估机构或具有相关专业知识的人员，对保险事故进行评估和鉴定。这里所谓“保险公估机构”，或称保险评估机构，是指依照《保险法》等有关法律、行政法规以及《保险公估机构监管规定》，经中国保监会批准设立的，接受保险当事人委托，专门从事保险标的或者保险事故评估、勘验、鉴定、估损理算等业务，并按约定收取报酬的机构。

保险公估机构可以以合伙企业、有限责任公司或股份有限公司等形式设立。保险公估机构接受委托对保险事故进行评估和鉴定，应当遵守法律、行政法规和中国保监会的有关规定，坚持独立、客观、公平、公正地进行评估和鉴定，任何单位和个人不得干涉。其因故意或过失给保险人或被保险人造成损失的，应依法承担赔偿责任。

保险公估机构依法接受中国保监会对其实施的监督管理。中国保监会 2009 年 9 月 25 日发布、2013 年 9 月 25 日修订的《保险公估机构监管规定》就保险公估机构的市场准入（机构设立、任职资格）、经营规则（一般规定、禁止行为）、市场退出、监督检查、法律责任等作出了较详细的规定。

第五节　保险资产管理公司

保险资产管理公司是指经中国保监会会同有关部门批准，依法登记注册、受托管理保险等资金的金融机构。为加强对保险资产管理公司的监督管理，防范保险资金运用风险，保护保险公司和保险资产管理公司的合法权益，中国保监会根据《保险法》和《公司法》的规定，于 2004 年 4 月 21 日发布了《保险资产管理公司管理暂行规定》（该规定已于 2011 年 4 月 7 日小幅调整），就保险资产管理公司的设立、变更和终止、经营范围和经营规则、风险控制和监督管理等作了规定。保险资产管理公司设立子公司，从事专项资产管理业务，由中国保监会依据有关法律、法规研究制定。

一、保险资产管理公司的设立、变更和终止

（一）保险资产管理公司的设立

1. 保险资产管理公司组织形式与设立条件

保险资产管理公司应当采取有限责任公司或股份有限公司形式设立。其设立条件除应符合《公司法》的有关规定外，还应符合下列条件：

（1）设立保险资产管理公司，主要发起人应为保险控股（集团）公司或保险公司，该保险控股（集团）公司或保险公司应具备下列条件：1）经营保险业务 5 年以上；2）最近 3 年未因违反资金运用规定受到行政处罚；3）偿付能力不低于 150%，总资产不低于 100 亿元人民币，保险控股（集团）公司总资产不低于 150 亿元人民币；4）符合中国保监会规定的偿付能力要求；5）具有完善的法人治理结构和内控制度；6）设有资产负债匹配管理部门和风险控制部门，具有完备的投资信息管理系统；7）资金运用部门集中运用管理的资产占公司总资产的比例不低于 50%，其中经营有人寿保险业务的保险公司不低于 80%；8）中国保监会规定的其他条件。

（2）境内保险公司合计持有保险资产管理公司的股份不得低于 75%。

（3）保险资产管理公司的注册资本最低限额为 1 亿元人民币或者等值的自由兑换货币，其注册资本应当为实缴货币资本。

（4）保险资产管理公司的高级管理人员应当具备规定条件，同时不得在其他营利性经营机构兼职，但中国保监会另有规定的除外。

2. 设立与审批程序

设立保险资产管理公司，应当经中国保监会会同有关部门批准。其设立包括筹设申请及审批、开业申请及审批两个阶段。

在筹设申请阶段，申请人应当向中国保监会提出书面申请，并提交规定的材料。中国保监会应会同国务院有关部门进行初步审查，并自收到完整的申请材料之日起 3 个月内作出批准或者不批准筹建的决定。申请人应当自收到批准筹建文件之日起 6 个月内完成筹建工作。在规定的期限内未完成筹建工作，经申请人申请，中国保监会批准，筹建期可延长 3 个月。筹建机构在筹建期间不得从事任何经营业务活动。

筹建工作完成后，申请人应当向中国保监会提出开业申请，并提交开业申请报告等文件材料，中国保监会应当自收到完整的开业申请文件之日起 20 日内，作出核准或者不予核准的决定。决定核准的，颁发《经营保险资产管理业务许可证》；决定不予核准的，应当书面通知申请人并说明理由。

保险资产管理公司设立分支机构，也需要经过筹设申请及审批、开业申请及审批两个阶段，但审批及筹设时间较短。

经核准开业的保险资产管理公司、保险资产管理公司分支机构应当持核准文件及《经营保险资产管理业务许可证》，向工商行政管理部门办理登记手续，领取营业执照后方可营业。

（二）保险资产管理公司的变更和终止

1. 变更。保险资产管理公司有下列变更事项，应当报中国保监会批准：（1）变更公司章程；（2）变更出资人或者持有公司股份10%以上的股东；（3）调整业务范围；（4）撤销分支机构；（5）变更营业场所；（6）更换高级管理人员。

2. 终止。保险资产管理公司因依法解散、被依法撤销或者被宣告破产而终止。保险资产管理公司终止时，其受托管理的保险资金不属于清算财产。保险资产管理公司：（1）依法解散的，应当成立清算组，清算工作由中国保监会监督指导；（2）被依法撤销的，由中国保监会及时组织股东、有关部门及有关专业人士成立清算组；（3）被依法宣告破产的，由人民法院依法组织清算组。

保险资产管理公司依法解散、被撤销或者被宣告破产的，其财产清算与债权、债务处理，按有关法律、法规（如《公司法》、《企业破产法》）的规定执行。

二、保险资产管理公司的经营范围和经营规则

（一）保险资产管理公司的经营范围

保险资产管理公司经营范围包括以下全部或部分业务：（1）受托管理委托人委托的人民币、外币资金；（2）管理运用自有人民币、外币资金；（3）开展保险资产管理产品业务；（4）中国保监会批准的其他业务；（5）国务院其他部门批准的业务。

（二）保险资产管理公司的经营规则

保险资产管理公司的经营规则主要包括以下内容：

1. 保险资金的管理运用限于银行存款、买卖政府债券、金融债券和国务院规定的其他资金运用形式。

2. 开展外汇资金运用业务和其他外汇业务，应当经国家外汇管理部门批准。

3. 保险资产管理公司自有资金与受托管理资金在同一投资渠道的总投资比例和单一投资对象的投资比例应当分别计算；委托他人运用的资金和自己管理运用的资金在同一投资渠道的总投资比例和单一投资对象的投资比例应当分别合并计算。

4. 保险公司和其委托的保险资产管理公司应当约定独立的托管人。

5. 保险资产管理公司管理自有资金和受托管理资金、受托管理同一委托人不同性质的资金，应当公平对待、分别记账并由不同投资人员管理。

6. 保险资产管理公司因保险资金的管理运用、处分或者其他情形取得的财产，应当归入保险资金。

7. 保险资产管理公司受托管理运用保险资金、托管人托管保险资金均应当订立书面合同。

8. 保险资产管理公司依照合同约定取得资产管理费，并应当将收取资产管理费的情况向中国保监会报告。

9. 保险资产管理公司不得有下列行为：（1）提供担保；（2）承诺受托管理的资金不受损失或者保证最低收益；（3）将受托管理的保险资金转委托；（4）利用受托保险资金为委托人以

外的第三人牟取利益；（5）与股东、委托保险资金管理运用的保险公司之间或者操纵不同来源的受托资金互相进行资金运用交易；（6）以资产管理费的名义或者其他方式与委托人合谋获取非法利益；（7）国家有关法律、法规及监管部门禁止的其他行为。

10. 由于保险资产管理公司违反国家有关规定或者合同约定，致使保险资金受到损失，保险资产管理公司应当赔偿损失。在未赔偿损失之前，不得取得报酬。

11. 保险资产管理公司管理运用保险资金业务的完整记录和委托运用保险资金的合同文本应当保存15年以上。

12. 保险资产管理公司应当定期或者根据合同约定报告受托管理的保险资金的管理运用、处分及收支情况。委托人有权查阅、抄录或者复制与其委托保险资金有关的账目以及其他文件，并有权要求受托人作出说明。

13. 保险资产管理公司的自有资金与受托管理的保险资金的年终财务报告应当经会计师事务所审计。

14. 保险资产管理公司和保险资金托管人对委托人以及保险资金运用的情况和资料负有依法保密义务。

15. 保险资产管理公司作为受托人管理运用、处分受托资金所产生的债权，不得与保险资产管理公司自有财产所产生的债务相抵销。保险资产管理公司作为受托人管理运用、处分不同委托人的财产所产生的债权债务，不得相互抵销。保险资产管理公司与其他社会组织或者个人发生民事纠纷，其受托管理的保险资金不得用于扣押、冻结、抵偿等。

三、保险资产管理公司的风险控制和监督管理

（一）保险资产管理公司的风险控制

保险资产管理公司的风险控制包括以下内容：（1）应当建立完善的公司法人治理结构和有效的内控制度，设立投资决策部门和风险控制部门，建立相互监督的制约机制；（2）应当加强信息化建设，建立完备的投资决策、资金运用和财务核算的信息管理系统；（3）应当有与业务操作相关的安全保卫措施。（4）应当根据有关规定设立监事会，委托人可以向受托管理保险资金的保险资产管理公司派驻监督人员，监督人员代表委托人监督保险资产管理公司履行合同情况，但不得干预保险资产管理公司的正常业务；（5）有权列席保险公司资产负债匹配管理部门的有关会议。

（二）对保险资产管理公司的监督管理

对保险资产管理公司的监督管理包括以下内容：

1. 保险资产管理公司应当在保险资金委托管理合同和托管合同签订之日起20日内向中国保监会报送合同的复印件；应当按照中国保监会的规定报送资产负债表、损益表、业务统计表、财务分析报告等有关报表及其他资料。

2. 中国保监会对保险资产管理公司的监督检查采取现场监管与非现场监管相结合的方式；中国保监会可以委托会计师事务所等专业中介机构对保险资产管理公司进行检查。

3. 保险公司和保险资产管理公司违反《保险资产管理公司暂行规定》及有关法律、法规

的，中国保监会依据《保险法》及有关行政法规给予保险公司、保险资产管理公司及其高级管理人员和直接责任人员行政处罚。

第六节　违反保险法的法律责任

我国《保险法》第七章对违反保险法的行为应承担的法律责任作了明确规定，具体包括：非法擅设保险机构和非法从事保险业务的法律责任，投保人、被保险人或受益人的法律责任，保险公司及其从业人员的法律责任，保险资产管理公司、保险专业代理机构、保险经纪人、保险公估机构及其从业人员的法律责任，保险监督管理机构及其工作人员的法律责任等。此外，我国《外资保险公司管理条例》第6章、《农业保险条例》第4章、《保险专业代理机构监管规定》第6章、《保险经纪机构监管规定》第6章、《保险公估机构监管规定》第6章等法规、规章都就相关机构及其人员的违法行为应承担的法律责任作了专章规定；《保险公司管理规定》、《保险资产管理公司管理规定》中也有若干关于法律责任方面的规定。

另外，我国《社会保险法》第11章、《军人保险法》第8章也就社会保险、军人保险领域的违法行为作了法律责任专章规定。

问题与思考

1. 什么是保险？保险的法律特征有哪些？保险有何社会作用？
2. 关于保险可作哪些基本的分类？我国强制保险的现状如何？
3. 我国保险法的基本原则包括哪些内容？从事保险活动为什么要尊重社会公德？
4. 我国现行有关保险的法律、法规和监管规章主要有哪些？
5. 什么是保险价值？什么是保险金额？保险金额与保险价值有何关联？
6. 何谓保险合同？保险合同的订立应经哪些程序？其订立形式怎样？
7. 保险合同应包括哪些主要内容？保险合同一般由保险人还是投保人解除？
8. 何谓财产保险合同？何谓人身保险合同？在人身保险合同关系中能不能行使代位求偿权？
9. 我国保险公司的设立原则和条件有哪些规定？其设立程序包括哪些阶段？
10. 保险公司的业务范围及经营规则包括哪些内容？《保险法》为确保保险公司的偿付能力，都规定了哪些保障制度？
11. 何谓保险代理人？何谓保险经纪人？它们在保险活动中的地位怎样？
12. 什么是保险资产管理公司？为什么要加强对保险资产管理公司的业务监管？

第五篇

涉外金融法

第十五章 涉外金融机构管理法

本章概要

涉外金融法是调整具有涉外因素的金融关系的法律规范的总称。以涉外金融法律关系主体、客体或内容应有一个或一个以上因素在国外这一标准来衡量，涉外金融法的调整范围非常广泛，涉及涉外金融活动的各个领域。但从我国现行涉外金融关系的管理立法来看，我国的涉外金融法主要由外资金融机构管理法、境外中资金融机构管理法、外汇管理法和外债管理法这四个方面的内容构成。随着经济全球化、金融自由化进程的加快，我国的“对外开放”也在不断深入和拓展，特别是我国加入世界贸易组织（WTO）以来，大量的国外金融机构进入我国营业和投资，我国国内金融和非金融机构也逐步走向世界参与国际金融竞争，如何规范涉外金融机构的组织及其金融活动的开展以及由此产生的涉外金融关系，就成为摆在我国立法机关、金融管理部门和金融机构面前的共同课题。而我国现行涉外金融立法较为普遍地存在立法层次低、稳定性差、内容零散、缺乏统一性、操作规范性的问题，需要我们在立足于中国国情的基础上大胆地借鉴和采取国际金融监管惯例，尽快建立一整套既充分维护我国经济和政治利益，又体现我国对外开放政策；既反映我国金融市场特色，又体现与国际惯例接轨；既具有高度统一性、稳定性、权威性，又具有适当的灵活性、透明性和操作性的涉外金融法律体系。本章主要就我国现行金融法律、金融法规、规章对外资金融机构和境外中资金融机构的有关管理规定加以介绍。

关键术语

外资金融机构管理法　代表处　外资银行　外国银行分行　合资银行　境外中资金融机构管理法　境外中资金融机构　商业银行境外机构　境外证券类机构　境外保险类机构

第一节　外资金融机构管理法

一、外资金融机构管理法概述

（一）外资金融机构在中国的设立和发展

中国境内的外资金融机构，无论其采取何种组织形式，本质上都是外国银行、非银行金融机构等设在我国的分支机构和附属机构（以下称“分支机构”）。自 1979 年外国金融机构在我国北京设立首家代表处以来，外国金融机构在华分支机构不断增多。一开始，这些分支机构多以银行代表处形式存在，主要负责总行与客户的业务接洽与联系，不从事银行存贷款等金融业务。1982 年以后才逐渐地在我国特准的开放城市成立办事处、外国银行分行、合资银行、外资银行、合资财务公司、外资财务公司、外资保险公司、合资投资银行等，在批准的业务范围内从事营利性金融活动。据 1998 年 3 月 4 日《金融时报》的报道，到 1997 年年底，各类外国金融机构在中国海南和 23 个中心城市设立了营业性外资金融机构 173 家，其中外国银行分行 142 家，中外合资银行 7 家，外商独资银行 5 家，外资财务公司 7 家，外资保险分公司 8 家，保险中介机构 2 家，合资保险公司 1 家，合资投资银行 1 家；非营业性外国金融机构代表处 544 家，其中银行 277 家，保险 181 家，证券 58 家，信用卡 9 家，财务公司 6 家，其他 13 家。

由于我国实行逐步开放金融市场的政策，所以对外资金融机构设立及其业务的管理呈现出下列特点：（1）引进外资金融机构逐渐多元化。从引进代表机构发展到引进营业机构，从引进银行业发展到引进保险业和证券、基金等投资银行业。（2）开放地域逐渐扩大。由沿海开放城市向内地中心城市逐步推进，到加入世贸组织前已有海南和 23 个中心城市允许外国银行设立机构，基本上覆盖了所有经济发达地区。（3）业务范围从只允许外资银行经营外币业务，过渡到在试点基础上允许上海、深圳的少数外资银行从事本币业务；允许上海、广州、深圳等试办外资营业性保险业务。（4）外资金融机构由享受优惠待遇逐步向“国民待遇”靠拢。

步入 21 世纪后，特别是 2001 年我国加入世贸组织以来，我国金融领域对外开放稳步扩大。按照入世承诺，我国放宽了金融业对外开放的地域和业务范围，来华设立机构、开展业务和投资参股的外资金融机构不断增加。到 2006 年 9 月底，22 个国家和地区的 73 家外资银行在华设立 283 家营业性机构，27 家境外战略投资者参股 20 家中资银行；13 个国家和地区的 30 家金融机构在华设立 30 家合资证券公司和基金公司；15 个国家和地区的 44 家外资保险公司在华设立 115 个营业性机构。[①] 此外，还有大量的外资金融机构代表处。金融领域对外开放的不断扩大，不仅吸引了资金，更重要的是引进了国外先进的金融服务理念、管理经验和技术，促进了我国金融业和经济建设的改革发展。

（二）外资金融机构管理立法概览

外资金融机构管理法是关于外资金融机构的组织及其业务开展的监管的法律规范的总称。

① 参见温家宝：《全面深化金融改革促进金融业持续健康安全发展》，载《求是》，2007（5）。

目前，我国的外资金融机构的具体种类很多，但概括起来可分为银行业、证券业（或称“投资银行业”）、保险业等三大类，每一大类又可分为营业性外资金融机构和非经营性外资金融机构（即代表机构）两大类别。由于我国在改革开放后至上世纪末（1999 年），金融业的对外开放主要集中在银行业，且又由人民银行对整个金融业实行统一监管，所以，这一时期的监管规范，除国务院的个别管理条例外主要是人民银行发布的监管规章。具体而言，在营业性外资金融机构管理方面，除国务院 1994 年 2 月 25 日发布的《外资金融机构管理条例》就外资银行、外国银行分行、合资银行、外资财务公司、合资财务公司作了一般性规定外，人民银行 1994 年 3 月 29 日、1996 年 4 月 30 日先后发布的该条例的试行细则、实施细则就前述银行业机构的有关问题作了细化规定；1992 年 9 月 11 日经国务院批准人民银行发布的《上海外资保险机构暂行管理办法》，就上海等地的外资保险公司分公司、合资保险公司的试点工作作了规定；1995 年 5 月 20 日经国务院批准人民银行发布的《中外合资投资银行类机构管理办法》，就中国国际金融公司等合资投资银行、合资证券公司、合资基金公司等的设立与运作作了规定。在非经营性外资金融机构的管理方面，人民银行发布的有关《外国金融机构驻华代表机构》的管理办法，就境外注册的商业银行、投资银行、商人银行、证券公司、保险公司、基金管理公司等几乎一切外国金融机构在华设立代表机构的事宜作了统一的规定。此后，随着人民银行监管职能的逐步剥离，其发布的外资金融机构监管规章的调整范围也逐步收窄迄至失效，对外资金融机构的分业监管体制和制度体系则逐渐形成。目前，中国现行有效的外资金融机构监管法律体系可概要如下：

1. 在银行业方面：国务院 2006 年 11 月 11 日发布、2014 年 11 月 27 日第二次修订的《外资银行管理条例》及 2006 年 11 月 24 日中国银监会发布的《外资银行管理条例实施细则》就外商独资银行、中外合资银行、外国银行分行等营业性外资银行及外国银行代表处等作了规定。2004 年 3 月 8 日中国银监会发布的《外资银行并表监管管理办法》，就中国银监会对营业性外资银行的并表监管问题进行了规定。其他银行类外资金融机构，如外资参股中资银行、外资性汽车金融公司、金融租赁公司、企业集团财务公司①等的设立及营运监管受中国银监会发布的《境外金融机构投资入股中资金融机构管理办法》（2003 年 12 月 5 日）②、《汽车金融公司管理办法》（2003 年 10 月 3 日发布，2008 年 1 月 24 日修订）、《企业集团财务公司管理办法》（2004 年 7 月 27 日发布，2006 年 12 月 28 日修订）、《金融租赁公司管理办法》（2007 年 1 月 23 日发布，2014 年 3 月 13 日修订）等规章的规范。2006 年 1 月 12 日，中国银监会发布《外资金融机构行政许可

---

① 需要指出的是，外资性企业集团财务公司与原来依据《外资金融机构管理条例》设立、面向社会客户运营的合资财务公司、外资财务公司在性质上是不同的，它是为企业集团成员单位提供财务管理服务的非银行金融机构。《企业集团财务公司管理办法》明确规定：外资投资性公司为其在中国境内的投资企业提供财务管理服务而设立的财务公司也适用本办法的相关规定。此即意味外资性企业集团财务公司要受《企业集团财务公司管理办法》的规范。而在《外资银行管理条例》颁布实施后，由于其收窄调整范围取消了外资财务公司、合资财务公司这两大类别，所以，我国现存的原依《外资金融机构管理条例》设立、面向社会运营的 3 家外资财务公司，将失去存续的依据，所以要按规定转制为银行或实施关闭。

② 此管理办法所称的境外金融机构包括国际金融机构和外国金融机构，前者是指世界银行及其附属机构、其他政府间开发性金融机构及中国银监会认可的其他国际金融机构；后者是指在外国注册成立的金融控股公司、商业银行、证券公司、保险公司、基金及中国银监会认可的其他外国金融机构。此管理办法所称的中资金融机构是指依法在中国境内设立的中资商业银行、城市信用社、农村信用社、信托投资公司、企业集团财务公司、金融租赁公司，以及中国银监会批准设立的其他中资金融机构。

事项实施办法》，就外资独资银行、合资银行、独资财务公司、合资财务公司、外国银行分行和外资金融机构驻华代表机构的设立、机构变更、调整业务范围和增加业务品种、高级管理人员任职资格核准、机构终止等方面的行政许可事项作出了规定，自同年 2 月 1 日起施行。

2. 在证券业方面：中国证监会发布的《外资参股证券公司设立规则》（2002 年 6 月 1 日发布，2012 年 10 月 11 日第二次修订）、《证券投资基金管理公司管理办法》（2004 年 9 月 16 日发布，2012 年 9 月 20 日修订）等就合资投资银行、合资证券公司、合资基金管理公司等营业性机构的组织及运营监管作了规定。中国证监会 1999 年 4 月 22 日发布的《外国证券类机构驻华代表机构管理办法》，则就外国投资银行、商人银行、证券公司、基金管理公司等在我国设立非经营性证券类代表机构及其监管的问题作了规定。

3. 在保险业方面：国务院 2001 年 12 月 12 日发布、2013 年 5 月 30 日修订的《外资保险公司管理条例》及中国保监会 2004 年 5 月 13 日发布的《外资保险公司管理条例实施细则》是关于外资保险公司、合资保险公司、外国保险公司分公司等营业性外资保险机构的现行有效规范。中国保监会 2006 年 7 月 12 日发布、2006 年 7 月 12 日修订的《外国保险机构驻华代表机构管理办法》就外国保险机构在中国境内设立并从事非经营性活动的代表处、总代表处的监管问题作了规定。

此外，中国证监会、中国人民银行、国家外汇局 2002 年 11 月 5 日联合发布、2006 年 8 月 24 日修订的《合格境外投资者境内证券投资管理办法》，2005 年 12 月 31 日商务部、中国证监会、国家外汇局等五部委联合发布的《外国投资者对上市公司战略投资管理办法》，2006 年 8 月 8 日商务部、中国证监会、国家外汇局等六部委联合发布、2009 年 6 月 22 日商务部修订的《关于外国投资者并购境内企业的规定》，中国证监会 2012 年 7 月 27 日发布的《关于实施合格境外机构投资者境内证券投资管理办法有关问题的规定》、2013 年 3 月 1 日发布的《人民币合格境外机构投资者境内证券投资试点办法》等系列规章，都在实际上涉及了外商投资、参股中国金融机构的问题。

总体说来，我国现行有关外资金融机构的管理立法普遍存在立法层次偏低、稳定性差，分业立法内容重复、衔接配合不够、立法资源浪费，规范性、准确性、条理性、全面性、透明度等都有待提高的问题，需要根据金融体制改革和金融混业发展的需要，逐步向全面集中监管、统一立法迈进。

二、对外国金融机构驻华代表机构的监督管理规定

（一）对外国金融机构驻华代表机构的监管立法变迁

外国金融机构驻华代表机构（以下一般简称“代表处”），是指外国金融机构在中国境内获准设立并从事咨询、联络、市场调查等非经营性活动的派出机构。派遣一人或数人在东道国设立代表处，是各国金融机构拓展海外市场的重要的组织形式之一。按国际惯例，代表处可使用其派出机构的名称，但不得在东道国从事任何直接营利的经营活动，而只能开展市场调查、工作洽谈、业务联络和咨询服务等非营利性、服务性、辅助性工作。虽然代表处的职能有限，但由于设立成本低、易为东道国批准，故常被金融机构用于开辟新的海外金融市场。并且依有些国家的规定，外国金融机构在本国设立营业性金融机构，必须已设立代表处（或总代表处）若

干年以上，这就更促成了代表处的广泛设立。至于代表处的设立条件和程序，有的东道国只要求向金融主管机关申报，但绝大多数国家规定必须事先征得设立许可；而关于代表处的监管，则要求其定期或不定期地向东道国金融主管机关报告自身及其代表的母国金融机构的活动情况。

我国对外国金融机构代表处的管理，与国际通行做法基本一致。早在 1983 年 2 月，人民银行就曾发布《关于侨资外资金融机构在中国设立常驻代表机构的管理办法》，就侨资外资金融机构代表处的管理进行了规定。此后，根据新情况需要，人民银行于 1991 年 6 月又发布了《关于外资金融机构在中国设立常驻代表机构的管理办法》，取代 1983 年的管理办法。实施市场经济体制后，1996 年 4 月 29 日人民银行发布的《外国金融机构驻华代表机构管理办法》、1997 年 5 月 15 日发布的《外资金融机构中、高级管理人员任职资格暂行规定》等，更是就境外注册的商业银行、投资银行、商人银行、证券公司、保险公司、保险经纪人公司、保险代理人公司、保险公估行、基金管理公司、外汇经纪人公司、信用卡公司、金融性租赁公司等外国金融机构（含在港、澳、台地区注册的金融机构，下同）在中国境内设立代表处的条件、审批程序、监管、撤销、罚则等作了规定，全面适用于外资性银行业、证券业、保险业机构驻华代表机构的设置及对其活动的监管。

随着我国金融监管向分业监管体制转变，中国证监会于 1999 年 4 月 22 日发布了《外国证券类机构驻华代表机构管理办法》、中国保监会于同年 11 月 26 日发布了《外资保险机构驻华代表机构管理办法》，就这两类外国金融机构驻华代表机构的监管问题作了新的专门性规定，从而使人民银行的前述规章适用范围缩小。为因应这一情况及加入世贸组织的需要，人民银行依据国务院 2001 年 12 月修订发布的《外资金融机构管理条例》的授权，于 2002 年 6 月 13 日发布了《外资金融机构驻华代表机构管理办法》（相应废止 1996 年发布的《外国金融机构驻华代表机构管理办法》），就银行类外资金融机构在华设置代表机构的问题作了规定。此后，随着入世过渡期的届至，该管理办法完成了短暂的使命，被国务院 2006 年 11 月 11 日发布的《外资银行管理条例》① 及同月 24 日中国银监会发布的《外资银行管理条例实施细则》所取代。而中国保监会发布的《外资保险机构驻华代表机构管理办法》，亦先后于 2004 年 1 月 15 日、2006 年 7 月 12 日作了两次修订，并更名为《外国保险机构驻华代表机构管理办法》。

（二）对外国银行在华设立代表处的监管规定

与《外资金融机构管理条例》采授权立法不同，2006 年 12 月 11 日起施行的《外资银行管理条例》（以下简称《管理条例》）及其配套实施细则直接就外国银行在华设立代表处的监管问题作了规定，而不再另行制定专门监管规章。其规定内容主要有：

1. 设立外国银行代表处的条件及程序。依据《管理条例》的规定，在中国境外注册的外国银行经中国银监会批准可在中国境内设立代表处；港、澳、台地区的金融机构在内地设立代表处比照适用《管理条例》的规定，但国务院另有规定的，依照其规定。

申请在中国境内设立代表处的外国银行应具备以下条件：（1）具有持续盈利能力，信誉良好，无重大违法违规记录；（2）具有从事国际金融活动的经验；（3）具有有效的反洗钱制度；（4）该外国银行受到母国金融监管当局的有效监管，并且其申请经母国金融监管当局同意；

---

① 《外资银行管理条例》根据 2014 年 7 月 29 日《国务院关于修改部分行政法规的决定》第一次修订，根据 2014 年 11 月 27 日《国务院关于修改〈中华人民共和国外资银行管理条例〉的决定》第二次修订。

(5) 银监会规定的其他审慎性条件。此外，拟设代表处的外国银行的母国应具有完善的金融监管制度，且其金融监管当局已与中国银监会建立了良好的监管合作机制。在中国境内增设代表处的外国银行①，除应具备前述条件外，其在中国境内已设代表处应无重大违法违规记录。

申请设立代表处，应向拟设代表处所在地的银行业监管机构报送下列资料：(1) 由拟设代表处的外国银行董事长或行长签署的致中国银监会主席的申请书，该申请书应包括拟设代表处的名称、所在地等内容；(2) 可行性研究报告；(3) 申请人的章程；(4) 申请人及其所在集团的组织结构图、主要股东名单、海外分支机构和关联企业名单；(5) 申请人最近3年的年报；(6) 申请人的反洗钱制度；(7) 拟任首席代表的身份证明和学历证明的复印件、简历及拟任人有无不良记录的陈述书；(8) 对拟任首席代表的授权书；(9) 申请人母国监管当局核发的营业执照或经营金融业务许可文件的复印件及对其申请的意见书；(10) 中国银监会规定的其他资料。以上资料，除年报外，凡用外文书写的，应附有中文译本。外国银行初次申请设立代表处的，应报送由在中国境内注册的银行业金融机构出具的与其已建立代理行关系的证明。

拟设代表处所在地的银行业监管机构应将申请资料连同审核意见，及时报送中国银监会，中国银监会应自收到完整的申请资料之日起6个月内作出批准或不批准的决定，并书面通知申请人。决定不批准的，应说明理由。经批准设立的代表处，应凭批准文件办理工商登记，领取登记证，并予以公告。同时，应自批准设立之日起6个月内迁入固定的办公场所，超期仍未开始办公的，原批准决定失效。

2. 对外国银行代表处的监管规定。按《管理条例》及其实施细则的规定，银行业监督管理机构负责对代表处及其活动进行监管。主要监管内容包括：

(1) 名称与从业人员监管。外国银行代表处的中文名称应标明该外国银行的国籍及责任形式；代表处应具备独立的办公场所、办公设施和专职工作人员；拟任首席代表应具备规定的任职资格条件，不得存在不能担任首席代表的法定情形，并需经银行业监管机构实行任职资格核准；首席代表离岗连续1个月以上的，应向所在地银行业监管机构书面报告，并指定专人代行其职，无特殊情况离岗连续3个月以上的应更换人选；首席代表存在违法行为的，银行业监管机构可视情节轻重取消其一定期限直至终身的任职资格。

(2) 业务范围监管。代表处可从事与其代表的外国银行业务相关的联络、市场调查、咨询等非经营性活动，其行为所产生的民事责任由所代表的外国银行承担；代表处及其工作人员，不得从事任何形式的经营性活动；代表处违反规定从事经营性活动的，依照《管理条例》第69条的规定给予责令改正、警告、没收违法所得、罚款直至依法追究刑事责任的处罚。

(3) 财务会计监管与报告制度。代表处应建立会计账簿，真实反映财务收支情况，其成本及费用开支应符合代表处工作职责；代表处不得使用其他企业、组织或个人的账户，不得在其电脑系统中使用与代表处工作职责不符的业务处理系统；代表处应及时向所在地银行业监管机构报告其所代表的外国银行发生的有关重大事项，应于每年2月末前按规定格式向所在地银行业监管机构报送上年度工作报告和本年度工作计划。

(4) 撤销监管。经批准关闭的代表处应在办理注销登记手续后15日内，按要求在有关报

---

① 按《外资银行管理条例》的规定，外国银行在中国境内设立营业性机构的，除已设立的代表处外，原则上不得增设代表处。

纸上公告，并将公告内容报送所在地银行业监管机构；代表处经批准改制为营业性机构的，应依法办理原代表处的注销登记手续；代表处自行终止活动的，应经中国银监会批准予以关闭，并在法定期限内向原登记机关办理注销登记。

（三）对外国保险机构驻华代表机构的监管规定

外国保险机构驻华代表机构是指外国保险机构（指中国境外注册的保险公司、再保险公司、保险中介机构、保险协会及其他保险组织）在中国境内获准设立并从事联络、市场调查等非经营性活动的代表处、总代表处。其主要负责人称首席代表或总代表。我国现行关于外国保险机构驻华代表机构的有效监管规章主要是2006年7月中国保监会发布的《外国保险机构驻华代表机构管理办法》。其规定内容主要包括：

1. 设立外国保险机构驻华代表处的条件与程序。申请设立代表处的外国保险机构（下称“申请者”）应具备下列条件：（1）经营状况良好；（2）外国保险机构经营有保险业务的，应经营保险业务20年以上，没有经营保险业务的，应成立20年以上；（3）申请之日前3年内无重大违法违规记录；（4）中国保监会规定的其他审慎性条件。

申请者应向中国保监会提交下列材料：正式申请表；由董事长或总经理签署的致中国保监会主席的申请书；母国主管当局核发的营业执照或合法开业证明或注册登记证明的复印件，该等复印件须经其母国公证机构公证或经中国驻该国使、领馆认证；机构章程，董事会成员名单、管理层人员名单或主要合伙人名单；申请之日前3年的年报；母国主管当局出具的对申请者在中国境内设立代表处的意见书，或由所在行业协会出具的推荐信，意见书或推荐信应陈述申请者在此前3年内受处罚的记录；代表机构设立的可行性和必要性研究报告；由董事长或总经理签署的首席代表授权书；申请者就拟任首席代表在申请日前3年没有因重大违法违规行为受到母国处罚的声明；拟任首席代表的简历；中国保监会规定提交的其他资料。

对拟设代表处的申请，中国保监会根据情况分别作出要求申请人当场更正、告知申请人补齐材料内容、受理申请等决定。中国保监会根据审慎性原则对设立代表处的申请进行审查，并自受理申请之日起20日内（可经批准延长10日）作出处理决定。决定批准的，颁发批准书；决定不予批准的，应书面说明理由。代表处领取批准书后，应按规定办理工商登记，并应自领取批准书之日起3个月内迁入固定的办公场所，同时向中国保监会书面报告规定事项。未在规定时间内提交书面报告的，视为未迁入固定办公场所，原批准书自动失效。

2. 对外国保险机构驻华代表处的主要监管规定。中国保监会根据法律和国务院授权，对代表机构履行监管职责；中国保监会派出机构在中国保监会授权范围内对本辖区的代表机构实施日常监管。监管的内容主要包括：

（1）名称监管。代表处的名称应依次由下列内容组成：“外国保险机构所属国家或地区名称”、“外国保险机构名称”、“所在城市名称”和“代表处”；总代表处的名称应依次由下列内容组成：“外国保险机构所属国家或地区名称”、“外国保险机构名称”和“驻中国总代表处”。代表机构除主要负责人称“首席代表”、“总代表”外，其他主要工作人员应称“代表”、“副代表”。

（2）对代表机构工作人员的监管。代表机构应有独立、固定的办公场所和专职的工作人员。工作人员应遵守中国的法律法规，品行良好，无重大违法违规记录；每个代表机构的外籍工作人员最多不得超过3人；总代表和首席代表应具备履行职责所需的学历、从业经历和工作能力；总代表或首席代表应常驻代表机构主持日常工作（该常驻时间每年累计不得少于240日），离开代表机构的时间每次不得连续超过30日，离开连续超过14日的，应指定专人代行其职，并向当地中国保监会派出机构书面报告。

（3）业务范围监管。代表机构及其工作人员不得以任何方式从事或参与经营性活动；总代表或首席代表不得在2个以上代表机构中任职；也不得在中国境内任何经营性机构中任职。

（4）变更与撤销监管。代表机构更换总代表或首席代表、变更代表处名称、将代表处变更为总代表处等，应按规定向中国保监会提出申请，由其自受理申请之日起20日内，作出批准或不予批准的决定；代表机构更换或增减代表、副代表、外籍工作人员，应在5日内向当地中国保监会派出机构报告，并提交被任命人员的身份证明、学历证明和简历。代表机构只能在所在城市的行政辖区内变更办公场所，并应自变更之日起5日内向中国保监会及其当地派出机构书面报告有关事项。

代表机构撤销的，应自撤销之日起20日内向中国保监会书面报告规定事项。外国保险机构的代表处撤销后，总代表处是其唯一驻华代表机构的，总代表处应按规定向中国保监会申请将其名称变更为代表处。代表处撤销后，其代表的外国保险机构设有总代表处的，由其负责未了事宜；未设总代表处的，由其代表的外国保险机构的其他代表处负责未了事宜；其代表的外国保险机构的所有代表机构均已撤销的，由其代表的外国保险机构负责未了事宜。

（5）报告制度与监督管理。代表机构应在每年2月底前向当地中国保监会派出机构报送上一年度的工作报告一式两份，由其转报中国保监会；代表机构每年在其代表的外国保险机构会计年度结束后的6个月内，应分别向中国保监会及其当地派出机构报送其所代表的外国保险机构上一年度的年报；代表机构代表的外国保险机构有法定情形发生时，代表机构应自事件发生之日起10日内，向中国保监会提交书面报告，同时抄报当地中国保监会派出机构。

中国保监会及其派出机构依法对代表机构进行日常和年度检查，并可根据监管需要，对代表机构的总代表或首席代表进行监管谈话，提示风险，要求其就有关问题作出说明。

（四）对外国证券类机构驻华代表机构的监管规定

外国证券类机构驻华代表机构，包括“代表处”、“总代表处”，是指外国证券类机构（指在中国境外依法设立的投资银行、商人银行、证券公司、基金管理公司等从事证券类业务的金融机构）在中国境内获准设立并从事咨询、联络、市场调查等非经营性活动的派出机构。到2007年1月底，我国共有外国证券类机构驻华代表机构107家，现行对其有监管效力的规章是中国证券监督管理委员会（简称“证监会”）1999年4月发布的《外国证券类机构驻华代表机构管理办法》。其规定内容主要有：

1. 设立外国证券类机构驻华代表处的条件与程序。外国证券类机构申请在华设立代表处，应具备下列条件：（1）申请者母国有完善的金融监督管理法律、法规；（2）申请者是由其母国金融监管当局批准设立的从事证券类业务的金融机构；（3）申请者合法经营、享有良好信誉并在过去3年内连续盈利。

申请者申请设立代表处应提交下列文件：由董事长或总经理签署的致中国证监会主席的申请书；母国主管当局核发的营业执照（复印件）或合法开业证明；公司章程；董事会成员或主

要合伙人名单；最近3年的年报；由母国监管当局出具的同意其在中国境内设立代表处的批准书或其他有关文件；证监会要求提交的其他文件。

申请者应将申请文件提交拟设代表处所在地的证监会派出机构，由其对申请文件初审后，报证监会审批。设立申请经证监会审查同意后，由证监会发给申请者正式申请表（申请者自提交设立申请材料之日起6个月未接到正式申请表的，即为不予受理其申请），申请者应自接到之日起2个月内填交正式申请表，并向证监会提交下列文件：拟任首席代表身份证明、学历证明和简历；由董事长或总经理签署的委任首席代表的授权书。

经批准设立的代表处，由证监会颁发批准证书，有效驻在期限为6年。代表处应自证监会批准之日起30日内，凭批准证书到工商行政管理机关办理登记注册，到公安、税务部门办理居留手续和税务登记手续。

2. 对外国证券类机构驻华代表处的主要监管规定。中国证监会是代表处的审批和监管机关，证监会派出机构对本辖区的代表处进行日常监管。主要监管内容包括：

（1）名称监管。在中国境内已设立3个以上（含3个）代表处的外国证券类机构可申请设立总代表处，其申请设立程序及管理与代表处相同；代表处名称应按下列顺序组成："外国证券类机构名称"、"所在城市名称"和"代表处"，总代表处名称应当按下列顺序组成："外国证券类机构名称"、"驻中国总代表处"；代表处、总代表处主要负责人分别称"首席代表"、"总代表"，其他负责人称"代表"、"副代表"。

（2）对代表机构工作人员的监管。（总）代表处的总代表、首席代表应熟悉中国金融管理的法律、法规，品行良好，无不良记录；总代表应从事金融工作10年以上，并在最近5年内有2年以上从事中国业务的经历；首席代表应具有5年以上金融工作或相关工作经历；聘用中国公民担任代表处首席代表、总代表应符合中国的有关法律、法规和规章；担任总代表或首席代表须经代表处所在地证监会派出机构对申请文件初审后，报证监会审批；担任代表、副代表由代表处所在地证监会派出机构进行审批和管理，并将审批情况报证监会备案；首席代表应当常驻代表处主持日常工作，离境时间超过1个月以上，应指定专人代行其职，并报当地证监会派出机构备案。

（3）业务范围监管。代表处及其工作人员，不得与任何法人或自然人签订可能给代表处或所代表的机构带来收入的协议或契约，也不得从事其他经营性活动；首席代表不得由其总管理机构或地区总部有关部门负责人兼任，也不得在中国境内任何机构兼职。

（4）年度与重大事项报告制度。代表处应于每年2月底前向所在地证监会派出机构报送上一年度的工作报告，由其转报证监会；设立代表处的外国证券类机构发生规定范围的重大事项时，代表处应在其外国证券类机构公告后的一个工作日内向证监会报告，同时抄报所在地证监会派出机构。

（5）变更监管。代表处更换首席代表、变更名称、申请展期等，应向所在地证监会派出机构提出申请，并由其报证监会批准；代表处更换或增减代表、副代表、外籍和港澳台工作人员，变更地址，雇用中国公民担任一般工作人员等，应报所在地证监会派出机构备案，或经其批准后报证监会备案。

（6）撤销监管。撤销代表处，应提前向所在地证监会派出机构提交由其外国证券类机构董事长或总经理签署的申请，并由其转报证监会；经证监会批准后，向工商行政管理机关申请注销登记，并到有关部门办理相关手续。代表处升格为总代表处的，原代表处自行撤销，并向工商行政管理机关申请注销登记。代表处撤销后，凡设总代表处的，由总代表处负责未了事宜；未设总代表处的，一切未了事宜由其外国证券类机构承担责任。

三、对营业性外资金融机构的监管规定

（一）营业性外资金融机构监督管理规定概述

营业性外资金融机构，是指外国金融机构依照东道国法律的规定，独资或参与部分股本，经东道国金融主管机关批准在其境内设立和从事营利性金融业务的金融机构。

由于营业性外资金融机构在东道国的金融活动直接对该国的金融同业和产业界产生作用，并有可能影响到该国社会经济生活的各个层面，所以东道国在对营业性外资金融机构的市场准入和业务经营方面历来都持十分谨慎的态度，要进行一定程度的限制，普遍实行审慎监管。但基于各国的经济实力、金融市场的发育状况和对外政策的考虑，目前世界各国在对营业性外资金融机构的监管上基本形成了严格限制型（关闭型）、逐渐开放型和宽松型三种模式，并根据不同模式的选择，采取保护主义原则、对等原则或国民待遇原则来确立本国的金融监管立法。从各国监管立法的具体内容来看，主要包括机构的审批和业务的监督检查两个方面。前者一般对申请者的实力、机构资信、业务管理能力、最低注册资本等方面提出要求，后者则涵盖资本充足率、资产质量、经营管理能力、收益水平和流动性管理等内容。发展中国家基于保护本国民族工业和政治利益的考虑，一般还对营业性外资金融机构的业务范围作出限制性规定。

我国作为发展中大国，在较低的经济发展水平、欠完备的金融市场状况和较弱的国内金融机构竞争能力的情况下，在改革开放初期只可能采取有限的、逐步放开的政策，亦即选择逐渐开放型的监管模式。一方面给予营业性外资金融机构以一定的优惠，另一方面则在允许设立的地区、机构类型和业务经营范围上实行比较严格的限制。但随着入世及过渡期的结束，我国的金融业要全面对外开放，最终实现宽松型的“国民待遇”管理模式。与我国逐步开放的金融政策相适应，国务院于 1985 年 4 月 2 日发布《经济特区外资银行、中外合资银行管理条例》、人民银行经国务院批准于 1990 年 9 月 8 日发布《上海外资金融机构、中外合资金融机构管理办法》，就经济特区和上海市银行业外资金融机构的设立及监管问题作出了规定。1992 年 9 月 11 日，经国务院批准人民银行发布了《上海外资保险机构暂行管理办法》，为上海试办外资保险公司分公司、中外合资保险公司提供了法规依据。此后，这一试办工作于 1995 年扩大到广州、1999 年扩大到深圳（参见［拓展阅读］）。1994 年 2 月 25 日，为适应对外开放范围扩大和市场经济发展的需要，国务院发布了《外资金融机构管理条例》，相应废止《经济特区外资银行、中外合资银行管理条例》、《上海外资金融机构、中外合资金融机构管理办法》等。1995 年 5 月 20 日，经国务院批准人民银行发布的《中外合资投资银行类机构管理办法》，就外国投资银行类机构与中国金融机构在中国境内合资设立从事投资银行业务的金融机构的有关问题作出了规定，并据此于同年 9 月批准设立了我国第一家合资投资银行——中国国际金融有限公司。至此，我国银行业、保险业、证券业在营业性金融领域初步实现了对外开放。

[拓展阅读] **我国保险业逐步对外开放**

我国保险业对外开放起步较晚，有关试点工作在上海、广州、深圳逐步展开。1992年9月25日，中国设立第一家外资保险分公司——美国友邦保险有限公司上海分公司；1995年11月，美国友邦保险有限公司广州分公司成立；1999年9月19日，美国友邦保险有限公司深圳分公司开业，成为进驻深圳的首家外资人寿保险分公司。期间，1996年11月，瑞士丰泰保险（亚洲）有限公司上海分公司经批准成立，成为第一家在中国市场上经营财产险业务的外国公司；1996年11月26日，在上海由加拿大宏利人寿保险（国际）有限公司和中国对外经济贸易信托投资有限公司合资成立了中国第一家中外合资人寿保险公司——中宏人寿保险有限公司。按1992年9月经国务院批准人民银行发布的《上海外资保险机构暂行管理办法》第5条的规定，外资保险公司申请在中国设立营业性机构必须具备以下条件，即经营保险业务30年以上、申请前1年年末资产总额在50亿美元以上、在华设立代表处3年以上（1995年6月5日经国务院批准，中国人民银行发布修订《上海外资保险机构暂行管理办法》的通知，将3年改为2年）。截至2000年年底，中国保险市场上的外资保险公司达20家，外资保险机构在华设立二百多个代表处，其中一半提出申请进入中国保险市场。截至2001年1月，上海计有外资保险公司11家，其中6家为合资公司。

随着金融分业管理体制的确立，特别是随着入世后对外开放金融服务市场的需要，我国营业性金融领域的涉外金融法律制度不得不按入世承诺和世贸规则要求加以修改、充实和完善。为此，在入世之初的2001年12月20日，国务院即发布了修订后的《外资金融机构管理条例》，2002年1月25日人民银行又发布了修订后的《外资金融机构管理条例实施细则》①，以便对外资性银行业金融机构加以规范。中国银监会成立后，经国务院批准，于2003年12月5日发布了《境外金融机构投资入股中资金融机构管理办法》，就境外金融机构投资入股中资金融机构应具备的条件、投资入股比例的限制、申请审批程序等作出了规定。2006年1月12日，中国银监会又同时发布了《外资金融机构行政许可事项实施办法》、《中资商业银行行政许可事项实施办法》②，前者就外资独资银行、合资银行、独资财务公司、合资财务公司、外国银行分行等营业性外资金融机构的行政许可问题作出了规定。而后者则就境外金融机构投资入股中资商业银行的条件、入股比例作出了限制。2006年11月，考虑到入世过渡期届至后的新要求，国务院和中国银监会又先后发布了《外资银行管理条例》和《外资银行管理条例实施细则》，取代《外资金融机构管理条例》及其实施细则，以更好地按世贸规则要求规范外资银行的设立与运营。在保险领域，国务院于2001年12月12日发布了《外资保险公司管理条例》，中国保监会据此于2004年5月13日发布了《外资保险公司管理条例实施细则》，将营业性保险的开放范围进一步扩大；2013年5月30日，国务院又对《中华人民共和国外资保险公司管理条例》进行了修订。在证券领域，中国证监会于2002年6月1日发布了《外资参股证券公司设立规则》（2012年10月11日

① 2003年中国银监会成立后再次对该实施细则进行修订，并于2004年7月26日公布。

② 该实施办法中国银监会于2013年10月15日作出了新的修订。

第二次修订）和《外资参股基金公司设立规则》，中国证监会、中国人民银行、外汇管理局2002年11月5日联合发布、2006年8月24日修订了《合格境外机构投资者境内证券投资管理办法》，2004年9月16日中国证监会发布《证券投资基金管理公司管理办法》，就中外合资基金管理公司（包括境外股东与境内股东共同出资设立的基金管理公司和境外股东受让、认购境内基金管理公司股权而变更的基金管理公司）的有关问题作出了规定，相应废止了《外资参股基金公司设立规则》。2012年7月27日中国证监会发布了《关于实施合格境外机构投资者境内证券投资管理办法有关问题的规定》，同年9月20日又修订发布《证券投资基金管理公司管理办法》，2013年3月1日发布了《人民币合格境外机构投资者境内证券投资试点办法》。

（二）对营业性外资银行的监管规定

我国现行对营业性外资银行的有效监管规范主要是《外资银行管理条例》及其实施细则以及《外资金融机构行政许可事项实施办法》。与原监管规范相比，新的监管法规、规章体现了“全面兑现承诺、依法对外开放、加强审慎监管、保护存款人利益”的指导思想，确立了以下修订原则：一是全面履行世贸承诺，取消人民币业务的地域和客户限制等非审慎性规定；二是体现国民待遇原则，为中外资银行公平竞争创造法律环境，外资法人银行除设立条件按照世贸承诺外，准入程序、监管标准尽量与中资银行一致；三是遵循国际监管惯例，充分体现风险监管、合并监管和审慎监管的理念，保护存款人利益、维护银行体系稳健运行。主要内容规定有：

1. 营业性外资银行的种类。按《外资银行管理条例》（以下简称《管理条例》）及其实施细则的规定，所谓营业性外资银行是指依照中国有关法律、法规，经批准在中国境内设立的下列机构：（1）1家外国银行单独出资或1家外国银行与其他外国金融机构共同出资设立的外商独资银行；（2）外国金融机构与中国的公司、企业共同出资设立的中外合资银行；（3）外国银行分行。其中，外国金融机构，是指在中国境外注册并经母国金融监管当局批准或许可的金融机构；外国银行，是指在中国境外注册并经母国金融监管当局批准或许可的商业银行。

2. 营业性外资银行的设立条件。设立营业性外资银行及其分支机构，应符合监管规范规定的注册资本和营运资金、股东资格方面的条件，并经银行业监督管理机构审批。

（1）在注册资本与营运资金方面。《管理条例》规定：外商独资银行、中外合资银行的实缴注册资本最低限额为10亿元人民币或等值的自由兑换货币。外商独资银行、中外合资银行在中国境内设立的分行，应由总行无偿拨给不少于1亿元的营运资金。外商独资银行、中外合资银行拨给各分支机构营运资金的总和，不得超过总行资本金总额的60%。设立外国银行分行应由其总行无偿拨给不少于2亿元的营运资金。中国银监会根据营业性外资银行的业务范围和审慎监管的需要，可以提高注册资本或营运资金的最低限额，并规定其中的人民币份额。①

---

① 据此，中国银监会制定的《外资银行管理条例实施细则》进一步明确了营业性外资银行业务许可层级和营运资金档次，规定外商独资银行、中外合资银行除全面外汇业务和对中外资企业人民币业务两个业务许可层级外，可以扩大到第三层级，经营全面外汇业务和全面人民币业务。无论经营何种层级的业务，外商独资银行、中外合资银行及其下设分行的最低注册资本和营运资金要求与中资银行及其下设分行保持一致，分别为10亿元人民币和1亿元人民币。而外国银行分行业务许可分为2个层级：第一层级，全面外汇业务，最低营运资金要求为2亿元人民币；第二层级，全面外汇业务、对外国人、中外资机构的人民币业务以及吸收中国境内公民每笔不少于100万元人民币的定期存款，最低营运资金要求为3亿元人民币。

（2）在股东资格要求方面，规定了共性条件和个性条件。在共性条件方面，规定拟设外商独资银行、中外合资银行的股东或拟设分行的外国银行应具备下列条件：1）具有持续盈利能力，信誉良好，无重大违法违规记录；2）拟设外商独资银行的股东、中外合资银行的外方股东或拟设分行的外国银行具有从事国际金融活动的经验；3）具有有效的反洗钱制度；4）拟设外商独资银行的股东、中外合资银行的外方股东或拟设分行的外国银行受到母国金融监管当局的有效监管，并且其申请经母国金融监管当局同意；5）中国银监会规定的其他审慎性条件。此外，拟设外商独资银行的股东、中外合资银行的外方股东或拟设分行的外国银行母国应当具有完善的金融监管制度，并且其金融监管当局已与中国银监会建立良好的监管合作机制。

在个性条件方面，规定：1）拟设外商独资银行的股东应当为金融机构，除应具备前述共性条件外，其中唯一或控股股东还应当具备下列条件：为商业银行；在中国境内已设代表处2年以上；提出申请前1年年末总资产不少于100亿美元；资本充足率符合所在母国金融监管当局以及中国银监会的规定。2）拟设中外合资银行的股东除应具备前述共性条件外，其中外方股东及中方唯一或主要股东应当为金融机构，且外方唯一或主要股东［延伸阐述］还应具备下列条件：为商业银行；在中国境内已设代表处；提出设立申请前1年年末总资产不少于100亿美元；资本充足率符合母国金融监管当局以及中国银监会的规定。3）拟设分行的外国银行除应具备前述共性条件外，还应具备下列条件：提出设立申请前1年年末总资产不少于200亿美元；资本充足率符合母国金融监管当局以及中国银监会的规定；初次设立分行的，在中国境内已经设立代表处2年以上。

［延伸阐述］　境外金融机构投资入股中资商业银行有新规

需要特别指出的是，境外金融机构投资入股中资商业银行，实质上也是组建中外合资银行的一条途径或方式。对此，中国银监会2003年12月5日发布的《境外金融机构投资入股中资金融机构管理办法》，就境外金融机构投资入股（含增加持股）中资金融机构（当然也包括中资商业银行）应具备的条件、入股比例限制等作了以下主要规定：

1. 原则性规定。境外金融机构：投资入股中资金融机构应经中国银监会批准；向中资金融机构投资入股应基于诚实信用并以中长期投资为目标；投资入股中资金融机构应当用货币出资。

2. 股东资质规定。境外金融机构投资入股中资金融机构，应具备下列条件：（1）投资入股中资商业银行的，最近一年年末总资产原则上不少于100亿美元；投资入股中资城市信用社或农村信用社的，最近一年年末总资产原则上不少于10亿美元；投资入股中资非银行金融机构的，最近一年年末总资产原则上不少于10亿美元；（2）中国银监会认可的国际评级机构最近两年对其给出的长期信用评级为良好；（3）最近两个会计年度连续盈利；（4）商业银行资本充足率不低于8%；非银行金融机构资本总额不低于加权风险资产总额的10%；（5）内部控制制度健全；（6）注册地金融机构监督管理制度完善；（7）所在国（地区）经济状况良好；（8）中国银监会规定的其他审慎性条件。

中国银监会根据金融业风险状况和监管需要，可以调整境外金融机构投资入股中资金融机构的资格条件。

3. 投资入股比例限制与管理。包括：（1）单个境外金融机构向中资金融机构投资入股比例不得超过20%；（2）多个境外金融机构对非上市中资金融机构投资入股比例合计达到或超过25%的，对该非上市金融机构按照外资金融机构实施监督管理；（3）多个境外金融机构对上市中资金融机构投资入股比例合计达到或超过25%的，对该上市金融机构仍按照中资金融机构实施监督管理。

而中国银监会2006年1月12日发布、2013年10月15日修订发布的《中资商业银行行政许可事项实施办法》则规定：

1. 境外金融机构作为中资商业银行法人机构的发起人或战略投资者，应符合以下条件：（1）最近1年年末总资产原则上不少于100亿美元；（2）银监会认可的国际评级机构最近2年对其长期信用评级为良好；（3）最近2个会计年度连续盈利；（4）商业银行资本充足率应达到其注册地银行业资本充足率平均水平且不低于10.5%；非银行金融机构资本总额不低于加权风险资产总额的10%；（5）内部控制健全有效；（6）注册地金融机构监督管理制度完善；（7）所在国（地区）经济状况良好；（8）银监会规章规定的其他审慎性条件（第10条）。

2. 单个境外金融机构及被其控制或共同控制的关联方作为发起人或战略投资者向单个中资商业银行投资入股比例不得超过20%，多个境外金融机构及被其控制或共同控制的关联方作为发起人或战略投资者投资入股比例合计不得超过25%。境外金融机构关联方的持股比例应与境外金融机构的持股比例合并计算（第11条）。

3. 营业范围与经营人民币业务条件。

（1）营业范围规定。外商独资银行、中外合资银行按照中国银监会批准的业务范围，可经营下列部分或全部外汇业务和人民币业务：1）吸收公众存款；2）发放短期、中期和长期贷款；3）办理票据承兑与贴现；4）买卖政府债券、金融债券，买卖股票以外的其他外币有价证券；5）提供信用证服务及担保；6）办理国内外结算；7）买卖、代理买卖外汇；8）代理保险；9）从事同业拆借；10）从事银行卡业务；11）提供保管箱服务；12）提供资信调查和咨询服务；13）经中国银监会批准的其他业务。此外，外商独资银行、中外合资银行经人民银行批准，可经营结汇、售汇业务。

外国银行分行按照中国银监会批准的业务范围，可以经营下列部分或全部外汇业务以及对除中国境内公民以外客户的人民币业务：1）吸收公众存款；2）发放短期、中期和长期贷款；3）办理票据承兑与贴现；4）买卖政府债券、金融债券，买卖股票以外的其他外币有价证券；5）提供信用证服务及担保；6）办理国内外结算；7）买卖、代理买卖外汇；8）代理保险；9）从事同业拆借；10）提供保管箱服务；11）提供资信调查和咨询服务；12）经中国银监会批准的其他业务。此外，外国银行分行可吸收中国境内公民每笔不少于100万元人民币的定期存款；经人民银行批准，可经营结汇、售汇业务。

（2）经营人民币业务的条件。营业性外资银行经营上述规定业务范围内的人民币业务的，除应符合设立条件外，还应具备下列条件，并经中国银监会批准：1）提出申请前在中境内开业3年以上；2）提出申请前2年连续盈利；3）中国银监会规定的其他审慎性条件。

此外，《外资银行管理条例》及其实施细则还就营业性外资银行的设立、变更、终止程序、监督管理、法律责任等内容作了规定。

（三）对外资保险公司的监管规定

外资保险公司，是指依照中国有关法律、行政法规的规定，经批准在中国境内设立和营业的合资保险公司、外国资本保险公司（以下简称独资保险公司）、外国保险公司分公司。中国保监会负责对外资保险公司实施监管，其派出机构根据中国保监会的授权，对本辖区的外资保险公司进行日常监管。我国现行对外资保险公司的有效监管规范主要是2013年5月30日修订发布的《外资保险公司管理条例》及其实施细则，其主要内容规定有：

1. 设立与登记。监管规范对外国保险公司申请在我国设立外资保险公司的条件及程序作了规定。

（1）设立条件。包括外资保险公司注册资本和营运资金要求、申请者（即申请设立外资保险公司的外国保险公司）自身条件、外方出资比例限制等内容，具体规定如下：

合资保险公司、独资保险公司的注册资本最低限额为2亿元人民币或其等值的自由兑换货币；其注册资本最低限额须为实缴货币资本，外国保险公司的出资应为自由兑换货币。外国保险公司分公司应由其总公司无偿拨给不少于2亿元人民币等值的自由兑换货币的营运资金。中国保监会根据外资保险公司业务范围、经营规模，可以提高前述规定的外资保险公司注册资本或营运资金的最低限额。

申请者应当具备下列条件：1）经营保险业务30年以上；2）在中国境内已设立代表机构2年以上；3）提出设立申请前1年年末总资产不少于50亿美元；4）其母国有完善的保险监管制度，并且该外国保险公司已经受到母国有关主管当局的有效监管；5）符合母国偿付能力标准；6）母国有关主管当局同意其申请；7）中国保监会规定的其他审慎性条件。

外国保险公司与中国的公司、企业合资在中国境内设立经营人身保险业务的合资寿险公司，其中外资比例不得超过公司总股本的50%。外国保险公司直接或间接持有的合资寿险公司股份，不得超过前述规定的比例限制。

（2）设立程序。设立外资保险公司须经筹设申请、正式申请和工商登记等程序。大致过程是：申请人应向中国保监会提出书面申请并提交规定的资料。中国保监会对设立申请进行初步审查，自收到完整的申请文件之日起6个月内作出受理或不受理的决定，决定受理的发给正式申请表；决定不受理的应书面通知申请人并说明理由。申请人应自接到正式申请表之日起1年内完成筹建工作，在规定的期限内未完成筹建、有正当理由的，经批准可延长3个月；在延长期内仍未完成筹建工作的，中国保监会作出的受理决定自动失效。筹建完成后，申请人应将填写好的申请表连同规定文件报中国保监会审批。中国保监会应自收到完整的正式申请文件之日起60日内，作出批准或不批准的决定。决定批准的，颁发经营保险业务许可证；决定不批准的，应书面通知申请人并说明理由。经批准设立外资保险公司的，申请人凭经营保险业务许可证向工商行政机关办理登记，领取营业执照。

外资保险公司成立后，应按其注册资本或营运资金总额的20%提取保证金，存入中国保监会指定的银行；保证金除外资保险公司清算时用于清偿债务外，不得动用。

2. 业务范围。外资保险公司经中国保监会核定可全部或部分经营下列种类的保险业务：

1）财产保险业务，包括财产损失保险、责任保险、信用保险等保险业务；2）人身保险业务，包括人寿保险、健康保险、意外伤害保险等保险业务；3）可依法经营前1）、2）规定的保险业务的分出保险、分入保险等再保险业务。

外资保险公司经中国保监会核定，可在核定的范围内经营大型商业风险保险业务、统括保单保险业务。但同一外资保险公司不得同时兼营财产保险业务和人身保险业务。

外资保险公司的具体业务范围、业务地域范围和服务对象范围，由中国保监会按有关规定核定。外资保险公司只能在核定的范围内从事保险业务活动。

3. 监督管理。对外资保险公司的监督管理主要包括以下内容：（1）外资保险公司应接受中国保监会依法进行的监督检查，如实提供有关文件、资料和书面报告，不得拒绝、阻碍、隐瞒；（2）除经中国保监会批准外，外资保险公司不得与其关联企业从事再保险的分出或分入业务、资产买卖或其他交易；（3）外国保险公司分公司应当于每一会计年度终了后3个月内，将该分公司及其总公司上一年度的财务会计报告报送中国保监会，并予公布；（4）外国保险公司分公司的总公司有变更名称、主要负责人或注册地，变更资本金，变更持有资本总额或股份总额10%以上的股东，调整业务范围，受到母国有关主管当局处罚，发生重大亏损，分立、合并、解散、依法被撤销或被宣告破产等情形之一的，该分公司应自各该情形发生之日起10日内，将有关情况向中国保监会提交书面报告；（5）外国保险公司分公司的总公司解散、依法被撤销或被宣告破产的，中国保监会应停止该分公司开展新业务；（6）外资保险公司经营外汇保险业务的，应遵守中国有关外汇管理的规定，除经批准外，其在中国境内经营保险业务的，应以人民币计价结算。

此外，《外资保险公司管理条例》及其实施细则还对外资保险公司的终止与清算、法律责任等问题作了规定。

（四）对中外合资证券类公司的监管规定

中外合资证券类公司，主要包括三类：一是中外合资投资银行类机构（中外合资投资银行），即外国投资银行类机构与中国金融机构在中国境内合资设立的从事投资银行业务的金融机构，主要受《中外合资投资银行类机构管理暂行办法》① 的调整；二是中外合资证券公司，或称“外资参股证券公司”，包括境外股东受让、认购境内证券公司股权而变更的证券公司或境外股东与境内股东共同出资设立的证券公司，主要受2002年6月1日发布、2012年10月11日第二次修订的《外资参股证券公司设立规则》的调整；三是中外合资基金管理公司，包括境外股东与境内股东共同出资设立的基金管理公司和境外股东受让、认购境内基金管理公司股权而变更的基金管理公司，受2004年9月16日发布、2012年9月20日修订的《证券投资基金管理公司管理办法》的调整。这三类机构本质上都是合资证券公司，其设立规则大同小异。囿于篇幅，本处仅就《外资参股证券公司设立规则》的有关规定进行介绍。

1. 设立依据与组织形式。外资参股证券公司是指：（1）境外股东与境内股东依法共同出资设立的证券公司；（2）境外投资者依法受让、认购内资证券公司股权，内资证券公司依法变

---

① 该暂行办法已经被中国人民银行2008年1月22日发布的《关于废止上海外资保险机构暂行管理办法等15项规章的公告》所废止，但据此已设立的投资银行类金融机构仍然是有效的。

更的证券公司。

按《外资参股证券公司设立规则》及2002年11月18日中国证监会、对外贸易经济合作部（现商务部）《关于实施〈外资参股证券公司设立规则〉和〈外资参股基金管理公司设立规则〉有关问题的通知》的规定，在中国申请设立外资参股证券公司（即中外合资证券公司），其名称、注册资本、组织机构的设立及职责等，除应符合《外资参股证券公司设立规则》的规定外，还应符合《公司法》和《证券法》的有关规定以及《中外合资经营企业法》及其实施条例的相关要求。外资参股证券公司的组织形式为有限责任公司。

2. 业务范围。外资参股证券公司可经营下列业务：(1) 股票（包括人民币普通股、外资股）和债券（包括政府债券、公司债券）的承销；(2) 外资股的经纪；(3) 债券（包括政府债券、公司债券）的经纪和自营；(4) 中国证监会批准的其他业务。前述所称外资股，包括境内上市外资股（B股）和在境外上市的外资股。

证券公司应按规定向中国证监会提出业务范围的申请；从事股票主承销业务的，应按有关规定取得股票主承销业务资格。

3. 设立条件。包括外资参股证券公司、境内境外股东资质、持股比例、出资方式、高级管理人员任职资格等方面的条件要求，具体规定如下：

(1) 外资参股证券公司应符合下列条件：1) 注册资本符合《证券法》关于综合类证券公司注册资本的规定；2) 股东具备规定的资格条件，其出资比例、出资方式符合规定；3) 按规定取得证券从业资格的人员不少于30人，并有必要的会计、法律和计算机专业人员；4) 有健全的内部管理、风险控制和对承销、经纪、自营等业务在机构、人员、信息、业务执行等方面分开管理的制度，有适当的内部控制技术系统；5) 有符合要求的营业场所和合格的交易设施；6) 中国证监会规定的其他审慎性条件。

(2) 外资参股证券公司的境外股东应具备下列条件：1) 所在国家具有完善的证券法律和监管制度，其证券监管机构已与中国证监会签订证券监管合作谅解备忘录，并保持着有效的监管合作关系；2) 在所在国家或地区合法成立，至少有1名是具有合法的金融业务经营资格的机构；境外股东自参股之日起3年内不得转让所持有的外资参股证券公司股权；3) 持续经营5年以上，近3年未受到所在国家或地区监管机构或者行政、司法机关的重大处罚；4) 近3年各项财务指标符合所在国家或地区法律的规定和监管机构的要求；5) 具有完善的内部控制制度；6) 具有良好的声誉和经营业绩；7) 中国证监会规定的其他审慎性条件。

(3) 外资参股证券公司的境内股东，应具备中国证监会规定的证券公司股东资格条件，且其中应至少有1名是内资证券公司。但内资证券公司变更为外资参股证券公司的，不在此限。

(4) 境内股东可用现金、经营中必需的实物出资，境外股东应以自由兑换货币出资。

(5) 境外股东持股比例或在外资参股证券公司中拥有的权益比例，累计（包括直接持有和间接持有）不得超过49%。境内股东中的内资证券公司，应至少有1名的持股比例或在外资参股证券公司中拥有的权益比例不低于49%。内资证券公司变更为外资参股证券公司后，应至少有1名内资股东的持股比例不低49%。

(6) 外资参股证券公司的董事长、总经理、副总经理应具备证券公司高级管理人员任职资格条件。

4. 设立程序。申请设立外资参股证券公司，应由全体股东共同指定的代表或委托的代理人，向中国证监会提交规定的申请文件。中国证监会依照有关法律、行政法规和《外资参股证券公司设立规则》对申请文件进行审查，自接到符合要求的申请文件之日起45个工作日内作出是否批准的决定，并书面通知申请人。股东应自中国证监会的批准文件签发之日起6个月内足额缴付出资或提供约定的合作条件，选举董事会、聘任高级管理人员，并向工商行政管理机关申请设立登记，领取营业执照。

5. 业务许可证的申领。外资参股证券公司的董事长或授权代表应自营业执照签发之日起15个工作日内，向中国证监会提交营业执照副本复印件、公司章程、验资报告等文件，申请"经营证券业务许可证"。中国证监会依照有关规定对申请文件进行审查，并自接到符合要求的申请文件之日起15个工作日内作出决定。对符合规定条件的，颁发"经营证券业务许可证"；对不符合规定条件的，不予颁发，并书面说明理由。外资参股证券公司凭领取的"营业执照"、"经营证券业务许可证"方可开业，经营证券业务。

此外，《外资参股证券公司设立规则》还就内资证券公司申请变更为外资参股证券公司的条件、申请审批程序、"营业执照"与"经营证券业务许可证"的换领等诸多问题作出了规定。外资参股证券公司的设立、变更、终止、业务活动及监督管理事项，如《外资参股证券公司设立规则》未作规定的，适用中国证监会的其他有关规定。

第二节　境外中资金融机构管理法

一、境外中资金融机构管理法概述

境外中资金融机构管理法是指关于境外中资金融机构的设立及其活动开展的监管的法律规范的总称。所谓境外中资金融机构，简称"境外金融机构"，是指中国境内金融机构、非金融机构及境外中资金融机构、非金融机构在中国境外设立或收购的从事存款、贷款、票据贴现、结算、信托投资、金融租赁、担保、保险、证券经营等项金融业务的金融机构。

改革开放以来，我国金融机构在境外的机构设置得到了迅速的发展，机构网点遍布主要国际经济、金融中心。我国境外金融机构的设置及其业务拓展，对于推动我国对外贸易的发展、在海外筹措外汇资金、保证我国外汇资金的安全和学习国际金融业的先进经营管理技能等方面都发挥了积极作用。由于境外金融机构是在别国经营，主要要受东道国法律及金融监管当局的监管。[①] 因此，只要不妨害本国的经济、金融利益，不危及金融机构自身经营安全，母国金融监管当局一般对其实行不同于国内金融机构的弹性管理，赋予境外金融机构以更多的决策权，允许其从事当地国家法律允许从事的一切业务，较少进行利率水平、经营方式方面的限制，以加强其在海外的竞争能力。但在限制其经营风险方面，则要把安全性原则放在首要位置，规定比较严格的持续经营监督、报告检查制度以及必要的资产负债管理制度，防止国际金融风险向国内渗透和转移。在这方面，上世纪70年代，特别是80、90年代以来，由于金融危机频发，境外

① 关于东道国监管的法理依据，主要有属地管辖权原则、国民待遇原则、外国投资者默示同意论等。

金融机构风险常常拖累、拖垮母国机构，这促使巴塞尔银行监管委员会的系列协议、欧盟的多个银行指令及欧美等国的金融实践，都在越来越推崇以母国并表监管①为主的监管模式，从而使得对境外金融机构的监管责任重心日渐由东道国向母国转移，并由此推动着各国金融监管当局的协调与合作。

为加强境外金融机构的管理，保障金融业的健康发展，经国务院批准，人民银行于 1990 年 4 月 13 日发布了《境外金融机构管理办法》，就中国境内金融机构、非金融机构，境外中资金融机构和非金融机构投资设立或收购境外金融机构的条件、申请审批程序、经营业务管理、违法处理等作了详细的规定，内容涵盖了境外银行业、保险业、证券业等机构，是一个全面性的监管规定。1995 年 8 月 14 日和 1996 年 10 月 23 日，针对境外金融机构违规设立、违规经营、监管不力的状况，人民银行先后发布了《关于加强境外中资金融机构管理的通知》和《关于进一步加强境外中资金融机构管理的通知》(简称“两个《通知》”)，就境外金融机构的报批程序、报告制度、日常监管、内部稽核、变更管理等方面作了更进一步的规定。经国务院批准，1995 年 9 月 6 日人民银行还发布了《设立境外中国产业投资基金管理办法》，就中资机构在中国境外发起设立主要投资于中国境内产业项目的境外投资基金及其管理公司的条件、程序及业务开展的管理等问题作了明确规定。② 2001 年 8 月 9 日，人民银行依据《中国人民银行法》、《商业银行法》、《境外金融机构管理办法》等法律法规，参照巴塞尔银行监管委员会发布的有关跨境监管的基本原则及各国通行做法，制定和发布了《商业银行境外机构监管指引》，以加强对商业银行境外机构的监管，促进其审慎经营、健康发展。

随着分业监管体制的形成，人民银行对境外中资银行机构、保险机构、证券机构的设立审批权、监督检查权等逐步移交给中国证监会、中国保监会、中国银监会。在境外中资证券机构的监管方面，1998 年 9 月 7 日中国证监会发布《关于境外中资证券类机构监管工作有关问题的通知》，明确规定从 1998 年 6 月 12 日起，境内机构、境外中资机构在境外设立、参股和收购证券类机构的审批及监管，由中国证监会负责，同时，对境外中资证券机构的变更事项管理，重大事项报告制度，资产负债表、损益表和半年度、年度工作报告的报送等问题作了规定。2006 年 9 月 13 日、2011 年 4 月 14 日中国证监会又发布了两个版本的《证券公司在境外设立、收购或参股证券经营机构审批》，就我国现阶段符合条件的创新试点类证券公司申请在境外设立、收购或参股证券经营机构应提交的材料作了规定。而在境外保险机构的监管方面，中国保监会 2006 年 6 月 30 日发布的《关于加强对保险机构所属境内非保险类经济实体和境外保险机构财务监管若干事项的通知》，首次就境外保险机构财务监管问题作出规定，为下一步实施对

---

① 关于什么是并表监管，并没有完全统一的概念。如按巴塞尔银行监管委员会 1975 年制定、1983 年修订的《银行境外机构的监管原则》的规定，并表监管原则是指母国监管当局应对其所负责的银行或银行集团，基于其全球业务总体监控其风险状况（包括风险集中和资产质量状况）和资本充足性。美国联邦储备委员会将并表监管的含义归结为：母行和母国监管当局负责监控银行和银行集团风险的爆发（包括风险的集中和资产质量的恶化），并在兼顾到跨国银行业务全局性的基础上，对跨国银行的资本充足性实行监管。为保障并表监管的质量，美联储还将并表监管的具体要求列举如下：(1) 母国管理层必须有充足的程序和手段以管理和控制银行的全球性业务活动；(2) 无论是自行检查得出的报告，还是通过审计报告或其他当事人的报告，监管机关必须掌握足够的资讯，做到能胸有成竹地评估跨国银行的总体运作情况；(3) 银行的财务报告必须在并表基础上提供，或者最低限度，允许银行或银行集团对其业务在合并的、全球性的基础上进行分析后提交。

② 《设立境外中国产业投资基金管理办法》已于 2007 年 1 月 5 日被中国人民银行明令废止。

保险集团（控股）公司的并表监管做好准备。2006 年 7 月 31 日，中国保监会发布的《保险公司设立境外保险类机构管理办法》、《非保险机构投资境外保险类企业管理办法》[①] 更是对保险公司设立境外保险类机构的监管、非保险机构在境外投资保险类企业的监管等问题，作了较为全面的规定。在境外银行业金融机构的管理方面，随着《商业银行境外机构监管指引》、《境外金融机构管理办法》[②] 相继被废止，我国关于境外中资银行业金融机构管理实际上主要受中国银监会 2006 年 1 月 12 日发布、2013 年 10 月 15 日修订的《中资商业银行行政许可事项实施办法》规范。

总体来看，我国目前对境外中资金融机构的监管立法还很不完善，立法层次不高，内容规定陈旧，有的监管领域存在立法空白，监管法规内容与监管机构现实脱节，这与我国对外开放政策和实际发展速度均极不相称，迫切需要予以完善，以防范金融风险，防止资产流失，推动我国金融业更好地走向世界。

二、境外中资银行业金融机构的管理

（一）境外中资银行业金融机构的管理概述

改革开放以来，我国对境外金融机构的管理在相当长时间里是由《境外金融机构管理办法》及两个《通知》进行规范。该管理办法对境内银行、非银行金融机构以及非金融性公司、企业及其他组织申请设立或收购境外金融机构的条件、设立或收购境外金融机构的程序、境外中资金融机构的监督管理、法律责任追究等作了较为全面的规定，并普遍适用于所有境外中资金融机构。但分业监管体制形成后，保险业、证券业的境外机构监管逐步自成体系，故《境外金融机构管理办法》日益演变成主要针对境外中资银行业机构的设立及监管而适用，由人民银行和中国银监会依职权划分共同组织实施。据此管理办法，我国中资银行设立境外机构的工作也取得了长足的发展。截至 2012 年年末，共有 16 家中资银行在境外设立了 1 050 家分支机构，其数量约为改革开放初期的 6.6 倍，覆盖了亚洲、欧洲、南北美洲、非洲和大洋洲的 49 个国家和地区。具体来看，工、农、中、建、交五大行在境外的机构数量为 955 家，占 92%。上述 16 家中资银行中，中国银行的境外机构数量最多为 599 家，工商银行为 246 家，这两家中资银行的境外机构数量占到中资银行境外机构的 81.4%。从资产规模和利润来看，2012 年年末中资银行的境外资产规模已达 1 万亿元的规模，但其仅占中资银行资产总规模的 4.2%；境外机构利润为 169 亿美元，也仅占中资银行总利润的 8.6%。

从总体上看，中国银行和工商银行为代表的五大行是中资银行“走出去”的主力军。中资银行在国际市场上开展的业务主要包括批发银行业务、贸易融资、外汇交易、私募融资、金融租赁、个人金融服务和投行业务等。我国银行“走出去”战略主要呈现四大特点：一是 2008 年国际金融危机之后，相对稳健的中资银行明显加大了在境外市场的拓展力度；二是区域布局

---

① 《非保险机构投资境外保险类企业管理办法》已于 2013 年 3 月 5 日被中国保监会发布的“关于废止《非保险机构投资境外保险类企业管理办法》的公告”明令废止。

② 2001 年 8 月 9 日发布实施的《商业银行境外机构监管指引》已被中国银监会于 2007 年 7 月 3 日发布的《关于制定、修改、废止、不适用部分规章和规范性文件的公告》宣布失效；1990 年 4 月 13 日发布实施的《境外金融机构管理办法》已被国务院于 2011 年 1 月 8 日发布的《关于废止和修改部分行政法规的决定》宣布失效。

以发达经济体为主，并呈现出向新兴经济体转移的趋势；三是境外市场进入的途径多种多样，以申设机构为主，并购案例也不断增多，中资银行在海外申设机构类型包括代表处、分行、子行和子公司；四是香港成为中资银行“走出去”的桥头堡，绝大部分中资银行实施国际化战略都不约而同地以在香港设立分支机构开始。2011 年 1 月 8 日，《境外金融机构管理办法》被国务院废止后，中资境外银行业金融机构主要受中国银监会 2013 年 10 月 15 日修订的《中资商业银行行政许可事项实施办法》规范。

（二）境外中资银行业金融机构管理规定的主要内容

按 2013 年 10 月 15 日中国银监会修订发布的《中资商业银行行政许可事项实施办法》的规定，我国境外中资银行业金融机构管理规定的主要内容如下：

1. 投资设立、参股、收购境外机构的条件及程序

所谓“境外机构”是指中资商业银行境外一级分行、全资附属或控股金融机构、代表机构，以及境外一级分行、全资子公司跨国设立的机构。中资商业银行申请投资设立、参股、收购境外机构，应符合以下条件：（1）具有良好的公司治理结构，内部控制健全有效，业务条线管理和风险管控能力与境外业务发展相适应；（2）具有清晰的海外发展战略；（3）具有良好的并表管理能力；（4）主要审慎监管指标符合监管要求；（5）权益性投资余额原则上不超过其净资产的 50%（合并会计报表口径）；（6）最近 3 个会计年度连续盈利；（7）申请前 1 年年末资产余额达到 1 000 亿元人民币以上；（8）具备与境外经营环境相适应的专业人才队伍；（9）银监会规章规定的其他审慎性条件。

国有商业银行、股份制商业银行、邮政储蓄银行申请投资设立、参股、收购境外机构由银监会受理、审查并决定。银监会自受理之日起 6 个月内作出批准或不批准的书面决定。城市商业银行申请投资设立、参股、收购境外机构由申请人所在地银监局受理并初步审查，银监会审查并决定。银监会自收到完整申请材料之日起 6 个月内作出批准或不批准的书面决定。

2. 境外机构的变更及其程序

中资商业银行境外机构的变更，包括境外机构升格、变更营运资金或注册资本、变更名称、重大投资事项、变更股权、分立、合并以及银监会规定的其他事项，须经银监会许可。其中，重大投资事项是指中资商业银行境外机构拟从事的投资额为 1 亿元人民币以上或投资额占其注册资本或营运资金 5%以上的股权投资事项。

中资商业银行境外机构变更事项应由中资商业银行总行向银监会申请，由银监会受理、审查并决定。银监会自受理之日起 3 个月内作出批准或不批准的书面决定。

3. 境外分支机构的终止及其程序

中资商业银行境外分支机构终止营业的（被依法撤销除外），应提出终止营业申请。中资商业银行境外机构的终止营业申请，由银监会受理、审查并决定。银监会自受理之日起 3 个月内作出批准或不批准的书面决定。

4. 境外机构董事和高级管理人员的任职资格条件及许可程序

中资商业银行从境内聘请的中资商业银行境外机构董事长、副董事长、行长（总经理）、副行长（副总经理）、首席代表，须经任职资格许可。其他虽未担任前述职务，但实际履行前述董事和高级管理人员职责的人员，总行及分支机构管理层中对该机构经营管理、风险控制有

决策权或重要影响力的人员，须经任职资格许可。具体而言，拟任中资商业银行境外机构董事长、副董事长，应具备本科以上学历，从事金融工作 6 年以上，或从事相关经济工作 10 年以上（其中从事金融工作 3 年以上），且能较熟练地运用 1 门与所任职务相适应的外语；拟任中资商业银行境外机构行长（总经理）、副行长（副总经理）、代表处首席代表的，应具备本科以上学历，从事金融工作 6 年以上，或从事相关经济工作 10 年以上（其中从事金融工作 3 年以上），且能较熟练地运用 1 门与所任职务相适应的外语。

国有商业银行、股份制商业银行、邮政储蓄银行从境内聘请的中资商业银行境外机构董事长、副董事长、行长（总经理）、副行长（副总经理）任职资格申请，由法人机构向银监会提交，银监会受理、审查并决定。银监会自受理之日起 30 日内作出核准或不予核准的书面决定。城市商业银行从境内聘请的中资商业银行境外机构董事长、副董事长、行长（总经理）、副行长（副总经理）任职资格申请，由法人机构向其所在地银监局提交，银监局受理并初步审查，银监会审查并决定。银监会自收到完整申请材料之日起 30 日内作出核准或不予核准的书面决定。

中资商业银行从境内聘请的中资商业银行境外机构董事长、行长（总经理）、代表处首席代表任职资格未获核准前，中资商业银行应指定符合相应任职资格条件的人员代为履职，并自指定之日起 3 日内向任职资格审核的决定机关报告。代为履职的人员不符合任职资格条件的，监管机构可以责令中资商业银行限期调整代为履职的人员。代为履职的时间不得超过 6 个月，中资商业银行应在 6 个月内选聘具有任职资格的人员正式任职。

中资商业银行从境外聘请的中资商业银行境外机构董事长、副董事长及其他高级管理人员不纳入《中资商业银行行政许可事项实施办法》管理，中资商业银行应依照属地监管国家（地区）有关法律法规做好相关工作，但人员任职后应在 5 日内向银监会报告。

三、境外中资证券类机构的监管

按《证券法》第 129 条第 2 款、《证券公司监督管理条例》第 13 条、1998 年 9 月 7 日发布的《关于境外中资证券类机构监管工作有关问题的通知》、2011 年 4 月 14 日发布的新版《证券公司在境外设立、收购或参股证券经营机构审批》等的规定，证券公司在境外设立、收购或者参股证券经营机构，必须经中国证监会批准。其主要内容有：

（一）证券公司在境外设立、收购或参股证券经营机构的申请与审批

证券公司在境外设立、收购或参股证券经营机构的申请由中国证监会负责审批，并应向其提交下列申请材料：（1）法定代表人签署的申请书。（2）股东（大）会决议。（3）境外机构的章程（草案）。（4）可行性研究报告。其内容至少包括：设立、收购或参股境外证券经营机构的方案；申请人符合条件的说明；合法外汇资金来源的说明；设立、收购或参股境外证券经营机构对申请人净资本等风险控制指标影响的说明；境外证券经营机构的名称、组织形式、管理架构、股权结构图、业务范围和业务发展规划；外派人员情况；申请人与境外证券经营机构之间防范风险传递和利益冲突的说明等。（5）申请人与境外证券监管机构沟通情况的说明。（6）中国证监会要求的其他材料。

中国证监会对证券公司提交的申请，按照 2009 年 12 月 16 日发布的《中国证券监督管理

委员会行政许可实施程序规定》进行审查和批准。

(二) 变更管理

境外证券类机构有以下变更事项的，其境内投资单位应事前报经中国证监会批准：(1) 撤销境外证券类机构；(2) 调整股份比例、增资及机构变更；(3) 更换董事长、副董事长、总经理、副总经理等高级管理人员。

(三) 重大事项报告制度

境外证券类机构遇有以下重大事项，应立即向其境内投资单位和中国证监会报告：(1) 发生严重违规和亏损；(2) 境外机构员工有舞弊、欺诈等行为，涉及较大金额、造成较大经济损失；(3) 境外机构所在地有关经济或金融体制、法规的重大变动；(4) 按规定向所在地监管当局报告的其他重大事项。

(四) 定期报告制度

境外证券类机构的境内投资单位应于每年 7 月 31 日前向其所在地中国证监会派出机构报送其境外机构上半年工作报告，每年 3 月 31 日前报送其境外机构上一年度的资产负债表、损益表和年度工作报告。上述报告由证监会派出机构转报中国证监会。

四、境外中资保险类机构的管理

对境外中资保险类机构的管理，中国保监会曾于 2006 年 7 月 31 日发布了《保险公司设立境外保险类机构管理办法》、《非保险机构投资境外保险类企业管理办法》，就保险公司设立境外保险类机构的监管、非保险机构在境外投资保险类企业的监管等问题作了较为全面的规定。但 2013 年 3 月 5 日中国保监会发布的《关于废止〈非保险机构投资境外保险类企业管理办法〉的公告》，明令废止了《非保险机构投资境外保险类企业管理办法》，取消了对非保险机构投资境外保险类企业的行政许可，所以，目前我国对境外中资保险类机构的管理，主要是针对保险公司设立境外保险类机构实施。目前我国关于境外中资保险类机构的管理，主要有以下内容：

1. 保险公司设立境外保险类机构的概念及其依据

按 2006 年 7 月 31 日中国保监会发布的《保险公司设立境外保险类机构管理办法》的规定，所谓“保险公司设立境外保险类机构”，是指经中国保监会批准设立并依法登记注册的商业保险公司（含保险集团公司、保险控股公司）直接在中国境外投资设立境外分支机构、境外保险公司和保险中介机构（指保险代理机构、保险经纪机构和保险公估机构，下同）或者收购境外保险公司和保险中介机构的行为。其中，所称“收购”，是指保险公司受让境外保险公司、保险中介机构的股权，且其持有的股权达到该机构表决权资本总额 20%及以上或虽不足 20%但对该机构拥有实际控制权、共同控制权或重大影响的行为。保险公司收购上市的境外保险公司、保险中介机构的，适用《保险公司设立境外保险类机构管理办法》。中国保监会另有规定的从其规定。

中国保监会依法对保险公司设立境外保险类机构的活动实施监督管理。保险公司设立境外保险类机构应遵守中国有关保险和外汇管理的法律、行政法规及中国保监会相关规定，遵守境外的相关法律及规定。保险公司收购境外保险公司和保险中介机构，应执行现行保险外汇资金的有关规定。保险公司在境外设立代表机构、联络机构或办事处等非营业性机构的，也适用《保险公司设立境外保险类机构管理办法》。

2. 设立审批

主要包括设立条件与申请、审查批准、设立后的报告等内容：

（1）设立条件与申请。保险公司设立境外保险类机构的，应具备下列条件：1）开业 2 年以上；2）上年末总资产不低于 50 亿元人民币；3）上年末外汇资金不低于 1 500 万美元或其等值的自由兑换货币；4）偿付能力额度符合规定；5）内部控制制度和风险管理制度符合规定；6）最近 2 年内无受重大处罚的记录；7）拟设立境外保险类机构东道国金融监管制度完善，并与中国保险监管机构保持有效的监管合作关系；8）中国保监会规定的其他条件。

其中，保险公司申请设立境外分支机构、境外保险公司和保险中介机构的，应向中国保监会提交下列材料：1）申请书；2）国家外汇管理局外汇资金来源核准决定的复印件；3）上一年度经会计师事务所审计的公司财务报表及外币资产负债表；4）上一年度经会计师事务所审计的偿付能力状况报告；5）内部控制制度和风险管理制度；6）拟设境外保险类机构的基本情况说明；7）拟设境外保险类机构的可行性研究报告、市场分析报告和筹建方案；8）拟设境外保险类机构所在地法律要求保险公司为其设立的境外保险类机构承担连带责任的，提交相关说明材料；9）中国保监会规定的其他材料。如保险公司在境外设立的保险公司、保险中介机构有其他发起人的，还应提交其他发起人的名称、股份认购协议书复印件、营业执照以及上一年度经会计师事务所审计的资产负债表。

保险公司申请收购境外保险公司和保险中介机构的，应向中国保监会提交下列材料：1）申请书；2）国家外汇管理局外汇资金来源核准决定的复印件；3）上一年度经会计师事务所审计的公司财务报表及外币资产负债表；4）上一年度和最近季度经会计师事务所审计的偿付能力状况报告及其说明；5）内部管理制度和风险控制制度；6）拟被收购的境外保险类机构的基本情况说明；7）拟被收购的境外保险类机构上一年度经会计师事务所审计的公司财务报表；8）收购境外保险类机构的可行性研究报告、市场分析报告、收购方案；9）中国保监会规定的其他材料。如拟被收购境外保险类机构为保险公司的，还应当提交其上一年度和最近季度经会计师事务所审计的偿付能力状况报告及说明。

保险公司申请在境外设立代表机构、联络机构或办事处等非营业性机构的，应具备下列条件：1）具有合法的外汇资金来源；2）内部控制制度和风险管理制度符合中国保监会有关规定；3）最近 2 年内无受重大处罚的记录；4）中国保监会规定的其他条件。并应向中国保监会提交下列文件：1）申请书；2）拟设境外代表机构、联络机构或者办事处等非营业性机构的基本情况说明，包括名称、住所、营运经费预算、负责人简历及身份证明材料复印件；3）中国保监会规定的其他材料。

（2）审查批准。中国保监会应依法对设立境外保险类机构或境外代表机构、联络机构、办事处等非营业性机构的申请进行审查，并自受理申请之日起 20 日内作出批准或不予批准的决定。决定不予批准的，应当书面通知申请人并说明理由。

（3）设立后的报告。保险公司应在境外保险类机构获得许可证或收购交易完成后 20 日内，将境外保险类机构的下列情况书面报告中国保监会：许可证复印件；机构名称和住所；机构章程；机构的组织形式、业务范围、注册资本或营运资金、其他股东或者合伙人的出资金额及出资比例；机构负责人姓名及联系方式；中国保监会规定的其他材料。

保险公司应在境外代表机构、联络机构或办事处等非营业性机构设立后20日内，将境外代表机构等非营业性机构的下列情况书面报告中国保监会：登记证明的复印件；名称和住所；负责人姓名及联系方式；中国保监会规定的其他材料。

3. 境外保险类机构管理

对境外保险类机构管理，主要包括：(1) 保险公司应对其设立的境外保险类机构进行有效的风险管理，并督促该类机构按东道国法律和监管部门的相关规定，建立健全风险管理制度。(2) 保险公司应严格控制其设立的境外保险类机构对外提供担保。确需对外提供担保的，应取得被担保人的资信证明，并签署具有法律效力的反担保协议书。以财产抵押、质押等方式提供反担保协议的，提供担保的金额不得超过抵押、质押财产重估价值的60%。(3) 保险公司在境外设立的分支机构，除保单质押贷款外，不得对外贷款。(4) 保险公司应对派往其设立的境外保险类机构的董事长和高级管理人员建立绩效考核制度、期中审计制度和离任审计制度。(5) 保险公司设立的境外保险类机构清算完毕后，应将清算机构出具的经当地注册会计师验证的清算报告，报送中国保监会。

4. 监督检查

主要内容包括：(1) 保险公司应按中国会计制度及中国保监会的规定，在财务报告和偿付能力报告中单独披露其设立的境外保险类机构的经营成果、财务状况和偿付能力状况。(2) 保险公司设立的境外保险类机构按所在地保险监管机构要求编制偿付能力报告的，保险公司应抄送中国保监会。(3) 保险公司应在其设立的境外保险类机构每一会计年度结束后5个月内，将该境外保险类机构上一年度的财务报表报送中国保监会。(4) 保险公司应在每年1月底之前，将其境外代表机构、联络机构或办事处等非营业性机构的年度工作报告报送中国保监会。该等非营业性机构的年度工作报告应包括该机构的主要工作和机构变更情况。(5) 保险公司设立的境外保险类机构发生下列事项的，保险公司应在事项发生之日起20日内书面报告中国保监会：投资、设立公司的；分立、合并、解散、撤销或破产的；机构名称或注册地变更的；董事长和高级管理人员变动的；注册资本和股东结构发生重大变化的；调整业务范围的；出现重大经营或财务问题的；涉及重大诉讼、受到重大处罚的；所在地保险监管部门出具监管报告或检查报告的；中国保监会认为有必要报告的其他事项。(6) 保险公司转让其境外保险类机构股权的，应报经中国保监会批准。(7) 保险公司对其境外保险类机构实施增持股份、增加资本金或营运资金的，应报经中国保监会批准，并按有关规定提交材料。(8) 保险公司应建立控制和管理关联交易的相关制度。保险公司与其境外设立的保险公司和保险中介机构之间发生再保险分出或分入业务、资产管理、担保和代理业务、固定资产买卖或债权债务转移、大额借款等重大关联交易的，应在交易完成后15日内向中国保监会报告。

此外，《保险公司设立境外保险类机构管理办法》还就擅设境外保险类机构、擅设境外代表机构等非营业性机构、不按规定报送（或虚假报送）有关报告、报表、文件和资料等违法行为所应承担的法律责任作了规定。

问题与思考

1. 何谓外资金融机构管理法？我国外资金融机构管理立法的现状如何？怎样改进？

2. 为什么我国要实行渐进式的金融开放政策？其发展进程及监管立法有何特点？

3. 何谓外资金融机构代表处？为什么一国金融机构要在其他国家设立代表处？

4. 外国银行在我国设立代表处应具备哪些条件？应依法提交哪些申请材料？

5. 我国对外国银行驻华代表机构的监督管理规定主要包括哪些内容？

6. 外国保险机构在我国设立代表处应具备哪些条件？应依法提交哪些申请材料？

7. 我国对外国证券类机构驻华代表处的监管规定有哪些内容？为什么要作这些规定？

8. 何谓营业性外资金融机构？我国对营业性外资金融机构的监管状况如何？怎样改进？

9. 我国《外资银行管理条例》及其实施细则的内容规定是如何体现世贸规则的基本精神的？这两个监管规范为什么要体现“法人银行导向”—— 即鼓励外资金融机构在华注册或改制为“法人银行”？

10. 何谓外资保险公司？我国对外资保险公司的监督管理规定包括哪些内容？

11. 何谓境外中资金融机构管理法？如何改进我国境外中资金融机构的管理立法状况？

12. 何谓并表监管？在对金融机构的境外机构及其活动的监管实践中，为什么会逐步出现监管责任由东道国向母国的转移？

13. 中资商业银行投资设立、参股、收购境外机构的条件及程序规定有哪些？我国是如何进行中资商业银行境外机构董事和高级管理人员的任职资格管理的？

14. 保险公司申请设立境外保险类机构应具备哪些条件？中国保监会如何进行审查批准？

15. 对我国目前的涉外金融机构监管立法你有何看法？在分业立法模式与统一立法模式中你作何选择？为什么？

第十六章

外汇与外债管理法

本章概要

外汇管理法是一国为了维护国际收支平衡和汇价水平的稳定，对外汇资金的调节、运用、买卖和国际结算等实行管理的法律规范的总称。改革开放以来，我国在相当长的时间里关于外汇管理方面的基本立法是1980年12月国务院发布的《外汇管理暂行条例》及与之配套的一系列实施规章。随着市场经济体制建设的推进、外汇管理体制改革的深化，根据国务院1993年发布的《关于金融体制改革的决定》和《关于进一步改革外汇管理体制的通知》的规定，我国自1994年1月1日起实行汇率并轨，建立了以市场供求为基础的、单一的、有管理的人民币浮动汇率制度，形成了以上海为中心的全国统一的银行间外汇市场。经过两年多的努力，我国外汇管理体制改革取得了很大成绩，在1996年12月实现了经常项下人民币可兑换的预定目标，外汇汇率基本保持平稳，从而为我国实现外汇管理体制改革的长期目标——实现资本项下人民币可兑换奠定了良好的基础。为巩固外汇体制改革的成果，促进外汇体制的进一步深化，国务院于1996年1月29日发布了《外汇管理条例》，取代《外汇管理暂行条例》成为外汇管理方面的基本立法，就外汇管理的一系列基本问题作出了明确规定。此后，随着新的形势的发展，我国于1997年1月14日、2008年8月5日又先后两次修订发布了《外汇管理条例》。外债管理法是调控我国外债的规模、结构，统一管理外债的举借、偿还与风险控制，监督外债的使用的法律规范的总称。从严格外债管理、确保国家对外信誉的需要出发，我国的外债管理法在确立国家外债管理机关及职权，规范外债的举借、偿还和风险防范，规定外债统计、监测制度诸方面进行了有益的探索。尤其是加入WTO以来，我国在结售汇制度、外汇市场深化、外汇汇率形成机制和外债管理诸方面都进行了重大改革，并为此清理和新颁了一系列外汇、外债管理方面的法规、规章和规范性文件。目前，针对我国国际收支失衡、外汇储备庞大、热钱涌入、人民币升值压力剧增、外汇风险加大、人民币国际化等现实国情，我国的外汇、外债管理体制正面临着深刻的变革，而我国现行有效外汇、外债管理方面的规章、规范性文件虽然很多，但总体来说还很不规范、很不系统，迫切需要作进一步的修订和完善。

关键术语

外汇　外汇管理　外汇汇率　外汇管理法　特别提款权　结汇　售汇　经常项目　资本项目　外债　跨境担保　外债管理法

第一节　外汇管理法

一、外汇管理法概述

（一）外汇的概念与分类

1. 外汇的概念。外汇具有动态和静态两方面的含义。动态意义的外汇是“国际汇兑”的简称，即将一国货币换成另一国货币，以便清偿国际间的债权债务的活动；静态意义的外汇是指以外币表示的用于国际结算的支付手段。

国际货币基金组织对外汇的概念作了静态解释：“外汇是货币行政当局（中央银行、货币机构、外汇平准基金及财政部）以银行存款、财政部库券、长短期政府证券等形式所保有的、在国际收支逆差时可以使用的债权”。我国《外汇管理条例》也是从静态意义来界定外汇的，其第 3 条规定，外汇是指下列以外币表示的可以用作国际清偿的支付手段和资产：

（1）外币现钞，包括纸币、铸币；

（2）外币支付凭证或者支付工具，包括票据、银行存款凭证、银行卡等；

（3）外币有价证券，包括债券、股票等；

（4）特别提款权①；

（5）其他外汇资产。

2. 外汇的分类。外汇根据不同的标准，可以作以下多种分类：

（1）根据外汇能否自由兑换，可分为自由外汇与记账外汇。自由外汇是指在国际结算中可以广泛使用，无须经货币发行国主管机关批准，就可以在国际金融市场上随时自由兑换成其他国家货币，或向第三国办理支付的外国货币，如美元、英镑、德国马克等。记账外汇，也称“协定外汇”、“双边外汇”，是指只能根据双边协议规定在签约国之间使用，不经货币发行国管理当局的批准便不能自由兑换成其他国家货币，或对第三国办理支付的外汇。记账外汇中所使用的双方计价结算的货币由签约国在双边协议中约定，它可以是签约国任何一方的货币，也可以是第三国的货币或复合货币，如特别提款权、欧洲货币单位等。这种外汇一般记载在签约国

---

① 特别提款权是国际货币基金组织创设的一种储备资产和记账单位，亦称“纸黄金”。它是基金组织分配给会员国的一种使用资金的权利。当会员国发生国际收支逆差时，可用它向基金组织指定的其他会员国换取外汇，以偿付国际收支逆差或偿还基金组织贷款，还可与黄金、自由兑换货币一样充作国际储备。但由于其只是一种记账单位，不是真正货币，使用时必须先换成其他货币，不能直接用于贸易或非贸易的支付。特别提款权定值和“一篮子”货币挂钩，市值不是固定的。

双方银行的专门账户上，年度终了时，集中冲销彼此之间的债权、债务，其差额则转入下一年度双边贸易项目下平衡。

（2）根据外汇的来源和用途，外汇可分为贸易外汇和非贸易外汇。贸易外汇是指属于进出口商品贸易收支结算范围内的外汇，它包括商品进出口贸易中收付的货款及其从属费用的外汇。贸易外汇是一国外汇收支的主要项目，在国际收支平衡中占有重要地位，因此，它往往是一国外汇管理的主要对象。非贸易外汇是指除贸易外汇以外通过其他方式所收付的外汇，它包括科学技术、文化交流、旅游、银行、保险、航运、对外工程承包等方面的收入和支出的外汇。非贸易外汇涉及种类很多，也是组成一国外汇收支的一个重要项目，因此，它也是一国外汇管理的重要对象。

（3）根据外汇持有者的不同，外汇可以分为居民外汇和非居民外汇，也可以分为单位外汇和个人外汇。居民外汇，是指一国境内的居民，以各种形式持有的外汇，居民是指一国境内永久或长期居住并受该国法律管辖与保护的自然人和法人。非居民外汇，是指一国境内临时居留的外国旅游者、留学生、短期回国侨民、外国驻本国外交使、领馆及外交人员，以及驻本国国际性机构和组织及其工作人员等非居民，以各种形式持有的外汇。在一般情况下，各国对非居民外汇的管理比对居民外汇的管理要宽松。单位外汇，是指机关、团体、企业等所收入和支出的外汇。个人外汇是指自然人个人通过私人渠道所收入和支出的外汇。

（4）根据外汇在交易中的交割期的不同，外汇可分为即期外汇和远期外汇。即期外汇是指外汇买卖双方达成交易后，在一到两个营业日后办理收付交割的外汇。远期外汇，或称期货外汇、期汇，是指外汇买卖双方达成交易后签订合同，规定买卖外汇的数量、汇价和交割日期，到期按合同规定的汇价办理收付交割的外汇。买卖远期外汇的目的，主要是为了避免或减轻由于外汇汇价变动所带来的风险。

（二）外汇管理的概念及其类型

外汇管理，又称“外汇管制”，是指一国政府授权货币当局或其他机构，对外汇的收支、买卖、借贷、转移以及国际间结算、外汇汇率和外汇市场等实行的管制行为。外汇管理的作用在于：（1）稳定本国货币的对外汇率；（2）防范外汇风险，保护国内市场，促进经济发展；（3）平衡本国国际收支。

目前，世界各国都实行外汇管理，但在管理的程度上有所不同，约可分为三种类型：一种是实行比较全面的外汇管理，即对经常项目和资本项目都实行管制，这类国家通常经济比较落后，外汇资金短缺，市场机制不发达，希望通过集中分配和使用外汇来达到促进经济的目的；第二种是实行部分外汇管制，即对经常项目的外汇交易不实行或基本不实行外汇管制，但对资本项目的外汇交易则进行一定的限制；第三种是基本不实行外汇管制，即对经常项目和资本项目的外汇交易不实行普遍和经常性的限制。

我国目前的外汇管理体制基本上属于部分外汇管制。表现为：（1）对经常项目实行可兑换，对资本项目实行较严格的管制；（2）对金融机构的外汇业务实行监督管理；（3）禁止外币在境内计价流通；（4）对外汇市场、外汇汇率实施管理和调控；（5）对保税区、出口加工区、保税物流园区、跨境工业区、保税港区、综合保税区等海关实行封闭监管的特定区域和边境地区实行有区别的外汇管理。

（三）我国外汇管理体制沿革与管理立法概要

新中国成立至今，我国的外汇管理体制的沿革大致可以分为四个时期：

一是 1978 年以前实施的严格外汇管理体制时期。这一时期与中国实行计划经济体制相因应，国家对外贸和外汇实行统一经营，对外汇收支实行指令性计划管理，一切外汇收入必须售给国家，需用外汇由国家按计划分配和批给，初步形成并长期实施“高度集中、计划控制”的外汇管理体制，外汇汇率明显高估。

二是经济转型时期逐步放宽严格外汇管理体制时期（1979 年—1993 年）。在这期间，随着我国经济体制由计划经济向市场经济转变，我国在外汇管理体制方面也进行了系列改革，如自 1979 年起开始实行外汇留成办法、1980 年 10 月起中国银行开办外汇调剂业务并逐步发展出外汇调剂市场（中心）、改革汇率定价机制逐步形成官方汇率和调剂汇率并存的双轨汇率制度、允许多种金融机构经营外汇业务、建立对资本输出入的外汇管理制度、放宽对境内居民的外汇管理、发行和管理外汇兑换券等。

三是初步建立适应社会主义市场经济体制需要的部分外汇管理体制时期（1994 年—2000 年）。在这一时期中，适应市场经济发展的需要，我国自 1994 年 1 月 1 日起实行了外汇管理体制的重大改革。主要内容包括：（1）实行银行结汇、售汇制度，取消各类外汇上缴和留成，取消用汇的指令性计划和审批。（2）实现官方汇率和调剂汇率并轨，建立以市场供求为基础的、单一的、有管理的浮动汇率制度。（3）自 1994 年 4 月 1 日起建立了统一、规范、高效的银行间外汇市场——上海中国外汇交易中心，采会员制，实行撮合成交、集中清算制度，并最终于 1998 年 12 月 1 日关闭了所有的外汇调剂中心。（4）停止发行并于 1995 年 6 月 30 日前回收了所有外汇兑换券，禁止在中国境内以外币计价、结算和流通。通过上述改革，1994 年我国顺利地实现了人民币经常项目有条件可兑换，1996 年又进一步取消了经常项下尚存的其他汇兑限制，同年 12 月 1 日我国正式宣布接受国际货币基金组织协定第 8 条款，取消所有经常性国际支付和转移的限制，实现了人民币经常项目可兑换，但对资本项目外汇仍然进行严格管理。从而形成部分管理的外汇管理体制。

四是 2001 年“入世”以来继续深化外汇管理体制改革时期（2001 年—现在）。加入世贸组织以来，我国对外经济发展迅速，外贸顺差急剧扩大，外商来华投资踊跃，国际收支持续较大顺差，改革开放步入前所未有的新阶段。为此，我国外汇管理体制改革继续深化。这一时期的改革措施主要有：（1）大幅减少行政性审批，取消外汇风险审查、外汇来源审查等对外直接投资行政审批项目，提高行政许可效率。（2）完善经常项目外汇管理，逐步取消了经常项目外汇账户开户审批和账户限额管理，允许企业自主保留外汇，促进贸易投资便利化。（3）稳步推进资本项目可兑换，先后引入合格境外机构投资者（QFII）、合格境内机构投资者（QDII）等，拓宽资金流出入渠道。（4）积极培育和发展外汇市场，改革人民币汇率形成机制，自 2005 年 7 月 21 日起实行以市场供求为基础、参考一篮子货币进行调节、有管理的浮动汇率制度，人民币汇率弹性和灵活性显著增强。（5）加强资金流入管理，积极防范金融风险。（6）强化国际收支统计监测，加大外汇市场整顿和反洗钱力度。等等。这一时期，对外汇资金实行流入流出均衡管理的原则和制度逐步确立，资本项目可兑换进程稳步推进，贸易投资外汇管理不断便利化。

迄至2014年6月，我国外汇储备已经高达3.9932万亿美元，并有继续大幅增长之势。庞大的外汇资金，一方面彰显着我国经济实力的提高，但另一方面也给中央银行的货币政策操作及如何管好、用好这笔巨额资产带来了现实难题，需要我们因时顺变，调整外汇管理的思路和战略，按"五个转变"① 的要求来改革和调整我国的外汇管理。总的来看，我国外汇管理体制改革的目标应由过去外汇资源短缺时期的"宽进严出"管理转变为对外汇资金流入和流出的均衡管理，以促进国际收支平衡、维护国家金融安全和服务经济发展。

与外汇管理体制改革相伴，我国外汇管理立法也取得了较大成绩。1980年12月18日国务院发布了《中华人民共和国外汇管理暂行条例》，就外汇管理的基本问题作了规定。从1994年1月1日起，适应市场经济体制变革的要求，我国进行了汇率并轨、银行结售汇、外汇市场等一系列改革。为巩固改革成果，更好地使我国外汇管理适应对外开放的要求，国务院于1996年1月29日发布了《中华人民共和国外汇管理条例》（以下简称《外汇管理条例》），自同年4月1日起施行，相应废止了《外汇管理暂行条例》。1996年年底我国实现人民币经常项目可兑换后，1997年1月14日国务院又修订发布《外汇管理条例》，增列第5条："国家对经常性国际支付和转移不予限制"，对此加以确认。2008年8月5日再次修订发布《外汇管理条例》，突出了均衡管理原则和国际收支应急保障制度的要求。除《外汇管理条例》这一基本性外汇管理法规外，根据不同时期形势发展的需要，国务院、中国人民银行、国家外汇管理局（简称外汇局）等部门还先后发布了一系列专门性外汇管理法规、规章和规范性文件。其现行有效者约300个，主要有：

1. 外汇管理综合类：

（1）基本规定。包括：中国人民银行发布的：《结汇、售汇及付汇管理规定》（1996年6月20日）、《个人外汇管理办法》（2006年12月25日）。国家外汇管理局发布的：《境内机构外币现钞收付管理暂行办法》（1996年8月26日）、《境内外汇划转管理暂行规定》（1997年9月25日）、《个人外汇管理办法实施细则》（2007年1月5日）、《关于加强外汇业务管理有关问题的通知》（2010年11月9日）、《关于进一步加强外汇业务管理有关问题的通知》（2011年3月30日）、《海关特殊监管区域外汇管理办法》（2013年4月23日）、《关于加强外汇资金流入管理有关问题的通知》（2013年5月5日）、《关于进一步改进和调整资本项目外汇管理政策的通知》（2014年1月10日）、《跨国公司外汇资金集中运营管理规定（试行）》（2014年4月18日）。

（2）账户管理。包括：中国人民银行发布的《境内外汇账户管理规定》（1997年10月7日）。国家外汇管理局发布的：《境外外汇账户管理规定》（1997年12月11日）、《关于驻华使领馆经常项目外汇账户管理有关问题的通知》（2007年6月14日，外管局综合司）、《关于对公外汇账户业务涉及有关外汇管理政策问题的批复》（2007年12月6日）、《关于驻华外交机构外汇业务有关问题的批复》（2008年6月3日，外管局综合司）、《关于境外机构境内外汇账户管理有关问题的通知》（2009年7月13日）。

（3）行政许可。包括：国务院发布的《对确需保留的行政审批项目设定行政许可的决定》

① 所谓外汇管理"五个转变"是指：从重审批转变为重监测分析；从重事前监管转变为强调事后管理；从重行为管理转变为更加强调主体管理；从"有罪假设"转变到"无罪假设"；从"正面清单"转变到"负面清单"。"五个转变"的指导思想是科学发展观，出发点是以人为本，着力点是改善服务，立足点是科学监测，关键点是风险可控。

（2004年6月29日）。中国人民银行发布的《中国人民银行公告［2006］第5号——调整部分外汇管理政策》（2006年4月13日）。国家外汇管理局发布的：《取消8项行政审批项目后有关事宜公告（公告〔2004〕第1号）》（2004年6月29日）、《关于实施外汇管理行政许可有关程序问题的通知》（2004年7月5日）、《国家外汇管理局行政许可办理程序》（2008年8月，外管局综合司）、《国家外汇管理局行政许可项目表》（2010年8月27日）。

2. 经常项目外汇管理类：

（1）经常项目综合。国家外汇管理局发布的：《关于免税商品外汇管理有关问题的通知》（2006年4月3日）、《关于调整经常项目外汇管理政策的通知》（2006年4月13日）、《经常项目外汇账户和境内居民个人购汇操作规程》（2006年4月19日）、《关于调整部分保险业务外汇管理政策有关问题的通知》（2006年5月23日）、《关于境内机构自行保留经常项目外汇收入的通知》（2007年8月12日）、《关于改进海关特殊监管区域经常项目外汇管理有关问题的通知》（2013年5月22日）。

（2）货物贸易外汇管理。国家外汇管理局发布或联合发布的：《规范进出口代理业务的若干规定》（1998年10月6日，与对外贸易经济合作部、海关总署联合发布）、《关于货物贸易外汇管理制度改革的公告》（2012年6月27日，与海关总署、国家税务总局联合发布）、《关于印发货物贸易外汇管理法规有关问题的通知》[①]（2012年6月27日）、《关于完善银行贸易融资业务外汇管理有关问题的通知》（2013年12月6日）。

（3）边境贸易管理。国家外汇管理局发布的《关于边境地区贸易外汇管理有关问题的通知》（2014年3月5日）。

（4）服务贸易外汇管理。国家外汇管理局发布或联合发布的：《关于外币旅行支票代售管理等有关问题的通知》（2004年3月1日）、《关于境内机构捐赠外汇管理有关问题的通知》（2009年12月25日）、《关于印发服务贸易外汇管理法规的通知》[②]（2013年7月18日）、《关于服务贸易等项目对外支付税务备案有关问题的公告》（2013年7月9日，与国家税务总局联合发布）。

（5）个人经常项目外汇管理。国家外汇管理局发布的：《关于规范银行个人结售汇业务操作的通知》（外管局综合司，2007年5月16日）、《个人结售汇管理信息系统应急预案》（外管局综合司，2008年5月20日）、《关于境外个人购汇管理有关问题的通知》（外管局综合司，2008年10月7日）、《关于进一步完善个人结售汇业务管理的通知》（2009年11月25日）、《电子银行个人结售汇业务管理暂行办法》（2011年1月19日）、《关于银行开办电子渠道个人结售汇业务试行个人分拆结售汇“关注名单”管理的通知》（2011年10月21日）、《关于规范电子

① 本通知所称“货物贸易外汇管理法规”，包含五个附件：《货物贸易外汇管理指引》、《货物贸易外汇管理指引实施细则》、《货物贸易外汇管理指引操作规程》（银行企业版）、《货物贸易外汇收支信息申报管理规定》、《货物贸易外汇监测系统（银行版）访问设置手册》，自2012年8月1日起施行。

② 本通知所称“服务贸易外汇管理法规”，包含三个附件，其中附件1为《服务贸易外汇管理指引》，附件2为《服务贸易外汇管理指引实施细则》，附件3为相应废止的一系列服务贸易外汇管理文件目录，包括《关于非贸易项下结汇、售汇及付汇管理有关问题的通知》、《关于加强对引进无形资产售付汇管理有关问题的通知》等多达49个文件。均自2013年9月1日期起生效（实施或废止），目的在于完善服务贸易外汇管理，促进贸易投资便利化，服务涉外经济发展。

银行个人结售汇业务接入审核工作的通知》(外管局综合司，2013 年 8 月 13 日)。

(6) 外币现钞与外币计价管理。国家外汇管理局发布或联合发布的：《携带外币现钞出入境管理暂行办法》(2003 年 8 月 28 日，与海关总署联合发布)、《携带外币现钞出入境管理操作规程》(2004 年 3 月 22 日)、《银行调运外币现钞进出境管理规定》(1998 年 11 月 19 日发布、2014 年 4 月 22 日修订，与海关总署联合发布)。

3. 资本项目外汇管理类：

资本项目外汇管理是我国外汇管理的重点，目前有多达近百项的管理规章、规范性文件。其中，有关境外融资及有价证券管理、外债及对外担保管理等涉及外债管理方面的规范在下一节介绍。其余资本项目外汇管理规定主要有：

(1) 资本项目综合。包括：中国人民银行、国家外汇管理局联合发布的《关于调整资本项下部分购汇管理措施的通知》(2001 年 9 月 19 日)。国家外汇管理局发布或联合发布的：《关于取消部分资本项目外汇管理行政审批后过渡政策措施的通知》(2003 年 4 月 1 日)、《关于进一步规范境外机构和个人购房管理的通知》(2010 年 11 月 4 日，与住房和城乡建设部联合发布)、《关于下发〈国家外汇管理局关于加强外汇业务管理有关问题的通知〉所涉资本项目业务操作指引的通知》(外管局综合司，2011 年 3 月 28 日)、《关于进一步明确和规范部分资本项目外汇业务管理有关问题的通知》(2011 年 11 月 9 日)、《关于鼓励和引导民间投资健康发展有关外汇管理问题的通知》(2012 年 6 月 11 日)、《关于推广资本项目信息系统的通知》(2013 年 4 月 25 日)、《资本项目外汇业务操作指引 (2013 年版)》(外管局综合司，2013 年 8 月 26 日)、《关于进一步改进和调整资本项目外汇管理政策的通知》(2014 年 1 月 10 日)。此外，国家外汇管理局还先后发布了关于下放、取消或调整部分资本项目外汇业务审批权限有关问题的通知，如汇发［2005］63 号、汇发［2009］21 号、汇发［2010］29 号、汇发［2011］20 号等文件。

(2) 外商直接投资外汇管理。包括：

1) 基本管理规定。包括国家外汇管理局发布或联合发布的：《利用外资改组国有企业暂行规定》(2002 年 11 月 8 日，与经贸委等四部委联合发布)、《外商投资创业投资企业管理规定》(2003 年 1 月 30 日，与外贸部等五部委联合发布)、《外国投资者对上市公司战略投资管理办法》(2005 年 12 月 31 日，与商务部等五部委联合发布)、《关于外国投资者并购境内企业的规定》(2006 年 8 月 8 日与商务部等六部委联合发布，2009 年 6 月 22 日商务部修订)、《关于进一步改进和调整直接投资外汇管理政策的通知》(2012 年 11 月 19 日)、《外国投资者境内直接投资外汇管理规定》(2013 年 5 月 10 日)。

2) 资本金管理。包括国家外汇管理局发布或联合发布的：《关于完善外商投资企业外汇资本金支付结汇管理有关业务操作问题的通知》(外管局综合司，2008 年 8 月 29 日)、《关于完善外商投资企业外汇资本金支付结汇管理有关业务操作问题的补充通知》(外管局综合司，2011 年 7 月 18 日)、《关于改进外商投资房地产备案工作的通知》(2014 年 6 月 24 日，与商务部联合发布)、《关于在部分地区开展外商投资企业外汇资本金结汇管理方式改革试点有关问题的通知》(2014 年 7 月 15 日)。

3) 登记。包括国家外汇管理局与其他部委联合发布的：《关于进一步加强外商投资企业验资工作及健全外资外汇登记制度的通知》(2002 年 3 月 13 日，与财政部联合发布)、《关于规范房地产市场外资准入和管理的意见》(2006 年 7 月 11 日，与建设部等六部委联合发布)。

4）其他管理规定。国家外汇管理局与建设部联合发布的《关于规范房地产市场外汇管理有关问题的通知》(2006年9月1日)。

(3) 境外投资外汇管理。包括国家外汇管理局发布或联合发布的：《关于援外项目外汇管理有关问题的通知》(1999年7月30日，与外贸部联合发布)、《关于境内企业境外放款外汇管理有关问题的通知》(2009年6月9日)、《境内机构境外直接投资外汇管理规定》(2009年7月13日，与商务部联合发布)、《关于境内银行境外直接投资外汇管理有关问题的通知》(2010年6月30日)、《关于境内居民通过特殊目的公司境外投融资及返程投资外汇管理有关问题的通知》(2014年7月4日)。

(4) 证券市场投资外汇管理。主要包括：

1）境内证券市场投资外汇管理。包括：国家外汇管理局发布或联合发布的《合格境外机构投资者境内证券投资管理办法》(2002年11月5日与中国证监会、中国人民银行联合发布，2006年8月24日修订)、《合格境外机构投资者境内证券投资外汇管理规定》(2009年9月29日发布，2012年12月7日修订)、《人民币合格境外机构投资者境内证券投资试点办法》(2013年3月1日与中国证监会、人民银行联合发布)、《关于人民币合格境外机构投资者境内证券投资试点有关问题的通知》(2013年3月11日)。中国人民银行、财政部、国家发改委、中国证监会联合发布的《国际开发机构人民币债券发行管理暂行办法》(2005年2月18日发布，2010年9月16日修订)。

2）境外证券市场投资外汇管理。包括：中国人民银行等发布的《商业银行开办代客境外理财业务管理暂行办法》(2006年4月17日与中国银监会、国家外汇管理局联合发布)、《保险资金境外投资管理暂行办法》(2007年7月26日与中国保监会、国家外汇管理局联合发布)。国家外汇管理局发布或联合发布的《信托公司受托境外理财业务管理暂行办法》(2007年3月12日与中国银监会联合发布)、《合格境内机构投资者境外证券投资外汇管理规定》(2013年8月21日)。

(5) 个人资本项目外汇管理。主要包括：

1）资产转移。包括：中国人民银行发布的《个人财产对外转移售付汇管理暂行办法》(2004年11月8日)。国家外汇管理局发布或联合发布的：《个人财产对外转移售付汇管理暂行办法操作指引（试行）》(2004年11月8日)、《关于实施〈个人财产对外转移售付汇管理暂行办法〉有关问题的通知》(2005年1月27日，与外交部等五部委联合发布)、《关于个人财产对外转移提交税收证明或者完税凭证有关问题的通知》(2005年1月31日，与国家税务总局联合发布)。

2）证券投资。包括国家外汇管理局发布或联合发布的：《关于国内证券经营机构从事B股交易有关问题的通知》(1995年6月20日，与证监会联合发布)、《关于境内居民个人投资境内上市外资股若干问题的通知》(2001年2月21日，与证监会联合发布)、《关于贯彻实施〈关于境内居民个人投资境内上市外资股若干问题的通知〉中有关问题的通知》(2001年2月22日)、《关于境内居民投资境内上市外资股有关问题的补充通知》(2001年2月23日)、《关于贯彻实施〈关于境内居民个人投资境内上市外资股若干问题的通知〉中有关问题的补充通知》(2001年2月24日)、《关于境内居民个人外汇存款投资B股市场有关问题的补充通知》(2001年2月27日)、《关于境内个人参与境外上市公司股权激励计划外汇管理有关问题的通知》(2012年2

月 15 日)。

3) 外汇质押人民币贷款。国家外汇管理局发布有《关于境内居民个人以外汇抵押人民币贷款政策问题的通知》(2003 年 1 月 6 日)。

4. 金融机构外汇业务监管规定。关于金融机构外汇业务的监管,我国目前有近 70 个监管规章、规范性文件。主要包括:

(1) 基本规定。包括:中国人民银行等五部委联合发布的《关于规范金融机构同业业务的通知》(2014 年 4 月 24 日)。国家外汇管理局发布的:《关于下发〈银行外汇业务管理规定〉和〈非银行金融机构外汇业务管理规定〉的补充规定的通知》及附件《关于非银行金融机构外汇业务管理的相关规定》(1993 年 4 月 15 日)、《非银行金融机构外汇业务范围界定》(1996 年 5 月 16 日)、《外汇收支非现场监管工作制度(试行)》(2004 年 3 月 23 日)、《银行执行外汇管理规定情况考核办法》(2010 年 7 月 29 日)、《金融机构外汇业务数据采集规范(1.0 版)》(2014 年 4 月 8 日)。

(2) 银行结售汇业务监管规定。包括:

1) 银行结售汇业务。主要包括:中国人民银行发布的:《外资银行结汇、售汇及付汇业务实施细则》和《〈外资银行结汇、售汇及付汇业务实施细则〉会计处理的有关规定》(1996 年 6 月 18 日)、《关于外资银行开立结售汇人民币现金专用账户有关问题的通知》(2003 年 9 月 2 日)、《关于结售汇人民币专用账户有关问题的通知》(2005 年 10 月 24 日)、《银行办理结售汇业务管理办法》(2014 年 6 月 22 日)。国家外汇管理局发布的:《关于境外黄金借贷和衍生产品交易业务外汇管理问题的批复》(2005 年 8 月 19 日)、《关于调整银行即期结售汇业务市场准入和退出管理方式的通知》(2007 年 4 月 17 日)、《关于银行即期结售汇业务市场准入和退出管理有关问题的批复》(外管局国际司,2007 年 7 月 11 日)、《关于完善银行自身结售汇业务管理有关问题的通知》(2011 年 6 月 13 日)、《关于银行贵金属业务汇率敞口外汇管理有关问题的通知》(2012 年 2 月 27 日)。

2) 银行结售汇头寸管理。主要包括国家外汇管理局发布的:《关于银行结售汇综合头寸管理有关问题的通知》(2010 年 10 月 20 日)、《关于完善银行结售汇综合头寸管理有关问题的通知》(2012 年 4 月 16 日)、《关于调整银行结售汇综合头寸统计报表及报送方式的通知》(2012 年 8 月 10 日)。

3) 银行结售汇统计报表管理。主要包括国家外汇管理局发布的:《银行结售汇统计制度》(2006 年 8 月 7 日)、《关于将人民币购售业务纳入结售汇统计有关问题的通知》(国家外汇管理局综合司,2010 年 7 月 29 日)、《关于调整银行结售汇统计报表及报送方式的通知》(国家外汇管理局综合司,2012 年 12 月 13 日)、《关于调整银行结售汇统计报表相关指标的通知》(国家外汇管理局综合司,2014 年 5 月 6 日)。

4) 结售汇相关产品管理。主要包括中国人民银行发布的:《关于扩大外汇指定银行对客户远期结售汇业务和开办人民币与外币掉期业务有关问题的通知》(2005 年 8 月 2 日)、《关于政策性银行为合格境外机构办理人民币贷款业务和货币互换业务有关问题的通知》(2007 年 3 月 16 日)。国家外汇管理局发布的:《关于合作办理远期结售汇业务有关问题的通知》(2010 年 12 月 1 日)、《关于人民币对外汇期权交易有关问题的通知》(2011 年 2 月 14 日)、《关于调整人民币外汇衍生产品业务管理的通知》(2013 年 12 月 16 日)、《银行对客户办理人民币与外汇衍生产品业务管理规定》(2014 年 6 月 23 日)。

(3) 离岸业务管理规定。主要包括：中国人民银行发布的《离岸银行业务管理办法》(1997 年 10 月 23 日)。国家外汇管理局发布的《离岸银行业务管理办法实施细则》(1998 年 5 月 13 日)。

(4) 银行卡相关业务管理规定。主要包括国家外汇管理局发布的：《关于规范银行外币卡管理的通知》(2010 年 10 月 11 日)。

(5) 保险公司业务外汇管理规定。主要包括国家外汇管理局发布或联合发布的：《保险业务外汇管理暂行规定》(2002 年 9 月 24 日，与保监会联合发布)、《关于报送保险外汇监管报表有关问题的通知》(2003 年 2 月 26 日)、《保险业务外汇管理操作规程》(2003 年 10 月 8 日)、《关于保险公司开办境内外汇同业拆借业务有关问题的通知》(2003 年 9 月 1 日)、《关于出口信用保险业务外汇收付有关问题的通知》(2004 年 4 月 12 日)、《关于简化对保险机构外汇业务审核手续有关问题的通知》(2004 年 8 月 9 日)、《保险公司外汇同业拆借操作办法（暂行）》(2004 年 3 月 25 日)、《关于调整部分保险业务外汇管理政策有关问题的通知》(2006 年 5 月 23 日)、《关于出口信用保险合同备案有关问题的批复》(2010 年 8 月 20 日)、《关于调整保险外汇监管报表报送方式的通知》(外管局综合司，2014 年 5 月 14 日)。

(6) 信托公司、金融资产公司等非银行金融机构外汇业务管理规定。包括：中国人民银行发布的《关于金融资产管理公司外汇业务经营范围的通知》(2000 年 5 月 26 日)。国家外汇管理局发布或联合发布的：《关于证券经营机构从事 B 股业务若干问题的补充通知》(2001 年 2 月 23 日，与证监会联合发布)、《关于信托投资公司购汇补充外汇资本金有关问题的通知》(2001 年 8 月 28 日)、《关于外资参股基金管理公司有关外汇管理问题的通知》(2003 年 3 月 29 日)、《关于汽车金融公司有关外汇管理问题的通知》(2004 年 7 月 15 日)。

(7) 外币代兑机构、个人本外币兑换特许机构、自助兑换机及外汇预结汇管理。主要包括：中国人民银行发布的《外币代兑机构管理暂行办法》(2003 年 10 月 8 日)。国家外汇管理局发布的：《关于部分银行试行办理个人外汇预结汇汇款业务有关问题的通知》(2003 年 4 月 28 日)、《关于改进外币代兑机构外汇管理有关问题的通知》(2007 年 8 月 8 日)、《关于进一步完善个人本外币兑换业务有关问题的通知》(2008 年 6 月 13 日)、《关于进一步完善银行试行办理个人外汇预结汇汇款业务有关问题的通知》(2009 年 11 月 9 日)、《个人本外币兑换特许业务试点管理办法》(2012 年 4 月 24 日)、《关于天津渤海通汇货币兑换有限公司开展电子旅行支票代售及兑回业务的批复》(外管局综合司，2013 年 8 月 12 日)。

5. 人民币汇率与外汇市场管理规定。主要包括：

(1) 汇价管理规定。包括：中国人民银行发布的：《关于完善人民币汇率形成机制改革有关事宜公告》(2005 年 7 月 21 日)、《关于进一步完善银行间即期外汇市场、改进人民币汇率中间价形成方式有关事宜的公告》(2006 年 1 月 3 日)、《关于扩大银行间即期外汇市场人民币兑美元交易价浮动幅度的公告》(2007 年 5 月 18 日)、《关于决定扩大外汇市场人民币兑美元汇率浮动幅度的公告》(2014 年 3 月 14 日)、《关于银行间外汇市场交易汇价和银行挂牌汇价管理有关事项的通知》(2014 年 7 月 1 日)。国家外汇管理局发布的《关于外汇指定银行停止报送挂牌汇价日报表的通知》(2012 年 2 月 27 日)。

(2) 外汇交易市场管理规定。包括：中国人民银行发布：《银行间外汇市场管理暂行规定》

(1996年12月2日)、《关于在香港办理个人人民币存款、兑换、银行卡和汇款业务的有关银行清算安排事宜》(2003年11月19日)、《关于加快发展外汇市场有关问题的通知》(2005年8月8日)、《关于在银行间外汇市场开办人民币外汇货币掉期业务有关问题的通知》(2007年8月17日)。国家外汇管理局发布的《关于加强对外汇市场监管规范办公程序的通知》(1996年1月15日)、《关于中国外汇交易中心在银行间外汇市场开设欧元/人民币交易的批复》(2002年1月24日)、《关于银行间外汇市场开展双向交易的通知》(2003年9月9日)、《关于在银行间外汇市场推出即期询价交易有关问题的通知》(2005年11月24日)、《非金融企业和非银行金融机构申请银行间即期外汇市场会员资格实施细则(暂行)》(2005年12月29日)、《关于统一银行间外汇市场即期竞价交易和即期询价交易时间的通知》(2006年9月29日)、《关于中国外汇交易中心在银行间外汇市场开设英镑对人民币交易的批复》(2006年6月15日)、《货币经纪公司外汇经纪业务管理暂行办法》(2008年10月23日)、《关于中国外汇交易中心在银行间外汇市场推出人民币对外汇期权交易的批复》(2011年2月16日)、《关于调整银行间外汇市场部分业务管理的通知》(2012年5月21日)、《银行间外汇市场做市商指引》(2010年8月30日发布，2013年4月12日修订)。

6. 外汇执法程序与法律责任规定。主要包括：

(1) 外汇管理执法程序与复议规定。包括：国家外汇管理局发布的：《国家外汇管理局外汇检查处罚权限管理规定》(2001年12月29日)、《国家外汇管理局行政处罚听证程序》和《国家外汇管理局行政复议程序》(2002年8月16日)、《国家外汇管理局检查处理违反外汇管理行为办案程序》(2003年3月25日发布，2008年10月8日修订)。

(2) 外汇法律责任依据。国务院发布或批准发布的：《关于骗购外汇、非法套汇、逃汇和非法买卖外汇等违反外汇管理规定行为的行政处分或者纪律处分暂行规定》(经国务院批准，监察部、人民银行等五部委1999年1月25日联合发布，2011年1月8日"国务院关于废止和修改部分行政法规的决定"修订)、《金融违法行为处罚办法》(1999年2月22日)。中国人民银行发布的：《关于对违反售付汇管理规定的金融机构及其责任人行政处分的规定》(1998年7月19日)。国家外汇管理局发布的：《关于〈中华人民共和国外汇管理条例〉修订后检查处理违反外汇管理行为法规适用问题的通知》(2008年9月2日)、《关于〈中华人民共和国外汇管理条例〉第七章法律责任部分条款内容含义和适用原则有关问题的通知》(2008年11月6日)。国务院法制办发布的《对国家外汇管理局关于提请解释〈外汇管理条例〉法律责任有关条款的复函》(2012年7月4日)。

(3) 其他查处规定。包括：中国人民银行发布的《关于禁止金融机构随意开展境外衍生工具交易业务的通知》(1995年3月29日)。国家外汇管理局发布或联合发布的：《关于处理非法从事外汇期货交易机构的意见的通知》(1993年6月4日)、《关于严厉查处非法外汇期货和外汇按金交易活动的通知》(1994年10月28日，与证监会等四部委联合发布)、《关于贯彻中国证监会、国家外汇管理局、国家工商行政管理局、公安部〈关于严厉查处非法外汇期货和外汇按金交易活动的通知〉的会议纪要》(1994年12月14日，与证监会等四部委联合发布)、《关于禁止国内私自以外币计价结算和禁止发布含有外币计价结算内容的广告的通知》(1996年6月27日，与国家工商局联合发布)、《关于严厉打击非法买卖外汇违法犯罪活动的通知》(2001年8月29日，与公安部联合发布)、《关于对外商投资企业将资本金结汇归还人民币贷款行为定性处理的通知》（国家外汇管理局综合司，2008 年 5 月 12 日）、《关于非法网络炒汇行为有关问题认定的批复》（国家外汇管理局综合司，2008 年 6 月 11 日）、《对外汇指定银行经营结售汇业务信息变更后未按规定备案违规行为处理的批复》（国家外汇管理局综合司，2008 年 11 月 5 日）。

二、外汇管理的主要内容

按 1997 年 1 月国务院修正发布的《外汇管理条例》及其他外汇管理法规、规章等的规定，我国外汇管理的主要内容有：

（一）外汇管理机关和外汇管理的对象

根据《外汇管理条例》的规定，我国外汇管理的机构是国家外汇管理局及其分局、支局。境内机构、境内个人的外汇收支或外汇经营活动，以及境外机构、境外个人在境内的外汇收支或外汇经营活动，适用本条例。也即我国《外汇管理条例》在适用对象范围方面采取了属人主义与属地主义相结合的原则，即境内机构和境内个人的外汇收支或外汇经营活动，不论其发生境内还是境外，均适用该条例；而对境外机构和个人，仅在中国境内的外汇收支和外汇经营活动适用该条例。

其中，境内机构是指中国境内的国家机关、企业、事业单位，社会团体、部队等，但外国驻华领事机构和国际组织驻华代表机构除外；境内个人是指中国公民和在中国境内连续居住满 1 年的外国人，但外国驻华外交人员和国际组织驻华代表除外。

（二）经常项目外汇管理

1. 经常项目外汇管理概述

（1）经常项目的概念、范围及可兑换。经常项目是指一国或地区对外交往中经常发生的交易项目，包括贸易、服务、收益、经常转移等交易项目。其中，贸易收支又称“货物贸易收支”，是一国出口货物所得外汇收入和进口货物的外汇支出的总称；服务收支又称“服务贸易收支”，是一国对外提供各类服务所得外汇收入和接受服务发生的外汇支出的总称，包括国际运输、旅游等项下外汇收支；收益包括职工报酬和投资收益两部分，其中职工报酬主要为工资、薪金和其他福利，投资收益主要是利息、红利等；经常转移也称“单方面转移”，是资金或货物在国际间的单向转移，不产生归还或偿还问题，具体包括个人转移（无偿赠与或赔偿等）和政府转移（军事、经济援助、赔款、赠与等）。

经常项目可兑换，是指对国际收支中经常性的交易项目对外支付和转移不予限制。我国于 1996 年底宣布接受《国际货币基金组织协定》第 8 条款规定①，实现了人民币经常项目可兑换，并在 1997 年 1 月修订发布《外汇管理条例》时增列第 5 条：“国家对经常性国际支付和转移不予限制”，对此加以确认。

---

① 根据第 8 条款，经常项目可兑换一般应符合以下几个主要衡量标准：一是未经国际货币基金组织同意，不得对国际经常往来的支付和资金转移施加限制；二是避免施行歧视性货币措施或多种汇率制；三是如其他会员国提出申请，有义务购回其他会员国所持有的本国货币。

（2）我国实施经常项目外汇管理的必要性与原则。从新中国成立初期到现在，我国经常项目外汇管理经历了从严格管制、逐步放松管制到实现人民币经常项目可兑换的过程。经常项目可兑换并不意味就不实施任何形式的管理。现阶段，我国实行经常项目外汇管理其必要性在于：一是在我国“经常项目可兑换、资本项目部分管制”的外汇管理背景下，经常项目外汇管理肩负着甄别经常项目、资本项目外汇资金的重要任务，进而保障资本项目管制的有效性；二是通过经常项目的管理，可防范无交易背景的资金借道经常项目渠道流入，以缓解我国国际收支大额顺差局面、促进国际收支平衡；三是通过经常项目外汇管理，可防范异常外汇资金流入流出，维护我国涉外经济安全。

我国经常项目外汇管理的内容，主要包括货物贸易、服务贸易、个人外汇管理及经常项目外汇账户管理。近些年来，我国大幅削减经常项目用汇审批及核准，逐步取消对国际经常往来的支付及资金转移限制，有效满足了企业和个人的用汇需求。与此同时，我国在经常项目外汇管理中主要坚持以下原则：

一是真实性审核原则。我国经常项目外汇管理在人民币经常项目可兑换前，主要体现为对企业和个人经常项目下用汇进行审批；可兑换后，主要体现为对经常项目外汇收支及汇兑环节进行真实性管理。其管理方式是由金融机构按规定进行单证审核、由外汇局进行现场和非现场监管。

二是便利化原则。促进便利化是可兑换原则的必然要求。近年来经常项目管理围绕便利化原则，通过改进管理手段、提高管理技术、简化管理环节、规范管理流程等措施不断降低企业经营成本、改善企业经营环境、提高企业经营效率，为企业和个人提供灵活、便捷、高效、顺畅的服务。同时，积极清理和整合法规，构建简明清晰的经常项目外汇管理法规体系，以方便企业和个人了解政策，提高管理法规的透明度。

三是均衡监管原则。针对国际收支持续顺差的形势，我国对经常项目管理改变“宽进严出”的管理理念，对资金流出、流入实施均衡监管，构筑资金流出入管理两道“防火墙”。

2. 经常项目外汇收支管理的一般规定

按 2008 年 8 月国务院修订发布的《外汇管理条例》第二章的规定，我国对经常项目外汇收支管理的基本内容包括：

（1）经常项目外汇收支应具有真实、合法的交易基础。经营结汇、售汇业务的金融机构应按照国家外汇管理局的规定，对交易单证的真实性及其与外汇收支的一致性进行合理审查。国家外汇管理机关有权对前列规定事项进行监督检查。

（2）经常项目外汇收入，可按国家有关规定保留或卖给经营结汇、售汇业务的金融机构；经常项目外汇支出应按国家外汇管理局关于付汇与购汇的管理规定，凭有效单证以自有外汇支付或向经营结汇、售汇业务的金融机构购汇支付。

（3）携带、申报外币现钞出入境的限额，由国家外汇管理局规定。

3. 货物贸易外汇收支管理

货物贸易外汇收支在经常项目中占主导地位，在管理上主要包括对出口少收汇（逃汇、截留外汇）、进口多付汇（套汇、骗汇）、出口多收汇（投机资金流入）和进口少付汇（投机资金流入）等四个方面的行为进行监管。其中，对出口少收汇和进口多付汇的监管，是通过建立完善出口收汇核销制度和进口付汇核销制度来实现。而对进口少付汇和出口多收汇的监管，则通过建立延期付款登记管理等贸易信贷登记管理制度、出口收结汇联网核查制度等来实现。为进一步深化外汇管理体制改革，促进贸易便利化，国家外汇管理局、海关总署和国家税务总局决定自2012年8月1日起在全国实施货物贸易外汇管理制度改革，并在全国上线运行货物贸易外汇监测系统，相应停止使用贸易收付汇核查系统、贸易信贷登记管理系统、出口收结汇联网核查系统以及电子口岸——出口收汇系统，实现对前述四个方面货物贸易外汇收支的全过程监管。

2012年6月27日，国家外汇管理局制定发布了《货物贸易外汇管理指引》、《货物贸易外汇管理指引实施细则》、《货物贸易外汇管理指引操作规程（银行企业版）》、《货物贸易外汇收支信息申报管理规定》等四部规章，自同年8月1日起施行。这些规章就货物贸易外汇收支管理的基本规则、企业名录管理、贸易外汇收支管理、非现场核查、现场核查、动态化企业分类管理、货物贸易外汇收支信息申报管理等方面的内容作了细致规定，个人对外贸易经营者的贸易外汇收支也适用相关管理规定。

4. 服务贸易外汇收支管理

服务贸易外汇收支与货物贸易外汇收支在管理手段上有很大差别，由于其没有所谓的货物流信息可供核对，因此通过在部门规章、规范性文件中明确规定银行审核外汇收支所涉单证义务，通过与税务、商务等上游主管部门合作，在审单内容和信息交换上形成监管合力等，进行真实性审核。外汇管理部门也借助外汇监测电子系统进行事后监测，发现可疑情况，重点监督检查。

在这方面，国家外汇管理局于2013年7月18日发布、自同年9月1日起施行的《服务贸易外汇管理指引》、《服务贸易外汇管理指引实施细则》，就服务贸易外汇收支管理的基本规则、外汇收支审查、存放境外管理、外汇管理局的监督检查、法律责任追究等作了规定。

5. 个人外汇管理

（1）个人外汇管理概述。

个人，即自然人，包括境内个人和境外个人。个人外汇管理，包括个人汇款、个人购汇、个人结汇、个人账户、个人外币现钞等方面的管理。个人外汇管理遵循经常项目可兑换的总体原则，立足于满足个人正当合理的用汇需求。

目前，我国对于个人结汇和境内个人购汇实行年度总额管理，年度总额为每人每年等值5万美元，国家外汇管理局可根据国际收支状况对年度总额进行调整。对于个人开展对外贸易产生的经营性外汇收支，视同机构按照货物贸易的有关原则进行管理。另外，随着近年来出国留学、移民人员的增多，境内个人在境外买房、投资等方面的需求增加，境外个人在境内买房、购买股权等行为时有发生，这些资本项下的外汇交易行为按照资本项目的管理原则办理。

（2）个人外汇管理的具体内容。

目前，我国对个人外汇管理的规定，包括中国人民银行2006年12月发布的《个人外汇管理办法》、国家外汇管理局2007年1月发布的《个人外汇管理办法实施细则》，及一系列相关管理规范性文件。其主要内容包括：

1）个人汇款。我国目前对个人外汇流入、流出管理仍带有“宽进严出”管理的痕迹。个人从境外收入的外汇可直接在银行办理入账手续；境内个人从外汇储蓄账户向境外汇出外汇用于经常项目支出的，当日累计等值5万美元以下（含）的，直接在银行办理；超过等值5万美元的，需凭规定的证明材料在银行办理；境外个人从外汇储蓄账户向境外汇出外汇用于经常项目支出的，直接在银行办理。

2）个人购汇。我国对于境内个人购汇实行年度总额管理，年度总额以内的，直接在银行办理；超过年度总额的，经常项目项下凭规定的证明材料在银行办理。对境外个人购汇，主要是审核其人民币来源的真实性和合法性，境外个人境内购汇无论金额大小都需凭规定的证明材料在银行办理。

3）个人结汇。对于境内个人和境外个人结汇均实行年度总额管理，年度总额以内的，直接在银行办理；超过年度总额的，经常项目项下需凭规定的证明材料在银行办理。

银行在为个人办理前述结汇、售汇业务时需登录个人结售汇管理信息系统进行操作，外汇局利用个人结售汇管理信息系统进行统计、分析和非现场监管。

4）个人账户。对个人账户不再区分现钞账户和现汇账户，统称为个人外汇储蓄账户，统一管理。个人外汇储蓄账户的开立、使用、关闭等业务均在银行直接办理。个人经常项目外汇账户可在银行自由开立，首次开立只需向外汇管理部门办理基本信息登记；账户内可自由保留外汇。本人及其直系亲属（父母、子女和配偶）账户中的资金可在银行办理境内划转。个人从事对外贸易可开立个人外汇结算账户，视同机构外汇账户进行管理。

5）个人外币现钞。个人外币现钞业务主要包括存入、提取、汇出和携带。个人向外汇储蓄账户存入外币现钞当日累计金额在等值 5 000 美元以下（含）的，直接在银行办理；超过等值 5 000 美元的，凭规定的证明材料在银行办理。个人提取外币现钞当日累计金额在等值 1 万美元以下（含）的，在银行直接办理；超过等值 1 万美元的，需经外汇局审核。个人手持外币现钞汇出境外用于经常项目支出，当日累计金额在等值 1 万美元以下（含）的，直接在银行办理；超过等值 1 万美元的，凭规定的证明材料在银行办理。对于个人携带外币现钞入境实行限额申报管理，携入金额在等值 5 000 美元以下（含）的，无须向海关办理申报；超过等值5 000 美元的，需向海关办理申报手续。携带外币现钞出境实行指导性限额管理，携出金额在等值 5 000美元以下（含）的，可直接携出；携出超过等值 5 000 美元的，应申领《携带外汇出境许可证》；超过等值 1 万美元的，原则上不允许携带出境。

6. 经常项目外汇账户的管理

（1）经常项目外汇账户管理概述。外汇账户管理及账户限额的核定是经常项目外汇管理的重要内容。所谓外汇账户是指境内机构、境外机构、个人按照有关账户管理规定在经批准经营外汇业务的银行和非银行经营机构以可以自由兑换货币开立的账户。外汇账户按其开立地点的不同，可以分为境内外汇账户和境外外汇账户；按其性质来划分，可以分为经常项目外汇账户和资本项目外汇账户；按其用途的不同，可以分为外汇结算账户和外汇资本金账户。①

与资本项目外汇账户实施专户管理不同，我国对于经常项目外汇账户主要通过开户资格和总量限额进行管理，并且不断调整放松。目前，境内企事业单位均能自主开立经常项目外汇账

---

① 外汇结算账户是根据有关境内外汇账户管理规定开立的主要用于经常项目收支结算的账户。我国早期境内机构开立结算账户，应当按规定经外汇局批准或备案，其收入范围为来源于经常项目的外汇以及经外汇局批准的其他项下外汇收入，支出用于经常项目支出或经外汇局批准的资本项目项下支出，结算账户的使用应当遵守相关外汇管理规定。外汇资本金账户则专指外商投资企业中外投资方以外汇投入的资本金而设立的账户，其收入为中外投资方以外汇投入的资本金，支出为外商投资企业经常项目外汇支出和经外汇局批准的资本项目外汇支出。

户，自主保留和使用账户外汇资金。对经常项目外汇账户的管理，也已成为国家外汇管理部门实施非现场管理监测的重要途径之一。

（2）我国经常项目外汇账户管理的主要内容。

1）经常项目外汇账户的开立。境内机构凭营业执照和组织机构代码证到外汇局办理一次性基本信息登记后，即可到外汇指定银行办理开户手续，其开户数量、币种和账户资金规模不受限制。境外机构申请中国境内银行为其开立外汇账户，应凭其境外合法注册成立的证明文件等开户资料办理，除国家外汇管理局另有规定外，不需经外汇局批准。但是，一些特殊性质的账户，如公检法机关因办案需要开立的外币现钞账户、境外主体结汇使用的专用账户，仍需经外汇局核准后才能开立。

2）经常项目外汇账户的使用。内容包括：

第一，跨境收付管理。境内机构通过外汇账户办理跨境收付时，需办理国际收支申报，并遵守货物贸易和服务贸易相关法规。境内机构收入的外汇，可以保留在账户中，也可以办理结汇；对外付汇时，可以使用自有外汇，也可以使用人民币购汇支付。

第二，境内划转管理。同一个境内机构在多家银行开立有多个经常项目外汇账户的，其账户内资金可以直接在银行办理划转；不同的境内机构，在符合货物贸易和服务贸易有关规定的条件下，也允许办理境内划转，如境内机构向运输公司支付运费、向保险公司支付保费等。

第三，购汇、结汇管理。为促进贸易便利化，境内机构在有真实贸易背景且有对外支付需要的情况下，可在开户银行提前办理购汇，并存入其经常项目外汇账户；除此之外，其他情况下购汇后即须对外支付。外汇账户内的资金结汇，需遵守货物贸易的有关规定。

第四，存取外币现钞管理。境内机构因支付境外差旅费等情况，需提取外币现钞的，一定金额以下的可直接在银行办理；超过一定金额的需向所在地外汇局申请，经所在地外汇局审核批准后到银行办理。原则上，境内机构不得将外币现钞存入账户。

（三）资本项目外汇管理

1. 资本项目管理、资本项目可兑换及管理必要性

资本项目管理是资本项目外汇管理的简称，又称资本项目管制，它是我国外汇管理的重要组成部分。所谓“资本项目”，是指国际收支中引起对外资产和负债水平发生变化的交易项目，包括资本转移、直接投资、证券投资、衍生产品及贷款等。

资本项目管制（或称资本管制）与资本项目可兑换是两个相对的概念。资本项目管制是指对跨境资本交易（包括转移支付，下同）和汇兑活动的限制，而资本项目可兑换则指对跨境资本交易和汇兑活动限制的取消。资本项目可兑换不仅涉及金融、外汇管理部门，还涉及其他有关经济管理部门（如项目限制）。在汇兑环节，依据对资本项目管制程度的不同，可分为可兑换、基本可兑换、部分可兑换和不可兑换四类。其中，可兑换是指对汇兑基本没有管制，经过主管部门或银行真实性审核后就可以做的项目，其无须外汇管理部门审批；基本可兑换是指整个项目限制不多，经过核准或登记后即可以做的项目；部分可兑换是指经审批后可以做的部分交易项目，但不能超过有关部门事先核定的指标；不可兑换是指外汇管理法规明文禁止的项目，以及虽无明确规定但实际操作中不允许做或没有发生的项目。

我国对资本项目实施外汇管理的必要性：一是有助于防范非理性交易或投机性交易，避免

短期资本流动剧变引起国际收支危机或汇率波动；二是可以保证我国外汇改革措施稳步有序推进，防止行业垄断发生；三是从国际外汇管理实践来看，对资本流动实行管制有其一定的合理性，国际货币基金组织也允许成员国保留对跨境资本流动的必要限制。对于发展中的我国来说，因经济的脆弱性、宏观调控体系的不完善性，在一定时期、一定范围内进行资本管制就更有必要。

2. 我国资本项目外汇管理沿革与遵循原则

改革开放以前，我国对资本项目实行严格管制，新中国成立后近 30 年中资本项目交易基本处于空白状态。改革开放以来，我国开启了渐进的、审慎的资本账户开放进程。2001 年以来，顺应“入世”和经济全球化的需要，我国资本项目开放的步伐逐步加快，资本项目管理呈现两大特点：一是开放重点领域有所变化。在直接投资领域，管理已相对成熟，实现了基本开放；在证券投资领域，正经历从无到有的发展时期，2002 年我国推出合格境外机构投资者制度、允许境外投资者投资于我国资本市场，随后又相继推出放宽银行、证券、保险等金融机构以自有资本或代客从事境外证券投资的政策。二是管理策略从“宽进严出”向“均衡管理”转变。2002 年以来，我国开始出现经常项目、资本项目持续大额双顺差，外汇储备迅速增长。在此情形之下，我国资本项目管理开始转向鼓励资金有序流出和防止投机性资金流入，促进国际收支基本平衡。

我国对资本项目外汇管理的措施包括行政手段和市场化手段。前者主要通过政府立法，限制部分资本项目交易和汇兑；后者则主要通过干预市场，对利率、汇率等价格因素进行调节，引导资本流动。我国过去是以行政手段为主以市场化手段为辅来管理资本项目，随着政府职能转变和监管能力的提升，对确需保留的资本项目管制，也将越来越多采用市场化手段进行监管。而在资本项目外汇管理原则方面，将遵循以下四个方面的原则：

（1）均衡管理原则。资本项目的均衡管理，是指在推进资本项目可兑换的过程中，要将跨境资金流动的“引进来”和“走出去”相结合，从管理政策上鼓励跨境资金双向有序流动，加速对外直接投资、对外证券投资等原来限制较多的领域的开放，限制投机性资金流入。

（2）稳步开放原则。资本项目管理以有序稳步放松资本项目交易限制、引入和培育资本市场工具为主线，在风险可控的前提下，依照“循序渐进、统筹规划、先易后难、留有余地”的原则，分阶段、有选择地逐步推进资本项目可兑换，促进国民经济全面、协调、可持续发展。

（3）便利化原则。在资本项目管理理念上，要顺应市场需求，从经济主体的实际需要出发，进一步消除影响贸易投资便利化的体制障碍，增强市场主体的竞争活力和自主能力，帮助企业提高国际竞争力，发挥市场机制在更大的范围内合理配置资源的基础性作用，完善内外联动、互利共赢、安全高效的开放型经济体系，促进我国在更广领域、更高层次谋划和完善全球生产要素格局配置，实现跨越式发展。

（4）国民待遇原则。长期以来，为吸引外资，我国对外资在许多领域既存在超国民待遇，又在部分行业市场准入方面限制森严。超国民待遇的存在，导致企业为了追逐经济利益而产生行为扭曲，如返程投资问题、假外资问题等等。低于国民待遇，又不符合我国对世贸组织的承诺。为此，资本项目管理应不断调整思路，在各个领域贯彻落实国民待遇原则。

3. 我国资本项目外汇管理的主要内容

现阶段，我国国际收支中的资本项目管理主要包括直接投资管理、信贷业务管理、证券投资管理和个人财产对外转移管理四大类别的资本项目管理。

(1) 直接投资管理。直接投资，是指投资者为获取长期股权投资收益，向企业投入资本并参与所投资企业的经营管理等活动。从跨境投资方向来看，直接投资可分为外商直接投资和境外直接投资。前者是指境外投资者来我国境内进行直接投资，后者则指境内机构到境外从事直接投资。

1) 外商直接投资管理。根据现行法规的规定，外商直接投资指外国企业和经济组织或个人按我国有关政策、法规，用现汇、实物或技术等在我国境内开办外商独资企业、与我国境内的企业或经济组织共同成立中外合资经营企业、合作经营企业或合作开发资源的投资（包括外商投资收益的再投资）。从投资的形式来看，外商直接投资又可分为新设投资和并购投资。

按《外汇管理条例》的规定，境外机构、境外个人在中国境内直接投资，经有关主管部门批准后，应当到外汇管理机关办理登记。也就是说，在我国，对外商直接投资实行投资主管部门审批准入管理制度，所有外商直接投资企业需要先行获得商务主管部门的核准批复，然后由外汇管理部门负责办理外汇登记和相应的汇兑手续。

在外汇管理方面，外商直接投资的便利化程度相对较高，重点在于统计监测外商直接投资项下的跨境资本流动。我国现行外汇管理主要以外汇账户为核心进行相应的外商投资企业外汇资本金结汇管理。在外商直接投资资金流出时，先由商务主管部门对减资、转让股权、清算、撤资等事项作出批复，外汇管理部门据此审核外商投资企业的撤资金额，外商投资企业的外国投资者可将所得资金汇出境外或用于境内的再投资，外方投资所得利润也可在纳税后直接向外汇指定银行申请购付汇和汇出境外。

此外，从1997年开始，我国商务部、国家外汇管理局等7部委正式实施外商投资企业联合年检制度，对外商投资企业的上一年度所涉有关事项进行年检。通过外商投资企业外汇年检，外汇管理部门掌握了第一手的重要数据信息，实现对全部外商投资企业的普查，为不断提高利用外资质量和改善相关服务奠定了基础。

2) 境外直接投资管理。在鼓励和完善外商直接投资的同时，我国逐步放松境外投资的相关限制。从1999年开始，针对亚洲金融危机中暴露出来的问题，国务院决定着手对原境外投资管理体制进行改革。2004年7月，国务院实施了投资体制改革，落实投资主体的投资自主权，增强对境外投资的宏观监管，由此，我国境内企业“走出去”的步伐明显加快。2008年修订后的《外汇管理条例》规定，境内机构、境内个人向境外直接投资，应按照外汇管理部门的规定办理登记。2009年7月国家外汇管理局发布的《境内机构境外直接投资外汇管理规定》，取消了境外投资外汇资金来源审核，实行登记备案制度。至此，只要境内企业的境外投资项目符合国家境外投资产业政策并获得商务主管部门的批准，在外汇管理方面，已无对境外投资金额、投资资金来源或数量的限制。外汇管理部门对每一家境内机构的境外投资项目进行外汇登记，并据此记录境外投资项下流出入的具体形式和金额。但境外直接投资项下的资本变动收入（如撤资、清算等）调回境内仍需经外汇管理部门审核，以防止异常资金流入境内。

为解决我国境外直接投资企业境外融资难和流动资金不足的问题，进一步促进投资贸易便利化，支持实体经济发展，国家外汇管理局在认真总结试点经验的基础上，于2009年6月9日发布了《关于境内企业境外放款外汇管理有关问题的通知》，允许境内企业在核准额度内，以合同约定的金额、利率和期限，为其在境外合法设立的全资附属企业或参股企业发放贷款。

外汇局通过核定境外放款额度，既满足了境外中资企业的融资需求，又可掌握放款的额度和节奏，防止资金大规模集中流出；通过审核还款资金流入，则可防止异常资金流入，保证国家经济安全。

此外，从2003年起，我国商务部和国家外汇管理局于每年下半年开始实施境外投资联合年检制度。通过该制度的实施，既适应了调整和创新境外投资监管模式的需要，又有利于加强和完善境外投资事后监测。

（2）信贷业务管理。此处信贷业务管理属于广义范畴，包括外债管理、贸易信贷登记管理、对外担保管理等，具体涵盖短期外债余额指标管理、境外发行外币债券管理、外债登记、贸易信贷登记管理（包括网上登记、联网核查、注销登记、额度调整、占用及释放）以及对外担保总量控制、偿债风险防范、保障中方利益等方面的内容。这些内容总体上都属于对外债务的管理，涉及对外债务偿还、国家债务安全和国际收支平衡，是我国资本项目管理的重要内容。由于外债管理法将在下一节专门论述，此处从略。

（3）证券投资管理。证券投资包括证券发行和买卖交易。从证券工具的角度看，可分为股票和债券，其中债券又包括长期债券、中期债券、货币市场工具和衍生金融工具等。此处介绍的证券投资管理均为跨境证券投资管理，包括合格境外机构投资者（QFII）制度和合格境内机构投资者（QDII）制度。具体包括以下四个方面的内容：

1）境外上市外资股管理。境外上市外资股是指中国境内股份有限责任公司向境外投资人发行的股票，在境外公开的证券交易所流通转让。我国目前对境内企业境外上市实施管理的主要目的：一是进行适当控制上市资源（企业），为下一步发展境内资本市场预留空间；二是合理控制资金流动，特别是在国际收支持续大额顺差的情况，把握境外上市调回资金结汇的节奏，保持外汇市场和人民币汇率的稳定，减轻外汇储备增长的压力。

我国境内企业境外上市管理职责的基本分工：一是由证监会对企业境外上市申请进行审核，涉及国有企业的须国资委出具意见，涉及募集资金投向及产业政策的须征求发改委意见；二是企业境外上市后须到外汇局办理境外上市外汇股票登记；三是资金调回须到外汇局办理备案手续，资金结汇须经外汇局核准；四是涉及境内股东增持、减持境外上市股份须证监会出具意见，增持、减持、回购境外上市股票涉及资金结汇、购付汇须经外汇局核准等。从外汇管理现状看，我国目前对境内企业境外上市涉及的外汇事宜基本上无特别的管制，只保留了登记和结汇的真实性审核。

2）境内上市外资股（B股）管理。B股也称“人民币特种股票”，与人民币普通股票即A股相对应，是指在中国境内注册的股份有限公司向境外投资者（含外国自然人、法人和其他组织，香港、澳门、台湾地区自然人、法人和其他组织）发行并在中国境内证券交易所上市的股票。

早在2001年2月19日，按中国证监会发布的《境内居民可投资B股市场的决定》，境内居民个人即可按本通知从事B股投资。其后，我国对B股市场的管理通过一系列的规范性文件得以完善，逐步建立了包括发行者管理、投资者管理和对证券经营机构管理为内容的B股管理制度框架。具体而言包括：对发行者的管理包括发行审批、外汇账户管理和汇兑管理，其外币股票专用账户的开立和汇兑管理由国家外汇管理部门负责。在境内发行B股的企业开立B股专用账户以及将发行股票所得外汇收入结汇的，均需经所在地外汇局审核。对投资者的管理包括投资资格、资金汇兑和外汇账户管理，B股的投资人限于外国的自然人、法人和其他组织，港澳台地区的自然人、法人和其他组织，定居在国外的中国公民以及境内居民个人。境内居民投资B股必须开立B股资金账户和股票账户，账户的开立无须管理部门批准可自行开立，但对账户内资金结汇和提取现钞有限制。对证券经营机构的管理包括资格管理和外汇账户管理。资格管理由中国证监会和国家外汇管理局共同负责。外汇账户管理包括B股保证金账户管理和承销业务所涉外汇账户管理，开立这两类账户无须外汇局审批，但有核定的收支范围。经中国证监会批准经营B股业务和经国家外汇管理局批准经营外汇业务的证券公司和信托投资公司，可凭中国证监会核发的从事B股业务资格证书和国家外汇管理局核发的经营外汇业务许可证，到所在地同一城市所有经批准经营外汇存款、汇款业务的境内商业银行或其分支机构开立一个B股保证金账户。

3）合格境外机构投资者制度。英文简写为"QFII"，是指允许符合条件的境外机构投资者经批准汇入一定额度的外汇资金，并转换为当地货币，通过严格监管的专用账户投资当地证券市场，其本金、资本利得、股息等经批准后可购汇汇出的一种资本市场开放模式。该制度的主要管制内容：一是市场资格条件的限制（准入门槛）；二是投资规模的限制（投资额度）；三是投资通道的控制（专用账户）；四是资金汇出入限制（锁定期）等。

QFII作为过渡性制度安排，是那些货币没有自由兑换、资本项目未完全开放的新兴市场国家（或地区），实现资本市场有序开放的特殊通道。其本质上是一种资本管制措施，通过限制国外资本流入规模和流出速度，进而限制外国资本对本国国际收支和金融市场的影响力，降低开放过程中的风险。QFII管制的目的：一是防止对本国国际收支发生剧烈影响，保障国际收支平衡；二是防止外资非正常涌入造成国内资本市场价格大起大落，促进国内资本市场健康发展；三是防止对本国脆弱的金融体系造成冲击，进而危害到国家金融安全。

按我国《合格境外机构投资者境内证券投资管理办法》（2002年11月5日发布，2006年8月24日修订）、《合格境外机构投资者境内证券投资外汇管理规定》（2009年9月29日发布，2012年12月7日修订）、《人民币合格境外机构投资者境内证券投资试点办法》（2013年3月1日）等管理规章的规定，我国现行QFII的管理框架是：对合格境外机构投资者用外汇投资于境内证券，由中国证监会和国家外汇管理局分别负责市场准入审定和投资额度审批，具体由中国证监会负责QFII资格的审定、投资工具的确定、持股比例限制等，由国家外汇管理局负责对投资额度、资金账户、资金收付及汇兑等实施监督、管理和检查；而对于人民币合格境外机构投资者运用来自境外的人民币资金进行境内证券投资，由中国证监会负责QFII资格的审定、投资工具的确定、持股比例限制等监督管理，由中国人民银行依法对其在境内开立人民币银行账户进行管理、国家外汇管理局依法对其投资额度实施管理、中国人民银行会同国家外汇管理局依法对其资金汇出入进行监测和管理。

4）合格境内机构投资者制度。英文简写为QDII，是QFII之反向制度，它是指允许符合条件的境内机构经监管部门批准，在一定额度内通过专用账户投资境外证券市场的一种开放模式。该制度的主要管制内容：一是资格条件的限制，即符合一定条件的商业银行、保险机构、基金管理公司、证券公司、信托公司等资产管理类机构，经监管部门批准后方可取得相应资格；二是投资规模的限制，上述机构的境外证券投资只能在一定额度规模内开展；三是投资通道的控制，上述机构开展境外证券投资需通过专用账户进行，其资金汇入、汇出均受到严格监管等。

QDII制度是在一国货币没有实现自由可兑换，资本与金融账户还存在管制的情况下，有限度地允许境内投资者投资境外证券市场的一项过渡性制度安排。其实质是一种资本输出管制措施，管制的目的：一是通过有序引导和适当限制对外证券投资资本流出，防止外汇资金集中流出对国际收支平衡产生影响；二是防止资金集中流出对本国金融市场尤其是股票市场产生冲击，以维护国内资本市场的稳定；三是防范境外证券投资风险，保护投资者利益。

目前，我国QDII主要包括商业银行代客境外理财、信托公司受托境外理财、保险机构保险资金境外运用和证券公司、基金管理公司等境外证券投资。根据国家外汇管理局2013年8月21日发布的《合格境内机构投资者境外证券投资外汇管理规定》等的规定，QDII管理职责的基本分工：一是由银监会、保监会、证监会分别负责银行（含信托公司）、保险机构和证券类机构等境外投资业务的市场准入，包括资格审批、投资品种确定以及相关风险管理；二是由外汇局依法对合格境内机构投资者境外投资的投资额度、资金账户、资金收付及汇兑等实施监督、管理和检查等。

（4）个人财产对外转移管理。个人财产对外转移，包括移民财产转移和继承财产转移两类。前者是指从中国内地移居外国或赴港澳特别行政区定居的自然人，将其在取得移民身份之前在境内拥有的合法财产变现，购汇和汇出境外的行为；后者是指外国公民和港澳门特别行政区居民将依法继承的境内遗产变现，购汇和汇出境外的行为。此外，涉及向台湾地区的个人财产转移可比照适用相关规定。

该项外汇管理制度主要是对资金流出的审核。审核的主要目的：一是在满足个人财产对外转移的合理需求、保护个人合法财产权利的同时，维护我国正常的金融、外汇管理秩序，防范资本外逃；二是防止国家公职人员及其近亲属将非法收入转移境外，逃避境内司法、监察部门的检查。管理的核心是对身份真实性和财产合法性的认定，前者体现为对其非居民身份（或外国公民）的审核和移民前居民身份的认可，主要由外交部门和户籍管理部门负责；后者体现为对财产来源合法和税收交纳的认定，由有关产权、司法、监察、税收等部门负责。外汇管理部门则根据上述部门出具的证明为符合财产转移条件的个人出具核准文件，经营外汇业务的银行依据有关规定为符合转移条件的个人财产对外转移办理售付汇业务。我国中国人民银行、国家外汇管理局、公安部、外交部、国家税务总局等部门曾于2004年、2005年集中发布或联合发布了一系列相关管理规范性文件。

（四）金融机构外汇业务管理

1. 金融机构外汇业务管理概述

金融机构外汇业务管理，主要包括银行结售汇业务管理、保险公司外汇业务管理及证券、财务公司等外汇业务管理三大方面。我国对金融机构外汇业务管理，首要内容是对各金融机构经营相应外汇业务的准入资格管理。按我国《中国人民银行法》、《商业银行法》、《外汇管理条例》等的规定，我国对金融机构外汇业务的监管分别由外汇管理、银行业监督管理等部门负责。其中，中国人民银行履行银行结售汇业务的市场准入管理，具体工作则由外汇管理部门负责。此外，外汇管理部门还负责保险经营机构、证券公司、财务公司等非银行金融机构外汇业务资格审批。商业银行其他外汇业务，如外汇与外汇间的买卖等，由银行业监督管理部门负责。其次，对金融机构监管的内容主要是要对其为客户办理外汇收支业务进行合规性考核。

2. 银行结售汇业务管理

（1）银行结售汇业务管理概要。所谓“银行结售汇业务”，是指银行为客户办理人民币与外币之间的兑换业务。结汇是指客户将外汇卖给银行，售汇是指客户向银行购买外汇。银行办理结售汇业务，需按有关外汇管理规定对企业和个人结售汇交易背景的真实性、合规性进行审核。同时，其办理结售汇业务的净差额须通过银行间外汇市场平盘，对人民币汇率和外汇储备产生影响，并通过基础货币投放影响到国家货币政策和宏观经济政策。因此，需对此加以特殊监管。

银行经营结售汇业务应遵守以下规定：一是应事先向外汇管理部门取得结售汇业务资格；二是为客户办理结售汇业务时应审核规定的有效凭证和商业单据；三是按规定对超限额的结售汇综合头寸应及时通过银行间外汇市场进行平盘；四是按规定制定并公布挂牌汇价；五是建立独立的结售汇会计科目，并制定相应的结售汇单证保留制度；六是履行国际收支申报、结售汇统计、结售汇综合头寸统计、大额交易备案以及其他相关统计义务。

（2）银行结售汇业务管理的主要内容。包括：

1）银行结售汇业务市场准入管理。涵盖银行开展即期结售汇业务、远期结售汇业务和人民币与外币掉期业务、个人结售汇业务市场准入管理三大方面。①在期结售汇业务管理方面，我国对银行总行级机构开展即期结售汇业务实行核准制的准入管理方式，对银行分支机构开展即期结售汇业务实行由银行上级行自行授权、事前报告所在地外汇局的备案制准入管理方式。银行结售汇业务资格区分为对公和对私业务资格，各银行可根据自身经营需要分别或者一并申请。②在远期结售汇业务和人民币与外币掉期业务准入管理方面，只要银行拥有即期结售汇业务资格，在近两年的结售汇业务经营中没有发生重大外汇违规行为，并且具有银监部门核准的衍生产品交易业务资格，即可向外汇局申请开办远期结售汇业务；而申请人民币与外币掉期业务，则应办理远期结售汇业务 6 个月以上。③个人结售汇业务市场准入管理。目前国内办理个人（含居民、非居民）本外币兑换的机构：一是可办理外币兑换业务的银行网点；二是主要设立于酒店、机场内与银行签约的外币代兑机构；三是个人本外币兑换业务特许经营机构。这三类网点共同构成了一个多层次的个人外币兑换服务网络，这些机构开展个人本外币兑换业务，都应在其营业场所的显著位置悬挂（张贴）个人外币兑换服务统一标识。其中，外汇管理局分支局对银行授权外币代兑机构办理外币兑换业务实行事前备案管理；对境内非金融类的一般工商企业经营个人本外币兑换特许业务，则须经国家外汇管理局批准。

2）银行结售汇综合头寸管理。银行结售汇综合头寸是指外汇指定银行持有的因人民币与外币间交易而形成的外汇头寸，由银行办理符合外汇管理规定的对客户结售汇业务、自身结售汇业务和参与银行间外汇市场交易所形成。银行结售汇综合头寸管理应遵循以下原则：一是按权责发生制①计算头寸；二是实行下限一般为零、上限由外汇局核定的限额管理；三是按天管理结售汇综合头寸；四是要求银行定期将统计与会计科目进行核对。

3）银行其他外汇业务管理。包括银行自身结售汇业务管理、银行对客户挂牌汇价管理、

---

① 所谓“权责发生制”，是指凡在当期已经实现的收入和已经发生或应当负担的费用，不论款项是否收付，都应当作为当期的收入和费用；凡是不属于当期的收入和费用，即使款项已在当期收付，也不应当作为当期的收入和费用。

银行结售汇统计、银行卡外汇业务管理、银行执行外汇管理规定情况考核等内容。

3. 保险公司外汇业务管理

(1) 保险公司外汇业务管理概要。外汇保险，是指根据保险合同约定，支付保险费、赔偿或给付保险金均以外币计价结算的商业保险。外汇保险包括外汇财产保险、外汇人身保险和外汇再保险。随着我国加入世贸组织和金融体制改革的深入，以及对外经济规模不断扩大，我国保险业作为金融业的重要组成部分也步入了快速发展时期，外汇保险需求也不断增加。但由于我国《外汇管理条例》规定，除非国家另有规定，禁止外币在中国境内流通和计价结算。因而，在国家层面适应新形势发展需要，制定和实施保险公司外汇业务管理的特殊规定就很有必要。为此，从入世开始，国家外汇管理局与中国保监会即根据保险业的发展需求和行业自身特点，开始逐步规范保险业务外汇管理，以支持保险外汇市场的健康发展。根据两部门2002年9月24日联合发布的《保险业务外汇管理暂行规定》，在我国由国家外汇管理局及其分支局（简称“外汇局”）负责核准保险经营机构外汇业务资格，并对保险业务项下的外汇收支、结汇、售汇和外汇账户实施监督管理；由中国保险监督管理委员会及其派出机构（简称“保监会”）按照《保险法》等有关规定对保险经营机构外汇保险的经营活动实施监督管理。

(2) 保险公司外汇管理的主要内容。我国目前保险公司外汇管理的内容，主要包括对保险公司外汇保险业务的管理和对保险公司自身外汇收支的管理。具体又可细分为四个方面：

1) 外汇保险业务资格管理。包括市场准入、退出、经营范围变更等。保险经营机构从事外汇保险业务须经外汇局核准。经批准获得外汇业务经营资格的保险公司，应当在核准的业务范围内经营，不得擅自经营或超范围经营外汇业务。保险经营机构可根据经营需要，扩大或停止办理外汇业务，但在变更之前，应向外汇局提出申请，由外汇局依法审核。

2) 与外汇保险有关的外汇收支管理。外汇保险项下的外汇收支包括保费、赔偿、保险金、再保险保费、摊回赔偿、退保费等。保险公司外汇保险项下外汇收支的管理按真实性审核的原则办理，保险经营机构持相关凭证可直接在银行办理相应的收付手续。

3) 保险公司资本金本外币转换管理。随着我国保险市场对外开放，境外保险公司纷纷以独资或合资形式在中国境内设立保险经营机构。同时，为保证外汇保险业务正常开展，保险经营机构也需要持有一定数额的外汇资本金。由此，保险经营机构就产生了资本金本外币间兑换需求。根据《外汇管理条例》规定，保险经营机构资本金本外币转换应经外汇管理机关批准。保险经营机构可根据公司经营实际需要，按规定向外汇局提交申请资料，经外汇局依法审核同意后，持核准文件直接到银行办理本外币转换手续。

4) 自身外汇收支管理。保险公司自身外汇收支行为，包括境外差旅费、咨询费、国际组织会员会费、在境外投资设立公司的投资款等，与一般境内机构的交易并无本质不同。因此，保险公司办理这类外汇收支时，通常可被视为一般的境内机构办理。但对其中的资本项目如何稳妥、有序地开放，则是一个值得我国认真考虑的问题。

4. 证券、财务公司等的外汇业务管理

(1) 证券、财务公司外汇业务管理概要。我国非银行金融机构主要包括存款类机构（如企业集团财务公司、汽车金融公司等），证券类机构（如证券公司、基金管理公司、信托公司等），以及其他类机构（如金融租赁公司等）。作为我国金融体系的有机组成部分，这些机构经营方式灵活、业务种类繁多、服务范围广泛，在外汇资金融通方面越来越发挥着重要作用。但与此同时，我国非银行金融机构发展时间普遍较短，有关法律法规滞后、行业自律管理尚不健全，隐藏的风险也不容忽视。因而，对之实施有效的外汇管理十分必要。

（2）证券公司外汇业务管理。目前，我国证券公司外汇业务主要包括外币有价证券的经纪业务、外币资产管理业务、外汇同业拆借业务等。其中，绝大多数证券公司以外币有价证券的经纪业务（即B股经纪业务）为主。但是，随着我国资本市场的逐步开放，证券公司外汇业务重心将向跨境投资业务方向转移。因此，其外汇业务运行是否平稳，不仅涉及广大投资者利益，而且也关系到我国资本市场开放、资本项目可兑换的平稳推进，因而有必要对其外汇业务进行监管。

当前，我国对证券公司外汇业务的管理主要集中在外汇业务市场准入管理方面。大致管理内容包括：证券经营机构申请开展外汇业务，须经外汇局批准；取得经营外汇业务资格，须满足一定的外汇营运资金要求，并建立相应的内部控制及管理制度；从业人员相关要求；开展境外证券投资须取得证监会的批准等。对符合条件的机构，由外汇局核发《外汇业务经营许可证》，并要求每隔一定时期（目前为三年）重新核发一次。管理方式以审批为主，除初次准入、业务范围界定由总局审批外，其他大部分业务由分局办理。

（3）企业集团财务公司外汇业务管理。企业集团财务公司是企业集团内部的金融服务机构，其承担着加强集团资金集中管理和提高集团资金使用效率的重要职能。为改进企业集团尤其是国有企业集团经营效率、加强风险管理、便利企业外汇资金使用、促进境内外汇市场发展，我国逐步允许企业集团财务公司开展外汇业务。目前主要是允许其开展即期结售汇业务，而此前只有外汇指定银行才能办理此项业务。

企业集团财务公司开展即期结售汇业务，是指财务公司办理自身人民币和外币之间的兑换业务，以及财务公司对企业集团成员公司之间的人民币和外币之间的兑换业务，且由此形成外汇头寸平盘。对财务公司结售汇业务管理的基本内容：一是对财务公司结售汇业务资格准入的审批。二是结售汇头寸管理。取得结售汇业务资格的财务公司，可申请结售汇综合头寸，未申请结售汇综合头寸或头寸为零的财务公司，每日必须将持有的外汇头寸到外汇市场进行平盘或卖给外汇指定银行；三是外汇交易中心会员管理。取得结售汇业务资格的财务公司应向中国外汇交易中心申请成为其会员，并向国家外汇管理局备案。

（五）人民币汇率和外汇市场的管理

我国关于人民币汇率和外汇市场管理的基本法规、规章，主要是2008年8月国务院修订发布的《外汇管理条例》及中国人民银行、国家外汇管理局发布的《银行间外汇市场管理暂行规定》（1996年12月2日）、《非金融企业和非银行金融机构申请银行间即期外汇市场会员资格实施细则（暂行）》（2005年12月29日）、《货币经纪公司外汇经纪业务管理暂行办法》（2008年10月23日）、《银行间外汇市场做市商指引》（2010年8月30日发布，2013年4月12日修订）等。另外，中国人民银行还先后发布实施了《关于完善人民币汇率形成机制改革的公告》（2005年7月21日）、《关于加快发展外汇市场有关问题的通知》（2005年8月8日）、《关于进一步完善银行间即期外汇市场、改进人民币汇率中间价形成方式有关事宜的公告》（2006年1月3日）、《关于扩大银行间即期外汇市场人民币兑美元交易价浮动幅度的公告》（2007年5月18日）、《关于在银行间外汇市场开办人民币外汇货币掉期业务有关问题的通知》（2007年8月

17日)、《关于决定扩大外汇市场人民币兑美元汇率浮动幅度的公告》(2014年3月14日)、《关于银行间外汇市场交易汇价和银行挂牌汇价管理有关事项的通知》(2014年7月1日)等一系列有关人民币汇率和外汇市场管理的文件，国家外汇管理局也发布了《关于银行间外汇市场开展双向交易的通知》(2003年9月9日)、《关于统一银行间外汇市场即期竞价交易和即期询价交易时间的通知》(2006年9月29日)、《关于中国外汇交易中心在银行间外汇市场推出人民币对外汇期权交易的批复》(2011年2月16日)、《关于调整银行间外汇市场部分业务管理的通知》(2012年5月21日)等，推动着我国人民币汇率和外汇市场的管理朝着市场化的方向发展。

1. 人民币汇率管理

汇率是一国货币同他国货币之间的兑换比率，即一国货币用另一国货币表示的价格。汇率的高低由外汇市场供求关系和其他经济、政治因素所决定，同时又对一国国际收支和经济贸易发展产生着重要的反作用。

改革开放以前，我国实施的是行政计划色彩极浓的固定汇率制度。改革开放以后，我国始终坚持主动性、可控性、渐进性的原则，推动人民币汇率形成机制的改革。1994年汇率并轨后，我国实行以市场供求为基础的、单一的、有管理的人民币浮动汇率制度，由人民银行根据银行间外汇市场形成的价格，每日公布人民币对主要外币的汇率。自2005年7月21日起，我国开始实行以市场供求为基础、参考一篮子货币进行调节、有管理的浮动汇率制度。人民币汇率不再盯住单一美元，而是按照我国对外经济发展的实际情况，选择若干种主要货币，赋予相应的权重、组成一个货币篮子。同时，人民银行负责根据国内外经济金融形势，以市场供求为基础，参考一篮子货币计算人民币多边汇率指数的变化，对人民币汇率进行管理和调节，维护人民币汇率的正常浮动，保持人民币汇率在合理、均衡水平上的基本稳定，促进国际收支基本平衡，维护宏观经济和金融市场的稳定。

在人民币汇价(率)的管理方面，自2006年1月4日起，人民银行授权中国外汇交易中心于每个工作日上午9时15分对外公布当日人民币对美元、欧元、日元和港币汇率中间价，作为当日银行间即期外汇市场(含询价交易方式即OTC方式和撮合方式)以及银行柜台交易汇率的中间价。[①] 银行间即期外汇市场美元及欧元、日元和港币等非美元货币对人民币交易价可在公布的交易中间价上下一定幅度内浮动；银行对客户美元等外币现汇、现钞柜台挂牌汇价实

---

① 按中国人民银行2014年7月1日发布的《关于银行间外汇市场交易汇价和银行挂牌汇价管理有关事项的通知》，我国现行外汇汇率中间价的形成机制已调整为：(1)中国人民银行授权中国外汇交易中心于每个工作日上午9：15对外公布当日人民币对美元、欧元、日元、港币、英镑、马来西亚林吉特、俄罗斯卢布、澳大利亚元、加拿大元和新西兰元汇率中间价，作为当日银行间即期外汇市场(含询价交易方式和撮合方式)交易汇率的中间价。中国人民银行授权中国外汇交易中心公布的当日汇率中间价适用于该中间价发布后到下一个汇率中间价发布前；(2)人民币对美元汇率中间价的形成方式为：中国外汇交易中心于每日银行间外汇市场开盘前向银行间外汇市场做市商询价，并将做市商报价作为人民币对美元汇率中间价的计算样本，去掉最高和最低报价后，将剩余做市商报价加权平均，得到当日人民币对美元汇率中间价，权重由中国外汇交易中心根据报价方在银行间外汇市场的交易量及报价情况等指标综合确定；(3)人民币对欧元、港币和加拿大元汇率中间价由中国外汇交易中心分别根据当日人民币对美元汇率中间价与上午9：00国际外汇市场欧元、港币和加拿大元对美元汇率套算确定。人民币对日元、英镑、澳大利亚元、新西兰元、马来西亚林吉特和俄罗斯卢布汇率中间价，由中国外汇交易中心根据每日银行间外汇市场开盘前银行间外汇市场相应币种的直接交易做市商报价平均得出。

行最大买卖价差不得超过公布交易中间价的一定百分比的非对称性管理，只要现汇、现钞的卖出价与买入价之差不超过当日交易中间价的百分比，银行可在规定价差幅度内自行调整当日外币挂牌价格，办理柜台交易。此后，随着我国外汇市场日趋成熟，交易主体自主定价和风险管理能力日渐增强，为顺应市场发展的要求，促进人民币汇率的价格发现，增强人民币汇率双向浮动弹性，该规定价差幅度也不断扩大。自2014年7月1日起，银行间即期外汇市场人民币兑美元交易价浮动幅度已由2006年1月4日时的0.3%逐步扩大至2%，即每日银行间即期外汇市场人民币对美元的交易价可在中国外汇交易中心对外公布的当日人民币对美元汇率中间价上下2%的幅度内浮动；人民币对欧元、日元、港币、英镑、澳大利亚元、加拿大元和新西兰元交易价在中国外汇交易中心公布的人民币对该货币汇率中间价上下3%的幅度内浮动；人民币对马来西亚林吉特、俄罗斯卢布交易价在中国外汇交易中心公布的人民币对该货币汇率中间价上下5%的幅度内浮动。而银行对客户的外币现汇、现钞挂牌价则已经放开、没有限制，银行可基于市场需求和定价能力对客户自主挂牌人民币对各种货币的汇价，即根据市场供求自主定价。

2. 外汇市场的管理

外汇市场是进行货币买卖、兑换的市场，是由外汇需求者、外汇供给者、买卖中介机构（如货币经纪公司）构成的外汇买卖活动场所。广义上包括银行结售汇市场和银行间外汇交易市场。我国的外汇市场通常从狭义而言，是指全国统一的银行间外汇交易市场，即经国家外汇局批准可以经营外汇业务的境内金融机构（包括银行、非银行金融机构和外资金融机构）和非金融企业通过中国外汇交易中心交易系统进行人民币与外币和外币与外币之间的交易的市场。市场交易主体是外汇指定银行及其他经批准的符合条件的非银行金融机构和非金融企业。交易客体（即交易的币种）和交易形式，由国家外汇局规定和调整。

目前，我国的银行间外汇市场包括即期外汇市场、远期外汇市场及衍生的掉期外汇市场。即期外汇市场是指交易双方以约定的外汇币种、金额和现价成交的外汇交易市场；远期外汇市场是指成交日交易双方以约定的外汇币种、金额、汇率，在约定的未来某一日期交割结算的外汇对人民币的交易市场；掉期外汇市场是指即期与远期、远期与远期相结合的人民币对外币掉期交易市场。按现行规定，在即期外汇市场，银行间外汇市场交易主体既可选择以集中授信、集中竞价的方式交易（撮合成交），也可选择以双边授信、双边清算的方式进行询价交易。而在远期外汇市场，交易双方通过中国外汇交易中心询价交易系统进行交易，交易的外币币种、金额、期限、汇率、交割安排等由交易双方协商议定，交割的方式为到期日本金全额交割或轧差交割，交割方式及币种应在成交单中予以明确。同时，在银行间外汇市场引入做市商①制

① 所谓“银行间外汇市场做市商”，是指经国家外汇局核准，在我国银行间外汇市场进行人民币与外币交易时，承担向市场会员持续提供买、卖价格义务的银行间外汇市场会员。银行间外汇市场做市商，分为即期做市商、远期掉期做市商和综合做市商。即期做市商是指在银行间即期竞价和询价外汇市场上做市的银行；远期掉期做市商是指在银行间远期、外汇掉期和货币掉期市场做市的银行；综合做市商是指在即期、远期、外汇掉期和货币掉期等各外汇市场开展做市的银行。从国际主要外汇市场情况看，做市商在提供外汇市场的流动性、提高市场交易效率、转移和分担风险、促进市场发展等方面具有重要作用。我国国家外汇管理局早在2005年11月24日发布的《银行间外汇市场做市商指引（暂行）》，即对做市商的有关问题作了规定。其后，国家外汇管理局于2010年8月30日发布、2013年4月12日修订的《银行间外汇市场做市商指引》，取代暂行指引对做市商的权利义务、申请尝试做市资格和各类做市商资格的基本条件及程序、对做市商评价管理等内容进行了规定。2011年1月1日以前经外汇局备案核准已取得银行间外汇市场做市商资格的银行自动承继即期做市商资格，远期掉期做市商和综合做市商资格则须另行申请。

度，为外汇市场提供流动性。另外，远期外汇市场会员自获得远期交易备案资格起6个月后，可按即期交易与远期交易相关管理规定，在银行间外汇市场开展即期与远期、远期与远期相结合的人民币对外币掉期交易。

按我国现行管理规定，经营结汇、售汇业务的金融机构和符合国务院外汇管理部门规定条件的其他机构，可以按照有关规定在银行间外汇市场进行外汇交易。外汇市场交易应当遵循公开、公平、公正和诚实信用的原则。国务院外汇管理部门依法监督管理全国的外汇市场，可根据外汇市场的变化和货币政策的要求，依法对外汇市场进行调节。

三、违反外汇管理法的法律责任

违反外汇管理法的非法行为主要有逃汇、非法套汇、扰乱金融秩序行为三大类，我国《外汇管理条例》第七章、《全国人大常委会关于惩治骗购外汇、逃汇和非法买卖外汇犯罪的决定》、国务院批准由监察部、中国人民银行等五部委联合发布的《关于骗购外汇、非法套汇、逃汇、非法买卖外汇等违反外汇管理行为的行政处分或纪律处分暂行规定》，以及一系列其他相关管理规章、规范性文件等，对这三大类违法行为所应承担的法律责任作了明确规定。

（一）逃汇及其处罚

逃汇，系指违反规定将境内外汇转移境外，或以欺骗手段将境内资本转移境外等非法行为。对逃汇行为，由外汇管理机关责令限期调回外汇，处逃汇金额30%以下的罚款；情节严重的，处逃汇金额30%以上等值以下的罚款；构成犯罪的，依法追究刑事责任。

关于逃汇的刑事责任，《刑法》第190条作了规定。国有公司、企业或其他国有单位，违反规定，擅自将外汇存放境外，或将境内外汇非法转移到境外，情节严重的，构成逃汇罪。对逃汇单位处罚金，并对其直接负责的主管人员和其他直接责任人员，处5年以下有期徒刑或拘役。

（二）非法套汇及其处罚

所谓非法套汇，系指违反规定以外汇收付应当以人民币收付的款项，或以虚假、无效的交易单证等向经营结汇、售汇业务的金融机构骗购外汇等非法行为。对非法套汇行为，由外汇管理机关责令对非法套汇资金予以回兑，处非法套汇金额30%以下的罚款；情节严重的，处非法套汇金额30%以上等值以下的罚款；构成犯罪的，依法追究刑事责任，即依《全国人大常委会关于惩治骗购外汇、逃汇、非法买卖外汇犯罪的决定》中的有关规定追究刑事责任。

（三）扰乱外汇管理秩序行为及其处罚

所谓扰乱外汇管理秩序行为，是指金融机构等境内外机构、个人以及外汇管理机关工作人员违反《外汇管理条例》的规定，非法从事外汇业务及违反操作规则影响正常金融秩序的行为。《外汇管理条例》规定了以下扰乱外汇管理秩序的非法行为种类及其处罚办法，具体包括对境内外机构、个人违反外汇管理规定的非法行为及其处罚，对金融机构外汇违法行为及其处罚，对外汇管理机关工作人员违法行为及其处罚三类。

1. 境内外机构、个人违反外汇管理规定的非法行为及其处罚

(1) 违反规定将外汇汇入境内、非法结汇行为及其处罚。违反规定将外汇汇入境内的，由外汇管理机关责令改正，处违法金额30%以下的罚款；情节严重的，处违法金额30%以上等值以下的罚款。非法结汇的，由外汇管理机关责令对非法结汇资金予以回兑，处违法金额30%以下的罚款。

(2) 违反规定携带外汇出入境行为及其处罚。违反规定携带外汇出入境的，由外汇管理机关给予警告，可以处违法金额20%以下的罚款。法律、行政法规规定由海关予以处罚的，从其规定。

(3) 违反外债管理行为及其处罚。有擅自对外借款、在境外发行债券或提供对外担保等违反外债管理行为的，由外汇管理机关给予警告，处违法金额30%以下的罚款。

(4) 擅自改变外汇或者结汇资金用途行为及其处罚。违反规定，擅自改变外汇或结汇资金用途的，由外汇管理机关责令改正，没收违法所得，处违法金额30%以下的罚款；情节严重的，处违法金额30%以上等值以下的罚款。

(5) 非法使用外汇行为及其处罚。有违反规定以外币在境内计价结算或划转外汇等非法使用外汇行为的，由外汇管理机关责令改正，给予警告，可以处违法金额30%以下的罚款。

(6) 非法买卖外汇、非法介绍买卖外汇行为及其处罚。私自买卖外汇、变相买卖外汇、倒买倒卖外汇或非法介绍买卖外汇数额较大的，由外汇管理机关给予警告，没收违法所得，处违法金额30%以下的罚款；情节严重的，处违法金额30%以上等值以下的罚款；构成犯罪的，依法追究刑事责任。

前述所谓“数额较大”，是指私自买卖外汇、变相买卖外汇、倒买倒卖外汇金额为等值1 000美元及其以上，或非法介绍买卖外汇金额为等值5万美元及其以上。

(7) 非法经营结汇、售汇等外汇业务行为及其处罚。未经批准擅自经营结汇、售汇业务的，由外汇管理机关责令改正，有违法所得的，没收违法所得，违法所得50万元以上的，并处违法所得1倍以上5倍以下的罚款；没有违法所得或违法所得不足50万元的，处50万元以上200万元以下的罚款；情节严重的，由有关主管部门责令停业整顿或吊销业务许可证；构成犯罪的，依法追究刑事责任。

未经批准经营结汇、售汇业务以外的其他外汇业务的，由外汇管理机关或金融业监督管理机构依照前款规定予以处罚。

(8) 违反有关外汇国际收支统计、报表、账户规定行为及其处罚。有下列情形之一的，由外汇管理机关责令改正，给予警告，对机构可以处30万元以下的罚款，对个人可以处5万元以下的罚款：1) 未按照规定进行国际收支统计申报的；2) 未按照规定报送财务会计报告、统计报表等资料的；3) 未按照规定提交有效单证或者提交的单证不真实的；4) 违反外汇账户管理规定的；5) 违反外汇登记管理规定的；6) 拒绝、阻碍外汇管理机关依法进行监督检查或者调查的。

2. 金融机构外汇违法行为及其处罚

金融机构有下列情形之一的，由外汇管理机关责令限期改正，没收违法所得，并处20万元以上100万元以下的罚款；情节严重或者逾期不改正的，由外汇管理机关责令停止经营相关业务：1) 办理经常项目资金收付，未对交易单证的真实性及其与外汇收支的一致性进行合理审查的；2) 违反规定办理资本项目资金收付的；3) 违反规定办理结汇、售汇业务的；4) 违反外汇业务综合头寸管理的；5) 违反外汇市场交易管理的。

此外，对前述两大类违反外汇管理有关规定的行为，若属境内机构违反外汇管理规定的，除依照《外汇管理条例》给予处罚外，对直接负责的主管人员和其他直接责任人员，应当给予处分；对金融机构负有直接责任的董事、监事、高级管理人员和其他直接责任人员给予警告，处 5 万元以上 50 万元以下的罚款；构成犯罪的，依法追究刑事责任。

3. 外汇管理机关工作人员违法行为及其处罚

外汇管理机关工作人员徇私舞弊、滥用职权、玩忽职守，构成犯罪的，依法追究刑事责任；尚不构成犯罪的，依法给予处分。

（四）行政复议与行政诉讼

对于各种外汇违法行为，由外汇管理机关依法给予行政处罚。当事人对处罚决定不服的，可以自收到处罚决定通知书之日起 15 日内向上一级管汇机关申请复议；上一级管汇机关应当自收到复议申请书之日起 2 个月内作出复议决定。当事人对复议决定仍不服的，可依法向人民法院提起诉讼。

第二节　外债管理法

一、外债管理法概述

（一）外债的概念及其分类

所谓“外债”，按 1984 年 3 月在世界银行、国际货币基金组织、经济合作与发展组织和国际清算银行等国际金融组织举办的“关于外债统计的国际审计员会议”上达成的一致意见：外债是指在任何给定的时刻，一国居民所欠非居民的以外国货币或本国货币为核算单位的具有契约性偿还义务的全部债务。所谓契约性是指以法律文书规定的偿还责任、偿还条件、偿还期限。结合我国的特点，1987 年 6 月 17 日国务院批准、同年 8 月 27 日国家外汇管理局发布的《外债统计监测暂行规定》称：外债是指中国境内的机关、团体、企业、事业单位、金融机构或其他机构（以下统称境内机构），对中国境外的国际金融组织、外国政府、金融机构、企业或其他机构、个人用外国货币承担的具有契约性偿还义务的全部债务。2003 年 1 月 8 日国家发改委、财政部、国家外汇局联合发布的《外债管理暂行办法》（以下简称《外债管理暂行办法》）规定：本办法所称“外债”，是指境内机构对非居民承担的以外币表示的债务。其中，“境内机构”，是指在中国境内依法设立的常设机构，包括但不限于政府机关、境内金融机构、企业、事业单位和社会团体；“非居民”是指中国境外的机构、自然人及其在中国境内依法设立的非常设机构。外债主要包括境外借款和发行外币债券两类。

《外债管理暂行办法》按照不同的标准，对外债进行了法定分类，以便于对外债实施分类管理，更好地规范举借外债行为，提高外债资金使用效益和防范外债风险。

1. 按债务类型划分

按债务类型划分，外债分为外国政府贷款、国际金融组织贷款和国际商业贷款。

（1）外国政府贷款，是指中国政府向外国政府举借的官方信贷。这类贷款具有双边性和长期低息性质。主要包括政府间借贷和政府混合贷款两种。前者是一国政府利用国库资金向另一国政府提供的优惠贷款，其利息低、甚至无息，期限较长并有宽展期，这类贷款赠与成分一般在25%以上；后者是外国政府提供的低息优惠贷款（或赠款）与出口信贷结合使用的贷款，其出口信贷一般占60%左右，综合利率低于国际商业贷款利率，其附加条件是要求借款国购买贷款国或其指定国家的物资设备。

（2）国际金融组织贷款，是指中国政府向世界银行、亚洲开发银行、联合国农业发展基金会和其他国际性、地区性金融机构举借的非商业性信贷。国际金融组织的贷款，具有期限长、利率低、金额大的特点，其贷款对象一般局限于成员国政府。

（3）国际商业贷款，是指境内机构向非居民举借的商业性信贷。包括：1）向境外银行和其他金融机构借款；2）向境外企业、其他机构和自然人借款；3）境外发行中长期债券（含可转换债券）和短期债券（含商业票据、大额可转让存单等）；4）买方信贷、延期付款和其他形式的贸易融资；5）国际融资租赁；6）非居民外币存款；7）补偿贸易中用现汇偿还的债务；8）其他种类国际商业贷款等。

2. 按偿还责任划分

按偿还责任划分外债分为主权外债和非主权外债。

（1）主权外债，是指由国务院授权机构代表国家举借的、以国家信用保证对外偿还的外债。

（2）非主权外债，是指除主权外债以外的其他外债。

3. 或有外债与实质外债

在举借外债过程中，还存在以保证、抵押或质押方式向非居民提供的对外担保，这种对外担保形成的潜在对外偿还义务，即为“或有外债”，也属于外债。此外，不以借款合同或担保合同等形式体现，但在实质上构成对外偿还义务或潜在对外偿还义务的对外借款或担保，也须按《外债管理暂行办法》纳入外债监管。这种债可称为“实质外债”。

（二）我国的外债管理及其立法概况

外债管理法是调控我国外债的规模、结构，统一管理外债的举借、偿还与风险控制，监督外债的使用的法律规范的总称。举借外债是我国利用外资的一种极为重要的形式，对于我国的改革开放、建立社会主义市场经济体制意义重大。但是，境内各机构向国外借款或在国外发行债券，都需要以出口商品或劳务创汇收入来偿还，这关系到国家外汇收支平衡和国家信誉。而且一般认为一国外债的偿债率（即一国当年外债的还本付息数额与该国当年出口外汇收入数额的比例）以不超过20%为宜。[①] 否则，就有可能发生债务危机。国际经验也一再表明，外债安全与国民经济健康运行和金融体系稳定密切相关，是一国经济安全的重要组成部分。20世纪

① 衡量一国外债规模是否适宜，国际上通用的标准除了偿债率这一主要指标（用以反映一国当年外汇收入支付当年外债本息的能力）外，尚有债务率、负债率、长短期债务比例等指标。其中，债务率是指一国外债余额占年外汇收入的比例，警戒线为100%，用以反映一国当年外债收入对外债余额的承受能力；负债率是指一国外债余额占国民生产总值的比例，警戒线为20%，用以反映一国国民经济状况与国债余额相适应的关系；长短期债务比例，是指一国短期外债占整个外债的比例，因短期外债受市场波动影响大，且其用于长期投资有较大风险大，故短期外债不宜过多，一般不宜超过整个外债的20%～25%。

80年代的拉美债务危机、90年代末的亚洲金融危机和本世纪初拉美一些国家的金融危机，都与其外债总量和外债结构失衡存在密切的关系。而一旦金融危机发生，资本外逃、外债贬值、金融市场信心崩溃，整个国家的经济、社会、政治秩序都有可能陷入混乱的境地。

所以，自改革开放以来，我国一直对外债实行严格的“统筹计划、集中管理”制度，以确保外债的规模适度、结构和投向合理。1980年12月国务院发布的《外汇管理暂行条例》第7条、第8条从法规的高度确认了这一点，明确规定境内机构发行具有外汇价值的有价证券、接受外国（或港澳地区）银行、企业贷款的年度计划，均须由国务院批准。市场经济体制目标确立后，1993年10月国务院发布的《关于进一步改革外汇管理体制的通知》规定：“对外债资金的借用和偿还，国家继续实行计划管理、金融条件审批和外债登记制度”，强调要“严格外债管理，建立偿债基金，确保国家对外信誉”，从而表明我国在市场化过程中仍将实行严格的外债管理制度。1996年12月我国实现了经常项目下外汇可兑换，但对资本项目仍然实行较为严格的管理制度，1997年1月国务院修订发布的《银行管理条例》第三章“资本项目管理”中，就有四条涉及外债管理，重申借用国外贷款、发行外币债券、提供对外担保均应经审批，国家对所有外债实行登记与监测。步入21世纪后，适应我国加入WTO和对外贸易暨外汇储备大幅增长、热钱涌入、人民币升值压力加大等现实国情的需要，我国对外汇、外债的管理思路、管理重点进行了调整，在稳步推进资本项目可兑换、拓展资金流出入渠道的同时，注重加强对各类外债（包括或有外债）的全口径管理。而在管理方法方面，根据外债类型、偿还责任和债务人性质，对举借外债实行分类管理，以有效防范外债风险。在法律制度上的突出表现是2003年1月8日国家发改委、财政部、国家外汇管理局联合发布了《外债管理暂行办法》，首次从全口径规范各类外债管理的角度，对外债定义和分类、举借外债和对外担保、外债资金使用、外债偿还和风险管理，以及外债监督等作了明确规定。

目前，我国在外债管理方面的立法还很不完备、很不规范，尤其是立法层次低，内容陈旧，稳定性差，各规定间衔接、配合不够。除2008年8月5日国务院第二次修订发布的《中华人民共和国外汇管理条例》有五条规定涉及外债管理外（参见该《条例》第三章“资本项目外汇管理”之第17、18、19、21、23条），其他多是国务院发布或批准发布的法规性文件及为数众多的部委规章、规范性文件。现行有效者主要有：

1. 外债及对外担保管理规定

（1）综合性基本管理规定。包括国务院发布或批准发布的《关于加强借用国际商业贷款管理的通知》（1989年1月12日）、《关于进一步加强借用国际商业贷款宏观管理的通知》（1995年9月27日）、《关于进一步加强对外发债管理意见的通知》（国务院办公厅转发，国家计委、中国人民银行2000年3月10日联合发布）、《关于进一步加强外国政府贷款管理若干意见的通知》（国务院批转，财政部、国家计委2000年6月10日联合发布）、《境内外资银行外债管理办法》（经国务院批准，发改委、中国人民银行、银监会2004年5月27日联合发布）等法规性文件，以及《境内机构借用国际商业贷款管理办法》（1997年9月24日，国家外汇管理局发布）、《国有和国有控股企业外债风险管理及结构调整指导意见》（2002年7月8日，中国人民银行、发改委、外汇局联合发布）、《外债管理暂行办法》（2003年1月8日，发改委、财政部、国家外汇管理局联合发布）、《关于实施〈境内外资银行外债管理办法〉有关问题的通知》（2004年6月21日，国家外汇管理局发布）、《关于加强中长期外债风险管理的通知》（2004年

7月14日，国家发改委发布)、《境内金融机构赴香港特别行政区发行人民币债券管理暂行办法》(2007年6月8日，中国人民银行、国家发改委联合发布）等规章、规范性文件。

（2）境外融资及有价证券管理规定。包括：1）境外发债及上市。《境外进行项目融资管理暂行办法》(1997年4月16日，国家外汇管理局、国家计委联合发布)、《关于境外上市外汇管理有关问题的通知》(2005年2月1日，国家外汇管理局发布)。2）套期保值。《国有企业境外期货套期保值业务管理办法》(2001年5月24日，中国证监会、国家经贸委、对外贸经部、国家工商总局、国家外汇管理局联合发布)、《关于国有企业境外期货套期保值业务外汇管理有关问题的通知》(2013年6月3日，国家外汇管理局发布)。3）其他管理规定。《关于调整境内发行B股和境外上市股票外汇专用账户的开立和募股收入结汇审批权限的通知》（1999年12月13日，国家外汇管理局)、《关于A股上市公司外资股东减持股份及分红所涉账户开立与外汇管理有关问题的通知》(2009年9月8日，中国人民银行发布)、《关于境内个人投资B股购汇有关问题的批复》(2011年12月2日，国家外汇管理局综合司发布)、《关于重庆长安汽车股份有限公司回购B股股份购汇额度等外汇管理事项的批复》（国家外汇管理局“汇复［2012］21号”)。

（3）外汇贷款管理规定。主要是国家外汇管理局发布的《外汇（转）贷款登记管理办法》(1989年11月10日)、《关于实施国内外汇贷款外汇管理方式改革的通知》（2002年12月6日)、《境内企业内部成员外汇资金集中运营管理规定》（2009年10月12日)、《关于境内企业外汇质押人民币贷款政策有关问题的通知》(2011年11月17日)、《外债转贷款外汇管理规定》(2014年1月21日)。

（4）外债担保管理规定。包括：国家外汇管理局发布的《跨境担保外汇管理规定》（2014年5月12日)，中国人民银行发布的《关于废止有关规章和规范性文件的公告》[①]（中国人民银行公告［2014］第13号，2014年7月11日)、《关于商业银行办理信用证和保函业务有关问题的通知》(2002年4月30日)。

2. 外债统计与管理方面的规定

主要包括：《外债统计监测暂行规定》(1987年6月17日经国务院批准，1987年8月27日国家外汇管理局发布)、《关于借用国外贷款实行全口径计划管理的通知》（1996年4月22日，国家计委发布)、《外债统计监测实施细则》（1997年9月24日，国家外汇管理局发布)、《关于国有商业银行实行中长期外债余额管理的通知》（2000年1月11日，国家计委、中国人民银行、国家外汇管理局联合发布)、《关于调整我国外债口径及相关问题的通知》(2001年7月13日，国家外汇管理局发布)、《关于外商投资房地产企业外债登记有关问题的批复》(2007年11月12日，国家外汇管理局综合司发布)、《外债登记管理办法》（2013年4月28日，国家外汇管理局发布)、《关于融资租赁类公司对外债权登记问题的批复》(2013年12月20日，国家外汇管理局综合司发布）以及国家外汇管理局关于下发（或核定）各年度《短期外债余额指标有关问题的通知》（包括汇发［2010］18号、汇发［2011］14号、汇发［2012］12号、汇发

① 本公告的内容为：宣布中国人民银行1996年9月25日发布的规章《境内机构对外担保管理办法》以及1998年、1999年发布的《关于加强境内金融机构外汇担保项下人民币贷款业务管理的通知》和《关于改进外汇担保项下人民币贷款管理的通知》等两个规范性文件，自本公告发布之日（2014年7月11日）起废止。

[2013] 6 号、汇发 [2014] 14 号）等。

3. 国际收支与外汇统计方面的管理规定

主要包括：

（1）国际收支统计综合性管理规定。包括：1995 年 8 月 30 日国务院批准、1995 年 9 月 14 日中国人民银行发布，2013 年 11 月 9 日国务院修订发布的《国际收支统计申报办法》以及国家外汇管理局发布或联合发布的《关于在外汇业务工作中全面使用组织机构代码标识的通知》（2002 年 2 月 26 日，与国家质量监督检验检疫总局联合发布）、《国际收支统计申报办法实施细则》（2003 年 2 月 21 日）、《关于停止报送汇兑业务统计申报表的通知》（2010 年 5 月 19 日，国家外汇管理局综合司）、《对外直接投资统计制度》（2012 年 12 月 21 日修订，与商务部、国家统计局联合发布）、《境内银行涉外收付凭证管理规定》（2014 年 4 月 8 日）、《国际收支统计申报核查处罚规程》（1999 年 5 月 1 日）等。

（2）国际收支统计间接申报管理规定。包括：国家外汇管理局发布的《通过金融机构进行国际收支统计申报业务操作规程》（2010 年 5 月 25 日）、《国际收支网上申报系统操作规程》（2010 年 9 月 20 日，国家外汇管理局综合司）、《关于国际收支统计申报有关问题的批复》（2010 年 5 月 20 日，国家外汇管理局国际收支司）、《关于境外承包工程国际收支统计间接申报问题的批复》（2010 年 9 月 25 日，国家外汇管理局国际收支司）、《国际收支统计间接申报核查制度》（2011 年 1 月 12 日）、《关于进一步强化国际收支核查工作的通知》（2011 年 11 月 28 日）、《关于明确和调整国际收支申报有关事项的通知》（2011 年 8 月 16 日）、《关于做好调整境内银行涉外收付凭证及相关信息报送准备工作的通知》（2011 年 12 月 13 日）、《关于启用境内银行涉外收付凭证及明确有关数据报送要求的通知》（2012 年 7 月 13 日）、《涉外收支交易分类与代码（2014 版）》（2014 年 4 月 16 日）。

（3）国际收支统计直接申报管理规定。主要是国家外汇管理局或其综合司发布的：《关于中资金融机构报送外汇资产负债统计报表的通知》（2009 年 1 月 21 日）、《关于开展银行贸易融资业务调查的通知》（2011 年 10 月 18 日，综合司发布）、《关于调整中资金融机构外汇资产负债等报表报送方式的通知》（2012 年 9 月 6 日，综合司发布）、《关于加强金融机构对外资产负债和损益申报及升级报送系统的通知》（2012 年 11 月 14 日，综合司发布）、《对外金融资产负债及交易统计制度》（2013 年 12 月 2 日）。

（4）抽样调查制度规定。主要是国家外汇管理局发布的《贸易信贷调查制度》和《贸易信贷调查实施方案》（2004 年 6 月 30 日）、《国家外汇管理局综合司关于调整贸易信贷抽样调查报表和启用贸易信贷抽样调查系统报送数据的通知》（2009 年 2 月 13 日）、《国家外汇管理局国际收支司关于开展 2010 年 6 月末贸易信贷调查有关事项的通知》（2010 年 7 月 20 日）、《国家外汇管理局综合司关于扩大贸易信贷调查地区范围及提高调查频率的通知》（2011 年 3 月 25 日）、《国家外汇管理局收支司关于启用新版贸易信贷抽样调查系统的通知》（汇国发 [2012] 17 号）等。

二、举借外债的管理规定

按《外债管理暂行办法》的规定，国家发改委、财政部和国家外汇局是外债管理部门。国家发改委会同有关部门根据国民经济和社会发展需要，以及国际收支状况和外债承受能力，制定国家借用外债计划，合理确定全口径外债的总量和结构调控目标。境内机构举借外债、对外担保、外债资金的使用和偿还须符合国家有关法律、法规和《外债管理暂行办法》的规定。国家对各类外债和或有外债实行全口径管理，并根据外债类型、偿还责任和债务人性质，对举借外债实行分类管理。

（一）对国际金融组织贷款和外国政府贷款的管理

国际金融组织贷款和外国政府贷款由国家统一对外举借。国家发改委会同财政部等有关部门制定世界银行、亚洲开发银行、联合国农业发展基金会和外国政府贷款备选项目规划，财政部根据规划组织对外谈判、磋商、签订借款协议和对国内债务人直接或通过有关金融机构转贷。其中，世界银行、亚洲开发银行、联合国农业发展基金会和重点国别外国政府贷款备选项目规划须经国务院批准。具体来说：

1. 对国际金融组织贷款的管理

在国际金融组织贷款方面，我国对世界银行贷款的管理机构是财政部，政府授权财政部对外统一联络、谈判和签署贷款协议，对内组织项目、进行转贷和管理，并负责对外还本付息。对国际货币基金组织的贷款，由人民银行归口管理，负责向基金组织进行谈判、签约、借还和管理；贷款借入后，由财政部纳入国家财政收支计划统一使用和偿还。对国际农业发展基金会的贷款，由农业部归口管理，负责对外谈判；财政部作为借款人，代表我国政府对外签署贷款协议。对亚洲开发银行的贷款，由人民银行归口管理，对外提出项目申请，并签订贷款协议和项目协议书，负责还本付息事宜，对内负责转贷和管理工作。

2. 对外国政府贷款的管理

我国对外国政府贷款的管理机构是财政部，由其代表我国政府统一对外筹措和归口管理外国政府贷款，包括向外国政府联系和组织谈判，代表政府对外签订贷款协议，负责进行转贷，监督、指导、管理贷款的使用和偿还。此外，由财政部负责管理日本输出入银行能源贷款，并具体办理部分混合贷款中的买方信贷业务。

（二）对国际商业贷款的管理

目前，我国关于国际商业贷款管理的基本依据是《境内机构借用国际商业贷款管理办法》（国家外汇局 1997 年发布）、《外债管理暂行办法》（国家发改委、财政部、国家外汇局 2003 年联合发布）、《境内外资银行外债管理办法》（经国务院批准，国家发改委、中国人民银行、中国银监会 2004 年联合发布）。此外，国务院发布的《关于加强借用国际商业贷款管理的通知》（1989 年）、《关于进一步加强借用国际商业贷款宏观管理的通知》（1995 年）、《国务院批转财政部、国家计委关于进一步加强外国政府贷款管理若干意见的通知》（2000 年）及国家计委和国家外汇局联合发布的《国家计委关于借用国外贷款实行全口径计划管理的通知》（1996 年）、人民银行发布的《关于国有商业银行实行中长期外债余额管理的通知》（2000 年和发改委、外汇局联合发布）、《国有和国有控股企业外债风险管理及结构调整指导意见》（2002 年和发改委、外汇局联合发布）、国家发改委发布的《关于加强中长期外债风险管理的通知》（2004 年）等也有一些原则性或专门性的规定。

1. 境内机构借用国际商业贷款的主体资格

目前，我国能够对外借用国际商业贷款的境内机构，限于经国家外汇局批准经营外汇借款业务的金融机构和经国务院授权部门批准的非金融企业法人。

2. 对境内中资机构贷款的管理

按《外债管理暂行办法》的规定，我国对国有商业银行举借中长期国际商业贷款（1 年以上）实行余额管理，余额由国家发改委会同有关部门审核后报国务院审批；对境内中资机构举借短期国际商业贷款（1 年以内，含 1 年）实行余额管理，余额由国家外汇管理局核定；境内中资企业等机构举借中长期国际商业贷款，须经国家发改委批准。

3. 对境内外资机构贷款的管理

按《外债管理暂行办法》的规定，对境内外商投资企业举借外债，其中长期外债累计发生额和短期外债余额之和应当控制在审批部门批准的项目总投资和注册资本之间的差额以内。在差额范围内，外商投资企业可自行举借外债；超出差额的，须经原审批部门重新核定项目总投资。而对境内外资金融机构举借外债，国家实行总量控制，具体办法另行制定。如按国务院批准，2004 年 5 月 27 日国家发改委、人民银行、中国银监会联合发布的《境内外资银行外债管理办法》的规定，对境内外资银行举借外债，由国家发改委会同中国银监会、国家外汇管理局根据国民经济和社会发展需要、国际收支状况和外债承受能力，以及境内外资银行的资产负债状况和运营资金需求等，合理确定境内外资银行外债总量以及中长期和短期外债结构调控目标。境内外资银行借用外债，签约期限在 1 年期以上（不含 1 年期）的中长期外债，由国家发改委按年度核定发生额；签约期限在 1 年期以下的短期外债，由国家外汇管理局核定余额。

4. 其他管理规定

借用国际商业贷款的境内机构，应当按照国家外汇局的规定，于每季初 10 日内向外汇局报送上季度对外借款情况报表和年度国际商业贷款使用情况的报告。所借款项应调入境内，未经外汇局批准不得私自存放境外、在境外直接支付或转成人民币使用。

（三）对外发行债券的管理

发行外币债券是我国对外举债的另一种重要形式。[①] 改革开放以来，人民银行曾先后于 1987 年 9 月 28 日发布了《关于中国境内机构在境外发行债券的管理规定》、1997 年 9 月 8 日批准国家外汇局发布了《境内机构发行外币债券管理办法》，就有关外币债券的概念、分类、发行主体、发行审批等问题作了规定。“入世”以后，《境内机构发行外币债券管理办法》被 2001 年 12 月 27 日《国家外汇管理局综合司关于适应加入世贸组织进行外汇管理法规清理工作的通知》明令废止。目前，我国关于对外发行外债的基本依据主要是 2000 年 3 月 10 日国务院办公厅转发国家计委、人民银行《关于进一步加强对外发债管理意见的通知》及《外债管理暂行办

---

① 我国境内机构向境外发行外币债券始于 1982 年 1 月，当时中国国际信托投资公司率先在日本东京市场发行了 100 亿日元的私募债。1984 年 11 月，中国银行在东京发行 200 亿日元公募债，标志中国正式进入国际债券市场。1985 年 6 月，中国银行首次进入德国法兰克福市场；同年 8 月中信公司首次在香港发债；1986 年 11 月、1987 年 10 月相继开拓新加坡和伦敦市场；1993 年初，中国建设银行进入美国市场发债。对外发债拓宽了外资筹措渠道，为国家及地方重点项目建设筹集了大量资金，有利于提高我国利用外资的整体水平。目前，我国筹资市场多元化、发行方式多样化的对外发债格局已经形成。

法》第13条的规定。其主要内容包括：

1. 对外发债的定义

对外发债是指我国境内机构，包括国家机关、金融机构及境内其他企事业单位和外商投资企业，在境外金融市场上发行的，以外币表示的，构成债权债务关系的有价证券。

境内机构发行境外外币可转换债券、大额可转让存单、商业票据，也视同对外发债进行管理。其中，可转换债券是指根据债权人的要求，按照发行时所定条件，可转换为公司股票或其他债券的有价证券；大额可转让存单是指银行发行具有一定期限的、可以在金融市场上转让流通的银行存款凭证；商业票据是指境内机构为满足流动资金需求，发行期限为2至270天、可流通转让的债务凭证。

2. 对外发债的审批管理

按《外债管理暂行办法》第13条的规定，财政部代表国家在境外发行债券由财政部报国务院审批，并纳入国家借用外债计划。其他任何境内机构在境外发行中长期债券均由国家发改委会同国家外汇局审核后报国务院审批；在境外发行短期债券由国家外汇局审批，其中设定滚动发行的，由国家外汇局会同国家发改委审批。具体内容依《关于进一步加强对外发债管理意见的通知》的规定，主要包括：

（1）发债资格的认定。我国对对外发债实行资格审核批准制。境内机构（财政部除外）对外发债资格，由国家发改委会同国家外汇局和有关主管部门，借鉴国际惯例进行评审后报国务院批准。发债资格每两年评审一次。具体管理办法另行制定。

（2）对外发债的审批。1）境内机构（财政部除外）对外发债，经国家发改委审核并会签国家外汇局后报国务院审批。国务院批准后，市场选择、入市时机等由国家外汇局审批。地方政府不得对外举债。2）境内机构发行商业票据由国家外汇局审批，并占用国家外汇局核定该机构的短期对外借款余额指标；发行前设定滚动连续发行的，由国家外汇局会签国家发改委后审批。3）境内机构为其海外分支机构境外发债进行融资担保，发债所筹资金不调入境内使用的，由国家外汇局按现行有关规定审批；若发债资金调入境内使用，按境内机构对外发债的审批程序办理。4）已上市外资股公司对外发行可转换债券，不实行资格审核批准制。国家发改委会同中国证监会根据外资股公司境外融资需求及市场条件，确定境外可转换债券年度发行规模，并纳入当年利用外资计划。在年度规模内，按境内机构对外发债的审批程序办理，发债说明书报中国证监会备案。5）境内机构对外发债后，要按照国家外汇局的规定办理外债登记。

（3）申请对外发债需报送的材料。境内机构申请对外发债应向主管机关报送以下资料：1）最近3年的经营业绩、财务状况及相关财务报表；2）发债所筹资金的投向、用途；3）国家有关部门批复的项目可行性研究报告或利用外资方案，以及纳入国家利用外资计划的证明文件；4）主管部门要求的其他文件。

3. 对外发债的监督管理

为把握境外筹资的有利时机，对外发债经国家批准后，境内机构在一定期限内自主确定承销商和发行成本等。有关发行条件和境外评级状况，由对外发债机构报国家发改委及国家外汇局备案。

对外发债机构要严格自律，发债资金要按照国家批准的用途专款专用，其中商业票据只能用于贸易性周转，不得短贷长用。同时，要落实偿债措施，防范外债风险，保证按期对外支付，维护对外信誉。

三、跨境担保的管理

（一）跨境担保管理概要

跨境担保，是指担保人向债权人书面作出的、具有法律约束力、承诺按照担保合同约定履行相关付款义务并可能产生资金跨境收付或资产所有权跨境转移等国际收支交易的担保行为。它包括内保外贷跨境担保、外保内贷跨境担保和其他形式跨境担保三类。但具备以下条件之一的跨境承诺，不按跨境担保纳入外汇管理范围：（1）该承诺不具有契约性质或不受法律约束；（2）履行承诺义务的方式不包括现金交付或财产折价清偿等付款义务；（3）履行承诺义务不会同时产生与此直接对应的对被承诺人的债权；（4）国内有其他法规、其他部门通过其他方式进行有效管理，经外汇局明确不按跨境担保纳入外汇管理范围的跨境承诺，如境内银行在货物与服务进口项下为境内机构开立的即期和远期信用证、已纳入行业主管部门监管范围的信用保险等；（5）一笔交易存在多个环节，但监管部门已在其中一个环节实行有效管理，经外汇局明确不再重复纳入规模和统计范围的跨境承诺，如境内银行在对外开立保函、开立信用证或发放贷款时要求境内客户提供的保证金或反担保；（6）由于其他原因外汇局决定不按跨境担保纳入外汇管理范围的相关承诺。不按跨境担保纳入外汇管理范围的相关承诺，不得以跨境担保履约的名义办理相关跨境收支。

过去，由于我国外汇资源匮乏及为保障对外借债的偿还，我国特别重视和规范的是境内机构依据《中华人民共和国担保法》，以保证、抵押或质押方式向非居民提供的担保，即“对外担保”。因为，对外担保与对外举债、特别是与对外借贷具有十分密切的关系。在国际商业贷款中，贷款人常常以取得担保作为发放贷款的条件。由于担保的设定构成担保人的或然债务，当主债务人不履行债务时，要由担保人履行偿付义务，并由此产生外汇资金的流出入。所以，各国对对外担保都十分重视，对对外担保的管理也就成为外债暨外汇管理的一个重要内容。

为了保证偿还外债，维护债权人利益和我国信誉，以便更好地开展对外经济贸易活动，中国人民银行、国家外汇管理局曾先后于1987年2月5日和1991年9月26日发布了《境内机构提供外汇担保的暂行管理办法》、《境内机构对外提供外汇担保管理办法》，就对外担保作出了规定，在对外担保管理立法方面取得了一定的经验。此后，针对对外担保与反担保过程中出现的新问题，中国人民银行又于1996年8月21日发布、自同年10月1日起施行了《境内机构对外担保管理办法》，相应废止了《境内机构对外提供外汇担保管理办法》。1997年12月11日，国家外汇局发布的《境内机构对外担保管理办法实施细则》就有关对外担保问题作了进一步细化的规定。此外，由于外保内贷等跨境担保形式的出现，特别是我国外汇管理的重点逐步转向外汇资金流出入均衡管理，国家外汇管理局先后于2010年7月30日、2013年4月28日发布的《关于境内机构对外担保管理问题的通知》、《外债登记管理办法》等，也对对外担保的有关新事项作出了较为重大的调整性规定。

前述管理规章、规范性文件等颁布实施后，对于促进对外经济技术合作，支持对外贸易发展，促进劳务出口和引进国外先进技术、设备及资金，顺利开展对外金融活动，规范对外担保行为，加强对外担保管理等方面，都发挥了积极作用。但随着我国涉外经济的快速增长，国际收支交易规模的不断扩大，跨境担保行为也日趋多样化和复杂化，而上述规定仅涵盖对外担保和外保内贷，未涉及其他类型的跨境担保，已不能满足市场发展需求。同时，已经明确的相关担保管理规定，审批、核准手续较多，相对于市场需求来说管理方式较为滞后，管理成本较高。因此，国家外汇管理局以“五个转变”为指导思想，调整管理思路，推动简政放权和职能转变，在前期调研和征求意见的基础上，于 2014 年 5 月 12 日发布了《跨境担保外汇管理规定》、《跨境担保外汇管理操作指引》等规章、规范性文件，自 2014 年 6 月 1 日起实施①，以便利跨境担保活动开展，规范跨境担保项下收支行为，推进担保项下资本项目可兑换水平。

（二）跨境担保的种类及其基本管理规定

跨境担保，按担保人担保债务的内容的不同，可分为融资性担保和非融资性担保。融资性担保是指担保人为融资性付款义务提供的担保，这些付款义务来源于具有融资合同一般特征的相关交易，包括但不限于普通借款、债券、融资租赁、有约束力的授信额度等。非融资性担保是指担保人为非融资性付款义务提供的担保，这些付款义务来源于不具有融资合同一般特征的交易，包括但不限于招投标担保、预付款担保、延期付款担保、货物买卖合同下的履约责任担保等。

跨境担保，按担保当事各方注册地的不同，可分为内保外贷、外保内贷和其他形式跨境担保三类。其中，(1) 内保外贷，是指担保人注册地在境内、债务人和债权人注册地均在境外的跨境担保。(2) 外保内贷，是指担保人注册地在境外、债务人和债权人注册地均在境内的跨境担保。(3) 其他形式跨境担保，是指除前述内保外贷和外保内贷以外的其他跨境担保情形。其包括但不限于：1) 担保人在境内，债务人与债权人分属境内或境外的跨境担保；2) 担保人在境外，债务人与债权人分属境内或境外的跨境担保；3) 担保当事各方均在境内，担保物权登记地在境外的跨境担保；4) 担保当事各方均在境外，担保物权登记地在境内的跨境担保。

国家外汇管理局及其分支局（以下简称“外汇局”）负责规范跨境担保产生的各类国际收支交易。国家外汇管理局可出于保障国际收支平衡的目的，对跨境担保管理方式适时进行调整。

境内机构提供或接受跨境担保，应遵守国家法律、法规和行业主管部门的规定，并按规定办理相关外汇管理手续。外汇局对内保外贷和外保内贷实行登记管理。境内机构办理内保外贷业务，应按规定要求办理内保外贷登记；经外汇局登记的内保外贷，发生担保履约的，担保人可自行办理；担保履约后应按规定要求办理对外债权登记。境内机构办理外保内贷业务，应符合《跨境担保外汇管理规定》明确的相关条件；经外汇局登记的外保内贷，债权人可自行办理与担保履约相关的收款；担保履约后境内债务人应按规定要求办理外债登记手续。

境内机构提供或接受除内保外贷和外保内贷以外的其他形式跨境担保，在符合境内外法律、法规和《跨境担保外汇管理规定》的前提下，可自行签订跨境担保合同。除外汇局另有明确规定外，担保人、债务人不需要就其他形式跨境担保到外汇局办理登记或备案，无须向资本

---

① 该《管理规定》、《操作指引》发布实施后，国家外汇管理局发布的《境内机构对外担保管理办法实施细则》(1997 年)、《关于境内机构对外担保管理问题的通知》(2010 年) 等 12 部规章、规范性文件相应废止。同时，中国人民银行也于 2014 年 7 月 11 日发布专门公告“[2014] 第 13 号”，明令废止其发布的《境内机构对外担保管理办法》(1996 年) 等三个规章、规范性文件。

项目信息系统报送数据。境内机构办理其他形式跨境担保，应按规定办理与对外债权债务有关的外汇管理手续。担保项下对外债权或外债需要事前办理审批或登记手续的，应当办理相关手续。

(三) 对内保外贷的管理规定

1. 内保外贷签约登记管理

担保人办理内保外贷业务，在遵守国家法律、法规、行业主管部门规定及外汇管理规定的前提下，可自行签订内保外贷合同。担保人签订内保外贷合同后，应按以下规定办理内保外贷登记：(1) 担保人为银行的，由其通过数据接口程序或其他方式向外汇局报送内保外贷业务相关数据。(2) 担保人为非银行金融机构或企业（以下简称“非银行机构”）的，应在签订担保合同后15个工作日内到所在地外汇局办理内保外贷签约登记手续。担保合同主要条款发生变更的，应当办理内保外贷签约变更登记手续。外汇局按照真实、合规原则对非银行机构担保人的登记申请进行程序性审核并办理登记手续。

2. 内保外贷登记注销与对外债权登记

内保外贷项下担保人付款责任到期、债务人清偿担保项下债务或发生担保履约后，担保人应办理内保外贷登记注销手续。内保外贷业务发生担保履约的，成为对外债权人的境内担保人或反担保人应按规定办理对外债权登记手续。

3. 内保外贷的经营资格、资金用途及业务管理

银行、非银行金融机构作为担保人提供内保外贷，按照行业主管部门规定，应具有相应担保业务经营资格。境内个人可作为担保人并参照非银行机构办理内保外贷业务。

内保外贷项下资金用途应符合以下规定：(1) 内保外贷项下资金仅用于债务人正常经营范围内的相关支出，不得用于支持债务人从事正常业务范围以外的相关交易，不得虚构贸易背景进行套利，或进行其他形式的投机性交易；(2) 未经外汇局批准，债务人不得通过向境内进行借贷、股权投资或证券投资等方式将担保项下资金直接或间接调回境内使用。

担保人办理内保外贷业务时，应对债务人主体资格、担保项下资金用途、预计的还款资金来源、担保履约的可能性及相关交易背景进行审核，对是否符合境内外相关法律、法规进行尽职调查，并以适当方式监督债务人按照其申明的用途使用担保项下资金。

如发生内保外贷履约，担保人为银行的，可自行办理担保履约项下对外支付。担保人为非银行机构的，可凭担保登记文件直接到银行办理担保履约项下购汇及对外支付。在境外债务人偿清因担保人履约而对境内担保人承担的债务之前，未经外汇局批准，担保人须暂停签订新的内保外贷合同。

(四) 对外保内贷的管理规定

1. 外保内贷业务开展的条件及相关业务数据的报送

境内非金融机构从境内金融机构借用贷款或获得授信额度，在同时满足以下条件的前提下，可接受境外机构或个人提供的担保，并自行签订外保内贷合同：(1) 债务人为在境内注册经营的非金融机构；(2) 债权人为在境内注册经营的金融机构；(3) 担保标的为金融机构提供的本外币贷款（不包括委托贷款）或有约束力的授信额度；(4) 担保形式符合境内、外法律

法规。

未经批准，境内机构不得超出上述范围办理外保内贷业务。

境内债务人从事外保内贷业务，由发放贷款或提供授信额度的境内金融机构向外汇局集中报送外保内贷业务相关数据。

2. 外保内贷业务开展的基本要求

外保内贷业务发生担保履约的，在境内债务人偿清其对境外担保人的债务之前，未经外汇局批准，境内债务人应暂停签订新的外保内贷合同；已经签订外保内贷合同但尚未提款或尚未全部提款的，未经所在地外汇局批准，境内债务人应暂停办理新的提款。

境内债务人因外保内贷项下担保履约形成的对外负债，其未偿本金余额不得超过其上年度末经审计的净资产数额。

境内债务人向债权人申请办理外保内贷业务时，应真实、完整地向债权人提供其已办理外保内贷业务的债务违约、外债登记及债务清偿情况。

3. 外保内贷业务所生之债的登记与事后核查

外保内贷业务发生境外担保履约的，境内债务人应到所在地外汇局办理短期外债签约登记及相关信息备案手续。外汇局在外债签约登记环节对债务人外保内贷业务的合规性进行事后核查。

（五）物权担保的外汇管理

1. 外汇局仅对跨境担保涉及的资本项目外汇管理事项进行规范，但不对担保当事各方设定担保物权的合法性进行审查。担保当事各方应自行确认以下事项符合相关法律法规，包括但不限于：(1) 设定抵押（质押）权的财产或权利是否符合法律规定的范围；(2) 设定抵押（质押）权在法律上是否存在强制登记要求；(3) 设定抵押（质押）权是否需要前置部门的审批、登记或备案；(4) 设定抵押（质押）权之前是否应当对抵押或质押物进行价值评估或是否允许超额抵押（质押）等；(5) 在实现抵押（质押）权时，国家相关部门是否对抵押（质押）财产或权利的转让或变现存在限制性规定。

2. 担保人与债权人之间因提供抵押、质押等物权担保而产生的跨境收支和交易事项，已存在限制或程序性外汇管理规定的，应当符合规定。国家对境内外机构或个人跨境获取特定类型资产（股权、债权、房产和其他类型资产等）存在限制性规定的，如境外机构从境内机构或另一境外机构获取境内资产，或境内机构从境外机构或另一境内机构获取境外资产，担保当事各方应自行确认担保合同履约不与相关限制性规定产生冲突。

3. 当担保人与债权人分属境内、境外，或担保物权登记地（或财产所在地、收益来源地）与担保人、债权人的任意一方分属境内、境外时，境内担保人或境内债权人应按下列规定办理相关外汇管理手续：(1) 当担保人、债权人注册地或担保物权登记地（或财产所在地、收益来源地）至少有两项分属境内外时，担保人实现担保物权的方式应当符合相关法律规定。(2) 除另有明确规定外，担保人或债权人申请汇出或收取担保财产处置收益时，可直接向境内银行提出申请；在银行审核担保履约真实性、合规性并留存必要材料后，担保人或债权人可以办理相关购汇、结汇和跨境收支。(3) 相关担保财产所有权在担保人、债权人之间发生转让，按规定需要办理跨境投资外汇登记的，当事人应办理相关登记或变更手续。

4. 担保人为第三方债务人向债权人提供物权担保，构成内保外贷或外保内贷的，应当按照内保外贷或外保内贷相关规定办理担保登记手续，并遵守相关限制性规定。经外汇局登记的物权担保因任何原因而未合法设立，担保人应到外汇局注销相关登记。

境内非银行机构为境外债务人向境外债权人提供物权担保，外汇局在办理内保外贷登记时，应在内保外贷登记证明中简要记录其担保物权的具体内容。但外汇局在内保外贷登记证明中记录的担保物权具体事项，不成为设定相关抵押、质押等权利的依据，也不构成相关抵押或质押合同的生效条件。

境内机构为自身债务提供跨境物权担保的，不需要办理担保登记。担保人以法规允许的方式用抵押物折价清偿债务，或抵押权人变卖抵押物后申请办理对外汇款时，担保人参照一般外债的还本付息办理相关付款手续。

四、外债资金使用的管理

提高外债资金使用效益是我国《外债管理暂行办法》的立法宗旨之一。为此，该办法第三章对外债资金使用的原则和具体范围、使用方式和监管体制等问题作了专章规定。

1. 外债资金使用的原则和具体范围

按《外债管理暂行办法》的规定，外债资金使用的总体原则是应当主要用于经济发展和存量外债的结构调整。其具体使用范围则因不同性质和类型的外债而有不同，具体规定是：(1) 国际金融组织贷款和外国政府贷款等中长期国外优惠贷款重点用于基础性和公益性建设项目，并向中西部地区倾斜。(2) 中长期国际商业贷款重点用于引进先进技术和设备，以及产业结构和外债结构调整。(3) 境内企业所借中长期外债资金，应当严格按照批准的用途合理使用，不得挪作他用；确需变更用途的，应当按原程序报批。(4) 境内企业所借短期外债资金主要用作流动资金，不得用于固定资产投资等中长期用途。

2. 外债资金使用方式

按《外债管理暂行办法》的规定，使用外债资金的固定资产投资项目应当实行项目法人责任制，由项目法人对外债资金的使用效益负责；依据《中华人民共和国招标投标法》和国外贷款机构有关规定需要进行招标采购的，应严格按照规定执行。

3. 外债资金使用的监管体制

按《外债管理暂行办法》的规定，外债资金的使用，一般由外债管理部门负责进行管理和监督；但国家发改委依据《国家重大建设项目稽查办法》的规定，向使用外债资金的国家重大建设项目派出稽查特派员，对项目的实施和资金使用情况进行稽查。

五、外债偿还和风险管理

按时按量还本付息，才能维护国家对外声誉，并有利于长期吸引外资。为此，就必须通过制度建设和严格管理来确保外债的偿还，防范和监控外债风险，确保国家金融、经济的安全。我国《外债管理暂行办法》第四章对此问题作了专门规定。其内容规定有：

1. 主权外债由国家统一对外偿还，其中，主权外债资金由财政部直接或通过金融机构转贷给国内债务人的，国内债务人应对财政部或转贷金融机构承担偿还责任；非主权外债由债务人自担风险、自行偿还。

2. 债务人可用自有外汇资金偿还外债，也可经外汇管理部门核准用人民币购汇偿还外债。债务人无法偿还的外债，有担保人的，应当由担保人负责偿还。担保人按担保合同规定需要履行对外代偿义务时，应到外汇管理部门办理对外担保履约核准手续。

3. 债务人应当加强外债风险管理，适时调整和优化债务结构。在不扩大原有外债规模的前提下，经国家发改委核准，债务人可以通过借入低成本外债、偿还高成本外债等方式，降低外债成本，优化债务结构，其中，涉及主权外债的，需经财政部核准。

4. 债务人可以保值避险为目的，委托具有相关资格的金融机构运用金融工具规避外债的汇率和利率风险。

六、外债统计监测管理

外债统计监测管理，对于集中全国外债信息、有效地控制外债规模、提高利用外资的效益作用重大。目前我国的外债，无论是直接从境外借入，还是通过国内金融机构转贷的国际商业贷款，都必须列入国家外汇局外债统计监测系统，进行外债登记或转贷款登记及其他管理。目前，我国有关外债统计监测的管理规定主要是国家外汇局发布的《外债统计监测暂行规定》及《外债统计监测实施细则》、《外汇（转）贷款登记管理办法》、《外债登记管理办法》、《外债转贷款外汇管理规定》。此外，《外汇管理条例》第 18 条、《外债管理暂行办法》第五章也作了原则性规定。按照这些规定，我国外债统计监测管理制度的主要内容有：

（一）外债统计监测管理部门的职权及统计方法

我国对外债实行登记管理制度，国家外汇管理局及其分支局（以下简称“外汇局”）负责外债的登记、账户、使用、偿还以及结售汇等管理、监督和检查，并对外债进行统计和监测。国家外汇管理局负责全口径外债的统计监测，并定期公布外债情况；其可根据国际统计标准，结合我国实际情况，确定外债统计范围和统计方法；并可根据国际收支变化情况，对外债登记范围和管理方式进行调整。

目前，我国外债统计方法包括债务人登记和抽样调查等。债务人应按国家有关规定借用外债，并办理外债登记。银行应按照外汇管理相关规定，将非银行债务人的外债账户、提款、使用、偿还及结售汇等信息报送外汇局。外汇局可利用抽样调查等方式，采集境内企业对外贸易中产生的预收货款、延期付款等企业间贸易信贷信息。

（二）外债统计监测的对象范围

境内机构应当按照有关外债统计监测的规定办理外债登记、偿还手续，开立、使用外债专用账户，并按规定报送各种报表资料。纳入外债统计监测范围的外债有境外直接借款、外汇（转）贷款、外债转贷款等。登记监测的具体范围包括：

1. 境外直接借款，指中国境内的机关、团体、企业、事业单位、金融机构或其他机构（以下统称债务人），直接从国外筹借并需以外国货币承担的具有契约性偿还义务的全部债务。

具体包括：国际金融组织贷款；外国政府贷款；外国银行和金融机构贷款，包括国际银团贷款（其境内中资机构份额除外）；买方信贷；外国企业贷款；发行外币债券；国际金融租赁；延期付款（指 90 天以上的进口项下贸易融资）；补偿贸易中直接以现汇偿还的债务；其他形式的对外债务［指境外个人、境内外资金融机构提供的外汇贷款，境内中资金融机构吸收的境外机构或个人的外汇存款（经营离岸业务的银行吸收的境外机构或者个人的外汇存款除外），对外担保履约以及由中方实际履行偿还义务的债务］。

2. 外汇（转）贷款，指境内单位使用的以外币承担的具有契约性偿还义务的外汇资金。包括国际金融组织转贷款和外国政府转贷款、国际金融转租赁和国内外汇租赁、国内银行及非银行金融机构的外汇贷款、其他形式的转贷款等。

3. 外债转贷款，是指境内机构（以下简称“转贷款债权人”）从境外借用直接外债后，按照国家相关规定或者根据自身与境外债权人关于资金用途的约定，在对外承担第一性还款责任的前提下，向境内其他机构（以下简称“转贷款债务人”）继续发放的贷款资金。外债转贷款包括政策性外债转贷款和商业性外债转贷款。境外机构委托境内机构向境内其他机构发放贷款，境内受托机构与境外债权人在法律上仅存在委托代理关系，不承担第一性还款责任或不需要承担境内其他机构信用风险的，不属于外债转贷款。

境内企业与境外企业间发生贸易信贷的，无须按照《外债登记管理办法》规定办理外债登记。

（三）外债登记

外债登记是指债务人按规定借用外债后，应按照规定方式向所在地外汇局登记或报送外债的签约、提款、偿还和结售汇等信息。外债借款合同发生变更时，债务人应按照规定到外汇局办理外债签约变更登记。外债未偿余额为零且债务人不再发生提款时，债务人应按照规定到外汇局办理外债注销登记手续。

按《外债登记管理办法》规定，我国目前根据债务人类型的不同，实行不同的外债登记方式。具体为：(1) 债务人为财政部门，应在每月初 10 个工作日内逐笔向所在地外汇局报送外债的签约、提款、结汇、购汇、偿还和账户变动等信息。(2) 债务人为境内银行，应通过外汇局相关系统逐笔报送其借用外债信息。(3) 债务人为财政部门、银行以外的其他境内债务人（以下简称“非银行债务人”），应在规定时间内到所在地外汇局办理外债签约逐笔登记或备案手续。对于不通过境内银行办理资金收付的，非银行债务人在发生外债提款额、还本付息额和未偿余额变动后，持相关证明材料到所在地外汇局办理备案手续。(4) 外债转贷款实行债权人集中登记。转贷款债权人应当到所在地外汇局办理转贷款集中登记手续，转贷款各级债务人不再到外汇局办理外债转贷款逐笔登记手续。国家财政部门向省级（含副省级）财政部门或其他机构发放转贷款，由省级（含副省级）财政部门或其他机构代国家财政部门办理转贷款债权人集中登记。

（四）外债账户、资金使用和结售汇管理

1. 外债账户管理

境内银行借用外债，可直接在境内、外银行开立相关账户，直接办理与其外债相关的提款

和偿还等手续。非银行债务人在办理外债签约登记后，可直接向境内银行申请开立外债账户，包括可开立用于办理提款和还款的外债专用账户，也可根据实际需要开立专门用于外债还款的还本付息专用账户。

根据非银行债务人申请，银行在履行必要的审核程序后，可直接为其开立、关闭外债账户以及办理外债提款、结售汇和偿还等手续。

2. 外债资金使用和结售汇管理

外商投资企业借用的外债资金可以结汇使用。但境内金融机构和中资企业借用的外债资金，除另有规定外，不得结汇使用。债务人借款合同中约定的外债资金用途应当符合外汇管理规定。短期外债原则上只能用于流动资金，不得用于固定资产投资等中长期用途。

债务人在办理外债资金结汇时，应遵循实需原则，持规定的证明文件直接到银行办理。银行应按照有关规定审核证明文件后，为债务人办理结汇手续。债务人购汇偿还外债，应遵循实需原则。银行应按照有关规定审核证明文件后，为债务人办理购付汇手续。

（五）外保内贷外汇管理

符合规定的债务人向境内金融机构借款时，可以接受境外机构或个人提供的担保（即“外保内贷”）。境内债权人应按相关规定向所在地外汇局报送相关数据。发生境外担保履约的，债务人应到所在地外汇局办理外债登记。

外商投资企业办理境内借款接受境外担保的，可直接与境外担保人、债权人签订担保合同；发生境外担保履约的，其担保履约额应纳入外商投资企业外债规模管理。中资企业办理境内借款接受境外担保的，应事前向所在地外汇局申请外保内贷额度，并可在外汇局核定的额度内直接签订担保合同。

（六）对外转让不良资产外汇管理

境内机构对外转让不良资产，应按规定获得批准。对外转让不良资产获得批准后，境外投资者或其代理人应到外汇局办理对外转让不良资产备案手续。受让不良资产的境外投资者或其代理人通过清收、再转让等方式取得的收益，经外汇局核准后可汇出。

（七）罚则规定（略）

问题与思考

1. 什么是外汇？外汇的具体形式有哪些？

2. 为什么要进行外汇管理？我国外汇管理法制的现状如何？怎样加以改进？

3. 何谓经常项目？何谓资本项目？我国对经常项目和资本项目下外汇管理的主要内容有哪些规定？

4. 金融机构经营外汇业务应遵循哪些管理规定？为什么要对其业务经营范围进行核定？

5. 我国人民币汇率形成机制为什么要进行改革？其改革方向和意义是什么？

6. 什么是逃汇行为？什么是非法套汇行为？两者的区别何在？

7. 什么是银行间外汇市场？扩大外汇交易市场的主体范围、引入外汇市场做市商制度有何积极意义？

8. 什么是外债管理法？如何完善我国的外债管理法律制度？

9. 什么是外债？我国为什么要对各类外债包括或有外债实行全口径管理和分类管理？

10. 什么是对外发债？我国对外发债的主管机关及其职权划分情形如何？

11. 在外汇紧缺与外汇富裕的情形下外汇与外债管理的思路与侧重点应有何不同？为什么？

12. 何谓跨境担保？跨境担保为什么也要纳入外债管理的范围？

13. 跨境担保的种类有哪些？其不同类别在外汇管理方面有何差别？

14. 我国为什么要对外债使用的原则和具体范围作出立法界定？其目的和意义是什么？

15. 主权外债与非主权外债的偿还机制有何不同？财政部在主权外债偿还中的法律地位如何？

16. 实施外债的登记与监测有何现实意义？

第三版参考文献

一、主要参考著作

1. 黄达主编．金融学．2版．北京：中国人民大学出版社，2009

2. 徐孟洲．金融法．3版．北京：高等教育出版社，2014

3. 杨东．金融消费者保护统合法论．北京：法律出版社，2013

4. 强力，王志诚．中国金融法．北京：中国政法大学出版社，2010

5. 吴志攀．金融法概论．5版．北京：北京大学出版社，2011

6. 刘隆亨．银行金融法学．6版．北京：北京大学出版社，2010

7. 徐孟洲等．金融监管法研究．北京：中国法制出版社，2008

8. 朱崇实主编．金融法教程．3版．北京：法律出版社，2011

9. 刘少军．金融法学．北京：中国政法大学出版社，2008

10. 管晓峰．金融法导论．修订本．北京：中国金融出版社，2000

11. 刘定华主编．金融法教程．2版．北京：中国金融出版社，2004

12. 汪鑫主编．金融法学．4版．北京：中国政法大学出版社，2011

13. 甘功仁，黄欣主编．金融法．北京：中国金融出版社，2003

14. 余劲松，吴志攀主编．国际经济法．北京：北京大学出版社，高等教育出版社，2000

15. 李仁真主编．欧盟银行法研究．湖北：武汉大学出版社，2002

16. 王广谦主编．中央银行学．3版．北京：高等教育出版社，2011

17. 姜波克主编．国际金融学．北京：高等教育出版社，2000

18. 戴国强主编．商业银行经营学．3版．北京：高等教育出版社，2007

19. 张亦春，郑振龙主编．金融市场学．3版．北京：高等教育出版社，2008

20. 邱海洋，刘萍译．联邦存款保险公司法、银行控股公司法．北京：中国政法大学出版社，2005

21. 张忠军．金融业务融合与监管制度创新．北京：北京大学出版社，2007

22. 刘媛．金融消费者法律保护机制的比较研究．北京：法律出版社，2013

23. 安志达．金融控股公司——法律、制度与实务．北京：机械工业出版社，2002

24. 赖源河，王志诚．现代信托法论．增订3版．北京：中国政法大学出版社，2002

25. 陈志武．金融的逻辑．北京：国际文化出版公司，2009

26. 张炜．银行业法制年度报告（2009—2014）．北京：中国金融出版社，2009—2014

27. [日] 中野正俊．信托法判例研究．张军建译．北京：中国方正出版社，2006
28. [日] 中野正俊．信托法讲义．酒井书店，2005
29. [日] 中野正俊．中国信托法概论．张军建，王晓军译．亚细亚法学，2004
30. [美] 罗伯特希勒．金融与好的社会．束宇译．北京：中信出版社，2012
31. [美] 默里·罗斯巴德．银行的秘密．2 版．杨农译．北京：清华大学出版社，2012
32. [英] 约翰·F. 乔恩．货币史．李广乾译．北京：商务印书馆，2002
33. [美] 富兰克林·爱伦，道格拉斯·盖尔．比较金融系统．王晋斌等译．北京：中国人民大学出版社，2002

二、主要浏览网站

1. 中国政府门户网站：http：//www. gov. cn/flfg/xzfg. htm
2. 中国人民银行网站：http：//www. pbc. gov. cn/renhangjianjie/
3. 中国银行业监督管理委员会网站：http：//www. cbrc. gov. cn/chinese/info/yjhjj/jg-sz. htm
4. 中国证券监督管理委员会网站：http：//www. csrc. gov. cn/n575458/n575667/n2623546/index. html
5. 中国保险监督管理委员会网站：http：//www. circ. gov. cn/Portal0/default. htm
6. 国家外汇管理局网站：http：//www. safe. gov. cn/model _ safe/whjjs/jzjs _ list. jsp? id=1
7. 上海期货交易所网站：http：//www. shfe. com. cn/docview. jsp? docid=211205536
8. 中国金融网：http：//pas. zgjrw. com/News/2006524/Deposit/267398346500. shtml
9. 国际清算银行网：www. bis. org
10. 国际金融学院网：www. iif. com
11. 世界银行数据库：www. worldbank. org
12. 国际货币基金组织数据库：www. imf. org
13. 欧盟法律数据库：www. europa. eu. int
14. 欧盟委员会官方网站：www. curopa. eu. int
15. OECD（经合组织）网站：www. oecdchina. org

经济法专业教材书目

1. 经济法学

经济法（第四版）（21 世纪法学系列教材；教育部全国普通高等学校优秀教材一等奖）
978-7-300-16090-0　刘文华　45.00　2012-09-01
经济法实务教程（应用型高级法律人才系列教材）
978-7-300-16114-3　岳彩申　卢云华　39.80　2012-07-31
经济法（第三版）（新编 21 世纪法学系列教材；普通高等教育“十五”国家级规划教材）
978-7-300-20137-5　史际春　52.00　2014-11-30
经济法（21 世纪中国高校法学系列教材）　978-7-300-13644-8　冯宪芬　45.00　2011-06-24
经济法总论（现代经济法学系列教材）　978-7-300-10262-7　张守文　28.00　2009-02-18
经济法学（第二版）（21 世纪高等院校法学系列精品教材）
978-7-300-16089-4　张守文　45.00　2012-08-27
经济法（第三版）（21 世纪高等院校法学系列基础教材·必修课）
978-7-300-13089-7　黄　河　42.00　2010-12-22
经济法（第二版）（21 世纪中国高校法学系列教材）
978-7-300-17874-5　邱平荣　39.80　2013-09-09
经济法案例分析（第二版）（21 世纪法学系列教材）
7-300-07110-4　李艳芳　29.80　2006-03-21
经济法练习题集（第三版）（21 世纪法学系列教材配套辅导用书）
978-7-300-17793-9　刘文华　孟雁北　35.00　2013-09-27
经济法教学法条（21 世纪法学系列教材配套辅导用书）
978-7-300-18851-5　邓金华　25.00　2014-04-29
经济法案例研习教程（21 世纪法学系列教材；全国法律专业学位研究生教育指导委员会秘书处推荐教材）　978-7-300-09441-0　宋　彪　38.00　2008-07-28
经济法学原理与案例教程（第二版）（21 世纪法学系列教材；全国法律专业学位研究生教育指导委员会秘书处推荐教材）　978-7-300-11773-7　徐孟洲　49.00　2010-03-18
经济法研究（上卷：经济法原理研究　中卷：市场竞争法研究　下卷：宏观调控法研究）（21 世纪法学研究生参考书系列）　978-7-300-09600-1　邱　本　118.00　2008-08-31

2. 企业和公司法

企业和公司法（第四版）（新编 21 世纪法学系列教材；“十二五”普通高等教育本科国家级规划教材；教育部推荐教材）
978-7-300-19751-7　史际春　45.00　2014-08-10
公司法（第二版）（21 世纪法学系列教材）
978-7-300-16077-1　王欣新　32.00　2012-07-17

普通公司法（21 世纪高等院校法学系列精品教材）
978-7-300-11227-5　邓　峰　68.00　2009-09-30

3. 财税法学、金融法学

税法（第四版）（21 世纪法学系列教材）
978-7-300-15720-7　徐孟洲　徐阳光　35.00　2012-07-13
财税法学（第四版）（21 世纪高等院校法学系列精品教材）
978-7-300-19447-9　张守文　48.00　2014-06-18
税法（第二版）（21 世纪通用法学系列教材）
978-7-300-16052-8　吴辛愚　宋粉鲜　35.00　2012-07-31
税法原理（21 世纪法学系列教材；"十一五"国家级规划教材）
978-7-300-09021-4　徐孟洲　45.00　2008-03-24
税法学（普通高等教育"十五"国家级规划教材；司法部法学教材与法学优秀科研成果奖）
7-300-06790-5　徐孟洲　45.00　2005-10-13
税法案例分析（21 世纪法学系列教材）　978-7-300-07725-3　徐孟洲　29.00　2006-11-20
税法练习题集（第二版）（21 世纪法学系列教材配套辅导用书）
978-7-300-18202-5　徐孟洲　24.00　2013-11-01
金融法学（21 世纪中国高校法学系列教材）
978-7-300-12177-2　岳彩申　盛学军　32.00　2010-06-21
金融法（第二版）（21 世纪中国高校法学系列教材）
978-7-300-16209-6　陶广峰　45.00　2012-09-12
金融法（第二版）（21 世纪法学系列教材；"十一五"国家级规划教材）
978-7-300-03355-6　朱大旗　45.00　2007-05-10

4. 竞争法、消费者权益保护法

竞争法（第二版）（21 世纪法学系列教材）　978-7-300-18273-5　徐孟洲　孟雁北　38.00　2014-09-22
竞争法学（21 世纪中国高校法学系列教材）　978-7-300-10926-6　王先林　35.00　2009-07-20
竞争法学（现代经济法学系列教材）　978-7-300-10217-7　邵建东等　43.00　2009-02-09
竞争法教程（21 世纪民商法学系列教材）　978-7-300-09384-0　吕明瑜　43.00　2008-06-20
消费者权益保护法（21 世纪法学系列教材）　978-7-300-18843-0　吴宏伟　28.00　2014-05-26

5. 房地产法

房地产法（第四版）（21 世纪法学系列教材）
978-7-300-15508-1　李延荣　周　珂　29.00　2012-07-12
房地产法原理与案例教程（第二版）（21 世纪法学系列教材；全国法律专业学位研究生教育指导委员会秘书处推荐教材）　978-7-300-18961-1　李延荣　37.00　2014-04-10
房地产法研究（21 世纪法学系列教材·法学研究生用书）
978-7-300-08553-1　李延荣　29.80　2007-10-08

图书在版编目（CIP）数据

金融法/朱大旗著．—3版．—北京：中国人民大学出版社，2015.3
ISBN 978-7-300-20014-9

Ⅰ.①金… Ⅱ.①朱… Ⅲ.①金融法-中国-高等学校-教材 Ⅳ.①D922.28

中国版本图书馆CIP数据核字（2015）第047456号

普通高等教育“十一五”国家级规划教材
新编21世纪法学系列教材
总主编 曾宪义 王利明
金融法（第三版）
朱大旗 著
Jinrong Fa

出版发行	中国人民大学出版社		
社 址	北京中关村大街31号	邮政编码	100080
电 话	010－62511242（总编室）		010－62511770（质管部）
	010－82501766（邮购部）		010－62514148（门市部）
	010－62515195（发行公司）		010－62515275（盗版举报）
网 址	http：//www.crup.com.cn		
	http：//www.ttrnet.com（人大教研网）		
经 销	新华书店		
印 刷	北京鑫丰华彩印有限公司	版 次	2000年3月第1版
规 格	185 mm×260 mm 16开本		2015年3月第3版
印 张	37	印 次	2020年9月第11次印刷
字 数	885 000	定 价	55.00元

《　　　　　　》※任课教师调查问卷

为了能更好地为您提供优秀的教材及良好的服务，也为了进一步提高我社法学教材出版的质量，希望您能协助我们完成本次小问卷，完成后您可以在我社网站中选择与您教学相关的 1 本教材作为今后的备选教材，我们会及时为您邮寄送达！如果您不方便邮寄，也可以申请加入我社的**法学教师 QQ 群：83961183（申请时请注明法学教师）**，然后下载本问卷填写，并发往我们指定的邮箱（cruplaw@163.com）。

邮寄地址：北京市海淀区中关村大街 31 号中国人民大学出版社 411 室收

邮　　编：100080

再次感谢您在百忙中抽出时间为我们填写这份调查问卷，您的举手之劳，将使我们获益匪浅！

基本信息及联系方式：※

姓名：＿＿＿＿＿＿　性别：＿＿＿＿＿＿　课程：＿＿＿＿＿＿＿＿＿＿

任教学校：＿＿＿＿＿＿＿＿＿＿＿＿＿＿　院系（所）：＿＿＿＿＿＿＿＿

邮寄地址：＿＿＿＿＿＿＿＿＿＿＿＿＿＿　邮编：＿＿＿＿＿＿＿＿＿＿

电话（办公）：＿＿＿＿＿＿　手机：＿＿＿＿＿＿　电子邮件：＿＿＿＿＿＿

调查问卷：※

1. 您认为图书的哪类特性对您使用教材最有影响力？（　　）（可多选，按重要性排序）

　A. 各级规划教材、获奖教材　　B. 知名作者教材

　C. 完善的配套资源　　D. 自编教材

　E. 行政命令

2. 在教材配套资源中，您最需要哪些？（　　）（可多选，按重要性排序）

　A. 电子教案　　B. 教学案例

　C. 教学视频　　D. 配套习题、模拟试卷

3. 您对于本书的评价如何？（　　）

　A. 该书目前仍符合教学要求，表现不错将继续采用。

　B. 该书的配套资源需要改进，才会继续使用。

　C. 该书需要在内容或实例更新再版后才能满足我的教学，才会继续使用。

　D. 该书与同类教材差距很大，不准备继续采用了。

4. 从您的教学出发，谈谈对本书的改进建议：＿＿＿＿＿＿＿＿＿＿＿＿

＿＿＿＿＿＿＿＿＿＿＿＿＿＿＿＿＿＿＿＿＿＿＿＿＿＿＿＿＿＿＿＿

＿＿＿＿＿＿＿＿＿＿＿＿＿＿＿＿＿＿＿＿＿＿＿＿＿＿＿＿＿＿＿＿

选题征集：如果您有好的选题或出版需求，欢迎您联系我们：

联系人：黄　强　联系电话：010-62515955

索取样书：书名：＿＿＿＿＿＿＿＿＿＿＿＿＿＿＿＿＿＿＿＿＿＿＿＿

书号：＿＿＿＿＿＿＿＿＿＿＿＿＿＿＿＿＿＿＿＿＿＿＿＿＿＿＿＿

备注：※ 为必填项。